Thomas Krämer
Ulrich Quack

Finnland

REISE-HANDBUCH

Inhalt

Zwischen Ost und West: Das Land der tausend Seen 8
Finnland als Reiseland 10
Planungshilfe für Ihre Reise 13
Vorschläge für Rundreisen 17

Wissenswertes über Finnland

Steckbrief Finnland 22
Natur und Umwelt 24
Wirtschaft und Soziales 28
Geschichte 31
Zeittafel 36
Gesellschaft und Alltagskultur 38
Architektur und Kunst 43

Wissenswertes für die Reise

Anreise und Verkehr 52
Übernachten 59
Essen und Trinken 63
Outdoor 67
Feste und Veranstaltungen 71
Reiseinfos von A bis Z 73

Unterwegs in Finnland

Kapitel 1 – Helsinki und Südfinnland

Auf einen Blick: Helsinki und Südfinnland 94
Helsinki (Helsingfors) 96
Klassizistisches Zentrum 96
Mannerheimintie 105
Sehenswerte Stadtviertel 110
Inseln vor Helsinki 120

Aktiv: Rundgang auf der Festungsinsel Suomenlinna 122
Aktiv: Seakayaking in Helsinkis Schären............................132

Nachbargemeinden Espoo und Vantaa.......................137
Espoo (Esbo) 137
Aktiv: Wandern im Nuuksio-Nationalpark..........................142
Vantaa (Vanda) 143

Am finnischen Meerbusen......................................147
Schärengarten-Nationalpark.......................................147
Südküste zwischen Hanko und Helsinki..............................148
Zwischen Helsinki und russischer Grenze 157

Zwischen Hauptstadt und Seenplatte 166
Auf dem Weg nach Hämeenlinna....................................166
Hämeenlinna (Tavastehus)..169
Lahti..174

Kapitel 2 – Westfinnland

Auf einen Blick: Westfinnland....................................182
Turku (Åbo) und Umgebung 184
Turku (Åbo)..184
Schärenrundreise bei Turku 197
Aktiv: Mit dem Fahrrad über die Schären 199
Naantali (Nådendal) 201

Åland-Inseln (Ahvenanmaa) 205
Mariehamn (Maarianhamina) 205
›Festes Åland‹ und Nachbarinseln..................................211
Aktiv: Angeln im Åland-Archipel..................................214
Entferntere Trabanten..220

Zwischen Turku und Lappland..................................225
Von Turku nach Rauma 225
Rauma (Raumo) 228
Pori (Björneborg) 231
Von Pori nach Vaasa 236
Vaasa (Vasa) 238
Von Vaasa nach Tornio 242
Aktiv: Rafting auf dem Tornionjoki...............................254

Kapitel 3 – Finnische Seenplatte

Auf einen Blick: Finnische Seenplatte 258
Tampere (Tammerfors) und Umgebung 260
Tampere (Tammerfors) 260
Umgebung von Tampere 273

Rund um den Päijänne 276
Heinola 276
Von Heinola nach Jyväskylä 278

Rund um die Saimaa-Seenplatte 284
Lappeenranta (Villmanstrand) 284
Imatra 288
Punkaharju 289
Kerimäki 291
Savonlinna 293
Linnansaari-Nationalpark 296
Mikkeli (St. Michel) 296
Aktiv: Kanuwandern auf dem Seal Trail 298

Kapitel 4 – Kainuu und Nordkarelien

Auf einen Blick: Kainuu und Nordkarelien 302
Durch Finnlands Mitte in den Norden 304
Route nach Kuopio 304
Kuopio 309
Iisalmi (Idensalmi) 314
Kajaani 315
Von Kajaani nach Lappland 318

Entlang der Ostgrenze zum Polarkreis 319
Von Joensuu nach Kuhmo 319
Aktiv: Bärenbeobachtung bei Kuhmo 328
Von Kuhmo in den hohen Norden 330
Oulanka- Nationalpark 336
Aktiv: Wandern auf der ›Bärenrunde‹ 338

Kapitel 5 – Lappland

Auf einen Blick: Lappland 342
Auf der ›Straße der vier Winde‹ 344
Alternativrouten nach Muonio 344
Lemmenjoki-NP 349
Pallas-Yllästunturi- NP 350

Von Muonio nach Kilpisjärvi	351
Vom Polarkreis Richtung Eismeer	354
Rovaniemi	354
Von Rovaniemi zum Inari	361
Aktiv: Wintervergnügen einmal anders	364
Inari-See (Enare)	368
Kulinarisches Lexikon	374
Sprachführer	376
Register	378
Abbildungsnachweis/Impressum	384

Themen

Mitternachtssonne und Polarnacht	27
Finnisch – eine exotische Sprache	40
Die Sauna – schwitzen wie die Finnen	42
Die Schären – Inselwelt im Herzen der Ostsee	152
Die Autonomie der Provinz Åland	210
Die finnische Zweisprachigkeit	230
Alvar Aalto	280
Die orthodoxe Kirche und die Finnen	306
1939–1945: Finnland in drei Kriegen	332
Volk im hohen Norden: die Samen	346

Alle Karten auf einen Blick

Helsinki und Südfinnland: Überblick	95
Helsinki – Zentrum	98
Helsinki – Überblick	106
Rundgang auf der Festungsinsel Suomenlinna	122
Umgebung von Helsinki	140
Wandern im Nuuksio-Nationalpark	142
Königsweg West	150
Königsweg Ost	160
Zwischen Helsinki und Lahti	168
Westfinnland: Überblick	183
Turku	188

Mariehamn ... 209
Åland-Inseln ... 213
Von Turku nach Tornio ... 227

Finnische Seenplatte: Überblick ... 259
Tampere ... 262
Finnische Seenplatte ... 277
Kanuwandern auf dem Seal Trail ... 298

Kainuu und Nordkarelien: Überblick ... 303
Kainuu / Nordkarelien ... 305
Wandern auf der ›Bärenrunde‹ ... 338

Lappland: Überblick ... 343
Lappland ... 345
Rovaniemi ... 356

*Eine wunderschöne Seenlandschaft
erstreckt sich rund um Mikkeli*

Zwischen Ost und West: Das Land der tausend Seen

Am 6. Dezember, dem Nationalfeiertag, singen die Finnen »Oi maamme, Suomi, synnyinmaa!« – »Unser Land, Suomi, Vaterland!« und tauchen ihre Heimat in ein Meer aus weiß-blauen Fahnen. Besonders dann zeigen sie sprichwörtlich Flagge und dokumentieren die Liebe zu ihrem Land, das hoch im Norden unseres Kontinents liegt.

Als der amerikanische Schriftsteller D. S. Connery Finnland einmal als den »Exzentriker Europas« bezeichnete, meinte er damit Geografie, Sprache und Geschichte der Finnen. Vielleicht ist Finnlands Lage in einer östlich-westlichen Randzone ja dafür verantwortlich, dass lange Zeit Klischees über Land und Leute kursierten. Und auch im Land selbst sah man sich in einer Sonderrolle: Es ist noch gar nicht lange her, da fuhr man im Urlaub ›nach Europa‹, ähnlich wie die Briten, die ›auf den Kontinent‹ reisen.

Suomi ist ein junges Land, erst 1917 erlangte es seine Unabhängigkeit. Über sechs Jahrhunderte waren die Finnen vom Königreich Schweden abhängig – politisch, ökonomisch und kulturell. 1809 schließlich wurde das Land ein Großfürstentum des zaristischen Russland. Ob man im Westen oder im Osten über das finnische Schicksal entschied, immer wieder schaffte es das kleine Land, sich der Vereinnahmung durch die Großmächte zu widersetzen, seine Identität zu bewahren – und seine Sprache. Das lässt sich vielleicht auf eine Charaktereigenschaft zurückführen, die im Finnischen *sisu* heißt und so viel bedeutet wie »zähes Ringen«, »immer wieder aufstehen« und »rechtschaffenes Handeln«.

Gerade in der jüngeren Vergangenheit hätte man sich in Europa kaum einen ungemütlicheren Platz vorstellen können als gerade zwischen den Machtblöcken. Doch die Finnen haben sich behauptet – in einer Art und Weise, die im Ausland oft auf Bewunderung stieß. Politiker wie Urho Kekkonen schafften es, ihr eigenes Land geschickt durch alle Klippen der internationalen Konflikte zu navigieren und zudem tatkräftig auf einen Ausgleich zwischen Ost und West hinzuarbeiten. Auch wirtschaftlich meisterte Finnland, das einst zu den Armenhäusern Europas zählte, schon oft Krisen, Depressionen und notwendigen Strukturwandel. Erstaunlich, wie schnell es z. B. die Umwälzungen im Osten verarbeitete, die dem Land durch den Wegfall großer Märkte mit die höchste Arbeitslosenquote Europas bescherte. Heute zählt Finnland zu den wohlhabendsten Gemeinwesen des Kontinents.

Obwohl die Republik im Konzert der Nationalstaaten noch nicht allzu lange mitspielt, ist ihre reiche kulturelle Szene durchaus den Versuch einer Annäherung wert. Die Lage zwischen Ost und West, die Finnlands politische Geschichte in vielerlei Hinsicht und oft genug auch leidvoll prägte, brachte einen für das Geistesleben fruchtbaren Dialog mit sich. Ohne ihn wäre die spezifisch finnische Kultur nicht zu verstehen, der es gelang, gegensätzliche Lebensweisen und Ideologien zu vereinen und umzuformen. Helsinki beispielsweise ist eben nicht, wie manchmal geschrieben steht, »halb Stockholm, halb St. Petersburg«, sondern unverwechselbar Helsinki. Und mit

Sicherheit ist der europäische Nordosten für Bildungsurlauber kein weißer Fleck auf der Landkarte. Wer sich für Musik, für Bildende Kunst, für Design und Architektur begeistern kann, wird hier auf ein vielseitiges Kulturangebot stoßen, auf alte Feldstein- und Holzkirchen, auf viele Beispiele gelungener moderner Baukunst, aber auch auf eine lebhafte Musik- und Festivalszene.

In erster Linie ist es aber die Landschaft, die die Mehrheit der Reisenden in den Nordosten Europas zieht. Durchschnittlich leben nur 17 Finnen auf einem Quadratkilometer, damit zählt das Land zu den am dünnsten besiedelten in Europa. Vom siebtgrößten Land Europas sind nur rund 8 % als Kulturland nutzbar. Diese Relation ist im europäischen Zusammenhang einmalig und so fiel es Finnland leicht, sich touristisch als Land der Seen und der Wälder zu etablieren. Es sind aber – etwa im Vergleich zu Norwegen – keine spektakulären, majestätischen Szenerien, die einen am Reiseziel erwarten, sondern andere landschaftliche Qualitäten wie eine moderate Natur, die einem das geben kann, was sie selbst auszeichnet: Ruhe. Es lohnt sich, auch die Landschaftsformen bewusst zu erleben, die nicht das Finnlandklischee von Seen und Wäldern bedienen: die fruchtbaren Wiesen und Felder des Südens etwa, die Sandstrände am Bottnischen Meerbusen, die Wunderwelt der Schären vor Turku, um die Åland-Inseln und vor Helsinki oder die baumlosen, abgerundeten Berggipfel Lapplands.

Abenteurern bietet Finnland genug Wildmarkareale, um den Traum vom rustikalen Urlaub Wirklichkeit werden zu lassen. Hier kann man durch menschenleere Weiten wandern, tagelang mit dem Kanu unterwegs sein, auf Braunbär-Fotosafari gehen, selbst gefangenen Fisch am Lagerfeuer grillen und im Zelt fernab der Zivilisation nächtigen. Aber man hat auch jederzeit die Möglichkeit, das karge Lager mit dem gemachten Bett in einem modernen First-Class-Hotel zu vertauschen oder eines der unzähligen Ferienhäuschen zu mieten: Die touristische Infrastruktur ist vorzüglich, und auf Gäste ist man gut vorbereitet.

Die Autoren

Thomas Krämer
Ulrich Quack
www.dumontreise.de/magazin/autoren

Thomas Krämer wurde schon als Jugendlicher vom Nordland-Virus infiziert. Vor allem die Weite, die großartige und wilde Natur sowie die Unkompliziertheit der Menschen begeisterten ihn. Daran hat sich bis heute nichts geändert, obwohl der Biologe als Chefredakteur des Skandinavienmagazins »Nordis« inzwischen beruflich mehrmals im Jahr in Finnland und anderen nördlichen Ländern unterwegs ist. Ulrich Quack studierte in Münster und in Oslo Germanistik, Geschichte und Skandinavistik. Seit 1979 ist er als Studienreiseleiter vor allem in Skandinavien tätig. Auch als Autor hat er sich auf den hohen Norden Europas spezialisiert. Finnland zählt zu seinen bevorzugten Reisezielen, beruflich wie privat fühlt er sich dort wie zu Hause.

Finnland als Reiseland

Mehr als die Hälfte aller Finnland-Besucher geben als Hauptreisegrund die »Schönheit der Natur« an. Und nicht wenige sind darunter, die diese Schönheit früher schon kennengelernt haben: Hinsichtlich der ›Wiederholungstäter‹ nimmt Suomi einen statistischen Spitzenplatz ein. Dabei setzt sich die Landschaft noch nicht einmal übermäßig spektakulär in Szene. Wollte man sie durch einen globalen Vergleich charakterisieren, könnte Finnland am ehesten als das ›europäische Kanada‹ bezeichnet werden (dann wäre Norwegen das ›Alaska Europas‹). Ihr Reiz, der eindeutig im Zusammenspiel von Wasser und Land, von Seen und Wäldern liegt, wird durch die guten Klimadaten noch gesteigert. Im Sommer, wenn sich am blauen Himmel mit seinen weißen Gutwetterwölkchen oder in den blitzsauberen Seen mit ihren Jachten die Farben der Landesfahne spiegeln, ermöglichen die höchsten Durchschnittstemperaturen Skandinaviens alle Arten von Wassersport und sonstigen Outdoor-Aktivitäten. Blau-weißes Vergnügen ist aber auch für die steigende Zahl der Winterurlauber garantiert, vor allem im März und April, wenn sich zumeist ein wolkenloser Himmel über die tief verschneite Märchenlandschaft spannt.

Seen und Wälder

Finnland ist als Land der 1000 Seen bekannt. Doch das ist untertrieben, sogar weit untertrieben. Je nachdem, was man als See auffasst, kommt man auf die unglaubliche Zahl von 188 000. Die riesige Seenplatte im Süden des Landes gehört zu den beliebtesten Urlaubszielen, ein Mosaik aus Grün und Blau, in dessen Zentrum das **Saimaa-Seengebiet** liegt. Die Gegend ist ein Eldorado für Wassersportler, die mit dem Kanu oder einer Jacht die Gewässer durchstreifen. Als finnische Nationallandschaft und entsprechend beliebtes Reiseziel gilt der **Nationalpark Koli** in Finnisch-Karelien im Osten des Landes. Hier findet man Seen, Wälder und felsige Kuppen.

Nördlich der Seenplatte besteht die Landschaft aus schier endlosen Wäldern, die sich bis hinauf zur norwegischen und schwedischen Grenze erstrecken. Dies ist die Gegend, in die sich Wanderer für einsame Spaziergänge oder lange Trekkingtouren zurückziehen. Ein – zugegeben fast schon überlaufener – Klassiker ist der **Bärenpfad nördlich von Kuusamo**. Auch die Wanderung über die Kuppen des **Nationalparks Pallas-Yllästunturi** in Lappland wird gern unternommen. Als Geheimtipp kann die Wanderung durch den **Kevo-Canyon** im nördlichen Zipfel des Landes gelten.

Kunst, Kultur und Lebensart

Man würde Finnland nicht gerecht, wollte man seine Qualitäten nur auf die Natur reduzieren. Auch wer sich für Musik, bildende Kunst und Architektur begeistern kann, wird am Reiseziel auf viele Highlights stoßen. Das überraschend vielseitige Kulturangebot des eigentlichen Finnland wird ergänzt durch die eigenständige Samen-Gesellschaft und durch die benachbarten Kunstmetropolen Stockholm, Tallinn und St. Petersburg, die schnell zu erreichen sind.

Die meisten Besucher gelangen via Turku oder die Hauptstadt Helsinki nach Finnland. Damit haben Sie schon zwei Städte vor sich, die mit einem ungemeinen kulturellen Reichtum aufwarten können. Da sind in **Helsinki** die fantastischen Gebäude rund um den Domplatz und überall sichtbare Jugendstil-Architektur. Nicht vergessen darf man die vielen Kunstmuseen – u. a. das Kiasma – sowie das Designviertel mit ausgefallenen Ideen und einem spannenden Museum.

Turku, 2011 Europas Kulturhauptstadt, war jahrhundertelang die wichtigste Stadt des Landes, was an vielen Stellen immer noch zu erkennen ist. Die mehr als 700 Jahre alte Burg ist das größte erhaltene mittelalterliche Gebäude Finnlands, der Dom die Hauptkirche der Evangelisch-Lutherischen Kirche des Landes. Einem der bekanntesten Komponisten des Landes – Jean Sibelius – ist ein eigenes Museum gewidmet.

Mit insgesamt über 800 Museen dürfte Suomi überhaupt in puncto Museen zu den europäischen Rekordhaltern zählen. Nicht nur in Helsinki und Turku, sondern auch in zahlreichen anderen Städten des Landes findet man lohnende **Kunstmuseen,** in Lappland kann man sich zudem in **Museen über die samische Kultur** informieren. Äußerst anschaulich ist das **Siida-Museum in Ivalo** aufgemacht, das über Natur und Kultur im Norden des Landes informiert.

Auch unzählige mittelalterliche **Stein- oder Holzkirchen,** eindrucksvolle **Festungen,** gut erhaltene **Holzhausviertel** und beeindruckende **neoklassizistische Stadtanlagen** lassen sich besichtigen. Den großen Namen der modernen Architektur, allen voran **Alvar Aalto,** begegnet man in vielen kühn entworfenen Gebäuden. Und wo könnte man das weltberühmte finnische **Design** besser kennenlernen als in seinem Heimatland?

Finnland ist überdies ein ausgesprochenes Festivalland, wobei die **Opernfestspiele von Savonlinna,** die **Kammermusikfestspiele von Kuhmo** oder das **Pori Jazz Festival** nur die bekanntesten sind.

Viele werden auch überrascht sein von der Kneipenszene, den Restaurants und der Lebhaftigkeit der Städte, die in den warmen, hellen Sommertagen jedem Klischee von nordischer Zurückhaltung widersprechen. Auf größeren Marktplätzen und in den Häfen geht es hier ausgesprochen turbulent zu. Man findet bei aller Modernität aber auch genügend Lokalkolorit. Ein gleichermaßen spannendes und entspannendes Land also, das jeder auf seine Weise kennenlernen kann.

Reisen auf eigene Faust

Die bei Weitem überwiegende Zahl der Finnlandbesucher ist auf eigene Faust im Land unterwegs, mit dem eigenen Wagen und –

Finnland ist das seenreichste Land der Welt

in zunehmendem Maße – mit dem Wohnmobil. Dazu ist das Land auch vorzüglich geeignet, mit seinen guten Straßenverhältnissen, seinem geringen Verkehrsaufkommen und den langen Wegdistanzen. Individuelle Autotouristen werden feststellen, wie einfach das Reisen in Suomi ist und dass es, wenn man auf Campingplätze bzw. -hütten ausweicht oder vom Jedermannsrecht Gebrauch macht, gar nicht mal so teuer wird.

Ein Manko hat das Reiseziel natürlich: Es ist von Mitteleuropa ziemlich weit entfernt. Wer den Landweg wählt durchs Baltikum oder über Schweden, hat einige Tage reiner Fahrzeit vor sich. Und wer Finnland per Direktfähre ansteuert, muss zumindest in der Hauptsaison tief in die Tasche greifen. Insofern sollten Individualreisende auch Fly-&-Drive-Angebote prüfen, die durchaus mit den Preisen für die Anreise per eigenem Wagen konkurrieren können.

Vertraut man hingegen ganz auf öffentliche Verkehrsmittel, ist Finnland ebenfalls eine gute Wahl. Denn mit dem weit gespannten Netz der Eisenbahn und der Überlandbusse sind alle Regionen und Städte bis hinauf nach Lappland erreichbar und Spezialangebote machen die Sache zu einem bezahlbaren Vergnügen.

Lieber pauschal reisen?

In den Prospekten der großen Reiseunternehmen macht sich Finnland nicht gerade breit. Dafür aber gibt es eine Vielzahl von Spezialveranstaltern, die sich mit maßgeschneiderten Angeboten für Wander-, Kajak-, Fahrrad-, Tierbeobachtungs- oder Skitouren an Gruppen und Individualtouristen wenden. Möchte man an einer organisierten Rundreise durch Finnland teilnehmen, können meist Reisebüros und Busunternehmen weiterhelfen.

Im Programm von Bus- und Studienreiseunternehmen ist Finnland leider nicht mehr so oft als eigenständiges Reiseziel enthalten wie früher. Stattdessen muss es sich mit der Rolle einer Teilstrecke im Rahmen einer Baltikum-Rundreise oder einer großen Skandinavienfahrt bis zum Nordkap zufriedengeben. Pauschale Finnland-Arrangements sieht man auch in den Tourismuspaketen der Finnair oder von Fährbetrieben (insbesondere von Tallink Silja).

Wer über das Internet Veranstalter sucht, kann sich an die Seite www.visitfinland.de des Fremdenverkehrsamts halten (Menüpunkt ›Reisen von Profis‹). Auch die Website www.skandinavien.de (> ›Reisen‹, Stichwort ›Reiseveranstalter‹) ist hilfreich.

WICHTIGE FRAGEN VOR DER REISE

Welche **Zahlungsmittel** sind für Finnland am besten geeignet? s. S. 77, 78

Welches **Budget** muss ich für eine Reise nach Finnland einplanen? s. S. 86

Mit welchem **Wetter** kann ich im Sommer rechnen – und mit welchem im Winter? s. S. 80

Wie ist das mit den **Mücken**? s. S. 25, 78

Wann und wo kann ich die **Mitternachtssonne** sehen – und wann das **Polarlicht**? s. S. 27

Wie ist das mit dem **Alkohol**? s. S. 73

Kann ich das Land auch mit **öffentlichen Verkehrsmitteln** bereisen? s. S. 55

Welche Gebiete eignen sich am besten zum **Wandern**? s. S. 68

Was genau besagt das **Jedermannsrecht**? s. S. 74

Planungshilfe für Ihre Reise

1. Helsinki und Südfinnland

Helsinki wird für viele Reisende der Einstieg in den Finnlandurlaub sein, egal, ob sie mit dem Flugzeug oder der Fähre anreisen. Die Region lohnt auf jeden Fall einen mehrtägigen Aufenthalt, da neben der finnischen Hauptstadt mit ihrer interessanten Architektur und den spannenden Orten für Design auch die Umgebung reizvoll ist. Selbst wer nur auf Kurzbesuch in Helsinki ist, sollte sich einen Ausflug in die westlich der Metropole gelegene Schärenlandschaft gönnen und ein paar Stunden am Meer verbringen. Das gilt natürlich besonders an schönen Sommertagen, an denen sich das Leben draußen abspielt.

- *Helsinki*
- *Hanko*
- *Porvoo*
- *Hattula*

Gut zu wissen: Wer sich Helsinki und Umgebung als Reiseziel ausgesucht hat, kann hervorragend aufs Auto verzichten. Der öffentliche Personennahverkehr ist bestens ausgebaut. Tagestickets kosten 8–18 €.

Zeitplanung

Helsinki mit Ausflug in die Schären:	3–4 Tage
Rundreise:	ca. 6 Tage

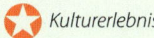 *Kulturerlebnis*   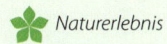 *Naturerlebnis*

Angaben zur Zeitplanung

Bei den folgenden Zeitangaben für die Reise handelt es sich um Empfehlungswerte für Reisende, die ihr Zeitbudget eher knapp kalkulieren.

Die Kapitel in diesem Buch

1. **Helsinki und Südfinnland:** S. 93
2. **Westfinnland:** S. 181
3. **Finnische Seenplatte:** S. 257
4. **Kainuu und Nordkarelien:** S. 301
5. **Lappland:** S. 341

2. Westfinnland

Die westfinnische Küste überrascht: Nicht Wald bestimmt hier das Landschaftsbild, sondern vor allem Felder und Wiesen. Wo immer möglich, sollte man hinaus ans Meer und per Boot zu einem der Leuchttürme tuckern, wo man teilweise sogar übernachten kann. Reizvoll sind die vielen hübschen Städtchen, z. B. Rauma oder Pietarsaari, ideal für Unterbrechungen auf der bisweilen etwas langen Fahrt in den Norden. Eine Ausnahmestellung nehmen die Åland-Inseln ein, die auf halbem Weg nach Schweden liegen und ein Paradies für Wassersportler und Radfahrer sind.

 • Turku
• Rauma

 Åland-Inseln

Gut zu wissen: Wer sich die Straßenschilder und Ortsnamen in Westfinnland anschaut, wird sich über die Bezeichnungen wundern. Das klingt doch überhaupt nicht Finnisch! Die Erklärung dafür: Am westlichen Küstenstreifen wird aus historischen Gründen vielerorts Schwedisch gesprochen.

Zeitplanung
Rundreise: 7 Tage

3. Finnische Seenplatte

Wie kaum eine andere Landschaft steht die Seenplatte für das gängige Bild von der finnischen Natur. In der Tat finden Naturliebhaber hier genau das, was sie für ihren Urlaub im Norden Europas erwarten: einsame Ufer und lauschige Buchten, grüne Wälder und ganz viel Einsamkeit, dazu jedoch auch lebhafte Städtchen, z. B. Lappeenranta.

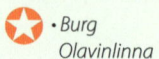 • Burg Olavinlinna

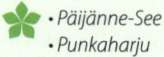 • Päijänne-See
• Punkaharju

Gut zu wissen: Für eine Rundfahrt durch das Seenland sollte man sich eine gute Karte speziell für diese Region besorgen und die Route genau planen. Die großen Straßen führen oft in einiger Entfernung von den Gewässern durch die Landschaft. Es lohnt sich daher, die – nicht immer asphaltierten – Nebenstrecken zu wählen und in gemächlichem Tempo die Perlen des Seenlands zu ›erfahren‹.

Zeitplanung
Rundreise: 8 Tage

4. Kainuu und Nordkarelien

Karelien ist eine historische Landschaft im Nordosten Europas und erstreckt sich zwischen dem Weißen Meer und dem Finnischen Meerbusen. Der Großteil Kareliens liegt heute in Russland. In Finnisch-Karelien verschmelzen die finnische und die russische Kultur. Dies ist nicht nur beim Blick auf die Kirchtürme mit ihren orthodoxen Kreuzen zu erkennen, sondern auch beim Besuch einer Bäckerei, wo man leckere Piroggen bekommt. Die Landschaft ist sehr abwechslungsreich und hat mit dem Pielinen-See und dem sich darüber erhebenden Koli-Berg etliche Künstler inspiriert. Nördlich schließt sich die dünn besiedelte Region Kainuu an.

- *Hossa*
- *Oulanka-Nationalpark*

Raumas Altstadt gilt als eines der besterhaltensten und größten Holzhausareale Skandinaviens

Der Eisbrecher »Sampo« bringt seine Passagiere zum eisigen Bad in der Ostsee vor Lapplands Küste

Gut zu wissen: Autofahrer sollten nicht nur im Osten Finnlands, sondern auch bei der Fahrt durch andere Teile des Landes Warnungen vor Wildwechsel ernst nehmen. Während die Kollision mit Rotwild oder Rentieren zumindest für den Menschen meist glimpflich ausgeht, kann der Zusammenstoß mit einem großen Elch für Mensch und Tier tödlich sein. Besonders in der Dämmerung Obacht geben!

Zeitplanung
Rundreise: 5 Tage

---

5. Lappland

Schier unendliche Wälder, Seen und Flüsse – Lappland ist ein Eldorado für Naturfans. Wer die Gegend erleben will, sollte das Auto stehen lassen und wandern, radeln oder paddeln – erst dann gewinnt man einen bleibenden Eindruck von dieser faszinierenden Region. Der Norden Finnlands ist auch im Winter eine Reise wert, wenn die Nordlichter über dem Schnee tanzen.

 Rovaniemi   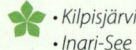 *• Kilpisjärvi*
  • Inari-See

Gut zu wissen: Wer im Winter nach Lappland reist, sollte warme Kleidung im Koffer haben. Die Veranstalter von Aktivitäten und die Hotels statten die Besucher zusätzlich mit Thermoanzügen, Mützen und sehr warmen Stiefeln aus. So wird man auch bei Temperaturen von 20 Grad unter Null nicht frieren.

Zeitplanung
Rundfahrt mit Aktivitäten: ca. 7 Tage

Vorschläge für Rundreisen

▬ Finnlands Südwesten (2 Wochen)

1.–3. Tag: Anreise mit dem Flugzeug oder mit der Fähre nach Helsinki. Stadtbesichtigung in Helsinki.
4. Tag: Fahrt nach Porvoo, Stadtbesichtigung, Schärenküste mit Insel Emäsalo.
5. Tag: Lahti, Besuch des modernen Stadtzentrums und der Museen sowie der Wintersportanlagen, Bootsfahrt.
6. Tag: Weiterfahrt in Richtung Norden über Lahti; Tag in der Natur am Päijänne-See mit Baden, Wandern, Bootfahren. Ausgangspunkt könnte Asikkala sein.
7. Tag: Weiterfahrt nach Tampere, Rundgang durch die historische Industriestadt mit vielen Museen, Besuch des Fernsehturms.
8. Tag: Weiterfahrt nach Pori, Stadtbesichtigung.
9. Tag: Weiterfahrt nach Rauma, Bummel durch das Holzhausstädtchen.
10. Tag: Fahrt entlang der Küste via Uusikaupunki nach Naantali. Besuch im Themenpark Muminland.
11. Tag: Fahrt auf der Ringstraße durch das Schärenreich vor Turku.
12. + 13. Tag: Turku, Stadtbesichtigung mit Dom, Burg und Museen.
14. Tag: Weiterfahrt nach Hanko, Erholung in den Schären.
15. Tag: Rückfahrt nach Helsinki.

▬ Finnische Seenplatte (2 Wochen)

1.–3. Tag: Anreise mit dem Flugzeug oder der Fähre nach Helsinki. Stadterkundung einschließlich Festung Suomenlinna, Dom, De-

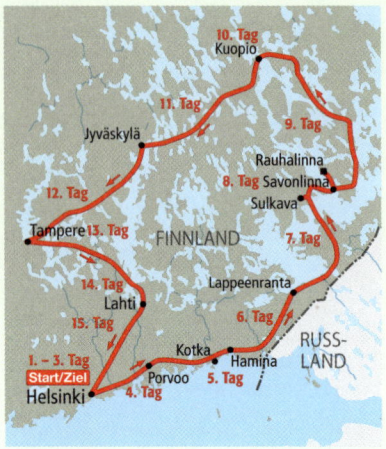

14. Tag: Weiterfahrt nach Lahti, Stadtbesichtigung mit Museen, Ausflug in das Städtchen Hollola.
15. Tag: Rückfahrt nach Helsinki.

▬ Finnlands Norden (2 Wochen)

1. + 2. Tag: Ankunft in Rovaniemi mit dem Flugzeug, Zug oder Auto. Am nächsten Tag Besuch des Museums Arktikum und des Weihnachtsmanndorfs.
3. Tag: Fahrt nach Kemijärvi, Besuch des Heimatmuseums, anschließend geht es nach Sodankylä.
4. Tag: Nächstes Ziel ist Tankavaara. Besuch des Goldmuseums, Goldwaschen.
5. Tag: Kurze Fahrt nach Saariselkä, Wandertag.
6. Tag: Fahrt nach Inari, Besuch des Samenmuseums Siida, Bootsfahrt auf dem Inarisee.
7. Tag: Entlang des Inari-Sees geht es zum Varanger-Fjord.
8. Tag: Tag am Varanger-Fjord mit Königskrabbensafari ab Varangerbotn.
9. Tag: Fahrt nach Inari.
10. Tag: Fahrt via Karasjok (Norwegen) nach Hetta (Finnland).

signviertel und weiteren Sehenswürdigkeiten im Zentrum. Am nächsten Tag stehen Museen auf dem Programm, z. B. das Freilichtmuseum Seurasaari.
4. Tag: Weiterfahrt nach Porvoo, Stadtbesichtigung.
5. Tag: Es geht nach Kotka, Besuch des Maritimmuseums Vellamo. Weiterfahrt nach Hamina, das eine interessante radiale Stadtstruktur aufweist; Stadtbummel.
6. Tag: Nächste Station ist Lappeenranta, Stadtbesichtigung, Besuch der Festung oberhalb des Hafens.
7. Tag: Nach einer Fahrt durch das Seengebiet wird Savonlinna erreicht. Besichtigung der Festung Olavinlinna.
8. Tag: Ausflüge von Savonlinna aus zur Burg Rauhalinna und/oder nach Sulkava.
9. Tag: Weiterfahrt nach Kuopio, Stadtbesichtigung mit Museen.
10. Tag: Von Kuopio aus geht es mit Ausflugsschiffen über die Seenlandschaft, wahlweise auch mit einem gemieteten Kanu.
11. Tag: Weiterfahrt nach Jyväskylä, Besuch des Alvar-Aalto-Museums.
12. Tag: Die Fortsetzung der Route führt nach Tampere, Stadtbesichtigung u. a. mit den historischen Industrieanlagen.
13. Tag: Museumstag in Tampere, bei schönem Wetter auch Baden, schöne Sandstrände liegen südwestlich des Zentrums.

11.–13. Tag: Fahrt zum Nationalparkzentrum Pallas-Yllästunturi, Wanderungen im Nationalpark.
14. + 15. Tag: Fahrt nach Rovaniemi, Rückreise.

Finnland komplett (3–4 Wochen)

1. + 2. Tag: Anreise nach Helsinki. Stadtbesichtigung.
3. Tag: Fahrt nach Porvoo, Stadtbummel. Weiterfahrt nach Kotka mit dem lohnenden Maritimmuseum Vellamo.
4. Tag: Via Hamina geht es nach Lappeenranta, Stadtbummel.
5. Tag: Fahrt via Imatra nach Savonlinna, Besuch der Burg.
6. Tag: Weiter geht's nach Koli mit Zwischenstopp in Joensuu (Nordkarelien-Museum).
7. Tag: Wanderung über die Koli-Berge mit toller Aussicht auf den Pielinen-See.
8. Tag: Auf einem Tagesausflug geht es nach Ilomantsi, von dort aus gelangt man in den Nationalpark Patvinsuon.
9. Tag: Fahrt via Lieksa und Kuhmo nach Suomussalmi.
10. Tag: Fahrt nach Kuusamo und weiter nach Ruka, Raftingtour.
11. Tag: Fahrt nach Salla, Wanderung.
12. Tag: Rovaniemi wird erreicht, Besuch von Arktikum und Weihnachtsmanndorf.
13. Tag: Fahrt nach Tankavaara, Besuch des Goldgräbermuseums, Weiterfahrt nach Inari.
14. Tag: Besuch des Samen-Museums Siida in Inari, Weiterfahrt zum Varanger-Fjord (Norwegen).
15. Tag: Fahrt entlang des Teno-Flusses nach Utsjoki; durch raue Landschaft geht es weiter nach Süden und auf der Straße 92 nach Karasjok (Norwegen).
16. Tag: Fahrt nach Hetta, Wandern in Finnisch-Lappland.
17. Tag: Fahrt zu den Kukkola-Stromschnellen und weiter nach Tornio.
18. + 19. Tag: Weiterfahrt nach Oulu, Stadtbesichtigung, Museumsbesuche (u. a. Freilichtmuseum Turkansaari).

20. Tag: Weiterfahrt nach Kokkola (Stadtbesichtigung) und Pietarsaari (Stadtbesichtigung).
21. Tag: Weiterfahrt nach Vaasa, Stadtbesichtigung.
22. Tag: Besuch der Schären vor Vaasa, Outdoor-Aktivitäten.
23. Tag: Fahrt nach Pori, Stadtbesichtigung, Weiterfahrt nach Rauma.
24. Tag: Bummel in Rauma, Weiterfahrt nach Naantali.
25. Tag: Fahrt auf der Ringstraße durch das Schärenreich nach Turku.
26. Tag: Stadterkundung in Turku mit Burg, Dom und Museen.
27. Tag: Fahrt in die Schären nach Hanko.
28. Tag: Rückfahrt nach Helsinki.

Wissenswertes über Finnland

»Frei, selbstbewusst und verantwortungsvoll dürfen wir
Finnen unser Fenster zur großen Welt öffnen.«
Eino Leino (1878–1926)

Unendliche Birkenwälder: Die Holzindustrie ist ein wichtiger Wirtschaftszweig in Finnland

Steckbrief Finnland

Daten und Fakten

Name: Suomen tasavalta (Kurzform: Suomi)

Fläche: 338 145 km²
Hauptstadt: Helsinki (Helsingfors)

Amtssprachen: Finnisch und Schwedisch. In Lappland ist Sámi als Minoritätensprache offiziell anerkannt.

Einwohner: 5,4 Mio.
Lebenserwartung: durchschnittlich 76 Jahre für Männer, 83 Jahre für Frauen
Bevölkerungsdichte: 15,7 Einw./km²

Währung: Der Euro (€) ist seit 2002 Landeswährung.

Zeit: Es gilt die osteuropäische Zeit (OEZ). Die Verschiebung zur mitteleuropäischen Zeit beträgt plus eine Stunde. Vom letzten Sonntag im März bis zum letzten Sonntag im Oktober wird auf Sommerzeit umgestellt.

Landesvorwahl: +358
Kfz-Kennzeichen: FIN, in Åland auch AX
Internet-Kennung: .fi, auf den Åland-Inseln auch .ax

Landesflagge: Die finnische Nationalflagge zeigt ein hellultramarinblaues skandinavisches Kreuz auf weißem Grund. Die Farben symbolisieren mit den Worten eines Dichters »das Blau unserer Seen und den weißen Schnee unserer Winter«. Die Flagge wurde 1918 eingeführt.

Geografie und Verwaltung

Finnland, das siebtgrößte Land Europas, ist 338 145 km² groß; davon sind 10 % Wasser, 65 % Wald, 17 % sonstiges Land und nur 8 % Kulturland. Die maximale Längsausdehnung beträgt 1160 km, die maximale Breite 540 km. 4600 km ist die stark zergliederte Schärenküste lang, ohne Buchten misst sie 1100 km. Die westliche Landesgrenze nach Schweden ist 586 km lang, die östliche nach Russland 1269 km und die nördliche nach Norwegen 716 km.

Die höchste Erhebung Finnlands ist der Haltitunturi mit 1324 m im Nordwesten des Landes, wo das Skandinavische Gebirge nach Finnland herüberreicht. Geprägt ist Finnland aber von leicht hügeliger, teilweise auch eher flacher Waldlandschaft und seinem Seenreichtum. Der längste Fluss ist der 550 km lange Kemijoki, der sich in die Ostsee ergießt.

Das mit Abstand größte Ballungszentrum ist der Großraum Helsinki. Die Hauptstadt selbst hat 604 000 Einwohner, die Nachbargemeinden Espoo und Vantaa beispielsweise haben 257 000 beziehungsweise 205 000. Tampere in Westfinnland ist die einzige Großstadt im Binnenland und mit 222 000 Einwohnern die drittgrößte des Landes. An fünfter Stelle folgt die ehemalige Hauptstadt Turku mit 180 000, an sechster Oulu im Nordwesten des Landes mit 190 000 und an siebter Lahti mit rund 104 000 Einwohnern.

Historisch gewachsene Provinzen wie z. B. Karelien spielen für die moderne politische Administration Finnlands keine Rolle mehr. Stattdessen ist das Land heute in fünf Verwaltungsbezirke *(lääni)* eingeteilt, die jeweils eine eigene Provinzhauptstadt und rein administrative Funktionen haben. Im Einzelnen sind dies von Süden nach Norden: Südfinnland *(Etelä-suomen lääni)* mit der Hauptstadt Hämeenlinna (Tavastehus); Westfinnland *(Länsi-suomen lääni)* mit der Hauptstadt Turku (Åbo); Ostfinnland *(Itä-suomen lääni)* mit der Hauptstadt Mikkeli (St. Michel), die Provinz Oulu *(Oulun lääni)* mit der Hauptstadt Oulu (Uleåborg) und Lappland *(Lappin lääni)* mit der Hauptstadt Rovaniemi. Hinzu kommt der autonome schwedischsprachige Landesteil der Åland-Inseln *(Ahvenanmaan lääni)* mit der Hauptstadt Mariehamn.

Staat und Politik

Die Republik Finnland wurde im Jahr 1917 unabhängig. Ihr Oberhaupt ist der Staatspräsident, der für eine sechsjährige Amtszeit direkt vom Volk gewählt wird. Seine traditionell großen Machtbefugnisse wurden in einer Verfassungsreform 2000 beschnitten. Im selben Jahr wurde mit Tarja Halonen erstmals eine Frau in dieses Amt gewählt. Sie konnte sich 2006 erneut durchsetzen. Seit März 2012 hat Sauli Niinistö das Amt inne.

Die oberste gesetzgebende Gewalt geht in Finnland vom Parlament (Reichstag; finn.: *eduskunta*) aus, über dessen Zusammensetzung die Wähler alle vier Jahre nach dem Verhältniswahlrecht entscheiden. In den meisten Parlamenten seit der Unabhängigkeit hatten die konservativen Kräfte die Mehrheit, wenn auch oft die Sozialdemokraten (Suomen Sosialidemokraattinen Puolue, SDP) als Einzelpartei die meisten Abgeordneten stellte. Aus den letzten Parlamentswahlen, die im April 2015 stattfanden, ging die Zentrumspartei als stärkste Kraft hervor, zweitstärkste Kraft wurden die rechtspopulistischen ›Wahren Finnen‹. Neuer Ministerpräsident ist der IT-Unternehmer Juha Sipilä.

Bevölkerung und Religion

Von den rund 5,4 Mio. Einwohnern sind 91,7 % Finnen, 5,5 % Finnland-Schweden sowie ca. 17 000 Sámi. Etwa 78 % der Bevölkerung leben heute in Städten oder stadtähnlichen Gemeinden. Die Bevölkerungsdichte beträgt durchschnittlich 15,7 Einw./km², weist allerdings auch sehr große regionale Unterschiede auf, die zwischen 136 Einw./km² im Großraum Helsinki und 2,2 Einw./km² in Lappland liegen.

Seit 1923 besteht in Finnland volle Glaubensfreiheit. Die größte Glaubensgemeinschaft ist die evangelisch-lutherische Kirche, zu der sich etwa 83 % der Bevölkerung bekennen. Gut 1 % gehört der orthodoxen Kirche an, beide haben den Status einer Staatskirche.

Klima und Reisezeit

Das finnische Klima ist durch kalte Winter und warme Sommer gekennzeichnet. Dank des Einflusses der Ostsee und der vom Golfstrom erwärmten Winde vom Atlantik herrschen deutlich mildere Temperaturen als in anderen Regionen dieser nördlichen Breite. Die mittlere Jahrestemperatur in Helsinki beträgt 5,3 °C. An den wärmsten Tagen kann es im Sommer schon einmal über 30 °C heiß sein, im Winter, vor allem im Februar, sind Temperaturen um −20 °C allerdings nichts Ungewöhnliches.

In Finnland gelten – trotz stark anwachsender Touristenzahlen im Winter – die warmen Sommermonate von Ende Juni bis Mitte August als Hauptreisezeit. Die Wintersportsaison hat ihren ersten Höhepunkt in den Weihnachtsferien, doch bevorzugen mitteleuropäische Touristen die helleren Tage Anfang Februar bis Mitte April bzw. bis Anfang Mai im hohen Norden.

Natur und Umwelt

Dafür, dass Finnland eher amphibisch erscheint, nicht wie eine kompakte Landmasse, sorgen die zahllosen Seen, wasserreichen Flüsse und die weit ins Land reichenden Buchten der Ostsee. Farbliche Kontraste zum Blau des Wassers sind das Grün der Wälder und das Rosa des Granits.

Flickenteppich aus Land und Seen

Selbst wenn man sich nie besonders für Finnland interessiert hat, wird sich doch bei den meisten das Bild vom »Land der tausend Seen« festgesetzt haben. Tatsächlich sind es 187 888 Seen, wobei nur Wasserflächen von jeweils mehr als 500 m² berücksichtigt sind. Damit gilt Suomi proportional zur Landesfläche als seenreichstes Land der Erde.

Das mit Abstand größte Gewässer ist dabei der Saimaa (4380 km²), doch auch der Päijänne weiter westlich und der Inari-See ganz im Norden bringen es auf über 1000 km². Das Urgestein – Granit und Gneis – des baltischen Schildes wurde von den Eiszeiten zu flachen Mulden ausgehoben, weshalb die Seen in der Regel nur eine geringe Tiefe haben: durchschnittlich 7 m. Nicht nur die Seen und das Meer sorgen für stetige Nähe von Wasser, sondern auch große Flüsse mit rund 5100 Wasserfällen und Stromschnellen. Der Kemijoki ist mit 550 km der längste Strom.

Inseln und Schären

Der Flickenteppich des Festlandes aus Land und Seen, in denen rund 98 000 (!) Inselchen liegen, setzt sich auch in der Ostsee fort, die im finnischen Teil mit 81 530 größeren und ungezählten kleinen Inseln durchsetzt ist. Vor der Südwestküste erstreckt sich Europas größter Archipel, zu dem auch die Åland-Inseln gehören. Während eines Flugs kann oft nicht unterschieden werden, ob das blau-grüne Labyrinth am Boden nun noch im Süß- oder schon im Salzwasserbereich liegt.

Das Verhältnis zwischen festem und nassem Element verändert sich stetig zugunsten des Ersteren: In der Eiszeit wurde die Erdscholle vom Gewicht der kilometerdicken Gletscher tief nach unten gedrückt. Seit ihrem Abschmelzen hebt sie sich in einem langsamen Prozess: um etwa 30 cm pro Jahrhundert im Süden und um bis zu 90 cm am Ende des Bottnischen Meerbusens. Finnland wird also immer größer, der alljährliche Zugewinn beträgt immerhin 7 km².

Die Topografie verzeichnet nur wenige Erhebungen über 1000 m, und diese sind auf die Region um das finnisch-schwedisch-norwegische Dreiländereck beschränkt. Abgesehen von der weiten österbottnischen Küstenebene charakterisieren moderate Hügel, Schmelzwassermoränen und leicht gewellte Strukturen das Land.

Fauna und Flora

Die Tierwelt des Landes ist nicht so artenreich wie die Mitteleuropas und lässt sich mit der paläarktischen Faunaregion ganz Nordskandinaviens und Sibiriens vergleichen.

Raubtiere

Dank der Aufklärungsarbeit von Naturschutzorganisationen und gesetzlicher Maßnahmen sind einige Großraubtiere im Bestand gesichert, u. a. der Braunbär, der in den östlichen Wildmarken heimisch ist und ausgewachsen gut vier Zentner wiegen kann. 800 bis 900 Exemplare des Einzelgängers, der zu Beginn des Frühjahrs aus seinem Winterschlaf erwacht, leben in Finnland, andere wandern regelmäßig über die Grenze aus Russland ein.

Auch Wölfe wandern jeden Winter in großer Anzahl ein, ihr heimischer Bestand dürfte bei knapp 300 Exemplaren liegen. Daneben trifft man auf Spuren von Luchs und Vielfraß. Dem Menschen droht von solchen Raubtieren in der Regel keine Gefahr: Begegnungen in freier Wildbahn sind äußerst selten.

Achtung, Mücken!

Blutrünstiger ist eine andere finnlandtypische Spezies, die ihre geringe Größe durch umso größeren Appetit wettmacht: die Mücke. Diese Plage tritt zwar nur während weniger Wochen auf, was aber niemanden tröstet, der in dieser Zeit auf Wandertour ist. Mücken gibt es in ganz Finnland, besonders aber in den Sumpf- und Moorgebieten Lapplands, wo sie Anfang Juli in dichten Schwärmen stehen. Oft helfen dann weder Moskitonetze noch Mückenöl. Am besten macht man im Juli um solche Gebiete einen weiten Bogen.

Elche, Rentiere und andere

Der Elch ist im Seengebiet sehr zahlreich vertreten. Die Forst- und Jagdbehörden halten seinen Bestand wegen des Fleischwertes auf konstant hohem Niveau. Die meisten Reisenden werden jedoch das Land verlassen, ohne eines der scheuen Tiere in freier Wildbahn gesehen zu haben. Weitaus zugänglicher sind Rentiere. Der Ausdruck ›Haustier‹ trifft auf Rene aber nur bedingt zu, da sie frei zu ihren Weidegebieten wandern und nur saisonal bei der Rentierscheidung eingefangen werden. Wilde Waldrene gibt es in den Naturschutzgebieten des Nordostens.

An größeren Wildtieren kommen vereinzelt Luchs und Vielfraß vor, ebenso wie Weißschwanzhirsch, Marder und Biber. Die endlosen Nadelwälder Süd- und Mittelfinnlands werden von Feldhasen, Eichhörnchen und Füchsen bevölkert, weit verbreitet sind aber auch die Kreuzotter und Federwildarten wie Birkhahn und Auerhahn. Die meisten der etwa 350 Vogelarten stellen die Zugvögel. Heimisch sind u. a. die Schwarzdrossel, die auch den Winter in Südfinnland verbringt, Schneehuhn und Schneeeule, die für Lappland charakteristisch sind, und als große Greifvögel Stein-, See- und Fischadler.

In den Seen, Flüssen und der Ostsee gibt es unter den gut 70 Fischarten viele sehr schmackhafte Speisefische, darunter Äsche, Barsch, Forelle, Hecht, Maräne, Lachs, Renke, Strömling (Ostseehering) und Zander.

Als Nutztiere werden neben den Rentieren vor allem Rinder gehalten. In den nördlichen Breitengraden sind die Bauern jedoch gezwungen, die Tiere fast ein halbes Jahr in warmen Ställen unterzubringen. Schaf- und Ziegenhaltung sind in Finnland bedeutungslos.

Bäume, Flechten, Moose und Beeren

Die Flora wird überwiegend vom Waldbaum bestimmt, wobei nur die Südwestküste und der Schärengarten zur mitteleuropäischen Laub- und Mischwaldzone zu zählen sind. Ahorn, Eiche, Linde und Esche setzt das kalte Winterklima unweit der Küste eine klare Grenze. Der größte Teil des Landes gehört daher auf zur nördlichen Nadelwaldzone, in der auf den trockeneren Sand- und Moränenböden die Kiefer und in feuchteren Gebieten die Fichte vorherrschen. Überall sieht man daneben auch die Birke, die selbst dort noch wächst, wo die Nadelbäume ihren Existenzkampf aufgegeben haben. In den hoch gelegenen Lapplandfjälls kann aber auch sie nur als Zwerg- oder Polarbirke überleben.

Flechten (über 1000 Arten) und Moose (ca. 800) sind die wahren Charakterpflanzen des Landes, die sich bis hinunter zur Südküste als dickes Polster unter dem lichten Nadelwald ausbreiten. Über einen solchen natürlichen Teppich gehen Wanderer, um die begehrten Schätze des Waldes zu bergen: Pilze und Beeren. Neben Johannis-, Wacholder-, Honig-, Blau-, Erd- und Preiselbeeren findet man die überaus schmackhafte Moltebeere.

Natur und Umwelt

Umwelt- und Naturschutz

Das Urlaubsziel Finnland lebt von seiner sauberen Luft, den klaren Seen und den weiten Wäldern. Aber saurer Regen macht vor keiner Landesgrenze halt und ganz so unberührt ist auch der Natur- und Lebensraum Finnlands nicht mehr. Die Ostsee gehört zu den weltweit am meisten belasteten Gewässern. Im Nordosten wird die Umwelt von russischen Metallkombinaten verpestet. Und die finnische Industrie belastet die sensible Natur ebenfalls. Immerhin konnten Luftverschmutzung und Verunreinigung der Gewässer erheblich verringert werden. Der Druck der Öffentlichkeit ist gewachsen und längst nicht mehr jedes Staudammprojekt kann widerstandslos realisiert werden. Das ökologische Gleichgewicht ruht vor allem im hohen Norden auf einem äußerst labilen Fundament. Der pflegliche Umgang mit der Natur gerade auch vonseiten der Touristen ist oberstes Gebot. Hier braucht eine zerstörte Pflanze zum Nachwachsen ungleich länger als in südlicheren Breiten, jede Zigarettenkippe verrottet weitaus langsamer.

In Finnland wurden **38 Nationalparks** eingerichtet, die für jedermann zugänglich sind. Sie sollen jeden finnischen Landschaftstyp mit seinem unverwechselbaren Tier- und Pflanzenleben mindestens einmal dokumentieren. Markierte Wanderpfade erschließen die Regionen. Oft gibt es Feuerstellen, Bänke, Tische, Zeltplätze und Hütten, die jeder Besucher für eine Nacht kostenlos benutzen darf. Die größten Nationalparks sind die wegelosen Wildmarkgebiete Lapplands. In der Regel gibt es ein Besucherzentrum mit Ausstellungsräumen, sanitären Einrichtungen und einem Guideservice. Darüber hinaus gibt es die **Naturreservate**, die strengeren Zugangsbeschränkungen unterworfen sind und u. a. der biologischen bzw. ökologischen Forschung dienen. Die sogenannten **Nationalen Wandergebiete** sollen den Menschen zur Erholung und zu Outdoor-Aktivitäten zur Verfügung stehen. Deshalb findet man hier ein ausgedehntes Netz von Wanderwegen bzw. Skiloipen, aber auch Hotels und Campingplätze, Lifte, Bootsverleihstationen etc.

NACHHALTIG REISEN

Finnland hat viel Natur aufzuweisen – jedem Touristen sollte daran gelegen sein, diese zu schützen. Natürlich belastet man nicht zuletzt aufgrund der großen Distanzen mit seinem Auto oder Wohnmobil die Umwelt. Ist man auf Bus und Bahn angewiesen, kann man mit ihnen die meisten Reiseziele erreichen, da der öffentliche Nahverkehr (www.vr.fi) gut ausgebaut ist. Lappland-Touristen können auch den Autoreisezug nutzen und so bequem über Nacht von Helsinki aus den Norden des Landes erreichen, beispielsweise Rovaniemi. Die folgenden Webseiten geben weitere Tipps, wie man seine Reise nachhaltig gestalten kann.
www.fairunterwegs.org: »Fair Reisen«, statt nur zu verreisen, dafür wirbt der schweizerische Arbeitskreis für Tourismus und Entwicklung. Außerdem erhält man hier ausführliche Infos zu Reiseländern in der ganzen Welt.
www.sympathiemagazin.de: Länderhefte mit Infos zu Alltagsleben, Politik, Kultur und Wirtschaft; Themenhefte zu den Weltregionen, Umwelt, Kinderrechten und Globalisierung.
www.zukunft-reisen.de: Das Portal des Vereins Ökologischer Tourismus in Europa erklärt, wie man ohne Verzicht umweltverträglich und sozial verantwortlich reisen kann.
Weitere Adressen: http://forumandersreisen.de, www.nfi.at
www.nordic-ecolabel.org: Das Nordic Ecolabel ist das offizielle Öko-Gütesiegel für Nachhaltigkeit in den skandinavischen Ländern und wurde 40 Hotels in Finnland verliehen.

Mitternachtssonne und Polarnacht

Die jahreszeitlichen Bedingungen sind in Finnland wie in allen polnahen Ländern extrem: Auf einen warmen Sommer mit langen Tagen folgt schnell ein langer Winter mit langen Nächten, die aber durch das atemberaubende Naturschauspiel des Polarlichts erhellt werden.

Die **Jahreszeiten** in Finnland werden vom eurasischen Kontinentalklima bestimmt, das bei östlichen Winden im Sommer ausgesprochene Hitzeperioden und im Winter bittere Kälteeinbrüche mit sich bringt. Die warmen Golfstromwinde mildern die Klimagegensätze etwas ab, sodass die Temperaturen im Mittel um 6 °C höher liegen als sonst in diesen Breitengraden. Die durchschnittlichen Niederschlagsmengen sind mit 600 mm im Süden und 400 mm im Norden gering. Innerhalb des Landes gibt es aufgrund der Nord-Süd-Ausdehnung erhebliche jahreszeitliche Unterschiede. Der Sommer dauert in Inari nur etwa 51, in Helsinki aber 115 Tage! Hat die Hauptstadt nur 135 Wintertage, muss Lappland mit über 200 Tagen rechnen.

Mit der Schneeschmelze durchbricht der **Frühling** je nach Gegend zwischen Ende März und Anfang Juni wie eine Urgewalt die Herrschaft des Winters und überzieht in unglaublicher Schnelle das Land mit einem Blütenmeer. Das Mittsommernachtsfest läutet im Süden den **Sommer** ein. Dann verschwindet in Helsinki die Sonne nur kurz hinter dem Horizont, und der Tag weicht einem diffusen Dämmerlicht. Mehr noch fasziniert die Mitternachtssonne *(keskiyön aurinko)*, wenn die Sonne noch um 0 Uhr über dem Horizont steht, nicht untergeht, sondern auf ihrer scheinbaren Bahn um die Erde wieder langsam höher steigt. Dieser 24-Stunden-Tag fällt am Polarkreis (66° 33' nördliche Breite) mit dem 21. Juni zusammen, während in Utsjoki die Mitternachtssonne vom 17. Mai bis zum 27. Juli zu sehen ist. Trotz mancher Regenschauer ist der finnische Sommer über weite Strecken trocken und überrascht oft mit ausgesprochenen Hitzeperioden, die in Lappland schon Spitzenwerte von 35 °C erreichten.

Bereits im August werden die Tage wieder kürzer, erste Nachtfröste suchen Lappland heim – der **Herbst** kündigt sich an. An seiner Schwelle steht *ruska*, die kurze Zeit der grandiosen frühherbstlichen Laubfärbung. Im September kann bereits erster Schnee fallen, und spätestens ab Dezember herrscht tiefster **Winter**; dann liegt das Land unter einer geschlossenen Eis- und Schneedecke. Für die Gebiete nördlich des Polarkreises beginnt nun *kaamos*, die Zeit der Dunkelheit. Die Polarnacht hat die gleiche Ursache wie die Mittsommernacht: Die Erdachse steht nicht senkrecht zur gedachten Ebene ihrer Umlaufbahn, sondern ist geneigt. Im nördlichen Winter erreicht das Nordpolargebiet deshalb kein Licht, während dann am Südpol Mittsommer ist. Die Nacht wird aber auch ganz im Norden dank der Schneedecke nie tiefschwarz. Hinzu kommt das **Polarlicht,** das sich wie eine Art flatternder Vorhang, als Strahlenbündel oder als ruhender Bogen in Gelbgrün bis Rot am Himmel ausbreitet. Von der Sonne kommende elektrische Teilchen werden durch das Erdmagnetfeld zu den Polen geleitet. Wenn die Teilchen in die Atmosphäre eintreten, treffen sie millionenfach mit den Atomen der Erdatmosphäre zusammen, wodurch das Polarlicht entsteht.

Wirtschaft und Soziales

Längst schon ist Finnland keine Nation von Bauern und Holzfällern mehr, sondern ein hoch entwickelter, moderner Industriestaat. Kein anderes Land verfügt pro Kopf über eine höhere Zahl an Mobiltelefonen und Internetanschlüssen, keine andere Nation ist online aktiver.

Finnische Wirtschaftswunder

Es ist sicher nicht zu hoch gegriffen, bei der Beschreibung der finnischen Wirtschaft gleich mehrfach das Wort Wunder zu bemühen. Denn kaum ein Land in Europa musste sich in ähnlichem Maße immer wieder politischen Veränderungen anpassen und tiefe Krisen bewältigen, die nicht selbst verschuldet waren. Finnland war noch bis weit ins 20. Jh. hinein eines der ärmsten Länder des Kontinents. Zwar fasste die Industrialisierung bereits in der ersten Hälfte des 19. Jh. durch Baumwollspinnereien (etwa Finlayson), Papiermühlen und Eisenhütten Fuß, doch für die Mehrheit der Finnen blieb das Erwerbsleben weiterhin von Land- und Forstwirtschaft bestimmt. Noch 1950 wohnten drei Viertel der Bevölkerung auf dem Land, betrug die Anzahl der in der Industrie Beschäftigten nur ca. 25 % und lag das Einkommensniveau weit unter dem europäischen Durchschnitt.

Scheinbar paradoxerweise erwiesen sich gerade die drückenden Reparationszahlungen, die die Republik an die UdSSR zu leisten hatte, als Motor der industriellen Entwicklung und führten direkt zum ersten finnischen Wirtschaftswunder. Denn um den sowjetischen Forderungen nachzukommen, musste die Industrie im großen Maßstab ausgebaut und umstrukturiert werden. In kürzester Zeit gelang es, die Ökonomie auf eine breite, moderne Basis zu stellen und die Abhängigkeit vom Holz zu verringern, dem bis dahin ausschließlich bedeutenden Exportartikel. Der rasante Strukturwandel machte innerhalb von 20 Jahren aus dem ehemaligen Agrarland einen hoch industrialisierten Staat.

Der Höhenflug endete jäh, als Ende der 1980er-Jahre die Exportmärkte im Osten wegbrachen. Aufgrund hoher Zinsen und einer beachtlichen Schuldenlast, die der Staat angehäuft hatte, schlitterte die finnische Wirtschaft in ihre bislang schlimmste Krise. Die Erwerbslosenquote schnellte von rund 3 % auf über 20 % hoch, damit führte man zusammen mit Spanien die europäischen Statistiken an. Nach drei mageren Jahren setzte 1992 die Wende ein, die noch vor dem Jahrtausendwechsel in einem erneuten Wirtschaftswunder gipfelte. Die finnischen Ausfuhren stiegen Mitte der 1990er-Jahre um durchschnittlich 13 %. Gleichzeitig beschnitt man rigoros die staatlichen Ausgaben und stabilisierte durch eine konsequente Sparpolitik den öffentlichen Sektor.

Auch sonst zeigte sich Finnland als europäischer Musterschüler und zählte von Anfang an zum Kreis jener EU-Mitglieder, die das sogenannte Euroland bilden. Seit dem Beitritt profitierten die Verbraucher von einer Preissenkung, die etliche Lebensmittel bis zur Hälfte billiger machte, es gab einen phänomenalen Wirtschaftsboom und eine Zunahme des Wohlstandes, wie ihn das Land noch nie gesehen hatte. Im absoluten Boomjahr 2000 gab es ein Wirtschaftswachstum von 6,1 % und eine Steigerung der Exporte um knapp 9 %! Heute werden rund zwei Drittel des Bruttoinlandsprodukts im privaten und öffentlichen Dienstleistungssektor erwirtschaftet, der insgesamt auch 65 % aller Arbeitsplätze bindet. Nur noch knapp 8 % der Erwerbstätigen sind in Landwirtschaft, Fischerei und Forstwirtschaft beschäftigt. Ende 2010, nach dem Höhepunkt der weltweiten Finanz- und Wirtschaftskrise, hatte sich die Arbeitslosenrate auf rund 8 % verringert.

Wirtschaftsleben

Wichtigster Rohstoff: Holz

Immer schon war Holz der wichtigste Rohstoff im waldreichsten Land Europas; noch heute leben viele Finnen von ihren Wäldern. Trotz des raschen finnischen Wandels zum Hochtechnologieland ist der Forst für die Wirtschaft bestimmender als in jedem anderen EU-Land. Bau- und Möbelholz, Holzpellets und zu Zellstoff-, Pappe und Papier verarbeitetes Holz machen 20 % der Exporte und 5 % des BIP aus. Die finnischen Holz- und Papierunternehmen zählen zu den größten Forstindustriegesellschaften der Welt. Die Umweltbilanz dieses Sektors ist im Großen und Ganzen gut, denn die Waldbewirtschaftung unterliegt strengen ökologischen Gesetzen.

IT-Branche und andere Unternehmen

Als beispielhaft für die Umstrukturierung der finnischen Wirtschaft galt ihr größter Konzern: Nokia. Einst gewöhnliche Papierfabrik, konnte Nokia in den 1980er-Jahren die Produktionspalette durch Zukauf einer Reihe namhafter Firmen der Elektroindustrie erweitern. Darunter waren Fernsehgeräte- und Kabelproduzenten wie Salora, Luxor oder das deutsche Unternehmen SEL-Unterhaltungselektronik sowie die Computerabteilung des schwedischen Ericsson-Konzerns. Ein Großteil des Umsatzes wurde mit Telefonen, Funkgeräten, TV-Geräten, Flachbildschirmen und Mikrocomputern sowie durch Chipproduktion erwirtschaftet, vor allem aber mit Mobiltelefonen. Jedes dritte in der Welt verkaufte Gerät war von Nokia. Dass die ›Nokiaisierung‹ der finnischen Wirtschaft auch eine große Gefahr barg, zeigte sich ab 2008. Der Konzern, der vorher allein für ein Viertel des Wirtschaftswachstums verantwortlich gewesen war, geriet ins Trudeln, musste auch in Finnland massiv Arbeitsplätze abbauen und versuchte seit 2011 zusammen mit Microsoft verlorenes Ter-

Die finnische Wirtschaft war lange von der Holzindustrie abhängig

Wirtschaft und Soziales

rain zurückzugewinnen. 2013 verkaufte Nokia seine Mobilfunksparte an den US-Software-Konzern und kündigte an, in Zukunft vor allem auf Netzwerktechnik und Geodienste zu setzen, was sich auch an der Übernahme des Netzwerkausrüsters Alcatel Lucent zeigt.

In der Informationstechnologiebranche haben neben Nokia vor allem kleine Unternehmen der Medien- und Biotechnologie Hochkonjunktur. Die neue Biotech-Universität von Helsinki oder Technologiezentren wie die Medipolis in Oulu arbeiten mit Hochdruck an der Ausbildung qualifizierter Arbeitskräfte für diesen Sektor. Die Produktion von Software, Netzdienstleistungen und Endgeräten, insbesondere auf dem Feld der drahtlosen Kommunikation, steigt alljährlich.

Ein Umsatzriese ist auch der 1948 gegründete petrochemische Konzern Neste (Oil) Oyj, der in 30 Ländern operiert. Die Firma ist in Europa der führende Entwickler und Hersteller emissionsarmer Treibstoffe und hat u. a. in den baltischen Ländern, Russland und Polen ein Tankstellennetz westlichen Standards aufgebaut. Wie Neste besitzen auch viele andere finnische Unternehmen langjährige Erfahrungen im Osthandel, die noch aus der UdSSR-Ära stammen. Durch logistische Vorteile und den Vertrauensvorsprung kam es zu einer ganzen Reihe von Joint Ventures und zu finnischen Direktinvestitionen.

Seit Ende des 19. Jh. in Turku die ersten Eisbrecher vom Stapel liefen, war der Schiffbau einer der Pfeiler der heimischen Wirtschaft. Selbst während der Depression der 1990er-Jahre konnte dieser Sektor Vollbeschäftigung verzeichnen. Ca. 60 % aller Eisbrecher weltweit stammen z. B. von der Wärtsilä-Werft. Die finnischen Schiffbauer bedienen den Weltmarkt daneben ebenso mit luxuriösen Kreuzfahrtschiffen wie mit zivilen und militärischen Spezialschiffen und einer breiten Palette an Jacht- und Freizeitbooten.

Energie

Finnland zählt wie alle nordischen Länder zu jenen mit dem höchsten Energieverbrauch in Europa. Schuld daran sind die lang anhaltende eisige Kälte und die Dunkelheit. In Finnland kommt noch eine äußerst energieintensive Industrie dazu, z. B. benötigt das Stahlwerk im lappländischen Tornio allein so viel Strom wie ganz Helsinki. Suomi muss einen riesigen Anteil des Gesamtverbrauches an Energie importieren. Deshalb entstand bis 2011 auf der Halbinsel Olkiluoto bei Rauma eines der weltweit größten Atomkraftwerke, ebenso ist dort ein Endlager für hochradioaktive Abfälle im Bau. Zu den bestehenden drei Reaktorblöcken sollen drei weitere kommen, einer ist bereits in Bau. 25 % des finnischen Stroms liefert die Kernspaltung.

Schulsystem

Der hohe kulturelle und ökonomische Standard Finnlands fußt auf einer breiten Basis von staatlicher Förderung und guter Volksbildung. In Finnland werden gut 7,8 % des Bruttoinlandsproduktes für Bildung aufgebracht (Deutschland: 4,8 %). Und 62 % der Bevölkerung haben eine abgeschlossene Fachausbildung, 25 % besitzen sogar einen Hochschulabschluss. Es gibt 20 Universitäten, an denen rund 175 000 Studenten immatrikuliert sind, davon 53 % Frauen.

Die Grundlage für die solide Bildung wird in der integrierten Gesamtschule gelegt, die für alle Kinder im Alter von 7–16 Jahren verpflichtend ist. Anschließend steht es den Schülern offen, ob sie noch die dreijährige gymnasiale Oberstufe oder eine Berufsschule (2–5 Jahre) besuchen wollen. Die Gesamtschule findet ganztägig statt, der Unterricht und die Schulbücher sind kostenfrei, ebenso das warme Mittagessen und bei Bedarf ein Förderunterricht. Die Ausstattung der Schulen ist vorbildlich – auch in Hinblick auf moderne Medien. Hinzu kommt eine gute Versorgung der Schulen mit Sonderpädagogen und Sozialarbeitern, Schulkuratoren, Speziallehrern für Legastheniker, Schulassistenten etc. In Finnland bestehen 60 % aller Schüler das Abitur (Deutschland: 28 %). Die internationalen PISA-Studien belegen die weltweite Spitzenposition der finnischen Schüler.

Geschichte

Im Jahr 2017 wird die finnische Republik bereits 100 Jahre alt. Aber die Feierlichkeiten zum Nationalfeiertag belegen den ungebrochen hohen Grad der Identifikation mit der eigenen Nation und die Bereitschaft, dieses Land zu bejahen, das immer allen politischen Widrigkeiten trotzte.

Vorgeschichtliche Zeit

Die Urfinnen

Nachdem sich die Gletscher der letzten Eiszeit nach Norden zurückgezogen hatten und die arktische Tierwelt ihnen gefolgt war, eroberte der Mensch das Land. Steinäxte, Tonscherben und Überreste von Feuerstellen, die in Südfinnland gefunden wurden, belegen, dass die Region seit über 9000 Jahren besiedelt ist. Archäologen gehen davon aus, dass es im Land seit der Steinzeit eine recht kleine arktische Urbevölkerung gegeben hat, die auf der Suche nach Jagdwild und anderer Nahrung riesige Gebiete durchquerte.

Da in den ältesten Sprachschichten Begriffe wie Meer, Seefahrt oder Lachs fehlen, scheinen die Urfinnen im Binnenland zu Hause gewesen zu sein. Sie haben sich immer wieder mit neuen Einwanderern aus dem Osten und dem baltischen Raum vermischt. Aus dieser Völkermixtur gingen dann schließlich die Finnen hervor.

Die finnischen Stämme

Um das Jahr 1000 n. Chr. hatten sich aus der Urbevölkerung drei Hauptstämme entwickelt: die eigentlichen Finnen im Südwesten, die Tavasten in Mittel- und Ostfinnland und schließlich die Karelier, deren Gebiet sich im Südosten bis hin zum Ladoga-See erstreckte. Ab 500 n. Chr. drangen von Westen nordgermanische bzw. wikingisch-schwedische Stämme ein, besiedelten die Åland-Inseln und ließen sich an der südwestfinnischen Küste nieder – eine gute Gelegenheit für die in den finnischen Wäldern lebenden Menschen, Pelze gegen Metall und Schmuck oder Fleisch und Geweihe gegen Waffen zu tauschen. Das Warenangebot interessierte bald auch Kaufleute, die von weiter her über die Ostsee kamen, die Küste entlangsegelten und ihren Weg stromaufwärts zu den Dörfern fanden.

Da in der Region ein machtpolitisches Vakuum herrschte, zog sie begehrliche Blicke sowohl der Schweden als auch der Nowgoroder Russen auf sich. Und weil es bei den heidnischen Finnen noch ›viele Seelen zu retten‹ gab, wurde der Wettlauf um die Herrschaft auch zu einem zwischen der orthodoxen und der römisch-katholischen Kirche.

Unter schwedischer Herrschaft

Kreuzzüge und Märtyrer

Den Wettlauf um Finnland gewannen die Schweden. Sie unternahmen 1155 unter König Erik IX., später der Heilige genannt, ihren ersten Kreuzzug in den Osten. Verhängnisvoll endete die Mission für Bischof Henrik, der auf dem Eis des Köyliö-Sees vom Bauern Lalli erschlagen wurde: Finnland hatte seinen ersten Märtyrer und Nationalheiligen. Der Eroberung des Landes setzten die Finnen keine großen Widerstände entgegen. So konnte Schweden nahezu ungehindert die kulturelle und politische Integration Süd- und West-

Geschichte

finnlands vorantreiben, seine Bischöfe die kirchlichen Verhältnisse ordnen lassen und bald auch größere Mengen Einwanderer in die fruchtbaren Gebiete bringen. 1284 wurde Finnland schwedisches Großherzogtum. Zur wichtigsten Stadt stieg das im 13. Jh. gegründete Åbo (Turku) auf, wo der Bischof des Bistums Finnland seinen Sitz hatte. Eine weitere wichtige Stadt gründeten die Schweden 1293 während ihres dritten Kreuzzugs: Viborg (Viipuri) in Karelien. Im Osten unternahm auch Nowgorod Anstrengungen, Fuß zu fassen. Das Verhältnis zwischen Russen und Schweden war durch ständige Kämpfe geprägt, bis man 1323 in Schlüsselburg vorläufig Frieden schloss. Karelien wurde geteilt, und der östliche Teil war für lange Zeit dem Einfluss der russisch-byzantinischen Welt ausgesetzt.

Das schwedische »Ostland«

Die Schweden nannten ihren Einflussbereich Ostland und stellten die Provinz 1362 in allen Belangen jeder anderen schwedischen Provinz gleich, sodass Finnland eigene Vertreter zu den Königswahlen in Schweden, später auch in den Ständereichstag entsenden konnte. Adelige Familien, meist schwedischer Abstammung, residierten in mächtigen Burgen, ohne dass jedoch der Feudalismus Einzug hielt: Die Bauern in dieser Region mussten niemals das Los der Leibeigenschaft erdulden, anders als die Ostkarelier. Trotzdem blieb die Landbevölkerung beiderseits der Grenze eine einheitliche Gemeinschaft, verbunden durch gleiche Sprache, Religion, familiäre Sitten und Gebräuche. Bis heute legt hier die Vielzahl mittelalterlicher Feldsteinkirchen ein eindrucksvolles Zeugnis der relativ wohlhabenden Epoche des späten Mittelalters ab.

Unter dem schwedischen König Gustav I. Vasa (1523–60) wurde die Macht der römisch-katholischen Kirche gebrochen: Mikael Agricola (1510–57), Bischof von Turku und finnischer Reformator, etablierte nach schwedischem Vorbild den lutherischen Protestantismus und übersetzte 1548 das Neue Testament. Dadurch wurde er auch zum Schöpfer der finnischen Schriftsprache.

Am Ende des 16. Jh. und während des 17. Jh. stand Finnland im Bann der schwedischen Großmachtzeit. 1617 gelang es, ganz Karelien zu erobern und das Gebiet bis zum Ladoga-See Finnland einzuverleiben. Im Dreißigjährigen Krieg kämpften im schwedischen Heer nicht wenige finnische Landsknechte, darunter die wegen ihrer Grausamkeit berüchtigte Kavallerie der Hakkapeliten (von finn.: *hakka päälle* = hau drauf!). Im Land selbst installierte der schwedische Gouverneur Per Brahe 1640 in Åbo (Turku) die erste, allerdings schwedischsprachige Universität sowie mehrere neue Hafenstädte an der Westküste, gefolgt von Städtegründungen im Südosten als Grenzfestungen gegen Russland.

Zwischen Schweden und Russland

Im 18. Jh. verschärften sich die Auseinandersetzungen mit Russland und endeten aus schwedischer Sicht nicht glücklich. Im Nordischen Krieg (1700–21) verspielte Schweden seine Großmachtrolle. Von Finnland wurden im Frieden von Nystad (Uusikaupunki) Teile von Karelien an den Zaren Peter I. abgetreten. Dieser hatte mit seiner neuen Hauptstadt St. Petersburg das Tor zum Westen aufgestoßen. Der russische Druck auf Finnland nahm zu. Im Krieg 1741–43 fielen Südkarelien, Südsavo und andere Gebiete.

Die ständigen Kriege und die Ausbeutung durch die schwedischen Großgrundbesitzer hatten das Land ausgeblutet. Dadurch verstärkten sich die separatistischen Bestrebungen, die sich in Bauernrevolten wie etwa im Jahr 1773 Luft verschafften. Offiziere und Intellektuelle gründeten, von den Ideen der Französischen Revolution beeinflusst, Heimatvereine mit dem Ziel der staatlichen Unabhängigkeit und der kulturellen Emanzipation. Das Aus für die über 500-jährige schwedische Ära kam Anfang des 19. Jh. 1808 begann der russische Zar Alexander I. seinen Finnlandkrieg, der ein Jahr später mit der Eroberung des Landes endete und auch die Åland-Inseln vom Schwedischen Königreich abkoppelte.

Finnland als russisches Großfürstentum

Nach dem von Russland gewonnenen Krieg wurde Finnland autonomes Großfürstentum. Im Unterschied zur schwedischen Herrschaft, als Finnland von Stockholm aus verwaltet wurde, war das Großfürstentum insofern autonom, als das höchste Verwaltungsorgan, der Senat, nur finnische Mitglieder hatte. Verfassungsmäßiger Herrscher, also Großfürst, war aber der jeweilige russische Zar.

Alexander I. tastete von 1809 bis 1825 weder die Stellung der evangelisch-lutherischen Kirche noch die des Schwedischen als offizielle Landessprache an und hielt sich aus allen inneren und kulturellen Belangen heraus. 1812 erklärt er das kleinere, aber näher an St. Petersburg gelegene Helsinki anstelle von Turku zur Landeshauptstadt.

Aufschwung und liberale Reformen

Nachfolger auf dem Zarenthron war der weit weniger liberale Nikolaus I. (1825–55). Zensur und Geheimpolizei hielten in Finnland Einzug und das Land wurde in internationale Konflikte wie den Krimkrieg hineingezogen. Die Thronbesteigung des Zaren Alexander II. (1855–81) verbesserte die politische Großwetterlage wieder. Die nationale Identitätsfindung der Finnen konnte weiter wachsen. Finnisch wurde gleichberechtigte Amtssprache. Auch die allgemeine Schulpflicht wurde durchgesetzt, ebenso gründete man finnischsprachige Schulen und Gymnasien (das erste 1858 in Jyväskylä) sowie Theater (das erste 1872 in Pori). Auch wirtschaftlich ging es weiter aufwärts: 1856 wurde der Saimaa-Kanal eröffnet, der erste Zug verkehrte 1862 zwischen Helsinki und Hämeenlinna. 1865 bekam das Land mit der Finnmark eine eigene Währung und 1870 konnte die Eisenbahnlinie Helsinki–Riihimäki–Wyborg–St. Petersburg in Betrieb genommen werden. Durch das 1878 verabschiedete Gesetz über die Wehrpflicht bekam Finnland eine eigene Armee. Es hatte einen eigenen Beamtenapparat, ein eigenes Gerichts- und Postwesen.

Unruhen, Streiks und erste Wahlen

Ende des 19. Jh. gab es russische Bestrebungen, die Autonomie des finnischen Großfürstentums zu untergraben. Die Aufhebung der Verfassung 1899 und der Versuch, Russisch als Amtssprache durchzusetzen, forderten den Widerstand der Bevölkerung heraus. Im April 1904 erschoss der finnische Beamte Eugen Schaumann den russischen Generalgouverneur Nikolai Iwanowitsch Bobrikow in Helsinki. Auch auf den Generalstreik in Finnland konnte Russland nicht reagieren. Die finnische Autonomie wurde wieder hergestellt und 1906 sogar der altertümliche Vierständelandtag durch ein Einkammerparlament ersetzt, eines der modernsten der damaligen Zeit. Die Abgeordneten wurden durch freie Wahlen bestimmt, die finnischen Frauen erhielten als erste in Europa das allgemeine Wahlrecht.

Selbstständige Republik Finnland

Unabhängigkeit

Die Wirren des Ersten Weltkrieges und der russischen Oktoberrevolution von 1917, bei der der Zar gestürzt wurde, verlangten von Finnland eine Entscheidung über den künftigen Weg: Diskutiert wurde die Gründung einer unabhängigen Republik, andere wollten nach dem Vorbild Norwegens eine Monarchie etablieren. Das Parlament beschloss aber am 6. Dezember 1917 für Finnland die Unabhängigkeit und die Staatsform einer Republik. Das Ausland verhielt sich zunächst abwartend, die neue russische Regierung unter Lenin war die erste, die am 31. Dezember die Republik Finnland offiziell anerkannte.

Die Voraussetzungen für die staatliche Unabhängigkeit waren in Finnland besser

Geschichte

als in vielen anderen Ländern vergleichbarer Lage, denn alle staatlichen Einrichtungen wie Parlaments- und Regierungssystem, Wahlrecht, Beamtenschaft oder Währungs- und Finanzwesen bestanden bereits, zudem gab es eine florierende nationale Wirtschaft und Kultur. Doch erwiesen sich die Gegensätze zwischen Sozialreformern und Konservativen als unüberbrückbar. Sie mündeten 1918/19 in einen auf beiden Seiten grausam geführten Bürgerkrieg, der noch lange die finnische Gesellschaft entzweien sollte. 20 000 Menschenleben kostete der Bürgerkrieg, den die Konservativen für sich entscheiden konnten.

Noch während des Bürgerkrieges war erneut die Frage aufgeflammt, ob das neue Finnland präsidial oder monarchisch geleitet werden solle. Diesen Streit gewannen zunächst die Royalisten und wählten im Oktober 1918 Friedrich Karl von Hessen zum König von Finnland. Doch der deutsche Prinz lehnte ab, und Marschall Mannerheim, der provisorisch die Geschäfte des Staatsoberhauptes übernommen hatte, bestätigte am 17. Juli 1919 die demokratische Verfassung der Republik Finnland, die noch heute in Kraft ist.

Die ersten beiden Jahrzehnte

Die ersten Jahre des jungen Staates brachten ansatzweise eine Versöhnung der verfeindeten Lager, mehr soziale Gerechtigkeit und außenpolitische Erfolge: Die Auseinandersetzungen mit der Sowjetunion endeten 1920 mit dem Frieden von Dorpat, der die Grenzen des Großfürstentums wiederherstellte und Finnland zusätzlich bei Petsamo einen Zugang zum Eismeer brachte, 1921 sprach der Völkerbund die von Schweden beanspruchten Åland-Inseln Finnland zu.

Die Republik verfolgte zunächst eine Politik der engen Zusammenarbeit mit Estland, Lettland, Litauen und Polen, die ›Randstaatenpolitik‹, bis sie sich Mitte der 1930er-Jahre mehr den nordischen Ländern zuwandte. Die stets schwelende Gefahr eines militärischen Konflikts mit der Sowjetunion wurde durch einen Nichtangriffspakt 1932 vorerst gebannt.

Zweiter Weltkrieg

Der im August 1939 geschlossene Nichtangriffspakt zwischen Deutschland und der Sowjetunion enthielt ein geheimes Zusatzprotokoll, das Finnland der russischen Interessensphäre zuteilte. Der im November 1939 von den Sowjets begonnene Winterkrieg endete 1940 mit dem Verlust Kareliens und der Umsiedlung von mehr als 400 000 Menschen. Als einige Monate später Hitlers Armee Russland überfiel, sah man in Helsinki die Chance, die verlorenen Gebiete wieder zurückzugewinnen. Doch auch die Anfangserfolge dieses sogenannten Fortsetzungskrieges waren bis zum Abschluss des Separatfriedens im Herbst 1944 verspielt und die sowjetischen Bedingungen des Friedensvertrages hart. Außerdem war man verpflichtet, gegen die in Nordfinnland stehenden deutschen Truppen vorzugehen.

Finnland, UdSSR und KSZE

Nach den Kriegen war Finnland vor große innen- und außenpolitische Probleme gestellt. Am drängendsten war die Klärung des Verhältnisses zur östlichen Großmacht Sowjetunion. Unter dem 1946 gewählten Staatspräsidenten Juho Kusti Paasikivi wurden 1947 im Friedensvertrag von Paris die russischen Gebietsgewinne zementiert, durch Finnlands Verzicht auf die Marshall-Hilfe gleichzeitig aber auch eine festere Anbindung an den Westen abgelehnt. Im Jahr darauf schloss man mit Moskau einen Vertrag über Freundschaft, Zusammenarbeit und Beistand als Grundpfeiler der sogenannten Paasikivi-Linie, die im Ausland den Begriff ›Finnlandisierung‹ entstehen ließ. Wirtschaftlich drückten die Reparationszahlungen vorerst erheblich, die als Warenlieferungen abzuleisten waren und im Endwert etwa 570 Mio. Dollar erreichten.

In gleichem Maß war die Wiederherstellung normaler Verhältnisse im eigenen Land eine immense Herausforderung: Für mehr als 400 000 karelische Flüchtlinge musste

Selbstständige Republik Finnland

Denkmal des ersten Präsidenten K. J. Ståhlberg vor dem Parlamentsgebäude

Wohnraum geschaffen und das verwüstete Lappland wieder aufgebaut werden.

Noch unter Paasikivi trat Finnland 1955 sowohl der UNO als auch dem Nordischen Rat bei – drei Jahre, nachdem sich Helsinki als weltoffene Bühne bei den Olympischen Spiele darstellen konnte.

Der überragende Schrittmacher des finnischen Weges war der 1956 zum Staatspräsidenten gewählte Urho Kekkonen, der bis 1981 seine Ostpolitik und eine aktive Neutralitätspolitik verfolgte. Eine direkte Folge war u. a. die so überaus wichtige Konferenz über Sicherheit und Zusammenarbeit in Europa (KSZE), die 1975 zum ersten Mal in Helsinki zusammentrat. Kekkonens Verdienst ist es, das Staatsschiff während des Kalten Krieges so geschickt manövriert zu haben, dass es weder auf östliche noch auf westliche Klippen auflief. Innerhalb einer Generation gelang den Finnen der Aufbau eines funktionierenden modernen Wohlfahrts- und Sozialstaates, der durch eine leistungsfähige Wirtschaft bezahlbar war, und der Aufstieg in die Gruppe der begütertsten Länder der Welt.

EU-Land Suomi

In die Zeit von Kekkonens Nachfolger Mauno Koivisto (1982–94) fiel der Umbruch in den baltischen Ländern und der Zusammenbruch des Sowjetreiches, der für die finnische Wirtschaft ihre schwerste Krise brachte.

Unter Staatspräsident Martti Ahtisaari trat Finnland 1995 der EU bei; unter dessen Nachfolgerin Tarja Halonen wurde 2002 der Euro eingeführt – Schritte der Westintegration, die vor 1990 undenkbar gewesen wären. Für seine Bemühungen zur Lösung internationaler Konflikte erhielt Ahtisaari 2008 den Friedensnobelpreis. Unter dem Eindruck der Griechenlandkrise zeigten sich die Finnen zunehmend EU-skeptisch und bescherten der rechtspopulistischen Partei ›Die Wahren Finnen‹ (Perussuomalaiset) bei den Parlamentswahlen 2011 mit 19 % das drittbeste Ergebnis. Aus den Wahlen 2015 ging die Finnische Zentrumspartei (KESK) als stärkste Kraft hervor (21,1 %), gefolgt von der Nationalen Sammlungspartei (18,2 %) und den ›Wahren Finnen‹ (PS, 17,7 %). Die drei Parteien bilden die Regierung um Ministerpräsident Juha Sipilä (KESK).

Zeittafel

7200 v. Chr.	Spuren erster Besiedlung in Südwestfinnland.
98 n. Chr.	Erste Erwähnung der »Fennen« durch Tacitus.
ab 1155	Schwedische Kreuzzüge bringen die ersten Missionare ins Land, darunter Bischof Henrik, der 1158 den Märtyrertod stirbt.
1284	Finnland wird schwedisches Großherzogtum.
1323	Der Frieden von Schlüsselburg beendet vorerst die Kämpfe zwischen Nowgorod und Schweden; Karelien wird geteilt.
1523–1560	Regierungszeit von Gustav I. Vasa: Vom Turkuer Bischof Mikael Agricola wird die Reformation durchgeführt, seine Übersetzung des Neuen Testaments ist das erste Buch in finnischer Sprache (1548); 1550 wird Helsinki gegründet.
1700–1721	Im Nordischen Krieg unterliegt Schweden dem russischen Zaren. Finnland muss im Frieden von Nystad Teile von Karelien abtreten.
1741–43	Erneuter schwedisch-russischer Krieg: im Frieden von Turku weitere Gebietsverluste Finnlands.
1773	Revolte finnischer Bauern gegen die schwedischen Großgrundbesitzer, Verstärkung separatistischer Bestrebungen.
1808/09	Zar Alexander I. gewinnt den Krieg gegen Schweden. Er beruft in Porvoo den Landtag ein und erklärt Finnland zum Großfürstentum. Helsinki wird anstelle von Turku zur Hauptstadt erklärt (1812).
1863	Finnisch wird neben Schwedisch gleichberechtigte Amtssprache.
1899	Die finnische Verfassung wird von Zar Nikolai II. aufgehoben. Der passive Widerstand gegen die Slawisierungspolitik wächst.
1904/05	Ein Finne ermordet den russischen Generalgouverneur Nikolai Bobrikow; revolutionäre Unruhen und ein Generalstreik während des russisch-japanischen Krieges erzwingen die finnische Autonomie.
1906	Ersetzen des Stände- durch ein modernes Einkammerparlament; die Finninnen erhalten als weltweit erste Frauen das Wahlrecht.
1917	Der Zar wird in der Oktoberrevolution gestürzt; der finnische Landtag proklamiert am 6. Dezember die staatliche Unabhängigkeit.

Ein heftiger Bürgerkrieg entbrennt. 1919 wird die Republik Finnland ausgerufen, am 17. Juli eine demokratische Verfassung verabschiedet.	**1918/19**
Im Frieden von Dorpat bekommt die Republik bei Petsamo einen Zugang zum Eismeer.	**1920**
Der Frieden von Moskau beendet den 105 Tage dauernden Winterkrieg mit der Sowjetunion.	**1940**
Fortsetzungskrieg mit der Sowjetunion. Nach dem Waffenstillstand gelten wieder die Grenzen von 1940. Finnland muss umfangreiche Reparationen zahlen.	**1941–1944**
Friedensvertrag mit der UdSSR in Paris. Finnland verzichtet auf Hilfe durch den Marshall-Plan.	**1947**
Freundschafts- und Beistandspakt mit der Sowjetunion.	**1948**
Letzte finnische Reparationszahlung an die Sowjetunion; Olympische Spiele von Helsinki.	**1952**
Finnland wird Mitglied der UNO und des Nordischen Rates.	**1956**
Die erste Internationale Konferenz über Sicherheit und Zusammenarbeit in Europa (KSZE) findet in Helsinki statt.	**1975**
Finnland tritt der Europäischen Union bei.	**1995**
Einführung des Euro als Landeswährung.	**2002**
Bei den Parlamentswahlen im April erzielen die Konservativen eine knappe Mehrheit. Eigentlicher Sieger sind jedoch die rechtspopulistischen und EU-kritischen »Wahren Finnen«.	**2011**
Nokia, das wie kein anderes Unternehmen für die moderne finnische Wirtschaft steht, verkauft seine Mobilfunksparte an Microsoft.	**2013**
Finnland ist Ehrengast der Frankfurter Buchmesse.	**2014**
Juha Sipilä wird nach den Wahlen im April neuer Ministerpräsident.	**2015**
In Finnland soll die Einführung eines Grundeinkommens im Jahr 2017 vorbereitet werden. Im Raum steht eine Summe von 800 Euro. Dafür sollen Sozialleistungen wegfallen.	**2016**

Gesellschaft und Alltagskultur

Dass die Finnen schweigsam und unterkühlt seien, Eigenbrötler und Hightech-Freaks, Trunkenbolde und Naturliebhaber, sind die üblichen Klischees. Die Wahrheit erfährt man am besten im Lande selbst, beim Kontakt zu Suomis freundlichen Einwohnern.

Bevölkerung und Lebensweise

Klischee und Wirklichkeit

Will man eine Charakterisierung der Finnen wagen, könnte man – natürlich bei aller gebotenen Vorsicht – behaupten, dass der Alltag der meisten Finnen von höflicher Zurückhaltung geprägt ist, dass sie sich in der privaten Umgebung und im kleinen Kreis wohler fühlen als in der anonymen Öffentlichkeit, dass sie nicht zu übertriebener Selbstdarstellung und Extrovertiertheit neigen. Die angebliche Schweigsamkeit der Finnen ist inzwischen sogar schon zum Gegenstand kommunikationstheoretischer Studien geworden. Wenn aber die Finnen so schweigsam sind, wozu brauchen sie dann ihre vielen Mobiltelefone? Statistiken zufolge nahm Suomi in den letzten Jahre weltweit stets einen der vordersten Plätze bei der Anzahl der Handys in Relation zur Bevölkerung ein.

Zu den längst überholten Klischees gehört auch das Bild vom Volk der Bauern und Holzfäller. So wichtig das Vorbild des urigen Landarbeiters für die Selbstfindung in der Zeit der Nationalromantik auch war, so wichtig der Wald auch heute noch für die ›finnische Seele‹ sein mag, für die überwältigende Mehrheit ist der alltägliche Lebensraum heute die Stadt. In einem rasanten Strukturwandel stieg der Urbanisierungsgrad im 20. Jh. enorm an: Lag er 1960 noch bei 38,4 %, wohnen heute über 82 % aller Landeskinder in einer Stadt oder stadtähnlichen Umgebung. Und sie sind, ob als Städter oder als Landbewohner, mit allen Segnungen eines modernen Wohlfahrtsstaates ausgestattet, einem eng geknüpften sozialen Netz, einer vorzüglichen medizinischen Versorgung und einem weltweit anerkannten Bildungsangebot.

Finne und Finnin

In der finnischen Sprache fällt die Unterscheidung zwischen der männlichen und der weiblichen Bevölkerung nicht so leicht wie im Deutschen. So gibt es beispielsweise als Personalpronomen in der dritten Person Singular nur das sächliche *se* und das neutrale *hän,* das sowohl »er« als auch »sie« bedeutet. Dieser sprachlichen Gleichstellung der Geschlechter von alters her entspricht die jüngere gesellschaftliche Entwicklung. Denn in kaum einem Land ist die Gleichberechtigung der Frauen allgemein so akzeptiert und auch so konsequent umgesetzt worden. Schon vor über 100 Jahren – im Oktober 1906 – wurde den Finninnen als ersten Frauen der Welt das aktive und passive Wahlrecht zuerkannt. Mittlerweile sind deutlich mehr als die Hälfte aller Universitätsabsolvierenden weiblich.

Das Verbot jeglicher geschlechtsbezogener Diskriminierung führte u. a. zu einem Gesetz, nach dem bei Kommunalwahlen alle Körperschaften zu mindestens 40 % von Frauen, aber auch wenigstens zu 40 % von Männern besetzt sein müssen. Auch auf höherer politischer Ebene sind die Finninnen in puncto Gleichberechtigung Vorreiterinnen in Europa. Im Frühjahr 2000 wurde Tarja Halonen zum Staatsoberhaupt gewählt und 2006 wie-

Mittlerweile leben über 80 % der Finninnen und Finnen in der Stadt – ein Großteil in Helsinki

der gewählt. Schon 2003 war die finnische Regierung kurzfristig von einer Frau geleitet worden (Anneli Jääteenmäki). Und nach den Wahlen von 2011 amtierte die 41-jährige Vorsitzende der Zentrumspartei, Mari Kiviniemi, als Ministerpräsidentin – wenn auch nur für einen Monat. Selbst in der Männerdomäne Wirtschaft wird inzwischen jeder neunte Chefsessel von einer Frau eingenommen, und im mittleren Management ist bereits jede dritte Position weiblich besetzt.

Sportnation Finnland

Leistungs- und Breitensport

Suomis Sportleben ist reich an legendären Gestalten. Zwischen 1906 und 2010 standen finnische Olympioniken rund 460-mal auf dem Siegertreppchen, wobei sie bei den Sommerspielen immer erfolgreicher waren als im Winter. Das glänzende internationale Auftreten finnischer Sportler ist ein Beleg für den flächendeckend und enthusiastisch betriebenen Breitensport, der Finnland zu Recht das Attribut einer Sportnation einbringt.

Den Finnen macht es auch riesigen Spaß, anderen beim Sport zuzuschauen. Von lokalen Sportfesten bis hin zur Ausrichtung von Europa- oder Weltmeisterschaften: Immer sind die Ränge vollbesetzt, und die Zuschauer zeigen ein Temperament, das jedes Klischee von nordischer Zurückhaltung widerlegt.

Eishockey

Als Mannschaftssport ist Eishockey neben Fußball äußerst populär. Großereignisse wie der Gewinn der Weltmeisterschaft (1995, 2011) versetzen das Land in kollektive Verzückung, zumal man sich im Finale beide Male gegen die Schweden durchsetzen konnte. Nicht nur in den modernen Hallen der Großstädte, sondern auch in den vielen kleinen Holzarenen überall im Land vergnügt sich die Jugend unter freiem Himmel oder Flutlicht. Wer Talent und Glück hat, wird für einen der großen Clubs entdeckt, deren Spitzenspieler es dann über den Großen Teich zu den amerikanischen Profiverbänden zieht.

Finnisch – eine exotische Sprache

Finnisch verstehen zu wollen ist nahezu unmöglich, von einigen Lehnwörtern wie baari, sukkeri, posti oder hotelli abgesehen. Der Grund: Finnisch gehört nicht zu den indoeuropäischen Sprachen. Vokabular, Sprachsystem, all das ist himmelweit von allen germanischen, romanischen oder slawischen Sprachen entfernt.

Der Normaltourist, der in eine finnische Zeitung oder auf eine rein finnische Website schaut, versteht also immer nur ›rautatieasema‹ (= ›Bahnhof‹). Trotzdem gibt es auch Positives: Erstens werden fast alle Buchstaben wie im Deutschen ausgesprochen. Zweitens liegt die Betonung immer auf der ersten Silbe (also: Hélsinki, Róvaniemi). Fast alle europäischen Sprachen gehen auf eine gemeinsame Wurzel zurück: das sogenannte Indoeuropäische, aus dem sich im Laufe von Jahrtausenden einzelne Sprachfamilien wie das Romanische und Germanische samt ihren vielen Nationalsprachen und Dialekten entwickelt haben. Wenn man etwa das Zahlwort drei (*tria, tre, tres, three, trois* usw.) dem finnischen *kolme* gegenüberstellt, wird klar, dass diese Sprache offensichtlich aus dem Rahmen fällt, also nicht indoeuropäischen Ursprungs ist. Diese exotische Qualität teilt das Finnische in Europa unter anderem mit dem Baskischen und dem Ungarischen. Mit Letzterem verbindet das Finnische eine gemeinsame Wurzel, die von den Linguisten als Finno-Ugrisch bezeichnet wird. Finno-ugrische Sprachen werden heute immerhin von etwa 23 Mio. Menschen gesprochen, und zwar hauptsächlich im baltischen Raum, auf der Sprachinsel Ungarn, an der mittleren Wolga und in einem breiten Streifen Sibiriens bis hin zum Jenissei-Fluss. Sprachhistorisch am nächsten stehen den Finnen dabei die Karelier und die Esten, aber auch die Sámi gehören zu dieser Gruppe.

Was außer der Herkunft unterscheidet nun Finnisch von den indoeuropäischen Sprachen, was macht es so schwer erlernbar? In erster Linie das völlig andere Sprachsystem, das z. B. 15 Fälle, aber keine Artikel, kein Geschlecht und fast keine Präpositionen kennt. Letztere werden gerne als Suffixe bzw. Ableitungen oder Fälle in ein Wort integriert: Wenn das Haus *talo* heißt, wird jeweils durch einen eigenen Kasus zu »in das Haus« *taloon*, »von dem Haus« *talosta*, »in dem Haus« *talossa* oder »als Haus« *talona* gesagt. Statt männlich und weiblich wird nur belebt und unbelebt unterschieden: Menschen, Tiere und Pflanzen bilden eine von Sachen oder Dingen unterscheidbare Gruppe. Solcherart Unterschiede im System können Sprachschüler zur Verzweiflung treiben, bedeuten aber nicht, dass Finnisch an sich schwerer sei als etwa Deutsch oder Englisch: Ein finnisches Kind erlernt seine Muttersprache in der gleichen Zeit wie jedes andere. Und in mancher Hinsicht kann Finnisch sogar als leicht gelten: Die Sprache ist logisch aufgebaut, es gibt so gut wie keine Ausnahmen und dem Schriftwert entspricht immer nur ein Lautwert. Dass das Finnische so gut gesungen werden kann, liegt an seinem selbst das Italienische übertreffenden Vokalreichtum. Gewöhnungsbedürftig ist die Vielzahl an Doppelvokalen und -konsonanten, die jeweils den Lautwert – und damit die Bedeutung – verändern, z. B. bei *muta* (Schlamm), *mutta* (aber), *muuta* (Sonstiges) und *muutaa* (verändern).

Sportnation Finnland

Fliegende Finnen …

Dass dem Wintersport ein hoher Stellenwert zukommt, kann schon aufgrund der geografischen und klimatischen Eckdaten vermutet werden. Ein Ereignis wie der 75 km lange Finlandia-Lauf von Lahti nach Hämeenlinna bringt 10 000 Aktive auf die Bretter sowie Hunderttausende Zuschauer an die Strecke.

Neben dem Skilanglauf konnten finnische Sportlerinnen und Sportler vor allem im Skisprung Medaillen sammeln. Dominiert wurde diese Disziplin in den 1980er-Jahren von **Matti Nykänen,** dem legendären »fliegenden Finnen« aus Jyväskylä, der z. B. 1988 in Calgary auf allen drei Schanzen Gold gewann. Als seine legitimen Nachfolger galten in den 1990er-Jahren **Toni Nieminen** und im neuen Jahrhundert **Janne Ahonen.** Zurzeit sind die finnischen Flieger jedoch in einer Flaute.

… und rasende Finnen

Zum ruhigen Naturell von Land und Bewohnern mag es nicht so recht passen, dass ausgerechnet Motorsportarten zu den Erfolgsdisziplinen werden konnten. Hier sind zuerst Ex-Weltmeister **Keke Rosberg** und der zweimalige Formel-1-Weltmeister **Mika Häkkinen** zu nennen, weiterhin **Heikki Kovalainen** und **Kimi Räikkönen.** Beim Rallye-Sport fällt die Bilanz noch positiver aus: Von den bisherigen Weltmeisterschaften haben Finnen über die Hälfte gewonnen.

Suomis Wunderläufer

Besondere Erwähnung verdient noch das Laufen, das den Finnen offenbar im Blut liegt: Jede Woche wird mit großer Beteiligung irgendwo ein Volks- oder Orientierungslauf veranstaltet. Auch hier haben Finnen bei internationalen Wettkämpfen herausragende Leistungen erzielt. Über allem aber schwebt, sozusagen als guter Geist des finnischen Sports insgesamt, der 1897 in Turku geborene »Wunderläufer« **Paavo Nurmi,** der auf den Strecken von 1500 bis 20 000 m 22 anerkannte Weltrekorde aufstellte. Mit neun Gold- und drei Silbermedaillen, die er bei den Spielen von Antwerpen (1920), Paris (1924) und Amsterdam (1928) errang, zählt Nurmi zu den erfolgreichsten Olympioniken aller Zeiten.

Er rannte nicht, er flog: Paavo Nurmi (Statue vor dem Olympiastadion in Helsinki)

Die Sauna – schwitzen wie die Finnen

Die Kulturtechnik des richtigen Schwitzens ist Jahrtausende alt, und vermutlich brachten die finnischen Urahnen sie bereits mit, als sie ihre heutige Heimat besiedelten. Spaßeshalber könnte man vermuten, sie machten sich dort sesshaft, wo es zum Saunieren in Hülle und Fülle Holz und Seen für die Abkühlung gab.

Experten bestätigen, dass die Geschichte der Sauna in Finnland mindestens 2000 Jahre zurückreicht. In Erdhütten, später Blockhäuschen, wurden über einem Kreis aus Steinen Holzscheite und Zweige entzündet. Die Glut des Feuers erhitzte die Steine und diese erhitzten den Raum, der nur einen kleinen Abzug hatte. Eine solche Rauchsauna trieb einem den Schweiß aus den Poren und Tränen in die Augen. Zwar erlebt heute die Rauchsauna eine Renaissance, doch werden die meisten froh sein, dass man vor rund 300 Jahren die Ofensauna erfand.

Früher war die Sauna in den Lebensrhythmus noch weitaus stärker integriert als heute. In der Sauna wurden Kinder geboren, Kranke geheilt und Tote aufgebahrt, hier wurde Wäsche gewaschen, Flachs getrocknet, Fleisch gepökelt und Wurst geräuchert. Man besuchte sie – nicht nur im Winter – nach harter körperlicher Arbeit. Der Saunagang gehörte als Ritual zum Samstag wie zum Heiligen Abend. Der »Schwitzkasten« konnte alle diese Funktionen erfüllen, weil er einfach der sauberste, sterilste und ruhigste Ort des Hauses war. Deswegen gehörte es auch zum guten Ton, einem durchreisenden Gast das Bad in der Sauna anzubieten. Diese Einladung abzulehnen wurde als unhöflich empfunden – das gilt übrigens heute noch! Nach volkstümlichen Vorstellungen war die Sauna von einem guten Geist bewohnt, der diese beschützte, aber sofort auszog, wenn er Zeuge von Streitereien wurde. Friedliche Entspannung sollte das Einzige sein, was man durch das Schwitzen zu finden hoffte. Neben der Nacktheit der Besucher waren es wohl »heidnische« Rituale, deretwegen die Kirche das Saunieren lange argwöhnisch beäugte. Völlig unnötig, denn man schwitzt nämlich auch heute noch vorwiegend im Kreis der Familie oder nach Geschlechtern getrennt.

Beim typisch finnischen Saunieren darf dreierlei nicht fehlen: der Aufguss, der auf die heißen Steine gegossen wird; das *vihta* – ein Bündel frischer Birkenzweige, die einerseits einen köstlichen Duft verströmen und mit denen man andererseits sich oder seinem Gegenüber leichte Schläge versetzt. Außerdem gehört der Sprung in kaltes Wasser dazu, am besten in einen hoffentlich nahe gelegenen See. Sicher ist, dass die Sauna abhärtet, Erkältungen vorbeugt, die Haut verschönt, den Kreislauf stabilisiert, den Stoffwechsel aktiviert und den Körper entschlackt. Bei der richtigen Temperatur (85–105 °C) reicht Saunaneulingen ein Aufenthalt von 10 Minuten zwischen den Abkühlungsgängen. Dass die Finnen ihre Saunas lieben, steht außer Frage. Jeweils eine kommt laut Statistik auf drei Einwohner, sodass sich theoretisch alle Landeskinder zur gleichen Zeit dem Schwitzvergnügen hingeben könnten. Fast jedes Mietshaus hat seine Saunaabteilung. Saunas gibt es in allen Hotels, Jugendherbergen und sogar auf Campingplätzen.

Architektur und Kunst

Der Komponist Jean Sibelius, der Architekt Alvar Aalto und der Begriff finnisches Design stehen in der ganzen Welt für das aktive finnische Kulturleben. Gerade auch in den letzten beiden Jahrzehnten haben sich in der musikalischen, literarischen und cineastischen Szene Trends und Künstler durchgesetzt, die unverwechselbar finnisch sind.

Architektur

Hell und klassisch schön

Bis in die frühe Neuzeit wurden in den wenigen Städten sowie auf dem Land lediglich Kirchen, Klöster und Festungen aus Stein gebaut. Alle anderen Gebäude wurden ausschließlich aus Holz errichtet, wodurch sie entweder nach und nach verfaulten oder den vielen Bränden zum Opfer fielen. Aus diesem Grund gibt es in Finnland keinen komplett erhaltenen mittelalterlichen Altstadtkomplex.

Nachdem Finnland dem russischen Reich angeschlossen wurde, erfolgte die repräsentative Umgestaltung der neuen Hauptstadt Helsinki ab 1812. Sie markiert den Beginn der neueren finnischen Baukunst und ist untrennbar mit dem Berliner Architekten **Carl Ludwig Engel** (1778–1840) verbunden. Der Schinkel-Schüler wurde vom Zaren mit der Neugestaltung beauftragt. Damit fand er seine Lebensaufgabe und außerdem zu einem eigenen neoklassizistischen Baustil. Das beste Beispiel dafür, trotz aller späteren Veränderungen, ist das Ensemble des Helsinkier Senatsplatzes mit Dom, Universität und Senatsgebäude. Großzügigkeit und Einfachheit, Funktionalität und Helligkeit, das zeichnet die an der Antike orientierten Bauten Engels aus.

Nationalromantik

Die Epoche Engels stellt den ersten Höhepunkt der finnischen Architektur dar, allerdings eben noch mit einem Bauherren aus Russland und einem deutschen Baumeister. Zwischen 1880 und 1910 wurde dann erfolgreich eine eigene Formensprache entwickelt. Der internationale Jugendstil und Elemente der karelischen Holzarchitektur fanden in der finnischen Nationalromantik zu einer Synthese, die im Detail oft auf die heimische Natur und die Mythen des karelischen Volksepos ›Kalevala‹ Bezug nahmen. Ihre bedeutendsten Vertreter waren **Lars Sonck** (1870–1956), **Eliel Saarinen** (1873–1950), **Armas Lindgren** (1874–1929) und **Herman Gesellius** (1874–1916), deren Bauten in vielen finnischen Städten zu bewundern sind. Diese Zeit war zudem geprägt von der fruchtbaren Zusammenarbeit von Architekten, Malern und Kunsthandwerkern, z. B. beim Nationalmuseum von Eliel Saarinen. Und auch im Atelierhaus Hvittträsk bei Helsinki, erbaut von den Architekten Gesellius, Saarinen und Lindgren, wurden die nationalromantischen Prinzipien als Gesamtkunstwerk realisiert.

Finnische Moderne

Als dritter und bis heute andauernder Höhepunkt brachte die Moderne der finnischen Architektur Weltgeltung. Ihre wichtigsten Vertreter waren **Erik Bryggman** (1891–1955), zu dessen Hauptwerken die Friedhofskapelle von Turku zählt, und **Alvar Aalto** (1898–1976), der zu den großen Architekten des 20. Jh. gehört. Sein Schaffen ist weder auf Finnland noch auf die Architektur

Architektur und Kunst

beschränkt. Auch auf den Gebieten Innenarchitektur, Design sowie Stadt- und Regionalplanung hat er Außerordentliches geleistet (s. S. 280).

Akzente setzen auch Architekten wie **Raili** und **Reima Pietilä** mit unkonventionellen, expressionistischen Entwürfen. Der inzwischen verstorbene Reima Pietilä wandte sich als Professor und Mitbegründer der postmodernen Schule von Oulu gegen Aaltos Funktionalismus, er forderte eine romantisch-naturalistische Bauweise. Was er damit meinte, zeigt am besten Metso, die Stadtbücherei von Tampere (s. S. 266). Andererseits kehrte Pietilä immer wieder zu einem ›freundlichen Funktionalismus‹ à la Aalto zurück, u. a. mit der Kaleva-Kirche in Tampere, dem Kongresszentrum Dipoli in Espoo oder der Residenz des Staatspräsidenten in Mäntyniemi.

Aalto und Pietilä fanden viele talentierte Nachfolger. Höchste Auszeichnungen erhielten etwa **Juha Leiviskä** (Gemeindezentrum Myyrmäki, Deutsche Botschaft in Helsinki), **Mikko Heikkinen** und **Markku Komonen** (Wissenschaftszentrum Heureka, Flughafengebäude Rovaniemi, Finnische Botschaft in Washington, D.C.), **Kristian Gullichsen** (Kulturzentrum Pieksämäki), **Pentti Kareoja** (Außenministerium in Helsinki), **Sakari Aartelo**, **Esa Piironen** (Tampere-Halle), **Arto Sipinen**

Schon architektonisch schirmt die »Kapelle der Stille« die Besucher von der Welt ab

(Stadtbücherei Lahti), **Eero Hyvämäki, Jukka Karhunen, Tapio Parkkinen** (Neue Oper Helsinki) sowie **Hannu Tikka** und **Kimmo Lintulla** (Sibelius-Halle Lahti). In den Jahren 2000–2008 aber wurde für viele realisierte Bauprojekte (u. a. Bibliothek Turku, Universität Joensuu, Kirche von Viikki) und noch mehr Entwürfe das Büro **JKMM Architects** am häufigsten ausgezeichnet. Helsinki wurde als Welt-Designhauptstadt 2012/2013 um neue Bauten wie die »Kapelle der Stille« (K2S Architects; s. S. 44) und die »Kultursauna« (Tuomas Toivonen, Nene Tsuboi) bereichert.

Musik

Jean Sibelius

Ein international erwähnenswertes Musikleben entwickelte Finnland erst in der russischen Phase. Als überragender Genius bestimmte Jean Sibelius (1865–1957) lange Zeit die Musikszene. In Helsinki, Berlin und Wien ausgebildet, wurde Sibelius' Talent im Heimatland sehr bald gesehen und durch Stipendien großzügig gefördert. Zu den Höhepunkten seiner ersten Schaffensperiode gehören die Symphonie »Kullervo« und die großartige Musikdichtung »Finlandia«, die seinen Namen im Jahr 1900 auf der Pariser Weltausstellung einem internationalen Publikum bekannt machte. Er verstand es wie kein anderer, die Stimmungen der finnischen Natur in einer völlig eigenen musikalischen Sprache einzufangen, so im weltbekannten schwermütigen »Valse triste«.

Klassische Musikszene

Mit dem Erfolg der Opernfestspiele von Savonlinna seit den 1980er-Jahren wuchs der Stellenwert der jungen Komponistengarde. Denn dort haben sie Gelegenheit, ihre Werke einem internationalen Publikum vorzustellen. Dabei stoßen sie nicht nur in ihrer Heimat, sondern auch weltweit auf ein positives Echo. Finnland konnte in einem Opernboom ohnegleichen alljährlich mit neuen Werken von **Kalevi Aho, Paavo Heininen, Joonas Kokkonen, Jaakko Kuusisto, Einojuhani Rautavaara, Aulis Sallinen** und vielen anderen aufwarten. Die aufwendigste Neuinszenierung war eine sogenannte Sportoper mit dem Titel »Paavo der Große – sein großer Lauf, sein großer Traum«, die im Jahr 2000 im Helsinkier Olympiastadion uraufgeführt wurde.

Das Land hat auch bedeutende Interpreten hervorgebracht. Der Reigen der Dirigenten beginnt mit **Robert Kajanus** (1856–1933), der die Werke von Sibelius als dessen Zeitgenosse kongenial aufführte. Die größten Stars der jungen Dirigentengeneration sind **Jukka-Pekka Saraste, Esa-Pekka Salonen** (u. a. Chefdirigent der Philharmonie von Los Angeles) und **Susanna Mälkki,** die auch eine begnadete Cellistin ist. Von den zahlreichen namhaften Sängerinnen und Sängern sollen hier nur der auf Wagner spezialisierte Bass **Matti Salminen,** seine jüngeren Kollegen **Jaakko Ryhänen** und **Johann Tilli** sowie der Bariton **Tommi Hakala** erwähnt werden. Fast alle Talente des Landes erhielten ihre Ausbildung auf der Sibelius-Akademie in Helsinki.

Folklore

Dass auch die Volksmusik einen sehr hohen Stellenwert hat, können Besucher des Landes im Sommer auf einem der vielen Folklore- und Akkordeonfestivals selbst erleben. Dabei wird auch deutlich, dass eine Grenzziehung zwischen der traditionellen Folklore, dem finnischen Humppa, der finnischen Tangomusik und dem Jazz in manchen Fällen sehr schwierig ist. Viele Interpreten sind in all diesen Stilen zu Hause: die eher traditionell ausgerichtete Virtuosin **Maria Kalaniemi** oder der unkonventionelle **Kimmo Pohjonen**, den die Fachpresse schon einmal als »Jimi Hendrix des Akkordeons« bezeichnete. Seine Konzerte richten sich an Liebhaber von Volks-, Rock-, Jazz- und Weltmusik. Gleiches gilt für die modernen Musiker der Sámi mit ihrem urwüchsigen, schamanenhaften Joik-Gesang, mit dem z. B. eine Sängerin wie **Ulla Pirttijärvi** auf Folk- und Jazzfestivals auftrat. Die international be-

Architektur und Kunst

Finnisch und schrill: die Leningrad Cowboys

kannteste Volksmusikgruppe Finnlands heißt **Värttinä**. Eine große Rolle bei der Vermittlung der traditionellen Musik spielt das bereits 1974 gegründete Volksmusikinstitut in Kaustinainen, ebenso die Fachrichtung Volksmusik der Sibelius-Akademie. Dort wird auch die Tradition eines uralten Nationalinstruments, der zitherähnlichen Kantele gepflegt. Auf alte Volksweisen bezieht sich beispielsweise die Folk-Musikerin **Sanna Kurki-Suonio,** die sie in ihrem 2016 vorgelegten Album »Kuolematon Erikoissysteemi« mit Rockelementen verknüpft.

Humppa

Ebenfalls typisch finnisch ist der Humppa, der sich in den 1930er-Jahren entwickelte, und zunächst eine regionale Foxtrottvariante war, deren Rhythmus im 2/4-Takt (etwa: hm-pa, hm-pa) für die lautmalerische Bezeichnung sorgte. In den 1980er-Jahren wurde der Humppa von der Jugend wieder entdeckt, das Tempo wurde erhöht und der Stil verändert. Wenn in Clubs, Bierzelten und auf Festivals Humppa angekündigt wird, erwartet einen meist eine wilde Mischung aus Punk und Polka, Volksmusik und Pop. Und in jedem Fall alkoholgeschwängerte Stimmung und viel Spaß. Die bekannteste Gruppe heißt **Eläkeläiset,** die Rentner.

Finnischer Tango

Tango und Finnland – passt das zusammen? Tatsächlich gilt Finnland als ausgesprochene Tangohochburg mit einer ganz eigenen Stilrichtung. Der Tango erreichte Finnland von Argentinien aus Anfang des 20. Jh. Nach 1945 verschmolz dann das Exotische Südamerikas mit der Melancholie Suomis. Die Erfahrungen des Krieges, der Liebespaare getrennt und Sehnsüchte unerfüllt gelassen hatte, wurden in der Musik und im Tanz verarbeitet. So entstand der finnische Tango mit seinen ganz eigenen Charakterzügen: getragen, manchmal sogar schleppend sind Stil und Tanz hier im Norden. Nach den 1960er-Jahren flaute das Interesse am Tango ab, er blieb aber Bestandteil der heimischen Folklore. 1985 erfolgte die Wende: Es fand das erste Tangofestival von Seinäjoki statt und leitete ein unglaubliches Revival ein. Ein Tanzcafé nach dem andern konnte wieder eröffnet werden, Radio und Fernsehen brachten finnischen Tango, Tangoclubs wurden gegründet. Wie im Humppa fand das Land im Tango eine musikalische Identität und machte ihn zum Teil seiner Lebensart. Nach wie vor findet die Begeisterung ihren Höhepunkt alljährlich im Juli auf dem Tangomarkt von Seinäjoki. In dieser Zeit wird der kleine westfinnische Ort zur Tangokapitale Europas.

Jazz

Seit den 1970er-Jahren wird die finnische Jazzszene auch von einem internationalen Publikum verfolgt. Inzwischen weiß man, dass in Finnland außer der Jazzlegende **Juhanni Aaltonen** (Querflöte, Saxophon) viele weitere vorzügliche Interpreten zu Hause sind. Zu den großen Namen zählen das **Umo Jazz Orchestra,** die **Espoo Big Band,** das Septett **The Case,** die Quartette **Ilmiliekki** und **Ahava,** das Trio **Töykeät,** der Pianist **Jarmo Savolainen** oder Gruppen wie **Quintessence** und **U-street All Stars**. Jazz kann man in Kneipen der Großstädte live erleben, vor allem aber auf den über 20 hochkarätigen Festivals, die alljährlich stattfinden.

Rock und Pop

In der Rockmusik setzten Bands wie **Eppu Normaali** und viele andere schon früh finnische Texte ein, was ihrer Popularität im Lande zugute kam, nicht aber im internationalen Geschäft. Anders verhält es sich mit den **Leningrad Cowboys,** die ihre Kapelle selbst als The World's Worst Rock-'n'-Roll-Band bezeichnen. Die Karriere der Gruppe mit ihren überlangen Haartollen und Spitzschuhen begann mit Kaurismäkis Film, in dem sie Titelfiguren waren. Beschränkt sich die Band auf das mehr oder weniger gekonnte Abspielen bekannter Oldie- oder Volksmusikstücke, bringt dafür die Bühnenshow allen Beteiligten jede Menge Spaß. Seit 1999 macht die Gruppe **HIM** mit ihrem Sänger **Ville Valo** auf den Bühnen der Welt von sich reden: Mit traurigen Balladen in einem Mix aus Grunge und Rock wurde HIM zu einem internationalen Megastar. Zusammen mit HIM fanden fast schlagartig andere Bands wie **The Rasmus** und **The Crash** den Weg in die internationalen Charts, sodass man fast schon von einem Boom finnischer Musik sprechen kann. Besonders scheint den Finnen das Metal-Genre zu liegen. Europaweit erfolgreich ist dabei die Gruppe **Children of Bodom**. Die Band **Apocalyptica** besteht aus vier gelernten Kammermusikern, die ausschließlich Heavy-Metal-Stücke auf verstärkten Cellos spielen.

Die Bandbreite der jungen finnischen Musik ist groß – zu ihr gehören die Hip-Hop-Truppen **Giant Robot** und **Don Johnson Big Band,** die gefeierten Technokünstler **Jimi Tenor** und **Bomfunk MC's,** die Elektronikpopgruppe **Husky Rescue** oder die Formation **Piirpauke,** die Jazz, Rock-'n'-Roll und Volksmelodien aus Finnland, Afrika und Spanien zu aktueller ›World-Music‹ kombiniert. **Huutajat** (»Schreiende Männer«) tragen ihr Repertoire nur im Schreigesang vor, was den Hang der Finnen zu schrägen Gestalten belegt.

Theater und Film

Theater

Glaubt man dem Klischee vom introvertierten Finnen, dürfte man eigentlich keine große schauspielerische Tradition erwarten. Die Realität sieht jedoch anders aus: Zahlreiche, gut besuchte Bühnen sind Ausdruck einer aktiven Leidenschaft für das Theater. 1872 eröffnete das finnischsprachige Theater von Pori, im selben Jahr das Finnische Nationaltheater in Helsinki. Heute gibt es rund 40 finnische Berufstheater, die zusammen mit überdurchschnittlich vielen halbprofessionellen Laien-, Studenten- und Kleinkunstbühnen das überaus rege Theaterleben prägen.

Film

Der finnischen Filmindustrie gelang lange nur selten ein internationaler Erfolg, so wur-

Architektur und Kunst

de fast ausschließlich für den heimischen Markt produziert. Durch die staatliche Filmförderung unterstützt werden zurzeit etwa zehn Spielfilme pro Jahr gedreht.

Dem neueren finnischen Film verhalfen die Brüder Aki und Mika Kaurismäki zum Durchbruch. Insbesondere **Aki Kaurismäki** erregte durch Werke wie »Ariel« (1988), »Leningrad Cowboys go America« (1989), »I hired a Contract Killer« (1990) und »Das Leben der Bohème« (1992) weltweites Aufsehen. Seine Erzählweise bringt skurril-humorvolle ebenso wie wortkarg-beobachtende Geschichten hervor. Die »Leningrad Cowboys« dagegen sind eine Mixtur aus Nonsens und Road-Movie. Kaurismäkis erfolgreichster Film, »Der Mann ohne Vergangenheit«, kam 2002 in die Kinos, 2011 erschien das jüngste Werk des sozial engagierten Regisseurs, das Flüchtlingsdrama »Le Havre«.

Akis Bruder **Mika Kaurismäki** lebt jeweils zur Hälfte des Jahres in Rio de Janeiro und in Helsinki. Mit Schauspielern und Regisseuren wie Sam Fuller, Wim Wenders und Jim Jarmush befreundet, konnte er diese zur Mitarbeit in seinen Filmen bewegen, von denen »Helsinki–Napoli: All Night Long« (1987) wohl am bekanntesten ist.

Literatur

Finnisch als Schriftsprache

Die Grundlage für eine finnische Schriftsprache und damit überhaupt für eine Literatur schuf der Reformator **Mikael Agricola** (1510–1557). Bevor er das Neue Testament ins Finnische übersetzen konnte (1548), musste er erst eine einheitliche Hochsprache entwickeln. Mit dem 1543 erschienenen ABC-Buch (›ABCkiria‹) gab er seinen Zeitgenossen zugleich eine Lernanweisung mit auf den Weg. Zwar bedienten sich von nun an Kirche und Volkslehrer des Finnischen, doch blieb bis ins 19. Jh. Schwedisch nicht nur einzige Amtssprache, sondern die Sprache der Gebildeten und folglich auch der Literaten. Erst der Philosoph und Staatsmann **Johan Vilhelm Snellman** (1806–1881) konnte 1863 beim Zaren die Anerkennung des Finnischen als gleichberechtigte Sprache erreichen und auf diese Weise dem erwachenden Nationalgefühl ein adäquates Medium geben.

»Kalevala« – das Nationalepos

Dass es eine eigenständige finnische Literatur bereits in grauer Vorzeit gegeben hatte, bewies Snellmans Zeitgenosse **Elias Lönnrot.** Der Philologe, Apotheker und Arzt sammelte in den östlichen Provinzen, insbesondere in Karelien, bei den einfachen Leuten Volksgesänge. Schnell erkannte Lönnrot, dass es sich bei dem Material um Versatzstücke eines zusammenhängenden Epos handeln müsse, das er dann in mühevoller Kleinarbeit rekonstruierte und fehlende Teile nachdichtete. Das »Kalevala«, erstmals 1835 und 1849 erweitert erschienen, enthält Mythen, die von der Erschaffung der Welt bis zur Christianisierung des Landes reichen, aber auch Zaubersprüche und Heldensagen. Das alte Nationalepos »Kalevala« ist das zweifellos bekannteste Werk der finnischen Literatur und wurde in mehr als 35 Sprachen übersetzt. Den finnischen Künstlern dient das »Kalevala« als eine Art Steinbruch, aus dem man sich nach Belieben mit Material für eigene Werke versorgen kann. So wurde z. B. damals zur Eröffnung der finnischen Nationaloper im Jahr 1993 eine neue »Kalevala«-Vertonung in Auftrag gegeben.

Finnlands Klassiker

Die bedeutendsten Namen der schwedischsprachigen Literatur des 19. Jh. sind **Zacharias Topelius** (1818–98), der wunderbare Märchen schuf, und **Johan Ludvig Runeberg** (1804–77). Dessen Hauptwerk ist der Gedichtzyklus »Fähnrich Ståls Erzählungen«, der auf den Krieg von 1808/09 Bezug nimmt. Zum allgemeinen Bildungsgut gehören zumindest jene Strophen, aus denen sich die finnische Nationalhymne zusammensetzt:

Literatur

»Oi maamme, Suomi, synnyinmaa!« (Oh Heimat, Suomi, Vaterland).

Als erster in **Finnisch** schreibender Literat machte sich der Dramatiker und Romancier **Aleksis Kivi** (1834–72) einen Namen, der in seinem kurzen und von Alkoholismus überschatteten Leben Meisterwerke schuf. Ohne seine Tragödie »Kullervo« oder die Komödie »Die Heideschuster« (beide 1864) wäre das finnische Theater schlichtweg nicht vorstellbar. Bekannt ist auch sein Entwicklungsroman »Die Sieben Brüder« (1870).

Die unverfälschte Natur mit ihren Einöden und Wäldern und das einfache Leben der Bauern gerieten um die Jahrhundertwende immer stärker in den Blickpunkt der finnischen Literatur. Dies betrifft u. a. die Prosa eines **Juhani Aho** (1861–1921) und die einfühlsame Lyrik eines **Eino Leino** (1878–1926), doch auch noch **Frans Eemil Sillanpää** (1888–1964), der 1939 mit dem Nobelpreis ausgezeichnet wurde. Am bekanntesten wurde sein Roman »Silja, die Magd« (1931).

Nachkriegsliteratur

Die finnische Nachkriegsliteratur hatte in erster Linie das Trauma der Auseinandersetzungen der Finnen untereinander sowie mit Russen und Deutschen zum Hauptthema. Beispiele dafür sind die auch im Ausland bekannten Autoren **Veijo Meri** (1928–2015), **Paavo Rintala** (1930–1999) und besonders **Väinö Linna** (1920–1992). Von Letzterem stammt der Publikumserfolg »Kreuze in Karelien« (1954). Der Roman von **Mika Waltari** (1908–1982) »Sinuhe, der Ägypter« (1945) kam in vielen Ländern auf die Bestsellerlisten.

Aktuelle Erzähler

Ein ebenso schriller wie interessanter Stern an Finnlands Kulturhimmel der Gegenwart ist **Mauri A. Numminen** (geb. 1940), der sich als Musiker, Komponist, Soziologe, Filmemacher, Entertainer und Autor einen Namen gemacht hat. Der ›Text‹ einer Komposition wurde bei der Aufführung vollständig gerülpst. Numminen, der mehrere Instrumente spielt, wird wegen seiner Musik und seines schrägen Humors mit Helge Schneider verglichen. Auch **Hannu Raittila** (geb. 1956) ist ein Autor, der die Klaviatur von Humor, Skurrilität und Melancholie beherrscht. Lesenswert sind die Romane seiner »Wassertrilogie« wie »Atlantis« und »Canal Grande«. Einer der populärsten finnischen Schriftsteller ist **Arto Paasilinna.** Der 1942 im lappländischen Kittilä geborene Autor veröffentlichte rund 50 Romane. Sein überaus skurriler, manchmal auch grotesker Humor wie in »Das Jahr des Hasen«, »Die Giftköchin«, »Der wunderbare Massenselbstmord« oder »Nördlich des Weltunterganges« fand viele deutsche Liebhaber. 2015 erschien in Deutschland sein Roman »Heißes Blut, kalte Nerven«, in dem es um die Frage geht, ob Zufall oder Schicksal unser Leben bestimmen.

Am guten Ruf der finnischen Gegenwartsliteratur haben weibliche Erzählerinnen großen Anteil. Allen voran die Schriftstellerin und Illustratorin **Tove Jansson** (1914–2001), deren Mumintal-Bücher weltweit bekannt sind. Die Abenteuerlust der Trollfiguren fasziniert Kinder, während Erwachsene die Lebensweisheit und den subtilen Humor zu schätzen wissen. **Märta Tikkanen** (geb. 1935) schildert bevorzugt den Geschlechterkampf und einengende Rollenbilder aus feministischer Sicht. Ihr Roman »Wie vergewaltige ich einen Mann?« wurde zu einem Bestseller.

Frauenliteratur mit einem starken emanzipatorischen Ansatz ist auch das Anliegen von **Anja Snellman** (geb. 1954), die schon als ›Chronistin einer ganzen Generation‹ bezeichnet wurde. Obwohl zum Teil schwer verdauliche Kost, erzielen die Romane »Zeit der Haut«, »Safari Club« oder »Landkarte des Paradieses« und der Frauenkrimi »Geografie der Angst« hohe Auflagen.

Zusammen mit Snellman ist **Leena Lander** (geb. 1955) die derzeit auflagenstärkste Schriftstellerin des Landes. Schon ihr Debüt-Roman »Das Gut in den Wäldern« zeigt ihr Interesse an historischen Stoffen und dramatischen Schicksalen. Zu ihren vielfach preisgekrönten Romanen gehört die sogenannte Harjula-Trilogie, eine facettenreiche Familiensaga (s. auch die Lesetipps auf S. 82).

Wissenswertes für die Reise

Anreise und Verkehr
Übernachten
Essen und Trinken
Outdoor
Feste und Veranstaltungen
Reiseinfos von A bis Z

*Die Briefkästen verweisen auf die
Ansiedlungen ›hinter der Landstraße‹*

*In Finnlands Wäldern kann man
bestens der ›Sammelleiden-
schaft‹ für Blaubeeren frönen*

*Zumindest für die Dauer eines Urlaubs lässt er sich
in Finnland erfüllen: der Traum vom ›Haus am See‹*

Anreise und Verkehr

Einreisebestimmungen

Besucher aus EU-Ländern sowie aus Skandinavien und der Schweiz benötigen für die Einreise nur einen gültigen Personalausweis. Kinder benötigen unabhängig vom Alter ein eigenes Ausweisdokument. Die Aufenthaltsdauer ist auf drei Monate für *ganz* Skandinavien begrenzt. Wer länger bleiben möchte, muss eine Aufenthaltserlaubnis beantragen. Staatsbürger aus EU-Ländern benötigen keine Arbeitserlaubnis.

Autofahrer müssen bei der Einreise in jedes nordische Land den nationalen Führerschein, die Zulassung und ein Landeskennzeichen dabei haben. Die Grüne Versicherungskarte ist bei der Einreise mit eigenem Wagen und Wohnwagen keine Pflicht, aber empfehlenswert.

Zollbestimmungen

Bei der Einreise aus einem EU-Mitgliedsland dürfen Personen ab 17 Jahren 800 Zigaretten oder 400 Zigarillos oder 200 Zigarren oder 1 kg Tabak einführen. Für Parfüms, Kaffee etc. gelten ebenfalls die gängigen Einfuhrbestimmungen der EU. Lebensmittel aller Art dürfen für den Eigenbedarf in unbegrenzter Menge eingeführt werden. Für die Ein- und Ausfuhr von Zahlungsmitteln gibt es keine Beschränkungen, allerdings sind Devisen ab 10 000 € bei der Einreise aus Nicht-EU-Ländern deklarationspflichtig. Weitere Auskünfte erteilt die Nationale Zollbehörde, P. O. Box 512, 00101 Helsinki, Tel. 00358 295 52 00, kirjaamo@tulli.fi, www.tulli.fi.

Hunde und Katzen dürfen mitgebracht werden, wenn sie medikamentös gegen Fuchsbandwurm behandelt und gegen Tollwut geimpft sind; dem Zoll ist dabei eine tierärztliche Bescheinigung in deutscher, englischer, finnischer oder schwedischer Sprache vorzulegen. Die Impfung soll mindestens 30 Tage und nicht länger als 12 Monate zurückliegen, die Bescheinigung muss das Impfdatum und die Adresse des ausstellenden Arztes enthalten. Ein Heimtierpass ist mitzubringen. Weitere Informationen sind beim heimischen Tierarzt zu erhalten oder können bei der Finnischen Behörde für Lebensmittelsicherheit EVIRA in englischer Sprache abgerufen werden (www.evira.fi).

Anreise

... mit dem Flugzeug

Die wichtigste Fluggesellschaft für Reisen nach und in Finnland ist die Finnair, die etwa 80-mal wöchentlich von Deutschland aus Helsinki-Vantaa anfliegt. Aus der Schweiz wird die Strecke ab Zürich und Genf bedient, aus Österreich ab Wien, Salzburg und Innsbruck. Auch die Finnair musste auf den Druck der Billigflieger mit günstigeren Sondertarifen reagieren. Dadurch wird der Flug zu einer attraktiven Alternative zur Anreise per Auto und Fähre (aktuelle Flugpläne und Tarife der Finnair in Deutschland unter Tel. 0049 69 66 40 50 33, in Österreich unter Tel. 0043 810 81 02 90, in der Schweiz unter Tel. 0041 848 00 02 94 oder unter www.finnair.com). Das Reiseziel wird außerdem u. a. von SAS und Lufthansa (www.lufthansa.com) angeflogen, ebenso von Air Berlin, Austrian Airlines, Swiss und Air Baltic.

Die Charterfluggesellschaft FlyCar (www.fly-car.de) fliegt direkt von Hannover und Stuttgart nach Kittilä in Finnisch-Lappland.

... mit der Bahn

Mit der Bahn erreicht man Finnland am einfachsten via Kopenhagen (Vogelfluglinie) und Stockholm, von dort mit der Fähre nach Turku oder Helsinki. Möglich ist auch eine Bahnreise entlang der schwedischen Ostküste von Stockholm über Umeå bis Boden, von dort gibt es Busse nach Haparanda (Tornio).

Die östliche Alternative führt über Warschau und St. Petersburg, für die man allerdings die entsprechenden Visa benötigt. Von St. Petersburg fährt zweimal am Tag ein Schnellzug nach Helsinki.

Wer voraussichtlich viel mit der Bahn unterwegs sein wird, sollte einen **Finnrail Pass** oder ein **Interrail-Ticket** (s. S. 55) erwerben.

Infos zur Anreise per Bahn erhält man beim DB-Reise-Service unter Tel. 0180 699 66 33 bzw. www.bahn.de.

... mit dem eigenen Wagen und per Fähre

Für die Anreise mit dem eigenen Wagen, Camper oder Motorrad empfiehlt sich die Benutzung einer Fähre (s. S. 53). Allerdings ist es auch möglich, das Reiseziel auf dem **Landweg,** d. h. ohne eine einzige Fähre, zu erreichen, seitdem 1998 die Brücke über den Großen Belt und 2000 die Öresund-Querung Kopenhagen–Malmö eingeweiht wurden. Wer die skandinavische Landverbindung durch Dänemark und Schweden sowie um den Bottnischen Meerbusen herum wählt, sollte aber über ein entsprechend großes Zeitbudget verfügen; immerhin liegen zwischen Stockholm und der Grenzstadt Haparanda mehr als 1000 km. Gleiches gilt für die Anreise durch das Baltikum: Die Strecke Berlin–Warschau–St. Petersburg–Helsinki ist ca. 3000 km lang. Die Via Baltica durch Litauen, Lettland und Estland ist, was Straßenzustand sowie Tankstellen- und Hotelnetz angeht, auf westeuropäischem Niveau. Der problematische Transit durch die russische Exklave um Königsberg kann umgangen werden, indem man die Fähre Kiel bzw. Sassnitz–Klaipeda (Litauen) oder Rostock bzw. Travemünde–Ventspils (Lettland) nimmt. Auf der letzten Etappe kann man mit der kurzen Fährverbindung Tallinn–Helsinki erheblich abkürzen. Wer durch Russland fährt, muss sich die nötigen Visa unbedingt vorab besorgen.

Der übliche Weg nach Finnland aber geht **per Fähre** entweder direkt ab Deutschland

Dreh- und Angelpunkt für viele Bahnreisende: der Jugendstil-Hauptbahnhof in Helsinki

> **FÄHRGESELLSCHAFTEN**
>
> **Tallink Silja,** Böckmannstr. 56,
> 20099 Hamburg, Tel. 040-547 54 12 22,
> www.tallinksilja.com
> **Stena Line,** Schwedenkai 1, 24103 Kiel,
> Tel. 0180-602 01 00, www.stenaline.de
> **Viking Line,** Große Altefähre 20–22,
> 23552 Lübeck, Tel. 0451-38 46 30,
> www.vikingline.de
> **Finnlines,** Einsiedelstr. 43–45,
> 23554 Lübeck, Tel. 04502-80 54 43,
> www.finnlines.com

oder ab Schweden. Das Schwierigste bei einer solchen Anreise ist wohl, sich im Dschungel von Verbindungen und Preisen mit zahlreichen Sondertarifen (Kombitickets, Saison- und Nachtzuschläge) zurechtzufinden. Beratung und Buchung im heimischen Reisebüro ist daher anzuraten.

Direkte Fährverbindungen

Die einzigen Direktverbindungen bieten die Finnlines-Kombifähren. Die modernen Schiffe der sog. STAR-Klasse verkehren täglich und ganzjährig auf der Route Travemünde–Helsinki (Vuosaari, ca. 15 km östlich vom Zentrum), die in ca. 28 Std. zurückgelegt wird.

Fährverbindungen ab Schweden

Weitaus mehr Verbindungen gibt es ab Schweden. Am meisten frequentiert sind hier die ganzjährig befahrenen Strecken Stockholm–Helsinki sowie Stockholm–Turku, die meist via Mariehamn von Tallink Silja und Viking bedient werden (Tag- und Nachtfahrten). In Nordschweden gibt es mindestens eine tägliche Fährverbindung von Umeå nach Vaasa (Wasaline, www.wasaline.com, ca. 4 Std.).

Wer die Åland-Inseln als Sprungbrett nach Finnland nutzen möchte, kann dorthin von Stockholm, Grisslehamn und Kappelskär übersetzen (Birka, Tallink Silja, Viking, Eckerö Linjen) und anschließend die Fähren von Mariehamn nach Turku benutzen oder mit lokalen Fähren von Insel zu Insel bis zum finnischen Festland hüpfen. Da es Abkommen der großen Fährgesellschaften Tallink Silja und Viking untereinander sowie mit anderen Firmen gibt, sind eine ganze Reihe von Kombinationsmöglichkeiten ab oder nach Deutschland auf dem Markt, u. a. für die Strecken Travemünde/Rostock–Trelleborg, Kiel–Göteborg und die Vogelfluglinie via Puttgarden und Helsingør.

Fährverbindungen über das Baltikum

Wer über die baltischen Länder anreist, kann die Fähren ab Estland nutzen. In Tallinn gibt es täglich mindestens 15 Abfahrten nach Helsinki (Tallink Silja, Nordic Jet Line, Eckerö Line, Viking, Linda Line; 2,5 bis 4 Std.), auch ganzjährig Abfahrten von Katamaranfähren und Tragflügelbooten (1,5 Std.).

Ausstattung der Fähren und Fährfahrt

Der Standard der Ostseefähren hat ein weltweit führendes Niveau erreicht. Dies betrifft Größe, Technik, Schnelligkeit und Kapazität der Schiffe, aber auch Ausstattung und Bordprogramm. Oft gibt es eine große Auswahl an Restaurants, Cafeterien und Shops, das Unterhaltungsangebot umfasst Kleinkunst, Livemusik, Varieté, Kino und Casino.

Da die Ostsee im Winter zufriert, kam der Schiffsverkehr von und nach Finnland bis weit in die zweite Hälfte des 19. Jh. hinein alljährlich zum Erliegen. Heute haben alle modernen finnischen Fähren einen speziell geformten Bug, der sie zu einem Eisbrecher macht. Ungebremst, mitten durch das Eis ziehen die Stahlkolosse ihre Bahn, zerteilen selbst kapitale Eisschollen wie Butter und brechen sich ihre Schneise durch eine Eislandschaft von bezaubernder Schönheit. Ab und an kracht und rumpelt es derart, dass manche Passagiere schon das Schicksal der »Titanic« vor Augen haben. Trotz gelegentlicher Angstmomente kann ein solcher Ausflug ins Eis nur nachdrücklich empfohlen werden, und sei es nur für einen Kurztrip nach Helsinki.

Verkehrsmittel im Land

Flugzeug

Das Inlandflugnetz der Finnair ist eins der dichtesten weltweit und bedient 17 Flughäfen. Das Angebot hat sich jedoch in den vergangenen Jahren verschlechtert. Tickets sind in Mitteleuropa und vor Ort relativ preiswert zu bekommen, außerdem werden zahlreiche Ermäßigungen für Gruppen, Familien, Jugendliche und Senioren gewährt (Informationen im Reisebüro oder unter www.finnair.com). Ein Teil der Finnair-Inlandsflüge wird von der Regionalfluglinie Norra abgewickelt, einer hundertprozentigen Finnair-Tochter.

Bahn

Die finnische Bahn-AG VR verfügt über ein 5860 km langes Trassennetz, das zu einem Drittel elektrifiziert ist. Zwei Hauptlinien führen von Helsinki bzw. Turku bis hinauf nach Rovaniemi und über den Polarkreis hinaus nach Kolari und Kemijärvi. Fast alle Städte und Landschaften sind durch das VR-Streckennetz erschlossen, sodass sich Finnland recht bequem mit der Bahn bereisen lässt. Die wegen der Spurbreite geräumigen Waggons sind komfortabel eingerichtet, viele Expresszüge führen Restaurant- und Schlafwagen mit. Am schnellsten (max. 220 km/h) ist man mit dem Pendolino unterwegs, der auf den Expressrouten zwischen der Hauptstadt und Oulu, Turku, Kuopio, Kajaani und Joensuu eingesetzt wird.

Tickets und Reiseinformationen

Eine Bahnfahrt ist im Vergleich zu mitteleuropäischen Tarifen preiswert. Eine einfache Fahrt auf der 900-km-Strecke Helsinki–Rovaniemi kostet 68 € (Standardticket), das Sparticket gibt es je nach Verfügbarkeit für 38,90 €.

Wer bei seiner Finnland- oder Skandinavienreise ganz auf den Zug setzt, sollte den Kauf eines **Interrail-Tickets** erwägen. Interrail-Tickets können in jedem Alter, für unterschiedliche Zeiten und für einen variablen Raum (z. B. nur Finnland oder zwei/drei/mehrere Länder) erworben werden, weitere Infos: www.interrail.eu, www.raildude.com oder www.bahn.de.

Informationen über das Zugfahren in Finnland und Pauschalarrangements geben die Reisebüros oder die VR-Group, Vilhonkatu 13, P. O. Box 488, 00101 Helsinki, Tel. aus Finnland 060 04 19 02 oder aus dem Ausland 00358 9 23 19 29 02. Die Website www.vr.fi informiert auch in englischer Sprache; Tickets können dort im Online-Shop erworben werden.

Bahnverbindungen nach Osten

Da Finnland als einziger EU-Staat die gleiche Spurbreite wie Russland hat, kann man problemlos und ohne Umsteigen die Verbindungen nach Osten nutzen. Viermal täglich (jeweils 6.12, 10, 15 und 19 Uhr) startet in Helsinki der »Allegro«, der für die Etappe nach St. Petersburg (u. a. über Lahti und Vyborg) nur etwa 4,5 Stunden braucht (ab 39 €). Er verfügt über alle modernen Einrichtungen einschließlich Bistro und Restaurant; die Grenzabfertigung findet im Zug statt. Zudem gibt es mit dem »Tolstoi« (Schlafwagen) eine tägliche Nachtverbindung über St. Petersburg nach Moskau. Diese Verbindungen sind komfortabel und haben einen Restaurantwagen

---

PER AUTOREISEZUG IN DEN NORDEN

Vom Süden kann man auch per Autoreisezug nach Nordfinnland gelangen: Täglich verkehren geschlossene Autoreisezüge der neuesten Generation in beide Richtungen zwischen Helsinki–Oulu, Helsinki–Rovaniemi, Helsinki–Kolari, Helsinki–Kemijärvi sowie Tampere–Rovaniemi, Tampere–Kolari und Turku–Rovaniemi bzw. Turku–Kolari. Der Pauschalpreis für die einfache Fahrt im Santa Claus Express von Helsinki (Bahnhof Böle) nach Rovaniemi liegt bei einem Pkw mit 2 Personen einschließlich Bettplätzen bei rund 200 €.

Bus

Rund 40 000 moderne und zuverlässige Überlandbusse *(pikabussit)* sind täglich auf Finnlands Straßen unterwegs und erreichen selbst das kleinste Dörfchen in der Wildnis. Die Fahrpreise sind erstaunlich günstig: Für die 400-Kilometer-Strecke von Helsinki nach Kuopio zahlt man ca. 65 €. Hinzu kommen Rabatte wie 50 % Kinderermäßigung, 10 % Rückfahrtermäßigung (ab 80 km Fahrstrecke) oder Vielfahrerkarten. Für sie lohnt sich der **BusPass**, der auf dem gesamten Netz gültig ist und für eine Woche 149 € bzw. 249 € für zwei Wochen kostet.

Die Überlandbusse können auch für **Ausflüge ins benachbarte Ausland** genutzt werden. Nach **Russland** wird täglich die Strecke Turku–Helsinki–Wyborg–St. Petersburg bedient (eine rechtzeitige Platzreservierung vorab ist notwendig, Informationen und Buchung in Reisebüros und Busbahnhöfen). Auch Murmansk und andere russische Städte sind an das finnische Busnetz angeschlossen. Von Mitte Juni bis Mitte August startet außerdem ein Linienbus täglich in Rovaniemi und fährt über Karigasniemi und Lakselv zum **Nordkap** (an 24 Uhr). Nach gut einer Stunde Aufenthalt geht es auf gleicher Strecke zurück, Ankunft in Rovaniemi 17.45 Uhr (Informationen u. a. über Rabatte gibt es an Busbahnhöfen, in Reisebüros oder bei der finnischen Busgesellschaft Oy Matkahuolto, Lauttasaarentie 8, 00201 Helsinki, Tel. 00358 (0)2-00 40 00, www.matkahuolto.fi).

Schiff und Fähre

Ein Blick auf die Landkarte zeigt, dass Reisende im ganzen Land Seen, Kanäle, Flüsse und Meerengen überqueren müssen. Die dabei eingesetzten gelben Kurzstreckenfähren *(lossi)* gelten als Teil des Straßennetzes; ihre Benutzung ist kostenlos. Daneben bieten im Sommer unzählige private Linien Verbindungen mit Binnenschiffen, Wasserbussen und -taxis an, die man zu einem erholsamen Bestandteil des Urlaubs machen kann. Einige Reedereien

Für routinierte Autofahrer hat auch das winterliche Finnland seine Reize

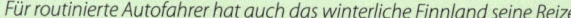

bieten sogar den Service an, den Wagen zum Zielort zu bringen, während sich die Gäste auf einer mehrstündigen oder auch mehrtägigen Kreuzfahrt durch das Seensystem vergnügen. Das Fremdenverkehrsamt informiert in einer kostenlosen Broschüre über ›Finnlands Binnen- und Küstengewässer‹.

Mietwagen

Büros der bekannten internationalen sowie lokaler Autovermieter gibt es in allen größeren Städten und an den Flughäfen. Je nach Anbieter wird beim Fahrer ein Mindestalter von 19 bis 25 Jahren und eine mindestens einjährige Fahrpraxis verlangt. Voraussetzung ist ferner die Vorlage eines nationalen Führerscheins.

Bei der Anmietung sollte auf die eingeschlossenen Versicherungsleistungen und Freikilometer geachtet werden. Die Erfahrung zeigt, dass sich die Kosten für einen Wagen ohne Kilometerbegrenzung bezahlt machen, da man meistens längere Strecken als geplant zurücklegt. Die Preise entsprechen in etwa dem Niveau in Deutschland. Recht günstig sind die Fly-&-drive-Arrangements, die verschiedene Reiseveranstalter anbieten. Über Sondertarife kann man sich u. a. auf den Webseiten www.avisworld.com, www.budget.fi, www.europcar.fi, www.hertz.com, www.scandiarent.fi und www.transwell.fi informieren.

Wohnmobile

Wegen des stark angewachsenen Wohnmobiltourismus wird Campingmobilreisenden zunehmend das Übernachten abseits der Campingplätze oder spezieller Wohnmobilplätze verboten. Die Abfall- und Abwasserentsorgung ist nur an den dortigen Stationen gestattet! Vor Ort werden Mietwohnmobile ab 90 € pro Tag angeboten (Infos und Buchung u. a. unter www.matkailuauto.info oder www.touringcars.eu).

VORSICHT!

Vorsicht ist vor **Elchen und Rentieren** angebracht, insbesondere bei Dämmerung. Alle entsprechenden Warnschilder sollten sehr ernst genommen werden. Zusammenstöße mit Elchen, die ausgewachsen ein Gewicht von 600 kg erreichen, können fatale Folgen haben. Taucht unvermittelt ein Elch auf der Straße auf, sollte man ein Ausweichmanöver um das Hinterteil des Tieres versuchen. Nach einem Wildunfall muss man unverzüglich die Polizei (Tel. 112) informieren.

Autofahren

Verkehrsregeln

Wie in ganz Skandinavien herrscht auch in Finnland Rechtsverkehr und sowohl auf Vorder- als auch auf Rücksitzen Anschnallpflicht. Tagsüber muss innerhalb und außerhalb von Ortschaften mit **Abblendlicht oder Tagfahrleuchten** gefahren werden. Die **Promillegrenze** liegt in Finnland bei 0,5. Wer unter Einfluss von Alkohol oder Drogen fährt, muss mit hohen Geld-, aber auch mit Haftstrafen rechnen. Die **Höchstgeschwindigkeit** beträgt innerhalb geschlossener Ortschaften 50 km/h, außerhalb 80–100 km/h und auf Schnellstraßen und Autobahnen 120 km/h. Für ungebremste und gebremste Wohnwagen gilt eine Geschwindigkeitsbegrenzung von 80 km/h. Grundsätzlich gilt in Finnland – außer im Kreisverkehr – rechts vor links und es gibt deutlich weniger vorfahrtsberechtigte Straßen als in Mitteleuropa. **Vorfahrt** haben Busse bei der Abfahrt von Haltestellen und alle Straßenbahnen in Helsinki. **Geländefahrten** sind für alle Autos, Motorräder und Wohnmobile verboten.

Straßenzustand

Zwar ist das Netz der öffentlichen Verkehrsmittel mustergültig ausgebaut, doch bleibt Finnland angesichts vieler versteckter Sehenswürdigkeiten und Naturschönheiten ein ausgesprochenes Autofahrerland. Die großen Verkehrsadern sind selbst im hohen Norden

Ein nettes Schild, das unnette Begegnungen verhindern soll

von mitteleuropäischem Niveau, in Südfinnland und um die Großstädte gibt es auch **Autobahnen.** Die meisten **Nebenstrecken** sind ebenfalls in gutem Zustand. Daneben gibt es, vor allem im Osten und Norden des Landes, unasphaltierte und schlecht beschilderte Strecken. Deren Benutzung erfordert gutes Kartenmaterial, genügend Zeit- und Benzinreserven und vorsichtiges Fahren auf halbe Sichtweite. Straßen-, Brücken- oder Tunnelgebühren werden in Finnland nicht erhoben. Die Benutzung der **gelben Kurzstreckenfähren** zu Inseln und Schären und über Flüsse ist kostenlos.

Verkehrszeichen

Die finnischen Verkehrszeichen entsprechen im Wesentlichen denen Mitteleuropas. Der Hinweis ›Vorfahrt achten‹ ist ein gelbes Dreieck mit rotem Rand. Mit Ausnahme der unasphaltierten Nebenstraßen im Osten und Norden ist die Beschilderung gut. In Gemeinden mit vielen schwedischsprachigen Einwohnern sind Straßen- und Ortsnamen, oft auch Verkehrsschilder zweisprachig gehalten. Während im Straßenverkehr die internationalen Symbole keiner Erläuterung bedürfen, haben ausländische Autofahrer eher Probleme, die beschrifteten Hinweisschilder zu verstehen.

Fahren im Winter

Von Anfang November bis Ende Februar sind Winterreifen mit einer Profiltiefe von mindestens 3 mm für alle Fahrzeuge bis 3,5 t vorgeschrieben. Das Fahren mit Spikes ist von Anfang November bis zum ersten Sonntag nach Ostern erlaubt. Wer in dieser Zeit das Land bereist, sollte auch Startkabel, Abschleppseil, Schaufel und Sandsack dabeihaben. Wer im Winter mit einem Dieselfahrzeug anreist, sollte möglichst wenig Kraftstoff im Tank haben und am Zielort sofort mit finnischem Diesel auffüllen, der einen sehr viel besseren Frostschutz gewährleistet als der in südlichen Ländern übliche.

Tanken

Das finnische Tankstellennetz ist dicht und modern. Viele Tankstellen abseits der Städte haben die Funktion eines allgemeinen Treffpunkts und verfügen über Café oder Imbiss *(kahvila, baari)* und einen gut sortierten Lebensmittel- und Zeitschriftenladen.

Benzin *(bensiini)* ist in Finnland nicht mehr verbleit erhältlich, seit 2011 gibt es aber auch hier das E 10-Benzin mit einem Anteil von 5–10 % an Ethanol. Preise pro Liter: Diesel ca. 1,10 €, Normalbenzin und Super ca. 1,30 € (Stand: Frühjahr 2016). Die Tankstellen sind meist 7–21 Uhr geöffnet, auf dem Land und an Sonntagen kürzer, an Hauptverkehrsstraßen und in Großstädten oft rund um die Uhr.

Notfall oder Autopanne

Wer in einen Unfall verwickelt wurde, sollte per **Notruf 112** die **Polizei** benachrichtigen und sofort das Büro der finnischen **Kfz-Versicherer Liikennevakuutuskeskus** (Bulevardi 28, 00120 Helsinki, Tel. 00358 40 450 45 20, lvk.gc@vakes.fi) informieren, das Schadensfälle mit ausländischen Fahrzeugen abwickelt.

Der finnische **Automobilclub Autoliitto (AL)** stellt freiwillige **Pannenhilfen** oder Abschleppdienste und gibt unter Tel. 02 00-80 80 (1,95 €/Min.) rund um die Uhr Hinweise zu den nächstgelegenen Werkstätten, Tankstellen etc. (AL-Clubzentrale: Hämeentie 105A, 00550 Helsinki, Tel. 09-72 58 44 00, www.autoliitto.fi).

Übernachten

Die Adressen zu den einzelnen Orten im Kapitel ›Unterwegs in Finnland‹ stellen nur eine kleine Auswahl der vielfältigen Unterkunftsmöglichkeiten dar. Wer mehr Infos benötigt, kann sich vom Fremdenverkehrsamt Gratisbroschüren zu den einzelnen Unterkunftsarten besorgen. In Reisebüros ist außerdem eine Vielzahl von Prospekten über skandinavische und finnische Ferienhäuser erhältlich. Hier sollte man die bevorzugen, die nicht nur Lage- und Preisangaben enthalten, sondern auch Abbildungen und Grundrisse.

Insgesamt hat Finnland genügend Kapazitäten und irgendwo gibt es auch in der Hochsaison immer noch ein freies Bett. Bei sportlichen oder kulturellen Großveranstaltungen muss man ohne reserviertes Zimmer manchmal in die Nachbargemeinde ausweichen und bei den kleinen Ortschaften in Nord- oder Ostfinnland liegen oft lange Strecken zwischen den einzelnen Herbergen.

Eine überprüfte und allgemein gültige Kategorisierung der Unterkünfte nach Sternen gibt es in Finnland nicht, wenn auch verschiedene Hotelketten oder Ferienhausanbieter ihr eigenes Beschreibungssystem des Standards durch Sternchensymbole haben. Nach hiesiger Auffassung ist der Standard in Finnland generell so hoch, dass er ein solches Sternchensystem überflüssig macht. Tatsächlich verfügen nahezu alle Zimmer in Unterkünften oberhalb der Kategorie Jugendherbergen und Hostels über Dusche und WC, TV und Saunabenutzung. Das Frühstück ist ein meist reichhaltiges Buffet. Gäste-PC sowie Internetzugang kann man ebenfalls in den meisten Herbergen erwarten.

Hotels und Motels

Zwar ist das Äußere der finnischen Hotels und Motels nicht gerade aufregend, vor allem bei Hotels in städtischen Zentren, doch bieten sie mehrheitlich all die Einrichtungen, die Geschäftsleute wie auch moderne Touristen schätzen: Restaurant, Bar, Rezeption, alle Möglichkeiten der Telekommunikation, oft auch Pool und Bad-, Boots- oder Autoverleih. In den Sommermonaten, wenn die Geschäftsreisenden ausbleiben, bieten viele Hotels Preisnachlässe, besonders bei längerem Aufenthalt. Deshalb sollte man sich vor dem Einchecken immer nach Sonderangeboten und Rabatten erkundigen.

Die meisten großen Hotels gehören zu einer **Hotelkette,** die oft ihr eigenes Rabattsystem hat. Die bedeutendsten Hotelgruppen mit Luxus- und First-Class-Häusern oder solchen der oberen Mittelklasse sind: Radisson Blu (www.radissonblu.com), Sokos Hotels (www.sokoshotels.fi), Scandic Hotels (www.scandichotels.com), BestWestern Finland (www.bestwestern.fi), Holiday Club Finland (www.holidayclub.fi) und die Restel Hotel Group u. a. mit Cumulus (www.cumulus.fi), Rantasipi (www.rantasipi.fi) und Ramada (www.restel.fi). Zur sogenannten Luxury Collection der Starwood-Kette (www.starwoodhotels.com) gehört das noble Hotel Kämp in Helsinki. Viele gute Mittelklasse- und einfachere Hotels sind in der Kette Finlandia Hotels (www.finlandiahotels.fi) zusammengeschlossen.

15 privat geführte Herbergen, die keinem Großkonzern angehören, bilden den Zusammenschluss der **Private Hotels Finland** (www.privatehotels.fi).

Gerade bei den größeren Hotelketten orientiert sich die Preisgestaltung in den letzten Jahren immer mehr an Angebot und Nachfrage. Das bedeutet, dass die früher üblichen verbindlichen **Zimmertarife** zunehmend von einem System abgelöst werden, das erst bei der Buchungsanfrage nach Angabe aller Daten einen konkreten, nur für diesen Termin gültigen Preis errechnet. Oft sind die Preise im Sommer günstiger, da dann keine Geschäftsleute auf Reisen und die Hotels weniger gebucht sind.

Ferienhäuschen mit Boot: der Inbegriff eines erholsamen Finnland-Urlaubs

Sommerhotels und Pensionen

In Finnland werden in der mit den Sommerferien zusammenfallenden Hochsaison Studentenwohnheime oder Internate zu Hotels umfunktioniert, die von Juni bis August geöffnet sind. Die Einrichtung dieser Häuser ist nicht sonderlich komfortabel, aber zweckmäßig. Auch in solchen Herbergen gibt es Zimmer mit Dusche und WC, Familienzimmer und Cafés oder Restaurants. Die meisten **Sommerhotels** werden vom finnischen Jugendherbergsverband verwaltet.

Kleine, familiäre **Pensionen** haben sich in den letzten Jahren verstärkt etablieren können, wobei viele Besitzer für ihre Unterkunftsart das deutsche Lehnwort ›Gasthaus‹ verwenden. Gasthäuser gibt es sowohl in Städten als auch auf dem Land, sie sind meistens ordentlich ausgestattet, preisgünstig und in jedem Fall eine gute Alternative zu dem oft gesichtslosen Hoteleinerlei.

Bauernhöfe

Ferien auf einem finnischen Bauernhof werden immer beliebter und sind, gerade für Familien mit Kindern, eine ideale Urlaubsform. In den letzten Jahren haben sich immer mehr Landwirte durch entsprechende Umbauten auf das Geschäft mit den Touristen eingerichtet, sodass derzeit rund 400 Bauernhöfe zur Verfügung stehen.

Die Gästezimmer sind oft einfach, aber sauber und gemütlich. Der Kontakt zur Gastfamilie ist garantiert, doch dürfen keine Deutschkenntnisse vorausgesetzt werden. Buchbar ist eine Unterkunft mit Frühstück, Halb- oder Vollpension. Einen Unterkunftsnachweis gibt Finnish Country Holidays heraus, gebucht werden die Unterkünfte direkt.

Finnish Country Holidays
Lomarengas, Eteläesplanadi 22C, 3rd Floor
00130 Helsinki
Tel. 00358 306 50 25 02
www.lomarengas.fi

Bed & Breakfast

Die Einrichtung von ›Zimmern mit Frühstück‹ ist in Finnland noch verhältnismäßig neu. Rund 150 solcher Quartiere gibt es derzeit, die meisten befinden sich in ländlichen Regionen, sind nicht besonders gekennzeichnet und kosten durchschnittlich 25–50 € pro Zimmer.

Oft handelt es sich um Gästezimmer auf einem Bauernhof oder um ein Ferienhäuschen auf dem Anwesen des Besitzers, wo dann das reichhaltige Frühstück eingenommen werden kann. Ein Unterkunftsnachweis ist bei Finnish Country Holidays (s. Bauernhöfe) oder bei den lokalen Touristenbüros zu bekommen.

Ferienhäuser

Ein Ferienhäuschen am See, mit Sauna und Ruderboot: Dieser Traum wird geträumt, seitdem Touristen nach Finnland fahren. Wer an einen solchen Urlaub denkt, sollte sich rechtzeitig die Kataloge der Reisebüros besorgen, denn beim Durchblättern gibt es viel zu tun: Über zehntausend Ferienhäuschen stehen zur Auswahl, von einfachen, nur mit dem Notwendigsten ausgestatteten Hütten, bis hin zu modernen Blockhäusern, in denen es weder an Telefon, Kabelfernsehen und Mikrowelle noch an sonstigen Annehmlichkeiten mangelt.

Oft sind mehrere Häuschen in einer Art Siedlung zu Feriendörfern zusammengefasst, die aus mindestens fünf Gebäuden sowie einem Lebensmittelkiosk oder einer Cafeteria bestehen. Wem das schon zu viel ›Gedränge‹ bedeutet, der wird problemlos eine Hütte finden, die Dutzende Kilometer von der nächsten menschlichen Ansiedlung entfernt ist. In der Hauptsaison beträgt die Mindestmietzeit eine Woche. Empfehlenswert ist eine Buchung schon weit vor dem geplanten Reisezeitraum. In Deutschland haben verschiedene Veranstalter wie Fintouring (Tel. 05135-92 90 30, www.fintouring.de) eine ganze Reihe schön gelegener Feriendomizile im Portfolio.

Die Preise, die immer auch freie Benutzung von Sauna, evtl. Ruderboot, Brennholz und/oder Strom beinhalten, variieren je nach Saison, Größe, Lage und Ausstattung des Objektes zwischen 200 und 800 € pro Woche. Einen recht umfangreichen Katalog von Ferienhäusern gibt Finnish Country Holidays (s. Bauernhöfe) heraus.

Jugendherbergen

Die finnischen Jugend- und Familienherbergen, die sogenannten **Finnhostels**, haben, wie in Skandinavien allgemein üblich, einen recht hohen Standard. Es gibt Familienzimmer, 2–4-Bettzimmer und Schlafsäle, die aber vorwiegend von Gruppen und Schulklassen genutzt werden. Eigentlich ist der deutsche Begriff Jugendherberge irreführend, da keine Altersbegrenzungen gelten.

Die meisten der knapp 50 Finnhostels sind ganzjährig geöffnet, haben Selbstbedienungsküchen, einen Frühstücksraum oder Café, viele verleihen auch Ruderboote, Kanus und Fahrräder. Innerhalb der Finnhostels sind die Häuser mit dem höchsten Standard unter der Bezeichnung Keyhostels zusammengeschlossen.

Je nach Standard des Quartiers variieren die Preise zwischen 15–25 €, das Ausleihen von Bettwäsche kostet 5–7 €, ein Frühstück (Buffet) 5–12 €. Ein Jugendherbergsausweis ist nicht erforderlich, allerdings bekommt man mit ihm eine Preisermäßigung von ca. 2 € pro Tag. Viele Jugendherbergen sind nur im Sommer (Juni–Aug.) geöffnet. Da die Gesundheitsbehörden Schlafsäcke nicht gestatten, werden Bettdecken und Kopfkissen vor Ort angeboten, Bettwäsche (Laken etc.) muss mitgebracht oder kann ausgeliehen werden.

Verzeichnisse der Jugend- und Familienherbergen gibt es in den einzelnen Finnhostels und vorab beim Fremdenverkehrsamt oder ausführlicher beim Jugendherbergsverband **SRM-Hostel Booking Center**, Yrjönkatu 38, 00100 Helsinki, Tel. 09-565 71 50, www.hihostels.fi. Der Verband hat auch attraktive Paketangebote für Unterkunft plus Wagen- oder Fahrradmiete und bietet für die Bezahlung vor Ort Finnish Hostel Checks (FHC) an.

Camping

In Finnland gibt es etwa 350 Campingplätze, die fast immer an einem See, Fluss oder am Meer liegen. Davon sind ca. 150 dem Finnischen Fremdenverkehrsverband angeschlossen (blauweißes Schild mit Zelt). Sie werden amtlich kontrolliert und sind mit einem bis fünf Sternen klassifiziert. Die 5-Sterne-Anlagen bieten die bestmögliche Ausstattung mit mehreren Saunen, Restaurants, Sportplätzen, oft auch mit Pools, Entertainment und Kinderprogramm.

Für die Nutzung der Campingplätze ist die Camping Key Europe-Karte empfehlenswert, die Versicherungsschutz und Vergünstigungen gewährt. Die Karte selbst ist kostenlos, es fällt aber eine Jahresgebühr von 16 € an. Eine Übersicht der dem Campingverband angeschlossenen Plätze findet man unter www.camping.fi.

In der Hauptsaison (Mitte Juni–Anfang Aug.) können die beliebtesten Plätze ausgebucht sein. In den mehr als 70 ganzjährig geöffneten Anlagen sind beheizbare Ferienhäuschen und/oder Wohnwagen vorhanden. Der Preis für eine Hütte rangiert je nach Größe und Ausstattung zwischen 40 und 150 €. Auch sonst findet man meist Hütten unterschiedlichen Standards sowie Caravanstellplätze. Letztere sind mit 220-V-Stromanschluss ausgestattet. Zu beachten ist, dass man in Finnland Butangasflaschen weder verkauft noch umtauscht; ausreichende Vorräte sollten also mitgebracht werden.

Wildes Campen ist nur mit Genehmigung des Grundbesitzers gestattet. Weitere Informationen unter www.topcamping.net und www.camping.fi. Bei letztgenannter Adresse können auch Campinginfobroschüren mit Anschriften und Lageplänen aller klassifizierten Plätze bestellt werden.

Essen und Trinken

Am Anfang eines kulinarischen Streifzugs durch die finnische Delikatessenwelt kann ein Marktbesuch stehen oder man gönnt sich ein finnisches Buffet *(pitopöytä),* auf dem die Köstlichkeiten mit den oft mysteriös klingenden Namen nebeneinander präsentiert werden.

Die finnische Küche

... im Wechsel der Jahreszeiten

Die finnische Speisekarte zeichnet sich auch heute noch dadurch aus, dass sie in besonderem Maße den Wechsel der Jahreszeiten mit deren jeweils spezifischen Naturangeboten reflektiert.

Kulinarische Highlights des **Januars** sind beispielsweise Aalquappen, die als erlesene Suppe auf den Tisch kommen oder deren Rogen mit russischer saurer Sahne *(smetana)* gereicht wird. Im kalten **Februar** liebt man deftige Suppen und Eintopfgerichte, aber auch Fisch, der beim Eislochangeln aus den zugefrorenen Seen geholt wurde. Um **Ostern** spricht man dem traditionellen süßen Malzbrei *mämmi* zu. Die Hühner-, Eier- und Lammgerichte der österlichen Tafel weichen bald Hecht, Barsch und Brachse, da sie im April laichen und leicht ins Netz gehen.

Bald nach **Sommerbeginn** biegen sich die Marktstände unter der frischen Ware, die Wald, Felder, Seen, Flüsse und Meer hergeben. Die ersten, noch winzig kleinen Kartoffeln sind für die Finnen fast so kostbar wie Kaviar und werden als Vorspeise gereicht, meist mit Butter und frischem Dill oder mit Salzhering. Die Sommersuppe *(kesäkeitto)* wird aus frischem Gemüse und Milch zubereitet. Gurken und die ersten Tomaten sorgen für leckere Salate, während für ein finnisches Dessert meist auf allerlei Beeren zurückgegriffen wird, z. B. auf die sehr aromatischen Moltebeeren, die wie gelbe Himbeeren aussehen. Man serviert sie mit Schlagsahne oder mit der Dickmilch *viili* und Pfannkuchen. Besonders

Es ist angerichtet: Fisch zum Ersten ...

... und zum Zweiten

Herbstlich geprägtes Angebot auf dem Markt in Helsinki

gut schmeckt auch *kiisseli,* ein unserer Roten Grütze ähnlicher Beerenpudding. Im Sommer sollte man unbedingt auch den saftigen Rhabarberkuchen probieren.

Am 21. Juli beginnt die **Flusskrebssaison**, die bis September dauert. In großem Freundeskreis garen die Finnen Unmengen der kostbaren Schalentiere in einem würzigen Sud aus Dill, Schnittlauch, Gewürznelken und Pimentkörnern. Dann saugt man die knallrot gesottenen Krebse aus dem Panzer; auch der eine oder andere Wodka gehört zu diesem Vergnügen.

Mitte August beginnt langsam der **Herbst** und damit ein weiterer Höhepunkt an Gaumenfreuden. Baltischer Hering und Flunder werden aus der See geholt, Pilzsammler kommen mit Körben voller Pfifferlingen, Milchlingen, Röhrenpilzen und anderen Speisepilzen aus dem Wald zurück. Jäger beliefern Haushalte und Restaurants mit Enten-, Hasen- und Elchfleisch, das mit Preisel- und Moosbeeren serviert wird. Der **Oktober** wartet mit rotem Kaviar auf, der aus dem Rogen der Maräne gewonnen wird. Überall hält man Märkte für geräucherten, marinierten, gebeizten oder gesalzenen Fisch ab. Hausfrauen kochen deftigen Kohl-Lamm-Eintopf.

Der **Dezember** ist die Zeit des geselligen Beisammenseins, zu dem auch Glühwein *(glöggi)* und Pfefferkuchen *(piparkakku)* gehören. Die traditionelle Weihnachtstafel besteht aus Aufläufen, Hering, Lachs, Schellfisch oder Truthahn. Als Dessert schätzt man – wie bei der ›Weihnachtstorte‹ *joulutorttu* – Blätterteigplätzchen mit Pflaumenmus. In Gourmetrestaurants werden nun vorzugsweise Fisch-, Wild- oder lappländische Spezialitäten gereicht wie Schneehuhn in Cremesauce *(riekko),* Elch- und Rentierbraten mit Kartoffelpüree und Pilzen jeder Art, Rentiergeschnetzeltes *(poronkäristys)* oder leicht geräucherter warmer Lachs mit Morchelsauce.

Fisch

Nicht nur beim Buffet nimmt Fisch in jeder Form großen Raum ein. Besonderer Beliebtheit erfreuen sich der Ostseehering (Strömling, *silakka*) und der Atlantikhering *(silli),* die man als Happen mit kleingehackten Eiern, Gurken, Rote Bete und Mayonnaise zu sich nimmt oder süß-sauer respektive in einer Senfsauce mariniert. Was wie Rollmöpse aussieht, sind oft in Essig marinierte Strömlingsrouladen. Gegrillter, frisch geräucherter oder gebeizter Lachs *(lohi)* ist eine weitere Spezialität und besonders empfehlenswert, wenn es sich um Wildlachs aus den klaren Flüssen Lapplands handelt. Zu den vielen anderen Süß- und Salzwasserfischen, die in Finnlands Küchen zubereitet werden, gehören Aal, Barsch, Brasse, Forelle, Hecht, Neunauge, Maräne, Renke und Zander. Der Rogen von Renke, Maräne und Aalquappe wird, mit Sahne und Zwiebeln angerichtet, auch verwöhnte Gaumen zufriedenstellen. Für die Zubereitung fangfrischen Fischs gibt es zahlreiche Rezepte, allein für die finnische Bouillabaisse *(kalakeitto)* ein paar Dutzend.

Fleisch

Kein Buffet kommt ohne Fleischspeisen als Hauptgericht aus. Nordische Leckerbissen sind saftiger Elchbraten oder Geschnetzeltes vom Rentier. Geräucherter Rentierschinken mit Rührei wird gerne als Vorspeise gegessen. Aus verschiedenen Fleischsorten, die angebraten und dann lange gekocht wurden, setzt sich der Eintopf *karjalanpaisti* (karelischer Braten) zusammen. Auffallend ist die Vielzahl an finnischen Wurstsorten, wobei viele Städte oder Regionen mit einer eigenen Kreation aufwarten können, beispielsweise der Schwarzwurst *mustamakkara* in Tampere oder der mit Rosinen durchsetzten Graupenwurst *laukkamakkara* in Turku. Im ganzen Land verzehrt man gerne die *lenkkimakkara*, jene berühmte Saunawurst, deren Name verrät, wo sie geräuchert wird.

Piroggen und Aufläufe

In einer Markthalle oder auf dem benachbarten Markt sollte man auch die traditionellen finnischen Snacks kosten. Vor allem um die Piroggen kommt man dabei nicht herum, mit denen sich die Russen ins finnische Kochbuch geschrieben haben, übrigens ebenso wie mit Borschtsch, Schaschlik und vielem anderen. Eine Pirogge ist eine Pastete aus Teig, Fleisch, Kohl, Speck und weiteren Zutaten, doch gibt es je nach Region viele unterschiedliche Zubereitungsarten, etwa die Reispiroggen mit Eibutter (*riisipiirakka*) oder die karelischen Piroggen (*karjalanpiirakka*). Hüten sollte man sich vor Fast-Food- und Mikrowellen-Versionen. Zu den regionalen Spezialitäten gehören daneben die verschiedenen Aufläufe wie Leberauflauf (*maksalaatikko*), Möhrenauflauf (*porkkanalaatikko*) oder Steckrübenauflauf (*lanttulaatikko*).

Brot

Beim Brot ist die Angebotspalette erstaunlich groß, vor allem was Roggen- und Vollkornbrotarten angeht. Natürlich halten die Schärenbewohner ihr schwarzes, süß-saures *saaristolaislepä* für das beste, während man in Pieksämäki große Stücke auf das lokale Graupenfladenbrot (*ryynirieska*) hält oder in Oulu auf das ungesäuerte Gerstenfladenbrot (*ohrarieska*). Auch eigene Knäckebrotvarianten gibt es wie das hauchdünne Finn Crisp.

Milchprodukte

Unter der Vielfalt an Milchprodukten fallen die guten Käsesorten auf: etwa der Goudatyp *tutunmaa*, der Blauschimmelkäse *aura*, Cheddar (*juhla*), Tilsiter (*kreim*) und ein ausgezeichneter Emmentaler. *Juustoleipa* wird zuerst über Feuer geröstet, bevor er reifen darf. Im Norden ist Rentierkäse eine Spezialität, die man zum vollendeten Genuss in heißen Kaffee tunkt.

Spezialitäten

Graavi lohi, ›vergrabener‹, gebeizter Lachs wird mit frischem Dill oder mit Senfsauce serviert.
Kalakukko ist eine Fischpastete aus der Provinz Savo. Für eine *kukko* backt man frische Süßwasserfische mit Schweinefleisch und/oder Speck in einem kräftigen Roggenbrotteig. Solche Pasteten sind lange haltbar.
Karjalanpaisti ist ein Eintopf aus Karelien mit Rind-, Hammel- und Schweinefleisch.
Karjalanpiirakat stammen ebenfalls aus Karelien. Es sind Roggenteigtaschen (= Piroggen), mit Eibutter bestrichen und mit Fleisch, Kartoffelpüree oder Reis gefüllt.
Liekki lohi sind ganze Lachshälften, die entgrätet und auf einem Brett angebracht senkrecht über dem offenen Feuer gegrillt werden.
Lohikeitto ist eine sättigende Suppe mit Lachsstücken, Kartoffeln, Dill und Milch.
Mäti, der Fischrogen von der Maräne, der Aalquappe oder Renke, gelb und orange, wird mit gehackten Zwiebeln angerichtet.
Poronkäristys nennt sich geschnetzeltes Rentierfleisch. Es wird zusammen mit Kartoffelpüree und Preiselbeeren serviert.
Pyttipannu sind schwedischer Herkunft und in der Pfanne geschmorte Fleischwurst- und

Kartoffelwürfel, Zwiebeln, Rote Bete, Gewürzgurken und Spiegelei.

Särä ist ein in einer Holzschale im Ofen gebackenes Gericht aus Südkarelien mit Lammfleisch und Kartoffeln.

Vorschmack, polnischer Herkunft, besteht aus Lamm und Rindfleisch, das mit Zwiebeln gebacken und dann mit Heringsfilets und Sardellen durch den Fleischwolf gedreht wird.

Getränke

Weitaus üblicher als in südlicheren Ländern ist es, sich zum Essen ein Glas Milch zu bestellen. An erster Stelle der Beliebtheit aber steht der Kaffee, den man überall und zu jeder Tages- und Nachtzeit bekommt.

Wer Hochprozentiges zu sich nehmen möchte, muss ein Lokal mit vollen Schanklizenzen (A) aufsuchen. Es gibt auch eingeschränkte Lizenzen, die zum Ausschank von Wein und Bier mit ›normalem‹ Alkoholgehalt (B) oder nur von Leichtbier (C) berechtigen. Hält man sich bei den alkoholischen Getränken an die im Lande produzierten, ist finnisches Bier durchaus gut und bekömmlich. Demgegenüber ist das fast alkoholfreie Getränk *kotikalja* eigentlich kein Bier, obwohl es als solches bezeichnet wird.

Bei den hochprozentigen Getränken ist einheimischer Wodka sehr beliebt, aber auch ›Wein‹ wird in Finnland hergestellt, allerdings nicht aus Weintrauben, sondern aus Beeren. Von Beerensäften war es nur ein kleiner Schritt zur Herstellung von Beerenweinen und -likören *(likööri),* den vielleicht landestypischsten Alkoholika. Zur Kostprobe empfohlen: Brände aus *mesimarja* (Honigbeeren), *polar* (Moosbeeren), *puolukka* (Preiselbeeren) oder vor allem *lakka* (Moltebeeren)! Auch einheimischer oder importierter Cidre ist populär.

Zum Abschluss sei noch verraten, wie man sich in Finnland zuprostet: Das skandinavische *skål* wird auch hier verstanden und genutzt. Häufiger aber hört man *kippis,* (von deutsch: »Kipp es!«). Favorit vieler Finnlandtouristen ist jedoch das Prosit der mittelfinnischen Landschaft Savo: *höllekin-köllekin!*

Wo isst man?

Ein Restaurant in unserem Sinn trägt den Namen *ravintola,* von denen es in größeren Orten normalerweise eine gute Auswahl hat. Im ganzen Land sind daneben Pizzerien populär, die zum Teil das italienische Vorbild so modifiziert haben, dass manche schon von einer ›finnischen Pizza‹ sprechen. Die Großstädte haben ein gutes kulinarisches Angebot. Hier sind nicht nur nahezu alle Nationalküchen vertreten, sondern auch die besten Adressen einheimischer Kochkunst versammelt.

Für ein Abendessen mit Getränken muss man mindestens 25 € bezahlen, in einem Gourmettempel mindestens 50 €.

Wann isst man?

Das **Frühstück** *(aamiainen)* wird zwischen 6.30 und 10 Uhr eingenommen, in Hotels und Pensionen wird ein reichhaltiges Buffet *(voleipäpöytä)* angeboten.

Zu **Mittag** *(lounas)* isst man zwischen 11 und 13 Uhr, meist eine einfache Mahlzeit wie belegte Brote. Um diese Tageszeit geht man in ein Lokal, das *kahvila, baari* oder *krouvi* genannt wird und meist über eine Theke mit Speisen und Gebäck verfügt, an der man sich selbst bedient und für 6–10 € satt werden kann. Eine Alternative sind die Essensstände auf den Marktplätzen und in Markthallen, wo man oft die regionalen Spezialitäten in ihrer besten Form bekommt. Dagegen offeriert ein *grilli* die internationale Imbisspalette, ergänzt durch einheimische Fast-Food-Varianten von Piroggen.

Die Hauptmahlzeit ist das warme **Abendessen** *(iltapala),* das recht früh, in Privathaushalten ab 16 Uhr, in Restaurants ab 17 Uhr, eingenommen wird. In den Abendstunden und bis 24 Uhr wird oft ein sogenanntes Nachtessen gereicht, bestehend aus warmen und kalten Snacks oder Kuchen. Die warme Küche der Restaurants ist meist durchgängig geöffnet, in Städten oft bis Mitternacht.

Outdoor

Kaum ein Land in Europa bietet mit seiner hervorragenden Infrastruktur sowie unberührten Natur, sauberen Luft und klarem Wasser ganzjährig so gute Bedingungen zu sportlicher Aktivität wie Finnland. Die Finnen sind generell äußerst sportbegeistert und zählen Angeln, Wandern und Kanufahren zu ihren Lieblingsbeschäftigungen. An dieser Stelle können nur einige der beliebtesten Aktivitäten genannt werden; ausführlicheres Infomaterial bekommt man bei Reiseveranstaltern, lokalen Touristenbüros und der Finnischen Zentrale für Tourismus.

Angeln

Die Jagd auf Barsch, Hecht, Zander, Lachs, Äsche, Saibling oder See-, Meer- und Regenbogenforelle ist Volkssport Nummer eins und als bevorzugtes Angelrevier gilt eigentlich das ganze Land! Als Lachsreviere sind die Flüsse Teno und Tornionjoki in Lappland unschlagbar. Weißfische, Aale, Quappen, Maränen und Neunaugen findet man hauptsächlich in Südfinnland, Hechte, Barsche und Forellen im Süden und Osten, während Meeresangler auf den Åland-Inseln und an der Schärenküste vor Turku und Vaasa am besten aufgehoben sind. Von besonderem Reiz ist für Mitteleuropäer sicher das Eislochangeln – auch dazu braucht man aber die üblichen Angelscheine/Lizenzen. Die Saison dauert je nach Region von November bis Mai.

Eislochangeln ist ebenso wie das Wurmangeln (allerdings ohne Rolle) im Jedermannsrecht (s. S. 74) verankert und daher ohne staatliche Abgabe erlaubt. Kinder und Jugendliche unter 18 Jahren dürfen mit der Angelrute im ganzen Land ebenfalls gebührenfrei Fischfang betreiben. Wer sonst in Binnengewässern mit Rute, Rolle, Netz, Reuse und künstlichen Ködern fischen möchte, muss an Automaten oder in Banken bzw. auf dem Postamt eine staatliche Fischereiabgabe (*kalastuksenhoitomaksu;* zurzeit 22 € pro Jahr bzw. 7 € pro Woche) zahlen. Beim Ausfüllen der Vordrucke ist wichtig, dass man in das Mitteilungsfeld *(tiedonanto)* der Zahlkarte seinen Namen und Geburtstag einträgt. Die Quittung sollte man bei jeder Angeltour bei sich haben. Zusätzlich benötigt man die Fanggenehmigung des jeweiligen Gewässerbesitzers oder ersatzweise eine regionale Angelgenehmigung (*viehekalastusmaksu,* zurzeit 27 € pro Jahr bzw. 6 € pro Woche), die man bei den lokalen Touristenbüros, auf Campingplätzen oder in Hotels bekommt.

Golf

Golf ist im letzten Jahrzehnt zunehmend populärer geworden und es gibt immer mehr, größere und bessere Plätze. Insgesamt sind es mehr als 130 Anlagen zwischen dem Finnischen Meerbusen und dem Norden Lapplands. Exotisch ist Wintergolfen, z. B. in Rovaniemi. Die Green-Fees betragen pro Tag zwischen 25 und 80 €, die Hauptsaison reicht von Mai bis Oktober. Urlaubspakete rund um den Golfsport haben mehrere Finnland-Veranstalter im Programm. Weitere Informationen gibt **Finnish Golf Union,** Radiokatu 20, 00240 Helsinki, Tel. 09-34 81 25 20, www.golf.fi.

Jagd

Bevorzugte Jagdtiere in Finnland sind Hirsche, Schneehühner, Birk- und Auerhähne, vor allem aber Elche, von denen jährlich rund 60 000 geschossen werden. Bei Teilnahme an einer Elchjagd muss in der Regel eine entsprechende Schießprüfung absolviert werden, die Jagdsaison dauert hier von Mitte Oktober bis Mitte Dezember. Ausländer müssen im Besitz eines heimischen Jagdscheins sein, aufgrund dessen man eine befristete Jagdlizenz bekommt. Ohne nationalen Jagdschein muss in Finnland eine Jagdprüfung absolviert werden. Das Jagen ist nur mit Genehmigung des (privaten oder staatlichen) Grundeigentümers und nur in Begleitung eines finnischen Jagdführers gestattet. Weitere Infos gibt das Fremdenverkehrsamt oder die **Zentralorganisation der Jäger** (Metsästäjäin keskusjärjestö), Fantsintie 13/14, 00890 Helsinki, Tel. 02-94 31 20 01, asiakaspalvelu@riista.fi, riistakeskus@riista.fi, www.riista.fi. Am einfachsten ist die Teilnahme an geführten Jagdtouren, die von Spezialreiseveranstaltern angeboten werden.

Wandern

Wandermöglichkeiten gibt es in Finnland in Hülle und Fülle, in allen Schwierigkeitsstufen und passend für jeden Geschmack. Viele Wandergebiete bieten geführte Touren an und sind mit Hängebrücken, Bohlenwegen über moorige Stellen oder Holztreppen an steilen Passagen hervorragend erschlossen.

Trotz des gut gewarteten Wegenetzes sollten Individualreisende aber nicht zu sorglos sein. Neben Kondition und der Fähigkeit, mit Kompass und topografischen Landkarten umzugehen, ist, zumal für mehrtägige Trekkingtouren, eine gute Grundausrüstung (Rucksack, Wanderschuhe, Regenschutz, warme Kleidung, Mückenöl) unbedingte Voraussetzung. Solche Touren sollte man auch nicht alleine unternehmen und im Standquartier immer eine Nachricht über das geplante Ziel und die Dauer der Wanderung hinterlassen.

Die in vielen Karten eingetragenen **Nationalen Wandergebiete** sind landschaftlich schöne und zum Teil naturgeschützte Areale, die hauptsächlich den Menschen zur Erholung und zu Outdoor-Aktivitäten zur Verfügung stehen sollen. Deshalb findet man hier ein ausgedehntes System von Wanderwegen bzw. Skiloipen, aber auch Hotels und Campingplätze, Lifte, Bootsverleihstationen etc. Zurzeit gibt es sieben solcher Wandergebiete mit einer Gesamtfläche von ca. 385 km², am bekanntesten ist wohl Hossa in der Nähe von Suomussalmi. Weitere Informationen erhält man bei der Finnischen Zentrale für Tourismus, den lokalen Touristeninformationen und an den Visitor Centres der Nationalparks, ebenso beim **Amt für Staatswälder:** Metsähallitus (Forest and Park Service), P. O. Box 94, Tikkurila, Vernissakatu 4, 01301 Vantaa, Tel. 02-06 39 40 20, www.metsa.fi. Die Forstverwaltung unterhält ein sehr gutes Netz von Hütten, in denen man auf Wanderungen kostenlos übernachten kann.

Wassersport

Klar, dass bei 188 000 Seen, einer 5000 km langen Küste und Tausenden von Flusskilometern die allerbesten Bedingungen für Wassersport aller Art herrschen.

Segler haben im Schärengarten ein einzigartiges Revier, das gleichzeitig mit idealen Wind- und Klimaverhältnissen gesegnet ist – eine Seekarte sollte man allerdings schon lesen können, um sich im Labyrinth der Inseln, Schären und Klippen zurechtzufinden. Natürlich eignen sich auch die Binnenseen zu ausgedehnten Segeltörns; jeder größere finnische Ort ist mit mindestens einem Gast- und Jachthafen ausgestattet, der in der Regel alle modernen Einrichtungen aufweist – einschließlich einer Sauna.

Noch bekannter aber ist Finnland als interessantes Reiseland für **Bootswanderer,** die sich mit Kajak, Kanu oder Ruderboot zur Erkundung der unzähligen Wasserwege aufmachen. Aufgrund der vielen engen Kanäle, Buchten, Inseln und Flussverbindungen zwischen den Seen kann man weite Wasserflächen vermeiden und z. B. die etwa 300 Paddelkilometer von Lappeenranta bis Kuopio immer in Ufernähe zurücklegen.

Auch wenn man hauptsächlich mit dem Wagen unterwegs ist, sollte man sich das Vergnügen einer Bootsfahrt nicht entgehen lassen. Leihmöglichkeiten sind praktisch überall vorhanden; durchschnittlich kostet

Die Bandbreite der möglichen Outdoor-Aktivitäten ist groß – naturgemäß spielt Wasser in unterschiedlichen Aggregatzuständen dabei eine Hauptrolle

eine Kanumiete ca. 20 € pro Tag. Erfahrene Kanuten werden die schwierigeren Gewässer Lapplands vielleicht eher reizen, beispielsweise die 280 km lange Route auf dem Ounasjoki mit seinen anspruchsvollen Stromschnellen oder der finnisch-schwedische Grenzfluss Tornionjoki mit Europas längster ungebändigter Flussroute.

Dort, um Kuusamo oder anderswo, sind ebenfalls rasante Stromschnellenfahrten per **Schlauchboot (Rafting)** möglich. Schließlich sollte wenigstens erwähnt werden, dass in Finnland auch **Windsurfer** auf Binnengewässern und der Ostsee auf ihre Kosten kommen.

Wintersport

Wohl nirgendwo in Europa gibt es bessere Langlaufbedingungen in einer schöneren Landschaft. Doch auch Freunde des alpinen Skisports haben jede Menge Entfaltungsmöglichkeiten. Knapp 70 moderne Skizentren sind über das ganze Land verstreut, darunter Großanlagen mit Olympiaformat (Lahti) und Trainingsgelände für Ski-Nationalmannschaften aus aller Welt.

Die Wintersportsaison dauert etwa von November bis Ende April, in nördlicheren Breiten auch länger. Im hohen Norden kann man beispielsweise von 200 schneesicheren Tagen im Jahr ausgehen, dort ist Skilauf noch bis Mitte Mai möglich. Wen es nach Lappland zieht, der sollte die helleren Tage ab Ostern wählen und als Transportmittel möglichst das Flugzeug. Der besondere Reiz liegt dort auch in exotischen Aktivitäten, die Mitteleuropäer sicher besonders reizen, etwa die Teilnahme an einer Huskysafari, Rentierschlittentour oder Schneescooterexpedition.

Eisangeln ist im ganzen Lande möglich, während Sightseeingfahrten mit dem Eisbrecher über die zugefrorene Ostsee bislang nur von Kemi aus angeboten werden. Organisierte Wintersportaufenthalte hat jeder Veranstalter von Finnlandreisen im Programm, Auskünfte erteilen die Reisebüros oder das Fremdenverkehrsamt.

Sie strotzen vor Kraft und haben viel Ausdauer: Huskys, die typischen Zugtiere in Lappland

Feste und Veranstaltungen

Kirchliche Feste

Im finnischen Festkalender bilden die traditionellen Kirchenfeste einen Schwerpunkt. Auf dem Land war früher der wichtigste Tag im Jahr das herbstliche Erntedankfest *(kekri)*, das in dem Maß an Bedeutung verlor, in dem das **Weihnachtsfest** durch die städtische Kultur in den Vordergrund trat. Der Heilige Abend wird mit der Ausrufung des »Weihnachtsfriedens« in Turku eingeleitet. Zum weiteren Programm gehört ein Saunabesuch sowie ein Friedhofsgang, bei dem man auf den Gräbern von Verwandten Kerzen anzündet. Dem festlichen Abendessen folgt der Besuch des Weihnachtsmanns, der im Kreise seiner ebenfalls rot gekleideten Wichtel Geschenke verteilt.

Im **Osterfest** sind östliche und westliche Gebräuche verschmolzen: Aus dem orthodoxen Karelien stammt die Sitte, am Palmsonntag Freunden und Verwandten leichte Schläge mit Weidenzweigen zu erteilen und dabei Gesundheit zu wünschen. Wie in Schweden verkleiden sich Kinder als Hexen und ziehen seit den 1980er-Jahren mit Weidenzweigen bewaffnet umher und erbetteln Süßigkeiten oder Geld.

In Karelien kommen die zu Ehren des jeweiligen Kirchenpatrons abgehaltenen Feste mit feierlicher Prozession *(praasniekka)* zu den Hochfesten des orthodoxen Kirchenjahres hinzu. Inzwischen werden zu diesen traditionellen Festen, die keine offiziellen Feiertage sind, bereits von Reiseveranstaltern Pauschalarrangements angeboten, die einen gemeinsamen Festabend und die Teilnahme an der Liturgie mit Prozession einschließen.

Tag der Arbeit

Zu den arbeitsfreien offiziellen Feiertagen ohne kirchlichen Hintergrund gehört der 1. Mai, der in einer Mischung aus altem skandinavischem Frühlingsfest, internationalem Tag der Arbeit und modernem Straßenkarneval gefeiert wird. Besonders lebhaft geht es in den Universitätsstädten zu, wo Studenten und Studentinnen klamaukhafte Aktionen veranstalten.

Mittsommer

Wie in ganz Skandinavien stellt auch in Finnland das Mittsommerfest den Höhepunkt des jährlichen Festtagskalenders dar. Seinen Ursprung hat es in einem uralten Fruchtbarkeitskult zur Sommersonnenwende, der nach der Christianisierung mit dem Gedenktag Johannes des Täufers identifiziert wurde. Anders als der 1. Mai wird Mittsommer nicht in der Stadt, sondern möglichst auf dem Land gefeiert, wo an den Gewässern die Sonnenwendfeuer entzündet und Volkstänze unter freiem Himmel veranstaltet werden. Auf den Åland-Inseln und in Regionen mit hohen schwedischen Bevölkerungsanteilen stellt man den Johannisbaum (Mittsommerstange, *majstång*) auf. Zu Mittsommer werden überall im Lande Häuser und Festplätze – in den Städten auch Züge, Busse und Bahnen – mit Birkenzweigen sowie der Nationalflagge dekoriert.

Unabhängigkeitstag

Am 6. Dezember scheint das ganze Land in einem Meer von Weiß und Blau zu ertrinken. Straßen, öffentliche Gebäude und Schaufenster sind beflaggt, man entzündet blaue und weiße Kerzen und Konditoreien bieten Gebäck und Torten in den Landesfarben an. An diesem Datum wird nämlich der Unabhängigkeitstag gefeiert. War dies früher eine ernste Angelegenheit mit politischen Ansprachen, Ordensverleihungen und studentischen Fackelzügen, nimmt heute an diesem Tag auch niemand mehr Anstoß an Rockkonzerten oder ähnlichen Veranstaltungen.

Festivals

Der finnische Festivalkalender umfasst heute mehr als 70 international renommierte Veranstaltungen, die jährlich etwa 2 Mio. Besucher und Darbietungen von rund 20 000 Interpreten verzeichnen. Die meisten Festivals finden in den hellen Sommermonaten statt. Den größten Raum nimmt dabei die Musik ein, moderne, klassische, avantgardistische oder volkstümliche.

Das mit Abstand bekannteste Festival sind die **Opernfestspiele** von Savonlinna, die im Juli fast 100 000 Musikfreunde aus aller Welt anziehen. Auch die **Helsinki-Festwochen,** die traditionell Ende August den finnischen Kultursommer ausklingen lassen, sind ein absolutes Highlight für Freunde nicht nur klassischer Musik.

Fans von erstklassiger **Jazz- und Rockmusik** können an einem Dutzend Konzertreihen teilnehmen, vom lappländischen Kalottjazz-Blues-Festival in Tornio über Ruisrock in Turku bis zum bekanntesten von allen, dem größten europäischen Jazzfestival in Pori. Natürlich haben auch die **Avantgarde** (u. a. in Viitasaari) und die **Volksmusik** (u. a. Ikaalinen und Kaustinen) ihren festen Platz im Festspielkalender.

Neben Musik befällt das alljährlich ausbrechende Festivalfieber auch Sparten wie **Theater, Kino** oder **Tanz.** Beispielhaft sollen nur das Internationale Kurzfilmfestival von Tampere – das größte seiner Art –, das Midnight Sun Film Festival in Sodankylä und das Internationale Theaterfestival von Tampere genannt sein.

Informationen zu den mehr als 70 wichtigsten Veranstaltungen erhält man – auch in deutscher Sprache – auf der Website www.festivals.fi.

Festkalender

Januar–März
Lahti: Winter-Kinderkarneval (Ende Jan./Anf. Feb.)
Kokkola: Winterakkordeonfestival (Feb.)
Tampere: Filmfestival (März)
Oulu: Musikfestspiele (März)

April–Juni
Espoo: Jazzfestival (April)
Vaasa: Chorfestival (Mai)
Kouvola: Internationales Kindertheaterfestival (Mai)
Tampere: Zeitgenössisches Tanzfestival (Mai)
Helsinki: World Village Festival (Mai)
Riihimäki: Sommerkonzerte (Juni)
Naantali: Musikfestspiele (Juni)
Sodankylä: Midnight Sun Film Festival (Juni)
Mänttä: Kunstwochen (Juni)
Helsinki: Mittsommerfest auf Seurasaari (Juni)
Haapavesi: Folk Music Festival (Juni)
Järvenpää: Lakeside Blues Festival (Juni)
Tornio/Haparanda: Kalottjazz & Blues Festival (Juni)

Juli/August
Viitasaari: Festival »Zeit der Musik« (Juli)
Taalintehdas: Baltic Jazz (Juli)
Savonlinna: Opernfestspiele (Juli)
Kaustinen: Folk Music Festival (Juli)
Seinäjoki: Tangofestival (Juli)
Pori: Jazzfestival (Juli)
Kuhmo: Kammermusikfestspiele (Juli)
Turku: Ruisrock (Juli)
Lahti: Internationale Orgelwoche (Aug.)
Tampere: Theaterfestspiele (Aug.)
Turku: Jazzfestival (Aug.)
Helsinki: Festwochen (Musik, Theater, Tanz, Film u. v. m.; Aug.)
Oulu: Festival, u. a. Luftgitarren-WM (Aug.)
Orivesi: Sommerfestival (Aug.)
Savonlinna: Opernfestspiele (Aug.)

September
Helsinki: Festwochen
Loviisa: Sibelius-Tage
Lahti: Sibelius-Festival

November
Tampere: Jazz Happening

Reiseinfos von A bis Z

Alkohol

Trotz der Preissenkung nach dem EU-Beitritt des Nachbarlandes Estland im Jahre 2004 ist Alkohol in Finnland immer noch deutlich teurer als in Mitteleuropa: Stärkere alkoholische Getränke kann man sich ausschließlich in einem der staatlichen ALKO-Läden besorgen, die Mo–Do 10–17, Fr 10–18 und Sa 9–15 Uhr geöffnet sind. Nur hier erhält man Wein, Starkbier, Likör und Schnaps, in Supermärkten hingegen Leichtbier und Bier mit normalem Alkoholgehalt.

Auskunft

... in Deutschland
Das finnische Fremdenverkehrsamt betreibt seit 2009 keine Auslandsbüros mehr, sodass ausschließlich über die Website www.visitfinland.com Informationen und Prospektmaterial angefragt werden können (diese Zentrale ist auch für **Österreich** und die **Schweiz** zuständig).

... in Finnland
Die Zentrale des nationalen Fremdenverkehrsamtes:
Finnish Tourist Board
Töölönkatu 11, 00101 Helsinki
Tel. 00358 (0)29-505 80 00
www.visitfinland.com
Ansonsten gibt es vor allen größeren Ortschaften in Finnland Infotafeln sowie örtliche Touristeninformationen *(opastus),* in denen man manchmal die besten Tipps erhält (s. auch die jeweiligen Angaben im Reiseteil dieses Buches).

Deutsch-Finnische Gesellschaft
Die Deutsch-Finnische Gesellschaft hat sich dem Kulturaustausch und der Förderung der bilateralen Beziehungen verschrieben. Sie hat über 11 000 Mitglieder, die in rund 70 Bezirksgruppen organisiert sind. Weitere Informationen:

Bundesgeschäftsstelle der Deutsch-Finnischen Gesellschaft
Scherlstr. 11–13
04103 Leipzig
Tel. 0341-99 99 74 50
dfg@deutsch-finnische-gesellschaft.de
www.deutsch-finnische-gesellschaft.de

Barrierefrei reisen

In Finnland ist man besser auf körperbehinderte Reisende eingestellt als in den meisten anderen europäischen Ländern. Über spezielle Einrichtungen und Erleichterungen für Behinderte verfügen u. a. die Finnair, der Bahnkonzern VR sowie einige Fährlinien (Silja und Viking Line). Auch sind viele Hotels auf körperbehinderte Gäste eingestellt. Nähere Infos und Adressen sind bei der Finnischen Zentrale für Tourismus erhältlich sowie unter www.finlandforall.fi.

Botschaften und Konsulate

... in Deutschland
Botschaft der Republik Finnland
Rauchstr. 1
10787 Berlin
Tel. 030-50 50 30
info.berlin@formin.fi
www.finnland.de

... in Österreich
Botschaft der Republik Finnland
Gonzagagasse 16
1010 Wien
Tel. 01-5 35 03 65
sanomat.wie@formin.fi
www.finnland.at

... in der Schweiz

Botschaft der Republik Finnland
Weltpoststr. 4, 3000 Bern 15
Tel. 031-350 41 00
info.bern@formin.fi
www.finlandia.ch

... in Finnland

Botschaft von Deutschland
Krogiuksentie 4, 00340 Helsinki
Tel. 09-45 85 80
info@helsinki.diplo.de
www.helsinki.diplo.de

Botschaft von Österreich
Unioninkatu 22, 00130 Helsinki
Tel. 09-681 86 00, helsinki-ob@bmeia.gv.at
www.bmeia.gv.at/botschaft/helsinki.html

Botschaft der Schweiz
Kalliolinnantie 16A 2a
00140 Helsinki
Tel. 09-622 95 00
hel.vertretung@eda.admin.ch
www.eda.admin.ch/helsinki

Dos and Don'ts

Ein Saunabesuch ist in Finnland ein Muss. Die öffentlichen Saunen sind im Normalfall nach Geschlechtern getrennt, in manchen schwitzt man auch in Badekleidung. Am besten erkundigt man sich vorab nach den Regularien. Sollte man von Finnen zum Besuch in deren Heim eingeladen werden, zieht man gewöhnlich im Eingangsbereich die Straßenschuhe aus. Am Ende verabschiedet man sich mit einem »Kiitos«, dem Dank für die Einladung. Auch wenn die Finnen als wortkarg gelten, freuen sie sich über solche Aufmerksamkeiten und vielleicht ein kleines Gastgeschenk.

Jedermannsrecht

Das sogenannte Jedermannsrecht ist eine besondere Einrichtung in Finnland, Norwegen und Schweden, von dem die meisten ausländischen Besucher schon gehört haben werden. Oft aber kennen sie nur dessen Rechte und nicht die Pflichten. Das Jedermannsrecht besagt einerseits, dass man sich im Allgemeinen über Grund und Boden und in Gewässern anderer bewegen

Das Jedermannsrecht erlaubt unter bestimmten Voraussetzungen das Zelten in der freien Natur

bzw. übernachten, ebenso Beeren und Pilze sammeln und wilde Blumen pflücken darf. Andererseits werden dadurch nicht der Schutz der Privatsphäre von Grundstückseignern und Bauern oder die Regeln für das richtige Verhalten in der finnischen Natur außer Kraft gesetzt. Stets muss auf andere Menschen, auf Tiere und Pflanzen Rücksicht genommen werden, nach der Devise: nicht stören oder zerstören. So sollten Touristen nicht Privatgrundstücke, Schonungen und Felder betreten, in unmittelbarer Nähe von Wohnhäusern zelten oder Blumen, die unter Naturschutz stehen, pflücken. Wer mit einer Gruppe oder mehrere Nächte am selben Platz zelten möchte, muss den Grundeigentümer erst um Erlaubnis fragen. Natürlich dürfen keine Bäume oder Sträucher abgesägt, keine Zweige oder Rinde abgerissen oder Müll in der Natur hinterlassen werden. Nester und Jungtiere sollte man immer in Ruhe lassen.

Baden ist in allen Gewässern erlaubt, auch darf man vorübergehend mit einem Boot anlegen und an Land gehen, nicht aber auf Privatgrundstücken oder wenn ausdrückliches Landungsverbot besteht.

Auto-, Motorrad- oder Mopedfahren im Gelände ist untersagt. Schon bei der geringsten Brandgefahr ist es verboten, ein offenes Feuer zu entfachen. Sonderregelungen gelten für Nationalparks, Naturreservate, Vogelschutz- und Militärgebiete.

MEHRWERTSTEUER

Shoppingtouristen aus Nicht-EU-Ländern können bis zu 16 % des Rechnungsbetrages sparen, wenn sie in einem Geschäft, das mit dem Tax-Free-Symbol gekennzeichnet ist, für mehr als 40 € einkaufen. Dort bekommt man einen Scheck über die bezahlte Mehrwertsteuer, der bei der Ausreise aus Finnland bzw. dem letzten EU-Land der Reise ausgezahlt wird (Infos: www.globalrefund.com).

Einkaufen

Supermärkte

Lebensmittel kosten in Finnland mehr als in Deutschland, jedoch ist der Preisunterschied nicht so gravierend, wie man es oft hören oder lesen kann. Wer nur in größeren Ortschaften einkauft und hier auch nur in Supermärkten, wie sie zuhauf an den Peripherien zu finden sind, wird bei Waren des alltäglichen Bedarfs keinen Preisschock erleiden. Kauft man hingegen en passant in Tankstellen, Tante-Emma-Läden, in Kiosken und Campingplatzshops ein, strapaziert man die Reisekasse bald über Gebühr.

Märkte

Die innerstädtischen Märkte und Markthallen zählen zu den Wahrzeichen finnischer Städte. Sie sind außerdem ein natürlicher Treffpunkt von Einheimischen und Touristen, von Geschäftsleuten, Fischern und Bauern, sind gute Stube und Nachrichtenbörse der Städte, und oft wird hier in den Sommermonaten auch zum Tanz aufgespielt.

Auf den **Marktplätzen** *(kauppatori)* kann man ganzjährig Obst und Gemüse, Fisch und Meeresfrüchte, Beeren und Blumen kaufen – außerdem immer häufiger auch Kunsthandwerk oder andere Souvenirs.

Besonderen Spaß macht das Einkaufen in den wunderschönen **Markthallen** *(kauppahalli),* die es in fast jeder größeren Stadt entweder auf dem Marktplatz oder in dessen direkter Nähe gibt. Hier kann man sich nicht nur einen Überblick über das Warenangebot verschaffen, sondern auch die schnuckeligen Cafés und appetitlichen Delikatessenstände besuchen.

Souvenirs

Nach einem weitverbreiteten Irrglauben gibt es in Finnland zwar schöne Sachen zu kaufen, die aber viel zu teuer seien. Inzwischen liegt aber das durchschnittliche Preisniveau nicht mehr viel höher als in Deutschland.

Bei der Überlegung, was sich als Mitbringsel lohnen könnte, kommt man am

Stuhlklassiker von finnischen Designern

Schon seit 1881 produziert Iittala Glasobjekte

Flower Power von Marimekko – das Unternehmen ist für großflächige Blumen-Designs bekannt

finnischen **Design** nicht vorbei. Den ganz großen Namen begegnet man keineswegs nur in exklusiven Boutiquen, sondern auch in Einkaufszentren oder, am preiswertesten, in den Verkaufsläden der entsprechenden Fabriken. Designgeschichte geschrieben haben Küchenutensilien, Spielzeug, Modeschmuck, Hausrat und andere Waren aus Holz, Glas, Porzellan, Keramik oder Stahl aus den Häusern Aarikka, Arabia, Iittala und Pentik, für die auch Größen wie Wirkkala, Aalto oder Franck gearbeitet haben. Natürlich haben die Produkte, die inzwischen zu Klassikern geworden sind, ihren Preis, doch kann sich auch die Riege jüngerer Designer sehen lassen, die den Großmeistern erfolgreich nacheifert. Achten Sie beispielsweise auf die zeitlos schönen Stahl- und Silberbestecke von Bertel Gardberg. Wer an exklusivem und/oder traditionellem Gold-, Silber- und Bronzeschmuck interessiert ist, sollte es mit Produkten von Lapponia oder Kalevala Koru versuchen. International renommierte Namen im Bereich der Mode sind u. a. Marimekko mit gleichermaßen praktischen wie eigenwilligen Textilien oder Accessoires, die exklusive Damenbekleidungskollektion von Annikki Karvinen oder Schuhe und Lederwaren von Palmroth. Finnisches Design steht auch für hochwertige Möbel, wovon man sich durch einen Besuch u. a. bei Artek (Alvar Aalto) oder einen Blick auf die Kindermöbel von Pirkko Stenros leicht überzeugen kann.

Von ausgesuchter Qualität ist daneben das **samische Kunsthandwerk** *(sapmelas duodjarat)*, das natürlich vorzugsweise in Nordfinnland angeboten wird und bei dem Rentierknochen und -fell eine große Rolle spielen. Das berühmte Finnenmesser gehört aber nicht nur dort zum Alltag. Es wird im ganzen Land von einer Reihe renommierter Hersteller produziert, die prächtigsten Exemplare werden in Handarbeit gefertigt.

Wer Finnland als Aktivurlauber erlebt, kann sich das **Sportequipment** für seinen Lieblingssport auch vor Ort kaufen, oft sind hier die Produkte – von der Angel über Wanderschuhe, Skiausrüstung und Outdoor-Kleidung bis hin zu Zelten oder Freizeitbooten – absolut hochwertig und nicht überteuert.

Möchte man ein größeres Stück Finnlanderinnerung mit nach Hause nehmen, kann man sich einen Saunabausatz oder ein Sámi-Zelt auch zuschicken lassen.

Keine Schwierigkeiten hat man beim Transport von **kulinarischen Delikatessen**. Getrockneter Rentierschinken hält sich eine ganze Weile und geräucherter Lachs wird auch eingeschweißt verkauft. Einen Überblick über das Warenangebot verschafft man sich am besten in einer der finnlandtypischen Markthallen. Wer hier bis zur Abreise nicht zugegriffen hat, bekommt eine letzte Chance auf der Fähre, deren Shops meist ein gutes Sortiment finnischer Waren ausbreiten.

Elektrizität

Das finnische Stromnetz funktioniert mit 220 Volt (50 Hz) Wechselstrom. Auch Steckdosen und Normen für elektrische Geräte entsprechen denen Mitteleuropas.

Feiertage

1. Jan.: Neujahr
6. Jan.: Dreikönigstag
Karfreitag
Ostermontag
1. Mai: Tag der Arbeit
Christi Himmelfahrt
Freitag nach dem 21. Juni: Mittsommertag
6. Dez: Unabhängigkeitstag
24.–26. Dez.: Weihnachten

Geld

Landeswährung ist seit 2002 der Euro. **Geldumtausch** anderer Währungen ist problemlos in allen Banken möglich, auch die großen Kaufhäuser und die meisten Hotels wechseln Fremdwährung. An den internationalen Flughäfen, Fährterminals sowie in den Großstädten

> **KLEINGELD**
>
> In Finnland werden alle Preise auf 5 Cent gerundet, sodass **keine 1- oder 2-Cent-Münzen nötig** sind. Diese werden nur in extrem geringer Stückzahl geprägt und Banken geben sie auch nicht aus. Das von den Münzsammlern in aller Welt heiß begehrte finnische Kleingeld wird nur in Spezialgeschäften angeboten. Eine Rolle 2-Cent-Münzen (mit 50 Stück) kostet dort etwa 10 €.

findet man Wechselstuben, die über die Schalterstunden der Banken hinaus geöffnet sind. Günstige Wechselkurse hat Forex.

Mit der Bankkarte kann man an den **Geldautomaten** problemlos Geld abheben, fast alle haben eine Sprachauswahl mit Englisch und Deutsch. Die gängigen **Kreditkarten** werden flächendeckend als Zahlungsmittel akzeptiert.

Gesundheit

Gesundheitsversorgung

Die Gesundheitsversorgung steht in Finnland auf einem hohen Niveau und ist auch in den Landgemeinden gewährleistet. Ein Sozialversicherungsabkommen zwischen Deutschland, Österreich und Finnland gewährleistet eine kostenlose ambulante Versorgung in den kommunalen Gesundheitszentren *(terveyskeskus)* und Polikliniken bei Unfall oder Erkrankung. Pflichtversicherte sollten die bei der Krankenkasse erhältliche European Health Insurance Card mitnehmen (EHIC).

Kosten und Kostenerstattung

Die Kosten ambulanter Behandlungen betragen je nach Ort 13,70–27,40 € in kommunalen Gesundheitszentren, bis zu 35 € für zahnärztliche Behandlungen in Gesundheitszentren (Kinder und Jugendliche unter 18 Jahren kostenlos), für eine stationäre Behandlung im Krankenhaus ca. 32,50 € pro Tag. Wenn keine stationäre Aufnahme in der Poliklinik erfolgt, fallen 27,40 € für die Untersuchung an und 89,90 € für ambulante chirurgische Eingriffe. Die Kosten begleicht zunächst der Patient und reicht die Rechnung später bei der Geschäftsstelle der finnischen Sozialversicherungsanstalt (Kansaneläkelaitoksen toimisto, KELA) zur Erstattung ein, einfacher aber ist die Beantragung der Kostenerstattung bei der eigenen Krankenkasse. Wichtig ist, dass man dabei quittierte Rechnungen vorlegen kann, aus denen die erbrachten Leistungen genau hervorgehen. Touristen aus der Schweiz sollten vorab ihre Krankenversicherung konsultieren; eine Auslandskrankenversicherung ist dringend anzuraten.

Mücken

Besondere Gesundheitsrisiken bestehen am Reiseziel nicht. Äußerst lästig sind jedoch die Mücken, die während einiger Wochen im Hochsommer ihr Unwesen treiben. Die besten Gegenmittel werden vor Ort in Drogerien und Apotheken angeboten. Campingurlauber sollten sich als Mückenschutz auch Räucherspiralen besorgen. Ein Mückenhut mit Netz erweist gute Dienste!

Versorgung mit Medikamenten

Notwendige **Medikamente** sollte man in genügender Menge von zu Hause mitbringen, da der Medikamentenverkauf in Finnland eher strenger gehandhabt wird als in Deutschland oder der Schweiz. Viele Präparate bekommt man nur in **Apotheken** *(apteekki)* und gegen Verschreibung eines inländischen Arztes. Beim Kauf von Medikamenten gegen Rezept werden zunächst 3 € Eigenanteil abgerechnet, auch wenn mehrere Medikamente auf einem Rezept verordnet wurden. Die verbleibenden Kosten sind dann zu 42 % erstattungsfähig.

Internetzugang

Finnland gehört zu den Ländern mit der größten Internetdichte weltweit. Die meisten Hotels, Pensionen, Jugendherbergen und Campingplätze verfügen über einen Internetanschluss, der auch Gästen zum Surfen zur Verfügung steht. Ansonsten bieten fast alle Bibliotheken und auch die lokalen Fremdenverkehrsbüros die Möglichkeit, ins World Wide Web zu gelangen. Reine Internetcafés gibt es nur in den größeren Städten und auch dort sind sie im Rückgang begriffen.

Karten

Empfehlenswert ist die 2016 neu aufgelegte Marco Polo Länderkarte »Finnland« im Maßstab 1:850 000. Vom gleichen Verlag stammt der Cityplan »Helsinki« im Maßstab 1:15 000. Wirklich lebensnotwendig sind detaillierte, topografische Karten für Wanderer sowie Seekarten für Segelurlauber oder Kanuten auf Langstreckentour. Die größte Auswahl an entsprechendem Material hat das Helsinkier Kartenzentrum: Genimap Oy, Karttakeskus, Vuorikatu 4, 00100 Helsinki, Tel. 0201-34 04 60, www.karttakeskus.fi.

Mit Kindern unterwegs

Finnland kann für Kinder ein ideales Reiseland sein, wenn die Eltern eine kindgerechte Urlaubsform wählen: Keine Kilometerfresserei (in zwei Wochen bis zum Inari und zurück), wenig Hotelaufenthalte und viele für Kinder interessante Besichtigungsziele. Auf Campingplätzen, im Ferienhäuschen und vor allem auf dem Bauernhof werden alle Kinder ihren Spaß haben.

Fast überall findet man Spiel- und Freizeiteinrichtungen, etwa in Feriendörfern, großen Warenhäusern und auf den Ostseefähren. Deutliche Preisnachlässe werden Kindern von fast allen touristischen Leistungsträgern gewährt (Transport, Unterkunft etc.). Und

Im Muminland bei Turku werden die Figuren aus Tove Janssons berühmten Mumin-Büchern (s. S. 84) zum Leben erweckt

die meisten Restaurants haben einen Kinderteller *(lastenannokset oder lapsille)* auf der Speisekarte. Auch sonst sind Kinder in Finnland – wie überhaupt in Skandinavien – willkommen. Das merkt man im Alltagsbild, wo Väter mit Kinderwagen und stillende Mütter selbstverständlich sind. Und das merkt man an der Konzeption vieler Museen mit ihren Kinderabteilungen oder Ferienevents bzw. Themenausstellungen speziell für Kinder. Bei Eintritten gibt es zwar überall Kinderermäßigungen, aber viel zu selten ist der Eintritt für die kleinen Gäste gratis, was bei den sehr hohen Eintrittspreisen in Finnland kein unwichtiger Kostenfaktor ist.

Kleidung und Ausrüstung

Der Nachteil des **Sommers** ist, dass auch die Mücken das warme Wetter lieben. Deswegen gehört neben Badekleidung, Shorts, T-Shirts, Sonnenbrille und -creme stets auch ein Mückenschutzmittel ins Reisegepäck, wenn man es nicht vor Ort kaufen will. Und da jede noch so schöne Statistik ihre Ausnahmen kennt, dürfen auch ein warmer Pullover und Regenkleidung nicht fehlen.

Die Wahl der Bekleidung oder Ausrüstung hängt natürlich ebenfalls davon ab, welche Aktivitäten geplant sind und wie man das Land bereist. Auch wer nicht auf Wanderschaft gehen möchte, sollte zumindest gutes, festes Schuhwerk dabei haben, am besten auch ein Paar Gummistiefel. Denn die Wildnis beginnt meist sofort neben der Straße, und es wäre schade, wenn der kurze Spaziergang zum besten Fotomotiv des Tages daran scheitern würde, dass man für das moorige Gelände keine geeignete Fußbekleidung dabei hat.

Eingefleischte **Lapplandwanderer**, die Trekkingtouren auf dem Programm haben, brauchen natürlich die adäquate Campingausrüstung einschließlich Kompass und Kochutensilien, denn Wildmark bleibt Wildmark, auch im Sommer. Die ersten Nachtfröste können im hohen Norden bereits Ende August auftreten. Ist für sommerliche Wanderfreaks die richtige Ausrüstung also wichtig, so ist sie für **Winterurlauber** sogar im wahrsten Wortsinn lebenswichtig! Also unbedingt an Fleeceunterwäsche und Mützen, spezielle arktistaugliche Handschuhe, Winterschuhwerk sowie an winddichte Oberbekleidung denken. Eine schützende Gesichtsmaske *(ballaclava)*, die nur an den Augen ein wenig Haut frei lässt, sollte man ebenfalls dabei haben oder sich vor Ort besorgen. Eine gute Sonnenbrille und wasserfreie Sonnencreme gehören unbedingt ins Reisegepäck.

Klima und Reisezeit

Finnland wird immer noch vorzugsweise im Sommer besucht, doch wird der Kreis der Wintersportler von Jahr zu Jahr größer, die hier zu Recht absolut schneesichere Verhältnisse und grenzenloses Vergnügen ohne Massentourismus erwarten. Dementsprechend kennt das Reiseziel zwei Saisonzeiten, wobei Finnlandneulinge oft von einem Sommer überrascht werden, der wärmer ist, als sie gedacht haben, und Winterurlauber zuweilen erstaunt sind, dass es *so* kalt werden kann.

Klimadaten zu Helsinki

J	F	M	A	M	J	J	A	S	O	N	D
-3	-3	1	6	14	19	21	19	14	9	4	0

Mittlere Tagestemperaturen in °C

J	F	M	A	M	J	J	A	S	O	N	D
-8	-9	-5	0	6	11	14	12	8	4	-1	-6

Mittlere Nachttemperaturen in °C

J	F	M	A	M	J	J	A	S	O	N	D
2	1	1	2	5	11	15	16	13	9	6	3

Mittlere Wassertemperaturen in °C

J	F	M	A	M	J	J	A	S	O	N	D
1	3	4	6	9	10	9	7	4	3	1	1

Sonnenstunden/Tag

J	F	M	A	M	J	J	A	S	O	N	D
9	7	8	7	6	7	9	11	11	10	12	11

Regentage/Monat

Weit reicht der Blick vom Café in der Bergstation des Skizentrums Levi über die Winterlandschaft

Sommer

Trotz des Golfstromeinflusses ist in Finnland das kontinentale Klima vorherrschend, das ab Ende Mai mit überwiegend warmen und trockenen Tagen aufwartet. Von Juni bis August verzeichnet Südostfinnland die höchsten Durchschnittstemperaturen Skandinaviens und die finnische Westküste gehört zu den sonnigsten Gebieten Nordeuropas. In den vergangenen Jahren gab es sogar immer einige Tage – meist Ende Juni –, an denen Orte im Norden oder Osten des Landes an der Spitze der europäischen Klimatabelle auftauchten. Mallorca verzeichnete dann Temperaturen von 23 °C, Rovaniemi von 32 °C!

Die Sommersaison beginnt im Süden zur Mittsommerzeit, im Norden ab Ende Juni, und geht ungefähr Mitte August im ganzen Land ihrem Ende entgegen. Dann sind Öffnungszeiten von Museen, Ausflugsangebote oder auch Sondertarife für Übernachtungen etc. stark eingeschränkt. Wer also das explosionsartige Erwachen des Frühlings (Mitte Mai) oder im September die berühmte Herbstfärbung *(ruska)* erleben möchte, muss bezüglich der touristischen Infrastruktur gewisse Abstriche machen.

Winter

Die Wintersportsaison hat ihren ersten Höhepunkt während der Weihnachtsferien, doch bevorzugen viele die Periode von Ende Januar bis Mitte April, wenn die Tage länger sind. Schneesicher ist es überall und kalt ebenfalls, beides aber besonders in den küstenfernen Regionen des Nordens. Was minus 40 °C bedeuten, kann sich kaum ein Mitteleuropäer so recht vorstellen, und vor Ort ist man erstaunt, dass die klirrende Kälte subjektiv gar nicht so extrem empfunden wird: Wegen der Trockenheit scheinen die vom Thermometer angezeigten Temperaturen oft zu niedrig zu sein. Das ist für Skitouristen zwar angenehm, kann aber auch leicht zu Erfrierungen führen.

Wettervorhersage

Die Wettervorhersagen in finnischen Zeitungen und im Fernsehen können dank der eindeutigen Symbole auch von Ausländern halbwegs verstanden werden. Klarer noch sind im Internet die Prognosen der englischsprachigen Website www.fmi.fi/en mit einer Wettervorhersage für fünf Tage. Das Wetter auf der Ostsee oder in einzelnen Landesteilen erfährt man über die Regionenauswahl. Auch Hinweise in deutscher Sprache findet man auf etlichen Internetseiten, so etwa unter der Adresse www.wetteronline.de.

Links und Apps

Links

Die finnische Landeskennung ist **.fi,** auf den Ålands auch **.ax**; daneben sind **.com, .net** und **.info** sehr verbreitet.

www.visitfinland.com/de: Die offizielle Website des Fremdenverkehrsamts hält in deutscher Sprache aktuelle Artikel zu vielen touristischen Themen bereit, getrennt nach ›Finnland entdecken‹ und ›Reiseplanung‹. In dem umfassenden Portal werden die meisten Fragen beantwortet, die Finnland-Reisende bewegen. Spezifische Infos zu einzelnen Orten, Provinzen und Landschaften erhält man über das Menü ›Regionen und Städte‹.

www.finland.de: Die Homepage der ›Brücke nach Finnland‹, die von der Deutsch-Finnischen Gesellschaft (DFG) gesponsert wird, leitet einen u. a. zu Onlinelandesnachrichten, zu Artikeln über Reisen und Aktivitäten in Finnland, zur Finnlandkarte und zur Finnlandwettervorhersage. In einer Stöberkiste gibt es Anzeigen und Angebote von Transport- und Reiseunternehmen, Ferienhausvermietern sowie Vertreibern aller möglichen Produkte, die mit Finnland zu tun haben.

www.finnland.de: Nur ein ›n‹ mehr in der Adresse, und man findet sich beim Internetauftritt der Finnischen Botschaft in Berlin wieder. Auch hier gibt es jede Menge Vorabinformationen zum Reiseziel, die den Vorteil haben, deutschsprachig und hochoffiziell zu sein. Außerdem findet man Links zu Regierungsorganen und Ministerien, Kulturinstituten und Universitäten sowie unter der Rubrik ›Finnland in Deutschland‹ einen aktuellen Veranstaltungskalender.

www.skandinavien.de: Das große deutschsprachige Portal überzeugt mit einer Fülle von Fakten und Daten sowie praktischen Informationen zu allen skandinavischen Staaten. Auch zu Finnland findet man News und aktuelle Tipps sowie unzählige Links, z. B. zu Reiseveranstaltern, Ferienhausanbietern, Outdoor-Ausstattern, Maklerbüros etc. Nützlich sind die integrierten Routenplaner, Reportagen und Foren. Auch wer auf Jobsuche ist, einen Sprachkurs besuchen möchte oder eine Auswanderung ins Auge gefasst hat, wird hier fündig.

www.kulttuuri.net: Das englischsprachige Kulturportal bietet alle wichtigen Links, die mit finnischer Kultur zu tun haben: Künstler, Verbände, Medien, Institute etc. Das Portal entstand in Zusammenarbeit der fünf Organisationen Finland Festivals, Verband Finnischer Museen, Verband Finnischer Symphonie-Orchester, Künstlervereinigung Finnlands und Finnish Theatre Information Centre.

www.helsinkiexpert.fi: Mit dieser englischsprachigen Homepage stellt sich die wichtigste Reiseagentur Finnlands vor, die auch Reisen nach Estland und Russland im Programm hat, ebenso Ausflüge mit Bus oder Flugzeug nach Lappland und in andere finnische Regionen. Zum Service gehören Onlinebuchungsmöglichkeiten von Unterkünften, Veranstaltungen und Pauschalarrangements oder der Helsinki Card.

Apps

Eine hilfreiche App ist die City-Information Helsinki, die es im Google Play Market, App Store und Windows Phone Market gibt. Wer sich vorab ein wenig mit der finnischen Sprache beschäftigen will, kann sich die Apps »Finnisch lernen« (Android, ATi Studios) oder »Nemo Finnisch« (App Store) anschauen.

Literatur

Romane und Erzählungen

Mikael Niemi: Populärmusik aus Vittula, München 2007. Zwar ist der Autor Schwede, doch spielt die Handlung im nordschwedisch-finnischen Grenzgebiet. Das karge Dasein der eigensinnigen Bewohner dort wird in den 1960er-Jahren durch die Jugend und ihr rebellisches Leben gründlich durcheinandergebracht – anrührend und komisch zugleich.

Mauri A. Numminen: Tango ist meine Leidenschaft, Zürich 2000. Mit diesem Roman outete sich das Multitalent Numminen als profunder Kenner des finnischen Tangos. Neben Musik und Tanz geht es in diesem Buch auch um Philosophie, Keuschheit und Verführung. Ähnlich originell, aber weniger speziell sind seine Werke »Der Kneipenmann« (München 2003) oder »Der Weihnachtsmann schlägt zurück. Eine Geschichte aus dem Polarkreis« (Zürich 2001).

Arto Paasilinna: Das Jahr des Hasen, Köln 2012. Hier setzt Arto Paasilinna seinen skurrilen Humor besonders charmant in Szene. Doch Vorsicht: Paasilinna macht süchtig und Liebhaber lesen seine Werke meist nonstop zu Ende, daher sollte man als Reiseliteratur von vornherein mehrere seiner Titel

Viele finnische Büchereien (hier die Universitätsbibliothek in Helsinki) sind architektonisch besonders interessante Gebäude – ein Beleg für die Wertschätzung von Büchern in Finnland

dabeihaben. Zuletzt erschienen: »Der Mann mit den schönen Füßen« (Köln 2016).
Kirsti Paltto: Zeichen der Zerstörung, Mannheim 1997. Es ist der erste ins Deutsche übersetzte samische Roman, hat als historischen Hintergrund den Rückzug der deutschen Wehrmacht aus Finnisch-Lappland und die unmittelbare Nachkriegszeit und beschreibt das harte Leben eines europäischen Randvolkes.
Hannu Raittila: Canal Grande, München 2006. Wenn fünf Finnen im Auftrag der UNESCO nach Venedig reisen, um die Stadt vor dem Versinken zu retten, prallen Welten aufeinander. Mit Tiefgang, Melancholie und Humor reiht sich Raittila in die Riege jener finnischen Erzähler ein, die sich der Schilderung skurriler Typen und schräger Situationen verschrieben haben.

Finnland-Krimis

Im Sog der boomenden skandinavischen Krimiliteratur sind auch zahlreiche finnische Autoren ins Deutsche übersetzt worden. Für Furore sorgten z. B. **Pentti Kirstilä** (u. a. »Nachtschatten«, »Tage ohne Ende«), **Matti Y. Joensuu** (u. a. »Der Pyromane«) oder **Outi Pakkanen** (u. a. »Macbeth ist tot«, »Aus dem Spiel«, »Party-Killer«). In einer Reihe mit den nordischen Kollegen und Kolleginnen Holt, Mankell, Nesser und Fossum werden genannt:
Leena Lehtolainen: Sie schreibt fesselnd und landestypisch, aber auch witzig. Von ihr gibt es auch Romane wie z. B. »Kupferglanz«.
Harri Nykänen: »Ariel. Tod der Spinnenfrau« ist ein auf Deutsch erschienener Krimi der in Finnland sehr populären Reihe.
Taavi Soininvaara: In »Finnisches Requiem«, »Finnisches Roulette« und »Finnisches Quartett« geht es um große Politik, Intrigen und Massenmord, die Schauplätze sind neben Helsinki in der ganzen Welt.

Für junge Leser

Marjaleena Lembcke: Mein finnischer Großvater, Zürich 1993. Ein Kinder- und Jugendbuch über die tiefe Freundschaft des Mädchens Leena zu ihrem Großvater Juho. Von der Autorin sind viele weitere Bücher erschienen und für Erwachsene z. B. der melancholisch-poetische Roman »Finnische Tangos«.
Bo Carpelan: Julius Blom oder Der Bücherwurm ist eigentlich der schönste Vogel, zzt. nur antiquarisch. In den 1980er-Jahren in deutscher Sprache erschienen.
Tove Jansson: Geschichten aus dem Mumintal, Würzburg 2005. Von der Autorin selbst illustrierte Kinderbücher von hoher literarischer Qualität, auch für Erwachsene schön zu lesen. Ein Tipp für lange Autofahrten nach oder in Finnland: »Die Mumins. Eine drollige Gesellschaft« ist auch als Hörbuch erhältlich.

Medien

Zwar haben manche größere finnische Zeitungen während der Sommersaison einige Spalten mit deutschen oder englischen Nachrichten (u. a. auch Wetterbericht), doch als wirkliche Informationsquelle ist die finnische Presse wegen der kaum überbrückbaren Sprachbarriere wenig geeignet.

Deutschsprachige Zeitschriften, Nachrichtenmagazine und überregionale Tageszeitungen bekommt man wenigstens in der Sommersaison und in den größeren Städten, häufig mit nur eintägiger Verspätung. Die Bahnhofszeitungsläden und R-Kioske bieten die größte Auswahl.

Musiktipps

Auf folgenden Websites findet man zu allen Musikstilen Artikel, Hinweise auf aktuelle Konzerte, Konzertberichte, CD-Rezensionen, Interviews mit finnischen Interpreten und Gruppen und vieles mehr:
www.musicfinland.com: Auf dieser Website, die Klassik, Jazz, Pop-Rock, Arctic Paradise (Folk) und zeitgenössische U-Musik berücksichtigt, kann man sich über Musiker,

Gruppen und Komponisten informieren und sich Soundfiles finnischer Musik herunterladen; 30 Sekunden der Aufnahme sind kostenlos. Es gibt viele Infos über Liveauftritte und Events sowie nützliche Links zu speziellen Musikseiten (z. B. www.digelius.com).

www.nordische-musik.de: Sehr umfangreiche Website, die allen möglichen Musikrichtungen der skandinavischen Länder gewidmet ist, von Klassik und Avantgarde bis zu Jazz, Pop, Rock, Heavy Metal und Hip-Hop. Es gibt nach Ländern geordnete Artikel zu Musikern und Bands, Konzertberichte, Interviews sowie CD-Rezensionen – jeden Monat kommen etwa 60 hinzu.

Nachtleben

Szene

In Helsinki und den anderen finnischen Großstädten unterscheidet sich die Kneipenszene kaum von der in anderen europäischen Metropolen, von Hinterwäldlertum keine Spur! Die Jazz-, Blues- und Rockkneipen, Pubs und Spelunken haben meist über Mitternacht hinaus geöffnet, an Wochenenden oft bis 2 Uhr, Clubs, Discos und Nachtclubs bis 3 oder 4 Uhr, auch an Werktagen.

Außerhalb der Städte allerdings sind solche Lokale dünn gesät. Die typische Atmosphäre, wie man sie in einer deutschen Kneipe, einem irischen Pub oder einem dänischen Krog antrifft, ist dort fast nirgendwo zu finden. Einheimische, die sich zu einem geselligen Beisammensein außer Haus treffen wollen, nehmen oft längere Wege auf sich, um in den Bars bzw. Tanzrestaurants der Touristenhotels das erhoffte Vergnügen zu erleben. Werktags ist die nächstgelegene größere Tankstelle ein beliebter Treffpunkt.

Preise

Wer in das Nachtleben der urbanen Zentren eintaucht, muss meist keinen Eintritt zahlen. Einige Clubs und Diskotheken aber – gerade die angesagtesten – erheben doch einen Betrag (ca. 6 €). Wird Livemusik geboten, ist das Eintrittsgeld höher. In Nightclubs und edleren Etablissements, die auch über ein entsprechendes Outfit ihrer Gäste wachen, fällt eine Garderobengebühr an (ca. 2 €). Am meisten gehen aber die Getränke ins Geld, bei denen Mitteleuropäern leicht die Lust auf ausgiebiges feucht-fröhliches Feiern vergeht (0,4 l-Glas Bier oder 0,2 l-Glas durchschnittlich guten Weines um 6 €, Schnäpse oder Cocktails ab ca. 6,50 €).

Altersgrenzen

Überall gilt für den Genuss alkoholischer Getränke eine Altersgrenze von 18 Jahren, deshalb können Einheimische und Touristen mit jugendlichem Aussehen vom Wirt schon mal nach ihrem Personalausweis oder Führerschein gefragt werden. Abgesehen davon haben viele Discos, Clubs, Bars oder auch nur Restaurants ihre eigenen Bestimmungen, was die Altersgrenze angeht. Je nach Lokal ist da der Eintritt für Jugendliche unter 18, 20, 22, 23 oder gar 24 Jahren verboten. Manchmal gelten sogar unterschiedliche Regeln innerhalb des gleichen Objektes, z. B. nach der Devise: Mindestalter bis Mitternacht 22, danach 24 Jahre; oder Mindestalter im Erdgeschoss 18, in der Etage darüber 21 Jahre; oder Mindestalter Mo–Do 18 und Fr–So 20 Jahre. Die Kneipiers wachen selbst genau über die Einhaltung der Regeln, während die früher so typische Institution des *vahtimestari* (Wachtmeister), der vor einem Lokal jeden Einlasssuchenden mit Argusaugen begutachtete und häufig abwies, immer seltener wird.

Eine halbe Stunde vor der jeweiligen Schließungszeit wird der Ausschank alkoholischer Getränke eingestellt. Damit das auch jeder mitbekommt, wird kurz das Licht aus- und wieder angeschaltet.

Notfälle

Die kostenlos von sämtlichen Telefonzellen aus erreichbare Notrufnummer für alle Eventualitäten (Polizei, Krankenwagen, Arzt, Feuerwehr) lautet landesweit **112**.

SPERRUNG VON BANK- UND KREDITKARTEN

bei Verlust oder Diebstahl*:

0049**-116 116
oder 0049-30 4050 4050
(* Gilt nur, wenn das ausstellende Geldinstitut angeschlossen ist, Übersicht: www.sperr-notruf. de,
** zu den unterschiedlichen Landeskennzahlen s. S. 89)
Weitere Sperrnummern:
– MasterCard: 0049-69-79 33 19 10
– VISA: 0049-69-79 33 19 10
– American Express: 0049-69-97 97 2000
– Diners Club: 0049-69-66 16 61 23
Bitte halten Sie Ihre Kreditkartennummer, Kontonummer und Bankleitzahl bereit!

Öffnungszeiten

Geschäfte: Mo–Fr 9–18, Sa 9–14 Uhr. Doch ist der Ladenschluss nicht einheitlich geregelt. In Städten sind große Geschäfte, Souvenirläden und Shoppingcenter oft Mo–Fr bis 20, Sa bis 18 Uhr geöffnet, in Helsinki, Tampere und Turku einzelne Shoppingmalls und Kaufhäuser sogar täglich bis 22 Uhr. Je nach Saison und Lage schließen **Restaurants** um 22, 23 oder 24 Uhr, **Bars, Diskotheken** und **Clubs** in den großen Städten oft erst um 4 Uhr morgens.
Banken: Mo–Fr 9.15–16.15 Uhr
Postämter: Mo–Fr 9–17 Uhr

Post

In Finnland sind die staatliche Post und der privatisierte Konzern Tele getrennt. Über die üblichen Zeiten hinaus sind einige große Hauptpostämter geöffnet, z. B. das in der Hauptstadt (Mo–Fr 7–21, Sa, So 10–18 Uhr). Postlagernde Sendungen *(Poste restante)* sind zu adressieren an das Main Post Office, Mannerheimintie 1 A, 00100 Helsinki, bzw. an die Hauptpostämter anderer großer Städte. Info-Tel. der Post: 0800-171 00.

Beim Briefverkehr nach Finnland setzt man vor die stets fünfstellige Postleitzahl das Landeskürzel FIN, auf den Åland-Inseln AX. Briefmarken bekommt man in Postämtern, R-Kiosken, Buchhandlungen, Bahnhöfen und Hotels. Das Porto beträgt innerhalb der EU und den nordischen Ländern für eine Postkarte oder für einen Standardbrief bis 20 g 1,20 € sowie für einen Maxibrief bis 50 g 1,70 €. Die Briefkästen sind gelb.

Rauchen

Absolutes Rauchverbot herrscht in öffentlichen Verkehrsmitteln und Gebäuden, Schulen und Lehranstalten, Markthallen und Krankenhäusern. Nahezu alle Hotels bieten Nichtraucherzimmer an oder sind sogar komplett rauchfrei.

In finnischen Gaststätten gilt ein generelles Rauchverbot, Gastronomen können abgeschlossene Raucherzimmer einrichten, in denen aber weder gegessen noch getrunken werden darf.

Reisekasse

Nicht ganz zu Unrecht gilt Finnland immer noch als teures Reiseland – immerhin ist es aber günstiger als das Nachbarland Norwegen. Nach wie vor sind vor allem alkoholische Getränke um einiges teurer als in Mitteleuropa. Das durchschnittliche Preisniveau liegt jedoch nicht mehr viel höher. Aber vor allem beim Essen im Restaurant, bei Unterkünften aller Art und beim Museumsbesuch muss man etwas tiefer in die Tasche greifen als gewohnt. Andererseits steht das Land unter beträchtlichem Preisdruck, vor allem durch das benachbarte Estland. Mittelfristig ist also mit einer Angleichung der Lebenshaltungskosten zu rechnen.

Selbst das Postlogo zeugt vom hohen Niveau des finnischen Designs

Einsparmöglichkeiten bei den **Unterkünften** bieten die zum Teil sehr günstigen Wochenend- oder Sommertarife der großen Hotels, die Familienzimmer (besonders in Summer Hotels oder Jugendherbergen) sowie Rabatte von Hotelketten bzw. Hotelpässe (s. S. 59). In den großen Städten gewähren die **Helsinki Card** (s. S. 125) oder die **Turku Card** (s. S. 195) Ermäßigungen bei Fahrten mit öffentlichen Verkehrsmitteln, Sightseeing, Ausflügen und Shopping.

Deutliche Preisermäßigungen für Kinder, Studenten mit gültigem Ausweis und oft auch für Senioren bieten die meisten **Transportunternehmen** wie Busse, Bahnen, Fähren und Fluggesellschaften. Auch bei Paketangeboten, zum Beispiel der Helsinki Card, zahlen Kinder nie den vollen Preis. Wo Familientickets angeboten werden, sind sie stets eine günstige Alternative. Dank der Billigflieger wie Eurowings, Air Berlin und Ryanair sind die Flüge sowohl nach und von Finnland als auch im Land selbst erschwinglich geworden. Lebensmittel kauft man am günstigsten bei Discountern wie Spar und Lidl, die es auch in Finnland gibt.

Schwule und Lesben

Finnland gehört zu den aufgeschlossenen Ländern gegenüber den Rechten von Schwulen und Lesben. Gleichgeschlechtliche Partnerschaften sind seit 2002 anerkannt. Ein Gesetz, das die Gleichstellung von Schwulen und Lesben im Eherecht festlegt, soll 2017 in Kraft treten. Man wird jedoch abwarten müssen, wie sich die Gesetzgebung unter der momentanen nationalkonservativen Regierung entwickelt. Besonders in größeren Städten wie Helsinki gibt man sich gleichgeschlechtlichen Paaren gegenüber sehr offen, hier wird im Sommer die »Helsinki Pride«-Parade gefeiert.

Sicherheit

Die Zahl der Eigentumsdelikte liegt in Finnland – wie die Kriminalitätsrate insgesamt – deutlich unter der mitteleuropäischer Länder, und das gilt auch für die Städte. Für allein reisende Frauen ist das Land die vielleicht sicherste Region Europas. Trotzdem sollte

Wellness à la Finnland: Saunieren beugt nicht nur Erkältungen vor, es tut dem Kreislauf gut, verschönt die Haut und entschlackt den Körper. Auch für Urlauber bieten sich vielfältige Möglichkeiten für Saunabesuche – Abkühlung im See oft inklusive (s. Abb. S. 91).

man natürlich nicht zu sorglos sein und seine Koffer und Rucksäcke im Auge behalten. Und wer einen Trip in den Osten plant, muss in den baltischen Ländern und in Russland ganz besonders in St. Petersburg äußerst vorsichtig sein.

Sprachkurse

Finnischkurse für Ausländer gibt es an fast allen Universitäten des Landes. Solche Kurse richten sich hauptsächlich an Studenten mit entsprechender Zeit. Komprimierte Sprachkurse (Anfänger, Intensiv, Fortgeschrittene etc.) bieten:

Helsinki Summer University
Kaisaniemenkatu 4 A
00170 Helsinki
Tel. 020-779 24 00
www.kesayliopistohki.fi
Ein 52-Stunden-Crash-Kurs kostet hier 105 €, unterrichtet wird auf Finnisch bzw. Englisch.

Tampere Summer University
Yliopistonkatu 60 A
33100 Tampere,
Tel. 03-223 84 33
www.tampereenkesayliopisto.fi

Telefonieren

In Finnland gibt es keine öffentlichen Telefonzellen mehr. Hier verlässt man sich völlig auf das Mobiltelefon, die Netzabdeckung ist sehr gut. Achtung beim Telefonieren mit dem eigenen Mobiltelefon auf Fähren: Ist man in das Fähr-Netz eingeloggt, können Gespräche sehr teuer werden!

Wer von Finnland nach Mitteleuropa anruft, wählt 00 und die Landeskennzahl (Deutschland: 49, Österreich: 43, Schweiz: 41). Nach der Landeskennzahl wählt man die jeweilige Ortskennzahl ohne 0. Von Mitteleuropa wird Finnland mit 00 358 angewählt, dann folgt die Ortskennzahl ohne 0. Bei innerfinnischen Gesprächen wird die 0 mitgewählt. Im Zweifelsfall hilft die Auskunft weiter: Tel. 020 202. Telefonauskunft für Inlandsgespräche: 118.

Trinkgeld

Alle Preise in Restaurants, Taxis oder bei sonstigen Dienstleistungen sind Endpreise. Allein Gepäckträger und Portiers beim Garderobenservice erhalten ca. 2 € Trinkgeld, doch ist auch das meist durch einen Aushang angezeigt. Natürlich wird sich aber kein Kellner gegen ein Aufrunden des Rechnungsbetrags wehren.

Wasser

Das finnische Leitungswasser ist von guter Qualität und kann bedenkenlos getrunken werden. Wasser aus Seen und Bächen sollte man erst auf Nachfrage hin ohne vorheriges Abkochen genießen.

Wellness

Hotels, die eine Sauna haben, bezeichnen sich bisweilen als ›Spa-Hotel‹. Danach dürfte sich in Finnland nahezu jede Unterkunft mit diesem Beinamen schmücken, da das Saunieren zum finnischen Alltag gehört. Wellnessangebote im üblichen Sinn sind jedoch erst in den vergangenen Jahren entstanden. Einer der Vorreiter war das Naantali Spa-Hotel im Südwesten des Landes. Mittlerweile gibt es jedoch im ganzen Land eine Reihe guter Hotels mit umfangreichen Wellnessabteilungen.

Zeit

In Finnland gilt die osteuropäische Zeit (OEZ), die eine Stunde von der mitteleuropäischen Zeit (MEZ) abweicht. Wenn es in Mitteleuropa 12.00 Uhr ist, zeigen die Uhren am Reiseziel dagegen schon 13.00 Uhr. Wie bei uns wird im Frühjahr auf Sommerzeit umgestellt.

Unterwegs in Finnland

»Ein Land! Ein Volk! Und eine Sprache! Eine Weisheit und ein Lied! Von See zu See, von Schoss zu Schoss die Worte gehn. Aus eignen Quellen Suomis Ströme springen. Aus eignen Quellen wir die Zukunft strömen sehn.«
Zacharias Topelius, 1848

Die Finnen haben sie erfunden und kommen im Alltag ohne sie nicht aus: die Sauna

Kapitel 1

Helsinki und Südfinnland

Lange Zeit als Aschenputtel unter den Hauptstädten des Nordens belächelt, hat die Kapitale des Wirtschafts-, Hightech- und PISA-Wunderlandes Suomi in den letzten Jahren nicht nur ihr Aussehen, sondern auch ihre Ökonomie und ihr Image kolossal verändert. Heute steht sie anderen europäischen Metropolen in nichts nach, im Gegenteil. Am Finnischen Meerbusen entwickelte sich eine quicklebendige Club-, Kneipen- und Nightlifeszene. Trotz aller Wachstumsschübe der jüngeren Vergangenheit ist die Stadt aber immer noch äußerst naturnah. Auch zukünftig soll mindestens ein Drittel des städtischen Areals als Grünflächen, Wälder und Parkanlagen unbebaut bleiben.

Inzwischen ist Helsinki mit den Nachbarn Espoo und Vantaa fast schon zusammengewachsen. Vor den Toren der Hauptstadt finden sich mittelalterliche Kirchen, Beispiele moderner Architektur, Museen und wunderschöne Landschaften wie im Nuuksio-Nationalpark.

Der eigentliche Reiz des Südens und der Region um Helsinki liegt in der einzigartigen, amphibischen Küstenlandschaft mit ihren Schären, Inseln, Buchten und Binnenseen. Neben der finnischen Sommerstadt Hanko sind idyllische Holzhausstädtchen wie Porvoo ebenso wie die charmanten Küstenorte Loviisa und Hamina einen Ausflug wert. Nach Norden hin schließlich säumen geschichtsträchtige Orte wie Hämeenlinna den Weg zur finnischen Seenplatte.

Auf einem Granitfelsen erhebt sich die lutherische Domkirche,
die 1830 nach Plänen von Carl Ludwig Engel begonnen wurde

Auf einen Blick: Helsinki und Südfinnland

Sehenswert

⭐ **Helsinki:** Helsinkis Zentrum kann als großer Wurf der europäischen Stadtplanung bezeichnet werden. Große Anziehungskraft übt heute der Designdistrikt aus (s. S. 96).

Schärengarten-Nationalpark: Die südfinnischen Schären gehören zu den großen Naturwundern Skandinaviens (s. S. 147).

⭐ **Hanko:** Feinsandige Strände und ein mildes Klima machen Hanko zur finnischen Sommerstadt schlechthin (s. S. 148).

⭐ **Porvoo:** Das geschichtsträchtige Holzhausstädtchen zählt zu den malerischsten Orten an der Südküste (s. S. 157).

⭐ **Hattula:** Farbintensive Gemälde an Wänden, Gewölben und Decken verleihen der mittelalterlichen Heilig-Kreuz-Kirche ihren besonderen Reiz (s. S. 172).

Schöne Routen

Am Finnischen Meerbusen entlang: Von Hanko, knapp 130 km westlich von Helsinki, bis zur russischen Grenze bei Vaalimaa, knapp 190 km östlich, tut sich eine Wunderwelt auf. Sandstrände und Klippen laden zum Schwimmen und Sonnenbaden ein, ein Labyrinth von Wasserwegen zu Kajaktouren, dichte Wälder zum Wandern (s. S. 147).

Von Helsinki nach Kalvola: Eine Tour durch ebenes, fruchtbares Bauernland zu den ersten großen Gewässern der berühmten Seenplatte (s. S. 166).

Unsere Tipps

Tagesausflug nach Tallinn: Das alte Reval gilt als eine der schönsten Städte des Baltikums. Von Helsinki aus ist es mit der Fähre bequem zu erreichen (s. S. 134).

Wissenschaftszentrum Heureka in Vantaa: Das innovative Museum lockt mit futuristischer Architektur, Experimenten, interaktiven Spielen und Filmen (s. S. 145).

Bootstour mit der Silberlinie: Von Hämeenlinna geht es zu Wasser nach Tampere – eine der reizvollsten Schiffsrouten Finnlands (s. S. 173).

Nicht verpassen: das Designmuseum

Aktiv

Rundgang auf der Festungsinsel Suomenlinna: Der Helsinki vorgelagerte Mini-Archipel vereint Geschichte, Kultur und Landschaftserlebnis (s. S. 122).

Seakayaking in Helsinkis Schären: Paddeltour vorbei an Felsen und Sandstränden, roten Saunahäuschen und Freizeitbooten – komprimiertes Finnland-Feeling vor den Toren der Hauptstadt (s. S. 132).

Wandern im Nuuksio-Nationalpark: Mehrere gut zu bewältigende Rundwege lassen eine unberührte Seen- und Hügellandschaft erleben, die auch Heimat einer artenreichen Tierwelt ist (s. S. 142).

⭐ Helsinki (Helsingfors)

▶ 1, G 8; 3

Die zweisprachige Hauptstadt Finnlands hat zwar nur 621 000 Einwohner, ist damit aber die größte Stadt des Landes und dessen kulturelles, wirtschaftliches und politisches Zentrum. Obwohl Helsinki erst recht spät gegründet wurde und sich als Hauptstadt in einer südlichen Randlage befindet, stellt es eindeutig den Mittelpunkt der Republik dar.

Helsinkis Gründungsvater war der schwedische König Gustav Vasa, der 1550 ein Gegengewicht zum wirtschaftlich starken Tallinn auf der anderen Seite des Finnischen Meerbusens schaffen wollte. Und auch lange danach konnte von Urbanität keine Rede sein: Erst musste die immer wieder von Bränden heimgesuchte Siedlung an der Mündung des Vaanta-Flusses Anno 1640 an ihre heutige Stelle verlegt werden. Dann wurde auch dieser Holzhausort durch ein Großfeuer 1808 in Schutt und Asche gelegt. Erst anschließend wuchs Helsinki in nennenswertem Umfang, in der russischen Zeit auch durch den Wunsch des Zaren gefördert, die finnische Hauptstadt in erreichbarer Nähe zu haben. Aber selbst als Helsinki 1812 tatsächlich die Nachfolge Turkus antrat, hatte die Stadt noch weniger als 3500 Einwohner!

Dann ging es jedoch Schlag auf Schlag: Planung und Aufbau des neuen Helsinki wurden in nur wenigen Jahrzehnten vollendet, insbesondere durch den Deutschen Carl Ludwig Engel. Als Resultat sah man um 1840 ein Ensemble harmonischer, in hellen Farben gehaltener Gebäude, überragt von der Domkirche – St. Petersburg im verkleinerten Maßstab. Die Grenzen dieses bis heute unveränderten neoklassizistischen Zentrums wurden bald schon zu eng. Helsinki besetzte nach und nach die gesamte Halbinsel, dehnte sich dann über verschiedene Inseln und weit nach Norden aus, wo es nach dem Zweiten Weltkrieg mit Satellitenstädten verschmolz.

Klassizistisches Zentrum

Cityplan: S. 98

Kauppatori (Marktplatz)

Am besten beginnt man einen Rundgang durch die finnische Kapitale am Marktplatz (Kauppatori/Salutorget), der sehr viel mehr bietet als ein Markt im herkömmlichen Sinn. Er ist die gute Stube, in der sich Einheimische und Touristen, Fischer und Geschäftsleute ein Stelldichein geben, das wahre Herz Helsinkis. Schon die Topografie ist einzigartig: Vom Marktplatz aus ragen zwei Halbinseln wie ausgebreitete Arme in den Meerbusen, in deren Passagierhäfen die riesigen Ostseefähren vertäut sind. Wendet man sich dem Meer zu, tauchen hinter dem Gewimmel der Fähren und Jachten, Fischer- und Lotsenboote einige Schären auf und im Hintergrund die geschichtsträchtige Seefestung Suomenlinna. Zum Osten hin überragt die Uspenski-Kathedrale das Gewimmel der Marktstände. Im Westen sieht man den Brunnen Havis Amanda und die Flaniermeile der Esplanade.

Obelisk ›Stein der Zarin‹ [1]

Fixpunkt in der Mitte des Marktplatzes ist der sogenannte Stein der Zarin (Keisarinnankivi), ein von C. L. Engel entworfener Obelisk. Er wurde 1835 zur Erinnerung an einen Besuch des Zarenpaares Nikolaus I. und Alexandra

Klassizistisches Zentrum

enthüllt und war das erste öffentliche Denkmal der Stadt. Den russischen Doppeladler auf der Spitze entfernte man während der Revolution 1917, er kehrte erst 1972 an seinen angestammten Platz zurück.

Markt 1

Rings um den Obelisken kann man ganzjährig Obst und Gemüse, Fisch und Meeresfrüchte, Beeren und Blumen kaufen, zunehmend auch Kunsthandwerk und – nicht immer geschmackssichere – Souvenirs. Eigentlich geht es am Marktplatz zu jeder Jahreszeit turbulent zu, besonders aber im Sommer, wenn sich im Gedränge zwischen den kunterbunten Marktständen fast schon südländisches Temperament entfaltet. Um 14 Uhr schließt der eigentliche Markt, dann kommt nicht nur die Müllabfuhr, sondern wahre Heerscharen von Möwen stürzen sich auf die Reste und versuchen mit ohrenbetäubendem Gekreische, sich gegenseitig die Leckerbissen streitig zu machen. Nach einer kurzen Pause wird im Sommer dann der **Touristenmarkt** – oft mit Entertainment und Cafés – eröffnet, der bis um 20 Uhr andauert. Außerhalb der Touristensaison findet Anfang Oktober hier der **Heringsmarkt** statt, auch er ein Highlight (s. S. 135).

Alte Markthalle 2

http://vanhakauppahalli.fi, Mo–Sa 8–18 Uhr
Ebenso außergewöhnlich wie der Markt ist die Alte Markthalle (Vanha kauppahalli) von 1888, die sich hinter dem kleinen Hafenbecken mit dem wenig schönen Namen Cholerabassin befindet. In dem rot-weißen Backsteingebäude gibt es zwei kleine Cafés, aber vor allem werden hier finnische Köstlichkeiten verkauft – Schärenbrot, geräucherter Rentierschinken, Gravad Lachs, Labkäse oder Moltebeermarmelade.

Vor der Stadtbesichtigung kann man sich an einem der Stände auf dem Marktplatz stärken

Helsinki – Zentrum

Sehenswert
1. Obelisk ›Stein der Zarin‹
2. Stadthaus
3. Schwedische Botschaft
4. Oberster Gerichtshof
5. Präsidentenpalais
6. Hauptwache
7. Statue des Zaren Alexander II.
8. Domkirche
9. Finnische Nationalbibliothek
10. Universität
11. Regierungspalais
12. Stadtmuseum
13. J.-L.-Runeberg-Denkmal
14. Havis-Amanda-Brunnen
15. Jugendsaal
16. Ateneum
17. Hauptbahnhof
18. Botanischer Garten
19. Kapelle der Stille
20. Museum für Gegenwartskunst – Kiasma
21. Reichstag
22. Nationalmuseum
23. s. Cityplan S. 105
24. Enso-Gutzeit-Gebäude
25. Uspenski-Kathedrale
26. Kolmikulma-Park
27. Kaserne der Kaiserlichen Garde
28. Alte Kirche
29. Museum für Finnische Architektur
30. Designmuseum
31. Deutsche Kirche
32. Observatorium
33. Mannerheim-Museum
34. Mikael-Agricola-Kirche
35. Amos Anderson Art Museum
36. HAM – Tennispalatsissa
37. Kunstmusem Sinebrychoff
38. – 50 s. Cityplan S. 105

Übernachten
1. Sokos Hotel Torni
2. Hotel Kämp
3. – 8 s. Cityplan S. 105

Essen & Trinken
1. A21 Dining
2. Havis
3. Kappeli
4. Saaga
5. Bryggeri Helsinki
6. Kosmos
7. Sasso
8. s. Cityplan S. 105
9. Café Strindberg
10. Kolme Kruunua
11. Café Fazer
12. s. Cityplan S. 105

Einkaufen
1. Markt
2. Alte Markthalle
3. Kiseleff-Haus
4. Akademische Buchhandlung
5. Stockmann
6. Glaspalast
7. Kamppi
8. Forum
9. Hietalahti-Markthalle
10. Hakaniemi-Markthalle
11. Citycenter
12. Kämp Galleria
13. Aleksi13
14. Artek
15. Marimekko
16. Aarikka
17. Kalevala Koru
18. s. Cityplan S. 105

Fortsetzung s. S. 100

Helsinki (Helsingfors)

Abends & Nachts
1. Schwedisches Theater
2. Finnisches Nationaltheater
3. Konzerthaus (Musiikkitalo)
4. Finlandia-Halle
5. – 7. s. Cityplan S. 105
8. Savoy-Theater
9. Grand Casino Helsinki
10. Zetor
11. Storyville
12. Kaarle XII
13. DTM

Aktiv
1. Helsinki Expert
2. Schröder
3. – 5. s. Cityplan S. 105
6. Yrjönkatu-Hallenbad
7. – 12. s. Cityplan S. 105

Nordseite des Platzes

Zur Stadt hin, im Norden also, wird der Platz von einer Zeile ausnahmslos eleganter und wichtiger Bauwerke begrenzt. Diese sind (von links nach rechts) zunächst das im Jahr 1833 fertiggestellte **Stadthaus** 2 (Kaupungintalo) von C. L. Engel. Es beherbergte ursprünglich ein Hotel und dient seit 1913 als Rathaus; nach einer Entkernung gegen Ende der 1960er-Jahre ist von der historischen Bausubstanz allerdings nur noch die Fassade übrig geblieben. Jenseits der Katariinankatu und unschwer am Drei-Kronen-Wappen zu erkennen, befindet sich die **Schwedische Botschaft** 3 (Ruotsin Suurlähetystö). Im neobarocken Stil entworfen, erinnert sie vage an das Stockholmer Schloss. Rechts schließt sich der **Oberste Gerichtshof** 4 (Korkeimman oikeuden palatsi) von 1883 an.

Das auffälligste Gebäude des Ensembles, das **Präsidentenpalais** 5 (Presidentin linna), wurde 1818 ursprünglich als Privathaus errichtet und 1843 nach Plänen von Engel zum Palast der Zaren umgebaut. Seit der Unabhängigkeit residierten hier alle Präsidenten des Landes mit Ausnahme von Urho Kekkonen. Auch wenn dem Staatsoberhaupt inzwischen eine modernere Dienstwohnung auf der Halbinsel Mäntyniemi (s. S. 117) zur Verfügung steht, bleibt das Präsidentenpalais eine wichtige politische Adresse der Republik.

Etwas zurückgesetzt, vom Marktplatz aus nicht zu sehen, liegt schließlich die blau-weiße **Hauptwache** 6. In dem 1843 nach Plänen von C. L. Engel errichteten Gebäude hatte die Garde des Zarenpalastes ihren Sitz, heute ist hier die Garnison Helsinki untergebracht.

Senaatintori (Senatsplatz)

Der Senatsplatz (Senaatintori/Senatstorget) ist der zweitwichtigste Platz der Hauptstadt und liegt nur einige Schritte vom Kauppatori entfernt. Am besten geht man dorthin über die Sofiankatu, weil die Straße direkt auf die Kathedrale zuführt. Als vom Zaren eine neue Hauptstadt für seine finnische Provinz geplant wurde, beauftragte er Carl Ludwig Engel mit dem Entwurf. Dabei sollte der Senatsplatz und seine Umgebung das Herzstück darstellen, an dem die wichtigsten staatlichen, kirchlichen, akademischen und kommunalen Institutionen konzentriert sein würden. Engel schuf hier einen der schönsten und geschlossensten öffentlichen Plätze der damaligen Zeit.

Der Senatsplatz ist nicht nur ein städtebauliches Glanzlicht, sondern hat seinen festen Platz im Leben der Hauptstädter. In der Weihnachtszeit steht hier der größte Weihnachtsbaum des Landes; in der Neujahrsnacht gibt es die traditionelle Andacht, und hier finden die größten Studenten- und Arbeiterdemonstrationen der Republik statt. Und zu besonderen Konzerten können sich schon mal 60 000 Zuschauer einfinden – wie 1993 bei dem legendären Auftritt der Leningrad Cowboys mit dem Chor der Roten Armee.

Im Zentrum des Platzes steht die **Statue des Zaren Alexander II.** 7 (1894), umgeben von allegorischen Figuren, die Gesetz, Wissenschaft und Kunst, Frieden und Arbeit symbolisieren.

Nördlich des Platzes entlang der Straßen Kirkkokatu, Snellmaninkatu, Rauhankatu und Unioninkatu findet man prächtige Wohn-

Klassizistisches Zentrum

häuser und öffentliche Gebäude, kleine Parkanlagen, Restaurants und Antiquitätengeschäfte – eine fast schon beschauliche Nachbarschaft ohne Touristenmassen.

Das südlich sich anschließende **Tori-Viertel,** in dessen historischen Bauten bisher vor allem Büros untergebracht waren, soll in den nächsten Jahren – mit Cafés, Restaurants, Boutiquen und Kunsthandwerksgeschäften belebt – zu einem neuen Herz der Stadt werden.

Domkirche 8
Tel. 09-23 40 61 20, tgl. 9–18, Juni–Aug. bis 24 Uhr, freier Eintritt

Das durch seine Größe und erhöhte Lage alles beherrschende Bauwerk ist der 1852 fertiggestellte Komplex der lutherischen Domkirche (Tuomiokirkko/Domkyrka), der den Senatsplatz an der Nordseite auf seiner ganzen Länge begrenzt. Eine steile Prachttreppe führt zu dem imposanten Sakralbau hinauf, der alle Reisenden, die mit der Fähre in Helsinki ankommen, schon von Weitem begrüßt. Mit dem Bau der Kirche, die damals nach dem Schutzpatron der Seefahrt und Zar Nikolaus I. Nikolai-Kirche hieß, wurde 1832 begonnen. Die Nachfolger des Architekten Engel veränderten die ursprünglich geplante Gestalt ganz erheblich, teils aus ästhetischen, teils aus statischen Gründen. Da ihnen z. B. die Kuppel zu hoch und unproportioniert erschien, wurden erst im Nachhinein die vier kleineren Nebenkuppeln aufgesetzt. Die Seitenpavillons kamen ebenfalls später hinzu, wobei der westliche als Glockenturm fungiert, während im östlichen eine Kapelle untergebracht ist. Auch der Zar machte seinen Einfluss geltend und ließ nach dem Vorbild der St. Petersburger Isaaks-Kathedrale die großen Apostelstatuen aufstellen.

Das **Innere** der Kirche ist dagegen eher schlicht: Den einzigen Schmuck bilden die Statuen, die Luther, Melanchthon und Agricola (den finnischen Reformator) darstellen, eine später vollendete Orgelempore, eine wunderschöne Kanzel im Empirestil und das große Altargemälde des St. Petersburger Künstlers Carl Timoleon von Neff. Doch die oval geschwungenen Baukörper, die architektonisch interessante Lösung des Lichteinfalls und das Weiß der Wände machen einen Besuch zu einem eindrucksvollen Erlebnis. Unter der Kirche befindet sich eine große **Krypta,** die erst 1973 geweiht wurde und u. a. für Musikveranstaltungen und Ausstellungen genutzt wird.

Finnische Nationalbibliothek 9
Fabiansgatan 35, www.kansalliskirjasto.fi

Von der Domterrasse hat man einen herrlichen Blick über den Senatsplatz bis hin zum Hafen. Im Westen entdeckt man die 1844 gebaute Nationalbibliothek (Kansalliskirjasto) mit ihrer flachen Kuppel, die zu Recht als eines der gelungensten Bauwerke Engels gerühmt wird. Dies betrifft auch und besonders das Innere, das öffentlich zugänglich ist. Wer eine Erfrischung benötigt, kann dafür das Café in den Kellergewölben aufsuchen (Mo–Do 9–15, Fr 9–14 Uhr).

Universität 10
Südlich schließt sich das repräsentative Hauptgebäude der Universität (Yliopisto) von 1832 an, die als Kaiserliche Alexander-Universität 1828 die Nachfolge der alten Åbo Akademi antrat. Das Gebäude präsentiert sich mit seinen ionischen Kapitellen nicht weniger klassisch als die Universitätsbibliothek und das Regierungspalais mit ihren korinthischen Säulenordnungen.

Regierungspalais 11
Fast spiegelbildlich findet man die architektonischen Details und Proportionen der Universität auf der östlichen Seite am **Regierungspalais** (Valtioneuvoston linna) wieder. Heute beherbergt das im neoklassizistischen Stil errichtete Gebäude die Sitzungs- und Arbeitsräume der Regierung und den Dienstraum des Ministerpräsidenten.

Kiseleff-Haus 3
Aleksanterinkatu 28

Weniger geschlossen wirkt das Architekturensemble auf der Südseite des Senatsplatzes, jenseits der Aleksanterinkatu, denn nur einige der älteren Privat- und Geschäftshäuser konn-

ten vom Architekten C. L. Engel im neuen Stil umgebaut werden. So etwa das Kiseleff-Haus (Kiseleffin talo) an der Ecke zur Unioninkatu, das eine Zeit lang als Rathaus fungierte. Heute beherbergt es einen überdachten Bazar, unter dem sich 20 Geschäfte mit Kunsthandwerk drängen. Hier kaufen die Hauptstädter gerne ihre Weihnachtsgeschenke, suchen Touristen nach originellen Souvenirs.

Stadtmuseum 12

Aleksanterinkatu 16–18, Tel. 09 31 03 66 30, www.helsinkicitymuseum.fi, freier Eintritt
In unmittelbarer Nachbarschaft zum Senatsplatz wird an der Ecke Aleksanterinkatu und Katariinankatu im Mai 2016 das Stadtmuseum (Helsingin kaupunginmuseo) neu eröffnet. Besucher haben dann Zugang zu historischen Gebäuden, in denen bisher Büros untergebracht waren. In dem geschichtsträchtigen Viertel wird die Historie der Stadt und seiner Bewohner lebendig. Eine der Attraktionen ist eine Zeitmaschine, in der dank neuester Technologie das frühere Leben in der heutigen Hauptstadt nacherlebt werden kann. Auch die im Sederholm-Haus beheimatete Kinderstadt wird Teil des neuen Museums. Das Sederholm-Haus, das seit seiner Errichtung 1757 unverändert die Zeiten überdauert hat, ist das älteste private Steingebäude der Stadt. Es war seinerzeit von dem Kaufmann Johan Sederholm gebaut worden und repräsentierte den damaligen Wohlstand der Stadt.

Esplanade

Zusammen mit Marktplatz und Senatsplatz bildet die Esplanade das historische Dreieck des neoklassizistischen Zentrums, in dem die Esplanade den elegantesten und grünsten Eckpunkt markiert – ein länglicher Park, der die Autostraßen zu seinen Seiten in die **Nördliche Esplanade** (Pohjoiesplanadi) und die **Südliche Esplanade** (Eteläesplanadi) trennt. Beide Sektionen gelten als Top-Shop-

Meisterhaft durchkomponiert: das Innere der Finnischen Nationalbibliothek von C. L. Engel

pingadressen, doch gibt es links wie rechts auch wunderschöne Cafés und Restaurants.

Schwedisches Theater 1

s. auch S. 130
Zwischen Nördlicher und Südlicher Esplanade fällt das Schwedische Theater (Svenska teatern) auf, ein Gebäude aus den 1860er-Jahren, das allerdings 1936 stark verändert wurde – an warmen Tagen ist sein Terrassencafé ein beliebter Treffpunkt.

Zwischen Nördlichen Esplanade und Aleksanterinkatu

An der Ecke zur Keskuskatu befindet sich die **Akademische Buchhandlung** 4 (Akateeminen kirjakauppa), eine der größten und sicher auch eine der schönsten Buchhandlungen Europas. Die Pläne zu diesem 1969 fertiggestellten Haus stammen von keinem Geringeren als Alvar Aalto, der auch für das nette Café im Lichthof des zweiten Stockwerks verantwortlich zeichnete.

Die Akademische Buchhandlung gehört zum Warenhaus **Stockmann** 5, dessen Ziegelsteinfassade zur Mannerheimintie weist. Von einem deutschen Einwanderer gegründet, ist Stockmann heute eines der größten Kaufhäuser Skandinaviens mit einem vorzüglichen Warenangebot. Auf der Nördlichen Esplanade befinden sich hier und an den abzweigenden Straßen einige der namhaftesten finnischen Geschäfte wie Arabia, Marimekko, Pentik und Helky sowie das 1887 eröffnete, traditionsreiche Luxushotel **Kämp** 2.

Über die Mikonkatu, eine Fußgängerzone mit überdachtem Hof, oder die Fabianinkatu gelangt man sehr schnell zur belebten **Aleksanterinkatu** mit unzähligen Läden für finnische Mode oder finnisches Design.

Esplanadiparken und Ostende der Esplanade

Wer nicht so sehr an Shopping interessiert ist, sollte mitten durch den Park der Esplanade (Esplanadiparken) spazieren, wo ein **Denkmal** 13 für den finnischen Nationaldichter **Johan Ludvig Runeberg** errich-

Helsinki (Helsingfors)

tet wurde, 1885 geschaffen von seinem Sohn Walter. Einige Meter weiter zieht das Restaurant **Kappeli** 3 die Blicke auf sich, ein wunderschönes Holzschlösschen von 1867 mit Glasveranda und eigener Brauanlage.

Zwischen dem Ostende der Esplanade und dem Marktplatz liegt inmitten des brandenden Hauptstadtverkehrs der **Springbrunnen Havis Amanda** 14 von Ville Vallgren (1908). Nördlich davon beherbergt ein historisches Gebäude (1816) an der Pohjoisesplanadi 19 das **City Tourist Office** (s. S. 124). Nebenan lohnt der **Jugendsaal** 15 (Helsinki-tiedotus jugendsali) unbedingt einen Besuch, dessen eingewölbter Raum im nationalromantischen Stil ursprünglich eine Bank schmückte.

Rautatientori (Bahnhofsplatz)

Zwischen Esplanade und Bahnhofsplatz liegt das zentrale Einkaufsviertel der Stadt, geprägt von Shopping Malls wie Aleksi13, Kluuvi, WorldTradeCenter oder City Center, in denen Geschäfte und Filialen diverser Ladenketten untergebracht sind. Etwa 300 m nördlich von Esplanade und Senatsplatz öffnet sich die weite Freifläche des Bahnhofsplatzes (Rautatientori/Järnvägstorget).

Ateneum 16

Kaivokatu 2–4, Tel. 02-94 50 04 01, www.ateneum.fi, Di, Fr 10–18, Mi, Do 10–20, Sa, So 10–17 Uhr, Erw. 13 €

An der Südseite befindet sich die Finnische Nationalgalerie Ateneum in einem restaurierten, palastartigen Haus von 1887. Das Museum besitzt die älteste und größte Kunstsammlung des Landes, insbesondere finnische Werke ab 1700. Einen Schwerpunkt stellt das sogenannte Goldene Zeitalter dar, u. a. mit programmatischen und bekannten Arbeiten von Akseli Gallen-Kallela. Außerdem ist hier auch ein beachtlicher Bestand internationaler Kunst verschiedener Epochen zu besichtigen, darunter Gemälde von Vincent van Gogh und Paul Gauguin.

Nationaltheater und Umgebung

Gegenüber dem Ateneum erhebt sich auf der anderen Seite des Platzes das im Jahr 1902 aus Granitquadern erbaute **Finnische Nationaltheater** 2 (Suomen kansallisteatteri), ein typisches Bauwerk der Nationalromantik. Davor ist ein Denkmal für den finnischen Nationaldichter Aleksis Kivi (Aaltonen, 1939) platziert. Die hohen Häuser im Osten, nachts von bunter Reklame illuminiert, beherbergen Hotels, Banken und das Kasino.

Hauptbahnhof 17 und Umgebung

Im Westen zieht eines der markantesten Bauwerke und Wahrzeichen der Stadt, der monumentale **Hauptbahnhof** (Rautatieasema/Järnvägsstation), die Blicke auf sich. 1904 gewann der Architekt Eliel Saarinen den ersten Preis eines Wettbewerbes mit seinem Entwurf, der bald als Vorbild für andere Kopfbahnhöfe in Europa diente. Für die finnische Architekturgeschichte markiert Saarinens Meisterwerk den Übergang von der Nationalromantik zu einem sachlicheren Stil, bestimmt von kraftvollen Linien und einer bis heute spürbaren Funktionalität. Es lohnt sich, den Granitbau durch das von mächtigen Fackelträgern flankierte Hauptportal zu betreten und die Raumwirkung der klar gegliederten Hallen in sich aufzunehmen. Leider wurde das schöne Eliel-Restaurant inzwischen in ein Self-Service-Lokal mit Spielcasino umgewandelt, doch an anderen Stellen ist noch viel vom ursprünglichen Charakter zu spüren. Der Fahrplan zeigt die Abfahrten der Züge nach St. Petersburg und Moskau. Ein Blick auf die Gleise mit ihrer doppelten Spurbreite zeigt, dass man sich hier tatsächlich zwischen Ost und West bewegt.

Parks

Hinter dem Nationaltheater, lohnt der Spaziergang zum **Kaisaniemi-Park**. Im ältesten Park der Stadt findet man große Rasenflächen, Springbrunnen, Skulpturen, alten Baumbestand und viele Möglichkeiten zu sportlicher Aktivität. Teil des Parks ist der ganzjährig zugängliche **Botanische Garten** 18 der Uni-

Mannerheimintie

versität. Er wurde in den 1830er-Jahren angelegt, einschließlich Gewächshäusern mit tropischen Pflanzen. Im Norden grenzt der Park an die Buchten **Kaisanieminlahti** und **Eläintarhanlahti,** um die Jogger und Spaziergänger ihre Runden drehen. Eine Fußgängerbrücke über die Bahngleise schafft eine Verbindung zum Park um die Töölö-Bucht.

Mannerheimintie

Citypläne: S. 98, 105
Die vierspurige Mannerheimintie (Mannerheimvägen) ist die Hauptschlagader Helsinkis: Verkehrsreich, laut, großstädtisch. Leider verfügt sie nicht über einen grünen Mittelstreifen wie die Esplanade. Wer die Mannerheimintie in einer der vielen Tramlinien entlangfährt, hat schon viele der Sehenswürdigkeiten der Stadt gesehen: das Schwedische Theater, die Esplanade und den Glaspalast im Süden über Kiasma, den Reichstag, das Nationalmuseum und die Finlandia-Halle in der Mitte bis zur Nationaloper und zum Olympiastadion im Norden. Die Mannerheimintie verbindet die Stadtteile und sie trennt das Zentrum in einen westlichen und einen östlichen Teil. Ihr Name erinnert an Marschall Mannerheim, der sich im 1960 von Aimo Tukiainen geschaffenen Reiterdenkmal zwischen Kiasma und Reichstag präsentiert.

Wer die Mannerheimintie in Süd-Nord-Richtung befährt, startet am **Designdistrikt** (s. S. 112) mit dem kleinen Erottaja-Platz bzw. dem Schwedischen Theater. Man passiert hohe Geschäftshäuser und ausgedehnte Malls, wie Stockmann zur Rechten und das Forum zur Linken, kommt an der Einmündung der Einkaufsstraße Aleksanterinkatu vorbei, die vom Denkmal der ›Drei Schmiede‹ bewacht wird. Neben diesem beliebten Treffpunkt erhebt sich das fein dekorierte Studentenhaus (Ylioppilastalo/Studenthuset).

Helsinki – Überblick

(Karte S. 106–107)

Sehenswert

- **1** – **22** s. Cityplan S. 98
- **23** Olympiastadion
- **38** High-Tech-Center (HTC)
- **39** Länsiterminaali (Westhafen)
- **40** Alte Kabelfabrik
- **41** Naturhistorisches Museum
- **42** Tempel- oder Felsenkirche
- **43** Soldatenfriedhof
- **44** Sibelius-Monument
- **45** Villa Kesäranta
- **46** Mäntyniemi (Amtssitz des Staatspräsidenten)
- **47** Villa Tamminiemi (Urho-Kekkonen-Museum)
- **48** Linnanmäki
- **49** Sea-Life
- **50** Kallio-Kirche

Übernachten

- **1**, **2** s. Cityplan S. 98
- **3** Helka Hotel
- **4** Apartment Hotel Essexhome
- **5** Scandic Hotel Grand Marina
- **6** Helsinki-Hostel Suomenlinna
- **7** Eurohostel Oy
- **8** Rastila Camping

Essen & Trinken

- **1** – **7** s. Cityplan S. 98
- **8** Elite
- **9** – **11** s. Cityplan S. 98
- **12** Café Ursula

Einkaufen

- **1** – **17** s. Cityplan S. 98
- **18** Itäkeskus

Abends & Nachts

- **1** – **4** s. Cityplan S. 98
- **5** Finnische Nationaloper
- **6** Kulturhaus (Kultuuritalo)
- **7** Stadttheater

Aktiv

- **1**, **2** s. Cityplan S. 98
- **3** Fishing Lords Oy
- **4** Bucht von Hietaniemi
- **5** Schwimmstadion
- **6** s. Cityplan S. 98
- **7** Vuosaari Paddling Center
- **8** Kotiharju-Sauna
- **9** Arla-Sauna
- **10** Zentralpark
- **11** Brahen kenttä
- **12** Serena-Freizeitpark

Helsinki (Helsingfors)

In der Nähe kann man sich in der für ihr Design ausgezeichneten **Kapelle der Stille** [19] vom Trubel der Stadt erholen (Kampin kappeli, Simonkatu 7, www.helsinginkirkot.fi/en > Kamppi Chapel, Mo–Fr 7–20, Sa, So 10–18 Uhr).

Glaspalast [6]

Mannerheimintie 22–24, www.ravintolalasipalatsi.fi

Der Glaspalast (Lasipalatsi/Glaspalatset), ein funktionalistischer Bau der 1930er-Jahre, den man aufwendig rekonstruiert und 1998 wieder eröffnet hat, beherbergt heute Internetcafés, Restaurants, Läden und Kulturinstitutionen. Und das stilvoll restaurierte Lichtspieltheater Bio Rex, das ebenfalls aus den 1930er-Jahren stammt, bringt für Cineasten Klassiker der Filmgeschichte oder modernes Programmkino.

Kamppi [7]

Urho Kekkosenkatu, www.kamppi.fi

Neben dem Glaspalast erstreckt sich eine große Freifläche mit den Gebäuden und dem Uhrenturm des ehemaligen Busbahnhofs. Diesen findet man nun unterirdisch im riesigen Komplex Kamppi (Kampen), der ein Einkaufszentrum auf sechs Etagen, in den unteren Geschossen eine Food-Mall und eine Metrostation, außerdem jede Menge Apartments und Büros beherbergt.

Museum für Gegenwartskunst – Kiasma [20]

Mannerheiminaukio 2, Tel. 09-17 33 65 01, www.kiasma.fi, Di 10–17, Mi–Fr 10–20.30, Sa 10–18, So 10–17 Uhr, Erw. 12 €

Mit seiner kühnen, teils weit geschwungenen Fassade bildet das Museum für Gegenwartskunst Kiasma (Kiasma Nykytaiteen museo) einen beeindruckenden städtebaulichen Akzent. Auch gegen die dahinter aufragende Glas- und Stahlkonstruktion des Verlagshauses der größten finnischen Tageszeitung »Helsingin Sanomat« kann sich Kiasma behaupten. Das 1998 eingeweihte Museum ist ein Werk des amerikanischen Stararchitekten Steven Holl und beherbergt außer den Ausstellungsräumen u. a. ein Theater, Galerien, ein Café und ein Restaurant. Geboten wird internationale Kunst ab den 1960er-Jahren, insbesondere Installationen und Medienkunst. Die Innenräume mit ihren großen Glasflächen schließen die Stadt und ihre Bewohner nicht aus, auch in Diskussionsrunden und Seminaren wird Öffentlichkeit hergestellt. Kiasma lebt mitten im Großstadtverkehr, vor allem an lauen Abenden spielt sich hier viel ab.

Konzerthaus [3]

Mannerheimintie 13 A, www.musiikkitalo.fi

Seit 2011 hat Kiasma zum Norden hin einen architektonisch ebenfalls spektakulären Nachbarn: das Helsinkier Konzerthaus (Musiikkitalo). Der Bau ist einer der letzten Mosaiksteine, die das Bild des neuen, um die Töölö-Bucht gruppierten Stadtzentrums komplettieren. Das von den Architekten Kivistö, Laiho und Pulkkinen außen minimalistisch gestaltete Haus überrascht innen mit einer lichtdurchfluteten Lobby, mehreren Auditorien, einer großen Konzerthalle und einigen touristischen sowie gastronomischen Einrichtungen.

Reichstag [21]

Mannerheimintie 30, wg. Renovierung bis Ende 2017 keine Führungen, Besucherzentrum Mo–Fr 10–16 Uhr

Wieder auf der Westseite der Mannerheimintie erhebt sich der wuchtige Granitkoloss des Reichstags (Eduskuntatalo). Er wurde 1927–1931 im neoklassizistischen Stil errichtet und gilt mit seiner monumentalen Säulenfront als bestes und bedeutendstes Werk des Architekten Johan Sigfrid Sirén. Der Reichstag wird von zwei neuen verglasten Nebengebäuden mit kühnem Schwung flankiert. Wer sich für die parlamentarische Arbeit des Landes interessiert, kann die Institution im Besucherzentrum näher kennenlernen.

Nationalmuseum [22]

Mannerheimintie 34, Tel. 09-295 33 69 01, www.nba.fi, Di–So 11–18 Uhr, Erw. 9 €

Nach der Überquerung der Mannerheimintie gelangt man zum Nationalmuseum

(Kansallismuseo). Schon das 1916 eingeweihte Gebäude ist sehenswert: Es erinnert an eine Kirche, wurde von den Architekten Herman Gesellius, Yrjö Lindgren und Eliel Saarinen entworfen und gilt als Hauptwerk der Nationalromantik. Der zentrale Kuppelsaal wurde von Akseli Gallen-Kallela mit Fresken ausgeschmückt, deren Motive dem Nationalepos »Kalevala« entstammen. Interessant ist die prähistorische Sammlung u. a. mit dem ältesten erhaltenen Fischernetz der Welt; auch die kirchengeschichtliche Abteilung (Barbara-Altar von 1410) und die den finno-ugrischen Völkern und den Samen gewidmeten Sammlungen sind sehenswert. Verglichen mit anderen Nationalmuseen ist der Bestand aber eher bescheiden.

Finlandia-Halle 4

Mannerheimintie 13 E, Tel. 09-402 41,
www.finlandiatalo.fi, Führungen Erw. 12,50 €
Deutlich markanter stellt sich in der Nachbarschaft die berühmte Finlandia-Halle (Finlandia talo) dar. Das 1971–75 fertiggestellte Kongresszentrum aus weißem Carrara-Marmor und grauem Granit trägt bis in kleinste Details die Handschrift seines Erbauers Alvar Aalto. Das Gebäude, in dem jährlich rund 300 Kongresse und 200 Konzerte stattfinden, verdient nicht nur wegen seiner Architektur Beachtung, sondern auch wegen seiner historischen Rolle: 1975 fand hier die Konferenz über Sicherheit und Zusammenarbeit in Europa (KSZE) statt. Auf die sogenannte Helsinki-Charta beriefen sich bis zum Zusammenbruch des Warschauer Paktes alle Freiheitsbewegungen in Osteuropa und auch später diente die Finlandia-Halle als Forum politischer Zusammenkünfte auf höchster Ebene. 2011 wurde der ›Veranda‹ genannte Erweiterungsbau eingeweiht, der zur Seeseite hin durch eine Promenade mit dem neuen Konzerthaus verbunden ist.

Finnische Nationaloper 5

Helsinginkatu 58, www.opera.fi
Fußgänger oder Fahrradfahrer sollten von der Finlandia-Halle aus den Weg am schilfbestandenen Ufer der Bucht **Töölönlahti** entlang nehmen. Man kommt dabei durch hübsche Parkanlagen und genießt den Blick auf das jenseitige Ufer mit seinen alten Holzvillen. Nördlich stößt man dann auf die Finnische Nationaloper (Suomen kansallisooppera), die sich zwischen Bucht und Mannerheimintie erhebt. Der Bau des weißen Opernhauses (Architekten: Eero Hyvämäki, Jukka Karhunen, Tapio Parkkinen) wurde 1993 vollendet. Mit seiner Experimentierbühne sowie mehreren Ballett-, Proben- und Chorsälen ist er heute aus dem hauptstädtischen Kulturleben nicht mehr wegzudenken. Wer das Glück hat, hier einer Vorstellung beizuwohnen, wird vom 1400 Zuschauer fassenden Großen Saal beeindruckt sein: Mit seinen rotbraunen Holztönen und dunklen Sitzen, der harmonischen Verbindung von technischer Nüchternheit und Eleganz muss er zu den schönsten der Welt gezählt werden.

Olympiastadion 23

Hammarskjöldintie, Tel. 09-44 03 63, Mo–Fr
9–20, Sa, So 9–18 Uhr; während Veranstaltungen ist der Aussichtsturm geschlossen
Nördlich der Nationaloper überquert man die Helsinginkatu und gelangt über die Hammarskjöldintie mit dem städtischen Wintergarten – übrigens auch ein sehr lohnendes Ziel – zum Olympiastadion. Geplant war es für die Olympischen Spiele von 1940, die wegen des Zweiten Weltkrieges ausfielen und 1952 nachgeholt wurden. Die Modernität dieser landesweit größten Sportarena erschließt sich wohl am ehesten, wenn man es mit einem Vorgängerbau, dem Berliner Olympiastadion, vergleicht.

In den Räumlichkeiten des Stadions sind eine Jugendherberge, ein Café und ein **Sportmuseum** untergebracht. Mit dem Aufzug kann man auf den markanten, 72 m hohen **Aussichtsturm** hinauffahren. Eine Seite des Stadions ist seit der Leichtathletikweltmeisterschaft von 2005 mit einem von unten holzverkleideten Dach ausgestattet.

Südlich des Stadions huldigt ein **Denkmal** einer Ikone des finnischen Sports, dem Langstreckenläufer und Nationalhelden **Paavo Nurmi,** dessen vergoldete Schuhe

Helsinki (Helsingfors)

im Sportmuseum aufbewahrt werden. In unmittelbarer Nähe sind weitere Sportstätten angesiedelt: das **Sonera Stadion** (bis 2010 Finnair Stadion), die **Eissporthalle** (Jäähalli), das **Schwimmstadion** und verschiedene **Fußballplätze.**

Sehenswerte Stadtviertel

Citypläne: S. 98, 105

Helsinkis historischer Kern ist von Stadtvierteln umringt, von denen die meisten in Gehnähe zum Zentrum liegen und die alle eine Reihe von Sehenswürdigkeiten aufweisen, die aus gutem Grund bei keiner offiziellen Sightseeingtour fehlen. Die wichtigsten Viertel und ihre Attraktionen werden im Folgenden vorgestellt, und zwar im Uhrzeigersinn, beginnend mit dem östlichen Stadtteil Katajanokka.

Katajanokka

Tram 4 bzw. 4T oder Bus 13 in Richtung Katajanokka

Die Halbinsel Katajanokka (Skatudden) liegt östlich des Marktplatzes und ist vom eigentlichen Zentrum durch einen Kanal abgetrennt. Es ist ein grundsolides, ruhiges Viertel, ohne die Aufgeregtheit des Designdistriktes – ideal für Spaziergänge am Wasser entlang oder entspanntes Sightseeing zwischen den imposanten Wohnblocks. Im Süden legen die Viking-Fähren aus Stockholm und Mariehamn an, ebenso die Katamarane aus Tallinn, die Finnjet-Fähre aus Rostock oder Kreuzfahrtschiffe. Für weitere Besucher sorgen auf dieser Seite ein Kongresszentrum, ein großes Hotel und mehrere Lokale, deren Preisniveau etwas niedriger liegt als im Zentrum. Am Nordufer ›übersommert‹ die finnische Eisbrecherflotte. Hier führt auch ein Weg unmittelbar am Wasser entlang zu Bootsanlegern, dem Katajanokka-Kasino und einem idyllischen Backsteinviertel mit netten Boutiquen, Cafés und Restaurants.

Für Architekturfans ist Katajanokka ein Muss wegen der interessanten Melange aus alten Zoll- und Packhäusern, Jugendstilgebäuden, neoklassizistischen Prunkbauten und neuerer Architektur.

Enso-Gutzeit-Gebäude [24]
Kanavanranta 1

Auf Höhe der Hauptwache geht es rechts über eine Brücke, die auf ein blockhaftes, in dieser Umgebung etwas deplatziert wirkendes Marmorgebäude zuführt. Es wurde 1962 von Alvar Aalto für die Hauptverwaltung des Enzo-Gutzeit-Konzerns entworfen.

Uspenski-Kathedrale [25]
Kanavakatu 1, Tel. 207 22 06 83, http://hos.fi/fi/ uspenskin-katedraali, im Sommer Di–Fr 10–19, Sa 10–15, So 12–15, sonst Di–Fr 9.30–16, Sa 10–15, So 12–15 Uhr, während Gottesdiensten geschlossen

Die größte russisch-orthodoxe Kirche Nordeuropas ist die der entschlafenen Jungfrau Maria geweihte Uspenski-Kathedrale in Helsinki. Sie entstand 1868 im altrussischen Stil und ist außen mit rotem Backstein verkleidet. Das Innere wird von bemalten Granitsäulen und der prachtvoll vergoldeten, vom russischen Künstler Tschilchow gemalten Ikonostase beherrscht. Ein besonderes Erlebnis ist es, hier einem Gottesdienst nach orthodoxem Ritual beizuwohnen, der noch in der alten kirchenslawischen Sprache zelebriert wird.

Von der Terrasse der Uspenski-Kathedrale hat man einen schönen Blick über das alte Hafenmagazin auf den Nordhafen und nach Westen auf das historische Zentrum.

Weitere Sehenswürdigkeiten

Außer der Kathedrale erinnert auch sonst vieles auf der Halbinsel Katajanokka an die russische Zeit, z. B. **ehemalige Lazarettgebäude** und riesige **Kasernen,** in denen heute auch Büros des Außenministeriums untergebracht sind, oder das alte **Offizierskasino.**

Größte russisch-orthodoxe Kirche Nordeuropas: die Uspenski-Kathedrale

Helsinki (Helsingfors)

Kaartinkaupunki und Observatoriumsberg

Designdistrikt und Observatoriumsberg sollten möglichst zu Fuß erkundet werden, aber man kann sich diesen Teil der Stadt auch mit den Tramlinien 1/1A, 3B/3T und 10 erschließen.

Wenige Gehminuten vom Zentrum entfernt liegt im Stadtteil Kaartinkaupunki (Gardesstaden) das Herz des **Designdistrikts.** Dieser erstreckt sich bis in den Nachbarstadtteil Punavuori. Seit Helsinki 2012 »World Design Capital« war, geht es hier noch lebhafter zu als zuvor. Der Designdistrikt umfasst die Einkaufsstraßen Uudemaankatu und Iso Roobertinkatu, an denen sich Modeboutiquen und Möbelläden, Werbeagenturen und Trendlokale, Galerien und Hinterhofshops reihen. Hier findet man Kinos, Clubs und Kneipen, Restaurants mit Weltküche und Fast-Food-Ketten. Die nördliche Grenze ist die breite Verkehrsachse Bulevardi – eine gute Verkaufsadresse für Kunst, Antiquitäten und Lederwaren. Im Westen geht der Distrikt bis zur Fredrikinkatu und darüber hinaus. Hier dominieren die vielen kleinen, individuellen Boutiquen, in denen vor allem Mode und Innendekoration verkauft wird.

Kaartinkaupunki erschließt man sich am besten ausgehend vom **Kolmikulma-Park** 26 (Kolmikulman puisto). In der Umgebung sind eine Reihe von Baudenkmälern vergangener Epochen zu sehen, z. B. die **Kaserne der Kaiserlichen Garde** 27 **,** nach der das Viertel benannt ist. Der große Komplex, der 1822 von C. L. Engel entworfen wurde, beherbergt heute das Verteidigungsministerium.

Alte Kirche 28

Vanha kirkko/Gamla kyrka, Lönnrotinkatu 6, Tel. 09-23 40 61 28, tgl. 9–15 Uhr, Eintritt frei

Ähnlich wie das Observatorium verweist auch die in hellen Farben gehaltene hölzerne Alte Kirche (1826/27) auf die Anfänge der Stadt. Man findet sie in einem hübschen Park an der Grenze zum Stadtviertel Kamppi, unmittelbar vor der die Lönnrotinkatu.

Museum für Finnische Architektur 29

Kasarmikatu 24, Tel. 09-85 67 51 00, www.mfa. fi, Di–So 11–18, Mi 11–20 Uhr, Erw. 8 €, 1. Fr im Monat Eintritt frei

Kulturelle Akzente setzen im Trendviertel neben Theatern eine Reihe von Museen. Sehenswert ist das Museum für Finnische Architektur (Suomen Rakennustaiteen Museo). Der großartige dreistöckige Bau stammt von 1899, die ausgestellten Exponate sind jünger. Schwerpunkt des Museums ist die Architektur des 20. Jh. Der Bestand ist recht bescheiden, Themen- bzw. Wechselausstellungen bieten jedoch oft unerwartet spannende Erlebnisse.

Designmuseum 30

Korkeavuorenkatu 23, Tel. 09-622 05 40, www.designmuseum.fi, Juni–Aug. tgl. 11–18, Sept.–Mai Di 11–20, Mi–So 11–18 Uhr, Erw. 10 €

Das Designmuseum ist in einer ehemaligen Schule von 1894 untergebracht. Seine Bestände zeigen Designprodukte nicht nur der Moderne. Natürlich sind alle großen Namen Finnlands vertreten. Daneben gibt es Wechselausstellungen mit Arbeiten von Designern aus dem In- und Ausland.

Observatoriumsberg

Zum Osten hin steigt das Gelände an und findet seinen Abschluss im Observatoriumsberg (Tähtitorninvuori). Er trägt eine der ältesten Parkanlagen der Stadt mit hohen Bäumen, Denkmälern und Parkbänken sowie interessanten Gebäuden wie der **Deutschen Kirche** 31 (Saksalainen kirkko), dem Gotteshaus der aktiven Deutschen Gemeinde Helsinkis. Gekrönt wird der Berg vom 1833 fertiggestellten **Observatorium** 32 **.** Der von C. L. Engel entworfene Bau beherbergt immer noch das astronomische Institut der Universität Helsinki. Wegen der hohen Bäume ist die Aussicht hier nicht ideal, daher geht man ein Stückchen weiter in östlicher Richtung bis zum **Denkmal für die Schiffbrüchigen** (1897) und einer Terrasse oberhalb des **Olympiakais** (Olympiaranta). Belohnt wird der Ausflug zudem durch den Blick auf die Halbinsel Katajanokka, die an

Sehenswerte Stadtviertel

Grundstock der heute über 75 000 Objekte umfassenden Sammlung des Designmuseums waren 700 auf der Weltausstellung in Wien im Jahr 1873 erworbene Stücke

schönen Tagen von der Abendsonne in ein einzigartiges Licht getaucht wird, oder auch auf das nahe Inselchen Valkosaari mit dem hochherrschaftlichen Pavillon des finnischen Jachtclubs.

Kaivopuisto

Man kann das Quartier mit den Tramlinien 1/1A und 3B/3T durchqueren, am besten erkundet man es aber zu Fuß.

Kaivopuisto (Brunnsparken) ist der Name sowohl für ein großzügiges grünes Diplomaten- und Villenviertel als auch für den sich daran anschließenden **Park,** einen der größten der Stadt und wohl der schönste. Uralte Baumbestände wechseln sich mit weitläufigen Rasenflächen ab, gewachsener Fels kontrastiert mit dem Blau der Ostsee, die an vielen Stellen zu sehen ist. Einwohner und Besucher nutzen die Parkbänke und Picknickstellen, die Spielplätze und Openairbühnen, die Restaurants und Sommerterrassen.

Orientieren kann man sich am Observatorium Ursa, das die höchste Stelle besetzt hält, oder auch an der Großen Allee (Iso Puistotie), die schnurgerade auf das Meer zuführt. Dort setzt sich das schöne Bild in Parkanlagen mit Uferpromenaden und Bootsanlegern fort, und immer wieder genießt man den Blick aufs Meer, die Schären und Suomenlinna.

Das hochherrschaftliche Gebäude im Zentrum des Viertels gehörte zum ehemaligen Kurbad, das 1944 zerstört wurde. Heute beherbergt es das Restaurant Kaivohuone mit Sommerterrasse. In dieser reizvollen Umgebung haben zahlreiche Botschaften ihren Sitz: Die russische liegt ein Stückchen weiter geradeaus, die britische, amerikanische und französische an der östlichen Parallelstraße.

Mannerheim-Museum 33

Kalliolinnantie 14, Tel. 09-63 54 43, www.mannerheim-museo.fi, Fr–So 11–16 Uhr, Erw. 10 €
In Richtung Osten, oberhalb der Uferstraße Ehrenströmintie, liegt das Mannerheim-Mu-

Helsinki (Helsingfors)

seum. Auch wenn Freiherr C. G. E. Mannerheim (1867–1951) zu den wichtigsten historischen Persönlichkeiten des Landes zählt, gehört das Museum nicht unbedingt zum touristischen Pflichtprogramm. Die schöne Lage im Kaivopuisto-Park sowie die zeittypisch eingerichtete Holzvilla machen den Besuch dennoch lohnenswert.

Eira

Wer nur wenig Zeit hat, kann die schmucken Fassaden des Viertels auf einer Fahrt mit der Tram (Linien 1, 1A, 3B, 3T) bewundern.

Südlich des Zentrums und westlich des Kaivopuisto-Parks breitet sich das Stadtviertel Eira aus, das wegen seiner geschlossenen Bebauung im finnischen Jugendstil weithin bekannt ist. Als Orientierungspunkt kann der spitze Turm der **Mikael-Agricola-Kirche** 34 von 1935 (Architekt: Lars Sonck) dienen oder das Krankenhaus Ullanlinna an der Tehtaankatu, an dem auch die Tram hält. Zwischen Kirche und Krankenhaus liegt der kleine **Park Eiranpuisto,** von hier aus gelangt man in wenigen Minuten zu den stilreinsten **Jugendstilbauten** auf der Tehtaankatu und Huvilakatu. Aber eigentlich ist eine Wegempfehlung unnötig, denn fast alle öffentlichen und privaten Häuser verfügen über die typischen Merkmale der Jahrhundertwende. Ein Eldorado für Fotografen und Architekturfreunde also, das man am besten zu Fuß erkundet.

Kamppi

Das Viertel nördlich des Designdistrikts und westlich der Verkehrsader Mannerheimintie heißt wie der gleichnamige Busbahnhof und die Metrostation Kamppi (Kampen). Hier haben vor allem die Einkaufsmöglichkeiten in den letzten Jahren enorm zugenommen. Zuerst entstand das auf mehreren Ebenen angelegte **Forum** 8 als größtes Shoppingcenter in der Innenstadt. Der restaurierte **Glaspalast (Lasipalatsi/Glaspalatset)** 6 (s. S. 108) hat sich ebenfalls zur Einkaufsadresse gemausert, vor allem was Artikel wie Mobiltelefone, Kameras und PCs angeht. Daran grenzt eines der jüngsten und modernsten Beispiele einer Einkaufsgalerie, das **Kamppi** 7 (s. S. 108). Auch in den nach Westen führenden Straßen Eerikinkatu, Urho Kekkosen katu und Salomonkatu wird das Warenangebot von Jahr zu Jahr größer.

Entlang der Yrjönkatu

Eine typische Straße des Viertels ist die Yrjönkatu, die vom Turm des Jugendstilhotels **Tornim** 1 überragt wird. Dieses bietet mit seiner Turmbar Ateljee einen der besten Aussichtspunkte in Helsinki. Zu seinen Füßen lockt das **Yrjönkatu-Hallenbad** 6 Schwimm- und Saunafreunde an. Der 1928 fertiggestellte Bau, der schon in manchem Russlandfilm eine Rolle spielte, war nicht nur das erste Hallenbad Helsinkis, sondern auch das älteste in ganz Skandinavien. Man kann nackt schwimmen, deshalb gibt es getrennte Öffnungszeiten für Frauen und für Männer.

Amos Anderson Art Museum 35

Yrjönkatu 27, Tel. 09-684 44 60, www.amosanderson.fi, Mo, Do, Fr 10–18, Mi 10–20, Sa, So 11–17 Uhr, Erw. 12 €

Das Museum mit finnischer Kunst des 20. Jh. beherbergt eine der größten privaten Kunstsammlungen des Landes. Gestiftet wurde sie vom Verleger und Zeitungsmacher Amos Anderson (1878–1961).

HAM – Tennispalatsissa 36

Salomonkatu 15, Tel. 09-31 08 70 01, www.taidemuseo.fi, Di–So 11–19 Uhr, Erw. 10 €, Gratis-Zutritt zu einigen Ausstellungen

Der Tennispalast ist ein funktionalistischer Bau der 1930er-Jahre, der sorgfältig restauriert wurde. In seinen beiden oberen Stockwerken präsentiert das **Städtische Kunstmuseum** (Helsingin Kaupungin taidemuseo) in Wechselausstellungen finnische oder internationale Kunst der Gegenwart.

Außer dem Kunstmuseum beherbergt der Bau mit dem **Finnkino** auch das größte Kino von Stadt und Land. In den 14 Sälen werden sowohl die aktuellen Blockbuster als auch cineastische Kostbarkeiten gezeigt.

Sehenswerte Stadtviertel

Kunstmusem Sinebrychoff 37
Bulevardi 40, Tel. 09-17 33 64 60, www.sinebry choffintaidemuseo.fi, Di, Do, Fr 11–18, Mi 11–20, Sa, So 10–17 Uhr, Erw. 12 €, Gratis-Zugang zu Teilen der Ausstellung

Der Braumeister Sinebrychoff wanderte 1819 aus St. Petersburg ein und eröffnete seine erste Brauerei auf der Festungsinsel Suomenlinna, später zog die Familie hierhin um. Ihr Domizil inmitten eines ausgedehnten Parks ist heute ein Kunstmuseum mit einer beachtlichen Sammlung flämischer, italienischer und französischer Meister. Zu den Donatoren der Sammlung gehörten Finnen und Russen – der Erste war Zar Alexander II. Daher überrascht auch nicht der große Bestand an russischen und karelischen Ikonen.

Hietalahdentori und Hietalahti-Markthalle
Markt Mo–Sa 6.30–14 Uhr, Flohmarkt Mo–Sa 8–14, im Sommer auch 15.30–20 Uhr; Hietalahti-Markthalle, Lönnrotinkatu 34, www.hietalahdenkauppahalli.fi, Mo–Fr 8–18, Sa 8–17 Uhr

Der **Hietalahdentori,** einer der vier Marktplätze der Innenstadt, wird von der **Hietalahti-Markthalle** 9 (Hietalahden kauppahalli) dominiert, einem ausnehmend schönen Jugendstilgebäude, das aber deutlich weniger Besucher anzieht als die kleinere Halle am Kauppatori. Auf dem Platz selbst stellt werktags der **Flohmarkt** eine Attraktion für Touristen wie auch für Einheimische dar. In der Nebensaison wirkt das Ensemble allerdings recht ausgestorben und lohnt bei knappem Zeitkorsett einen Extraabstecher nicht.

Ruoholahti

Ruoholahti lässt sich ab der gleichnamigen Metrostation bequem zu Fuß erkunden; auch mit Tramlinie 8 kommt man schnell hierher.

Rund um den Westhafen sah man früher nur Werften, Kräne und Industriebrachen. Ab den 1990er-Jahren wurde dann ein Viertel hochgezogen, das nicht nur neuen Wohnraum in anspruchsvoller Architektur schaffen, sondern auch als Standort von Kultur, Gewerbe und Hightech dienen sollte. Die Pläne sind inzwischen realisiert worden. In Ruoholahti (Gräsviken) leben Sozialhilfeempfänger und Beamte, gibt es kreative und innovative Firmen ebenso wie Fabriken und Hafenterminals. Kultureller Fixpunkt des Quartiers ist die Alte Kabelfabrik (s. u.). Um den Komplex breitet sich ein schnell wachsender Business-Distrikt aus, und viele Hightechfirmen haben sich in Ruoholahti niedergelassen. Mit der engen Verbindung von altem Industriegelände, Hafen, neuer Architektur und Wasser erinnert das Viertel ein wenig an die Akerbrygge in Oslo, wenn auch die Vielfalt an Kneipen, Restaurants und Läden (noch) zu wünschen übrig lässt.

Architekturinteressierte sollten sich das **High-Tech-Center (HTC)** 38 an der Tammasaarenkatu nicht entgehen lassen, dessen fünf markante Bürogebäude nach berühmten Schiffen benannt sind. Touristisch von Bedeutung ist **Länsiterminaali** 39 , der Westhafen, wo die meisten Tallinn-Fähren und -Boote festmachen. Auch gibt es erste größere Hotels in dieser Umgebung, etwa das Radisson Blu Seaside Hotel.

Alte Kabelfabrik 40
Tallberginkatu 1, Tel. 09-47 63 83 00, www.kaapelitehdas.fi, alle Museen: Di–So 12–19 Uhr

Das ehemalige Industriegebäude von Nokia beherbergt das größte Kulturzentrum des Landes. Es gibt Galerien, ein Tanztheater, ein Café, ein Restaurant, Events und viele multikulturelle Veranstaltungen. Junge Musiker und Künstler können Atelier- und Studioräume mieten. In regelmäßigen Abständen finden in der Kabelfabrik (Kaapelitehdas) die lautesten und ausgeflipptesten Techno-Raves statt. Die aktuellen Veranstaltungskalender findet man beim Touristenbüro, in der Presse und auf der Website. Außerdem ziehen in der Alten Kabelfabrik gleich drei interessante Museen Besucher an – ausreichend für einen verregneten Tag: das **Finnische Museum für Fotografie** (www.valokuvataiteenmuseo.fi, Erw. 8 €), das **Theatermuseum** (www.teatterimuseo.

Helsinki (Helsingfors)

Die Bürotürme des High-Tech-Center (HTC) im Stadtteil Ruoholahti wurden 2001 fertiggestellt

fi, Erw. 8 €) und das **Hotel- und Restaurantmuseum** (www.hotellijaravintolamuseo.fi, Erw. 7 €).

Tölö

Töölö (Tölö) ist der Name eines recht großen Stadtteils, der sich von der gleichnamigen Bucht im Osten bis zur Bucht von Seurasaari im Westen erstreckt. Zur Mannerheimintie hin befindet sich an der Runeberginkatu der **Töölöntori,** Helsinkis kleinster Markt (Mo–Sa 6.30–14 Uhr). Er bietet einige Stände mit Obst, anderen Lebensmitteln oder Blumen. Aber trotz der großen Hotels in unmittelbarer Nachbarschaft ist er sympathisch untouristisch, ein richtiger kleiner Markt an der Ecke, wo die Stadtteilbewohner unter sich bleiben. In seiner Umgebung ist die Bebauung großstädtisch, ebenso weiter im Süden, wo das Naturhistorische Museum einen Besuch lohnt.

Naturhistorisches Museum 41
Pohjoinen rautatiekatu 13, Tel. 09-19 12 88 00, www.luomus.fi, Juni–Aug. Di–So 10–17, sonst Di, Mi, Fr 9–16, Do 9–19, Sa, So 10–16 Uhr, Erw. 13 €

Vor dem Naturhistorischen Museum (Luonnontieteellinen keskusmuseo) bittet ein großer Bronzeelch zum Fototermin. In dem edlen Bauwerk werden Sammlungen zu allen Themen der finnischen Naturgeschichte gezeigt, die auch für Kinder interessant sind.

Tempel- oder Felsenkirche 42
Lutherinkatu 3, Tel. 09-23 40 63 20, Mo–Do 10–20, Fr, Sa 10–17.45, So 11.45–17.45, im Winter tgl. 10–17, So ab 11.45 Uhr, freier Eintritt

Zwei Blocks weiter nördlich wartet die Tempel- oder Felsenkirche (Temppeliaukion kirkko/Tempelplatsens kyrka), eine der schönsten modernen Kirchen Skandinaviens und die größte Sehenswürdigkeit dieses Stadtteils. Sie ist das Ergebnis mehrerer Architek-

Sehenswerte Stadtviertel

turwettbewerbe, bei denen die Aufgabe zu bewältigen war, einen von hohen Mietshäusern gesäumten und mit einem Granitbuckel besetzten Platz mit einem Sakralbau zu schmücken. Erst im dritten Anlauf fand sich 1961 mit dem Konzept der Brüder Suomalainen eine eigenwillige Lösung dieses städtebaulichen Problems: Man ging nicht in die Höhe, sondern in die Tiefe und sprengte eine Kirche in den Felsen! Von außen ist die flache Kuppel kaum zu sehen, und auch der Eingang mit dem Charme einer Tiefgarage lässt nicht ahnen, welch fantastisches Raumerlebnis das Innere bietet: Rauer Fels, eine von Betonrippen getragene Kupferdrahtkuppel und eine schlichte Einrichtung liefern eine eindringliche Bühne für den sich ständig wandelnden Lichteinfall. Störend sind nur die Besuchermassen, denn die Tempelkirche ist zur unverzichtbaren Station jeder Sightseeingtour geworden. Wer es zeitlich einrichten kann, sollte die Kirche daher möglichst spät aufsuchen oder besser noch zu einem der häufig stattfindenden Konzerte.

Westlich der Mechelininkatu

Weiter westlich trennt die breite Mechelininkatu das dicht bebaute Gebiet von einem Grünstreifen, der sich mehr oder weniger breit zur Seurasaari-Bucht hinzieht. Weiter unten, an der **Lapinlahti** (Lappviken), schiebt sich die Halbinsel **Hietaniemi** (Sandudd) in die Bucht, an deren westlichem Ende im Sommer unzählige Badelustige und Sonnenanbeter die schönen Sandstrände bevölkern. Noch weiter südlich erstrecken sich große Friedhöfe – darunter der orthodoxe Friedhof und der **Soldatenfriedhof** 43 mit dem Grab von Marschall Mannerheim.

Sibelius-Park

Grün ist auch das Erscheinungsbild weiter nördlich. Hinter verschiedenen Jachthäfen kommt man hier zum viel besuchten **Sibelius-Park** (Sibeliuksenpuisto). Ein lockerer Baumbestand, vereinzelte Granitbuckel, Rasenflächen und eine schöne Uferszenerie mit Ostseeblick machen seinen Reiz aus. Seine größte Attraktion aber bildet das **Sibelius-Monument** 44, ein 1962–67 von Eila Hiltunen geschaffenes orgelähnliches Gebilde aus geschweißten und polierten Stahlröhren. Ob es dem Komponisten Jean Sibelius gerecht wird, mag jeder selbst entscheiden. Die Kritik an der abstrakten Form veranlasste die Künstlerin jedenfalls, zusätzlich eine konventionelle Büste von Sibelius anzubringen, wobei die beiden Teile des Monuments trotz ihrer räumlichen Distanz nicht so recht miteinander harmonieren wollen.

Spaziergänger können von hier aus stets in Wassernähe zum Freilichtmuseum Seurasaari (s. S. 121) wandern. Dabei passiert man die Landzunge **Kesäranta** mit der schönen **Villa Kesäranta** 45 (Villa Bjälbo) im Jugendstil, erkennbar an ihrem dekorativen Turm. Sie diente früher als Sommerresidenz des russischen Generalgouverneurs und bis Mitte der 1990er-Jahre als Amtswohnung des finnischen Ministerpräsidenten.

Meilahti

Der Stadtteil Meilahti (Mejlans) schließt sich nordwestlich an Töölö an. Seine Landmarke ist das hoch aufragende Meilahti-Krankenhaus. Ihm liegt eine parkähnliche Halbinsel gegenüber, an deren Ende der Staatspräsident in einem 1993 fertiggestellten, architektonisch äußerst gelungenen Gebäude von Raili und Reima Pietilä residiert, nach der Halbinsel wird es **Mäntyniemi** 46 genannt. In der näheren Umgebung sieht man so manche herrschaftliche Villa und auch jene Fußgängerbrücke, die einen zur Insel Seurasaari mit dem Freilichtmuseum bringt. Etwa 150 m weiter nördlich liegt zur Linken die Villa Tamminiemi.

Villa Tamminiemi 47

Seurasaarentie 15, Tel. 09-40 50 96 50, www.kansallismuseo.fi, Mi–So 9–17 Uhr, Führungen in englischer Sprache nach telefonischer Vereinbarung, Erw. 7 €

Während der Regierungszeit von Urho Kekkonen (1956–1981) spielte die Villa Tamminiemi, ein großes, rosafarbenes Wohnhaus, eine bedeutende Rolle als offizielle Residenz

Helsinki (Helsingfors)

des Präsidenten; sie war ein Zentrum der finnischen innen- und außenpolitischen Aktivitäten in der Epoche des Kalten Krieges. Über den Sozialdemokraten Kekkonen, der eine der auffälligsten Gestalten der internationalen Politik war, wird gerne erzählt, dass er mit seinen Staatsgästen in die Sauna ging, da dort die nackt und schwitzend zusammensitzenden Staatschefs sehr viel schneller zu Ergebnissen kamen. Die Villa Tamminiemi dient heute als **Urho-Kekkonen-Museum,** ist aber nicht nur für jene sehenswert, die der große alte Mann der finnischen Politik interessiert. Denn der Präsident, der sich in seiner Freizeit selbst als Künstler betätigte, legte Wert auf Innenarchitektur, sodass manch edles Stück des zeitgenössischen Designs zu besichtigen ist. Auch die vielen Geschenke, die Kekkonen während seiner langen Präsidentschaft aus dem In- und Ausland erhalten hat, sind ausgestellt. Außerdem sollten Besucher natürlich einen Blick in die Sauna des Hauses werfen, in der auf originelle Weise Geschichte geschrieben wurde.

Alppila

Das gesamte grüne Stadtviertel wird von den Tramlinien 3B/3T durchquert. Ein Besuch kann bestens mit dem des Olympiastadions (s. S. 109) bzw. mit einer Wanderung entlang der Töölö-Bucht kombiniert werden.

Östlich der Bahnlinie und nördlich der Töölö-Bucht, von der es durch die verkehrsreiche Sturenkatu getrennt wird, liegt das grüne Quartier Alppila (Alphyddan). Einen Besuch des Kulturhauses der finnischen Volksdemokratie, **Kulttuuritalo** 6 (Sturenkatu 4, www.kulttuuritalo.fi), sollte man sich nicht entgehen lassen: Der richtungsweisende rote Ziegelsteinbau Alvar Aaltos ist eine der besten Konzerthallen der Stadt.

Linnanmäki 48

Tivolikuja 1, Tel. 09-38 56 77, www.linnanmaki.fi, Mitte Juni–Mitte Aug. tgl. 11–22 Uhr; Ende April–Mitte Juni und Mitte Aug.–Mitte Sept. eingeschränkte Öffnungszeiten; der Eintritt zum Gelände und dem Unterhaltungsprogramm ist frei, man zahlt pro Fahrband, das zur Benutzung aller Attraktionen berechtigt.

Hauptsächlich bekannt ist der Stadtteil wegen Helsinkis Besucherattraktion Nr. 1, dem Burghügel Linnanmäki (Borgbacken), der das Gegenstück zum Kopenhagener Tivoli oder dem Stockholmer Gröna Lund darstellt. 1950 wurde der Vergnügungspark eröffnet und viele Spielgeräte und Attraktionen stammen sogar noch aus dieser Zeit – mehrere Karussells etwa, die Geisterbahn und die hölzerne Achterbahn. Nostalgische Erlebnisse für die ganze Familie erwarten einen hier – mit Popcorn, Zuckerwatte, einem Varietétheater und dem Clown Rolle. Auch Jugendlichen, die etwas mehr Tempo und Nervenkitzel möchten, wird einiges geboten.

Sea-Life 49

Tivolitie 10, Tel. 09-565 82 00, www.sealife.fi, Mitte Juni–Anf. Aug. tgl. 10–20, sonst 10/12–17/19 Uhr, Erw. 16,50 €, Kinder 11,50 €, jeweils 1,50 € günstiger bei Onlinebuchung

An den Vergnügungspark schließt sich der Aquarienkomplex Sea-Life an. Hier kann man eintauchen in die Unterwasserwelt verschiedener Regionen, von tropischen Meeren mit Haien und Rochen über die kühleren Gewässer von Nord- und Ostsee bis hin zu den finnischen Seen. Das Sea-Life-Aquarium ist besonders interessant während der Fütterungszeiten (mehrmals tgl. zur vollen Stunde) und bietet auch interaktive Erlebnisse, einen Souvenirladen und ein Café.

Alppipuisto

Jenseits der Straße Tivolotie erstreckt sich der herrliche Park Alppipuisto (Alpparken). Er bietet eine friedliche Atmosphäre, ein hügeliges Terrain, Teiche und Seen, stille Ecken und ein reichhaltiges Tierleben. Perfekt für ein sommerliches Picknick – und andere Touristen sieht man hier kaum.

Hakaniemi

Man erreicht Hakaniemi mit der Metro, der Tram 3B/T oder auch zu Fuß vom Bahnhof oder von der Domkirche aus.

Sehenswerte Stadtviertel

Unmittelbar nördlich des eigentlichen Zentrums trennt die **Lange Brücke** (Pitkäsilta), die in Wirklichkeit ziemlich kurz ist, den gutbürgerlichen Stadtteil Kruununhaka vom alten Arbeiterviertel Hakaniemi (Hagnäs).

Hakaniemen tori und Hakaniemi-Markthalle

Markt Mo–Sa 6.30–14 Uhr, Hakaniemi-Markthalle Mo–Fr 8–18, Sa 8–16 Uhr

Hakaniemis Zentrum ist der Markt **Hakaniemen tori,** der von hohen Geschäftshäusern, Banken, Hotels und einem burgähnlichen Theater umringt wird. Bereits 1887 ist diese große Freifläche angelegt worden, die in der Vergangenheit viele Demonstrationen, etwa zum 1. Mai, und andere politische Veranstaltungen gesehen hat.

Die zweistöckige **Markthalle** 10 aus dem Jahr 1914 ist die größte des Landes und unbedingt einen Besuch wert. Unten gibt es Fisch, Wurst, Brot und Obst, oben werden Textilien, Krimskrams und natürlich auch Kitsch angeboten, außerdem versprüht ein Café den Charme der 1950er-Jahre.

Stadttheater 7

Nur wenige hundert Meter westlich befindet sich in einem Park an der Tiergartenbucht (Eläintarhanlahti) das 1967 erbaute moderne Stadttheater, das zum Teil in den Felsen gesprengt wurde und deshalb der Bevölkerung im sog. Ernstfall als einer der größten Luftschutzräume Helsinkis zur Verfügung steht (s. auch S. 131).

Kallio

Wenige Schritte westlich des Stadttheaters kann man über eine Fußgängerbrücke die breite Schneise der Eisenbahntrasse überqueren und dem Ostufer der Töölö-Bucht mit dem Stadtteil Kallio (Berghäll) einen Besuch abstatten. Hier lassen sich auf erhöhter Position schöne Spaziergänge durch eine Parklandschaft und an repräsentativen Holzvillen vorbei unternehmen. Der Blick über die Wasserfontaine hinweg zum jenseitigen Ufer mit der Finlandia-Halle sowie der Nationaloper bietet zu jeder Tageszeit ein prächtiges Panorama.

Vier Straßen weiter nördlich des Stadttheaters – nach St. Petersburger Vorbild sind sie von eins bis fünf durchnummeriert und als Linien bezeichnet – steigt das Gelände an und von der höchsten Stelle grüßt der Turm der Kallio-Kirche (s. u.) als fester Bestandteil der Hauptstadt-Skyline weit in jede Richtung. Die Straßenzüge um die Kirche herum gehören zu einem traditionellen Arbeiterquartier und können das auch nicht verleugnen. Aber die Szene verändert sich rasant. Die Sexshops oder Tattoo- und Piercing-Studios rings um den Bärenplatz nahe der Kallio-Kirche werden sich wohl nicht mehr lange halten können. Denn in der Nachbarschaft haben sich bereits die ersten Kunstgalerien eingeschlichen, gibt es Boutiquen und Läden für die junge Klientel. Von Monat zu Monat wächst die Zahl der Klubs und die Immobilienpreise steigen. Zweifellos wird Kallio das nächste Trendviertel der Hauptstadt sein.

Kallio-Kirche 50

Kallion kirkko, Itäinen papinkatu 1, Di–Fr 12–18, Sa, So 10–18 Uhr

Die 1912 mit grauem Granit verkleidete und aus über 1 Mio. Ziegelsteinen erbaute Kirche gilt als Hauptwerk des finnlandschwedischen Architekten Lars Sonck und verkörpert neben dem Nationalmuseum am besten den Stil der Nationalromantik. Von der Terrasse hat man einen schönen Blick nach Süden bis hin zum Observatorium.

Vanhakaupunki

Das von Gustav Vasa gegründete Helsinki lag ursprünglich an der Mündung des Vantaa-Flusses, bevor die Stadt an ihren heutigen Platz verlegt wurde. Am ursprünglichen Ort etwas außerhalb und nördlich des Zentrums befindet sich die sogenannte Altstadt, Vanhakaupunki (Gammelstaden). Sehenswert sind die Stromschnellen mit einem Kraftwerk und das reiche Vogelleben. Im Viertel selbst sieht man noch das eine

Helsinki (Helsingfors)

oder andere alte Holzhaus, doch gibt sich der Stadtteil heute vor allem modern, jung und lebhaft.

Arabianranta

Tram 6 oder Bus 68, 71, 74, 77
Das Industriegebiet Arabianranta wird derzeit in ein architektonisch anspruchsvolles 10 000-Einwohner-Quartier umgewandelt. Dass man hier so viele junge Leute sieht, liegt an der hiesigen Universität für Kunst und Design und an dem Konservatorium für Pop und Jazz, genauso aber auch an immer neuen trendigen Ausgehadressen.

Arabia-Center

Hämeentie 135, Tel. 02 04-39 35 07, www.ara bia.fi, www.iittala.com, Mo–Fr 10–20, Sa, So 10–16, Museum Di–Fr 12–18, Sa, So 10–16 Uhr
Shopping- und Designinteressierte zieht es in erster Linie wegen des Arabia-Centers (Arabiakeskus), der ehemaligen Keramikfabrik von Arabia, in diesen Stadtteil. Hier findet man die größte Auswahl der bekannten Produkte von Firmen wie Arabia, Iittala, Hackmann, Rörstrand und BodaNova. Dabei handelt es sich um Designware aus Glas, Keramik, Holz, Steingut, Edelstahl und Kunststoff, hauptsächlich für den Haushalt gedacht (Geschirr, Besteck, Vasen, Geräte etc.), aber auch gefragt als Sammler- und Schmuckobjekte. Zum Center gehören Fabrikshops u. a. mit Sonderangeboten und Restposten, daneben gibt es auch eigene Läden von Pentik und Opa. Den Ausflug kann man mit einem Besuch des **Arabia Museum & Gallery** verbinden.

Inseln vor Helsinki

Cityplan: S. 105
Dass die Hauptstadt so überaus reizvoll ist, hat sie nicht nur ihren kulturellen Highlights, sondern mindestens im gleichen Maß ihrer natürlichen Umgebung zu verdanken, jenem Wirrwarr aus Meer, Seen, Inseln und Halbinseln, das das Stadtgebiet zu einem geradezu amphibischen Wesen macht. Wer einen nur

überblicksartigen Eindruck von der Wunderwelt des Schärengartens bekommen möchte, sollte an einer der Rundfahrten teilnehmen, die zumeist am Marktplatz starten, wahlweise mit Schnellboot und Segelschiff, historischem Raddampfer oder modernem Ausflugsboot, in einstündiger oder ganztägiger Exkursion. Bis nach Porvoo im Osten oder Hanko im Westen gehen diese Touren, aber fürs Erste wird es wohl reichen, sich in unmittelbarer Nähe Helsinkis umzuschauen.

An dieser Stelle sollen aus einer nahezu unendlich erweiterbaren Liste lohnender Ausflugsziele nur einige der nahe gelegenen Inseln genannt sein, die aus unterschiedlichen Gründen geeignet sind, ein knapp gefasstes Helsinki-Programm zu ergänzen, und

Inseln vor Helsinki

Idylle vor den Toren der Stadt: Strand auf der Insel Pihlajasaari

von denen drei auch ganz ohne Boot oder Fähre besucht werden können.

Seurasaari (Fölisön)

Anfahrt mit Bus 24 vom Zentrum
Die Insel Seurasaari liegt 5 km nordwestlich des Stadtzentrums in der gleichnamigen Bucht und ist durch eine Holzbrücke mit dem Festland verbunden. Radfahrer und ausdauernde Spaziergänger können sie nicht verfehlen, wenn sie sich ab dem Sibelius-Park (s. S. 117) immer am Ufer orientieren.

Den Hauptstädtern dient Seurasaari als Erholungspark und Ausflugsziel für Badegäste (Nacktbadestrand), Spaziergänger, Skiläufer und Schlittenfahrer. Außerdem finden hier Konzerte und Feste statt, etwa das landesweit bekannte **Mittsommernachtsfest,** bei dem das größte Johannisfeuer der Stadt entzündet wird (s. S. 135).

Freilichtmuseum

Tel. 09-48 45 11, www.seurasaarisaatio.fi, Freilichtmuseum Juni–Aug. tgl. 11–17 Uhr, Mitte–Ende Mai und Anfang–Mitte Sept. Mo–Fr 9–15, Sa, So 11–17 Uhr, Erw. 8 €
Hauptattraktion der Insel ist das Freilichtmuseum (Seurasaaren ulkomuseossa) mit typischen Beispielen finnischer Baukunst und Wohnkultur. Besonders interessant sind die Holzkirche von Karuna (Ende des 17. Jh.) sowie die Bauernhöfe Niemelä aus Konginkangas und Antii aus Säkylä, die beide

Helsinki (Helsingfors)

RUNDGANG AUF DER FESTUNGSINSEL SUOMENLINNA

Tour-Infos

Start: Fähranleger am Osthafen
Ziel: Königstor am Kuustaanmiekka-Fort
Anfahrt: Fähre ab Marktplatz, tgl. 6–2 Uhr, Hin- und Rückfahrt 4,40 €
Länge: 1,5 km
Dauer: ohne Museumsbesuche 1–2 Std.
Geführte Rundgänge: Suomenlinna Visitor Center, Sommer tgl., Winter Sa, So 13.30 Uhr, 10 €, für Helsinki-Card-Inhaber gratis, Tel. 09-684 18 50, www.suomenlinnatours.com
Öffnungszeiten/Eintrittspreise Museen: Mai–Sept. tgl. mind. 11–17 Uhr, Suomenlinna Museum ganzjährig geöffnet, Erw. 6,50 €

Suomenlinna (Sveaborg) ist die mit Abstand bekannteste Inselgruppe vor Helsinkis Haustür. im Jahre 1748 gegründet als schwedisches Bollwerk gegen ein russisches Helsinki, 1809 belagert und erobert von den Russen, im Krimkrieg 1855 von einer französisch-britischen Flotte in Schutt und Asche bombardiert: Kanonen, Kasernen und Kasematten prägen den ersten Teil der Geschichte Suomenlinnas. Die letzte Garnison verließ 1978 die Insel, die Spuren der martialischen Vergangenheit sind aber überall noch zu spüren und – als UNESCO-Welterbe – hautnah zu besichtigen. Heute aber trägt Suomenlinna, die ›Burg der Finnen‹, das Kriegerische nur noch im Namen. Kunst und Kultur haben die Insel befriedet – mit dem Nordischen Kulturzentrum, Galerien, Museen und einem Sommertheater. Suomenlinna ist das Naherholungsgebiet der Hauptstadt und bietet Touristen Gelegenheit, die bewegte Geschichte auf markierten Wegen hautnah zu erleben. Die meisten Besucher gelangen vom Marktplatz aus nach Suomenlinna über jene **Fährstation,** die schon in russischer Zeit als Haupteinfallstor zur Seefestung diente. Daran erinnert noch das lang gestreckte rosafarbene Kasernengebäude. Ein **Infostand** unterrichtet hier über die vielfältigen Wanderwege, wobei die blau markierte Route einen komprimierten, aber trotzdem umfassenden Eindruck von Suomenlinna vermittelt.

Inseln vor Helsinki

Wer dem Wanderweg folgt, passiert zunächst einige Holzhäuser, die im 19. Jh. von russischen Händlern errichtet wurden, und kommt dann zur **Suomenlinna-Kirche,** die 1854 als russisch-orthodoxe Garnisonskirche erbaut und in den 1920er-Jahren lutherisch umgewidmet wurde. An die kriegerische Vergangenheit erinnert der mächtige Kettenzaun mit seinen russischen und schwedischen Kanonen. Weiter führt der Weg am **Ehrensvärdschen Kronwerk** vorbei, Suomenlinnas größtem Gebäudekomplex. Einige der aus schwedischer Zeit stammenden Backsteinflügel formen eine große Krone. Ein Abstecher ans Ostufer führt zum kleinen **Spielzeugmuseum.** Die nette Sammlung von teilweise 150 Jahre altem Spielzeug ist in einer russischen Holzvilla untergebracht. Auf der blauen Hauptroute ist das Informationszentrum mit dem **Suomenlinna-Museum** die nächste Station. Der ganzjährig geöffnete, moderne Komplex bereitet auf zwei Etagen die Geschichte der Festung multimedial auf, sehenswert ist auch die Bildschau über den Bau der Festung und das Leben der Offiziere und Soldaten.

Hinter dem Infozentrum gelangt man über eine lange Brücke zur Nachbarinsel, die einen mit mächtigen Docks, Bastionen und dem **Ehrensvärd-Museum** begrüßt. Danach wird die Landschaft abwechslungsreicher und weist in **Pipers Park** (Piperin puisto) Teiche, Blumenbeete, grüne Senken und Schatten spendende Bäume auf. An Pipers Park ist ein Abstecher zum Ostufer empfehlenswert, vorbei an drei auffälligen **Bastionen** aus schwedischer Zeit. Heute findet man hier eine Glasbläserei, eine Teestube und Sitzreihen für das Sommertheater. Der Pfad endet am aufgebockten **U-Boot »Vesikko«,** das nach deutschen Plänen 1933 in Turku gebaut und von den Finnen im Zweiten Weltkrieg eingesetzt wurde. Seit 1973 ist das U-Boot als Museumsschiff der Öffentlichkeit zugänglich.

Zurück auf der Route passiert man Munitionsmagazine und gelangt zum **Kustaanmiekka-Fort,** benannt nach dem schwedischen König Gustav III. Wenige Schritte hinter dem Fort endet die blaue Route am monumentalen **Königstor,** das in schwedischer Zeit das Haupttor der Festung darstellte. Am Anleger beim Königstor legen ebenfalls Wasserbusse von Helsinki an.

einschließlich aller Neben- und Wirtschaftsgebäude komplett erhalten sind.

In nächster Umgebung locken mehrere Restaurants, Cafés und Kioske, in denen noch die Stimmung der Zeit um die Jahrhundertwende konserviert ist.

Korkeasaari (Högholmen)

Anfahrt mit dem Wasserbus ab Marktplatz oder Hakaniemi, Bus 11 bis Zooeingang, Tel. 09-310 16 15, www.korkeasaari.fi, Mai–Aug. tgl. 10–20, April, Sept. 10–18, Okt.–März 10–16 Uhr, Erw. 12 €, Kinder 6 €, Kombiticket inkl. Überfahrt Erw. 18 €, Kinder 9 €

Die nordöstlich von Katajanokka gelegene Insel Korkeasaari ist bekannt wegen des gleichnamigen **Zoos**. Der Tiergarten nimmt die gesamte Insel ein, die wiederum mit drei weiteren Inseln durch Brücken verbunden ist. Möchte man mit dem Bus oder Pkw hierher fahren, so steht ein Fußmarsch von der Nachbarinsel Mustikkamaa an – mit der Metro ist es noch etwas länger. Am schönsten ist die kurze Reise per Wasserbus. Der Inselzoo selbst präsentiert Tiere aus dem Norden, der Arktis und aus aller Welt in herkömmlicher Weise.

Tervasaari (Tjärholmem)

Tervasaari, die Teerinsel, gegenüber dem Zoo ist durch einen Damm mit dem Festland verbunden und auch bequem zu Fuß zu erreichen. Auf dem Inselchen hatten im 16. Jh. Händler ihre Teerlager, heute gibt es hier einen hübschen Park mit einem populären Restaurant. Allein schon die Aussicht auf das rege Treiben des Jachthafens, auf die Halbinsel Katajanokka, die Skyline der Innenstadt und die Zooinsel Korkeasaari machen den Abstecher lohnenswert.

Helsinki (Helsingfors)

Harakka (Stora Räntan)

Im Sommer gibt es alle 30 Minuten eine Fährverbindung ab der Ehrenströmintie am Ende des Parks Kaivopuisto.

Nur ca. 150 m südlich des Kaivopuisto-Parks liegt dieses überschaubare Fleckchen Erde, das von Künstlern bewohnt wird und ansonsten mit üppigem Pflanzenwuchs sowie einer artenreichen Vogelwelt aufwartet. Wegen ihrer Nähe zum Zentrum ist die Insel recht stark frequentiert, zumal man dort einen Naturpfad, ein Freilichttheater und ständige Ausstellungen über Umwelt und Naturschutz eingerichtet hat. Für Einsamkeitsfanatiker also nicht unbedingt ideal, wer jedoch ein schönes Stück Natur bei minimalem Zeitaufwand kennenlernen möchte, ist hier genau richtig.

Pihlajasaari (Rönnskär)

Motorbootverbindungen ab der Merisataman-ranta (Anleger neben dem Café Carussell) jede Stunde, bei Badewetter alle 30 Minuten, ab Ruoholahti jede Stunde, Hin- und Rückfahrt 7 €

Die südlich des Westhafens gelegene Schäre ist etwas weiter entfernt, dank der guten Motorbootverbindungen aber sowohl organisatorisch als auch zeitlich in einen Helsinkibesuch bequem zu integrieren. Pihlajasaari ist ein Erholungspark mit Granitklippen, sandigen Badebuchten und sauberem Wasser – an einem warmen Sommertag also ein wunderbarer Kontrast zur Stadtbesichtigung! Besuchern stehen Kiosk, Café und Umkleidekabinen zur Verfügung, es gibt auch einen FKK-Strandabschnitt.

Infos

City Tourist Office: Pohjoisesplanadi 19, 00100 Helsinki, Tel. 09-31 01 33 00, www.visithelsinki.fi, Mitte Mai–Mitte Sept. Mo–Sa 9–18, So 9–16, sonst Mo–Fr 9–18, Sa, So 10–16 Uhr. Infos zur Hauptstadtregion, Buchung von Unterkünften und Sightseeingtouren, Verkauf der Helsinki Card. In der Nähe des Havis-Amanda-Brunnens auf dem Marktplatz wird in der Sommersaison zusätzlich ein **Info-Container** aufgestellt.

Kompassi – Youth Information Centre: Perhonkatu 6, Tel. 09-31 08 00 80, www.kompassi.info, Mo–Fr 11–16 Uhr. Info-Zentrum zwischen Kamppi und Felsenkirche, das sich an Einheimische und Besucher zwischen 13 und 25 Jahren wendet. Vor Ort und auf der Website gibt es viele Hinweise zu touristischen Attraktionen, günstigen Unterkünften, Szenetreffs, Veranstaltungen, Universitätsangeboten, Sprachschulen und Internetcafés.

Außerdem patrouillieren Juni–Aug. tgl. 8–20 Uhr ca. 20 **Helsinki-Help-Touristenberater** auf den Straßen der Stadt, erkennbar an ihrer grünen Uniform mit Rucksack, in dem die sprach- und ortskundigen jüngeren Leute Prospekte oder Stadtpläne mitführen.

Hilfreich sind auch die **Touristenmagazine** »Helsinki this week« (englischsprachiger Veranstaltungskalender, Sehenswürdigkeiten mit Eintrittspreisen und aktuellen Öffnungszeiten, brauchbare Stadtpläne, viele Hintergrundinformationen, erscheint achtmal jährlich und ist kostenlos) und »Helsinki für Sie« (Fremdenverkehrsprospekt der Stadt Helsinki auf Deutsch mit Stadtplänen, vielen Adressen und Informationen zu Unterkunft, Einkaufen, Restaurants, Verkehr, Nachtleben, Kultur, erscheint jährlich und ist kostenlos).

Übernachten

Hilfe beim Buchen einer Unterkunft bekommt man in der Touristeninformation in der Stadt oder am Flughafen sowie im Internet unter www.visithelsinki.fi. Insgesamt sind die **Übernachtungspreise** hoch. Sparen kann man, wenn man den teuren Innenstadtbereich meidet: Die Hotels in Espoo und in Vantaa sind deutlich billiger als die in der City, und die Anbindung an das öffentliche Verkehrsnetz ist meist gut. Wer zentral, aber preisgünstig wohnen möchte, kann auf eine der **Jugend- und Familienherbergen** (Finnhostels) zurückgreifen, von denen es allein in Helsinki acht gibt. Oder man erkundige sich auf den Hotelwebsites oder beim Hotelbuchungszentrum nach den Rabatten. **Hotelrabatte** bekommen auch die Nutzer von Fähr- und Fluglinien, die mit bestimmten Hotelketten

Inseln vor Helsinki

kooperieren. Schon bei der Buchung auf solche Angebote achten! Bed and Breakfast wird auch in Finnland immer beliebter. **Helsinki Bed and Breakfast** vermittelt Unterkünfte bei verschiedenen Anbietern; die Auswahl reicht vom einzelnen Zimmer bis hin zur kompletten Wohnung (Helsinki Bed and Breakfast, Vellamonkatu 12–14 B 32, Tel. 050-584 90 54, www.hbb.fi).

Hotelturm im Jugendstil – **Sokos Hotel Torni** 1 : Yrjönkatu 26, Tel. 020-123 46 04, www.sokoshotels.fi. 14-geschossiges Hotel an der Alten Kirche mit 152 luxuriös ausgestatteten Zimmern, Wellnessabteilung, 4 Saunas, sehr gutem Restaurant, Brasserie, American Bar, Irish Pub und Turmbar Ateljee mit fantastischer Aussicht. DZ 140–260 €.

Traditionsadresse – **Hotel Kämp** 2 : Pohjoisesplanadi 29, Tel. 09-57 61 11, www.hotelkamp.fi. Im Jahr 1999 wiedereröffnete Luxusherberge von 1887, in der schon Marschall Mannerheim und Jean Sibelius übernachteten. 164 komfortable Standardzimmer; für höhere Ansprüche gibt es 15 Suiten, z. B. die Mannerheim-Suite mit 6 Räumen und Privatsauna ab 3179 €! Angeschlossen sind das japanische Gourmetrestaurant **Yume,** das Kämp Café & Bar sowie ein umfangreicher Wellnessbereich. DZ ab ca. 200 €.

Skandinavisches Flair – **Helka Hotel** 3 : Pohjoinen rautatienkatu 23, Tel. 09-61 35 80, www.helka.fi. Hell gestrichenes, älteres Stadthaus in unmittelbarer Nähe zum Tennispalatsi und zum Kamppi-Komplex. 3-Sterne-Herberge mit über 150 im skandinavischen Design gehaltenen Zimmern, 2 Saunas, dem beliebten Restaurant **Helkan Keittiö** und einem Café. DZ ab 100 €.

Moderne Apartments – **Apartment Hotel Essexhome** 4 : Luotsikatu 9, Tel. 040-516 27 14, www.essexhome.fi. In Fußentfernung zum Zentrum in Katajanokka gelegene moderne Apartments mit kompletter Ausstattung sowie WLAN, verschiedene Apartmentgrößen zwischen 35 und 50 m², Sauna auf Bestellung. Apartment ab ca. 100 €.

Direkt am Hafen – **Scandic Hotel Grand Marina** 5 : Katajanokanlaituri 7, Tel. 09-166 61, www.scandichotels.com. Einst eines der größten skandinavischen Lagerhäuser, heute eine internationale Herberge mit 462 Zimmern und 3 Restaurants, beliebt bei Reisegruppen. DZ 80 €.

Backpackerhostel – **Helsinki-Hostel Suomenlinna** 6 : Suomenlinna C9, Tel. 09-684 74 71, www.hostelhelsinki.fi. Das Hostel befindet sich auf der zum UNESCO-Weltkulturerbe gehörenden Festungsinsel Suomenlinna, ein paar Meter vom Fähranleger entfernt. Internet, Selbstversorgerküche, Spielzimmer, Garten, Bibliothek, Waschküche. Übernachtung im Mehrbettzimmer 15 €, DZ 60 €, Rabatte für Mitglieder.

Budgetunterkunft – **Eurohostel Oy** 7 : Linnankatu 9, Tel. 09-622 04 70, www.eurohostel.eu. Großes Hostel auf der Halbinsel Katajanoklka, in ruhiger Umgebung und

HELSINKI CARD

Lohnend ist der Erwerb der Helsinki Card (www.helsinkicard.com), wenn man die finnische Hauptstadt intensiver kennenlernen möchte. Sie kostet für 24 Stunden 39 €, für 48 Stunden 49 € und für 72 Stunden 59 €. Verkaufsstellen sind u. a. das Fremdenverkehrsamt, Reisebüros und größere Hotels. Beim Online-Kauf unter www.helsinkicard.com spart man 5 €. Die Karte bietet innerhalb des Stadtgebietes freie Fahrt in Bahnen, Bussen, Straßenbahnen, der Metro und mit der Suomenlinna-Fähre, freie Sightseeingtouren, freien Eintritt in ca. 50 Museen und andere Vergünstigungen, u. a. etwa bis zu 20 % Rabatt in ausgesuchten Restaurants. Wer allerdings auf Museumsbesuche keinen Wert legt, fährt mit einem Touristenticket der Verkehrsbetriebe günstiger.

Helsinki (Helsingfors)

in der Nähe einer Tramstation, das Zentrum ist aber auch bequem zu Fuß zu erreichen. 135 EZ, DZ und Familienzimmer, Dusche, WC und Küche auf jedem Stockwerk; Münzwaschsalon, Internetkiosk und preisgünstiges Restaurant. Vorteilhafte Adresse für Low-Budget-Reisende: 55 €/DZ und 65 €/Familienzimmer (2 Erw., 2 Kinder).

Camping – **Rastila Camping** 8 : Karavaanikatu 4, 00980 Helsinki, Tel. 09-31 07 85 17, www.rastilacamping.fi. Ca. 10 km östlich der Stadt, über die Straße 170 (Richtung Porvoo) zu erreichen, am besten aber mit der Metro in 17 Min. ab Zentrum (Metrostation Rastila). Der ganzjährig geöffnete Komfortplatz liegt am See, verfügt über Campinghütten und De-Luxe-Ferienhäuschen mit Küche und eigener Sauna sowie ein Restaurant mit allen Schankrechten. Markierte Wanderwege, Sandstrand, Verleih von Kajaks, Ruderbooten und Fahrrädern, im Winter Eislochbaden.

Essen & Trinken

Essen wie die Finnen – **A21 Dining** 1 : Kalevankatu 17, Tel. 040-171 11 17, www.a21.fi. Hier kommen vor allem finnische Gerichte auf den Teller – ideal, um das Land auch kulinarisch kennenzulernen. Bei der Menüauswahl werden die verschiedenen Jahreszeiten berücksichtigt. 7-Gänge-Menüs 79 €.

Fischrestaurant am Hafen – **Havis** 2 : Eteläranta 16, Tel. 09-68 19 31 16, www.ravintolahavis.fi, Mo–Fr 11.30–15, 17–24, Sa 17–23 Uhr. Mit der Alten Markthalle und dem Hafenbecken als nächsten Nachbarn liegt dieses Fischrestaurant goldrichtig. Auch die maritimen Motive der Wandmalereien des alten Kapitänshauses passen gut. Der junge Chef Juuse Mikkonen bürgt für Frische und Qualität; die Zutaten für seine Kreationen holt er hauptsächlich aus den Schärengärten sowie den Seen und Flüssen Finnlands. Gehobene Küche mit gehobenen Preisen: 20–30 € für Hauptgerichte und 47 € für das fantastische Menü »Havis«.

Helsinkier Institution – **Kappeli** 3 : Eteläesplanadi 1, Tel. 010-766 38 80, www.kappeli.fi, Mo–Sa 10–24, So 10–23 Uhr. Der wunderschöne Holzbau mit Glasveranda mitten auf der Esplanade punktet mit gleich mehreren gastronomischen Highlights: einem Bar-Café mit Köstlichkeiten für den kleinen Hunger, dem Restaurant Kappeli Sali, in dem Küchenchef Henry Lybäck traditionelle wie innovative Gerichte zaubert (Hauptgerichte 20–45 €, Menü 40–57 €) und der Gartenwirtschaft, im Sommer einer der lebhaftesten Plätze der Stadt. Bei noch moderaten Preisen wäre das Kappeli also ein gute Adresse – nur einen Platz bekommt man nicht so leicht ...

Lappländische Küche – **Saaga** 4 : Bulevardi 34, Tel. 09-74 25 55 44, www.asrestaurants.com, Mo–Fr 11.30–24, Sa 16–24 Uhr. Jüngstes unter Helsinkis lappländischen Restaurants. Chefköchin Elviira Mäenpää macht mit typischen Fisch- und Fleischspeisen sowie frischen Zutaten der Saison einen kulinarischen Abstecher nach Lappland, wobei die Preise für Hauptgerichte wie traditionell zubereitetes Rentiergeschnetzeltes oder geräucherte Maräne moderat bleiben (20–50 €) – allerdings mit Ausreißern nach oben.

Selbstgemacht – **Bryggeri Helsinki** 5 : Sofiankatu 2, Tel. 010-235 25 00, http://bryggeri.fi. Hier wird nicht nur das Bier selbst gebraut, sondern auch die Speisen werden aus besten Zutaten frisch zubereitet. Hauptgerichte 20–30 €, das Helsinki-Menü kostet 44,50 €.

30er-Jahre Ambiente – **Lasipalatsi** im Glaspalast 6 , Mannerheimintie 22–24, Tel. 09-742 42 90, www.ravintola.lasipalatsi.fi, Restaurant Mo– Fr 11–24, Sa 14–23, Café Mo–Fr 7.30–23, Sa, So 9–23 Uhr. Restaurant im Obergeschoss mit viel Platz und Helligkeit und mit originalgetreuer Innenausstattung der 1930er-Jahre. Zum Lunch (11–14.30 Uhr) oder zum Abendessen gibt es finnische Klassiker wie Hering, Elch, Rentier oder Blinis sowie internationale Gerichte (Hauptgerichte 18–30 €), aufmerksamer Service. Im Café Lasipalatsi von morgens bis abends Sandwiches, Salate und andere kleinere Gerichte. Die Stimmung ist hier lockerer, das Publikum jünger.

Beliebter Treffpunkt – **Kosmos** 6 : Kalevankatu 3, Tel. 09-64 72 55, www.kosmos.fi, Mo–Fr 11.30–1, Sa 16–1 Uhr. Legendäres Restaurant, seit 1924 von ein und derselben Fa-

Inseln vor Helsinki

Interessant bestuhlte Alternative zu den etablierten Restaurants: das Café im Museum Kiasma

milie betrieben und seit den 1950er-Jahren als Künstlerlokal vor allem von Schriftstellern frequentiert. Die Einrichtung ist hell und elegant. Geboten werden Klassiker wie Wiener Schnitzel und eingelegter Hering, aber auch innovative finnische Kochkunst zu moderaten Preisen (Hauptgerichte 19–32 €): 14 € für die finnischen Antipasti mit baltischem Hering, Lachs, geräuchertem Ren, Pilzsalat und finnischem Käse, und 34 € für das Rentierfilet; ein 3-Gänge-Menü kostet 50 €.

Gehoben italienisch – **Sasso** 7 : Pohjoisesplanadi 17, Tel. 09-61 28 51 50, www.sasso.fi, Mo–Fr 11–24, Sa, So 13–24 Uhr. Restaurant im Herzen der Stadt mit einer modernen Gaststättenkonzeption, in der Café, Weinbar, Bar und Speiserestaurant zusammenkommen. Es wird frische norditalienische Küche vom Feinsten geboten: Hauptgerichte 19–30 €, Vorspeisen 11–17 € und das Menü »Sasso« 59 €. Überschaubare, häufig wechselnde Speisekarte. Tipp: Mittagskarte mit Gerichten für 7–21 €. Kochstar Marko Koskinen, vorher u. a. Küchenchef der Finnischen Botschaft in London, leitet auch das darunter liegende Lokal **Fishmarket** (Tel. 09-13

Helsinki (Helsingfors)

45 62 20, Mo–Sa 17–24 Uhr), ein Treffpunkt von Fischliebhabern mit kleiner Speisekarte (Hauptgerichte 9–29 €), mit Sommerpatio und Seafood-Bar.

Künstlerlokal – **Elite** 8 : Etelä Hesperiankatu 22, Tel. 09-61 28 52 00, www.elite.fi, Mo–Fr 11–24, Sa 13–24, So 13–23 Uhr. Das funktionalistische Gebäude gilt seit Langem als Künstlerlokal und zieht hauptsächlich intellektuelles Publikum an. Solide Küche mit finnischen Klassikern wie Lachssuppe oder gebratenen Heringen (17–33 €), für den größeren Hunger das Künstlermenü (50 €). Im Sommer kann man sich im schönen Bier- und Weingarten unter Bäumen niederlassen.

Logenplatz zum ›Leutebeobachten‹ – **Café Strindberg** 9 : Pohjoisesplanadi 33, Tel. 09-61 28 69 00, www.strindberg.fi, Mo–Sa 9–22, So 10–22, im Sommer bis 24, Bar bis 1 Uhr. Traditionsreiches Café-Restaurant in der noblen Umgebung der Kämp Galleria. Das ›Café‹ im Namen hat seine Berechtigung wegen vieler süßer hausgemachter Delikatessen und der verschiedensten Kaffee- und Teegetränke. Ansonsten wird eine verfeinerte mediterran-finnische Küche gepflegt, in der Flusskrebse und Jakobsmuscheln, Mozzarella und Ziegenkäse, Fleisch und Fisch aus dem hohen Norden und dem Mittelmeerraum verarbeitet werden. Hohe Kochkunst auch bei Sandwiches, Salaten und Suppen und insgesamt gar nicht mal so hohe Preise. Hauptgerichte 15–32 €, Menü Strindberg 48 €.

Authentisch finnisch – **Kolme Kruunua** 10 : Liisankatu 5, Tel. 09-135 41 72, www.kolmekruunua.fi, Mo–Mi 16–1, Do–Sa 16–3, So 14–1 Uhr, warme Küche bis 23/24 Uhr. Die Gaststätte nördlich des Zentrums hat sich fast unverändert durch die Zeit gerettet, gegründet 1928 als Café, wurde sie 1952 zum Restaurant. Das Interieur wirkt sympathisch altmodisch. Hauptgerichte, solide finnische Speisen wie gebratener Hering oder fantastische Fleischbällchen, gibt es für 10–22 €. Wenn die Küche um Mitternacht schließt, geht der Kneipenbetrieb noch eine ganze Weile weiter. Vielleicht liest dann Küchenchef Heikki Niska aus seinen Gedichten vor, schließlich ist er der einzige Poetenkoch Finnlands.

Kaffeehaus mit Flair – **Café Fazer** 11 : Kluuvikatu 3, Tel. 09-876 21, www.fazer.fi, Mo–Fr 9–21, Sa 9–22 Uhr. 1891 eröffnete der gebürtige Schweizer Eduard Fazer ein Café, das mit seinen Rezepten für Kuchen, Pralinen und Schokolade bald als das beste der Hauptstadt galt. Das außergewöhnliche Kaffeehaus wurde 1930 errichtet: funktionalistisch, großzügig, elegant. Das Angebot umfasst u. a. Kaffee- und Teespezialitäten, Backwaren, von Hand hergestellte Delikatessen oder belegte Brote und Salate, alles übrigens nicht übermäßig teuer.

Am Meer mit Schärenblick – **Café Ursula** 12 : Ehrenströmintie 3, Tel. 09-65 28 17, www.ursula.fi, Mo, Di 9–21, Mi–Sa 9–22, So 9–18 Uhr. Café in günstiger Lage zwischen dem Park Kaivopuisto und dem Meer. An schönen Tagen sitzt man auf der großen Terrasse vor dem modernen Glaspavillon oder unter dem Sonnensegel. Von 11 bis 14 Uhr wird ein leichter Lunch serviert, am Abend steht Herzhafteres auf der Speisekarte.

Einkaufen

Helsinkis Zentrum bietet allerbeste Einkaufsmöglichkeiten, vor allem entlang der berühmten **Esplanade** (s. S. 103), insbesondere am nördlichen Teil (Pohjoisesplanadi). Das Viertel **zwischen Esplanade und Bahnhof** wird hauptsächlich geprägt von mehrgeschossigen Malls, die sich mittels Tunnel und Passagen unter Straßenniveau fortsetzen. Das dritte große Einkaufsquartier, der **Designdistrikt** (s. S. 112), befindet sich südwestlich der Esplanade: jede Menge kleine Läden, Galerien, Hinterhofshops, viele schräg und hipp. Junge Mode, Accessoires, Möbel, Hair-Stylistik, Clubs, Discos und Hybridrestaurants.

Lebensmittel und mehr – **Markt auf dem Kauppatori** 1 : s. S. 97; **Alte Markthalle** 2 : s. S. 97.

Überdachter Bazar – **Kiseleff-Haus** 3 : s. S. 101.

Bücher und Aalto-Architektur – **Akademische Buchhandlung** 4 : s. S. 103.

Inseln vor Helsinki

Bekanntestes Kaufhaus Finnlands – **Stockmann** 5 : Aleksanterinkatu 52, www.stockmann.fi, Mo–Fr 9–21, Sa 9–18, So 12–18 Uhr. Im etwas verwirrenden, mehrfach erweiterten Stammhaus zwischen Esplanade und Mannerheimintie breitet sich auf vielen Etagen ein üppiges Warenangebot aus, u. a. Parfum, Haushaltswaren, Souvenirs, Mode and Delikatessen; Cafeteria und gutes Restaurant im 6. Stock, s. auch S. 103.

Vielfalt im 30er-Jahre-Bau – **Glaspalast** 6 : s. S. 108 und s. S. 114.

Moderne Einkaufsgalerie – **Kamppi** 7 : s. S. 108 und S. 114.

Shoppingcenter – **Forum** 8 : Mannerheimintie 20, www.cityforum.fi, Mo–Fr 9–21, Sa 9–18, So 12–18 Uhr. Größtes Shoppingcenter der Innenstadt mit 120 Läden auf verschiedenen Ebenen; u. a. Elektroartikel, Feinkost, Mode, gute und preisgünstige Gastronomie.

Jugendstil – **Hietalahti-Markthalle** 9 : s. S. 115.

Größte Markthalle Finnlands – **Hakaniemi-Markthalle** 10 : s. S. 119.

Einkaufszentrum – **Citycenter** 11 : www.citycenter.fi. Großer Shopping-Komplex gegenüber dem Bahnhof mit 50 Geschäften und 20 Cafés, Restaurants und Fast-Food-Filialen.

Mode, Schmuck – **Kämp Galleria** 12 : Pohjoisesplanadi 29, www.kampgalleria.fi, Mo–Fr 10–20, Sa 10–18, im Sommer auch So 12–16/17/18 Uhr. Topadresse für Mode, Schmuck und Design auf hohem (Preis-)-Niveau, außerdem Cafés und Restaurants.

Kaufhaus – **Aleksi13** 13 : Aleksanterinkatu 13, www.aleksi13.fi, Mo–Fr 9–20, Sa 9–18 Uhr. Ein weiteres sehr bekanntes Kaufhaus; schicke Mode und Alltagskleidung aus finnischen und internationalen Häusern.

Finnisches Design – **Artek** 14 : Eteläesplanadi 18, www.artek.fi, Mo–Fr 10–18, Sa 10–16 Uhr. Möbel, Lampen, Textilien etc.; 1935 von Alvar Aalto u. a. gegründet. **Marimekko** 15 : Pohjoisesplanadi 33, www.marimekko.fi, Mo–Fr 11–20, Sa 10–17 Uhr. Mode und Accessoires. **Aarikka** 16 : Pohjoisesplanadi 27, www.aarikka.fi, Mo–Fr 9–18, Sa 10–17 Uhr. Geschenke, Souvenirs und Schmuck.

Kalevala Koru 17 : Pohjoisesplanadi 25–27, www.kalevala.fi, Mo–Fr 10–18, Sa 10–16 Uhr. Gold-, Silber-, Bronze- und Edelstahlschmuck. **Pentik:** im Forum 8 (s. links), www.pentik.fi, Mo–Fr 10–19, Sa 10–18 Uhr. Inneneinrichtung und Accessoires.

Shoppen auf 96 500 m^2 – **Itäkeskus** 18 : Itäkatu, am östlichen Stadtrand nahe der Kreuzung der Ringstraße Kehä I mit der Straße 170 (Itäväylä); am besten in 15 Min. mit der Metro über die gleichnamige Station zu erreichen, Tel. 09-343 10 05, www.itis.fi, Mo–Fr 8–22, Sa 8–20.30, So 9–20.30 Uhr. Das größte Einkaufszentrum von ganz Skandinavien mit über 240 Einzelgeschäften, darunter Kaufhäuser wie Stockmann, Factory-Outlets, Banken, Kinos, Apotheken, ein Info-Center sowie mehr als 30 Restaurants und Cafés.

Abends & Nachts

Zu den **Hotspots des Nachtlebens** gehört im eigentlichen Zentrum die Gegend um den Bahnhofsplatz, vor allem an der Mikonkatu und Yliopistonkatu. Auch dies- und jenseits der Mannerheimintie, unterhalb der Kamppi-Station, sind etliche Künstlerlokale, schräge Bars, Rockklubs und Irish Pubs auf engstem Raum versammelt. Als Ausgehadresse zählt die Esplanade zu den Evergreens. Die Etablissements am nördlichen Teil sind edel und hochpreisig, während man im Süden auf einen netten Mix von durchgestylten Chill-out-Oasen, rustikalen Pubs und Nachtklubs des gehobenen Geschmacks trifft. Südwestlich davon, entlang der Uudenmaankatu und Iso Roobertinkatu (›Isoroba‹), tobt zur Zeit das Leben der Zwanzig- bis Dreißigjährigen. Clubbing ist angesagt und dafür gibt es mehrere Dutzend Anlaufstellen: Läden mit Weltmusik, Hybridrestaurants, klassische Cafés, Diskos, Jazzschuppen und Rocklokale. Auch die schwule und lesbische Szene ist mit ihren Treffs vertreten.

Finnland ist ein theater- und musikbegeistertes Land. Allein Helsinki besitzt rund 50 **Theater;** Programminfos sind u. a. beim Touristenbüro erhältlich. Zum Musikleben tragen zwei **Sinfonieorchester,** eine **Oper,** mehrere **Kammermusikensembles** und

Helsinki (Helsingfors)

Chöre bei, dazu unzählige Gruppen, die Hip-Hop, Rock, Pop oder Weltmusik spielen.

Aufgeführt werden hochkarätige Musikstücke meist im neuen **Konzerthaus** – u. a. Sitz des Philharmonischen Orchesters und der Sibelius-Akademie –, in der **Finlandia-Halle**, im **Kulturhaus**, im **Ritterhaus** (Riddaregatan 1, www.riddarhuset.fi) und in verschiedenen Kirchen, insbesondere in der **Felsenkirche**.

Das weltweit anerkannte **Philharmonische Orchester** spielt Sept.–Mai wöchentlich in der Finlandia-Halle (Tel. 09-402 41, www.hel.fi/filharmonia). Auch das **Rundfunk-Sinfonieorchester** (Tel. 09-14 80 43 68, www.yle.fi/rso) ist weit über Finnlands Landesgrenzen hinaus bekannt.

Nur auf Schwedisch – **Schwedisches Theater (Svenska teatern)** 1 : Pohjoisesplanadi 2, Tel. 09-61 62 14 11, www.svenskateatern.fi. Herrlicher Bau mit eher traditionell-konservativem Repertoire.

Eine Institution – **Finnisches Nationaltheater (Suomen kansallisteatteri)** 2 : Läntinen Teatterikuja 1, Tel. 1733-13 31, www.kansallisteatteri.fi. Vor allem Klassiker, s. S. 104.

Klassische Konzerte – **Konzerthaus (Musiikkitalo)** 3 : Mannerheimintie 13 A, www.musiikkitalo.fi. Konzerte der Sibelius-Akademie (der größten europäischen Musikuniversität), des finnischen Rundfunkorchesters und des Philharmonischen Orchesters. Ticketverkauf Mo–Fr 9–18, Sa 9–17 Uhr, s. auch S. 108.

Alvar-Aalto-Bau – **Finlandia-Halle** 4 : s. S. 109.

Oper und Ballett – **Finnische Nationaloper (Suomen kansallisooppera)** 5 : Helsinginkatu 58, Tel. 09-40 30 21, www.opera.fi. Großartiger Bau mit 2 Bühnen, klassische und moderne Opern und Ballette. Rechtzeitig Karten besorgen (15–125 €)!

Ziegelsteinbau von Alvar Aalto – **Kultuuritalo** 6 : s. S. 118.

Ob eine Bar im 70er-Jahre-Retro-Look oder eine Location im unterkühlten Avantgarde-Stil – eine große Designvielfalt kennzeichnet Helsinkis Nightlife-Angebot

Inseln vor Helsinki

Drei Bühnen – **Stadttheater (Helsingin kaupunginteatteri) 7** : Eläintarhantie 5, Tel. 09-39 40 22, www.hkt.fi. Auf 3 Bühnen werden dramatische Werke und Musicals aufgeführt, s. auch s. S. 119.

Musiktheater – **Savoy-Theater 8** : Kasarmikatu 46–48, Tel. 09-169 37 03, www.savoy teatteri.fi. Sehr gutes Musiktheater, in dem permanent nationale und internationale Ensembles gastieren.

Spielcasino – **Grand Casino Helsinki 9** : Mikonkatu 19, Tel. 09-68 08 00, www.casino helsinki.fi, tgl. 12–4 Uhr. Das neben dem Bahnhof gelegene Casino lockt Spielfreudige mit Roulette, Black Jack, Poker, Red Dog, Sic Bo oder Pai Gow sowie dem Geklimpere von 300 Slot-Machines. Außerdem 3 Restaurants und 3 Bars, tgl. Shows um 23 Uhr, auch Dinnershows im Las-Vegas-Stil und Konzerte. Internationales Publikum mit vielen russischen und asiatischen Gästen. Das Tagesticket kostet 2 € und eine Casino-Card 10 €, es besteht Ausweispflicht.

Kult – **Zetor 10** : Kaivopiha, Mannerheimintie 3–5, Tel. 09-66 69 66, www.zetor.net, So–Mo 12–24, Di 12–3, Mi–Sa 12–4 Uhr. In einer Seitenstraße der Mannerheimintie gelegene Kneipe mit Restaurant und Nachtclub – für viele ein Muss in Helsinki. Benannt nach einer tschechischen Traktorenfirma, sieht man in der rustikal-kitschigen Einrichtung natürlich auch Traktoren. Ansonsten gibt es in einem Nebenraum finnische Hausmannskost (12–27 €), Rockmusik, Souvenirs u. a. von den Leningrad Cowboys, manchmal auch Tanz.

Jazz und Blues – **Storyville 11** : Museokatu 8, Tel. 09-40 80 07, www.storyville.fi, Di–Sa 18–4 Uhr. Bekannter und beliebter Livejazzclub, untergebracht in einem ehemaligen Kohlenkeller nahe dem Reichstag. Das Jazz- und Bluesprogramm reicht von traditionell bis cool und modern, die zahlreichen Fotos von Jazzgrößen zeigen, wer die Vorbilder sind. Außerdem gibt es gutes, nicht zu teures Essen (u. a. ambitionierte Cayun-Küche).

Unverwüstlich – **Kaarle XII 12** : Kasarmikatu 40, Tel. 020-77 01 40, www.kaarle.com, Do 20–3, Fr, Sa 20– 4 Uhr. Seit 1976 folgt man im »Kalle« der gleichen Idee. 6 Bars auf zwei Ebenen, wobei in einer Bar ausschließlich finnische Popmusik gespielt wird, Fr Live-Acts.

Erzähl's Mama nicht – **DTM 13** : Iso Roobertinkatu 28, Tel. 09-67 63 15, www.dtm.fi. Schön eingerichtete Café-Bar und Sommerterrasse, vorwiegend schwules Publikum, Mo–Sa 9–22, So 12–22 Uhr, Frühstück und Snacks, Internetzugang. Ab 22 Uhr wird das DTM (Don't tell mama) zum größten Gay-Nightclub in Skandinavien und zu einer der auch bei Heteros beliebtesten Tanzflächen, oft mit Liveauftritten. Freitags auch traditionelle finnische Tanzmusik.

Aktiv

Stadttouren – **Helsinki Expert 1** : Pohjoisesplanadi 19, im City Tourist Office, Tel. 09-22 88 15 00, www.stromma.fi; weitere Verkaufsstellen im Hauptbahnhof und während der Sommersaison im Info-Kiosk im Esplanadepark. Ganzjährig unterschiedliche Busrundfahrten, u. a. eine Audio City Sightseeing Tour (auch in deutscher Sprache, Dauer 1,5 Std., Erw. 31 €, Kinder 7–16 Jahre 15 €, 2–6 Jahre 11 €). Zum Angebot gehören weiterhin kombinierte Bus-/Bootsrundfahrten, thematische Führungen (z. B. Helsinki Design Walk) und geführte Stadtrundgänge (nur in Englisch und Schwedisch).

Bootsausflüge – Außer den städtischen Fähren nach Suomenlinna starten den ganzen Sommer über in kurzen Intervallen **Ausflugsboote** und **Wasserbusse** nach Suomenlinna, zum Zoo, nach Tapiola, in den Schärengarten, zu den vorgelagerten Inselchen und zu weiter entfernten Zielen wie Loviisa, Porvoo, Tammisaari und Hanko. **Abfahrt:** Die meisten Boote legen am Marktplatz ab. Es gibt weitere Verbindungen von den Anlegern in Ruoholahti (nahe der Kabelfabrik), Kaivopuisto und Eira (nahe dem Café Carusel und dem Café Ursula), am Olympiakai und am Hakaniemi-Platz. Lohnende **Ganztagesausflüge** finden von Mitte Mai bis Mitte Sept. mit dem Dampfer »J. L. Runeberg« (von 1912), statt: Lunch-Cruises z. B. zum Herrenhaus Haikko oder nach Porvoo (65 bzw. 45 € mit Essen), außerdem nach Loviisa; Juli/Aug.: Oldtimerzug-Damp-

Helsinki (Helsingfors)

SEAKAYAKING IN HELSINKIS SCHÄREN

Tour-Infos
Start: am Vuosaari Paddling Center, Ramsinniementie 14, bzw. in der Innenstadt (Transfer zum Paddling Center ab Kiasma-Museum 9.30 Uhr)
Dauer: 3 Std. (10–13 Uhr)
Saison: tgl. Juni–Aug.
Kosten: 65 €/Pers. inkl. Transfer, Bootsmiete, Guide, Equipment, Lunchpaket und Fotos auf USB-Stick

Gruppengröße: 1–8 Personen
Infos und Buchung: Natura Viva, Vuosaari Paddling Center (s. links), Tel. 010-292 40 30, www.seakayakfinland.com und www.naturaviva.fi. Buchung auch am Helsinki Expert-Stand im City Tourist Office (s. S. 124), jeweils bis spätestens 18 Uhr am Vortag.

Joggen entlang der Uferpromenaden oder durch die vielen Parks, Wandern und Klettern in nahe gelegenen Nationalparks, Eislaufen und Skilanglauf – Helsinki, eine der grünsten Hauptstädte der Welt, schreit geradezu nach sportlicher Betätigung. Angesichts der engen Verzahnung von Wasser und Land scheint eine Kajaktour aber besonders gut dazu geeignet, die Naturschönheiten der Region auf gleichermaßen aktive und entspannte Weise kennenzulernen. Das vom Unternehmen Natura Viva betriebene Vuosaari Paddling Center, nur etwa 20 Fahrminuten östlich der Helsinkier Innenstadt gelegen, antwortet mit einem breit gefächerten Programm auf die steigende Nachfrage nach Kajakexkursionen durch die Helsinki vorgelagerte Schärenwelt. Tourteilnehmer ohne eigenes Fahrzeug können sich ganz bequem im Stadtzentrum abholen lassen – Treffpunkt ist das Kiasma-Museum. Vor Ort gibt es dann eine kurze praktische Einführung (in finnischer und englischer Sprache), die auch absoluten Neulingen Basics wie Ein- und Ausstieg, richtige Sitzposition, richtige Handhabung der Paddel etc. sowie die notwendigen Sicherheitsvorkehrungen nahebringt. Anschließend startet man mit Paddellehrer Martti oder einem anderen erfahrenen Guide zu einer dreistündigen Tour kreuz und quer durch die inselreichen Gewässer vor Vuosaari, vorbei an Felsen und Sandstränden, roten Saunahäuschen und Freizeitbooten – komprimiertes Finnland-Feeling unmittelbar vor den Toren der Hauptstadt. Während des Ausflugs werden immer wieder Erläuterungen zu den Besonderheiten der einzelnen Inseln sowie zu Flora und Fauna der Region gegeben.
Welcher Wasser-Route die Tour folgt, hängt von den Wetter- und Strömungsverhältnissen sowie den Voraussetzungen und Wünschen der Gruppe ab. Immer jedoch wird etwa nach der Hälfte der Zeit an einer Schäre zu einem kleinen Picknick angelegt. Am Ende des Ausflugs erhält jeder Teilnehmer zur Erinnerung an das Erlebte eine Auswahl von Fotos auf USB-Stick. Wem ein dreistündiger Ausflug zu lang erscheint, der kann auch an einer zweistündigen geführten Tour teilnehmen (35 €/Pers.). Genauso gut ist die Buchung von längeren oder aben-

Inseln vor Helsinki

teuerlicheren Trips (Nachtpaddeln, Touren mit Übernachtungen im Zelt oder in Hütten etc.) möglich. Und wer den Sport von Grund auf lernen möchte, sollte vielleicht an einem Anfängerkurs teilnehmen, der an drei aufeinanderfolgenden Abenden stattfindet (max. 12 Pers., jeweils 18–21.30 Uhr, 130 €/Pers.). In einem solchen Kurs geht es neben Fragen der Sicherheit und der richtigen Ausrüstung natürlich auch um die wichtigsten Paddeltechniken, die intensiv eingeübt werden. Solcherart in den Kajaksport eingeführt, wäre das Seakayaking in Helsinkis Schären der ideale Auftakt für einen aktiven und erlebnisreichen Finnland-Urlaub.

fer-Kombinationen nach Porvoo oder Kombinationen mit Fahrrad oder Bus (Start am Marktplatz gegenüber dem Präsidentenpalais, Tel. 019-524 33 31, www.msjlruneberg.fi).

Angeln – Die Gewässer um Helsinki sind fischreich. Angeln mit Schwimmer ist genehmigungsfrei. Genehmigung für Schlepp- und Wurfangel u. a. bei **Stockmann** 5 : Aleksanterinkatu 52, oder **Schröder** 2 : Unioninkatu 23. Beim City Tourist Office auf der Esplanade gibt es eine kostenlose Fischgewässerkarte. **Angeltouren** auf dem Finnischen Meerbusen organsiert u. a. **Fishing Lords Oy** 3 : Lakkisepantie 20 b, www.fishinginhelsinki.com.

Baden – Baden ist in Helsinki zu jeder Jahreszeit möglich. Im Sommer locken Sandstrände und Badeklippen in der **Bucht von Hietaniemi** 4 , auf den Inseln und im Zentrum, außerdem das **Schwimmstadion** 5 (Uimastadion) nahe dem Olympiastadion. Im Winter stehen 13 Hallenbäder zur Verfügung, etwa das wunderschöne, im Jugendstil gestaltete **Yrjönkatu-Hallenbad** 6 (Uimahalli) auf der Yrjönkatu (s. S. 114).

Kanu-/Kajaktouren – **Vuosaari Paddling Center** 7 : Conference Hotel Rantapuisto, Ramsinniementie 14, Tel. 010-292 40 30, www.naturaviva.fi, Juni–Aug. Mo–Fr 10–22, Sa, So 9–22 Uhr. Bootsverleih und geführte Touren (s. Aktiv S. 132).

Sauna – An Saunas herrscht in Helsinki kein Mangel. Außerhalb von Hotels, Campingplätzen und Schwimmbädern kann man in mehreren öffentlichen Anlagen saunieren. Die Finnische Sauna-Gesellschaft unterhält für ihre Mitglieder und Helsinki-Card-Inhaber einen ganzen Komplex auf der Insel Lauttasaari, außerdem eine im Stadtteil Hermanni.

Näher zum Zentrum liegen zwei weitere traditionsreiche öffentliche Anlagen: Die **Kotiharju-Sauna** 8 im Arbeiterviertel Kallio ist die letzte öffentliche Sauna in Helsinki, die ausschließlich mit Holz beheizt wird (Harjutorinkatu 1, Tel. 09-753 15 35, www.kotiharjunsauna.fi, Di–Fr 14–20, Sa 13–19 Uhr, Erw. 12 €). Die **Arla-Sauna** 9 wurde bereits 1929 gegründet und wird mit Holz und Gas betrieben (Kaarlenkatu 15, Tel. 09-71 92 18 21, http://arlansauna.net, Mi–So 14–20 Uhr, Erw. 9 €).

Wandern – Mit der Karte »Walk the green Helsinki« (gratis erhältlich im City Tourist Office, Download: www.visithelsinki.fi > Broschüren) kann man auf 7 interessanten Routen die Hauptstadtregion erwandern – bestes Revier ist der riesige **Zentralpark** 10 (Helsingin keskuspuisto) ca. 10 km nördlich des Zentrums.

Wintersport – Schlittschuhlaufen kann man von November bis März auf verschiedenen Plätzen im Stadtgebiet, zentral auf dem **Brahen kenttä** 11 (Helsinginkatu 23, Erw. 4 €). Skienthusiasten finden schneesichere Verhältnisse von Januar bis März. Sehr beliebt ist der **Serena-Freizeitpark** 12 bei Lahnus in Espoo – im Sommer Spaßbad, im Winter ein Skizentrum, das über gespurte Loipen und Abfahrtspisten, fünf Lifte, eine Skischule, Geräteverleih etc. verfügt (www.serena.fi).

Termine
Feste & Veranstaltungen:
April Jazz: Erstes großes Jazzfestival des Landes mit nationalen und internationalen Künstlern, findet allerdings nicht im Zentrum, sondern in der Nachbargemeinde Espoo – vor allem in Tapiola – statt (www.apriljazz.fi).

Helsinki (Helsingfors)

TAGESAUSFLUG NACH TALLINN

Tallinn, das alte Reval, gilt zu Recht als eine der schönsten Städte des Baltikums. Und dass es ein lohnendes und oft frequentiertes Ausflugsziel ist, merkt man an den vielen Reiseangeboten, die einen in Helsinki an jeder Straßenecke anlachen. Schließlich liegt die estnische Hauptstadt direkt gegenüber an der Südküste des Finnischen Meerbusens. Der Abstecher ins EU-Land Estland ist heutzutage überhaupt kein organisatorischer Aufwand mehr – ein Personalausweis genügt – und mehrmals stündlich startet in Helsinki irgendeine Fähre nach Tallinn.
Vom Hafen gelangt man in wenigen Minuten in die mauerumgürtete **Unterstadt.** Ihr Zentrum ist der Rathausplatz, der von pittoresken Häusern aus verschiedenen Epochen flankiert und von vielen Cafés und Kneipen

Über den Dächern von Tallinn

Inseln vor Helsinki

belebt wird. Nur einen Steinwurf vom mittelalterlichen Rathaus entfernt liegen mehrere Kirchen und Gildehäuser, die von Macht und Reichtum der ehemaligen Hansestadt erzählen; die schönsten Exemplare befinden sich an der Straße Pikk, die direkt zum Hafen führt. Zur anderen Seite hin gelangt man vom Rathausplatz durch ein mächtiges Stadttor und eine schmale, steil ansteigende Gasse zum **Domberg**. Er wird von mehreren auffälligen Gebäuden bekrönt, u. a. der russisch-orthodoxen Kathedrale, dem Schloss, dem Rundturm Langer Hermann und der Domkirche. Von den Aussichtspunkten des Dombergs bietet sich schöne Blicke über die quirlige Unterstadt bis hin zur Tallinner Bucht.
Wer den Tallinn-Trip als Tagesausflug plant, muss bedenken, dass allein schon die Fährüberfahrt 2–2,5 Std. in Anspruch nimmt (Hin- und Rückfahrt ab 19 €). Die Route wird von Tallink Silja, Viking Line, Eckerö Line und Linda Line angeboten. Am schnellsten ist die Tour mit dem Helikopter (20 Min., ab 139 €/einfache Strecke).

Helsinki-Tag: Achttägiges, umfangreiches Festprogramm zu Helsinkis Geburtstag am 12. Juni, Höhepunkte bilden die abendlichen Konzerte im Kaivopuisto-Park (www.hel2.fi/helsinkipaiva).

Mittsommerfest: Ab Freitagnachmittag nach dem 21. Juni, Festveranstaltungen in vielen Stadtteilen und auf den Inseln, besonders großes Festprogramm auf Seurasaari.

Helsinki-Festwochen: Großes Fest Ende Aug.–Sept. Über 100 Veranstaltungen im Festivalzelt und auf Plätzen und Straßen der Stadt, Orchester- und Kammermusik, Oper, Tanz, Theater, Jazz, Rock, Filme, Nacht der Künste, Ausstellungen und Gastspiele aus aller Welt (www.helsinkifestival.fi).

Strömlingsmarkt (Heringsmarkt): Anfang Okt. findet der traditionelle Markt auf dem Kauppatori statt. In echter Marktatmosphäre wird dabei der Ostseehering in frischer, geräucherter oder anders konservierter Form verkauft, zusammen mit dunklem Schärenbrot und anderen Leckereien; Prämierung der besten Produkte durch eine Jury.

Thomas-Markt: Vorweihnachtlicher Markt in der 2. und 3. Dezemberwoche auf der Esplanade, über 120 Verkaufsstände mit Gebäck, Geschenken und Kunsthandwerk, zu bestimmten Terminen auch Demonstrationen traditioneller Handwerkstechniken.

Silvester: Großes Feuerwerk über der Stadt, um Mitternacht feierliche Begrüßung des Neuen Jahres am Senatsplatz mit Gottesdienst, Reden und Musik.

Verkehr

Flugzeug: Der Flughafen Helsinki-Vantaa, 20 km nördlich des Zentrums gelegen, ist seit Sommer 2015 per Zug zu erreichen (5 €). Die Buslinie 615 verkehrt nach wie vor zwischen Flughafen und Hauptbahnhof. Auf derselben Strecke mit Zwischenstopp am Scandic Continental ist von 5 bis 1 Uhr etwa alle 20 Min. ein Finnair-Bus unterwegs (6,20 €). Ein Taxi ins Stadtzentrum Helsinki kostet rund 35–40 €; Sammeltaxis fahren zu Festpreisen bestimmte Hotels an (ca. 24 €, www.airporttaxi.fi). Informationen zum Flugverkehr unter Tel. 09-96 00 81 00 und www.helsinki-vantaa.fi. Ein kostenloser Shuttlebus fährt im Ringverkehr zu den Flughafenhotels der Umgebung.

Mietwagen: Stationen der internationalen Autoverleiher am Flughafen, die Hauptfilialen in Helsinki oder in Espoo, z. B. Avis, Lautamiehentie 3, Espoo, Tel. 09-85 98 41; Budget, Malminkatu 24, Helsinki, Tel. 09-685 65 00; Europcar Interrent, Hitsaajankatu 7 C, Helsinki, Tel. 09-75 15 53 00; Hertz, Ilmalankuja 2 N, Helsinki, Tel. 09-166 71 21.

Fähren: Die Anlieger sind meist zentrumsnah: u. a. Tallink Silja (u. a. nach Tallinn, Mariehamn, Stockholm; www.tallinksilja.com), Viking Line (u. a. nach Mariehamn, Stockholm, Tallinn; www.vikingline.fi), Eckerö Line (u. a. nach Tallinn, www.eckeroline.fi), Finnlines (www.finnlines.de) nutzt für die Travemünde-Verbindung den Fähranleger von Vuosaari ca. 15 km östlich des Zentrums.

Helsinki (Helsingfors)

Öffentliche Verkehrsmittel: Helsinki besitzt ein gut ausgebautes und zuverlässiges Nahverkehrsnetz mit einem entfernungsabhängigen Tarif. Innerhalb der City fährt man mit Bus und Metro ab 2,40 € (SMS-Ticket), am Automaten 2,50 € und im Bus oder der Straßenbahn 3 €, Kinder halber Fahrpreis, nur Straßenbahn kostet 2,20 €. Der wichtigste Verkehrsknotenpunkt für den innerstädtischen Busverkehr ist der lebhafte **Busterminal Kamppi** wenige Schritte vom Hauptbahnhof entfernt jenseits der Mannerheimintie. Aktuelle Fahrpläne, Tarife und sonstige Informationen unter Tel. 09-47 66 40 00 oder www.hsl.fi bzw. www.hkl.fi. Einzeltickets erhält man in Bussen und Straßenbahnen beim Fahrer, ansonsten bei den Verkaufsstellen der Verkehrsbetriebe (u. a. Hauptbahnhof, Metrostationen, Busbahnhof) und in den R-Kiosks. Wer den öffentlichen Nahverkehr ausgiebig nutzen möchte, sollte sich 10er-Karten (vor Fahrtantritt im Fahrscheinentwerter abstempeln!) oder ein Tagesticket besorgen, das man für 1 Tag (8 €) bis hin zu 7 Tagen (32 €) bekommt. Tagestickets erhält man im City Tourist Office, am HKL Service Point im Hauptbahnhof und in der Metrostation Itäkeskus. Auch an Ticketautomaten kann man Touristenkarten ziehen. Touristenkarten gibt es in erweiterter Form auch für die Gemeinden Espoo, Vantaa und Kauniainen (regionale Touristenkarte, für 1 Tag 12 €, 3 Tage 24 €, 5 Tage 36 €).

Taxis sind in Helsinki ausreichend vorhanden und an neuralgischen Stellen an Taxiständen zu finden. Bestellung unter Tel. 0100-07 00.

Fahrrad: Helsinki kann man sehr gut mit dem Fahrrad erkunden. Im Sommer 2016 soll ein neues Verleihsystem eingeführt werden; insgesamt sollen bis zu 20 000 Fahrräder an rund 150 Stationen ausgeliehen werden können.

Wenn sich bei Dämmerung die Atmosphäre in der Stadt ändert, ist eine Sightseeing-Tour per Tram besonders interessant

Nachbargemeinden Espoo und Vantaa

Die Nachbargemeinden Espoo und Vantaa sind mit Helsinki so zusammengewachsen, dass sie zur unmittelbaren Hauptstadtregion zählen und von Ausländern nur noch selten als eigenständige Kommunen wahrgenommen werden. Dabei handelt es sich immerhin um die zweit- und die viertgrößte finnische Stadt und beide haben durchaus eine Menge an kulturellen und natürlichen Sehenswürdigkeiten zu bieten.

Espoo (Esbo)

Karte: S. 140

Das sich westlich an Helsinki anschließende Espoo ist mit ca. 270 000 Einwohnern die zweitgrößte finnische Stadt und spielt eine bedeutende Rolle als Kongress-, Wissenschafts- und Forschungszentrum. Wegen einiger hundert Firmen der EDV- und Telekommunikationsbranche nennt man die Gemeinde auch das ›finnische Silicon Valley‹. Sehenswürdigkeiten und Ausflugsziele sind gerecht auf alle fünf Stadtteile verteilt, liegen aber ziemlich weit auseinander. Außer den kulturellen Highlights macht die teils noch unberührte Natur Espoo zum beliebten Ausflugsziel. Immerhin liegen innerhalb der Gemeindegrenzen 165 Inseln, 95 Binnenseen, tiefe Wälder und eine Ostseeküste von 58 km Länge. Die schönste Möglichkeit, diese Gegend kennen zu lernen, bieten die regelmäßigen Bootsverbindungen von Tapiola nach Espoonlahti.

Tapiola (Hagalund) ▶ 3, B 3

Die Gartenstadt **Tapiola** 1, deren markantes Wahrzeichen das Hochhaus des finnischen Ölkonzerns Neste Oy ist, fand als bekanntester Satellitenort nahe der Hauptstadt weltweit großes Interesse. Ihre Ursprünge gehen auf die 1950er-Jahre zurück, als man einerseits den dringenden Bedarf an neuem Wohnraum befriedigen musste, andererseits in der Stadtplanung neue Akzente setzen wollte. Für das Gartenstadtprojekt konnten einige der namhaftesten finnischen Architekten der Zeit gewonnen werden. Das erklärte Ziel war, ein am Menschen orientiertes und funktionelles Gemeinwesen mit hohem Serviceniveau zu schaffen, dabei aber auch die Landschaft in die Bebauung einzubeziehen. Das Resultat entsprach weitgehend den hochgesteckten Zielen und stellt insgesamt eine harmonische Verbindung von Naturnähe und den Anforderungen modernen Wohnens dar. Das betont weiß gehaltene, großzügige Zentrum ist um einen künstlichen See angelegt; hier befinden sich die wichtigsten Verwaltungs- und Geschäftsbauten, der Markt und Hotels. Dahinter erstreckt sich das Wohnviertel, dessen Häuser zwischen Bäumen versteckt und von weitflächigen Rasenanlagen umgeben sind. Daneben gehören ein Jachthafen, die Uferpromenade, Sportplätze, viele Skulpturen und Springbrunnen zum Stadtbild.

Am besten erschließt sich Tapiola den Besuchern von der Terrasse des zentralen Turms aus, in dessen 10. Etage das Fremdenverkehrsbüro der Stadt untergebracht ist. Anschließend lohnt es sich, einmal rund

Nachbargemeinden Espoo und Vantaa

um das Wasserbassin zu spazieren, um das mehrere moderne Gebäude (Sokos Hotel, Tapiola-Kirche, Kulturzentrum, Schwimmhalle) und eine Freilichtbühne gruppiert sind. Der lebhafte Markt und verschiedene Einkaufszentren sind in wenigen Minuten zu Fuß zu erreichen.

WEEGEE

Ahertajantie 5, Tel. 09-81 63 18 18, www.weegee.fi, Di, Do, Fr 11–18, Mi 11–20, Sa, So 11–17 Uhr, Erw. 12 €, Mi 18–20 Uhr freier Eintritt

Das ambitionierteste Kulturprojekt von Tapiola ist WEEGEE, ein 2006 eingeweihter Komplex im Ortszentrum. Er beherbergt fünf unterschiedliche Museen, darunter **EMMA,** das größte finnische Museum für Moderne Kunst. Eine **Kunstgalerie** mit viel beachteten Wechselausstellungen, ein **Museum für außereuropäische Kulturen,** ein **Spielzeug-, Computer- und Uhrenmuseum** sowie eine Kunstschule. Ein Café und ein gut sortierter Museumsshop komplettieren das Angebot.

Otaniemi (Otnäs) ▶ 3, C 3

Knapp 1 km vom Zentrum Tapiolas entfernt schließt sich im Nordosten der Stadtteil **Otaniemi** 2 an, der im Ganzen spektakulärer ist als Tapiola. Diese landesweit bedeutendste Hochburg von Hightech, Lehre und Forschung ist für Besucher in erster Linie wegen ihrer Architektur interessant, deren vornehmste Bauten auf Alvar Aalto zurückgehen, den finnischen Pionier des Modernismus. Der **Campus** der TU mit

Das Futuro-Haus von Matti Suuronen im WEEGEE, Symbol der Zukunftsvisionen in den 1960ern

Espoo (Esbo)

Hörsaal und Bibliothek ist ein oft gerühmtes Meisterwerk. Das 1966 gebaute, auffällige Kongresszentrum **Dipoli,** nur wenige hundert Meter weiter östlich, geht jedoch nicht auf Aalto, sondern auf seine Kollegen Reima Pietilä und Raili Paatelainen zurück. Dieses ungewöhnliche Gebäude aus Natursteinblöcken, Holz und Beton war ursprünglich für die Studentenschaft der TU geplant, heute ist es die nach der Finlandia-Halle wohl bekannteste Tagungs- und Kongresseinrichtung.

Kapelle von Otaniemi

Jämeräntaival, Tel. 09-468 21 80, Juni–Aug. Mo–Fr 12–17, sonst Mo–Do 9–19, Fr 10–17, Sa 10–18, So 10–15 Uhr

Um das Architekturerlebnis komplett zu machen, sollte man auch die Kapelle von Otaniemi besuchen, die 1967 errichtet wurde und sich am Ende der Halbinsel in einem lichten Fichtenwald versteckt. Das herkömmliche Altarbild ersetzten die Architekten Kaija und Heikki Sirén durch ein wandfüllendes Fenster und bezogen damit die Natur in die Kapelle ein.

Villa Elfvik 3

Elfvikintie 4, Laajalahti, Tel. 09-81 65 44 00, Mo–Fr 9–15, So 10–16 Uhr

Etwa 2 km nördlich von Otaniemi, auf dem Weg nach Tarvaspää, passiert man den Abzweig zur Villa Elfvik. Das schön restaurierte Jugendstilgebäude von 1904 fungiert heute als **Naturhaus.** In der Villa selbst kann man sich Ausstellungen zur Flora und Fauna der Region anschauen und auf hübschen Wanderwegen entlang der Bucht Laajalahti bis zu einem **Beobachtungsturm** gehen. Ornithologisch Interessierte sollten sich diesen Platz zur Beobachtung von Wasser- und Zugvögeln nicht entgehen lassen – unter Kennern gilt er als einer der besten Südfinnlands.

Tarvaspää ▶ 3, C 3

Gallen-Kallela-Museum: Von Helsinki aus mit der S-Bahn-Linie 4 nach Munkkiniemi, ab dort 2 km Fußweg oder Buslinie 106, Gallen-Kallelantie 27, Tel. 09-849 23 40, www.gallen-kalle la.fi, im Sommer tgl. 11–18, im Winter Di–Sa 11–16, So 11–17 Uhr, Erw. 8 €

Das kleine **Tarvaspää** 4 liegt an einer Meeresbucht und ist wegen des **Gallen-Kallela-Museums** ein beliebtes Ausflugsziel. Der wohl berühmteste finnische Künstler und Interpret des Nationalepos »Kalevala« genoss schon zu Lebzeiten höchstes Ansehen und konnte es sich leisten, vor den Toren der Hauptstadt eine Art Künstlerburg nach eigenen Plänen errichten zu lassen. Die schlossartige Jugendstilvilla samt originaler Einrichtung ist dabei genauso sehenswert wie ihre naturschöne Lage oberhalb der Meeresbucht und die Sammlungen des Museums. Obwohl Gallen-Kallela sich mit diesem Atelierhaus einen Traum erfüllt hatte, verbrach-

Nachbargemeinden Espoo und Vantaa

te er anfangs nicht viel Zeit in Tarvaspää: Der passionierte Weltenbummler war oft auf Reisen, außerdem ließen der Erste Weltkrieg sowie der Bürgerkrieg ein ruhiges Arbeiten nicht immer zu. Später kehrte der Künstler jedoch zurück und lebte hier bis zu seinem Tod. Neben seinen eigenen Werken zeigt das Museum auch Erinnerungsstücke an seinen Freundeskreis, zu dem führende Persönlichkeiten des europäischen Kulturlebens gehörten (u. a. Maxim Gorki, Gustav Mahler, Edvard Munch, Jean Sibelius und August Strindberg). Das Atelierhaus liegt im Garten eines Hofs von 1860.

Espoon Keskus (Zentrum)
▶ 3, A 3

Etwa 15 km westlich von Helsinki liegt das Zentrum von Espoo (Espoon Keskus), einer von fünf Stadtteilen der gleichnamigen Gemeinde. Der Namenszusatz bezieht sich nicht nur auf die Lage dieses Viertels, sondern auch auf die Tatsache, dass es den historisch ältesten Teil der Gemeinde darstellt.

Espoo-Kirche 5
Kirkkopuisto 5, Tel. 09-86 25 03 70, tgl. 10–18 Uhr, Nachtkonzerte Juni–Aug. Do 22 Uhr

Espoo (Esbo)

Deutlich wird die lange Geschichte des Ortes an der aus Naturstein errichteten Espoo-Kirche (Espoon kirkko; 15. Jh.), der Hauptkirche der finnischen und der schwedischsprachigen Gemeinde von Espoo. Aus dem Mittelalter stammen noch das für die finnische Kirchenbaukunst typische Giebeldreieck aus Backstein und die Kalkmalereien. Stimmungsvoll sind im Sommer die Nachtkonzerte.

Bodominjärvi ▶ 3, A/B 2

Der Norden von Espoo ist mit seinen Wäldern, Hügeln und Seen – der größte ist der **Bodominjärvi 6** – vor allem für Naturliebhaber interessant, die dort wandern, Rad fahren, an Kanuexkursionen teilnehmen und in der kalten Jahreszeit alle Arten von Wintersport betreiben können. In der Siedlung **Oittaa** am Südufer des Sees gibt es eine bescheidene touristische Infrastruktur (Campingplatz, Badestrand). Empfehlenswert ist eine aussichtsreiche Fahrt entlang dem Westufer des Sees. In der Ortschaft **Myllyjärvi** befindet sich das Ökumenische Zentrum, dessen Kirche im byzantinischen Stil dekoriert ist. Interessant ist auch die angeschlossene Ikonenschule, deren Produkte an Ort und Stelle verkauft werden (Ekumeeninen keskus, Myllyjärventie 9, Tel. 09-855 71 48, geöffnet auf Anfrage).

Automuseum

Bodomintie 35, Tel. 09-855 71 78, www.espoon automuseo.com, Frühjahr und Herbst Sa, So 11–17, Sommer Mo–So 11–17 Uhr, Erw. 6 €
Am Nordende des Sees, nur wenige hundert Meter vom Ökumenischen Zentrum entfernt, stößt man in der Siedlung Pakankylä auf ein weit über Espoo hinaus bekanntes Automuseum. Mit rund 130 ausgestellten Oldtimern, Motorrädern und Mopeds gilt es als viertgrößtes seiner Art in Europa.

Nuuksio-Nationalpark
▶ 3, A 1

www.nationalparks.fi/nuuksionp
Nuuksio 7, das schönste Stück Natur, wurde im jüngsten Nationalpark des Landes unter Schutz gestellt. Von Glims oder Espoo Zentrum aus erreicht man das Wildmarkgelände auf einer landschaftlich sehr reizvollen Strecke durch die Ortschaft Nuuksio (Noux) und entlang dem gleichnamigen, lang gestreckten See. Die Straße endet am Parkplatz des 28 km² großen Nationalparks, in dem sich viele markierte Wanderwege finden (s. Aktiv S. 142). Daneben sind auch Exkursionen per Mountainbike, Kanu oder Pferd möglich, die von mehreren Veranstaltern in Helsinki einschließlich Führung angeboten werden. Nur einen Katzensprung von der Hauptstadt entfernt kann man hier eine unberührte Seen- und Hügellandschaft erleben, die Heimat einer artenreichen Tierwelt ist. Je nach Jahreszeit kann man Beeren und Pilze sammeln oder Forellen, Hechte und Barsche angeln.

Weiter im Norden erstreckt sich das herrliche Waldgebiet von **Velskola** mit vielen Seen, Wanderwegen und Badeplätzen.

Infos
Naturzentrum Haltia: Nuuksiontie 84, 02820 Espoo, Tel. 04 01 63 62 00, www.hal tia.com, April–Sept. tgl. 9.30–19 Uhr, sonst Di–Fr 9.30–17 Uhr. In dem schmucken neuen Besucherzentrum in der Nähe des Nationalparks kann man sich über die gesamte finnische Natur informieren (mit Restaurant; viele Wandermöglichkeiten).

Bei Lahnus ▶ 3, B 1

Serena-Freizeitpark
Tornimäentie 10, Tel. 09-887 05 50, www.sere na.fi, tgl. 11–20 Uhr, Tagesticket Erw. ab 24,50 €
Der Serena-Freizeitpark bei **Lahnus 8** ist weithin bekannt für sein **Skizentrum,** das über gespurte Loipen und Abfahrtspisten, fünf Lifte, Skischule, Geräteverleih etc. verfügt. Ganzjährig nutzbar ist der **Wasserpark** mit einer Vielzahl von Innen- und Außenpools und einem **Wellenbad,** daneben kann eine Höhle mit der Werkstatt des Weihnachtsmanns besichtigt werden. Komplettiert wird das breit gefächerte touristische Angebot durch Reit- und Wanderwege, Felsklettern, Tennisplät-

Nachbargemeinden Espoo und Vantaa

WANDERN IM NUUKSIO-NATIONALPARK

Tour-Infos

Start: Haukkalampi Nature Information Hut, Haukkalammentie 32, Espoo
Anfahrt: s. u.
Länge/Dauer: 8 km; 2–3 Std.
Schwierigkeitsgrad: leicht, allerdings langer Anstieg über gewachsenen Fels
Infos: Metsähallitus, Nuuksio Customer Service, Tel. 020-564 47 90, www.outdoors.fi/nuuksio; Hütten- und Zeltplatzreservierung über Villi Pohjola – The Wild North, Tel. 020-34 41 22. Im Jahr 2013 wurde am Ostufer des Pitkäjärvi das finnische Naturzentrum Haltia eröffnet, das die Natur des gesamten Landes unter einem Dach präsentiert (Nuuksiontie 84, Tel. 040-163 62 00, April–Sept. 9.30–19, Okt.–März 9.30–17 Uhr, Erw. 7 €).

Der Nuuksio-Nationalpark (s. auch S. 141) liegt unmittelbar vor den Toren der Hauptstadt und ist dementsprechend leicht erreichbar. Trotzdem birgt er eine breite Palette landschaftlicher Schönheiten, geprägt von Wäldern, felsigen Schluchten, Mooren und Seen, die einen spannenden Kontrapunkt zur Urbanität der nahen Metropole setzen.

Von Helsinki und Espoo aus kann man gut mit öffentlichen Verkehrsmitteln zum Park gelangen (Buslinien 85 und 85A ab Zentrum Espoo). Selbstfahrer nehmen den Ring III (Kehä III), dann die Straßen Brobackantie und Nuuksiontie, bis sie vom Nationalparkzeichen nach Haukkalampi, dem östlichen Parkeingang, geleitet werden. Am dortigen Parkplatz findet man eine kleine Info-Stelle, die u. a. Kartenmaterial bereithält.

Das an einer Engstelle zwischen dem gleichnamigen See und dem benachbarten Mustalampi gelegene **Haukkalampi** ist auch Start- und Zielpunkt einiger Wanderrouten, von denen der gelb markierte **Korpinkierros Trail** der interessanteste und mit 8 km auch der ausgedehnteste ist. Nachdem man einen langen, aber nicht zu steilen Aufstieg hinter sich gebracht hat, erlebt man eine Wunderwelt aus Granitfelsen und von Seerosen überwucherten Teichen, sozusagen die Quintessenz des Nuuksio-Nationalparks. Neben diesem Trail gibt es drei weitere Rundwege, den rot markierten **Punarinnankierros Trail** und den grün markierten **Nahkiaispolku Trail**, jeweils 2 km lang, sowie den doppelt so langen, blau markierten **Haukankierros Trail**.

Wandern ist aber nicht die einzige Aktivität, für die sich der Nuuksio-Nationalpark eignet. Radler profitieren von der Tatsache, dass der Nationale Fahrradwanderweg Nr. 2 auf einer Länge von 14 km durch den Park führt; insgesamt sind rund 30 km an Radwegen gekennzeichnet. Des Weiteren stehen 22 km an Reitpfaden zur Verfügung. Angeln ist in jedem der zahlreichen Seen erlaubt. Auch Baden ist möglich – die besten Bedingungen bietet der See Holma-Saarijärvi. Ist ein längerer Aufenthalt geplant, kann man auf Zeltplätzen oder in Hütten übernachten.

ze, das großzügige Hotel Korpilampi und das Höhlenrestaurant Granina.

Haukilahti ▶ 3, B 4

Den Wäldern, Seen und Hügeln im Norden hat Espoos Süden eine reich gegliederte Küste mit vielen Schären und attraktiven Ausflugsinseln entgegenzusetzen. Die schönste Möglichkeit, die Gegend kennenzulernen, bieten die regelmäßigen Bootsverbindungen von Tapiola nach Espoonlahti. Wer jedoch mit dem Wagen von Espoo Zentrum in den Süden aufbricht, nimmt am besten die Straße Finnontie, die auf aussichtsreicher Route mitten durch den Zentralpark führt und auf die autobahnähnliche Straße 51 (Länsiväylä/Västerleden) stößt. Empfehlenswert ist ein Abstecher in den Stadtteil **Haukilahti** 9, der durch seinen markanten **Wasserturm** (Haukilahden vesitorni) leicht zu finden ist. Das wie ein Ufo anmutende Bauwerk beherbergt das empfehlenswerte Restaurant Haikaranpesä (Storchennest), das eine fantastische Aussicht und täglich ein abwechslungsreiches Lunchbuffet bietet (www.ravintolahaikaranpesa.fi, Mo–Fr 11–16, Sa, So 12–18 Uhr).

Von hier aus sollte man sich bei der Weiterfahrt immer am Küstenverlauf orientieren (Touretappen: Haukilahdenranta, Mellstenintie, Westendintie), eine hübsche Route, die einen am Jachthafen, an Aussichtspunkten über die Schärenwelt vorbei, durch das Stadtviertel Westend und schließlich zurück nach Helsinki bringt.

Infos

Visit Espoo: Innopoli 2, Tekniikantie 14, 02150 Espoo, Tel. 09-81 64 72 30.

Tourist Information: Espoo Centre Citizen Services, Shopping Centre Espoontori, Kamreerintie 3 C, 02770 Espoo.

Übernachten

Bei Businesskunden beliebt – **Sokos Hotel Tapiola Garden:** Tapionaukio 3, Tel. 020-123 46 16, www.sokoshotels.fi. Modernes Haus mit 82 Zimmern im Geschäftszentrum von Tapiola; Indoorpool, Restaurants. DZ ab 100 €.
Naturnah – **Hotel Korpilampi:** Lahnus, Tel. 09-613 84 11, www.korpilampi.fi. Großzügiger Hotel- und Kongresskomplex mit 151 Zimmern, im Norden der Stadt direkt am See gelegen, umgeben von Wald, ganzjährig viele Sportmöglichkeiten, kostenloser Verleih von Wanderstöcken. DZ ab 100 €.

Verkehr

Busse und Vorortzüge: Espoo gehört zum Großraum Helsinki und ist durch zahlreiche Bus- und Vorortzuglinien mit dem Zentrum verbunden. Züge der Überlandlinien Helsinki–Turku und Helsinki–Hanko halten ebenfalls in Espoo. Preiswertes Reisen im Großraum ermöglicht die Helsinki Region Travel Card (1, 3 oder 5 Tage, gültig für Busse, Straßenbahnen, Vorortzüge und Metro), die Helsinki Card allerdings gilt in Espoo nicht, dafür muss man die **Helsinki Card Region** kaufen (1 Tag 44 €, 2 Tage 54 €, 3 Tage 64 €, bei Online-Kauf unter www.helsinkicard.com 5 € Rabatt)!

Vantaa (Vanda)

Karte: S. 140
Die nördlich von Helsinki gelegene Gemeinde erlebte eine ähnliche Karriere wie Espoo: Lange Zeit spielte sie allenfalls eine

Nachbargemeinden Espoo und Vantaa

Nebenrolle, bis sie nach dem Krieg ebenfalls vom Aufschwung und Bevölkerungszuwachs der Hauptstadtregion profitierte. Heute stellt sie mit 205 000 Einwohnern das viertgrößte urbane Ballungszentrum des Landes dar. Wie in Espoo gibt es auch hier mehrere lokale Zentren, zwischen denen sich Industrieanlagen, landwirtschaftliche Betriebe, das große Flughafengelände und naturbelassene Gebiete ausdehnen. Die wichtigsten Sehenswürdigkeiten liegen nahe der Autobahn 137 und können deshalb auch bequem auf dem Weg von oder nach Lahti in das Besichtigungsprogramm einbezogen werden.

Kirche von Helsinge
▶ 3, D 2

Helsingin pit. kirkkonkylä, Kirkkotie, Vantaa, Tel. 09-839 31 34, Mo–Fr 9–12, 13–15 Uhr, außerdem So während der Gottesdienste; benachbartes Gemeindemuseum Mi 17–20, So 11–15 Uhr

Folgt man von Helsinki aus den Flughafenschildern könnte man eine Zeitreise in die Vergangenheit unternehmen. Vor allem die **Helsinge-Kirche** 10 im gleichnamigen Kirchdorf ist ein Relikt aus jener Zeit, als sich hier das ehemalige Dorfzentrum von Helsinki befand, bevor es 1640 an seinen jetzigen Standort verlegt wurde. Die dem hl. Laurentius (St. Lars) geweihte Kirche wurde kurz vor der Reformation, im späten 15. Jh., aus Feldsteinen errichtet, allerdings Ende des 19. Jh. durch ein Feuer zerstört. Bei der Restaurierung hat man deutliche Zugaben des 19. Jh. nicht gescheut, sodass das Gotteshaus heute eine merkwürdige Kombination mittelalterlicher und neuzeitlicher Elemente aufweist. Der schöne Feldsteingiebel mit Backsteineinfassung und der allein stehende Glockenturm erinnern an die alte Espoo-Kirche.

Am Parkplatz vor der Kirche stößt man auf ein hölzernes **Gemeindemuseum** samt Mühle und in der Nachbarschaft des Dorfes ist manch gut erhaltenes Beispiel eines Dorfmilieus aus dem 18. und 19. Jh. zu bewundern.

Tikkurila ▶ 3, D/E 2

Weiter im Osten liegt der Stadtteil Tikkurila, das eigentliche Zentrum von Vantaa. Hier kann man ein Ensemble modernerer Bauten, u. a. große Hotels, Verwaltungs-

Vantaa (Vanda)

Südlich von Helsinki finden sich unzählige Ufer mit schönen Aussichten

gebäude, Einkaufszentren und eine Fußgängerzone finden. Lohnend ist der Besuch vor allem wegen des Wissenschaftszentrums Heureka. Es kann von Helsinkis Zentrum mit der S-Bahn in 15 Minuten erreicht werden.

Heureka 11
Kuninkaalantie 7, 01300 Vantaa, alle 20 Min. Nahverkehrszüge K, H, R und I ab Hauptbahnhof Helsinki, Buslinie 611 ab Helsinki-Zentrum, Haltestelle Tikkurila/Dickursby, Tel. 09-857 92 88, www.heureka.fi, Mo–Mi, Fr

Nachbargemeinden Espoo und Vantaa

10–17, Do 10–20, Sa, So 10–18 Uhr, Erw. 22 €, Kinder 15 €

Schon allein mit seiner futuristischen Architektur (von Mikko Heikkinen und Markku Komonen) stellt sich Heureka als etwas Außergewöhnliches dar. Nach Archimedes' Satz »Ich hab's gefunden« benannt, will Heureka nicht trockene Wissenschaft vermitteln, sondern zur Eigenaktivität auffordern – ein Konzept, dem inzwischen gleich mehrere Museen in Finnland nacheifern. Das 1989 eingeweihte Heureka aber war das erste dieser Art in Skandinavien und ist bis heute das wichtigste geblieben. Bei über 100 technischen Experimenten aller Art sollen die Besucher nicht nur staunen, sondern auch selbst anfassen, probieren, experimentieren, entdecken, erkennen und erfinden: ein herrlicher Irrgarten für Kinder jeden Alters! Die interaktiven Exponate der Dauerausstellung befassen sich mit dem menschlichen Körper, den Gesetzen der Physik oder meteorologischen Phänomenen. Daneben gibt es im jährlichen Wechsel themenorientierte Ausstellungen. Kino und Planetarium verschaffen mit modernster visueller Technik das Gefühl, mitten im Geschehen zu sitzen. Spannende Hightechspiele oder andere seltene Souvenirs bekommt man im Wissenschaftsshop Magneetti und das Restaurant Arkhimedes hält eine breite Palette an Erfrischungen bereit. Die Außenanlagen von Heureka sind ebenfalls interessant gestaltet: Anhand Hunderter von Gesteinsbrocken kann man den geologischen Aufbau Finnlands und anhand von beschilderten Blumenbeeten Carl von Linnés klassisches Pflanzensystem kennenlernen.

Airport Vantaa ▶ 3, D 1

Das Gebiet nördlich der Europastraße dominiert der **Internationale Flughafen Helsinki-Vantaa** 12, der größte des Landes. Er wird von insgesamt 30 Airlines angeflogen und bewältigt täglich etwa 350 Starts und Landungen. Für Vantaa ist der 1500 ha große Flughafen natürlich ein bedeutender Wirtschaftsfaktor. Gleichzeitig versteht er sich, und das macht die Sache auch für Nichtflugreisende interessant, als Schaufenster der finnischen Architektur und Innenarchitektur zur Welt.

Finnisches Luftfahrtmuseum

Tietotie 3, Airport, Tel. 09-870 08 70, http://ilmailumuseo.fi, tgl. 10–17, Mi 10–20 Uhr, Erw. 10 €

Besucher, die sich den vielleicht besten Airport Europas anschauen möchten, finden am Flughafen auch das Finnische Luftfahrtmuseum (Suomen ilmailumuseo) mit einer beachtlichen Sammlung von rund 50 älteren und neueren Flugzeugen, die die Geschichte der finnischen Aeronautik dokumentieren.

Infos

Vantaa Info: Korso LUMO, Urpiaisentie 14, 01450 Vantaa, Tel. 09-83 92 21 33, www.vantaa.fi, Mo–Do 9–17, Fr 8–13 Uhr.

Übernachten

In Flughafennähe – **Sokos Hotel Vantaa:** Hertaksentie 2, Tel. 020-123 46 18, www.sokoshotels.fi. Großes, modernes Stadthotel in Bahnhofsnähe, 265 Zimmer, Restaurants, Saunas, Bars. DZ ab 120 €.

Auf dem Airport-Gelände – **GLO Helsinki Airport Hotel:** Terminal 2, Airport, Tel. 010-344 46 00, www.hotelglo.fi. Die einzige, direkt im Flughafen gelegene Unterkunft, relativ kleine, komfortable Zimmer, die auch als Tageszimmer verfügbar sind, Lobby-Bar, Restaurants und Läden im Flughafen. DZ ab 120 €.

Funktional – **Hotel Tikkurila:** Valkoisenlähteentie 52, Vantaa, Tel. 09-83 84 00, www.urheilupuisto.com. Ehemalige Jugendherberge in einem modernen Sportpark nahe Bahnhof und Heureka, 1- bis 7-Bett-Zimmer, reichhaltiges Frühstücksbuffet, Sauna, Konferenzräume. DZ 78 €.

Verkehr

Bahn: nach Tampere und Helsinki.
S-Bahn: (Linien H, K, P und R) zum Hauptbahnhof Helsinki alle 20 Min.
Bus: Linie 611 nach Helsinki-Zentrum.

Am finnischen Meerbusen

Wer entlang der Südküste des Landes reist, erlebt eine wunderschöne Landschaft, die ihren Höhepunkt in der einzigartigen Schärenwelt hat. Und, aus historischer Perspektive betrachtet, ist hier im Süden sogar das eigentliche Finnland anzusiedeln. Immerhin finden sich in dieser Region Zeugnisse menschlicher Besiedlungen von vor mehr als 8000 Jahren, früher als in jedem anderen Teil des Landes.

Schärengarten-Nationalpark ▶ 1, C/D 8

Karte: S. 151
Entlang der gesamten finnischen Südküste, aber auch im Bottnischen Meerbusen und rund um den Åland-Archipel gibt es unzählige Inseln und Schären. Aber nur im Südwesten zwischen Turku und Hanko sowie vor Tammisaari ist diese grandiose Natur in jeweils einem Nationalpark geschützt. Der westliche Schärengarten-Nationalpark (Saaristomeren kansallispuisto/Skärgårdshavets NP) ist mit einer Fläche von 220 km² der größere.

Kimito 1
Erleben kann man den Nationalpark, wenn man von der E 18 z. B. bei Salo nach Süden abzweigt und sich zunächst zum Zentralort Kimito (Kemiö) aufmacht. Im dortigen Heimatmuseum **Sagalund** sind lokale Segelschiffe zu bewundern, die die lange Reise bis nach Australien unbeschadet überstanden haben (Museotie 7, Tel. 02-42 17 38, www.sagalund.fi, Mo–Fr 9–16, Sa 10–13 Uhr, Erw. 7 €).

Dragsfjärd 2
Von Kimito geht es auf der Straße 183 weiter nach Dragsfjärd, einer zweisprachigen Gemeinde, von der aus Boots- und Angeltouren in das Labyrinth aus Inseln und Meer organisiert werden. Und wer Anfang Juli in Dragsfjärd ist, bekommt das renommierte Baltic Jazz Festival quasi als Zugabe.

Kasnäs 3
Wenn man schon einmal in dieser Gegend ist, sollte man auf alle Fälle auch der Straße 183 über Brücken und eine kurze Fährstrecke bis zu ihrem Ende bei Kasnäs folgen. Hier erstreckt sich, etwa 100 km von Turku entfernt, eine einzigartige Inselwelt, die aus insgesamt 4000 kargen Inselchen und Schären besteht – letztendlich aber nur einen Teil des Schärengarten-Nationalparks ausmacht. Im ganzjährig geöffneten **Besucherzentrum Blaue Muschel** (Sinisimpukka/Blåmusslan, Meripuistontie, Tel. 02-06 39 46 20, www.nationalparks.fi/archipelagonaturecentre) kann man sich einen Überblick über die Wunderwelt der Schären im und über Wasser verschaffen. Das moderne, rot-graue Ausstellungsgebäude ist mit informativen audiovisuellen Programmen ausgestattet und verfügt u. a. auch über ein Aquarium und einen Naturpfad.

Teijo 4
Wer diese ohnehin schon angenehme Tour noch um weitere fantastische Natureindrücke bereichern will, macht, von Kimito (Kemiö) kommend, hinter der Brücke bei Strömma einen kleinen Bogen nach Norden und gelangt über Matilda (Mathildedal) nach Teijo. Angesichts der Sunde und Meeresküsten, der Vielzahl von Binnenseen und einer moderaten Hügellandschaft ist leicht verständlich, wieso hier eines der beliebtesten Freizeitzentren im weiten Umkreis entstehen

Am finnischen Meerbusen

konnte. Das Angebot ist nicht auf die warme Jahreszeit beschränkt: Immerhin verfügt die Region von Teijo über das größte Slalomabfahrtszentrum im südwestlichen Finnland.

Info
Kimito Tourist Information: Engelsbyntie 8, Tel. 02-426 01 70, Mo–Fr 12–17 Uhr, www.visitkimitoon.fi.

Termin
Baltic Jazz Festival: Anf. Juli in Dragsfjärd, www.balticjazz.com.

Südküste zwischen Hanko und Helsinki

Karte: S. 151

Hanko (Hangö) ▶ 1, E 9

Hanko (9000 Einw.), 127 km von Helsinki und 141 km von Turku entfernt, ist in historischer, landschaftlicher und touristischer Hinsicht ein äußerst interessantes Reiseziel. Der mehrheitlich schwedischsprachige Ort ist mit einem überdurchschnittlich guten Klima gesegnet, hat ein breit gefächertes Sportangebot und stellt fast 400 Veranstaltungen pro Saison auf die Beine. Höhepunkt ist die international besetzte und weithin bekannte Segelregatta Anfang Juli.

Von den 130 km Küstenlinie bestehen immerhin 30 aus feinsandigen Stränden – beste Bedingungen also auch für Wasserratten. Solchermaßen bevorzugt, gilt Hanko als die finnische Sommerstadt schlechthin, und das schon seit Langem. Denn bereits zur Zarenzeit hatte sich die kleine Gemeinde zu einem beim russischen Adel beliebten Seebad gemausert.

Geschichte
Die strategisch günstige Lage in Verbindung mit dem geschützten Naturhafen war allerdings schon 1270 erwähnt worden. Sie hatte den Ort seit jeher zu einem Anlaufpunkt der Seeleute gemacht, schließlich führte die traditionelle Segelroute vom schwedischen Roslagen nach Russland, sozusagen der Königsweg auf dem Wasser, zwangsläufig an dieser exponierten Stelle vorbei. Das eindrucksvollste Dokument aus jener Zeit ist der Steilfelsen der Insel **Hauensuoli** (Gäddtarmen/Hechtdarm) südlich des Zentrums: Hier malten seit jeher Seeleute, Beamte und Soldaten ihre Namen auf den Granit oder meißelten ihre Wappen ein; noch heute sind knapp 600 Zeichnungen und Felsbilder zu sehen, die ältesten aus dem 15. Jh. In der russischen Zeit wurden Hanko die Stadtrechte

Südküste zwischen Hanko und Helsinki

verliehen (1874) und die Gemeinde mauserte sich zu einem vor allem bei russischen und finnischen Gästen beliebten Seebad. Ein weiterer Meilenstein der Stadtentwicklung war der Anschluss an das Eisenbahnnetz, von dem sowohl Hafen als auch Fremdenverkehr enorm profitierten.

Nach dem Winterkrieg mussten die Finnen Hanko an die Sowjetunion zwangsverpachten, die den Hafen ab 1940 als Marinestützpunkt nutzte und erst nach einer Belagerung durch finnische Soldaten zur Rückgabe der Stadt gezwungen wurde. All das ist heute längst Geschichte, die in mehreren sehenswerten Museen aufbereitet wird. Sommerliche Aktivitäten konzentrieren sich in Hankos Osthafen, der mit seinen beiden Marinas, modernsten Serviceeinrichtungen und abendlichem Entertainment der größte und bestausgerüstete des Landes ist.

Stadterkundung

Das eigentliche Ortszentrum erstreckt sich zwischen Bahnhof, Osthafen und der bewaldeten Halbinsel Puistovuoret (Parkberg). Will man sich zunächst einen Überblick verschaffen, empfiehlt sich die Auffahrt auf

Hanko war schon in der Zarenzeit ein vom russischen Adel bevorzugtes Reiseziel

Am finnischen Meerbusen

den **Wasserturm**, wo man 50 m über N. N. eine weite Sicht nach allen Seiten hat (Vesitornio, Vartiovuori, Mai, Aug. tgl. 13–16, Juli 13–18 Uhr, Erw. 2 €).

Ebenfalls auf dem Vartiovuori (Wachtberg) erhebt sich die neogotische, 1892 vollendete **Hanko-Kirche** (Tel. 019-263 06 20, Juni–Mitte Aug. tgl. 12–18 Uhr). Auf dem Spaziergang hinunter zum Osthafen lohnt ein Besuch im **Festungsmuseum** (Nycanderinkatu 4, Tel. 02-20 32 23), das man nahe dem Wasser im Granstedt-Park findet.

In den bequem zu Fuß zu erreichenden Buchten weiter östlich gelangt man zu schönen Sandstränden und gepflegten, mit Statuen und Denkmälern geschmückten Parks. Das **Emigrantendenkmal** erinnert an die Auswanderung von einer halben Million Finnen, die zwischen 1880 und 1930 ihre Heimat in Hanko verließen, um in Australien, Kanada oder den Vereinigten Staaten ein neues Leben zu beginnen. Hinter der Halbinsel des Parkberges ist der hochherrschaftliche Holzbau des **Casinos** einen Abstecher wert und ebenso nördlich davon die hölzerne **Orthodoxe Kirche** von 1895.

Auf dem 6,7 km langen **Tulliniemi-Naturpfad,** der von 15 Info-Tafeln zu Natur und Kultur der Gegend gesäumt wird, kann man zum südlichsten Punkt Finnlands wandern.

Neljän Tuulen Tupa

Pieni Mäntysaari, ca. 3 km östl. vom Zentrum, Tel. 019-248 14 55

Zu Hankos berühmtesten Sommerfrischlern gehörte Marschall Mannerheim, der hier ein Ferienhaus besaß. In der Zeit des totalen Alkoholverbotes erwarb er 1927 ein Café, in dem man es mit dem Gesetz nicht so genau nahm, und gab ihm den Namen »Haus der Vier Winde«. Das Holzhaus, das schön auf der ›kleinen Kieferinsel‹ Pieni Mäntysaari liegt, dient im Sommer als Café-Restaurant und ist eine vielbesuchte Sehenswürdigkeit.

Ausflug nach Bengtskär

www.bengtskar.fi, tgl. Fahrten zum Leuchtturm ab Kasnäs und Hanko (59 bzw. 58 € inkl. Bootsfahrt, Turmbesichtigung und Essen)

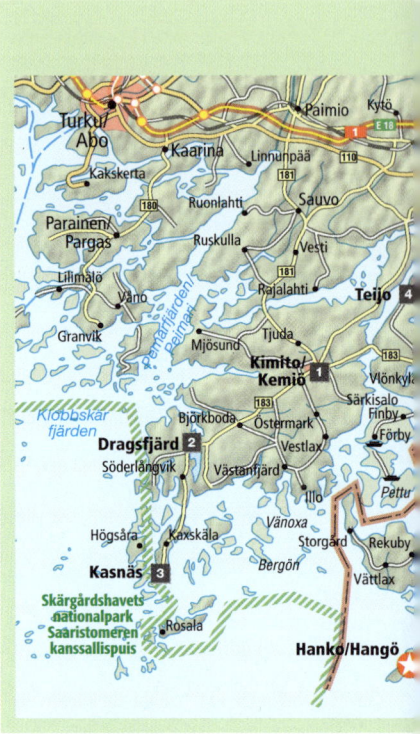

Ein Eldorado für Segler und Bootstouristen ist der Schärengarten vor Hanko. Jede Menge Kreuzfahrtschiffe, Segler und Wasserbusse durchpflügen im Sommer das fantastische Revier. Ein lohnendes Ausflugsziel ist hierbei das Eiland Bengtskär, das sich 25 km südwestlich befindet und dabei die südlichste bewohnte Insel Finnlands ausmacht. Bekannt ist der völlig kahle Granitflecken in erster Linie wegen seines **Leuchtturms,** mit seinen 52 m Höhe und immerhin 252 Treppenstufen einer der höchsten im Norden. Im Leuchtturm gibt es ein Café, ein kleines Inselmuseum und sogar eine Unterkunft (Übernachtung 70–120 €).

Infos

City Tourist Office: P. O. Box 14, Raatihuoneentori 5, 10901 Hanko, Tel. 019-220 34 11, www.hanko.fi, Juni–Aug. Mo–Fr 9–18, Sa, So

Südküste zwischen Hanko und Helsinki

10–16, sonst Mo–Fr 9–16 Uhr. Buchungen von Villen, Ferienhäusern, Privatunterkünften in Hanko und Umgebung. Im Sommer Touristeninformation auch im Wasserturm Juni, Aug. tgl. 13–16, Juli tgl. 13–18 Uhr.

Übernachten

Frühstückspension am Meer – **Villa Tellina:** Appelgrenintie 1–2, Tel. 019-248 63 56, www.tellina.com. Einfache Familienpension im Zentrum, bestehend aus einer alten Holzvilla und den benachbarten Villen Thalatta und Eva (insgesamt 109 Betten in Zimmern mit recht unterschiedlichem Standard, geöffnet von Juni bis Mitte Aug.). DZ 90–110 €.

Historische Holzvilla – **Villa Maija:** Appelgrenintie 7, Tel. 050-505 20 13, www.villamaija.fi. Schönste und komfortabelste der alten Holzvillen von Hanko, bestehend aus drei Gebäuden mit insgesamt 13 unterschiedlichen Zimmern, einige davon mit Veranda bzw. Glasbalkon. DZ 90–225 €.

Zentral gelegen – **Hotel Bulevard:** Bulevardi 8, Tel. 04 49 88 08 86, http://hotelbulevard.fi. Günstig gelegenes und kreativ gestaltetes Hotel in einer ehemaligen Polizeistation mit 17 Zimmern und Fitnessmöglichkeiten, Bar und Sauna. DZ ab 70 €.

Hotelschiff – **Hotellilaiva Hanko:** Itäsatama, Tel. 05 00-61 01 13, www.hotellilaivahanko.fi. Witzige, nur im Sommer geöffnete Unterkunft in einem Schiff im Osthafen, in unmittelbarer Nähe zum Strand und den Cafés der Stadt. Die 22 Kabinen sind recht eng, aber mit Bad und TV ausgestattet; es gibt einen Frühstücks- und Aufenthaltsraum sowie eine Sonnenterrasse. DZ 49–120 €.

Camping – **Hanko Camping Silversand:** Silversand, Tel. 019-248 55 00, www.cam

Die Schären – Inselwelt im Herzen der Ostsee

Wenn Finnland das ›Land der tausend Seen‹ ist, dann kann man die Region zwischen Hanko und Stockholm mit Fug und Recht auch ›Meer der tausend Inseln‹ nennen. Eine Karte der zentralen Ostsee zeigt, wie dieser breite Gürtel von Inseln und Inselchen die eigentliche Ostsee vom Bottnischen Meerbusen im Norden trennt.

Innerhalb der amphibischen Welt, die insgesamt als Schärenmeer bezeichnet wird, kristallisieren sich drei Gärten heraus: der Stockholmer Schärengarten, der Archipel der Åland-Inseln und der Schärengarten von Turku. Wenn man nur die Schären zählt, die größer als 0,3 km² sind, kommt man auf fast 100 000 – wohlgemerkt nur in dem genannten Großraum. Diese Zahl ließe sich leicht verdoppeln, würden beispielsweise auch die Inseln vor der schwedischen Küste und vor Helsinki mitgezählt! Ganz zu schweigen von der unüberschaubaren Vielzahl an Klippen, die zwar kleiner als ein Fußballfeld sind, gleichwohl aber ein Ferienhäuschen mit Sauna, ein Seezeichen oder einen Stromkabelmast tragen können.

Ist es ein glücklicher Zufall für Touristen, dass ausgerechnet durch dieses Labyrinth die meistfrequentierten Fährverbindungen verlaufen und die Schiffe ununterbrochen zu Zickzackmanövern gezwungen werden? Tatsächlich folgen die neuzeitlichen Verkehrswege nur einer viele Jahrhunderte alten Route, die bereits die Menschen der Bronzezeit, die Wikinger und die Hanse genutzt haben: Das Inselreich war und ist ein natürliches Sprungbrett zum gegenseitigen Ufer, eine Drehscheibe von Kultur und Handel in der Ostsee. Obwohl nur ein Zehntel des Schärengebietes aus Land, der Rest aber aus Wasser besteht, hatte dieses Meer nie etwas Trennendes, sondern verband immer schon den Osten mit dem Westen. In den 1990er-Jahren wurde dem verbindenden Charakter des Schärenmeeres auch auf höchster politischer Ebene Rechnung getragen, indem der Nordische Ministerrat den Stockholmer und Turkuer Schärengarten sowie die Åland-Inseln zu einer gemeinsamen Region zusammenfasste, für die die gleichen ökologischen Rücksichtnahmen gelten und die auch touristisch als einheitliches Gebiet vermarktet werden – ein Urlaubsparadies ohne Grenzen!

Diese natürliche Brücke zwischen Schweden und Finnland ist ein Produkt der letzten Eiszeit und ihrer Folgen. Eine Klimaverschlechterung führte vor etwa 70 000 Jahren dazu, dass im Norden der Schnee während des Sommers nicht mehr abtaute, sich im Laufe der Zeit verfestigte und zu enormen Gletschern auftürmte. Diese begannen, alles vor sich niederwalzend, ihren Marsch nach Süden. In welche Richtung damals die Eismassen zogen, macht fast jede Felskuppe mit ihrer auf der einen Seite sanft ansteigenden und auf der anderen etwas steiler abfallenden Form deutlich. Als sich vor 25 000 Jahren das Klima wieder erwärmte, setzte der unendlich langsame Abschmelzprozess der kilometerdicken Eispanzer ein, die damals Nordeuropa, Sibirien und Nordamerika bedeckten. Vor rund 10 000 Jahren hatte der nordwärts wandernde Rand der Gletscher etwa die Stelle verlassen, an der heute der Schärengarten liegt. In den verschiedenen Vorformen der Ostsee tauchten wegen der Landhebung immer mehr Inseln auf und bildeten das Sprungbrett für Pflanzen, Tiere und Menschen auf ihrem Weg von West nach Ost. Da dieser Hebungsprozess heute noch andauert, werden die bestehenden Schären größer, zudem tauchen immer noch neue aus der Ostsee auf.

Sie alle profitieren von einem maritimen Klima, das sich deutlich von dem des benachbarten Festlandes unterscheidet, vor allem durch die geringe Niederschlagsmenge und die vielen Sonnenscheinstunden. Auf den größeren Inseln sind deshalb auch die Bedingungen für die

Kleinode in der Ostsee – die Schären vor der südfinnischen Küste

Landwirtschaft bestens; nirgendwo in Finnland werden beispielsweise mehr Kartoffeln angebaut als im inneren Schärengarten. Dort ist auch die Humusschicht am stärksten, weshalb diese Eilande denn auch kaum noch insularen Charakter haben, sondern wie ein weites Bauernland wirken mit wogenden Kornfeldern und saftigen Viehweiden, aber auch mit dichten Laub- und Nadelholzwäldern sowie Binnenseen. Selbst Eschen, Linden und Haselnussbäume können hier wachsen, in geschützten Lagen gedeihen zahlreiche Orchideenarten und zum Wasser hin säumen Schilfbänder die Ufer. Je weiter es den äußeren Schären und dem offenen Meer zugeht, desto schwieriger haben es Bäume und Pflanzen, sich gegen die Winterstürme zu behaupten. Hier herrschen kahle Klippen vor, auf denen, wenn überhaupt, nur zwergwüchsige Latschenkiefern Fuß fassen können. Das Biotop der Schären ist die Heimat einer artenreichen Fauna, vor allem die Vogelwelt ist reichhaltig vertreten, insbesondere die Eiderente.
Dem ausländischen Besucher stellt sich dieser einzigartige Mikrokosmos oft als pure Idylle dar, in der man allein sein kann, aber nie von der Welt abgeschnitten ist. Das Hin und Her von Postbooten, Fähren oder Wasserbussen ist dafür der beste Beweis. Und mancher spielt mit dem Gedanken, die Schären auch im Winter kennenlernen zu wollen, wenn die Leute auf Skiern zu ihren Inseln laufen oder mit dem Auto über die dicke Eisdecke fahren. Man vergisst dabei, dass diese Inselwelt die ganzjährige Heimat von rund 65 000 Menschen ist (städtische Großräume wie Stockholm und Turku nicht mitgerechnet), die in der Vergangenheit einen harten Lebenskampf führten. Sie konnten ihr Auskommen nur sichern, wenn sie in einer sensiblen natürlichen Umgebung sowohl Land- und Forstwirtschaft als auch Fischerei betrieben, dabei aber sparsam mit den Ressourcen umgingen. Selbst heute noch sind viele Inseln im Herbst isoliert, wenn nämlich das Eis noch keine Autos trägt, aber schon zu hart für eine Bootsrinne ist. Vor allem die jungen Leute wanderten daher scharenweise in die festländischen Städte aus. In den 1950er- und 1960er-Jahren verloren manche Eilande auf diese Weise ein Drittel ihrer Bevölkerung und die alte Schärenkultur schien dem Untergang geweiht. Dank einer verbesserten Infrastruktur mit neuen Straßen, durch Eisbrecher freigehaltenen Fährstrecken und modernen Kommunikationstechniken sowie nicht zuletzt durch den Tourismus kam es anders.

Am finnischen Meerbusen

ENTLANG DER SÜDKÜSTE AUF DEM KÖNIGSWEG

Durch die vorgelagerte Inselwelt konnten schon in frühen Zeiten Fischer, Robbenfänger und Händler gefahrlos die Küste und das System der Binnenseen erreichen. Als ab dem 13. Jh. die Herrscher der nordischen Reiche eine geeignete Route für ihre Kuriere suchten, konnten sie auf einen uralten Fahrweg nach Russland zurückgreifen. Sie schufen den **Königsweg** (Kuninkaantie/Kungsvägen), der damit eine der ältesten Straßenverbindungen in Nordeuropa ist und schon im Mittelalter von Handelsstationen, Märkten und Befestigungen gesäumt war. Der dänisch-norwegische König ließ auf diesem Weg Post und Waren von Bergen über Oslo nach Stockholm bringen; die schwedischen Kuriere brachen von dort mit Booten und Fähren zu den Åland-Inseln und nach Turku auf, und auf finnischer Seite gab es seit dem 13. Jh. die Verbindung von Turku nach Wyborg. In der russischen Zeit war die Strecke Turku – Salo – Helsinki – Hamina – Wyborg – St. Petersburg nicht nur für die Postzustellung und den Transport von Soldaten oder Handelsgütern wichtig, sondern auf diesem Weg wurden auch ständig neue Ideen und Moden zwischen West und Ost ausgetauscht. Der Weg, der in seiner Vergangenheit von Königen und Zaren, Rittern und Kaufleuten, Bürgern und Revolutionären bereist wurde, passiert verschwiegene Mittelalterkirchen, uralte Herrenhöfe und idyllische Küstengemeinden.

Auch in **Hanko** stößt man auf den alten Königsweg, der von hier entlang der Küste nach Osten führt. Wer ihm folgen möchte, kann sich problemlos an der guten Beschilderung (Symbol: goldene Krone auf rotem Grund) orientieren – eine Strecke, die Auto- und Radfahrer auf gemütliche Art zu den Sehenswürdigkeiten der Region bringt (vgl. Routenkarten S. 151 und S. 160). Vorabinformationen liefern die Fremdenverkehrsämter.

Das moderne Gegenstück zum Königsweg ist die **Europastraße E 18,** die in Belfast ihren Anfang nimmt und bis Stockholm verschiedene Meere überwinden muss. Die Fährverbindungen Kapellskär–Naantali oder Stockholm–Turku stellen den Anschluss nach Finnland her – hier heißt sie Suuri rantatie (Großer Küstenweg) oder Suuri postitie (Großer Postweg) –, wo der Weg über Helsinki bis zur russischen Grenze und weiter nach St. Petersburg fortgesetzt werden kann.

pingsilversand.fi. Großer Platz 4 km vom Zentrum direkt am langen Sandstrand, u. a. Caravanstellplätze, 17 Hütten, Café, Kanu- und Bootsverleih.

Essen & Trinken

Schwerpunkt Fisch – **Origo:** Satamakatu 7, Tel. 019-248 50 23, www.restaurant-origo.com, Mitte März–Mitte Okt. tgl. 11–22 Uhr. Gutes Restaurant am Osthafen mit Fischbuffet, Meeresfrüchten und Fleischgerichten, innen schönes Ambiente mit viel Holz und Kerzenschein, zwei Außenterrassen. Hauptgerichte 19–33 €.

Nostalgische Atmosphäre – **Casino:** Appelgrenintie 10, Tel. 019-248 23 10, www.han

Südküste zwischen Hanko und Helsinki

goncasino.fi, Mai–Aug. Jugendstil-Kasino am Meer mit gutem Restaurant, Café und Nachtclub. Hauptgerichte 16–28 €.

Terrasse am Hafen – **Pirate:** Satamakatu 13, Tel. 019-248 30 06, www.pirate.fi. Schöne Gaststätte am Osthafen, solide Küche, Außenterrasse, moderate Preise, hauptsächlich italienische Küche. Hauptgerichte 15–30 €.

Aktiv
Im Sommer mehrmals tgl. **Wasserbusse** in den Schärengarten sowie **Bootstrips** und Kreuzfahrten zur Insel Bengtskär, Abfahrt am Osthafen.

Verkehr
Bus/Bahn: Bus- und Zugverbindung (Nebenstrecke) über Tammisaari nach Karjaa, dort Anschluss nach Turku oder Helsinki.

Tammisaari (Ekenäs) 5

Die Mehrheit der knapp 15 000 Einwohner ist schwedischsprachig und nennt ihr Städtchen Ekenäs, was Eichenkap bedeutet. Ekenäs ist heute Verwaltungssitz der Stadt Raseborg. Die Geschichte des Ortes geht auf Gustav Vasa zurück, der mit seiner Gründung im Jahre 1546 dem estnischen Tallinn Konkurrenz machen wollte. Aus dieser Zeit ist im Zentrum nichts mehr erhalten.

Sehenswertes
Das älteste Baudenkmal ist die schöne **Feldsteinkirche** von 1624 mit ihrer barocken Innenausstattung. Dahinter ragt eine kleine Halbinsel in die Meeresbucht, auf der sich im Altstadtviertel **Barkens udde** Holzhäuschen aus dem 18. und 19. Jh. aneinanderreihen. Hier findet man auch das um 1900 auf Pfählen über dem Wasser erbaute Sommerrestaurant Knipan. Ansonsten wartet der Ort mit **Heimatmuseen,** zwei **Bootshäfen** und dem **Naturpark Ramsholmen** auf. Den besten Überblick über die Kleinstadt, ihre dicht belaubten Parks und die Inselwelt erhält man vom alten **Wasserturm** auf dem Mühlenhügel Myllymäki. Vom Nordhafen aus kann man mit Wasserbussen zu Minikreuzfahrten aufbrechen, deren schönstes Ziel der 50 km² großen **Nationalpark Tammisaari-Schärengarten** (Tammisaaren saaristo/Ekenäs skärgårds NP) ist.

Infos
City Tourist Office: Rathaus, P. O. Box 58, 10601 Ekenäs, Tel. 019-289 20 10, www.visitraseborg.com, Juni–Aug. Mo–Fr 8.30–18, Sa 10–14, sonst Mo–Fr 8.30–16 Uhr. Besucherzentrum Schärengarten-NP, Stallörsparken, 10600 Tammisaari, Tel. 019-241 11 98.

Übernachten
Zentral gelegen – **Ekenäs Stadthotell:** Norra Strandgatan 1, Tel. 019-241 31 31, www.kaupunginhotelli.fi. Modernes Mittelklassehotel mit 20 Zimmern, Restaurant, Pub und Pool. DZ 100 €.

Verschiedene Zimmerkategorien – **Motel & Restaurant Marine:** Kammantekijänkatu 4–6, Tel. 019-241 38 33, www.motelmarine.fi. Wenig spektakuläres, aber zentral gelegenes, praktisches Motel mit 45 Einheiten unterschiedlichster Größe, z.T. mit Kitchenette, Garten, Restaurant. DZ 75–145 €.

Essen & Trinken
Holzhaus am Hafenpier – **Restaurant Knipan:** Strandgatan, Tel. 019-241 11 69, www.knipan.fi, Mai–Sept. tgl. Auf Pfählen im Meer errichtetes traditionelles Sommerrestaurant, ambitionierte und nicht gerade preiswerte finnische Küche, vor allem mit sehr guten Fischgerichten (28–36 €).

Verkehr
Bus/Bahn: Bus- und Zugverbindung (Nebenstrecke) nach Hanko und Karjaa, ab Karjaa Anschluss nach Turku oder Helsinki.

Von Tammisaari nach Helsinki ▶ 1, E/F 8

Nordvariante
Fährt man in einem nördlichen Bogen in Richtung Helsinki, berührt man folgende Orte: **Karjaa** 6 (Karis), wo sich ein Besuch des stattlichen Holzpalais Mustio (Svartå)

lohnt, das 1792 nach Entwürfen von Erik Palmstedt errichtet wurde und heute als Hotel dient. Auch die 1470 geweihte Feldsteinkirche ist äußerst sehenswert. In **Pinjainen** 7 (Billnäs) gibt es ein ungewöhnliches Wasserkraftwerk- und ein Axtmuseum. **Pohja** 8 (Pojo) lockt mit einer ausnehmend schönen, der Jungfrau Maria geweihten Feldsteinkirche aus dem 15. Jh. Und in **Fiskari** 9 (Fiskars) zieht es Besucher zur alten Eisenhütte, die bereits 1649 errichtet wurde. Ein Museum dokumentiert deren Geschichte anhand von ca. 3000 Exponaten (www.fiskarsmuseum.fi). Das idyllische, mit dem Europa-nostra-Preis ausgezeichnete Dorf setzt als Handwerker- und Künstlerkolonie die Tradition fort, u. a. im 1994 eingerichteten Design Village, Arbeitsplatz von über 30 Künstlern und Designern (Ausstellungen und Verkauf).

Lohja 10 (Lojo) ist mit 48 000 Einwohnern eine recht ansehnliche Stadt. Kulturtouristen sollten sich hier die St. Laurentiuskirche (14. Jh.) anschauen, die ein großes Triumphkruzifix zeigt und innen zwischen 1510 und 1522 fast komplett mit Kalkmalereien ausgeschmückt wurde. Der in der Nähe der Stadt anstehende Kalkstein wird schon seit Langem für den Bergbau genutzt; daran erinnert u. a. das Kalkgrubenmuseum von **Tytyri**, in dem es mehr als 100 m tief in die Erde hinabgeht (www.tytyrinkaivos.fi). Auch der Herrenhof Gustafsberg in **Kirkniemi** (Gerknäs), der u. a. Admiral Ehrensvärd, General Adlercreutz und Marschall Mannerheim gehörte, ist einen Ausflug wert.

Südvariante

Die südliche Alternativroute ist idyllischer und folgt fast immer dem Küstenverlauf. Eine erste Station bietet sich in **Snappertuna** 11 an, dessen imposante Burgruine Raseborg aus dem 14. Jh. stammt. Ebenfalls sehenswert sind die Holzkirche von 1688 und das Heimatmuseum Forngården mit einer bäuerlichen Anlage aus dem 18./19. Jh.

Das schön gelegene **Fagervik** 12 besticht durch eine hübsche Holzkirche, aber auch durch die alte, 1646 gegründete Eisenhütte. Die nächste Gemeinde heißt **Inkoo** 13 (Ingå) und ist mit dem großen Bootshafen ein Zentrum des Schärentourismus. Der 6000-Seelen-Ort besitzt einige gut erhaltene Holzgebäude, darunter die Inkoo-Kirche von 1335 mit einem eindrucksvollen Wandgemälde, das den Totentanz zum Thema hat.

Kirkkonummi (Kyrkslätt)
▶ 1, F 8

Die Küstengemeinde **Kirkkonummi** 14 hat rund 37 000 Einwohner, von denen ein Viertel schwedischsprachig ist. Der Name des Ortes bezieht sich auf die sehenswerte Feldsteinkirche im alten Dorfzentrum, die aus dem 13. Jh. stammt. Nördlich der Gemeinde bieten etwa 100 Seen jede Menge Möglichkeiten für Aktivtouristen und Naturfreunde.

Hvitträsk 15

Luoma, Busverbindung von/nach Helsinki mit Linie 166 oder mit Zuglinien L und U nach Luoma und 2,7 km Fußweg, Tel. 09-40 50 96 30, www.kansallismuseo.fi, Mai–Sept. tgl. 11–17 Uhr, Erw. 9 €

Am Ufer des Hvitträsk zieht ein gleichnamiges Gebäude Besucher aus nah und fern an: Hier hat mitten im Wald die Crème der nationalromantischen finnischen Baukunst, die Architekten Eliel Saarinen, Armas Lindgren und Herman Gesellius, in den Jahren 1902–04 ein gemeinsames Atelier und Wohnhaus errichtet, das hinsichtlich der verwendeten Materialien, der äußeren Form und der Innenausstattung alle ihre künstlerischen Ideen verkörpert. Museum, Restaurant und Café komplettieren diese einzigartige Schöpfung aus Holz und Natursteinen.

Halbinsel Porkkala 16

Den Wäldern, Wiesen und Seen in Richtung Norden hat Kirkkonummi im Süden eine weit verzweigte Schärenlandschaft und eine Küstenlinie von 150 km entgegenzusetzen. Ein Großteil davon umgibt die Halbinsel Porkkala, die in ganz Finnland wegen ihrer dramatischen Nachkriegsgeschichte bekannt ist. Ab 1944 an die Sowjetunion als

Kriegsmarinebasis zwangsverpachtet, war sie ein Gradmesser der politischen Beziehungen beider Länder und ständiger Zankapfel, bis sie schließlich 1956 vorzeitig an Finnland zurückgegeben wurde. An diese Zeit erinnert in **Kolsarby** ein russischer Friedhof.

Zwischen Helsinki und russischer Grenze

Karte: S. 160

 Porvoo (Borgå) ▶ 1, H 7

Tatsächlich kann man sich kaum einen gemütlicheren Platz denken als Porvoos malerische Kleinstadtidylle, nur 50 km von der modernen Hauptstadt entfernt. Auf steilen Gassen mit groben Feldsteinen durchstreifen Besucher diese Puppenstube und freuen sich, dass es so etwas noch gibt: die niedrigen Holzhäuschen, die romantischen Winkel und die urigen Handwerksstätten. Wo früher Kolonialwaren lagerten, locken heute hübsche Cafés, witzige Boutiquen und kleine Lädchen Touristen an, die zur Hauptsaison auch reichlich strömen. Als immerhin zweitälteste Stadt des Landes ist Porvoo (46 000 Einw.) aber auch geschichtsträchtig. Wer von der Europastraße auf das Zentrum zufährt, gelangt automatisch auf die Mannerheiminkatu, Porvoos Hauptverkehrsader. Man überquert den Porvoonjoki, dessen vorzüglicher Naturhafen an seiner Mündung schon in der Frühzeit einen regen Handelsplatz entstehen ließ und um 1200 mit einer starken Festung gesichert wurde. Dieser Burg am Fluss (Borgå) verdankt die Stadt ihren lautmalerisch ins Finnische übernommenen Namen.

Durch die Altstadt zum Dom

Die malerischen, roten **Speicherhäuser** aus dem 18. Jh., sieht man am besten von der Brücke aus oder von der schmalen Gasse am gegenüber liegenden Ufer. Hier wurden früher Salz und andere Kolonialwaren gelagert, die per Schiff ins Land gebracht worden waren.

Über die Lagerscheunen schweift der Blick zum Dom und flussaufwärts zur alten Brücke **Sillanmäki,** einem originalen Stück des Königswegs. Nördlich davon erhebt sich gegenüber der Stadt der Schlosshügel Linnanmäki, auf dem Interessierte die spärlichen **Überreste der Burg** entdecken können. Am stadtseitigen Ufer gibt es beiderseits der Mannerheiminkatu Parkplätze, von wo aus man linker Hand zur Altstadt aufbricht.

Die schmalen, teils recht steilen und mit groben Feldsteinen gepflasterten Gassen zeugen davon, dass der Bebauungsplan noch aus dem Mittelalter stammt: Schon 1346 hatte Porvoo Stadtrechte erhalten, als zweiter finnischer Ort nach Turku. Die meisten Holz- und Steinhäuser, die man auf dem Spaziergang zum Dom passiert, sind allerdings erst nach einem verheerenden Großbrand 1760 errichtet worden. So das alte **Rathaus** (1762–64), in dessen Obergeschoss sich früher die Ständeversammlung traf, während im Erdgeschoss Läden und das Spritzenhaus untergebracht waren. Heute beherbergt der schöne, rostrote Bau das Stadtmuseum. Gleich daneben sieht man das sogenannte **Holm-Haus,** in dem Gemälde von Albert Edelfelt und Plastiken ausgestellt sind. Weitere interessante Gebäude sind das Domkapitelhaus, das ehemalige Gymnasium und einige der alten Wirtshäuser, für die Porvoo als bedeutende Zwischenstation am Königsweg früher bekannt war.

Dom

Mai–Sept. Mo–Fr 10–18, Sa 10–14, So 14–17, Okt.–April Di–Sa 10–14, So 14–16 Uhr
Im Zentrum der Altstadt erhebt sich als einziges aus dem Mittelalter erhaltenes Gebäude und unübersehbar der heute weiß gekalkte Dom (1414–18) mit einem herrlichen Backsteingiebel auf der Westseite. Wie bei fast allen Mittelalterkirchen des Landes steht der Glockenturm abseits der Kirche. Sie wurde im Jahr 1723 zum Bischofssitz erhoben, dem bis heute alle schwedischsprachigen Gemeinden Finnlands angehören. Im Innern weist der dreischiffige Bau schöne Gewölbemalereien auf und überrascht durch sei-

Am finnischen Meerbusen

ne doppelten Emporen. Hier wurde 1809 ein Grundstein für die finnische Unabhängigkeit gelegt, als Zar Alexander I. den ersten Landtag im Dom einberief und versprach, die bestehenden Gesetze und Rechte zu achten, dem Großfürstentum einen autonomen Status zu gewähren und »das finnische Volk zur Nation zu erheben«. Ausgerechnet dieses nationale Heiligtum aber fiel 2006 einer Brandstiftung zum Opfer, die Restaurierungsarbeiten dauerten bis 2010.

J.-L.-Runeberg-Haus

J. L. Runebergin koti, Aleksanterinkatu 3, Tel. 019-574 75 00, www.porvoonmuseo.fi, Mai–Aug. tgl. 10–18, sonst Mi–So 10–16 Uhr, Erw. 6 €

Eine weitere, von fast allen inländischen Touristen besuchte Attraktion der Stadt liegt auf der südlichen Seite der Mannerheiminkatu. Dort befindet sich in Hafennähe jenes Haus, in dem der Nationaldichter Johan Ludvig Runeberg von 1852 bis 1877 als Lehrer tätig war. Dieser pflegte in seiner Porvooer Zeit ein ungewöhnliches Frühstück einzunehmen, das nur aus süßem Gebäck und einem Gläschen Schnaps bestand. Runebergs Frau Fredrika kreierte daraus eine heute Runeberg-Törtchen genannte Spezialität: gezuckertes Gebäck aus Brotteig, mit Punsch angefeuchtet und von einer Apfelkompotthaube gekrönt. Vor allem am 5. Februar, dem Runeberg-Tag, bekommt man dieses Törtchen in den Cafés und Konditoreien der Stadt. Runebergs Sohn Walter machte später als Bildhauer Karriere. Seine Skulpturen trifft man an vielen Stellen in Finnland. In Porvoo sind einige seiner Plastiken im Nachbargebäude des Runeberg-Hauses ausgestellt.

Infos

City Tourist Office: Kunstfabrik Taidetehdas, Läntinen Aleksanterinkatu 1, 06100 Porvoo, Tel. 040-489 98 01, www.visitporvoo.fi, Mo–Fr 9–19, Sa, So 11–16 Uhr.

Übernachten

Kurhotel am Meer – **Haikko Manor Spa & Congress Centre:** Tel. 019-576 01, www.haikko.fi. 6 km außerhalb von Porvoo spektakulär am Meer gelegene First-Class-Anlage in einem historischem Gutshof, 226 Zimmer, erstklassiger Service, Hallenbad, Kurbetrieb, Restaurant. DZ 198–595 €.

Praktisches Stadthotel – **Seurahovi:** Rauhankatu 27b, Tel. 019-547 61, www.seurahovi.fi. Kleineres, funktionales Mittelklassehotel am neuen Markt mit 40 (teilweise recht lauten) Zimmern, nahe der Altstadt. DZ 90–250 €.

In ruhiger Altstadtlage – **Sparre:** Piispankatu 34, Tel. 019-58 44 55, www.avainhotellit.fi. Älteres, solides Haus nahe dem Markt, 40 gut ausgestattete Zimmer, große Sauna, persönliche Atmosphäre. DZ 80–180 €.

Zwischen Helsinki und russischer Grenze

Budgetunterkunft – **Porvoo Hostel:** Linnankoskenkatu 1–3, Tel. 019-523 00 12, www.porvoohostel.fi. Zentral gelegene gemütliche Jugend- und Familienherberge, 33 Betten in Einzel-, Doppel- und Mehrbettzimmern. DZ 54 €.

Essen & Trinken

Historisches Ambiente – **Wanha Laamanni:** Vuorikatu 17, Tel. 020-752 83 55, www.wanhalaamanni.fi, tgl. 10.30–22 Uhr. Sehr schönes, rot gestrichenes Holzhaus aus dem 18. Jh. mit gustavianischer Einrichtung, Restaurant über zwei Etagen mit gemütlichem Kamin, gehobene finnische und europäische Küche. Hauptgerichte 21–26 €.

Aktiv

Bootsausflüge – Im Sommer verkehren regelmäßig **Wasserbusse** zu den Inseln, angeboten werden auch **Bootstrips** mit dem historischen Dampfer »J. L. Runeberg« nach Helsinki (Wittenberginkatu 12, Tel. 019-524 33 31, www.msjlruneberg.fi) sowie Sightseeingtouren mit Segel- und Motorbooten.

Verkehr

Bus/Bahn: Busverbindungen nach Helsinki, Lahti und Kotka; nächster regulärer Bahnhof in Kerava, ab dort Züge nach Helsinki, Lahti und St. Petersburg. Im Sommer verkehrt vom Bahnhof in Porvoo sporadisch ein Museumszug nach Helsinki (1,5 Std.).

Malerische Idylle in Rot: die Speicherhäuser von Porvoo

Am finnischen Meerbusen

Loviisa (Lovisa) ▶ 1, H 7

Die rund 16 000 Einwohner zählende Ortschaft **Loviisa** 1 verdankt ihre Entstehung einer Inspektionsreise des schwedischen Königs Adolf Fredrik im Jahr 1742. Bei der Fahrt durch seine Provinz fand er die Lage des alten Pferdegutes Degerby so ideal, dass er hier eine Grenz- und Festungsstadt zum nahen Russland hin gründete und ihr den Namen seiner Gattin Lovisa Ulrika gab. Wer auf das sympathische Städtchen von der E 18 her zufährt, wird zuerst vom hohen Turm der neogotischen Backsteinkirche (1865) begrüßt. Sie markiert den Eingang zu einem Stadtviertel, das Mitte des 19. Jh. von dem Architekten Georg Chiewitz einheitlich im neoklassizistischen Stil errichtet wurde. Die Mannerheiminkatu, eine wunderschöne, sechsreihige Lindenallee, führt durch die Neustadt und zu den wichtigsten Sehenswürdigkeiten. Gegenüber der Kirche erinnert das Sibelius-Haus mit Ausstellungen und Konzerten an den Aufenthalt des Komponisten; in seinem Sommerhaus in Loviisa schuf er 1892 die Symphonie »Kullervo«. Einige Schritte weiter findet sich als besonderes Schmuckstück das Rathaus (1862) vor einem rechteckigen Platz, hier ist auch das Touristenbüro untergebracht.

Altstadt

Auf der anderen Straßenseite beginnt die Gamla Degerby oder Gamla stadsdelen genannte Altstadt, durch deren schmale Gassen man unbedingt einen kleinen Spaziergang unternehmen sollte. Kern der Holzhausstadt ist der **Degerby-Hof** von 1680, eines der ältesten Holzgebäude des Landes, das heute das nostalgisch-edle Restaurant Degerby Gille beherbergt. Um den Hof gruppieren sich mehrere andere Holzhäuser, einige davon mit Schiffsmodellen in den Fenstern, zudem locken pittoreske, verschwiegene Ecken und

Zwischen Helsinki und russischer Grenze

gemütliche Cafés. Auch am **Jachthafen Laivasilta** ist in den Sommermonaten einiges los. Hier wurde das Segelschiff »Österstjernan« restauriert, es gibt ein sehenswertes **Maritimmuseum** und auch gute Gastronomie ist an der Marina zu finden.

Svartholm 2

Juni–Aug. 45-minütige Bootsfahrten ab Hafen Laivasilta bei Loviisa, Abfahrten 10, 12, 14 Uhr, Rückfahrten 13, 15.30, 17 Uhr, nähere Infos beim City Tourist Office oder unter Tel. 019-343 31 10

Etwas mehr Zeit braucht man für den Besuch der Seefestung Svartholm in der Bucht von Loviisa, etwa 10 km vom Zentrum entfernt. Im Sommer werden von der Anlegestelle Laivasilta aus Bootsausflüge angeboten, bei denen man das geschichtsträchtige Inselchen mit seiner Zickzackbastion, den alten Geschützen und seinem Restaurantschiff kennenlernen kann.

Infos

City Tourist Office: Karlskronabulevardi 8, 07900 Loviisa, Tel. 040-555 33 87, www.visitloviisa.fi, Ende Juni–Aug. Mo–Fr 10–16, Sa, So 10–14, sonst nur Mo–Fr 10–16 Uhr.

Übernachten

Einziges Hotel am Platz – **Degerby Hotel:** Brandensteininkatu 17, Tel. 019-505 61, www.degerby.com. Sympathisches historisches Hotel der Mittelklasse mit 50 Zimmern, zentral gelegen, mehrere Restaurants. DZ ca. 100 €.

Essen & Trinken

Historisches Flair – **Degerby Gille:** Sepänkuja 4, Tel. 044-992 21 79, www.degerbygille.fi. Dem Degerby Hotel angeschlossene historische Wirtschaft von 1662 mit ausgezeichneter finnischer Küche (Hauptgerichte 18–32 €). Auch das maritim eingerichtete **Skan-Restaurant** mit dem Skan-Pub wird

Am finnischen Meerbusen

vom Degerby Hotel betrieben, man findet die Gaststätte einen Straßenzug weiter (Karlskronabulevardi).

Galerie-Restaurant – **Saltbodan:** Laivasilta 4, Tel. 019-53 25 72, http://saltbodan.fi, im Sommer tgl. 10–24 Uhr. Stimmungsvolles Café-Restaurant an der Marina, dekoriert mit Werken lokaler Künstler. Hauptgerichte 13–26 €.

Termine

Höhepunkt des sommerlichen Veranstaltungskalenders für Touristen wie für Einheimische: das **Kleinbootfestival** im Juli und der **Loviisa-Tag** im Aug.

Verkehr

Bus: Busse nach Porvoo und Helsinki im Westen, Kotka im Osten und Kouvola im Norden.
Schiff: Fahrten mit dem historischen Dampfer »J. L. Runeberg« nach Helsinki im Juli jeden Do, Infos unter Tel. 019-58 58 11, www.msjlruneberg.fi.

Von Loviisa nach Kotka

▶ 1, J 7

Nördlich des Königsweges (E 18) Richtung Kotka liegt **Ruotsinpyhtää** [3] (Strömfors, www.rootsinpyhtaa.fi), dessen Zentrum von der alten, vorzüglich restaurierten Eisenhütte (1695) dominiert wird. Ein Schmiedemuseum, eine Werkstatt für Künstler und Kunsthandwerker sowie die achteckige Kirche aus dem 18. Jh. sind Attraktionen in unmittelbarer Nähe. Gästen stehen Einrichtungen wie Hotel, Restaurant, Sommercafé und Kanuverleih zur Verfügung. Ein Stopp auf dem weiteren Weg zum 35 km entfernten Kotka empfiehlt sich noch in **Pyhtää** [4] (Pyttis), dessen mit Wandmalereien geschmückte mittelalterliche Kirche sehenswert ist.

Kotka ▶ 1, J 7

Von der Abfahrt der Europastraße sind es einige Kilometer bis zum Ortszentrum von **Kotka** [5]. Die mit 55 000 Einwohnern recht große Stadt liegt auf einer Insel (Kotkansaari), die durch zwei Mündungsarme des Kymijoki gebildet wird. Weder die Anfahrt über die Brücke noch ein Orientierungsgang animieren zu einem längeren Aufenthalt: Moderne Zweckbauten, Finnlands größter Exporthafen und Industrieanlagen prägen das Bild. Doch mögen Kotkas Geschichte, das Aquarium (s. u.), einige Baudenkmäler und das hohe Niveau touristischer Dienstleistungen die Stadt für Besucher interessant machen, abgesehen davon, dass Unterkünfte weiter östlich rar gesät sind.

Den besten Überblick über Stadt, Hafen und Umland erhält man vom **Aussichtsturm Haukkavuori** auf der Keskuskatu (mit Café).

Kotka Maretarium

Saponkatu 2, Tel. 040-311 03 30, www.maretarium.fi, Juni–Aug. tgl. 10–19, sonst 10–17 Uhr, Erw. 13,50 €

Die größte Attraktion findet man am Jachthafen: das 2002 eröffnete Kotka Maretarium. Das architektonisch gelungene Aquarium, das erste übrigens in Finnland von internationalem Standard, zeigt in 22 Becken die Unterwasserwelt in Finnlands Flüssen und Seen sowie dem Meer. Auf zwei Etagen können Besucher die Flora und Fauna der Saimaa-Seenplatte ebenso kennenlernen wie die des Inari-Sees, des Finnischen Meerbusens, des Bottnischen Meerbusens oder des Schärengartens. Das größte Aquarium, der sogenannte Baltic Sea Tank, ist mit 7 m auch gleichzeitig eines der weltweit tiefsten.

Maritime Centre Vellamo

Merikeskus Vellamo, Tornatorintie 99, Tel. 040-350 04 97, www.merikeskusvellamo.fi, Di–Sa 11–17, Mi 10–20 Uhr, Erw. 10 €, Mi 17–20 Uhr freier Eintritt

Die zweite Hauptsehenswürdigkeit wurde 2008 im Zentralhafen eingeweiht: das Maritime Centre Vellamo. Das ausnehmend große Gebäude, das der Architekt Ilmari Lahdelma mit unterschiedlichsten Materialien wie eine riesige Welle gestaltet hat, zeigt in interaktiver und spannender Weise die Bestände des ehemaligen Finnischen Seefahrtsmuseums von Helsinki sowie weitere Sammlungen,

u. a. Originalboote, Schiffsmodelle, Flugzeuge, maritimes Zubehör usw. Auch die alten Lastkräne des Hafens sind in den musealen Bereich integriert. Vor dem Komplex liegen an einem Museumskai verschiedene Wasserfahrzeuge, etwa das Küstenpatrouillenboot Telkkä und der 1907 vom Stapel gelaufene Eisbrecher »Tarmo«, immerhin der älteste der Welt. Des Weiteren gibt es ein Informationszentrum, einen Shop und eine Cafeteria auf dem Gelände.

Weitere Sehenswürdigkeiten

Einen Besuch wert sind auch die orthodoxe Kirche **St. Nikolaus** (1795) im Stadtpark und der nahe **Marktplatz.** Architekturfreunde dürfen sich das **Rathaus** von 1935 nicht entgehen lassen, das Kotkas Aufstieg zur Industrie- und Hafenstadt widerspiegelt, auch nicht das 1907 von Eliel Saarinen entworfene **Gewerkschaftshaus** sowie die 1898 vollendete **lutherische Kirche.** Und der preisgekrönte **Wasserpark Sapokka** lockt nahe dem Zentrum mit einer Naturlandschaft voller Bäche und Wasserfälle, einem Steingarten und einer überbordenden Blumenpracht.

Fischerhütte des Zaren

Langinkosken keisarillinen kalastusmaja, Langinkoski, Tel. 05-228 10 50, www.langinkoski museo.com, Juni–Aug. tgl. 10–18, Mai und Sept.–Okt. tgl. 10–16 Uhr, Erw. 6 €

Eine weitere interessante Sehenswürdigkeit liegt einige Kilometer vor der Stadt: das **Naturschutzgebiet Langinkoski** mit den Stromschnellen und der Fischerhütte des Zaren. Ein von der Eiszeit glattgeschliffener Granitfelsen dient als natürlicher Parkplatz, von dort führt ein Fußweg rechter Hand zu den **Langinkoski-Katarakten** hinab. Die Angelmöglichkeiten waren an dieser Stelle des lachsreichen Flusses schon immer so gut, dass sich das Kloster von Valamo bereits in den 90er-Jahren des 18. Jh. die Fischereirechte sicherte. Auch Zar Alexander III., ein begeisterter Angler, nutzte diese Möglichkeiten und ließ sich hier ein repräsentatives Blockhaus bauen, das er 1889 mit seiner Gattin Maria Feodorowna einweihte. Das rustikale Gebäude mit seinem mächtigen Kamin, der original erhaltenen Einrichtung und vielen Porträts der Zarenfamilie ist heute ein Museum.

Infos

Kotka Tourist Service: Keskuskatu 6, 48100 Kotka, Tel. 05-234 44 24, www.kotka.fi, Mo–Fr 9–16 Uhr.

Übernachten

Modernes Stadthotel – **Original Sokos Hotel Seurahuone:** Keskuskatu 21, Tel. 010-782 10 00, www.sokoshotels.fi/en/kotka. Modernes, zentral gelegenes Haus mit 165 Zimmern, kostenfreies WLAN, Konferenzbetrieb, Ausflugspakete, zwei Restaurants, drei Saunas, Fitnesscenter. DZ ab 120 €.

Am Hafen – **Merikotka:** Satamakat 9, Tel. 05-21 52 22, www.hotellimerikotka.fi. Kleines, einfacheres Mittelklassehotel mit nur 15 Zimmern; zugleich als Rezeption fungierende Café-Bar im Erdgeschoss. DZ ab 113 €.

In ruhiger Wohngegend – **Hotelli Karhu:** Karjalantie, Karhula, Tel. 05-21 03 31 00, www.kestikarhu.fi. Nettes Hotel in Karhula, 7 km nördlich der Stadt, 21 Zimmer, große Sauna, Café, Cafeteria und Restaurant. DZ ab 85 €.

Im US-Stil – **Motel Route 66:** Kotolahdentie 22, Mussalo, Tel. 040-23 32 11, www.road66.fi. 5 km außerhalb gelegenes Hotel im amerikanischen Stil der 1950er-Jahre mit angeschlossenem Restaurant. 18 Zimmer mit 36 Betten und 2 Saunas. DZ 98 €

Verkehr

Bahn: von/nach Kouvola, ab dort nach Lahti, Helsinki, St. Petersburg.

Bus: von/nach Loviisa, Helsinki, Kouvola und Russland.

Hamina (Fredrikshamn)
▶ 1, K 7

Ein Stück weiter östlich von Kotka liegt am Königsweg (E 18) die Kleinstadt **Hamina** 6, die im Vergleich zu Kotka interessanter ist und ein weitaus hübscheres Gepräge hat. Seit 2003 bildet sie mit der Gemeinde Veh-

Am finnischen Meerbusen

kalahti eine Einheit, die es zusammen auf 21 700 Einwohner bringt. Der Ort besaß schon im 15. Jh. eine Kirche und erhielt im Jahre 1635 als das schwedische Fredrikshamn die Stadtrechte. Die Schweden waren auch die ersten, die den vorher unbedeutenden Flecken zur Grenzfestung ausbauten, nachdem Wyborg 1721 im Nordischen Krieg an Russland gefallen war. In diesem Zusammenhang bekam Hamina seine heute noch erhaltene sternförmige Anlage, die den damals modernen städtebaulichen Idealen der Renaissance und den Theorien des französischen Festungsexperten Sébastien Le Prestre de Vauban entsprach. Doch der erste Besitzerwechsel ließ nicht lange auf sich warten: Nach dem Revanchekrieg 1741–43 konnte Russland seine Grenze bis zum Kymijoki ausdehnen und nutzte nun seinerseits Hamina als Grenzfeste gegen das feindliche Schweden. In die Geschichte ging 1809 der Vertrag von Hamina ein, durch den Finnland endgültig an das Zarenreich fiel. Als Zeichen des guten Willens erklärte man in St. Petersburg jedoch schon 1812 Hamina, Wyborg und alle 1721 abgetretenen Gebiete als zu Finnland gehörig.

Stadterkundung

Der wechselvollen Geschichte verdankt Hamina eine höchst gemischte Architektur: schwedische Bauten, russische und finnische aus der Zeit des Großfürstentums und finnische seit der Unabhängigkeit. Es sind aber gar nicht so sehr die einzelnen Mosaiksteinchen, sondern das Gesamtbild, das sich höchst effektvoll in Szene setzt: Einen solch radialen Stadtplan mit sternförmig auf den Mittelpunkt zulaufenden Straßen findet man sonst in Finnland nirgendwo! Schade nur, dass es keinen erhöht gelegenen Aussichtspunkt gibt, denn das Ebenmaß dieser Anlage wird am besten aus der Vogelperspektive deutlich.

Jede Straße führt auf das **Rathaus** zu, das mitten auf einem großen, achteckigen Platz steht. Obwohl älteren Ursprungs, erhielt es sein heutiges Aussehen im Jahre 1840 durch C. L. Engel. Während das Rathaus die weltliche Macht repräsentiert, ist die geistige in den beiden Kirchen zu Hause: Auf der einen Seite sieht man die 1839–1843 errichtete **lutherische Kirche,** ein turmloser Bau, der zu den vornehmsten Werken des Architekten Engel zählt. Und auf der anderen Seite erhebt sich hinter einem Glockenturm die zwei Jahre zuvor gebaute orthodoxe Kirche **St. Peter und Paul,** ein kuppelbekrönter Zentralbau mit sehenswerter Ikonostase.

Als Garnisonsstadt verfügt Hamina über Bastionen und andere Befestigungen sowie Kasernen und Militärschulen. Auf einem kleinen Rundgang sollte man sich den **Flaggenturm Lipputorni** (1790), die **Hauptwache** (1774), das **Stabsgebäude,** das **Offizierskasino** und die **Kadettenschule** anschauen, die alle direkt an oder nahe der Kadettikoulunkatu liegen. Neben den Parks und Sehenswürdigkeiten gibt es auch ein

Zwischen Helsinki und russischer Grenze

Blick auf die orthodoxe Kirche in Hamina

touristisches Angebot, das u. a. die 100-jährige Bäckerei Resenkov, den Gästehafen Tervasaari und Bootsausflüge zur Schäreninsel Pitäjänsaari umfasst.

Infos

Hamina City Tourist Office: Sibeliuskatu 32, 49400 Hamina, Tel. 040-199 13 30, www.visithamina.fi, Juni–Aug. Mo–Fr 9–17, Sa, So 9–15, sonst Mo–Fr 9–16 Uhr. Informationen zum Schärengarten bei Archipelago-Info im Jachthafen Tervasaari, Tel. 040-594 47 17, im Sommer Mo–Fr 10–18, Sa, So 10–15 Uhr.

Übernachten

Erholsam übernachten – **Spa Hotel Hamina:** Sibeliuskatu 32, Tel. 05-353 55 55, www.spahotelhamina.fi, 31 Zimmer, davon 2 Suiten, Restaurant und Bar. Frisch renoviert und mit neuem Spa-Bereich. DZ ab 113 €.

Familiäre Atmosphäre – **Hotelli Haminan Seurahuone:** Pikkuympyräkatu 5, Tel. 010-763 58 71. Nette Unterkunft in einem Gebäude von 1890, 12 Zimmer, Restaurant und Pub. DZ ab 80 €.

Essen & Trinken

Ehemalige Kadettenschule – **Haminan Varuskuntakerho Restaurant:** Kadettikoulunkatu 3, Tel. 05-353 93 53, www.haminanvaruskuntakerho.fi, Mo 11–15, Di–Do 11–22, Fr, Sa 11–24 Uhr. In einem Gebäude von 1863, bodenständige finnische Küche.

Termine

Hamina Tattoo: Alle zwei Jahre (2016, 2018 usw.) Ende Juli/Anf. Aug. Weithin bekanntes Festival der Militärmusik mit internationalen Gruppen (www.haminatattoo.fi, 11,50–53,50 €).

Zwischen Hauptstadt und Seenplatte

Man fährt rund 100 km, bis man nördlich von Helsinki bei Hämeenlinna und Lahti auf die ersten großen Gewässer der berühmten Seenplatte stößt – dazwischen liegt ebenes, fruchtbares Bauernland. Kleinstädte berichten von der Geschichte des Eisenbahnbaus und der Glasherstellung in dieser Region, und in der Provinz Hämee zeugen mittelalterliche Kirchen und Burgen von der Vergangenheit.

Auf dem Weg nach Hämeenlinna ▶ 1, G 7

Karte: S. 168

Järvenpää 1

Die am Ostufer des Tuusula-Sees gelegene Gemeinde Järvenpää, mit 40 km Entfernung noch an der Peripherie des Großraumes Helsinki gelegen, bietet ein hübsches Stück Natur, ein Kunstmuseum und das eine oder andere nette Holzhaus. Dass sie jährlich von rund 30 000 Touristen aufgesucht wird, hat aber in erster Linie mit Ainola zu tun, dem einstigen Wohnsitz von Jean Sibelius.

Ainola
Ainolantie, Tel. 09-28 73 22, www.ainola.fi, Mai–Sept. tgl. außer Mo 10–17 Uhr, Erw. 8 €, an Wochenenden Cafébetrieb

Von 1904 an lebte die Familie des berühmten finnischen Komponisten über 60 Jahre hier. Als Aino Sibelius im Jahr 1969 starb, zwölf Jahre nach ihrem Mann, verkauften die fünf Töchter das Anwesen an den finnischen Staat. Heute dient es als Museum, das in erster Linie die Erinnerung an Sibelius wach hält, aber auch in architektonischer Hinsicht ein Kleinod darstellt. Die hölzerne Villa (Architekt: Lars Sonck) ist noch komplett eingerichtet, mit vielen Bildern aus Sibelius' Freundeskreis – etwa Albert Edelfelt oder Akseli Gallen-Kallela –, mit Geschenken an den Komponisten und zeittypischen Möbeln. Im Garten befinden sich die Grabstätten von Jean und Aino Sibelius.

Hyvinkää (Hyvinge) 2

Das Städtchen Hyvinkää (45 000 Einw.) liegt ca. 50 km nördlich der Hauptstadt und verdankt seine Entstehung der Eisenbahn, denn es wuchs zusammen mit den ersten beiden Linien des Landes, die hier zusammentrafen: Zunächst entstand die 1862 in Betrieb genommene Strecke Helsinki–Hämeenlinna, 1873 gefolgt von der Linie nach Hanko. An diese Vergangenheit erinnern Väinö Aaltonens Bronzestatue »Der Eisenbahner« und der alte Eisenbahnerfriedhof, v. a. aber das Finnische Eisenbahnmuseum.

Finnisches Eisenbahnmuseum
Suomen rautatiemuseo, Hyvinkääenkatu 9, Tel. 019-30 72 52 41, www.rautatiemuseo.fi, Juni–Mitte Aug. tgl. 10–17, sonst Di–So 12–15 Uhr, Erw. 8 €

Das Eisenbahnmuseum ist in den alten Gebäuden der Bahnstation von 1870 untergebracht. In seinen Räumen kann man historische Dampfloks bewundern, darun-

Auf dem Weg nach Hämeenlinna

*Kreative Wirkungsstätte des Komponisten Aino Sibelius:
Die Einrichtung der Villa blieb nahezu unverändert*

ter »Ukko-Pekka« (»Der alte Pekka«), sowie als Krönung der Sammlung drei original erhaltene Waggons der russischen Zaren. Jüngere Besucher fasziniert besonders die große Spielzeugeisenbahn, die sie sogar selbst bedienen dürfen. Und im Museumsshop sind Eisenbahnliteratur und -modelle erhältlich.

Stadtkirche
Hämeenkatu, tgl. 11–17 Uhr
Hyvinkääs zweite bedeutendere Sehenswürdigkeit ist die von Aarno Ruusuvuori entworfene Stadtkirche. Obwohl bereits 1961 eingeweiht, wirkt das im Grundriss ebenso wie im Aufriss dreieckige weiße Betongebäude immer noch futuristisch.

Infos
Hyvinkää Tourist Office: Kankurinkatu 4–6, 05800 Hyvinkää, Tel. 019-459 20 38, www.hyvinkaa.fi, Mo–Do 8–16, Fr 8–15 Uhr.

Verkehr
Bahn: tgl. viele Verbindungen auf den Hauptstrecken Helsinki–Tampere bzw. Helsinki–Lahti und noch häufiger die Vorortzüge H und R ab/nach Helsinki.
Bus: in die Hauptstadtregion und nach Tampere.

Riihimäki 3

Auch Riihimäki (29 000 Einw.), die nächste Station entlang der E 12, entstand im Zuge des Eisenbahnbaus. Hier zweigt von der Strecke nach Hämeenlinna seit 1870 die Linie nach St. Petersburg ab.

Finnisches Glasmuseum
*Suomen lasimuseo, Tehtaankatu 23,
Tel. 019-758 41 08, www.suomenlasimuseo.fi,
Feb.–Dez. Di–So 10–18 Uhr, Erw. 6 €*
Riihimäkis heutiger Ruf gründet sich in erster Linie auf drei Museen. International am be-

Zwischen Hauptstadt und Seenplatte

Zwischen Helsinki und Lahti

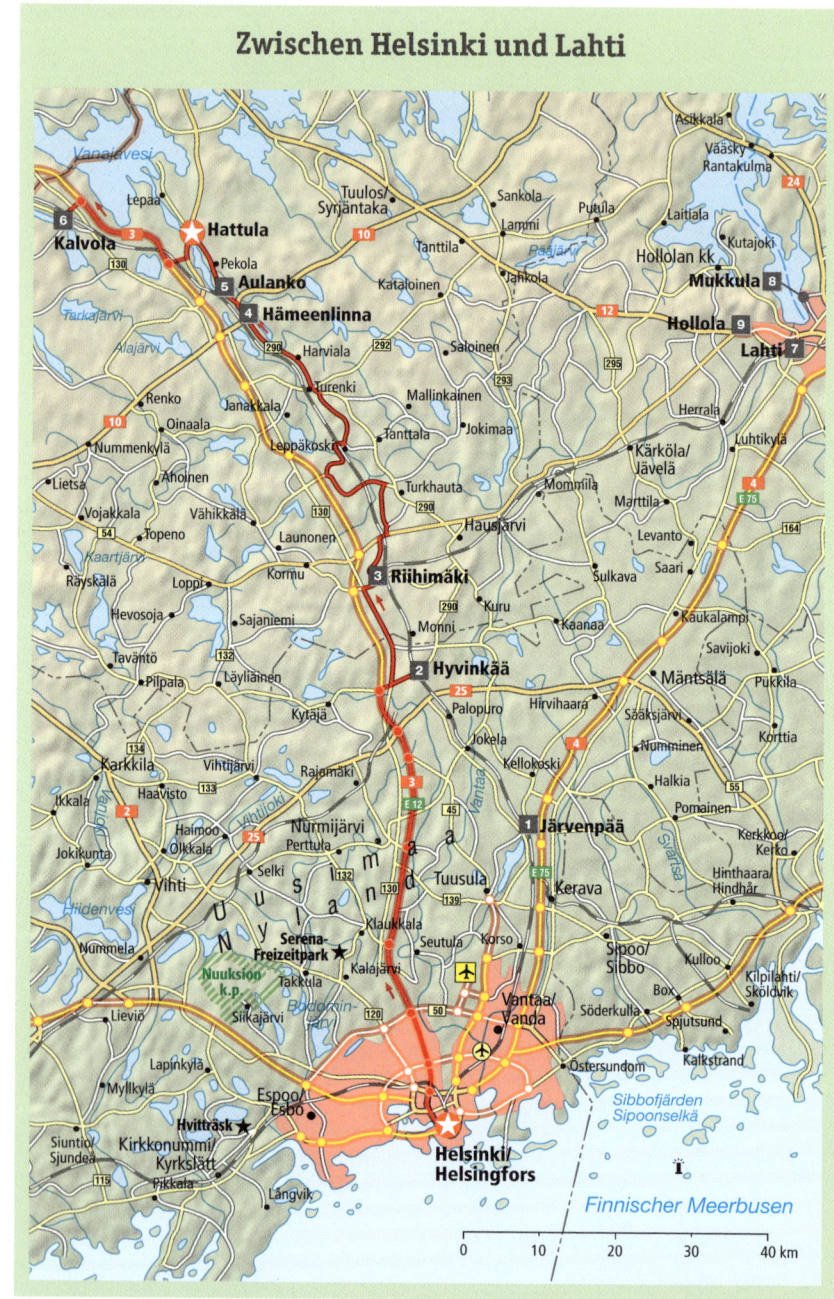

kanntesten ist das 1983 eingerichtete Finnische Glasmuseum, dass mit einer Sammlung von ca. 500 Glasobjekten aufwarten kann. 1975 kaufte die Stadt eine alte Glashütte und ließ sie unter Anleitung des berühmten Designers Tapio Wirkkala umbauen. Neben dessen Werken sieht man hier Meisterwerke von Alvar Aalto, Kaj Franck, Timo Sarpaneva und anderen. Außerdem dokumentiert das Museum die Kunst der Glasherstellung, die in Finnland auf eine 300-jährige Tradition zurückblicken kann, in ihren einzelnen Arbeitsschritten und technischen Entwicklungen. Daneben verfügt das Gebäude über eine Werkzeugausstellung, eine Bibliothek, ein Archiv und natürlich einen Laden mit Glasverkauf (Iittala).

Finnisches Jagdmuseum

Suomen metsästysmuseo, Tehtaankatu 23 A, Tel. 019-72 22 94, www.metsastysmuseo.fi, Mai–Aug. Di–So 10–18, sonst 9–16 Uhr, Erw. 6 €

Gleich neben dem Glasmuseum führt das Finnische Jagdmuseum in jene Zeit zurück, als Jagd für die Landeskinder kein Freizeitsport, sondern Lebensnotwendigkeit war.

Kunstmuseum

Temppelikatu 8, Tel. 019-758 41 24, Mai–Aug. tgl. 10–18, sonst Di–So 10–18 Uhr, Erw. 6 €

Als drittes Ausstellungshaus am Ort darf auch das Kunstmuseum nicht unerwähnt bleiben, unter dessen Dach sich sowohl eine ausgesprochen exquisite Gemälde- als auch Skulpturensammlung befindet, die mit großen internationalen Namen wie Savaldor Dalí, Joan Miró und Pablo Picasso aufwarten kann.

Infos

City Tourist Office: Temppelikatu 8, 11100 Riihimäki, Tel. 050-571 57 83, info@riihimaki.fi, www.riihimaki.fi.

Verkehr

Bus: tgl. mehrere Verbindungen u. a. nach Helsinki und Tampere.
Bahn: Riihimäki ist Knotenpunkt der Strecken Helsinki–Tampere und Helsinki–Lahti–St. Petersburg.

Hämeenlinna (Tavastehus) ▶ 1, F 6

Karte: S. 168

Das kleine, freundliche Städtchen **Hämeenlinna** 4 mit seinen knapp 68 000 Einwohnern ist das Verwaltungszentrum des Bezirks Südfinnland. Auch heute noch hat es einen Namen als Schul- und Garnisonsstadt, ist in seiner Bedeutung jedoch längst vom viel größeren Tampere überholt worden. Die 1639 gegründete Ortschaft entstand im Schatten der bedeutenden Burg. Aus dieser ersten Ära ist aber außer der Kirche (von 1798) leider nichts Nennenswertes erhalten, da eine verheerende Feuersbrunst anno 1831 fast sämtliche Gebäude in Schutt und Asche legte.

Burg Hämeenlinna

Kustaa III:n katu 6, Tel. 03-621 29 79, Jan.–April, Mitte Aug.–Dez. Di–Fr 10–16, Sa, So 11–16, Juni–Mitte Aug. Mo–Fr 10–16, Sa, So 11–16 Uhr, Erw. 9 €; Innenbesichtigung nur mit Führung, jede volle Stunde, auch auf Englisch oder Deutsch; Sommercafeteria, À-la-Carte-Restaurant und Souvenirshop.

Etwas nördlich des Zentrums erhebt sich innerhalb eines Parks am Seeufer die Burg, nach der die Stadt benannt ist (finn.: *linna*, schwed.: *hus*, eigentl. Haus) und die die Provinz Häme (Tavast) gegen die Feinde im Osten verteidigen sollte. Ihre Gründung (wie auch die der Stadt Stockholm) geht auf den Reichsverweser Birger Jarl zurück, der argwöhnisch das Aufblühen des Nowgoroder Reiches beäugte und um 1239 einen Kreuzzug gen Osten führte, der hauptsächlich den schwedischen Besitzstand sichern sollte. Damals war die Burg ein ziemlich einfaches, rechteckiges Lagerkastell aus Feldsteinen, umgeben von Urwäldern und heidnischen Finnen, die Tavastehus weniger als Vorposten der Zivilisation, sondern eher als Zwingburg empfunden haben dürften. Im Laufe der Zeit veränderte sich die Feste gewaltig in Aussehen und Größe, vor allem während des 14. und 15. Jh., als Ziegelstein als Baumaterial

Zwischen Hauptstadt und Seenplatte

bevorzugt wurde. 25 Jahre nach einem Besuch Gustavs II. Adolf anno 1614 zog der Generalgouverneur Per Brahe in die Gemäuer ein und ließ südlich gleich eine ganze Stadt anlegen: Der Ort ist also 400 Jahre jünger als die Burg. Da schon in schwedischer Zeit der militärische Sinn der Festung schwand, funktionierte man sie kurzerhand in einen Getreidespeicher um. Unter russischer Oberhoheit wurde dieser wiederum in ein Staatsgefängnis verwandelt, wobei für die Um- und Neubauten kein geringerer als C. L. Engel verantwortlich zeichnete. Seit 1956 hat man mit immensem finanziellem Aufwand versucht, die Zweckentfremdung rückgängig zu machen und das ursprüngliche Aussehen zu rekonstruieren. Jeder, der die Backsteindekoration im Burghof oder im Königssaal mit seinem gotischen Fächergewölbe gesehen hat, wird dies als gelungen bezeichnen. Die Räumlichkeiten nutzt heutzutage außerdem das **Finnische Historische Museum** für wechselnde Ausstellungen.

Stadtzentrum

Marktplatz

Der Wiederaufbau nach 1831 hat einiges an hübscher Holz- und Steinarchitektur hervorgebracht, vor allem rund um Hämeenlinnas Marktplatz. Hier findet man auch die Rundkirche, die unter Gustav III. als kleine Kopie des römischen Pantheons in Auftrag gegeben worden war, daneben das gelb-weiße Haus der Provinzverwaltung, das im Jahr 1832 nach Plänen von C. L. Engel vollendet wurde, das Rathaus im Stil der Neorenaissance, einen hübschen Park mit Springbrunnen und in der Nähe die Touristeninformation.

Jean-Sibelius-Geburtshaus

Hallituskatu 11, Tel. 03-621 27 55, www.sibelius.fi, tgl. 12–16, Mai–Aug. 10–16 Uhr; Erw. 5 €

Nur einen Block weiter westlich steht auf der Hallituskatu das Jean-Sibelius-Geburtshaus, in dem am 8. Dezember 1865 der berühmteste Sohn der Stadt geboren wurde. In dem einstöckigen, originalgetreu eingerichteten Holzgebäude werden Kindheit und Jugend des großen Komponisten wieder lebendig, untermalt durch einige seiner bekanntesten Melodien. Sibelius und seinem Lebenswerk begegnet man in Hämeenlinna außerdem in Straßennamen, Bronzestatuen und den Konzerten, die im Spätsommer und an seinem Geburtstag gegeben werden.

Weitere Sehenswürdigkeiten und Aktivitäten

In einem schönen Holzhaus im neoklassizistischen Stil an der Lukiokatu 6, zwei Blocks weiter nördlich, ist das **Historische Museum** untergebracht, nebenan kann im **Pa-**

Hämeenlinna (Tavastehus)

Wahrzeichen von Hämeenlinna: die berühmte Burg

lander-Haus (Nr. 4) eine originale gutbürgerliche Einrichtung besichtigt werden.

Sensationen kann das Provinzstädtchen nicht aufbieten, aber mit ausreichenden Zeitreserven könnte man außerdem am See entlangspazieren, dem **Kunstmuseum** einen Besuch abstatten, das nahe dem Jugendstilbahnhof am anderen Ufer liegt, oder sich im **Postkartenhaus** Raritäten und Kuriositäten anschauen. Besucher, die ähnlich motorsportbegeistert sind wie die Finnen, werden sich wahrscheinlich die bekannte **Ahvenisto-Rennstrecke** samt benachbartem **Automuseum** nicht entgehen lassen wollen. Vor allem aber ist die waldreiche Umgebung mit der **Seenplatte** reizvoll und lockt zu Exkursionen per Fahrrad, Kanu oder Ausflugsboot.

In der Umgebung

Aulanko 5

Auf einer Rundfahrt um den See Vanajavesi passiert man in der nächsten Umgebung von Hämeenlinna mehrere schöne Ausflugsziele, etwa das **Freizeitzentrum von Aulanko,** zu dem ein renommiertes Hotel gehört, das bereits 1936 im funktionalisti-

Zwischen Hauptstadt und Seenplatte

schen Stil entstand und 1969 erweitert wurde. Auch weitere Unterkünfte, ein Feriendorf samt Campingplatz und einen weithin bekannten Golfplatz findet man in der Nachbarschaft am Seeufer. Auf der anderen Seite erstreckt sich ein Park, den Oberst Hugo Standertskjöld (1844–1931) anlegen ließ; das Geld dazu hatte er sich als Waffenfabrikant im zaristischen Russland verdient. Das 152 ha große **Aulanko-Naturschutzgebiet** steht heute im Rang eines Nationalparks, dessen teils gestaltete, teils naturbelassene Waldlandschaft zur Erkundung einlädt. An Schwanenteichen, einer romantischen Burg aus Granitquadern, zwei Seen und exotischem Baumbestand vorbei gelangt man dabei zum Granitaussichtsturm, der sich 33 m über dem Aulanko-Hügel und 118 m über dem See erhebt und einen weiten Blick über den Nationalpark bietet.

 **Hattula**

Heilig-Kreuz-Kirche: Hattukan Pyhän Ristin kirkko, Hattula, Tel. 03-631 15 20, Mitte Mai– Mitte Aug. tgl. 11–17 Uhr

In der Nähe von Aulanko lockt in Hattula ein besonders interessantes Gotteshaus: die **Heilig-Kreuz-Kirche.** Nun besitzt Finnland nicht eben wenige mittelalterliche Feldsteinkirchen, aber diese ist etwas ganz Besonderes. Das um 1350 errichtete Gebäude, das sich inmitten eines stimmungsvollen, umfriedeten Kirchhofs erhebt, ist neben dem Turkuer Dom die einzige mittelalterliche Kirche aus Ziegelsteinen in Finnland. Während der etwas abseits stehende Glockenturm erst 1813 hinzukam, sprechen die mit Blendnischen verzierten Giebelfelder und die drei von schweren Gewölben überspannten Kirchenschiffe die Sprache der ländlichen Gotik. Der kreuzförmige Grundriss von Schiffen, Sakristei und Vorhalle soll vielleicht die Reliquien der Kirche symbolisieren, denn in katholischer Zeit galt Hattula als eines der bedeutendsten Wallfahrtsziele Skandinaviens, weil man hier einige Splitter des Heiligen Kreuzes aufbewahrte. Heute pilgern Kulturtouristen zur Kirche, um sich die nicht weniger als 190 Szenen des Alten und Neuen Testaments anzuschauen, die sich im Innern an Wänden, Gewölben, Decken und Pfeilern ausbreiten. Die Gemälde sollten den leseunkundigen bäuerlichen Gläubigen als Biblia Pauperum, als gemalte Armenbibel, dienen. Noch heute ist man von den um 1510 angebrachten Illustrationen gefangen, deren ursprüngliche Farbintensität im Lauf der Zeit nur wenig gelitten hat. Ebenfalls beachtlich ist der ungewöhnlich reiche Bestand an mittelalterlichen Holzskulpturen.

Panzermuseum

Panssarimuseo, Parolannummi, Hattulantie 334, Tel. 040-735 54 34, www.panssarimuseo.fi, Mai–Sept. tgl. 10–18, Okt.–April tgl. 10–15 Uhr, Erw. 7,50 €, mit Cafeteria

Eine weitere viel besuchte Attraktion, rund 10 km nordwestlich von Hämeenlinna und 1 km neben der Nationalstraße gelegen, ist das Panzermuseum von Hattula. Hier werden Panzer und Panzerabwehrwaffen gezeigt, natürlich vor allem solche, die während des Zweiten Weltkrieges benutzt wurden. Die Sammlung ist beeindruckend, das Spektrum reicht vom ersten Renault-Panzer aus dem Jahre 1917 bis hin zu neuzeitlichen Bazookas – trotz des martialischen Namens und der Ausstellungsstücke zumindest vom technischen und historischen Standpunkt aus interessant.

Infos

Häme Tourist Service: Wetterhoffinkatu 2, 13200 Hämeenlinna, Tel. 03-621 33 73, www.visithameenlinna.fi, Mo–Fr 9–17, Juni–Aug. auch Sa 9–14 Uhr.

Übernachten

Ehemaliges Jagdschloss – **Vanajanlinna:** Harviala, Vanajanlinnantie 485, Tel. 03-610 22 00 (0,80 €/Min.), www.vanajanlinna.fi. Wunderschöne, exklusive Unterkunft im Grünen, ca. 6 km von Hämeenlinna entfernt, mit 51 Zimmern unterschiedlichen Standards, u. a. Suiten mit allem Komfort, aber auch Low-Budget-Zimmer, Restaurant, 18-Loch-Golfplatz in der Nähe. DZ ab 140 €.

Hämeenlinna (Tavastehus)

BOOTSTOUR MIT DER SILBERLINIE

Zwischen Hämeenlinna im Süden und Tampere im Norden verkehrt eine der schönsten und berühmtesten Schiffsrouten Finnlands: die Finnische Silberlinie (Suomen hopealinja). Ihre weißen Wasserbusse legen auf dem Weg in den Norden u. a. in Aulanko und Hattula an und erreichen schließlich nach 8-stündiger Fahrt die Großstadt Tampere. Für Autotouristen, die in einer kleinen Gruppe reisen, ergibt sich die Möglichkeit, auf dem Weg nach Tampere wechselseitig die Silberlinie zu nutzen: Eine Teilgruppe nimmt das Schiff, die andere fährt mit dem Wagen. Unterwegs, z. B. an der Hängebrücke Sääksmäen silta (Restaurant, Badestrand), werden dann die Plätze getauscht.

Mitte Juni–Mitte Aug. startet tgl. 11.30 Uhr ein Schiff in Hämeenlinna, dann geht es u. a. über Aulanko und Hattula nach Visavuori (1 Std. Aufenthalt) und Tampere (Ankunft 19.50 Uhr). In Gegenrichtung fährt ein Boot um 9.30 in Tampere ab, Ankunft in Hämeenlinna ist 17.45 Uhr. Man kann auch nur ein Teilstück, z. B. bis nach Visavuori, zurücklegen, um noch am selben Tag auf demselben Weg zurückzukehren. Erwachsene zahlen für die Strecke von Hämeenlinna nach Hattula 32 €, nach Visavuori 50 € und nach Tampere 60 €, Rabatte gibt es für Kinder, bei Paketangeboten und für Rückfahrkarten (Tel. 010-422 56 00, www.hopealinja.fi).

Wellnesshotel am See – **Rantasipi Aulanko:** Aulanko, Tel. 03-65 88 01, www.rantasipi.fi. Hochklassige Konferenz- und Touristenherberge, 245 Zimmer, 5 km nördlich von Hämeenlinna in einem herrlichen Naturpark mit Golfplatz, großzügigem Spa, Restaurant, Café, Nachtclub, Pool, Tennisplätzen. DZ ab 140 €.

Außerhalb im Grünen – **Hotel Vaakuna:** Possentie 7, Tel. 020-123 46 36, www.sokoshotels.fi. Auffällige Herberge der Sokos-Gruppe, außerhalb von Hämeenlinna am See, 121 komfortabel ausgestattete Zimmer, Restaurants, Bars. DZ ab 110 €.

Zentrales Stadthotel – **Cumulus Hämeenlinna:** Raatihuoneenkatu 16–18, Tel. 03-648 81, www.cumulus.fi. Zentral gelegenes Mittelklassehotel mit 100 Zimmern, kleiner Indoorpool und Restaurant. DZ ab 80 €.

Camping – **Aulanko Camping & Kuusisto:** Aulangonpuisto, Tel. 03-285 60, www.kulta perho.fi. Freizeitzentrum mit großem Camping- und Caravanplatz, ca. 50 Hütten unterschiedlichen Standards, Café-Restaurant sowie Jugendherberge mit 18 einfachen Zimmern (Mitte Mai–Mitte Aug.).

Essen & Trinken
›Pfefferkuchenhaus‹ – **Piparkakkutalo:** Kirkkorinne 2, Tel. 03-64 80 40, www.ravintolapiparkakkutalo.fi, Mo 11–14, Di–Do 11–22, Fr 11–23, Sa 12–23 Uhr. Charmantes Restaurant in einem Jugendstilgebäude nahe dem Marktplatz, gute regionale Küche zu moderaten Preisen (Hauptgerichte 12–29 €). Im Keller befindet sich ein Pub.

Termine
Ende Februar legen Tausende von Teilnehmern am **Finlandia-Lauf,** dem finnischen Gegenstück zum schwedischen Vasa-Lauf, die 75 km von Hämeenlinna nach Lahti auf

Zwischen Hauptstadt und Seenplatte

Finnisches Design in Glas bietet die Glashütte in Kalvola

Langlaufskiern zurück. Im Spätsommer und am 8. Dez. gibt es eine Reihe von **Sibelius-Konzerten;** die meisten finden im Rathaus statt (Tel. 03-621 26 84).

Verkehr

Bus: Überlandbusse u. a. nach Lahti, Tampere, Helsinki und Turku.
Bahn: Der Bahnhof an der Rautatienkatu liegt an der Hauptstrecke Helsinki–Tampere.
Schiff: Die weißen Schiffe der Finnischen Silberlinie (s. S. 173) starten zu ihren Kreuzfahrten am Kai an der Arvi Kariston katu.

Kalvola 6

18 km nördl. von Hämeenlinna, an der E 12, Iittala Glaszentrum: Iittala, Tel. 03-535 62 27, Museum und Shop tgl. 10–18, Mai–Aug. Shop bis 20 Uhr

Auf dem Weg nach Tampere, passiert man die Kleinstadt Kalvola, die vor allem wegen der 1881 gegründeten **Glashütte Iittala** bekannt ist. In der Werkstatt kann man nicht nur den Entstehungsprozess von Gläsern, Vasen, Tellern und Kannen beobachten, sondern sich auch selbst in dieser Technik versuchen. Im **Glasmuseum** sieht man berühmte Iittala-Produkte wie die Aalto-Vasen neben Beispielen des neuesten Designs, und selbstverständlich ist auch ein Shop angeschlossen, in dem u. a. Ware mit kleinen Fehlern zu deutlich reduzierten Preisen verkauft wird.

In unmittelbarer Nähe der Glashütte sorgen das hübsche Café Puntteli, Geschäfte der nicht minder bekannten Firmen Arabia und Aarikka und ein Delikatessengeschäft mit Wild- und Fischgerichten sowie Honig dafür, dass Shopping- und kulinarische Gelüste befriedigt werden.

Lahti ▶ 1, H 6

Karte: S. 168
Lahti 7, mit 102 000 Einwohnern siebtgrößte Stadt des Landes, war ursprünglich ein zur Gemeinde Hollola (s. S. 178) gehörendes Dorf am alten Handelsweg nach

Wyborg, das erst 1905 die Stadtrechte erhielt. Ältere Baudenkmäler sind also nicht zu erwarten, und da das Wirtschaftsleben der Stadt hauptsächlich industriell geprägt ist – vor allem durch den Möbelbau (Asko) –, mag sich mancher Tourist fragen, ob sich ein Besuch von Lahti (sprich: Lachti) überhaupt lohnt.

Für Liebhaber romantischer Städte gibt es bessere Ziele, doch werden Touristen, die an moderner Architektur, kulturellem Leben, Stätten sportlicher Glanztaten und an stadtnaher Natur interessiert sind, den Aufenthalt nicht bereuen. Um mit dem Ersten anzufangen: Lahtis weitgehend nüchternes Erscheinungsbild wurde schon 1912 vom Architekten Eliel Saarinen mit dem Rathaus bereichert, Alvar Aalto steuerte den Bau der Kreuzkirche bei und das Stadttheater, die Stadtbibliothek sowie die Sibelius-Halle schließlich repräsentieren beste finnische Baukunst der Neuzeit. Wie Tampere ist Lahti außerdem für seine erstklassige Konzert- und Theaterszene berühmt. Finnlandtypisch ist auch das vielfältige Angebot an Museen und Galerien, deren Besuch mehrere Tage beanspruchen würde.

Wintersportzentrum Lahti

Lahti ist ein Wintersportzentrum, dessen Bedeutung derjenigen des norwegischen Lillehammer entspricht. Unzählige internationale Wettbewerbe wurden hier ausgetragen. Im Sommer verwandelt sich die Wintersportmetropole Lahti in ein Ferienparadies, das seinen Reiz dem Bergrücken Salpausselkä (Umfriedungsberg) sowie zahllosen Gewässern verdankt. Der Päijänne, zweitgrößter und mit 104 m tiefster See Finnlands, beginnt hier und lädt zu ausgedehnten Kreuzfahrten ein, die bis Jyväskylä oder durch den Keitele-Kanal bis nach Pielavesi nordwestlich von Kuopio reichen. Das trinkbare Wasser des Sees wird von vielerlei Fischen bevölkert, die wiederum für Angler jeglichen Anspruchs interessant sind. Dementsprechend groß ist auch das touristische Angebot, das u. a. die Begleitung von Berufsfischern, Netzfischen oder winterliches Eislochangeln umfasst.

Stadtrundgang

Marktplatz

Bester Startpunkt für eine Stadtbesichtigung ist der zentral gelegene Marktplatz, auf dem während der Vormittagsstunden landwirtschaftliche und kulinarische Erzeugnisse der Region feilgeboten werden. An seinem Ostende beginnt die Mariankatu, eine städtebaulich interessante, mit einem Grünstreifen geschmückte Achse, deren hoch gelegene Endpunkte zwei der wichtigsten Gebäude Lahtis markieren.

Rathaus

Harjukatu 31, Tel. 03-814 22 19, Führungen Fr 14–15 Uhr

Wandert man auf der Mariankatu nach Süden, vorbei an der Statue »Die Freiheit« (1921), gelangt man zum Rathaus. Der hohe, 1912 fertiggestellte Ziegelsteinbau im Stil der finnischen Nationalromantik gilt als eines der wichtigsten Werke des Architekten Saarinen und kann im Rahmen von Führungen besichtigt werden.

Kreuzkirche

Ristinkirkko, Kirkkokatu 4, Tel. 03-891 11, Mai–Aug. Mo–Fr 9.30–18, Sa, So 10–15 Uhr

Dem Rathaus steht auf der nördlichen Seite, knapp 1 km entfernt, die Kreuzkirche von 1978 gegenüber, das moderne Wahrzeichen der Stadt. Seinen Namen trägt der letzte von Aalto geschaffene Sakralbau wegen der quadratischen Fensterchen zur Stadtseite hin, die insgesamt ein großes Kreuz ergeben. Aaltos Verbeugung vor seinem Vorgänger Saarinen wird daran sichtbar, dass er diesen Teil der Kirche dem Rathaus gegenüberstellte und dafür auch das gleiche Material verwandte, nämlich dunkel gebrannten Ziegelstein. Das dreieckige Innere der Kirche ist schlicht und hell gehalten, mit den für Aalto typischen klaren Linien. Den Sakralbau, der von einem 40 m hohen Glockenturm überragt wird, umgibt ein Friedhof mit Soldatengräbern und Aaltonens Statue »Freiheits-Genius«. Die Kreuzkirche ist zwar die größte, aber natürlich nur

Lahti

eine von vielen weiteren interessanten Kirchen in der Stadt.

Radio- und Fernsehmuseum

Radiomäki, Tel. 03-818 45 12, Jan.–Mitte Mai Sa, So 11–17, sonst auch Mo–Fr 10–17 Uhr, Wiedereröffnung im Sept. 2016

Auf einem Hügel westlich vom Rathaus erhebt sich weithin sichtbar die rot-weiße Stahlkonstruktion des größten Rundfunksenders Skandinaviens. Zu seinen Füßen liegt das Radio- und Fernsehmuseum. Mit ca. 1000 Geräten und Trickfilmen wendet es sich an alle an Mediengeschichte Interessierte.

Historisches Museum

Lahdenkatu 4, Tel. 03-814 45 36, Di–Fr 9–17, Sa, So 11–16 Uhr, Erw. 9 €

Das Historische Museum auf der Lahdenkatu ist in einem ehemaligen Herrenhaus von 1897 zwischen Marktplatz und Hafen untergebracht. Hier werden kulturhistorische Artefakte und Möbel der Region gezeigt, daneben aber auch Bestände des Historischen Museums von Wyborg; auch Wechselausstellungen werden veranstaltet.

Kunst- und Plakatemuseum

Lahden taidemuseo, Vesijärvenkatu 11, Tel. 03-814 45 47, www.lahdenmuseot.fi, Mo–Fr 10–17, Sa, So 11–17 Uhr, Erw. 7 €

Das Kunst- und Plakatemuseum nahe der Kreuzkirche zeigt vor allem finnische Gegenwartskunst sowie internationale Werke und Werbeplakate aus verschiedenen Epochen.

Stadttheater und Stadtbücherei

Stadtbücherei: Kirkkokatu 31, Tel. 03-81 25 11, Mo–Fr 10–20, Sa 10–15 Uhr

Freunde neuerer Architektur sollten unbedingt vom Kunstmuseum über die Kirkkokatu ostwärts gehen: Nach wenigen Schritten sieht man zuerst das 1983 fertiggestellte **Stadttheater** (Pekka Salminen), dann die 1990 gebaute **Stadtbücherei** (Arto Sipinen),

Tausende Sportliche nehmen Ende Februar am Finlandia-Lauf teil

die durch ihre ungewöhnliche räumliche Offenheit besticht. Ohne trennende Wände und erleuchtet durch viele Fenster, von denen keines dem andern gleicht, spricht das Haus die unverkennbare Sprache eines ›freundlichen Funktionalismus‹, die die finnische Architektur heute auszeichnet.

Finnisches Motorradmuseum

Suomen Moottoripyörämuseo, Veistämönkatu 1, Tel. 04 00 71 23 10, www.moottori pyoramuseo.fi, 10 €

Im Finnischen Motorradmuseum finden Freunde motorisierter Zweiräder eine ganze Reihe ausgefallener Modelle und spannende (Motorrad-)Geschichte, weshalb es auch für Nicht-Biker interessant ist. Das 2011 eröffnete Museum ist in einem ehemaligen Trocknungsgebäude für Holz untergebracht. Angeschlossen ist ein Café-Restaurant.

Sportzentrum

Salpausseläkatu, Tel. 03-81 68 16, Aussichtsplattform der Großen Sprungschanze Juni–Aug. Mo–Fr 10–17, Sa, So 11–17 Uhr, das Skimuseum im Schanzenbereich wird im Herbst 2016 wiedereröffnet

Unübertroffen ist der Blick von einer überdachten und einer offenen Aussichtsplattform der 113 m hohen **Großen Sprungschanze** des Sportzentrums, das unübersehbar im Westen der Stadt liegt und von dieser Schanze dominiert wird. Neben dem alles überragenden Betonbauwerk stehen übersichtlich nach Größe gestaffelt die **Mittlere** (90 m) und die **Kleine Schanze** (64 m) aus Stahl sowie drei Trainingsschanzen. Um den Parkplatz gruppieren sich ein Stadion mit Zuschauertribünen, eine Eissporthalle, eine Touristeninformation und ein Café-Restaurant. In der Simulationskabine des **Skimuseums** kann schließlich jeder selbst den virtuellen Sprung in die Tiefe wagen.

Für sportlich Aktive ist das weite Gelände jedoch nicht nur im Winter interessant, denn die **Loipen** der Biathleten und Skilangläufer dienen im Sommer als **Trimm-dich-Pfade** und **Radwanderwege.** Unterhalb der Sprungschanzen und mit diesen durch ei-

Zwischen Hauptstadt und Seenplatte

nen Sessellift verbunden liegt außerdem das schönste **Freibad** der Stadt.

Sibelius-Halle

Sibeliustalo, Ankkurinkatu 7, Tel. 03-814 28 20, www.sibeliustalo.fi, Informationen zu Führungen im Lahti Tourist Office

Ein besonderes architektonisches und vielleicht auch akustisches Erlebnis wartet 2 km nördlich des Zentrums am Vesijärvi, wo man vis-à-vis zu einem Bootshafen die Uferpromenade neu gestaltet und mit der grandiosen Sibelius-Halle geschmückt hat (Architekten: Hannu Tikka und Kimmo Lintulla). Dieser spektakuläre Bau, Sitz der weltbekannten Lahti-Philharmonie, nutzt die Backsteinreste einer alten Möbelfabrik, ist aber im Wesentlichen aus Glas und Holz. Unter den verschiedenen Baukörpern ragt das 1300 Zuhörer fassende Konzerthaus heraus, das weltweit einzige ganz aus Holz errichtete und der größte Holzbau Finnlands der letzten hundert Jahre.

Der dreistöckige ovale Bau gleicht in Form und Material nicht zufällig einer Violine, weshalb er schon als ›Stradivari unter den Konzertsälen‹ gefeiert wurde. Die ästhetische Form ist das eine, die Akustik das andere. Für sie war der amerikanische Experte Russell Johnson zuständig, der u. a. mit 188 beweglichen Türen und riesigen Kunststoffsegeln ein System entwickelte, das das Hören in diesem Raum zu einem unübertroffen homogenen und auf allen Plätzen gleich guten Erlebnis macht.

Konzerte der Lahti-Philharmonie finden in der Zeit von August bis Mai statt, im Hochsommer kann man das Konzerthaus aber auch bei verschiedenen Shows und anderen Veranstaltungen oder im Rahmen geführter Besichtigungen kennenlernen. Außerdem gibt es ein gutes Restaurant mit Sommerterrasse.

Ziele in der Umgebung

Mukkula [8]

Rund 3 km nördlich der Sibelius-Halle befindet sich ebenfalls am Seeufer das Ferienzentrum Mukkula. Rund um ein historisches Gutshotel mit Restaurant wurde dort ein Naherholungsgebiet mit Sommerpavillon, Campingplatz, Badestrand, Bootsanleger und breitem Sportangebot einschließlich entsprechendem Geräteverleih eingerichtet. Wer, vielleicht durch diese kleine Liste neugierig geworden, einen längeren Aufenthalt in Lahti einplant, wird feststellen, dass die Zeit nie reichen wird, das umfangreiche Freizeit- und Kulturangebot richtig auszukosten. Gleich vier Jachthäfen, etliche Hallen- und Freibäder, mehrere Familienparks und Festivals zu jeder Jahreszeit garantieren, dass Langeweile nicht aufkommen kann.

Hollola [9]

Ein anderer lohnender Ausflug führt von Lahti zur alten Gemeinde Hollola, die gleich mit mehreren kulturhistorischen Highlights aufwartet. Hollola erreicht man in rund 20 Minuten, vorbei am Freizeitzentrum Messilä. Der Abstecher ist auch kombinierbar mit einer Tour nach Tampere (s. S. 260) oder um den Päijänne (s. S. 276).

Als wichtigste Sehenswürdigkeit gilt die mittelalterliche **Kirche** von Hollola, eine der größten des Landes. Der Feldsteinbau aus dem 14. Jh. ist der Jungfrau Maria geweiht und trägt an beiden Giebeln Ziegelsteindekorationen. Außerordentlich schön ist auch das Innere der zweischiffigen Kirche mit seinen Gewölben. Beachtung verdienen dort u. a. mehrere mittelalterliche Holzskulpturen, Begräbniswappen, die Emporen und die Kanzel. Neben der Kirche fällt der hohe Glockenturm auf: Er wurde von C. L. Engel entworfen und 1848 fertiggestellt (Mai–Aug. tgl. 11–18 Uhr).

Nahebei gelangt man am 1902 gebauten Restaurant Kunnantupa vorbei zum **Gutshof Pyhäniemi,** der samt einer beachtlichen Kunstsammlung viel historisches Ambiente zeigt. Nicht ohne Grund wurde er schon mehrfach von finnischen Regisseuren als Drehort ausgewählt (Tel. 03-788 14 66, http://pyhaniemenkartano.fi, Juni–Mitte Aug. tgl. 11–18 Uhr, Mitte Aug.–Mitte Sept. nur Sa, So).

Lahti

Infos
Lahti Tourist Office: Aleksanterinkatu 18, P. O. Box 175, 15110 Lahti, Tel. 02 07-28 17 50, www.lahtiguide.fi, Mo–Fr 10–17, Sa, So 9–16 Uhr.

Übernachten
Gehobene Mittelklasse – **Sokos Hotel Seurahuone Lahti:** Aleksanterinkatu 14, Tel. 02-01 23 46 55, www.sokoshotels.fi. Innenstadthotel mit 195 komfortablen Zimmern; mehrere Restaurants, Indoorpool, Fitnesscenter. DZ ca. 150 €.

Außerhalb im Grünen – **Mukkulan Kartanohotelli:** Niemenkatu 30, Tel. 050-356 11 10, www.mukkulankartano.fi. Stilvolle Unterkunft in ehemaligem Herrenhaus am Vesijärvi-See, 5 km nördlich des Zentrums, 17 Zimmer inkl. Suiten, Restaurant, breites Sportangebot. DZ ca. 120 €.

Moderne Bleibe – **Cumulus Lahti:** Vapaudenkatu 24, Tel. 03-81 37 11, www.cumulus.fi. Hotel im Zentrum der Stadt mit 171 bestens ausgestatteten Zimmern, Restaurant, Bar. DZ ab ca. 100 €.

Gutes Preis-Leistungs-Verhältnis – **Kauppahotelli Grand:** Hämeenkatu 4, Tel. 03-544 00, www.avainhotellit.fi. Modernes Haus im Herzen der Stadt, etwas einfallslose Architektur, aber die 87 Zimmer sind komfortabel ausgestattet, Restaurant und Pub. DZ 80–90 €.

Budgetunterkunft – **Hostel Matkakoti Patria:** Vesijärvenkatu 3, Tel. 03-782 37 83, www.matkakotipatria.com. Einfache, aber preisgünstige Unterkunft in Bahnhofsnähe. 15 Zimmer mit TV, Kühlschrank und Waschbecken, allerdings ohne eigene Du/WC. DZ 47 €.

Essen & Trinken
Brauereirestaurant – **Restaurant Taivaanranta:** Rautatiekatu 13, Tel. 0424-92 52 30, www.teerenpeli.com, Mo–Di 11–23, Mi–Fr 11–24, Sa 12–24, So 13–19 Uhr. Interessante Gaststätte über der Minibrauerei Teerenpeli mit umfassender Speisekarte, auf der Rentierfilet ebenso zu finden ist wie Pasta oder Gerichte aus dem Wok (13–26 €); Mo–Fr preisgünstiger Mittagstisch, u. a. mit frischem Fisch. In der Bar hat man einen guten Blick auf die Kessel der Brauerei. Das Unternehmen produziert außer Bier auch Cidre und Malt Whiskey (Besichtigungstouren). Neben Restaurant und Bar gibt es einen Brauereishop mit Produkten des Hauses.

Ländliches Ambiente – **Mukkula:** Ritaniemenkatu 13, Tel. 03-87 41 40. Stimmungsvolles und gutes Restaurant mit Sommerterrasse im Gutshof Mukkula, finnische und internationale Küche. Hauptgerichte 12–24 €.

Gute Regionalküche – **Ravintola Kunnantupa:** Parinpellontie 19, Hollola, Tel. 03-788 15 06, www.kunnantupa.fi, Café tgl. 9–21, Mittagessen Mo–Fr 11–17, traditionelles finnisches Buffet So 11–16 Uhr (22 €). Schönes Holzhaus von 1902 in der Nähe der mittelalterlichen Kirche von Hollola.

Aktiv
Bootsausflüge – Im Sommer finden zahlreiche **Wasserbus- und Sightseeingtouren mit Schiffen** statt, Infos im Lahti Tourist Office oder bei Lahti Blue Lake Tours Oy, Aleksanterinkatu 4, Tel. 03-783 44 00, Juni–Aug. Mo–Fr 9–18, Sa 10–14 Uhr.

Termine
Finlandia-Lauf: Ende Feb. in Hämeenlinna, www.finlandiahiihto.fi.
Internationales Schriftstellertreffen: Mitte Juni, 5-tägiges Fest mit Gedichtmarathon.
Orgelwoche: Ende Juli, Konzerte in den Kirchen der Stadt mit Organisten aus aller Welt.

Verkehr
Bahn: Lahti ist Station an den Hauptlinien Helsinki–Kouvola–St. Petersburg und Helsinki–Kouvola–Kuopio–Oulu; Bahnhof an der Mannerheiminkatu 15, Tel. 03-072 90 00.
Bus: von/nach Helsinki, Tampere und zu allen wichtigen Orten der Seenplatte; Busbahnhof an der Jalkarannantie 1, Tel. 02-00 40 00.
Flüge: Der Flughafen Lahti-Vesivehmaa rund 20 km nördlich der Stadt wird momentan nur von Klein- und Charterflugzeugen genutzt.

Kapitel 2

Westfinnland

Turku ist nicht nur die ehemalige Hauptstadt des Landes, sondern auch der Ort mit dem wichtigsten Sakralbau und außerdem ein bedeutender Sitz von Forschung und Lehre. Erst im Jahre 1812 musste Turku diese Rolle aufgeben, und zwar auf Geheiß des Zaren. Der sah es lieber, dass sein neues Großherzogtum von Helsinki aus verwaltet wurde, das näher bei St. Petersburg lag.

Die Welt der Schären vor Turku, die als breiter Gürtel den Bottnischen Meerbusen von der eigentlichen Ostsee trennt, steht in zwei Nationalparks unter Schutz und bildet eines der schönsten Reiseziele Finnlands. Dazu gehört auch der wundersame Archipel von Åland, der sich äußerst erfolgreich selbst verwaltet. Dieses Inselreich ist geradezu ein Paradies für alle Naturliebhaber, und das zu jeder Jahreszeit.

Der finnische Westen weist traditionell viele Verbindungen zu Schweden auf. Und hoch oben bei Tornio und Haparanda berühren sich schließlich die beiden Länder an der gemeinsamen Grenze. Auf dem Weg dorthin passiert man pittoreske Holzhausstädtchen wie Uusikaupunkki und Rauma sowie lokale Zentren wie Pori, Oulu, Vaasa und Kemi. Die küstennahen Straßen, etwa die sogenannte Sonnenroute, führen durch eine schöne Meereslandschaft mit kleinen Dörfern und pittoresken Küstenorten, immer wieder unverhoffte Blicke auf ausladende Sandstrände mit Dünen bietend.

Weitläufige Sandstrände findet man an vielen Küsten des Bottnischen Meerbusens

Auf einen Blick: Westfinnland

Sehenswert

 Turku: Finnlands ehemalige Hauptstadt ist ein Ort mit langer Geschichte, reicher Kultur, lebendigem Nachtleben und herrlicher Umgebung (s. S. 184).

Naantali: Das traditionsreiche Seebad lockt mit pittoresker Holzarchitektur und einer facettenreichen Gastronomie (s. S. 201).

 Åland-Inseln: Der schwedischsprachige, autonome Archipel zählt zu den großen Naturwundern Nordeuropas und ist auch klimatisch begünstigt (s. S. 205).

 Rauma: Perle an der finnischen Westküste mit Kopfsteinpflasterstraßen und hübschen, bunten Holzhäuschen (s. S. 228).

Schöne Routen

Schärenringstraßen bei Turku: Die einzigartige Wasserlandschaft des 20 000-Insel-Reichs vor Turku lässt sich auf den Schärenringstraßen am besten bereisen. Brücken und Fähren helfen beim Insel-Hopping (s. S. 197).

Großer Postweg: Der zur Zeit der Schwedenherrschaft eingerichtete historische Weg verbindet Turku mit den Inseln des Åland-Archipels und Schweden (s. S. 199, 222).

Auf der Sonnenroute nach Norden: Von Turku bis Oulu verläuft die Sonnenroute in Küstennähe. Immer wieder zweigen Nebenstrecken wie die reizvolle ›Straße der sieben Brücken‹ in die Schärenwelt ab (s. S. 233, 243).

Unsere Tipps

Festung Bomarsund: Obwohl vom geplanten russischen ›Gibraltar des Nordens‹ nur Ruinen erhalten sind, beeindruckt ein Besuch der Festungsanlagen ungemein (s. S. 217).

Jazzfestival in Pori: Die größte und wichtigste Jazzveranstaltung Skandinaviens mit über 700 Musikern aus aller Welt (s. S. 235).

Übernachtung im Leuchtturm: In etlichen Leuchttürmen an der finnischen Westküste kann man übernachten, z. B. Kylmäpihlaja (s. S. 244).

Eiskreuzfahrt und Eishotel in Kemi: Im Winter startet der Eisbrecher »Sampo« zu Fahrten in die zugefrorene Ostsee. Danach kann man im Snow Castle nächtigen (s. S. 251).

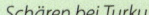

Aktiv

Mit dem Fahrrad über die Schären: Die Turku vorgelagerte Inselwelt bietet Radlern mit verkehrsarmen Landstraßen und eigens eingerichteten Fahrradfähren beste Bedingungen (s. S. 199).

Angeln im Åland-Archipel: Wegen ihres Fischreichtums und der guten Infrastruktur genießen die Åland-Inseln bei Sportanglern fast schon legendären Ruf (s. S. 214).

Rafting auf dem Tornionjoki: Nach vorheriger intensiver Einweisung meistert man in Gummiflößen die Stromschnellen Kukkolankoski und Matkakoski (s. S. 254).

Schären bei Turku

Turku (Åbo) und Umgebung

Die Mündung des Aurajoki im Südwesten des Landes wird von einer trutzig-grauen Burg bewacht. Knapp 3 km flussaufwärts erhebt sich der Turm des altehrwürdigen Doms, des bedeutendsten des Landes. Zwischen diesen Fixpunkten breitet sich die Universitätsstadt Turku (Åbo) aus, die sich lebhaft, jung und charmant gibt. Umgeben ist sie von 20 000 Inseln und Schären, reichen Landgemeinden und pittoresken Seebädern.

⭐ Turku (Åbo) ▶ 1, D 7

Cityplan: S. 188

Nachdem 1827 ein Großfeuer fünf Sechstel der Holzhausstadt in Schutt und Asche gelegt hatte, wurde C. L. Engel mit dem Wiederaufbau Turkus, einst Hauptstadt, beauftragt. Wie schon in Helsinki entwarf er eine moderne, durch gleichmäßige Planquadrate gegliederte Stadt. Im 19. und 20. Jh. bewahrte die Industrialisierung Turku vor dem Abstieg in die Bedeutungslosigkeit. Baumwollspinnereien sowie Zucker- und Tabakfabriken sorgten für Arbeitsplätze, und die Verlegung des Hafens an die Mündung des Aurajoki legte den Grundstein für eine florierende Schiffsbauindustrie: Bereits Ende des 19. Jh. liefen in der neuen Werft die ersten Eisbrecher vom Stapel.

Nach der finnischen Unabhängigkeit kehrten auch Forschung und Lehre an ihren angestammten Platz zurück, 1919 öffnete die Åbo akademi ihre Pforten wieder, bis heute die einzige schwedischsprachige Universität des Landes. 1922 entstand die finnischsprachige Hochschule Turun yliopisto. Heute liegt die einst bei Weitem größte Stadt des Landes mit 183 000 Einwohnern in der Bevölkerungsstatistik nach Helsinki, Espoo, Tampere und Vantaa auf dem fünften Platz. Da ein Fünftel der Einwohner aber Schüler und Studenten sind, präsentiert sich Turku, das 2011 Europäische Kulturhauptstadt war, ausgesprochen jung und quirlig.

Rund um die Turkuer Burg

Die meisten ausländischen Besucher erreichen Turku an Bord einer Ostseefähre aus Schweden bzw. von den Åland-Inseln. Schon viele Seemeilen vor der Stadt werden die riesigen Schiffe in der atemberaubenden Schärenlandschaft wegen der vielen natürlichen Hindernisse zu einer Zickzacklinie gezwungen. Vor den **Fährterminals** 1 von Tallink Silja und Viking, wo auch viele Sightseeing- und Überlandbusse sowie die Linie 1 zum Markt bzw. Flughafen starten, gibt es ausreichend Parkplätze. Die erste Sehenswürdigkeit wartet ohnehin gleich vis-à-vis: die Burg Turun linna.

Turun linna 2

Linnankatu 80, Tel. 02-262 03 00, www.museumcentreturku.fi, Di–So 10–18 Uhr, Erw. 9 €

Sie ist die älteste mittelalterliche Burg des Landes und außerdem als wichtigster schwedischer Brückenkopf in Südfinnland eng mit der Geschichte beider Länder verknüpft. 1280 errichtete man auf einer Schäre in der Flussmündung des Aurajoki ein Lagerkastell, von dem aus die Hafeneinfahrt vorzüglich zu kontrollieren war. Im Laufe der Zeit wurde die Anlage immer wieder erweitert und modernisiert, genauso oft allerdings auch von Feinden und Bränden verwüstet. 13 Könige residier-

Älteste mittelalterliche Burg des Landes: Turun linna

Turku (Åbo) und Umgebung

ten hier während ihrer Besuche in der Provinz, wobei die Epoche unter Herzog Johan die glanzvollste war. Er ließ 1570–1590 die südliche Vorburg anfügen und versuchte, das düstere, mittelalterliche Gemäuer in ein Renaissance-Prunkschloss für sich und seine polnische Gemahlin Katharina Jagellonica zu verwandeln. Der einstige Glanz verblasste in späterer Zeit zusehends, und bald war die Burg außerdem zu veraltet, um im Zeitalter der Kanonen noch als ernst zu nehmende Festung genutzt zu werden. 1614 brach ein verheerender Brand ausgerechnet zu dem Zeitpunkt aus, als Gustav II. Adolf zu Besuch war. Der große Feldherr des Dreißigjährigen Krieges konnte damals den Flammen nur mit knapper Not entkommen. Das letzte Zerstörungswerk verrichteten die Bombardierung und der anschließende Brand im Jahre 1941. Um das Kulturdenkmal zu retten, war deshalb eine umfassende Restaurierung notwendig, die erst in den 1980er-Jahren abgeschlossen werden konnte.

Heute beherbergt die Festung das **Historische Museum,** das außer den Räumlichkeiten Exponate der Frühgeschichte sowie mittelalterliche und neuzeitliche Möbel, Textilien, Glaswaren, Münzen, Waffen, Feuerwehrutensilien und Spielzeug zeigt. Außerdem finden in der Burg regelmäßig Wechselausstellungen und Konzerte statt. Besuchern steht neben einem Café auch ein Souvenirshop zur Verfügung, in dem man u. a. ein Märchen des finnlandschwedischen Dichters Zacharias Topelius (1818–1898) auch in einer deutschen Ausgabe (›Das Wichtelmännchen im Åboer Schloss‹) kaufen kann – der ideale Begleiter einer Burgbesichtigung mit Kindern.

Forum Marinum 3

Linnankatu 72, Tel. 02-282 95 11, www.forum-marinum.fi, Mai–Sept. tgl. 11–19, sonst Di–So 11–19 Uhr, Besichtigung der Museumsschiffe Juni–Aug. 11–19 Uhr, Erw. 8 €, Museumsschiffe zusätzlich jeweils 6 €, Kombitickets erhältlich

Wer von der Burg zur Stadtmitte zu Fuß gehen möchte, muss eine Entfernung von rund 2,5 km zurücklegen. Dazu nimmt man am einfachsten die Linnankatu (E 18), die parallel zum Aurajoki verläuft, vorbei an einigen alten Hafengebäuden, die in jüngerer Zeit zu neuem Leben erwacht sind. Größte Attraktion ist hier das Forum Marinum.

Das große, 1894 errichtete Magazingebäude dient seit 2002 als zentrale Ausstellungshalle, in der multimedial über die Seefahrt informiert wird. Ständige und wechselnde Ausstellungen, Boote, Modelle, Dokumente, Waffen und Kostüme geben Einblick in die Welt der finnischen Marine, des Küstenschutzes und des Lotsenwesens. Weitere Ausstellungsräume und eine schöne Cafeteria sind in einem ehemaligen Warenhaus aus den 1930er-Jahren untergebracht.

Museumsschiffe

Vor dem Forum liegt eine beachtliche Museumsflotte auf Reede. Am ältesten ist die schwarz gestrichene hölzerne Dreimastbark namens »**Sigyn**«, die 1887 in Göteborg vom Stapel lief. Lange Zeit befuhr der elegante Segler unter schwedischer Flagge die Weltmeere bis nach Indochina und Südamerika. 1927 wurde die »Sigyn« in die åländische Seglerflotte eingereiht und für den Holztransport in Nord- und Ostsee benutzt. Vor dem Abwracken wurde sie 1939 bewahrt, weil die schwedische Universität das 500-Tonnen-Schiff erwarb und sorgfältig restaurierte. Interessierten hat die »Sigyn«, in deren Innerem es immer noch nach feuchtem Holz und Teer riecht, also viel von der Seefahrt zu erzählen.

Der stählerne Großsegler »**Suomen joutsen**« (Finnischer Schwan) lief 1902 im bretonischen St. Nazaire als Frachtschiff Laennec vom Stapel und wurde in den 1920er-Jahren nach Deutschland verkauft, von wo aus er als Oldenburg die Weltmeere befuhr. 1930 erwarb die finnische Kriegsmarine die Fregatte und setzte sie als Schulschiff ein. Seit Anfang der 1960er-Jahre dient der »Finnische Schwan« als Museum.

Bei den beiden neueren Schiffen handelt es sich um den 1958 gebauten Minenleger »**Keihässalmi**«, eine der ersten Anschaffungen der Marine nach dem Krieg, und um das Kanonenboot »**Karjala**«.

Turku (Åbo)

Stadtfähre Föri und Dampfschiff »S/S Ukkopekka«

Wer auf Höhe des Forum Marinum auf die andere Flussseite übersetzen möchte, kann das an Bord der kostenlosen **Stadtfähre Föri** tun. Jahrzehntelang brachte sie die Arbeiter der Schiffswerft Wärtsilä über den Fluss, heute steht sie in Diensten des Museums.

In unmittelbarer Nähe befinden sich auch Anlegestellen für Jachten, Wasserbusse und das historische Dampfschiff **»S/S Ukkopekka«** 1 , das in der Saison zu Ausflugsfahrten in die Schärenwelt oder nach Naantali startet (www.ukkopekka.fi).

Stadtviertel Port Arthur

Nördlich des Flusses und der Linnankatu stößt man auf einen Stadtteil mit dem merkwürdigen Namen Port Arthur, dessen Chausseen von eingeschossigen, lang gestreckten Holzhäusern gesäumt werden. Die charakteristische Bebauung ist besonders gut in der Puutarhakatu erhalten. Das Quartier entstand zur Zeit des russisch-japanischen Krieges (1904/05), in dem das Zarenreich seine Kolonie, die mandschurische Hafenstadt Port Arthur, heute Lü-ta, verlor. Der Turkuer Stadtteil konnte dafür natürlich nur symbolisch ein Ersatz sein, vielleicht aber erklärt sich der Name auch aus dem Umstand, dass einige am Krieg beteiligte Soldaten hier angesiedelt wurden.

Überragt wird das Viertel vom Turm der neugotischen **Michaelskirche** 4 (Mikaelin kirkko), die 1899–1905 nach Plänen von Lars Sonck gebaut wurde.

Logomo 5
Köydenpunojankatu 14, www.logomo.fi,
Tel. 010 322 49 90

Nahe dem Hauptbahnhof liegt Logomo, ein ehemaliger Werkstattkomplex der Bahn und seit 2011 eines der spannendsten Kulturzentren Nordeuropas. Inmitten eines eindrucksvollen Industriemilieus finden Ausstellungen und Kulturevents statt – von Musicals bis zu Ballett. Neben dem Herzstück des Komplexes, dem technisch sehr wandelbaren Konzertsaal, gibt es ein Kino und ein Restaurant.

Kunstmuseum 6
Turun taidemuseo, Aurakatu 26,
Tel. 02-262 71 00, www.turuntaidemuseo.fi,
Di–Fr 11–19, Sa, So 11–17 Uhr, Museumsshop,
Café, Erw. 9 €

Noch etwas weiter südlich gelangt man zum Kunstmuseum, das 1904 errichtet wurde. Der auffällige nationalromantische Bau beherbergt die zweitgrößte Sammlung finnischer Kunst vom 19. Jh. bis zur Avantgarde, darunter Gemälde, Plastiken und Graphik. Immer wieder überrascht das Museum durch Wechselausstellungen von höchstem Niveau. Vor dem Museum stehen einige Plastiken von Väinö Aaltonen sowie die Skulptur »Fliegende Schwäne« von Jussi Mäntynen.

Rund um den Kauppatori

Auf dem großen und lebhaften **Marktplatz** (Kauppatori), der auf C. L. Engels Stadtplanung zurückgeht, ist immer am meisten los. Vor allem im Sommer, wenn das bunte Treiben bis weit in den Nachmittag andauert, drängen sich Einheimische und Touristen zwischen den Ständen des **Marktes** 1 , auf denen Obst und Gemüse, Beeren, Rosinenwurst und Schärenbrot, Blumen und Pilze, aber auch Schuhe, Bücher und Secondhandtextilien verkauft werden, nicht selten begleitet von Volks- oder Rockmusik.

Im Westen wird der Marktplatz vom **Hansaviertel** begrenzt, einem interessanten Ensemble von z. T. alten Geschäftshäusern, die durch moderne Bauabschnitte miteinander verbunden sind.

Orthodoxe Kirche 7
Im Sommer tgl. 10–15 Uhr

Einer der vornehmsten Bauten am Marktplatz trägt die Handschrift C. L. Engels: die Orthodoxe Kirche von 1846, ein neoklassizistischer Bau mit grüner Kuppel und dorischen Säulen. Das letzte Werk des berühmten Architekten kann auch als seine Stein gewordene Verbeugung vor dem russischen Zaren gesehen werden: Ein orthodoxer Tempel ist an dieser zentralen Stelle im lutherischen Turku jedenfalls ungewöhnlich. Geweiht ist

Turku

Sehenswert
1. Fährterminals
2. Turun linna (Burg)
3. Forum Marinum/ Museumsschiffe
4. Michaelskirche
5. Logomo
6. Kunstmuseum
7. Orthodoxe Kirche
8. Schwedisches Theater
9. Apothekenmuseum
10. Bibliothek
11. Domkirche
12. Sibelius-Museum
13. Museum Ett hem
14. Schwedische Universität
15. Kulturzentrum
16. Aboa Vetus & Ars Nova
17. Handwerksmuseum Luostarinmäki
18. Biologisches Museum
19. Väinö-Aaltonen-Museum
20. Auferstehungskapelle
21. Kylämäki Village

Übernachten
1. Park Hotel
2. Scandic Hotel Julia
3. Centro Hotel
4. Radisson Blu Marina Palace Hotel
5. Hotel Seaport
6. Bed & Breakfast Tuure
7. Laivahostel Borea

Essen & Trinken
1. Brahen Kellari
2. Panimoravintola Koulu
3. Vaakahuone Pavilion
4. Cindyn Salonki
5. Ravintola Harald
6. Mami

Einkaufen
1. Markt
2. Markthalle

Abends & Nachts
1. Old Bank
2. Blanko
3. Uusi Apteekki
4. Puutorin Vessa

Aktiv
1. Dampfschiff »S/S Ukkopekka«
2. Holiday Club Caribia

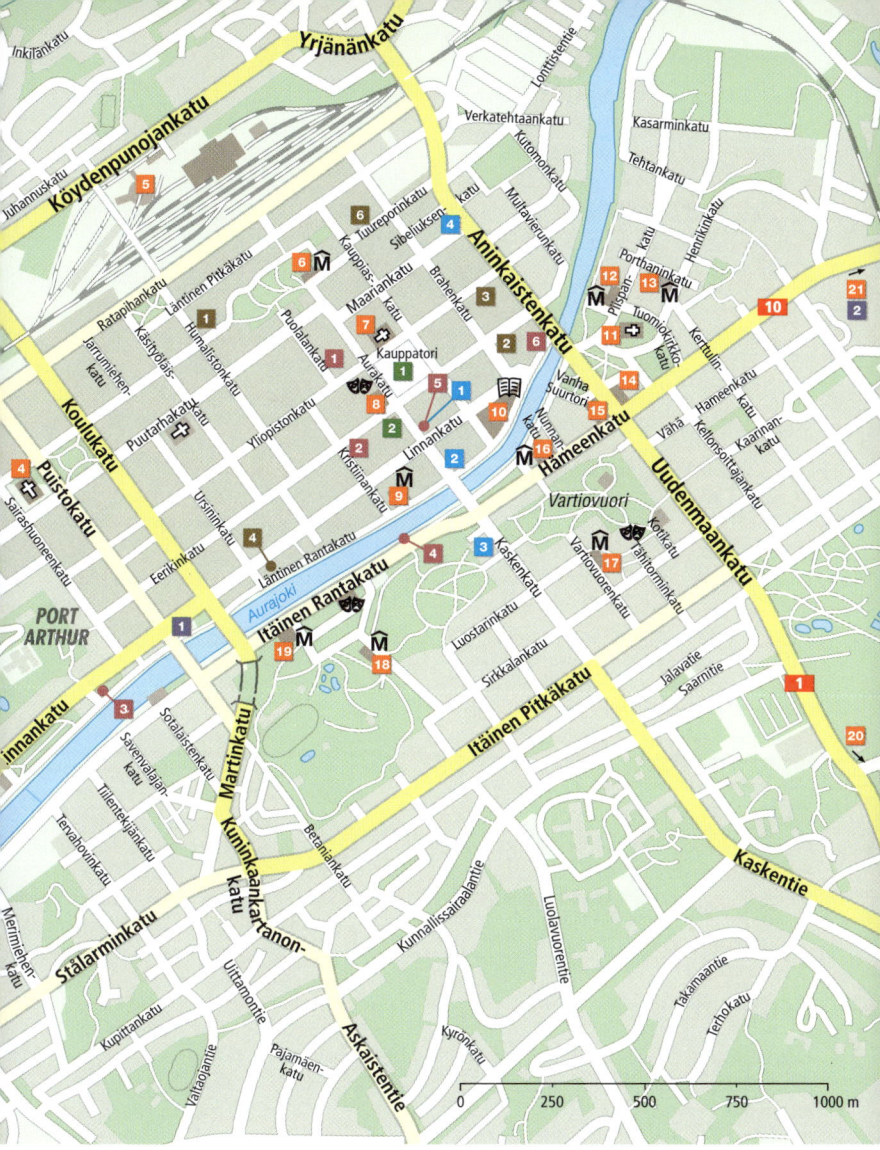

er der hl. Alexandra, der Namenspatronin seines Bauherrn und Auftraggebers.

Schwedisches Theater und Markthalle

An der Ecke zur Eerikinkatu erhebt sich das 1838 errichtete, palastartige **Schwedische Theater** 8 und auf der anderen Straßenseite sieht man die 100-jährige **Markthalle** 2 aus Backstein. Dieses hübsche Gebäude, das ohne weiteres auch im alten Pariser Hallenviertel stehen könnte, bietet in seinem Inneren ein charmantes Ambiente, wo man sich an altmodischen Holzständen mit kulinarischen Spezereien aller Art eindecken kann, seien es Rentierfleisch oder baltische Heringe,

Turku (Åbo) und Umgebung

Moltebeeren, Shiitake oder Räucherlachs. Natürlich darf auch eine Turkuer Spezialität nicht fehlen: Würste mit Graupen und Rosinen.

Apothekenmuseum 9
Läntinen rantakatu 13, Tel. 02-262 02 80, Mai–Mitte Sept. Di–So 10–18, sonst Di–So 10–15 Uhr, Erw. 4,50 €
Von der Markthalle spaziert man zum Ufer des Aurajoki und stößt dort auf das rostrote Apothekenmuseum. Untergebracht ist es in einem um 1700 erbauten Holzhaus, dem ältesten der Innenstadt. Das Museum zeigt eine komplette Apotheke mit Lager und Labor sowie eine restaurierte großbürgerliche Wohnung des 18. Jh. samt Innenhof mit Stall.

Bibliothek 10
Turun kaupunginkirjasto, Linnankatu 2
Hinter der alten Apotheke steht das repräsentative Stadthaus von 1810, einen Block weiter stellt die neue Bibliothek einen markanten Blickfang dar. Das 2007 eingeweihte Betongebäude beeindruckt besonders nach Einbruch der Dunkelheit, wenn man durch die riesigen Fensterflächen in das erleuchtete Innere schauen kann. Davor erstreckt sich zum Flussufer ein parkähnliches Gelände, in dem im Sommer reges Treiben herrscht. Bereits Zar Alexander I. hatte 1809 an dieser Stelle die Uferterrasse zu einem Kaiserzartz genutzt. Der Aurajoki ist mit seiner sanften Biegung und der Brücke Auransilta besonders idyllisch.

Zentrum

Domkirche 11
Tuomiokirkko mit Dommuseum, Tuomiokirkkotori 20, Tel. 02-261 71 00, www.turunseurakunnat.fi, im Sommer tgl. 9–20, im Winter 9–18 Uhr, Museum Erw. 2 €
Über die Dombrücke gelangt man auf die andere Flussseite, wo sich unübersehbar die Domkirche, das Wahrzeichen der Stadt und Finnlands Nationalheiligtum, erhebt. Der spätere Sitz des finnischen Erzbischofs der lutherischen Kirche wurde in den Jahren 1229–1300 erbaut, doch befand sich hier bereits eine Holzkirche, als im 12. Jh. der schwedische Bischof Henrik die Christianisierung des Landes vorantrieb. Da alle bedeutenden Bischöfe des Mittelalters den Dom erweiterten und zudem Brände immer wieder Restaurierungsarbeiten notwendig machten, ist die Baugeschichte äußerst kompliziert. Dazu beigetragen haben auch viele Zerstörungen: 1318 verwüsteten Russen den Dom, 1509 plünderten und brandschatzten die Dänen die Kirche, und im 18. Jh. fielen erneut russische Soldaten ein, die auch die Gebeine des hl. Henrik entführten. Zuletzt vernichtete 1827 ein Brand die Innenausstattung, die Dächer und den Turm völlig.

In einem schwarzen Marmorsarkophag werden die sterblichen Überreste von Karin Månsdotter aufbewahrt, der einzigen aus Finnland stammenden Königin. In anderen Kapellen sieht man die Grabstätten von Bischöfen und Akteuren des Dreißigjährigen Krieges, insbesondere der Marschälle Åke Tott und Evert Horn, des schottischen Oberst Samuel Cockburn und die von Torsten Stålhandske, dem Oberbefehlshaber der berüchtigten Hakkapeliten (von finn.: *hakka päälle* = hau drauf!) und einem der grausamsten Soldaten des Krieges. Im 19. Jh. fertigte der russischstämmige Künstler Wladimir Swertschkof Glasmalereien an, die u. a. diese Kriegshelden darstellen.

Von der Südgalerie des Doms gelangt man ins **Dommuseum** mit vielen Exponaten aus den verschiedenen Phasen der Kirchengeschichte, darunter mittelalterliche Holzstatuen und rituelle Gegenstände.

Geht man um das 88 m lange Bauwerk herum, stößt man auf ein Denkmal, das an den Reformator Mikael Olavi Agricola (1508–1557) erinnert. Seine Übersetzung des Neuen Testaments war 1548 das erste in finnischer Sprache gedruckte Buch. Der Luther-Schüler machte zwar den Turkuer Dom zum Schauplatz der finnischen Reformation, ist allerdings im heute russischen Wyborg beigesetzt.

Sibelius-Museum 12
Piispankatu 17, Tel. 02-215 44 94, www.sibeliusmuseum.abo.fi, Di–So 11–16 Uhr, Mi z. T. ab 19 Uhr Konzerte (s. Website), Erw. 4 €

Turku (Åbo)

Glasfenster im Dom erinnern an die einzige aus Finnland stammende Königin Karin Månsdotter

Unmittelbar nördlich der Kirche, an der Piispankatu, befindet sich das Sibelius-Museum. Begleitet von eingespielter Musik, sieht man originale Notenschriften und Instrumente von Jean Sibelius, dem bekanntesten finnischen Komponisten. Daneben wird eine Sammlung von über 350 Musikinstrumenten aus der ganzen Welt präsentiert. Im kleinen Konzertsaal werden regelmäßig Werke von Sibelius aufgeführt. Hinter dem modernen Bau erstreckt sich zum Fluss hin ein schöner Park.

Museum Ett hem [13]
Piispankatu 14, Tel. 020 786 14 70, http://etthem.fi, Mai–Sept. Di, Fr 11–16, Mi, Do, Sa, So 12–15, Dez.–10. Jan. tgl. 12–15, sonst im Jan. Sa, So 12–15 Uhr, Erw. 4 €
Gegenüber dem Sibelius-Museum fällt ein gelb gestrichenes Bürgerhaus mit weißen Fenstereinfassungen und Säulchen auf. Dieser Holzbau beherbergt ein Museum mit dem schlichten Namen Ett hem (ein Heim), das mit einer original erhaltenen Wohnung aus den 30er-Jahren des 19. Jh. samt Kunstwerken und Möbeln aufwartet. Fast sieht es so aus, als könnten die ehemaligen Hausherren – Vizekonsul Alfred Jacobsson und seine Gattin Hélène – jederzeit wieder durch die Türe hereinspazieren.

Schwedische Universität [14]
Im Südosten liegt gegenüber dem Dom die Schwedische Universität, die bereits im 17. Jh. gegründet wurde. Die gelb-weißen Bauten stammen allerdings aus späterer Zeit: Das alte Hauptgebäude der Åbo akademi entstand 1802–1815, und in das südlich gelegene Haus, in dem ursprünglich eine Konditorei untergebracht war, zog die Universität bei ihrer Rückkehr 1919 nach Ende der zaristischen Zeit ein. In dem kleinen Park südlich der Domtreppe sieht man eine Bronzestatue des Schweden Per Brahe, der 1637–1654 Statthalter in Finn-

Turku (Åbo) und Umgebung

Neben modernen Bauten gibt es in Turku gut erhaltene Holzhäuser, z. B. im Universitätsviertel

land war und sich u. a. durch die Gründung der Universität um Turku verdient gemacht hat. Wie das Domviertel vor dem Brand von 1827 aussah, wird auf einer Ansicht unweit der Plastik deutlich.

Rund um den Alten Markt

Jenseits der breiten Aninkaistenkatu gruppieren sich vier denkmalgeschützte Häuser um den **Alten Markt** (Vanha suurtori). Zu den ständigen Einrichtungen des **Kulturzentrums** 15 gehören eine Bibliothek, ein internationales Begegnungszentrum, ein Kinderkulturzentrum und ein Ticketservice für Kulturveranstaltungen in ganz Finnland. Seine einstige Funktion erhält der Alte Markt an den Adventssonntagen zurück, wenn ein weithin bekannter Weihnachtsmarkt im traditionellen Stil abgehalten wird. An Heiligabend versammelt sich hier um 12 Uhr Turkus Bevölkerung vor dem Balkon des Brinkkala-Hauses, um der öffentlichen Verkündung des Weihnachtsfriedens (auf Finnisch und Schwedisch) beizuwohnen, eine Tradition, die sich ununterbrochen vom Mittelalter bis zum heutigen Tag fortgesetzt hat.

Aboa Vetus & Ars Nova 16

Itäinen rantakatu 4–6, Tel. 02 07-18 16 40, www.aboavetusarsnova.fi, tgl. 11–19 Uhr, Erw. 9 €

Nur einen Steinwurf weiter warten an der Nunnankatu zwei Museen der besonderen Art: Aboa Vetus & Ars Nova. Im 1995 eingerichteten **Aboa Vetus** geht es bis zu 7 m in den Turkuer Untergrund hinab, wo Archäologen bei Ausgrabungen mittelalterliche Gassen und Kellerräume freigelegt haben. Diese fungieren nun als Ausstellungsräume einer archäologisch-historischen Sammlung, die einen spannenden Einblick in das mittelalterliche Stadtleben ermöglicht. Oberirdisch setzt im angrenzenden Rettigskapalast das Museum für Gegenwartskunst, **Ars Nova,** einen modernen Kontrapunkt. Beide Museen verfügen über eine vorzügliche multimediale Ausrüstung, die es Besuchern leicht macht, sich selbständig zu informieren. Auch und gerade Kinder wer-

Turku (Åbo)

den ihren Spaß haben, wenn sie auf einem Abenteuerrundgang unter Anleitung eines Archäologen spielerisch in Aboa Vetus herumgeführt werden und auf Schatzsuche gehen können. Der gut bestückte Museumsladen und das angenehme Café – im Sommer mit Terrasse im Innenhof – komplettieren das Angebot.

Südlich des Aurajoki

Südlich des Flusses hat Turku hauptsächlich ein grünes Gepräge. So ist der von einem Wasserturm bekrönte Hügel **Vartiovuori** (Wachtberg) von einem großen Park bedeckt, an den sich flussabwärts weitere anschließen. Das harmonische Kuppelgebäude, das zwischen den Bäumen auftaucht, stammt aus dem Jahr 1819 und wurde von C. L. Engel als **Sternwarte** entworfen. Quer durch den Park, in dem sich auch die Freiluftbühne des **Sommertheaters** befindet, geht es zu einem der meistfrequentierten Ausflugsziele von Turku, dem Handwerksmuseum Luostarinmäki.

Handwerksmuseum Luostarinmäki [17]

Luostarinmäen käsityöläismuseoki, Vartiovuorenkatu 2, Tel. 02-262 03 50, Mai–Mitte Sept. tgl. 10–18, sonst Di–So 10–16 Uhr, Erw. 6 €

Bei diesem Museum handelt es sich um einen ganzen Stadtteil mit Handwerker- und Arbeiterhäusern aus dem 18. Jh., der als einziger den großen Brand von 1827 unbeschadet überstand. Im 20. Jh. verfielen die hutzeligen Holzhäuschen immer mehr und standen schließlich fast sämtlich leer – kein Wunder, denn was Besuchern heute pittoresk oder idyllisch erscheint, bedeutete in der Realität ein primitives und beengtes Leben. In Turku erkannte man jedoch den kulturhistorischen Wert dieses Quartiers und setzte es liebevoll instand. Und bereits 1940 waren die meisten Kleinbetriebe – Blechschmiede, Webereien, Optiker, Perückenmacher und Tabakmanufaktur – wieder orginalgetreu eingerichtet. Dass es im alten Handwerkerdorf recht lebendig zugeht, liegt daran, dass in den Sommermonaten – besonders während der Ende August stattfindenden Handwerkswoche – zahlreiche Meister und Gesellen Demonstrationen ihres Könnens geben und im Viertel wie in früheren Zeiten geklöppelt, gesponnen, getöpfert und sonstwie gewerkelt wird. Anschaulicher als jedes Geschichtsbuch erzählt das Museum vom alten Turku, auch von den politischen Umständen der damaligen Zeit. In der Druckerei kann man sich in einer Ausgabe der »Göteborger Handels- und Seefahrtszeitung« vom 24. Januar 1905 die von den Russen mit schwarzen Balken zensierten Seiten anschauen. Unfreiwillig komisch: Die des Schwedischen unkundigen Beamten machten die harmlosesten Nachrichten unleserlich, während die durchaus kritische Berichterstattung über den russisch-japanischen Krieg ihrem scharfen Auge entging.

Ins Grüne

Der schönste Weg vom Handwerksmuseum zum Flussufer zurück führt durch die Grünanlage **Samppalinnanvuorti.** Für das sportliche und kulturelle Leben Turkus ist der Hügel eine feste Adresse. Hier befinden sich das 1960 gegründete **Sommertheater** an der alten Windmühle, das großzügige Freibad und das Stadion, in dem der wohl berühmteste Sohn der Stadt, Paavo Nurmi, seine ersten Rekorde lief.

Biologisches Museum [18]

Biologinen museo, Neitsytpolku 1, Tel. 02-262 03 40, Di–So 9–17 Uhr, Erw. 4,50 €

In einem kleinen Wäldchen am Rande des Sportparks liegt das Biologische Museum, ein schönes, eigens als Museum erbautes Jugendstilhaus aus dem Jahr 1907. Es zeigt eine repräsentative Sammlung einheimischer Tiere und Pflanzen aus Gegenden von der südfinnischen Schärenküste bis hinauf nach Lappland, wobei liebevoll gestaltete Dioramen auch die natürliche Umgebung der etwa 30 ausgestopften Säugetiere und rund 150 Vögel darstellen.

Turku (Åbo) und Umgebung

Väinö-Aaltonen-Museum [19]
Itäinen rantakatu 38, Tel. 02-262 08 50, www.wam.fi, Di–So 11–18 Uhr, Erw. 7 €
Unterhalb des Hügels stößt man am Flussufer auf einige moderne Bauten, so z. B. auf das Stadttheater mit dem Freiheitsplatz und etwas weiter flussabwärts auf das Väinö-Aaltonen-Museum, einen 1967 eröffneten Bau des finnischen Architektenpaares Irma und Matti Aaltonen. Der Künstler (1894–1966), der aus der Umgebung der Stadt stammte, ist der bekannteste finnische Bildhauer und schuf im ganzen Land Bronze- und Steinskulpturen im naturalistischen, aber auch im abstrakt-kubistischen Stil. Sein wohl berühmtestes Werk zeigt den Wunderläufer Paavo Nurmi und steht ein Stückchen weiter nördlich an der Brücke Auransilta; ein weiterer Abguss ziert den Platz vor dem Olympiastadion in Helsinki (s. S. 41). Neben einer Dokumentation von Aaltonens künstlerischem Werdegang werden im Museum auch andere Werke – meist Skulpturen – der neueren finnischen Kunst gezeigt sowie Wechselausstellungen veranstaltet; außerdem finden Konzerte statt.

Außenbezirke

Außerhalb des eigentlichen Zentrums dehnt sich Turku in alle Richtungen aus. Hier findet man Industrie- und Sportanlagen, Messezentren und die Handelshochschule, den Flughafen und den Frachthafen, Hightechunternehmen und Wissenschaftskomplexe, die die aussagekräftigen Namen BioCity, DataCity und ElektroCity tragen. Besonders wenn das Wetter kalt und regnerisch ist und vor allem für Familien mit Kindern bietet sich ein Besuch des **Holiday Club Caribia** [2] an, ein Themenbad im karibischen Stil.

Auferstehungskapelle [20]
Ylösnousemuskappeli, Uppståndelsekappellet, Hautausmaantie 21, www.turunseurakunnat.fi/portal/en (> Churches and Chapels)
Weiter im Südosten liegt ein für Architekturinteressierte unverzichtbares Besichtigungsziel. Dort befindet sich auf der Anhöhe des Hauptfriedhofs (Turun hautausmaa) eines der Hauptwerke von Erik Bryggman: die 1939–1941 erbaute Auferstehungskapelle. Der Komplex besteht aus einem separaten Glockenturm und einer Kapelle, die durch eine Passage mit einer Leichenhalle verbunden ist. Durch seine asymmetrische Raumwirkung, den indirekten Lichteinfall und die schlichte, weiße Wandgestaltung wurde das Gotteshaus zu einem Meilenstein der moderneren finnischen Baukunst.

Kylämäki Village [21]
Kurala, Jaanintie 45, Tel. 02-262 04 20, www.turku.fi/en/kylamakivillage, freier Eintritt
Ein lohnender Ausflug führt zu den Bauernhöfen von Kylämäki in Kurala am östlichen Stadtrand von Turku. Hier können sich die Besucher mithilfe der ›Museumsbewohner‹, die unterschiedliche Handwerkskünste und Tätigkeiten vorführen und erläutern, in das Leben auf einem Bauernhof in den 1950er-Jahren zurückversetzen lassen.

Infos
Turku TouRing: Aurakatu 2, 20100 Turku, Tel. 02-262 74 44, www.visitturku.fi, Mo–Fr 8.30–18, Sa, So 9–16, Okt.–März 10–15 Uhr.

Übernachten
Jugendstilvilla im Grünen – **Park Hotel** [1] : Rauhankatu 1, Tel. 02-273 25 55, www.parkhotelturku.fi. Schöner Jugendstilbau (1902), ruhig am Puolala-Park und in Gehweite zu Markt und Dom gelegen, 21 unterschiedlich eingerichtete, komfortable Zimmer und Suiten, gepflegter Garten, im 3. Stock Lounge mit kleiner Bibliothek, Billard und Kamin, gediegen-englisch eingerichtet. DZ 125–165 €.
Gute Lage – **Scandic Hotel Julia** [2] : Eerikinkatu 4, Tel. 02-33 60 00, www.scandichotels.com. 155-Zimmer-Herberge, eine der besten Adressen der Stadt, günstig zwischen Markt und Dom gelegen, mit gutem Bistro-Restaurant. DZ ab 130 €.
Zentrales Stadthotel – **Centro Hotel** [3] : Yliopistonkatu 12a, Tel. 02-211 81 00, www.centrohotel.com. Solides, modernes Haus nahe

Turku (Åbo)

dem Markt, 62 Zimmer, Familienzimmer und Suiten, Sauna, Frühstücksraum. DZ ab 110 €.

Großhotel am Wasser – Radisson Blu Marina Palace Hotel 4 : Linnankatu 32, Tel. 020-123 47 10, www.radissonblu.com. Unter den großen, internationalen Hotels das beste Haus am Platz, zentral und mit Blick auf den Aurajoki, 184 Zimmer und Suiten, Gourmetrestaurant und Bar, gutes Frühstücksbuffet, mehrere Saunas, Fitnessstudio. DZ ab 102 €.

An den Fährterminals – Hotel Seaport 5 : Passenger Harbour, Tel. 02-283 30 00, www.hotelseaport.fi. Zu einem Hotel umgebautes Backsteinpackhaus direkt am Fährhafen, 78 modern ausgestattete Zimmer, Restaurant, Bar; ideal für späte Ankunft bzw. frühe Abfahrt mit der Fähre, aber ziemlich weit vom Zentrum entfernt. DZ ab 89 €.

Familiäre Pension – Bed & Breakfast Tuure 6 : Tureporinkatu 17 C (2. Stock), Tel. 02-233 02 30, http://www.netti.fi/~tuure2/en. Angenehme Unterkunft nahe dem Bahnhof, 15 Einzel-, Doppel- und Mehrbettzimmer ohne eigene Du/WC. DZ 58 €.

Für Budgetreisende – Laivahostel Borea 7 : Linnankatu 72, Tel. 040-843 66 11, www.hihostels.com. Schwimmende Herberge auf einem ehemaligen Kreuzfahrtschiff, einfach ausgestattet, Restaurant, Fahrradverleih. DZ 58 €, Schlafsaal 25 € inkl. Frühstück.

Essen & Trinken

Tiefer gelegt – Brahen Kellari 1 : Puolalankatu 1, Tel. 02-232 54 00, www.brahenkellari.fi. Das älteste Kellerrestaurant der Stadt mit einer Mischung aus finnischen und internationalen Gerichten, guter Service. Hauptgerichte 25–30 €.

Altes Schulgebäude – Panimoravintola Koulu 2 : Eerikinkatu 18, Tel. 02-274 57 57, www.panimoravintolakoulu.fi, So–Do 11–2, Fr–Sa 11–3 Uhr. Ebenfalls ein Brauereirestaurant, jedoch in einem eindrucksvolleren Gebäude untergebracht und mit einem ebenso eindrucksvollen Konzept: In einer alten, repräsentativen Schule (finn. *koulu*) befindet sich die größte finnische Mikrobrauerei, die unterschiedliche Biere und Starkbiere braut. Um die Gebäude mit den Braukesseln herum lockt ein stilvolles Restaurant, das Pfeffersteak (28 €) ebenso wie Lachs (20 €) auf der Karte hat (Hauptgerichte 16–28 €). Man findet eine Bar und eine Weinstube, deren Karte 80 (!) verschiedene Tropfen listet.

Populäres Fischrestaurant – Vaakahuone Pavilion 3 : Linnankatu 38, Tel. 02-515 33 21, www.vaakahuone.fi, Mai–Aug. tgl. Lebhaftes Terrassenrestaurant an der Uferpromenade, in dem den ganzen Sommer über Livemusik (Jazz) gespielt wird. Bekannt für sehr gute Fischgerichte, an Essensständen auch Pizza oder die Meterbratwürste des Grills Varma Nakki; kein Eintritt für die Livemusik. Hauptgerichte 14–28 €.

Schiff auf dem Aurajoki – Cindyn Salonki 4 : Aurajoki, Itäinen rantakatu, Tel. 02-250 23 00, www.cindy.fi, Mo–Fr 11–23, Sa 12–24, So 13–21 Uhr. Von den vielen Restaurantschiffen das eleganteste, mit klassischer finnischer Küche, modern zubereitet

TURKU CARD

Wie die Helsinki Card erleichtert auch die Turku Card wissbegierigen Touristen den Zugang zu den Sehenswürdigkeiten und den Nahverkehrsmitteln der Stadt. Sie bietet freie Fahrt mit lokalen Bussen, Eintritt in die meisten Museen und das Muminland von Naantali, freie Sightseeingtouren und Rabatte bei vielen Unterkünften, Restaurants und Shops. Sie kostet für 24 Std. 24 € und für 48 Std. 32 €, für eine 24-Stunden-Familienkarte (2 Erw. und bis zu 3 Kinder) zahlt man 50 €. Verkaufsstellen sind u. a. die Fremdenverkehrsämter, die Museen und die meisten Unterkünfte.

Turku (Åbo) und Umgebung

Kulinarischen Genuss und eine besondere Atmosphäre bieten die ›Schwimmenden Restaurants‹

und preislich nicht abgehoben (Hauptgerichte 17–27 €; lecker: gegrillte Lammleber mit Bacon), vom Sonnendeck hat man einen herrlichen Blick auf die Silhouette der Stadt.

Wikinger-Restaurant – **Ravintola Harald** 5 : Aurakatu 3, Tel. 04-47 66 82 04, www.ravintolaharald.fi. In dem Restaurant im Herzen von Turku wird man ein wenig in die Zeit der Wikinger zurückversetzt. Menüs mit historischen Namen ab 36 €, à la carte ab 18 €.

Bodenständig – **Mami** 6 : Linnankatu 3, Tel. 02-231 11 11, www.mami.fi, Mo 11–3, Di–Fr 11–22, Sa 13–22 Uhr. Kleines, helles Lokal, nahe der Domkirche am Flussufer gelegen, überschaubare, qualitätvolle Speisekarte (11–27 €) und preiswerter Mittagstisch (8–15 €), aufmerksamer Service.

Einkaufen

Lebensmittel und mehr – **Markt** 1 und **Markthalle** 2 : s. S. 187.

Abends & Nachts

Die lebenslustige Studentenstadt Turku hat nicht nur eine überraschende Dichte, sondern auch eine große Vielfalt an Ausgehadressen. Auf beiden Seiten des Aurajoki kann man auf Schiffen und an Land in wirklich ungewöhnlicher Umgebung trinken und tanzen.

Einst ein Bankhaus – **Old Bank** 1 : Aurakatu 3, Tel. 02-274 57 00, www.oldbank.fi, Mo–Di 12–1, Mi–Sa 12–2, So 16–1 Uhr. Szenelokal in den altehrwürdigen Räumen einer Bank, außen schönster finnischer Jugendstil, innen gediegen im Stil eines britischen Pubs, die Sanitäranlagen findet man im Tresorraum. Die populäre Kneipe hat 150 Biersorten und 30 Sorten Single Malt Whiskeys im Sortiment.

Mit Flussblick – **Blanko** 2 : Aurakatu 1, Tel. 02-233 39 66, www.blanko.net, Mo, Di 11–23, Mi, Do 11–1, Fr, Sa 12–3, So 13–21 Uhr. Bar, Restaurant und Club, Retromöbel der 1960er-/1970er-Jahre in edlen Gewölberäumen mit Blick auf den Fluss, preiswertes Mit-

tagessen (Salate, Pasta), abends Tanz zu Hip-Hop und Cocktails in cooler Atmosphäre.
Whiskey auf Rezept – **Uusi Apteekki** 3 : Kaskenkatu 1, Tel. 02-250 25 95, www.uusiapteekki.fi, tgl. 10–03 Uhr. Wunderschöner alter Apothekenraum mit dem originalen Interieur; Dutzende Sorten Bier werden hier ausgeschenkt, ebenso viele Whiskeyvarianten – damit's authentisch bleibt, auf Rezept. Der Pub ist wegen seiner Verbindung zum Privatdedektiv Jussi Vares, einer literarischen Gestalt von Reijo Mäki, Krimifreunden in ganz Finnland bekannt.
Originell – **Puutorin Vessa** 4 : Puutori, Tel. 02-233 81 23, tgl. 12–24 Uhr. Das vielleicht witzigste Lokal der Stadt: Ein halbes Jahrhundert diente der runde Bau als öffentliche Bedürfnisanstalt. Die Getränkekarte ist von etwas derbem Humor, aber insgesamt geht es in der Lokalität durchaus gesittet zu.

Aktiv

Bootsausflüge – In den Sommermonaten vom Fährhafen 1 aus tgl. Wasserbusverbindungen in die Schären; Ausflugsfahrten nach Naantali und Ruissalo mit dem **Dampfschiff »S/S Ukkopekka«** 1 : Linnankatu 38, Tel. 02-515 33 00, www.ukkopekka.fi.
Tipp für Regentage – **Holiday Club Caribia** 2 : Kongressikatu 1, zu Fuß vom Zentrum zu erreichen oder mit Buslinien 50, 51, 53, 54, Tel. 02-65 11 11, www.holidayclubresorts.com/en/resorts/caribia. Themenbad im karibischen Stil mit mehreren Pools, Wasserrutschen, großem Saunabereich und Kinderaktivitäten wie Patrouillenfahrt unter dem Kommando von Kapitän Hook.

Termine

Down by the Laituri (DBTL): Ende Juli/Anf. Aug., 4 Tage. Stadtfest am Aurajoki, ca. 200 Veranstaltungen, klassische Musik, Rock, Jazz, Tanz, Theater, Ausstellungen (www.dbtl.fi).
Ruisrock: Ende Juni/Anf. Aug., 3 Tage, auf der Insel Ruissalo. Seit über 40 Jahren das größte finnische Rockfestival (www.ruisrock.fi).
Paavo-Nurmi-Lauf: Ende Juli/Anf. Aug. Marathon zu Ehren des größten Sohns der Stadt (http://paavonurmimarathon.fi).

Turkuer Musikfestspiele: Aug. Alte und neue Musik von internationalen Interpreten, etwa 30 Konzerte, u. a. in der Burg, in diversen Kirchen und im Konzertsaal (www.tmj.fi).

Verkehr

Flüge: Der Flughafen liegt 7 km nördl. des Zentrums (Turun lentoasema, Tel. 02-271 46 01, www.finavia.fi/fi/turku). Die Buslinie 1 pendelt zwischen Flughafen und Fährhafen mit Halt u. a. am Marktplatz. Tgl. mehrere Flüge u. a. nach Helsinki, Mariehamn, Oulu und Pori. Wichtigste Fluggesellschaft: Finnair, Tel. 02-415 49 00.
Bahn: Ratapihankatu 37, Tel. 06 00-419 02.
Öffentlicher Nahverkehr: Busstation am Marktplatz, Eerikinkatu 10, Tel. 02-262 48 11, Einzelticket 2,50 €, 24-Std.-Touristenticket 6 €. Busbahnhof für den Überlandverkehr nahe dem Bahnhof, Tel. 02 00-04 00.
Fähren: Turku ist ein Haupthafen für den Fährverkehr von und nach Schweden, z. T. über die Åland-Inseln (Mariehamn oder Långnes). Tallink Silja Line, Tel. 06 00-157 00, www.tallinksilja.com. Viking Line, Tel. 02-333 11, www.vikingline.fi. Zum Fährhafen (Linnansatama) kommt man am besten mit der Buslinie 1.

Schärenrundreise bei Turku ▶ 1, C/D 7/8

Einen Ausflug in die einzigartige, friedliche Welt der Inseln, Schären und Klippen sollte sich keiner entgehen lassen. Dafür eignet sich ganz besonders die mehr als 200 km lange **Schärenringstraße** (Saaristonrengastie/Skärgårdens ringväg), die mit entsprechenden Wegweisern ausgeschildert ist. Mit neun Brücken und zwölf Fähren verbindet sie den gesamten Großraum südwestlich von Turku.

Wer sich im Uhrzeigersinn bewegt, kommt nach knapp 10 km zuerst nach **Kaarina,** wo der Gutshof Kuusisto einen Besuch lohnt. Das ehemalige Wohnhaus der Regimentsobersten wurde 1738 im karolinischen Stil errichtet und kann besichtigt werden (Führungen). Im westlichen Stadtteil **Ylikylä** zweigt dann die

Turku (Åbo) und Umgebung

Straße 180 ab, die das Kernstück der Schärenringstraße darstellt. Sie verbindet auf einer wunderschönen Route die größten Eilande, wobei man teils über Brücken mit prächtiger Aussicht geleitet wird, teils aber auch die (kostenlosen) Fähren benutzen muss.

Parainen (Pargas)

Zu Anfang gelangt man über einige Inseln und z. T. mächtige Hängebrücken nach Parainen (Pargas), einer von allen Seiten meerumschlungenen Stadt. Früher lebte sie ausschließlich von ihrer reichen Kalkgrube, die immer noch die größte im Tagebau betriebene des Landes ist (Kalkmuseum). In den letzten Jahren kam der Fremdenverkehr als zweites Standbein der hiesigen Wirtschaft hinzu und schuf den rund 12 000 Einwohnern zusätzliche Arbeitsplätze.

Für Touristen ist Parainen zum einen wegen seiner Infrastruktur als Tor zum Turkuer Schärengarten wichtig, zum anderen hat der Ort selbst mit seinen Kanälen, Museen und einem guten Freizeitangebot einiges zu bieten. Mitten im Zentrum etwa liegt eine schön dekorierte mittelalterliche **Feldsteinkirche.** Nebenan ist in der **Agricola-Kapelle** die Per-Brahe-Bibel ausgestellt, die erste in finnischer Sprache gedruckte Bibel. Östlich des Kirchhofs schließt sich das **Altstadtviertel** Gamla malmen mit engen Gassen und pittoresken Holzhäuschen an, darunter auch das hübsche Café Fredrikan tupa. Und im **Heimatmuseum** auf dem Hembygdsvägen erinnert das Lenin-Zimmer an den russischen Revolutionär, dessen Flucht in Turku begann. Parainen ist aber nur die Ouvertüre für das, was an Inselerlebnissen weiter westlich wartet.

Nauvo

Hinter Parainen geht es ein Stückchen über die Insel Stortervolandet, dann über weitere bewaldete Trabanten bis zum Sund vor Lillandet, der mit einer Fähre überwunden wird. Auf der anderen Seite gelangt man über Storlandet zum Zentralort Nauvo (Nagu). Hier ist das Hotel Strandbo mit Touristeninformation und gutem Restaurant die erste Adresse, ansonsten gibt es Ferienhäuser, Charterboote und Jachten zu mieten, man kann Angeltouren buchen oder einen warmen Sommertag an sandigen Badebuchten oder auf Granitklippen verbringen.

Rymättylä und Seili

Während der Sommermonate bringt das Fährschiff »Linta« in Nauvo Passagiere, Autos und Fahrräder durch den Airisto-Archipel nach **Rymättylä**; von dort fährt man über Naantali zurück nach Turku. Touristen mit etwas weniger Zeit können durch diese **Kleine Schärenringstraße** die Gesamtetappe erheblich abkürzen. Sie hat auch den Vorteil, dass man auf ihr das Inselchen **Seili** kennenlernt, das auf eine eigenartige Geschichte zurückblickt. Als zu Beginn des 17. Jh. an der finnischen Westküste die Lepra grassierte, wurde hier auf Befehl des Königs eine Leprakolonie eingerichtet; noch bis 1785 lebten stets einige Dutzend Leprakranke auf Seili. Später verfrachtete man auch Geisteskranke hierhin und baute schließlich die Nervenheilanstalt. Besucher können sich auf der touristisch nicht erschlossenen Insel die idyllische und noch gut erhaltene Museumskirche anschauen, die von vielen tragischen Schicksalen erzählt.

Korppoo (Korpo)

Mit einer weiteren Fähre kommt man auf der **Großen Schärenringstraße** zur Gemeinde Korppoo (Korpo), die mitten im Turkuer Archipel liegt. Eine alte Feldsteinkirche aus dem 14. Jh. weist auf die lange Geschichte dieser alten Fischersiedlung, die Interessierten auch im **Heimatmuseum** nahe gebracht wird. Im Hafen des benachbarten Galtby kamen im Jahre 1959 die ersten Fähren aus Schweden an, heutzutage sieht man die riesigen Ungetüme mehrmals täglich vorbeifahren und das Inselchen Utö mit Leuchtturm und Lotsenstation passieren.

Schärenrundreise bei Turku

MIT DEM FAHRRAD ÜBER DIE SCHÄREN

Tour-Infos
Start: Turku
Länge: Große Schärenringstraße 220 km, Kleine Schärenringstraße 115 km.
Dauer: 5 Tage/4 Nächte, 3 Tage/2 Nächte
Kosten: Übernachtung in Turku am Tag davor oder danach 50 €/Pers., Übernachtung während der Tour 310 €/160 €/Pers.; Mietfahrrad 90 €/70 €. Gepäcktransport 270 €.
Infos: bei den Verkehrsämtern und im Internet unter www.saaristonrengastie.fi, dort unter ›Aikataulut‹ auch Link zu den Fahrplänen der Fähren und Verbindungsschiffe.
Packages: Das Fremdenverkehrsamt in Turku (s. S. 194) bietet Pakete für den Großen Schärenrundweg an, die Leihfahrräder, Fährüberfahrten und vorgebuchte Unterkünfte einschließen, bei Tagesetappen von 40 bis 60 km.
Hinweis: Ähnliches gibt es auch für die Åland-Inseln im Tourist Information Office in Mariehamn (s. S. 208).

Turku vorgelagert ist eine beeindruckende Inselwert: Der maritime Einfluss auf Mensch und Natur ist hier überall spürbar. Sanfte Hügel erheben sich harmonisch aus der an sich flachen Umgebung. Zwischen lichten Wäldern zeigt sich immer wieder die Ostseeküste mit ihren malerischen Klippen. Abseits der Straßen und Wege entdeckt man die typischen Wohnhäuser und Wirtschaftsgebäude dieser Region. Nichts ist schöner, als die Schären mit dem Fahrrad zu erkunden.
Die **Große Schärenringstraße** (Stationen: Turku – Våståboland – Kustavi – Velkua – Merimasku – Naantali – Turku), die **Kleine Schärenringstraße** (Stationen: Turku – Pargas – Nagu – Rymättylä – Naantali – Turku) oder der **Postweg** (s. S. 222) sind hierfür ideale Reviere, denn nirgendwo sonst in Finnland gibt es für Fahrradfahrer bessere Bedingungen. Man freut sich über die kleinen, verkehrsarmen Landstraßen und die Rücksichtnahme der Autofahrer. Da, wo es Radwege gibt, sind sie in einem guten Zustand und die Beschilderung ist vorzüglich. Und auf den Ålands (s. S. 205) gibt es sogar drei eigens eingerichtete Fahrradfähren. Wer keinen eigenen Drahtesel dabei hat, kann sich an vielen Stellen einen leihen.

Houtskari (Houtskär)

Weiter westlich bringt einen die Ringstraße mit der dritten Fährverbindung zur Gemeinde Houtskari (Houtskär), zu der allein mehr als 1600 Schären und Klippen gehören – Platz genug also für die nur 730 Einwohner. Schon in der Bronze- und Eisenzeit siedelten hier Menschen, deren **Grabhügel** sich bis heute erhalten haben. Ihre modernen Nachfahren haben komfortable Feriendörfer, Pensionen und Restaurants gebaut. Besucher, die es bis hierhin geschafft haben, sollten weder einen Besuch der hübschen **Kreuzkirche** von 1703 versäumen noch eine Besteigung des **Borgbergs,** wo auf dem **Aussichtsturm** an schönen Tagen der Blick weit über den Skiftetsund bis zu den Åland-Inseln reicht.

Turku (Åbo) und Umgebung

Turkus Schären locken mit ihrer einzigartigen, friedlichen Natur

Kustavi (Gustavs)

Weiter im Norden liegt das von Gustav III. gegründete und nach ihm benannte Kustavi (Gustavs) als äußerer Vorposten im Schärenmeer. Dem Archipel der Åland-Inseln ist man hier ganz nah, und entsprechend bunt stellt sich das Bild der Jachten, Autofähren, Wasserbusse und jener Boote dar, die die alte Postroute befahren. Allein innerhalb dieser Gemeinde, die sich ganz dem sommerlichen Fremdenverkehr verschrieben hat, haben Statistiker rund 2000 Schären gezählt. Im **Gästehafen Vuosnainen,** der dem Ortskern gegenüberliegt, bündeln sich die Aktivitäten der Freizeitkapitäne und der Sommergäste, von denen die meisten eins der etwa 3000 Ferienhäuschen in der Umgebung bezogen haben. Auch kulturell hat Kustavi einiges zu bieten: die **Dorfkirche** von 1783, ein **Handwerkerzentrum,** den **Schoner »Helena«** sowie ein **Heimatmuseum** auf der gegenüberliegenden Insel. Und ganz weit draußen trotzt der bereits 1833 gebaute Leuchtturm von Isokari Wind und Wetter.

Von Taivassalo über Askainen nach Turku

Auf dem Weg zurück nach Turku passiert man dann die kleine Fischergemeinde **Taivassalo** mit hübscher Kirche, Bootshafen, mehreren Privatpensionen und herrlicher Umgebung. Von hier führt eine 16 km lange Stichstraße über diverse Dämme und die beeindruckende Kaitainen-Brücke weit hinaus in das Schärenmeer. Ansonsten geht es über **Mietoinen** nach **Askainen,** wo der 1655 erbaute Gutshof Louhisaari ein populäres Ausflugsziel darstellt. In dem Hauptgebäude des Anwesens, das die in Finnland sonst seltene Palastarchitektur repräsentiert, wurde 1867 der finnische Marschall und Staatsmann C. G. E. Mannerheim geboren. Hinter **Merimasku** gelangt man nach **Naantali** und dann nach **Turku,** wo sich der Ring schließt.

Infos

Åboland Travel Association: Frederikaplan 1, P. O. Box PF 120, 21601 Parainen, Tel.

02-458 59 42, www.pargas.fi und www.saaristo.org.

Übernachten
Unterkünfte entlang der Schärenringstraße bieten verschiedene Campingplätze, z. T. mit Hütte, und größere Ortschaften wie Parainen, Nauvo, Korppoo oder Kustavi.

Heimeliges Heim – **Hotel Strandbo:** Nauvonranta 3, Nauvo, Tel. 050-562 78 62, 020-733 20 20, www.strandbo.fi, Sept.–Mai ausschließlich für Gruppen. Stilvolles Hotel im Schärenreich von Nauvo, Restaurant, 36 Zimmer. DZ 125 €.

Mit gutem Restaurant – **Hotel Kalkstrand:** Strandvägen 1, Parainen, Tel. 02-511 62 00, www.strandbo.fi. Gutes Mittelklassehotel, direkt am Wasser gelegen, 54 Zimmer, Restaurant. DZ ab 100 €.

Traditionsreiches Ferienresort – **Hotel Airisto Strand:** Airistontie 700, Stormälö, Tel. 02-458 13 00, www.strandbo.fi. Urlaubszentrum mit First Class-Ferienhäusern, Wohnungen, Restaurant, Pub, Café, Sandstrand, Bootshafen, Kiosk. DZ ab 100 €.

Naantali (Nådendal)
▶ 1, D 7

Rund 15 km nordwestlich von Turku liegt das sympathische kleine Städtchen Naantali (19 000 Einw.), zu Recht eins der beliebtesten Ausflugsziele der Region. Man kann es mit dem Bus und mit dem Auto – z. B. als Station auf dem Weg in den Norden – besuchen, besonders schön aber ist im Sommer der zweistündige Trip mit der »S/S Ukkopekka«. Das letzte noch operierende Dampfschiff der Schären startet regelmäßig nahe dem Forum Marinum in Turku (s. S. 197).

In Naantali finden Besucher eine ausgezeichnete touristische Infrastruktur, eine breit gefächerte Restaurantszene sowie vielfältige Möglichkeiten sportlicher Betätigung. Nicht umsonst wurde der Ort mehrfach zur angenehmsten finnischen Fremdenverkehrsstadt gewählt.

Stadterkundung
Konzentriert ist das touristische Leben in der pittoresken Altstadt, in der fast alle Häuser unter Denkmalschutz stehen. Die Stadtgründung durch Gouverneur Per Brahe fand 1642 statt, doch da gab es die Ortschaft davor bereits über 200 Jahre. Die Einwohner, die nach der Reformation keine Einnahmen durch die Pilger mehr hatten, hielten sich mit Strümpfestricken über Wasser. Eine von den Nonnen übernommene Stricktechnik machte in guten Zeiten immerhin den Export von fast 30 000 Paar pro Jahr möglich.

Die Bausubstanz der Altstadt stammt zum größten Teil aus dem 18. bzw. vom Anfang des 19. Jh. und repräsentiert eine eigenwillige Form von Stadthöfen. Denn die Einwohner der damaligen Zeit blieben Bauern, auch wenn sie ihren Häusern einen bürgerlichen Anstrich gaben mit Toren, Dachstübchen, Säulen und Gesimsen. Die geschlossene Straßenfront lässt nicht erahnen, dass sich dahinter Innenhöfe mit Schmiede, Mühlen und Viehställen befanden. Heute sind unter den Walmdächern fast aller dieser Holzbauten Restaurants, Boutiquen, Kunstgalerien und Hotels eingezogen. Die kleinen Figürchen, die man in vielen Fenstern sieht, spiegeln die maritime Tradition wider – wenn sie ins Innere schauen, ist der Hausherr auf Heimaturlaub, schauen sie nach draußen, ist er auf See.

Stadtmuseum
Katinhäntä 1, Mitte Mai–Ende Aug. Mo–Fr 12–18, Sa, So 12–16 Uhr, Erw. 4 €
Das ursprüngliche Ambiente eines Stadthofs bewahrt das Anwesen Hiilola, das zusammen mit zwei benachbarten Häusern zum Stadtmuseum avanciert ist. Die alten Blockhäuser und Katen mit schmalen Durchgängen, die kulturhistorische Sammlung und die Windmühle können viel vom Leben früherer Zeiten erzählen, außerdem lädt der üppig grüne Garten zu einem vergnüglichen Spaziergang ein.

Bootshafen
Im Süden wird die Altstadt vom Bootshafen begrenzt, der wiederum von ausgesprochen

Turku (Åbo) und Umgebung

hübschen Restaurants, Cafés und Biergärten gesäumt wird. Ein Blick auf die hölzernen Verzierungen, schlanken Säulen, geräumigen Terrassen und verglasten Veranden zeigt, dass die meisten dieser Gaststätten aus Naantalis großer Zeit als Seebad stammen. Im 18. Jh. hatte ein gewisser Professor Petter Elfving die Heilkraft des Wassers an der Quelle Viluluoto entdeckt. Wundersame Dinge wurden damals über Naantali erzählt, wo man mit Trinkkuren nicht nur Kopfschmerzen bekämpfen, sondern auch Lähmungen, Skorbut und Gicht besiegen könne. Es begann die Epoche des Heil-, Kur- und Badeortes, die ihren Höhepunkt in der ersten Hälfte des 20. Jh. hatte und der die Stadt einige ihrer schönsten Gebäude verdankt. Der Betrieb des Heilbades wurde im Jahr 1962 eingestellt, lebte aber in den 1980er-Jahren wieder auf, als man das neue Kurhotel eröffnete. Heute gilt die Fünf-Sterne-Anlage mit ihrem Hotelschiff als eine der besten Wellness-Adressen im ganzen Land.

Der Bootshafen bietet aber auch ein weites Feld für kulinarische Expeditionen, bei denen man in einigen Restaurants allerfeinste Fischgerichte und leckere Meeresfrüchte geboten bekommt. Nichts könnte schöner sein, als hier an einem sonnigen Tag das quirlige Treiben zu beobachten, das Ein- und Auslaufen der Jachten, der Wasserbusse aus Turku oder der »S/S Ukkopekka«, die flanierenden Besucher, die sich auf den hölzernen Stegen und Drehbrücken drängen, und die Angler, deren Fänge die gute Wasserqualität beweisen. Dass Schwedisch oft die dominierende Sprache zu sein scheint, hängt weniger mit Naantalis Bevölkerung zusammen als vielmehr mit den vielen Seglern, die vom Königreich durch den Archipel der Åland-Inseln und den Schärengarten herüberkommen.

Besonders turbulent geht es alljährlich am 27. Juni zu: Dann feiert man in der Stadt seit über 100 Jahren das **Fest des Siebenschläfers,** eine Art Karneval mit Prämierung der originellsten Verkleidung. Die Schlafmütze, die an diesem Tag nicht rechtzeitig aus den Federn kommt – inzwischen ein vorher ausgeloster Vertreter der lokalen Prominenz – wird unter dem Gelächter der Zuschauer ins Hafenbecken geworfen.

Klosterkirche

Nunnakatu 2, im Sommer tgl. 10–18, sonst So 11–15, Mi 12–14 Uhr

Direkt oberhalb des Hafens steigt das Gelände zum Klosterberg an, auf dem sich Naantalis wichtigste kulturelle Sehenswürdigkeit befindet, die Klosterkirche (Luostarikirkko). Sie gehörte zum 1443 gegründeten Birgittenkloster Monasterium Vallis Gratiae.

Nach Bränden und der Reformation blieb vom Kloster nur noch die Kirche übrig. Der wuchtige Feldsteinbau, malerisch auf einer Anhöhe und inmitten eines Parks gelegen, ist wegen des mit Holzschindeln gedeckten Glockenturms schon von Weitem zu sehen. Ein Besuch der dreischiffigen Hallenkirche

Naantali (Nådendal)

lohnt sich unbedingt, einerseits wegen des außergewöhnlich harmonischen, hellen Raumeindrucks, andererseits wegen des üppigen Inventars, das sich trotz der zahlreichen Brände zu großen Teilen erhalten hat. Aus katholischer Zeit sind dies einige hervorragende Holzplastiken, die eiserne Weihekrone der Nonnen, ein gotisches Hostiarium und ein Flügelaltar aus dem 15. Jh., später kamen u. a. die Renaissancekanzel (16. Jh.) und das Votivschiff hinzu. Die Pietà an der Nordwand wurde der Kirche von Katharina Jagellonica geschenkt und stammt angeblich aus der Schule El Grecos. Im Sommer bildet die Klosterkirche mit ihrer guten Akustik den feierlichen Rahmen für die **Musikfestspiele von Naantali**. Vor dem Westportal erinnert ein Gedenkstein an Jöns Budde (1461–1491), der im Kloster u. a. Heiligenlegenden aus dem Lateinischen ins Schwedische übersetzte und deshalb als ›erster Schriftsteller Finnlands‹ gilt.

Westlich der Kirche gelangt man auf einem Pfad durch den naturbelassenen Park zu einem kleinen Holzpavillon mit Ausguck, der einen herrlichen Blick auf die Insel- und Wasserlandschaft um Naantali freigibt.

Insel Luonnonmaa

Deutlich zu sehen ist vom Pavillon auch der Granitbau **Kultaranta** (Goldstrand) auf der Insel Luonnonmaa, der 1916 nach Plänen von Lars Sonck im nationalromantischen Stil errichtet wurde. Jedes Landeskind kennt dieses Haus, denn seit 1922 dient es dem jeweiligen finnischen Staatspräsidenten als Sommerresidenz. In der Nähe erhielt die Region 2008 mit dem **Kultaranta Resort** und einem fantastischen **18-Loch-Golfplatz** ein touristisches Flaggschiff allererster Güte (www.

Auch der Hafen zeugt von Naantalis großer Zeit als Seebad

Turku (Åbo) und Umgebung

kultarantaresort.fi). Auch sonst lohnt sich ein Besuch der großen Insel, die durch die Ukkopekka-Brücke mit Naantali verbunden ist, und auf der man Badestrände, Binnenseen, prächtige Gutshöfe und das **Heimatmuseum Käkölä** findet. Von Touristen meist nicht wahrgenommen werden die Benzin- und Öllager, die nach dem Weltkrieg in den Granit gesprengt wurden. Sie sind Teil eines anderen Naantali, das der Industrie, Energieversorgung und modernen Hafenanlagen.

Muminland

Mannerheiminkatu 21, Tel. 02-511 11 11, www.muumimaailma.fi, 7. Juni–10. Aug. tgl. 12–18, 11.–24. Aug. tgl. 12–18, 15.–23. Feb. tgl. 10–16 Uhr, 28 €, im Winter 20 €

Für Besucher mit Kindern ist der Familienpark Muminland (Muumimaailma/Mumminvärlden) auf der Insel Kailo (Brückenverbindung) unverzichtbar. Der Themenpark lockt u. a. mit Theatern, dem Mumintal, der Abenteuerinsel Väski und einem Kuriositätenmuseum ganze Heerscharen großer und kleiner Touristen an, die mit einer Miniatureisenbahn hierher gelangen. Das Personal der Attraktion sind überdimensionierte Figuren aus Tove Janssons Kinderbüchern, die inzwischen Generationen junger (und älterer!) Leser in ihren Bann gezogen haben. Wer also Mumin und seinen Eltern, den Homsen, der eiskalten Morra, der kleinen My oder dem Snorkfräulein in ihrer eigenen kleinen Welt begegnen möchte, darf sich diesen Ausflug keinesfalls entgehen lassen. Man sollte an warmen Tagen auch Badesachen mitbringen.

Infos

Tourist Office (Naantalin Matkailu Oy): Kaivotori 2, 21100 Naantali, Tel. 02-435 98 00, www.naantalinmatkailu.fi, Mo–Fr 9–16.30 Uhr.

Übernachten

Zimmer an Land und zu Wasser – **Naantali Spa Hotel:** Matkailijantie 2, Tel. 02-445 50, www.naantalispa.fi. Renommiertes, modernes Kurhotel mit unterschiedlichen Unterkünften: Spa-Hotel mit 86 Zimmern (DZ 150 €), 5-Sterne-Suite-Hotel (DZ 180 €) und Hotelschiff »Sunborn Princess« (DZ 180 €). Großzügige Zimmer, meist mit Balkon und angemessenem Komfort (Bademäntel, Minibar, TV, Internet etc.); Restaurants, Bars, Beauty- und Fitnesscenter, Thermen- und Kurbereich mit Saunas, Dampfbädern und 5 Pools.

Für Golfer – **Kultaranta Golf Resort Hotel:** Särkänsalmentie 178, Tel. 07-53 26 60 00, www.kultarantaresort.fi. Modernes, hochklassiges Hotel an einem Golfplatz. Zimmer großzügig und hell, auch Apartments werden angeboten, kleiner Spa-Bereich. DZ ab 100 €.

Für Selbstversorger – **Hotel Amandis:** Nunnakatu 5, Tel. 02-430 87 74, www.amandis.fi. Charmante, traditionsreiche Holzhausunterkunft direkt am Jachthafen, einfach ausgestattete Zimmer mit Miniküche, hübsches Café. DZ ab 80 €.

Familienfreundlich – **Naantali Familienhotel:** neben dem Spa-Hotel, Tel. 02-445 51 00. Preisgünstige Unterkünfte, Zimmer (56 €) lassen sich zu Wohnungen für 4–6 Personen mit Küche etc. kombinieren, Frühstück im Spa-Hotel und Nutzung des Kurbereiches gegen Aufpreis.

Camping – **Naantali Camping:** Naantali, Tel. 02-435 08 55, www.naantalinmatkailu.fi. Sehr schöne Campinganlage mit Hüttenvermietung, Restaurant und Laden; auch Sportangebote. Hütten ab 50 €/2 Pers., Ferienhäuser mit Du/WC und Kochnische ab 110 €/4 Pers.

Termine

Musikfestspiele Naantali: Anf./Mitte Juni. Kammermusiker von internationalem Format geben alljährlich Konzerte in der Klosterkirche von Naantali oder den Mittelalterkirchen von Rymättylä und Merimasku (Tel. 02-434 53 63, www.naantalimusic.com).

Tag des Siebenschläfers (Unikekonpäivä): 27. Juni. Fest mit karnevalistischem Treiben.

Verkehr

Bus: Vom Busbahnhof auf der Aurinkotie tagsüber alle 15 Min. Verbindungen nach Turku. Der Bahnhof befindet sich auf der Ratakatu, Ecke Myllynkiventie.

✿ Åland-Inseln (Ahvenamaa)

Der schwedischsprachige, autonome Archipel liegt so weit im Westen Finnlands, dass er gar nicht mehr richtig finnisch ist. Sunde, Buchten und Sandstrände, kahle Granitklippen und dichte Wälder, weites Bauernland und sturmzerzauste Küstenpartien, eine artenreiche Flora und Fauna sowie das allgegenwärtige Wasser prägen die Landschaft. Auf den Åland-Inseln gibt es die meisten Sonnenscheinstunden des Landes.

Mariehamn (Maarianhamina) ▶ 1, A 8

Cityplan: S. 209

Die einzige Stadt der Åland-Inseln, Mariehamn, nimmt eine schmale Landenge zwischen zwei vorzüglichen Naturhäfen ein. Als die Stadt 1861 von Zar Alexander II. gegründet und nach der Kaiserin Maria Alexandrowna benannt wurde, lebten noch nicht einmal drei Dutzend Menschen hier. Die Blütezeit des äländischen Schiffsverkehrs im 19. und 20. Jh. und die Entscheidung des Völkerbundes, den Inseln einen autonomen Status zu verleihen, sorgten für einen rasanten Aufschwung, der sich auch im Stadtbild bemerkbar machte. Zwar berechtigen die derzeit knapp 11000 Einwohner nicht zur Vergabe des Etiketts Großstadt, doch stellt sich die äländische Kapitale gerade in den Sommermonaten fast schon als betriebsame kleine Metropole dar. Dazu trägt natürlich auch der rege Fährverkehr bei, der jährlich über 1,6 Mio. Besucher nach Mariehamn bringt (82 % aus Schweden), sowie ca. 45 000 Touristen, die mit dem eigenen Boot anreisen.

Gemütliche Restaurants, Straßencafés, Hotels und Casinos erinnern daran, dass die Stadt seit der Jahrhundertwende als Kurort einen Namen hat. Einige Museen, Festivals und mehrere Beispiele anspruchsvoller Architektur setzen kulturelle Highlights, während Rad- oder Wanderwege sowie Badestrände und Naturschutzgebiete auch den Freizeit- und Erholungswert nicht zu kurz kommen lassen.

Stadtrundgang

Westhafen

Die meisten Besucher erreichen Mariehamn am Westhafen (Västerhamn), der die fast immer eisfreie Meeresbucht Svibyviken abschließt. Noch vor einem halben Jahrhundert starteten hier Großsegler zu Handelsreisen rund um den Globus. Heute legen hier die Luxusfähren an, ab und zu auch ein Kreuzfahrtschiff. Im Süden des Hafens, unterhalb des Lotsenberges, befindet sich der moderne **Viking-/Tallink Silja-Terminal** **1** der gleichnamigen Fährgesellschaften. Nur einen Steinwurf entfernt lockt im Sommer der Ålandspark, von örtlichen Touristikern etwas hochtrabend Mariehamns Tivoli genannt, mit allerlei Spielgeräten, Karussells, Minizoo, Cafés und Gartenanlagen Besucher jeder Altersgruppe an. Im Norden schließt sich der **Birka-Terminal** **2** an.

Rund um die Äländische Höhere Seefahrtsschule

Jenseits der Havsgatan befindet sich die **Äländische Höhere Seefahrtsschule** **3**. Das markante Gebäude, das 1939 nach Plänen des renommierten Architekten Lars Sonck fertiggestellt wurde, bildet zusammen mit dem Stadthaus im Osten die Pole

Åland-Inseln (Ahvenamaa)

eines städteplanerischen Entwurfs, die durch die Doppelachse der Nördlichen Esplanade und der Storagatan verbunden sind. Die Straßen selbst sowie die von ihnen eingerahmte Grünanlage werden von großen Linden gesäumt, auf die sich Mariehamns Beiname ›Stadt der tausend Linden‹ bezieht. Drei Linden sind es auch, die zusammen mit einem Anker das Stadtwappen zieren.

Åländisches Seefahrtsmuseum 4

Hamngatan 2, Tel. 018-199 30, www.sjofarts museum.ax, Juni–Aug. tgl. 10–17, Sept.–Mai tgl. 11–16 Uhr, Erw. 10 € inkl. Museumsschiff
Bevor man die etwa 1 km lange Esplanade bis zum Osthafen entlangspaziert, lohnt es sich, noch ein wenig die Szenerie an der westlichen Uferpromenade zu genießen, wo auch das **Museumsschiff »Pommern«** liegt, ein Viermastsegler, der 1903 in Glasgow von Stapel lief. Die ›Königin der Segelschiffe‹ ist die einzige Viermastbark der Welt, die bis heute in ihrem ursprünglichen Zustand erhalten ist. 1923 wurde der Frachtsegler von Gustaf Erikson erworben und als Getreidetransporter zwischen Australien und England bzw. Dänemark eingesetzt. Mit einem Rekord von 75 Tagen für diese Strecke war sie einer der schnellsten Segler um Kap Horn. Seit 1939 fest vertäut, dient die »Pommern« seit 1953 der Stadt als Museumsschiff, das nicht nur vergangene Seemannsherrlichkeit wieder lebendig werden lässt, sondern mit einer Fotoausstellung auch eine 1934 durchgeführte Reise nach Australien dokumentiert.

Das Schiff ist Teil des Åländischen Seefahrtsmuseums gleich oberhalb des hübschen Parks. Im **Museum** erinnern Exponate – darunter viele Modelle und Galionsfiguren – an die große Epoche der Segelschifffahrt. Prunkstück ist jedoch der Kapitänssalon der Viermastbarke »Herzogin Cecilie«, die 1936 im Ärmelkanal auf Grund lief.

Vom Seefahrtsmuseum zum Stadthaus

Hinter dem Seefahrtsmuseum erstreckt sich der **Badhuspark** mit seiner hohen, farben-

Galionsfigur des Museumsschiffs Pommern

Mariehamn (Maarianhamina)

prächtigen Mittsommerstange bis zum **Wasserturm** 5 . Will man das maritime Ambiente noch ein wenig länger genießen, lohnt ein Spaziergang über Sjöpromenaden bis zum **ÅSS Paviljongen** 3 . Die hübsche Jugendstilvilla mit Gartenwirtschaft und Restaurant gehört der Åländischen Segelgesellschaft und ist ein beliebter Treffpunkt von Skippern, Einheimischen und Touristen. Schlendert man anschließend über Norra Esplanadgatan nach Osten, kommt man an vielen repräsentativen Holzhäusern vorbei, einst Wohn- und Büroräume der wohlhabenden Schiffseigner.

Etwa auf halber Strecke kreuzt der Weg die Doppelachse der Westlichen und Östlichen Esplanade, in deren Schnittpunkt etwas zurückgesetzt die **St. Göran-Kirche** 6 von 1927 liegt. Der nationalromantische Bau mit seinem schlanken Dachreiter ist eines der ersten Werke des Architekten Lars Sonck in Mariehamn. Schräg gegenüber passiert man die **Touristeninformation** und gelangt schließlich zu einem Park, der im Süden von einem Hügel mit dem **Stadthaus** 7 begrenzt wird – auch dies ein Werk von Lars Sonck.

Ålands Museum 8

Stadshusparken, Tel. 018-254 26, www.museum.ax, Ålands Museum wg. Umbau bis voraussichtl. 2016 geschl.; das Kunstmuseum ist vorübergehend in der Bücherei in der Strandgatan 29 zu finden

Das östlich vom Stadthaus gelegene Ålands Museum ist sozusagen das Nationalmuseum der autonomen Provinz und lohnt den Besuch. Themen der umfangreichen Ausstellungen sind åländische Geschichte, Kultur und Natur, ergänzt durch Multimediashows und wechselnde Präsentationen. Im Gebäude befindet sich auch das **Kunstmuseum** mit einem großen Bestand an Gemälden einheimischer Künstler.

Landtag und Umgebung

In einem modernen weißen Haus aus Marmor und Ziegelstein jenseits der Lindenallee schlägt das politische und administrative Herz der autonomen Provinz: Dort ist der **Landtag** 9 mit der Selbstverwaltung (Självstyrelsegård) und einem Tagungszentrum untergebracht.

Hier hat man das östliche Ende der Landenge erreicht, die von der Meeresbucht Slemmern begrenzt wird. Wo sich heute unzählige Jachten an den Bootsanlegern des Gasthafens – einem der größten der Ostsee! – und die Boote von Mariehamns Segelverein (MSF) drängen, wo Besucher vor Restaurantschiffen, Cafépavillons und Verleihstationen für Fahrräder, Mopeds und Autos anstehen, machten in vergangenen Zeiten die Schärendampfer fest.

Lilla holmen 10

Ruhe und Erholung findet man auf Lilla holmen (Kleine Insel), einem traditionsreichen Seebad mit kleinem Sandstrand, Café, Pier, Vogelhaus und Minizoo. Dieses Inselchen ist durch eine Brücke mit **Tullarns äng** (Wiese des Zöllners) verbunden, einer unter Naturschutz stehenden Hainwiese, die besonders im Frühling eine Augenweide für alle Blumenfreunde ist. Ihren Namen trägt sie nach Mariehamns erstem Zollverwalter, der den Park bereits um 1860 anlegen ließ.

Kaufmannsmuseum 11

Köpmannagården, Parkgatan, Tel. 018-136 50, nur geöffnet nach telef. Vereinbarung, Erw. 2 €

Wer sich für Handel und Wandel der Jahrhundertwende interessiert, findet am südlichen Rand der Grünanlage das Kaufmannsmuseum, dessen Laden original erhalten ist.

Direkt nebenan befindet sich das kleine, rot gestrichene Holzhäuschen **Övernässtuga,** das als ältestes Gebäude der Stadt gilt.

Entlang der Uferstraße zur Stadtbibliothek

In nördlicher Richtung führt die breite Uferstraße Östra utfarten parallel zum Osthafen aus der Stadt hinaus, vorbei am Landtag und dem Hotel Arkipelag zur hellblauen, postmodernen **Stadtbibliothek** 12 aus dem Jahr 1989 mit ihrem charakteristischen Glockenturm.

Åland-Inseln (Ahvenamaa)

Seefahrtsviertel 13
Sjökvarteret, Östra hamnen, www.sjokvarteret.com, Mo–Fr 12–16, im Sommer tgl. 10–18 Uhr
Nahe der Bibliothek entstand in den letzten Jahren ein Seefahrtsviertel nach traditionellen Vorbildern einschließlich einer kompletten Schiffsschmiede. Dort sieht man – sofern sie nicht auf Fahrt sind – u. a. drei Segelschiffe, die einige Enthusiasten in mehrjähriger Arbeit gebaut haben: 1988 entstand nach alten Plänen die Galeasse »Albanus«, 1993 der Dreimast-Gaffelschoner »Linden«, die genaue Kopie eines im Jahr 1920 in Mariehamn gebauten Schiffes gleichen Namens, und 1996 wurde der Fischtransporter »Sumpen« fertiggestellt. Die Schiffe, die sich per Volksaktie im Besitz vieler Åländer befinden, können von Vereinen, Firmen oder Schulklassen gechartert werden. Heutzutage kann man beim Bau von Holzbooten zusehen.

Badehaus Mariebad 1
Österleden 68, Tel. 018-53 16 50, www.mariehamn.ax, Mo 12–22, Di–Fr 10–22, Sa, So 10–18 Uhr, Erw. 9 €
Unmittelbarer Nachbar des Seefahrtsviertels ist das Badehaus Mariebad, ein anspruchsvoller Bau direkt an der Bucht Slemmern. Er bietet ein Hallenbad, Wasserrutsche, Whirlpools, eine Wellnessabteilung, verschiedene Spiel- und Sportanlagen, einen schmalen Sandstrand am Meer sowie ein schönes, umlaufendes Holzdeck samt Gartenterrasse und Gastronomie.

Torggatan
Zum Ausgangspunkt des Spaziergangs bzw. zur Lindenallee geht man am besten über die Torggatan zurück, die hinter der Stadtbibliothek beginnt. Sie ist die Haupteinkaufsstraße des ganzen Archipels und wird im Sommer teilweise in eine Fußgängerzone verwandelt. Neben Institutionen wie der Polizei, der Hauptpost und Banken, die sämtlich in ansprechenden modernen Gebäuden untergebracht sind, findet man hier Reisebüros, Kneipen, Boutiquen und sonstige Geschäfte sowie die Einkaufspassage Galleria Sittkoff.

Infos
Åland Tourist Information Office: Storagatan 8, 22100 Mariehamn, Tel. 018-240 00, www.visitaland.com, Mitte Juni–Anf. Aug. tgl. 9–18, Anf.–Mitte Juni, Anf.–Ende Aug. Mo–Fr 9–17, Sa, So 9–16, April, Mai, Sept. Mo–Fr 9–16, Sa 10–15, Okt.–März Mo–Fr 9–16 Uhr. Auch das Reisebüro **Destination Åland** (Styrmansgatan 1, 22100 Mariehamn, Tel. 0400-108 800, www.destinationaland.com) hilft weiter (Buchung von Unterkünften und Vermietung von Autos, Fahrrädern etc.). Von Mitte Juni bis Mitte August sind auch ›radelnde Touristeninformationen‹ unterwegs (blau-weiße Infosymbole auf den Rädern).

Übernachten
Bestes Hotel des Archipels – **Arkipelag** 1 : Strandgatan 35, Tel. 018-240 20, www.hotellarkipelag.com. Rund 50 m vom Jachthafen, 76 Zimmer, Pool, Sauna, Casino, Nachtclub, Bars, Restaurant. DZ ab 120 €.
Am Fährhafen – **Adlon** 2 : Hamngatan 7, Tel. 018-155 55, www.alandhotels.fi. Gutes Mittelklassehotel gegenüber dem Birka-Terminal, 53 komfortable Zimmer, Restaurant, Innenpool. Angeschlossen ist die billigere und einfachere Unterkunft **Sleepover** mit 27 Zimmern in drei benachbarten alten Kapitänshäusern. DZ ab 120 €.
Gutes Preis-Leistungs-Verhältnis – **Pommern** 3 : Norragatan 8–10, Tel. 018-155 55, www.hotellpommern.ax. Zentral gelegenes, modernes Mittelklassehotel mit 54 Zimmern, gemütlichem Restaurant und Snackveranda. 2015 nach Renovierung wiedereröffnetes Hotel im Zentrum von Mariehamn, 95 Zimmer, Restaurant, Weinbar. DZ ab 110 €.
Zentral – **Park Alandia Hotell** 4 : Norra Esplanadagatan 3, Tel. 018-141 30, www.parkalandiahotel.com. Gutes Mittelklassehotel mit 79 Zimmern, Restaurant, Pool, Außenterrasse und Bar, an der Esplanade. DZ ab 80 €.
Angenehm – **Cikada** 5 : Hamngatan 1, Tel. 018-163 33, www.cikada.aland.fi. Schönes, älteres Mittelklassehotel mit modernem Anbau, am Westhafen mit Blick auf die »Pommern«, 84 Zimmer, z. T. mit Balkon, Innen- und Außenpool, Restaurant. DZ 75–148 €.

Mariehamn

Sehenswert
1. Viking-/Silja-Terminal
2. Birka-Terminal
3. Åländische Höhere Seefahrtsschule
4. Åländisches Seefahrtsmuseum
5. Wasserturm
6. St.-Göran-Kirche
7. Stadthaus
8. Ålands-Museum
9. Landtag
10. Lilla holmen
11. Kaufmannsmuseum
12. Stadtbibliothek
13. Seefahrtsviertel

Übernachten
1. Arkipelag
2. Adlon
3. Pommern
4. Park Alandia Hotel
5. Cikada
6. Gröna Uddens Camping

Essen & Trinken
1. Restaurang F. P. von Knorring
2. Restaurang Nautical
3. ÅSS Paviljongen

Aktiv
1. Badehaus Mariebad

Camping – **Gröna Uddens Camping** 6: Östra Ytternäsvägen, Tel. 018-211 21, www.gronaudden.com. Komfortabler, am nächsten zu den Fährterminals gelegener Campingplatz, direkt am Wasser, 15 Hütten, in Gehweite südöstlich der Inselhauptstadt.

Essen & Trinken
Restaurantschiff – **Restaurang F. P. von Knorring** 1: Osthafen, Tel. 018-165 00, nur April–Sept., tgl. 11–1 Uhr. Gemütliches À-la-carte-Restaurant mit Pub auf einem Schiff von 1928, internationale Küche mit lokalem Einschlag. Hauptgericht 22–26 €.
Im Seefahrtsmuseum – **Restaurang Nautical** 2: Hamngatan 2, Tel. 018-199 31, im Sommer tgl. 11–1 Uhr. Alteingesessenes Restaurant mit åländischer und internationaler Küche, schöner Blick auf den Westhafen und die Pommern, Hauptgericht 21–32 €.
Beliebter Treffpunkt – **ÅSS Paviljongen** 3: Strandpromenaden (Westhafen), Tel. 018-191 41, www.paviljongen.ax. Schöner, historischer Pavillon mit Außenterrasse, lokale Spezialitäten, im Sommer tgl. 11–1 Uhr.

Aktiv
Wellness & Wasserrutsche – **Badehaus Mariebad** 1: s. S. 208.

Termine
Ålands Orgelfestival: Seit 1975 werden an sieben Tagen Ende Juni Kirchenkonzerte in Mariehamn, Jomala, Finström, Saltvik,

Die Autonomie der Provinz Åland

Es wäre zu leicht, den besonderen Status der Åland-Inseln dadurch zu erklären, dass der Archipel jahrhundertelang zu Schweden gehörte – das trifft auch auf das übrige Finnland zu. Vielmehr haben sich die Insulaner stets dem westlichen Königreich näher gefühlt als den Finnen im Osten.

Als Finnland 1917 unabhängig wurde, wollten sich die Åländer Schweden anschließen, was jedoch die große Politik verhinderte. Die junge Republik Finnland war nicht bereit, das Selbstbestimmungsrecht der Völker, auf das sie sich selbst berufen hatte, auch der Inselgruppe zuzugestehen. Immerhin bot Helsinki den Åländern eine gewisse Form der Selbstverwaltung an, was man dort aber mehrheitlich ablehnte. Die Åland-Frage wurde zu einem Politikum, das den Völkerbund auf den Plan rief. Dieser beschloss 1921, dass die Inselgruppe zwar als Landesteil Finnlands anzusehen sei, die Republik aber Rücksicht auf die sprachliche, ethnische und kulturelle Sonderrolle der Åländer zu nehmen habe. Ein finnisch-schwedisches Abkommen sicherte diesen Status, mit dem die Insulaner fortan vorzüglich durch die Klippen der Weltpolitik und Wirtschaft navigieren konnten. Seit 1954 hat die Provinz Åland eine eigene Flagge (rotes Kreuz in gelbem Feld auf blauem Grund), seit 1984 gibt sie eigene Briefmarken heraus und seit 1993 besitzt sie ein eigenes Postwesen. Noch wichtiger sind die Garantien, die der finnische Reichstag für die schwedische Sprache und Kultur der Åländer geleistet hat, und die politischen Kompetenzen, die das eigene Parlament (Lagting) in Mariehamn besitzt. Dessen 30 Abgeordnete werden jedes vierte Jahr neu gewählt und bestimmen ihrerseits die Regierung.

Auch im Nordischen Rat hat man eine eigene Vertretung. Die Voraussetzung für das aktive und passive Wahlrecht ist das åländische Heimatrecht, sozusagen eine lokale Staatsangehörigkeit, die man nur durch Geburt erhält oder die finnische Bürger erwerben können, die seit fünf Jahren ununterbrochen auf den Åland-Inseln gelebt haben. Mit Ausnahme der Ressorts Außenpolitik, Rechts-, Zoll- und Währungswesen, die in der Hand des Mutterlandes bleiben, können damit die Åländer über ihre eigenen Belange bestimmen und genießen Privilegien, wie sie sonst in Europa nur Dänemark seinen autonomen Landesteilen Grönland und den Färöer-Inseln eingeräumt hat. Die Sonderrolle wird z. B. bei der Verteidigungspolitik deutlich: Schon nach dem Krimkrieg (1853–56) hatten die westlichen Alliierten durchgesetzt, dass auf dem Archipel keine Befestigungen errichtet und keine Truppen stationiert werden durften. Diese Entmilitarisierung wurde niemals rückgängig gemacht und bedeutet auch, dass die Åländer von der Wehrpflicht befreit sind. Die Åländer können zudem selbst bestimmen, ob die von Finnland abgeschlossenen internationalen Verträge auch auf dem Archipel in Kraft treten. So bedeutete das finnische ›Ja‹ zur EU nicht zwangsläufig die Mitgliedschaft der Insulaner, die sich erst in einer Volksabstimmung dem Votum anschlossen – und zwar mit einer überwältigenden Mehrheit von 73,6 %. In der Zeit seiner EU-Zugehörigkeit konnte Åland einen wirtschaftlichen Sonderstatus und weitere Vergünstigungen aushandeln, damit der Archipel auch in Zukunft auf eigenen Füßen steht.

Sund, Föglö, Vårdö und Sottunga abgehalten (www.alfest.org).
Rockoff-Festival: Ende Juli am Marktplatz in Mariehamn. Rock-, Pop- und Country-Konzerte locken gut 40 000 Besucher an.
Alandia Jazz: Mitte Juli. Dreitägiges Jazzfestival mit internationaler Beteiligung.
Seetage auf Åland: Sechs Thementage rund ums Meer in der zweiten Juli-Hälfte, mit Musik, Tanz und Segeltörns, abgehalten im Seefahrtsviertel in Mariehamn.

Verkehr

Fähren: von Turku und Stockholm (je ca. 4 bzw. 5 Std.) nach Mariehamn mit Tallink Silja (Norragatan 2, Mariehamn, Tel. 018-167 11). Von Stockholm, Kapellskär (ca. 100 km nördlich von Stockholm; ca. 3,5 Std.) und Turku nach Mariehamn mit Viking Line (Storagatan 2, Mariehamn, Tel. 018-260 11). Von Stockholm in 22 Std. nach Mariehamn mit Birka Cruises, einer Tochter der Eckerö Line (ohne Autotransport, Kreuzfahrt-Charakter, Infos: www.birkacruises.com). Die Webseite www.visitaland.com gibt einen guten Überblick über alle Fährverbindungen.
Flüge: Der kleine Inselflughafen liegt etwa 5 km nordwestlich von Mariehamn. Tgl. fliegt Air Åland (www.airaland.com) mind. 2 x nach Stockholm-Arlanda sowie 1 x tgl. nach Turku. **Helikopterflüge** über Mariehamn und die Inseln oder Sightseeing- und **Taxiflüge** in die Schärenwelt vermittelt u. a. das Åland Tourist Information Office.

›Festes Åland‹ und Nachbarinseln

Karte: S. 213

Åland besteht aus 6500 Inseln und noch mehr Schären, Klippen und Riffen, die mit einer Gesamtfläche von 1450 km^2 auf einem rund 10 000 km^2 großen Gebiet verstreut liegen. Die sechs größten Inseln sind durch Straßen und Brücken miteinander verbunden, zwischen den anderen größeren Inseln verkehren Fähren. Das unüberschaubare Gewirr von Buchten, Binnenseen, Meeresstraßen und Kanälen macht es fast unmöglich, auf einer Karte nachzuvollziehen, welche Teile der Provinz Inseln oder nur Halbinseln bzw. Landzungen sind. Mit dem ›Festen Åland‹, der Hauptinsel, auf der auch Mariehamn liegt und die einen Anteil von 70 % an der Landmasse des Archipels hat, sind inzwischen jedoch mehrere Gemeinden durch Brücken verbunden, sodass sich der Begriff im erweiterten Sinn auf alle Teile der Provinz bezieht, die man ohne Fähre oder Boot erreichen kann. Überall gibt es für Naturliebhaber, aber auch für Kulturtouristen genügend zu entdecken. Immerhin waren die Åland-Inseln schon im 7. Jh. eines der am dichtesten bewohnten Gebiete Skandinaviens; viele Gräber oder andere Funde aus der Eisen- und Wikingerzeit belegen die jahrhundertelange Besiedlung. Mächtige Feldsteinkirchen, die ältesten Finnlands, erzählen von der Frühzeit des Christentums, Burgruinen von der schwedischen Herrschaft und Festungsanlagen schließlich von der russischen Epoche.

Infos

Åland-Infos: Im Internet unter www.destinationaland.com und www.alandinseln.info. Info-Büros gibt es u. a. in Eckerö, Långnäs und Geta sowie auf Föglö und Kökar.

Übernachten

Überall in Finnland sind die Hotelpreise am Wochenende und während der Sommerferien günstiger – nicht so auf den Åland-Inseln. Hier ist es meist genau umgekehrt, ein untrügliches Zeichen dafür, dass die Hotellerie auf dem Archipel in erster Linie von Ausflüglern lebt und nicht von Geschäftsleuten.
Campingplätze: Gute Plätze mit Hüttenvermietung und Bootsverleih gibt es u. a. in Eckerö, Geta, auf Vårdö und auf Föglö.

Termine

Mittsommerfest: Der Mittsommer wird auf den Åland-Inseln so farbenfroh gefeiert wie sonst nirgendwo. Blumen und grüne Zwei-

Åland-Inseln (Ahvenamaa)

ge werden zu Stundenglasmotiven, Sonnensymbolen und Kronen geflochten und schmücken zusammen mit Segelbooten die Mittsommerstange. Diese wird als Höhepunkt des Mittsommerfestes in allen Gemeinden aufgestellt und kann bis zum Spätsommer als volkstümliches Monument und Stolz eines jeden Dorfes bewundert werden.

Aktiv

Segeln – Segler finden auf dem Archipel 14 idyllisch-betriebsame Jachthäfen.

Verkehr

Anreise: Für Autotouristen sind die Åland-Inseln gut von Finnland oder Schweden aus zu erreichen: Von Grisslehamn (ca. 120 km nördlich von Stockholm; ca. 2 Std.) nach Eckerö mit Eckerö Linjen (Torggatan 2, Mariehamn, Tel. 018-280 00). Von Osnäs (Westfinnland bei Kustavi; ca. 30 Min.) nach Långö/Åva mit Ålandstrafiken (Strandgatan 25, Mariehamn).

Fährverkehr innerhalb des Åland-Archipels: Es gibt es drei Hauptstrecken: die Route Hummelvik/Vårdö–Enklinge–Kumlinge–Torsholma/Brandö, die Route Långnäs–Överö–Sottunga–Kökar–Galtby sowie die Passage Degerby/Föglö–Svinö/Lumparland. Diese Autofähren sind kostenlos, wenn man am Zielort übernachtet. Informationen im Åland Tourist Information Office oder bei Ålandstrafiken, Strandgatan 25, Mariehamn, Tel. 018-52 51 00, www.alandstrafiken.ax.

Eckerö ▶ 1, A 8

Von Mariehamn führt die Straße 1 zur Insel Eckerö. Noch auf der Hauptinsel liegt in der Gemeinde Hammarland die gedrungene **Katharinenkirche** **1**, die aus dem 13. bzw. 14. Jh. stammt.

Eckerö ist nicht nur die westlichste Gemeinde des Archipels und damit Finnlands, sondern zudem die klimatisch begünstigte Sonnenseite der Åland-Inseln. Eine schöne Kirche findet man etwa auf halber Strecke zwischen der Brücke und dem Fährhafen. Der wehrhaft anmutende Feldsteinbau von **St. Lars** **2** wurde im 14. Jh. errichtet und zeichnet sich durch einen kompakten Westturm aus, der die gleiche Breite wie das Kirchenschiff hat. Im Inneren, dessen gesamte Länge eine gewölbte Holzdecke überspannt, befindet sich eine aus Gotland importierte mittelalterliche Marienstatue aus Holz.

Storby **3**

Die Straße endet am **Fährhafen Berghamn** im Dorf Storby, von wo täglich Autopassagierfähren zum schwedischen Grisslehamn ablegen. Übrigens ein Vorgang, der gerne von Einheimischen beobachtet wird – nicht ohne Grund, denn immerhin hält jeder dritte Inselbewohner Anteile an der Eckerö-Reederei. Schon im Mittelalter war die alte Zollbrücke südlich des Fährhafens eine wichtige Station des sogenannten Königsweges.

Zwischen 1638 und 1910 wurde hier die Post von und nach Schweden umgeschlagen. Die gefährliche 40 km lange Strecke musste per Ruderboot zurückgelegt werden, und wenn die Ostsee zufror, schob man die Boote in schweißtreibender Arbeit übers Eis. Die legendäre Postroute hatte ihre Helden genauso wie ihre tragischen Opfer: Anno 1711 z. B. kamen 17 Männer bei einem Wettrudern um. Zur Erinnerung an die uralte Tradition des Postruderns wird an jedem zweiten Samstag im Juni eine Regatta mit Repliken der ehemaligen Boote abgehalten, eine eindrucksvolle Veranstaltung, die in jährlichem Wechsel mal in Storby und mal in Grisslehamn startet.

Auch das monumentalste Gebäude weit und breit erinnert an jene Epoche: Das 1828 vollendete und von C. L. Engel entworfene **Post- und Zollhaus des Zaren** wirkt in diesem ländlichen Umfeld überdimensioniert, und man kann sich vorstellen, dass die hochherrschaftliche Architektur einen ganz bestimmten Zweck verfolgte: Hier, am westlichsten Punkt des Reiches, wollte sich das zaristische Russland als Großmacht darstellen. Das Postamt von Eckerö beherbergt heute ein **Postrudermuseum,** eine im russischen Empirestil eingerichtete Wohnung sowie ein Café. Teile des Hauses werden für Wechselausstellungen und als Pension genutzt (www.postochtullhuset.ax).

›Festes Åland‹ und Nachbarinseln

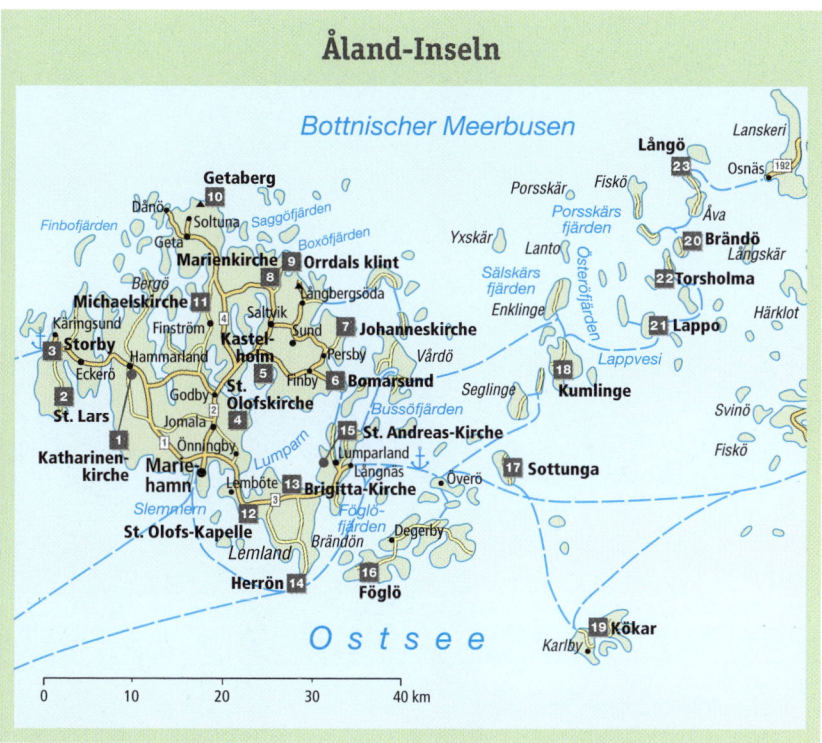

Käringsund

Einen Abstecher zum knapp 2 km nördlich gelegenen Fischerdorf Käringsund sollte man sich nicht entgehen lassen: Rund 50 altertümliche Seebuden und Bootshäuser stehen auf Stelzen in der Bucht und es gibt eine Fischräucherei. Ganz in der Nähe finden sich ein von Dünen gesäumter Sandstrand, ein 1995 eingerichtetes Jagd- und Fischereimuseum, ein Rotwild- und Wildschweingehege sowie eine moderne Ferien- und Hotelanlage mit Boots- und Fahrradverleih.

Übernachten

Familienhotel am Meer – **Hotel Elvira:** Sandmovägen 85, Tel. 018-382 00, www.elvira.ax. Alteingesessenes Hotel mit 29 Zimmern, Restaurant, Garten und Badestrand; einfachere Zimmer im historischen Post- und Zollhaus. DZ 110 €.

Nah am Wasser – **Eckerö Hotell & Restaurang:** Käringsundsvägen 53, Tel. 018-384 47. Relativ große Hotelanlage inmitten eines Parks, ab und zu Live-Musik. DZ ab 100 €.

Für Aktivurlauber – **Käringsund Resort:** Tel. 018-380 00, www.karingsund.ax. Herrlich gelegene Anlage mit unterschiedlichen Unterkünften: u. a. Ferienhäuser, moderne Bungalows und Leuchtturmwärterhaus, z. T. mit Küche, am Meer mit Sandstrand, Restaurant, Cafeteria, Lebensmittelkiosk, Vermietung von Motor- und Ruderbooten, Kanus, Rädern und Reitpferden, Tennisplatz. Hütte ab 61 €/Nacht bzw. 93 €/Woche, Luxusvillen 450 €/Nacht.

Termine

Postruderregatta: Zweiter Samstag im Juni. Traditionelle Regatta mit Repliken historischer Boote zwischen Eckerö und Grisslehamn/Schweden.

Åland-Inseln (Ahvenamaa)

Aktiv

ANGELN IM ÅLAND-ARCHIPEL

Tour-Infos
Start: Mariehamn, Osthafen
Touranbieter: MaPa Fishing Team, Nybovägen 35, 22150 Jomala, Tel. 04 57-078 95 60, www.mapafishingteam.com. Auch das Fremdenverkehrsamt in Mariehamn, die Reedereien Eckerölinjen und Viking und diverse Ferienhausanlagen bieten Touren mit Sportangelguides oder Pakete mit Boots- und Angelausrüstung, Kartenmaterial und Unterkünften an. Kosten: Angelpaket mit Fährüberfahrt Schweden–Åland und zurück inkl. Pkw (Eckerö Linjen), 3 Tagen/2 Nächten in einem Ferienhaus mit Sauna, Boots- und Angelmiete und Angelschein ab 280 €/Pers., Mindestteilnehmerzahl 4 Personen

Angelscheine: Die Preise für die obligatorischen Angelscheine sind auf den Ålands nicht billig (bis 17 €/Tag), außerdem gibt es keine Lizenz für den gesamten Archipel, da die Inseln in ca. 70 verschiedene Angelzonen unterteilt sind. Bei Angeltouren oder Paketangeboten sind die entsprechenden Angelscheine immer inklusive.

›Festes Åland‹ und Nachbarinseln

Der Åland-Archipel ist nicht nur wegen seiner abwechslungsreichen Schärenlandschaft bei Urlaubern weithin beliebt, sondern genießt auch bei Sportanglern einen guten Ruf. In den fischreichen Gewässern rund um die Inseln gedeihen Hecht, Barsch, Zander und Maräne, Meerforelle und Lachs. Und im Winter ist hier auch Eisangeln möglich. Die guten Bedingungen bringen alljährlich viele in- und ausländische Anhänger des Sports zu den Ålands, die sich wiederum durch eine entsprechende Infrastruktur mit Boots- und Angelverleih, organisierten Angeltouren, Sportangelguides etc. auf diese Klientel eingestellt haben. Über die Touristenämter und Fährgesellschaften können problemlos Angelpakete gebucht werden, die neben Unterkunft sowie dem Verleih von Booten und Equipment oft auch die Fährpassagen ab/bis Schweden oder dem finnischen Festland enthalten. Ein Tipp nicht nur für Angler-Neulinge: Wer zumindest in den ersten Tagen einen kundigen Sportangelguide in Anspruch nimmt, lernt durch ihn schnell die besten Plätze und ergiebigsten Fangmethoden kennen und steigert den Angelerfolg durch dessen Insider-Kenntnisse beträchtlich.

Eine gute Adresse hierfür ist das Unternehmen MaPa Fishing Team in Mariehamn, das seinen Kunden maßgeschneiderte Angebote für Angeltrips unterbreitet. Diese können wenige Stunden dauern, genauso gut aber auch zu mehrtägigen Exkursionen ausgedehnt werden. Dabei erfährt man von den Angelguides nicht nur Wissenswertes zum Fischfang, sondern auch interessante Geschichten über Land und Leute – bis hin zu Tipps, wie der gefangene Fisch am besten zubereitet werden kann.

Zu den beliebtesten Angelfischen gehört der schön gemusterte **Schärenhecht,** der ganzjährig mit Schleppangel, Spinner oder Fliege geangelt wird. Im Frühling, sobald das Eis verschwunden ist, sucht die **Meerforelle** in den von der Sonne erwärmten seichten Gewässern ihre Nahrung, vorzugsweise an von Tang bedeckten, großen Steinen. Die Jagd auf den ›Silbertorpedo‹ ist am erfolgreichsten, wenn sie vom Boot aus in sonnigen Buchten stattfindet, wo die Temperaturen etwas höher sind. Wer mit großem Einsatz eine über 3 kg schwere Meerforelle als Beute an Bord gehievt hat, wird dieses Erlebnis so schnell nicht vergessen. Außer im Juni, Juli und August kann dieser kämpferische Fisch aber immer geangelt werden, also auch im Herbst, wenn es die Meerforelle mehr in die äußeren Schären zieht, und zu Winteranfang, bevor sich das Eis bildet.

Mehr noch als der Fang einer Meerforelle steht sicher das Anbeißen eines **Lachses** auf der Wunschliste jedes Sportanglers – immerhin gilt er als der kämpferischste Fisch der Ostsee. In den Gewässern rings um die Ålands sind Ostseelachse von bis zu 30 kg nicht selten, schließlich ist der Archipel sowohl Durchzugsgebiet als auch Aufzuchtplatz. Die reichen Bestände und die perfekten Bedingungen – kurze Entfernungen zu den Angelgebieten, große Angelareale – locken viele Lachsfangsportler hierhin; Hochsaison sind die Monate Mai und Juni, mit die schönste Jahreszeit im Schärengebiet.

Bei der Jagd auf den **Barsch** geht es vergleichsweise gemütlich zu, weswegen sich dieser Fisch auch gut für einen Familien-Angelausflug eignet. Zum einen beißt der Barsch sehr häufig, so dass die Wartezeiten auch für Kinder akzeptabel sind. Zum anderen schmeckt er einfach lecker – z. B. in Form eines gegrillten Barschfilets, einer in dieser Region oft servierten Delikatesse. Neben den genannten steht auch eine Vielzahl anderer Fische auf der Wunschliste der Angler. So sind die Ålands sehr reich an **Maränen,** die vor allem im Frühling erfolgreich geangelt werden. Flache Buchten, Sunde mit Strömungen oder kleinere, mit dem Meer verbundene Seen sind das beste Revier, vorzüglich geeignet fürs Grundangeln mit lebendem Wurm und natürlich am besten über Sandboden, wo der Fisch den Wurm leicht sieht. Und wer später im Jahr anreist, kann sich auf den **Zander** freuen, der sich nach der Schonzeit im Juni den ganzen Sommer über angeln lässt, besonders aussichtsreich aber ab Ende August.

Åland-Inseln (Ahvenamaa)

Jomala

Verlässt man Mariehamn in nördlicher Richtung, gelangt man auf der Straße 2 nach Jomala. Ein Schlenker nach rechts führt zur **St. Olofs-Kirche** 4, die auf einem uralten Thingplatz liegt. Der von einem stimmungsvollen Friedhof umgebene Sakralbau ist mittelalterlichen Ursprungs (13. Jh.), wurde jedoch im 19. Jh. durch ein Querschiff erweitert und umgebaut. Trotzdem sind im Innern einige Kalkmalereien erhalten geblieben, die einzigen aus spätromanischer Zeit in Finnland.

Godby

Es folgt Godby, mit etwas mehr als 800 Einwohnern einer der größten Orte außerhalb der Hauptstadt. Wenige Fahrminuten nördlich, auf dem Weg nach Geta, kommt man hier an **Grelsby** vorbei, einem historischen Hof und heute Sitz der Brauerei Ålands Bryggeri AB. Hier wird Stallhagen hergestellt, die einzige Biermarke der Inselgruppe. Eine Brauereibesichtigung ist für Gruppen möglich, kosten kann man die Produkte aber auch im benachbarten Pub (s. S. 219).

Kastelholm und Umgebung ▶ 1, A 8

Kastelholm
Tel. 018-43 21 50, www.kastelholm.ax, Juli tgl. 10–18, Mai, Juni, Aug.–Mitte Sept. tgl. 10–17 Uhr, Erw. 6 €

In Godby biegt die Straße 2 nach Osten ab und führt auf **Kastelholm** 5 zu, die mittelalterliche Burg der Provinz. 1388 erstmals erwähnt,

Die mittelalterliche Burg Kastelholm

›Festes Åland‹ und Nachbarinseln

wurde sie bis zum 16. Jh. mehrfach verändert und erweitert. Hier weilte König Gustav Vasa im Jahre 1556 einige Monate, und hier ließ auch dessen Sohn, Herzog Johan, seinen Halbbruder Erich XIV. einkerkern. Doch als Stützpunkt der schwedischen Krone verlor Kastelholm nach und nach an Bedeutung, mehrfach wüteten Brände und hinterließen eine Ruine, die verwahrloste. Inzwischen ist die Burg renoviert und kann besichtigt werden.

Gefängnismuseum Vita björn
Öffnungszeiten und Eintritt wie Burg
Nur wenige hundert Meter von der Burg entfernt kann man ein ehemaliges staatliches, Vita björn (weißer Bär) genanntes Gefängnis besuchen, das von 1784 bis 1975 ununterbrochen genutzt wurde. Bereits 1985 eröffnete hier das erste Gefängnismuseum Finnlands.

Freilichtmuseum Jan Karlsgården
Karlsgården ulkoilmamuseo, Tel. 018-43 21 50, www.kastelholm.ax, Mai–Sept. tgl. 10–17 Uhr, freier Eintritt
Gegenüber vom Museum liegt der Gasthof Jan Karlsgården und auf der anderen Straßenseite ein gleichnamiges, in den 1930er-Jahren gegründetes Freilichtmuseum. Es beherbergt u. a. einige komplett erhaltene Bauernhöfe, Wasser- und Windmühlen, Fischerkaten, Ställe, Saunas und natürlich auch einen großen Mittsommerbaum. Nirgendwo ist auf den Åland-Inseln die Landkultur des 18. und 19. Jh. besser dokumentiert und das reizvolle, hügelige Gelände mit weiter Sicht auf die Bucht nimmt man als zusätzliches Plus gerne mit.

Aktiv
Golf – **Ålands Golfklubb:** Kastelholmsnäsvägen 22, www.agk.ax. Der Course am Schloss Kastelholm ist mit zweimal 18 Loch einer der größten und schönsten Skandinaviens.

Bomarsund ▶ 1, A 8

Tel. 018-440 32, www.bomarsund.ax, Juni–Aug. tgl. 10–17 Uhr, frei zugänglich
Hügelig ist auch die weitere Strecke gen Osten, an Granitklippen, Wäldern und Weiden vorbei. Schon weit vor der Brücke zur Nachbarinsel Prästö kündigen vereinzelte Mauern und Ruinen die ehemalige russische Festung **Bomarsund** 6 an. Mit ihrem Bau wurde gegen 1830 begonnen, doch was als ›Gibraltar des Nordens‹ für eine ständige Besatzung von 5000 Mann geplant war, wurde bereits 1854 im Krimkrieg durch den Bombenhagel einer englisch-französischen Flotte vollständig zerstört. Trotzdem sind die wenigen noch erhaltenen Ruinen, die an bizarre zyklopische Mauern erinnern, eindrucksvoll genug. Heute ist kaum mehr vorstellbar, mit welchem Arbeitseinsatz die

Åland-Inseln (Ahvenamaa)

mindestens 2000 Arbeiter, zumeist Kriegsgefangene aus den russisch-türkischen Kriegen, hier das größte Bauvorhaben der Åland-Inseln realisierten. Allein die ringförmige Hauptfestung war 290 m lang, beherbergte 2500 Soldaten und war mit 115 Kanonen bestückt. Mehrere Magazine, eine Kommandatur und eine richtige Vorstadt einschließlich Krankenhäusern, Kanonentürme sowie Telegrafengebäude, z. T. kilometerweit entfernt, waren bereits ganz oder teilweise fertig, als der Krimkrieg das Fort in Schutt und Asche legte.

Wollte man alle Relikte der ehemaligen Festung aufsuchen, müsste man dafür einen ganzen Tag einplanen. Es empfiehlt sich also eine Auswahl: Dazu gehören vor allem der kanonenbestückte Notvikstorn, den man auf einem Waldweg etwa 1 km nördlich der Hauptstraße erreicht, die Mauerreste der Hauptfestung nahe der Brücke und auf der Nachbarinsel **Prästö** das Bomarsundmuseum im Lotsenhaus sowie der jüdische, muslimische und griechisch-orthodoxe Friedhof.

Am Fähranleger an der Ostküste von Prästö endet die Straße 2. Wer nicht zur Insel Vårdö übersetzen will, muss ab hier auf gleicher Strecke bis hinter Bomarsund zurückfahren.

Sund ▶ 1, A 8

www.sund.ax (mit Downloadmöglichkeit für deutschsprachige Broschüre)
Im Weiler **Finby** empfiehlt sich ein Abstecher auf z. T. unasphaltierter Straße, durch eine wald- und hügelreiche Landschaft zur Gemeinde Sund. Ihre bedeutendste Sehenswürdigkeit ist die idyllisch gelegene **Johanneskirche** 7 aus dem 13. Jh., eine der größten Kirchen des Archipels. Das Interieur des mächtigen zweischiffigen Sakralbaus lohnt den Besuch allemal: Zu bewundern sind u. a. einige fragmentarisch erhaltene Kalkmalereien, ein riesiges Triumphkruzifix von etwa 1280, ein vermutlich preußischer Marienschrein aus dem 15. Jh. und sieben weitere Holzstatuen aus dem 14. und 15. Jh.

Saltvik ▶ 1, A 8

www.saltvik.ax
Einige hundert Meter östlich der Kirche zweigt man nach Norden in Richtung Saltvik ab und passiert im weiteren Verlauf dieses Waldweges einen Hügel, auf dem einst Ålands größte Fliehburg der Eisenzeit thronte. Von der **Borgboda fornborg** sind allerdings kaum noch Spuren sichtbar. Lebendig wird die Vergangenheit am ersten Wochenende im Juli, wenn in Saltvik ein großer Wikingermarkt abgehalten wird.

Marienkirche 8

Die sehenswerte Marienkirche steht auf einem uralten, schon in der Wikingerzeit bekannten Platz, auf dem damals das örtliche Thing abgehalten wurde. Der Bau aus Feldsteinen von 1280 ist allerdings im 19. und 20. Jh. mehrfach erneuert worden. Innen verdienen u. a. das frühgotische Triumphkruzifix und ein gotländischer Taufstein Beachtung.

Orrdals klint 9

Von Saltvik aus lassen sich reizvolle Abstecher in die Umgebung machen, vor allem in die weiter östlich gelegenen Wälder, wo sich auch Orrdals klint erhebt, mit 129 m ü. N. N. der höchste Punkt auf den Åland-Inseln. Auf dem Weg zum **Aussichtsturm** passiert man die rekonstruierte **Steinzeitsiedlung von Långbergsöda**, deren primitive Zelte und Stangenhäuser dokumentieren, wie die ersten Åländer gelebt haben mögen. In der Hochsaison demonstriert das passend gekleidete Personal, wie z. B. Steinäxte hergestellt wurden.

Termine

Wikingermarkt: Wochenende in der zweiten Julihälfte in Kvarnbo. Essensstände, Spiele und kostümierte ›Wikinger‹ ziehen gut 8000 Besucher an (Shuttlebus ab/bis Mariehamn).

Geta ▶ 1, A 7/8

www.geta.ax
Die Fortsetzung der Route führt in weitem Bogen durch fruchtbares Bauernland um

›Festes Åland‹ und Nachbarinseln

die Bucht von Saltvik und stößt schließlich auf die Straße 4. Hinter der Kirche von Geta mit ihrem frei stehenden Glockenturm sollte man gleich rechts nach **Soltuna** (Restaurant, Café, Glasbläserei) abbiegen und dem Getaberg einen Besuch abstatten.

Getaberg 10

Mit seinen 98 m ist dieser Berg zwar nicht so hoch wie Orrdals klint, dafür setzt er sich mit seinem rot gestrichenen hölzernen **Aussichtsturm** umso eindrucksvoller in Szene. Von hier aus führt ein 4,5 km langer Naturlehrpfad zur **Grotte**. Angesichts der kleinen Höhle mag man kaum glauben, dass dort sämtliche Einwohner von Geta im 18. Jh. Zuflucht vor russischen Soldaten fanden.

Übernachten

Wohlfühloase – **HavsVidden:** Havsviddsvägen 90, Geta, Tel. 018-494 08, www.havsvidden.com. 4-Sterne-Wellnesshotel, schön auf einer Landzunge gelegen, 33 Zimmer, Schwimmbad, Restaurant, Rauchsauna am Strand. DZ ab 160 €.

Finström ▶ 1, A 7/8

Auf der Rückfahrt nach Mariehamn sollte man dem am westlichen Ufer des Vandö-Sees entlangführenden Weg den Vorzug gegenüber der Straße 4 geben. Dabei gelangt man auch nach Finström, dessen größte Sehenswürdigkeit die **Michaelskirche** 11 ist, das wohl schönste Gotteshaus der Provinz und inmitten eines Kirchhofs mit z. T. malerischen alten Gräbern platziert. Ihre ältesten Teile stammen vom hölzernen Vorgängerbau aus dem 12. Jh., während das steinerne Kirchenschiff ebenso wie der Chor aus dem 13. und 14. Jh. datieren. Der jüngste Baukörper ist der gotische Turm (15. Jh.) mit schindelgedecktem Helm und vier seitlichen Spitzen. Das Innere weist mit schweren Gewölben und durchbrochenen Pfeilern eine im Norden ungewöhnliche Architektur auf. Bemerkenswert ist der gute Erhaltungszustand der Kalkmalereien (15. Jh.) und Holzskulpturen.

Übernachten

Feriendorf – **Bastö Hotell & Stugby:** Pålsböle, Tel. 018-423 82, www.hotelbasto.com, Okt.–April geschl. Gemütliches Hotel mit 20 Zimmern und 22 Ferienhäuschen für jeweils 4 Personen. DZ ab 85 €.

Essen & Trinken, Einkaufen

Insel-Bier – **Brauereigaststätte Stallhagen:** Getavägen 196, Godby, Tel. 018-485 00, www.stallhagen.com. Am nördlichen Ortsrand von Finström gelegener Pub, in dem selbst gebrautes Bier und auch Essen serviert werden, urige Atmosphäre; angeschlossen ist ein kleines Ladengeschäft. Hauptgerichte ab 15 €.
Veredeltes Obst – **Tjudö Vingård:** Tjudövägen 232, Tjudö, Tel. 018-481 91, www.skargardssmak.com. Ca. 10 km östlich von Finström gelegene Obstplantage, aus den Früchten werden Weine und Brände erzeugt, Verkauf vor Ort, Hofführungen, Möglichkeit zum Speisen, mittags 25 €, abends 50 €.

Nach Långnäs ▶ 1, B 8

Die letzte der Hauptrouten auf Festen Åland, die Straße 3, führt unmittelbar nördlich der Hauptstadt nach Osten, vorbei am Sandstrand des Slemmern und am pittoresken Bauerndorf **Önningeby.** Auf einer modernen Schwingbrücke wird anschließend der **Lemström-Kanal** überquert, der 1882 auf Befehl des Zaren gebaut wurde. Ein lohnendes Ausflugsziel entlang der Strecke ist die Ruine der **St. Olofs-Kapelle** 12 von **Lemböte,** die man wenige Kilometer hinter dem Lemström-Kanal auf einer Stichstraße erreicht. Weiter geht es auf landschaftlich schöner Strecke zur Insel Lemland, wo die mittelalterliche **Brigitta-Kirche** 13 einen Besuch lohnt. Der Feldsteinbau stammt in seinen ältesten Teilen aus dem 13. Jh., sein Inneres birgt einige schöne Kalkmalereien sowie einen Altarschrein aus dem 15. Jh. Etwas weiter ist es bis **Herrön** 14 an der südlichsten Spitze von Festen Åland, doch entschädigen die herrliche Natur und eine erfrischende Seebrise für die Anfahrt. In **Lumparland**

Åland-Inseln (Ahvenamaa)

lockt schließlich die **St. Andreas-Kirche** 15, ein kleiner, aber hübscher Holzbau von 1720. Die Straße endet an der Fährstation **Långnäs**, über die regelmäßige Schiffsverbindungen zu den östlichen Inseln und zum finnischen Festland bestehen.

Verkehr

Fähren: Finnlines bedient die Route Kapellskär–Långnäs–Naantali. Tickets können nicht am Hafen in Långnäs erworben werden. Buchung: Tel. 04-502 80 54 43.

Entferntere Trabanten

In touristischer Hinsicht trennt sich an den Fährstationen von Prästö, Vårdö, Svinö oder Långnäs die Spreu vom Weizen. Denn die zahlreichen Tagesbesucher, die jeden Sommer zu Zehntausenden in Mariehamn ankommen, schaffen gerade mal einen Spaziergang durch die Hauptstadt und vielleicht noch per Auto, Fahrrad oder Bus ein Ausflugziel auf Festen Åland. Wer zu den entfernteren Inseln aufbricht, darf sich als ›echter Åland-Urlauber‹ bezeichnen, d. h. er bringt mindestens einige Ferientage im Urlaubsgepäck mit oder reist von vornherein mit dem eigenen Boot an. Die meisten der kleinen und kleinsten Schären sind sowieso nur auf einem individuellen Segeltörn zu erreichen, während die größeren Trabanten in der Regel über gepflegte Marinas – 14 sind es insgesamt – verfügen, in denen die Freizeitkapitäne festmachen können. Da der åländische Schärengarten aber zu Recht als eines der schönsten Segelreviere in der Ostsee gilt, sind diese maritimen Campingplätze in der kurzen Saison stets ausgelastet. In vielerlei Hinsicht haben es die Fahrradfahrer am besten, die keine Angst haben müssen, von einer Fähre nicht mitgenommen zu werden oder keinen Liegeplatz zu bekommen. Überdies stehen ihnen drei spezielle Fahrradfähren zur Verfügung.

Jede Insel, die einer der sechs Schärengartenkommunen angehört, hat ihren eigenen Reiz und unverwechselbaren Charakter, der sich zumeist über eine jeweils andersartige Landschaft definiert. Hier das passende Urlaubsziel zu finden, dürfte angesichts der Vielfalt nicht schwer fallen. Unter den Eilanden, die mehr als ›nur‹ Natur zu bieten haben, verdienen Föglö, Kökar, Brändö und Kumlinge eine besondere Erwähnung.

Föglö ▶ 1, B 8

www.foglo.ax

Das 105 km^2 große **Föglö** 16 (ca. 580 Einw.) liegt der Hauptinsel am nächsten und besitzt mit dem pittoresken Hauptort Degerby eines der schönsten åländischen Dörfer.

Degerby

Dass Degerby im 19. Jh. eine wichtige Zwischenstation entlang dem viel befahrenen Handelsweg nach Turku war, beweisen mehrere hölzerne Villen, von denen die **Zollkammer** im Jugendstil die prächtigste ist. Trotz seiner geringen Größe versprüht der Ort, der etwa jede Stunde per Fähre von Svinö aus erreichbar ist, mit seinen Cafés, Restaurants und dem Gästehafen den Charme einer traditionsreichen Kleinstadt. Auf einem geruhsamen Spaziergang sollte man sich das kleine **Föglö-Museum** anschauen (Tel. 018-503 48, Mitte Juni–Mitte Aug. Di–So 10–13, 13.30–17 Uhr, freiwilliger Eintritt).

An Blumengärten und alten **Kapitänshäusern** vorbei kommt man von hier aus schnell zum traditionsreichen Gasthof Enigheten. Ansonsten lockt Föglö mit einer wunderschönen Natur, die alle typischen Landschaftsbilder des Schärengartens aufweist und sich für ausgedehnte Entdeckungstouren anbietet; auf Wanderwegen oder auf dem Fahrrad ebenso wie bei Ausritten lässt sie sich gut erkunden.

Eine gut ausgebaute Straße führt über mehrere Brücken und eine Pendelfähre bis hinauf nach Överö.

Übernachten

Historisches Gasthaus – **Gästhem Enigheten:** Tel. 018-503 10. www.enigheten.ax,

Gletschermassen modellierten vor Urzeiten die Schäreninsel Föglö

Åland-Inseln (Ahvenamaa)

AUF DEM SCHÄRENWEG VON INSEL ZU INSEL

Wer die Åland-Inseln mit dem Rad, Motorrad oder Auto bereist, findet im **Schärenweg** die beste aller möglichen Routen. Dabei reist man von Mariehamn durch sämtliche Schärengemeinden bis nach Finnland und lernt den Archipel natürlich viel besser kennen als auf der Fahrt mit einer der großen Passagierfähren. Schärenweg bezeichnet auf den Åland-Inseln keinen Rundweg wie die Schärenringstraße bei Turku, sondern eine Verbindung, die in drei Routen unterteilt ist: die südliche Linie, die nördliche Linie und die quer verlaufende Linie. Letztgenannte bietet die Möglichkeit, die Südroute und die Nordroute miteinander zu verbinden.

Die südliche Linie bringt einen von Långnes durch die Schärengemeinden Föglö, Sottunga und Kökar, die nördliche führt durch die Gemeinden Vårdö, Kumlinge und Brändö mit ihrer Vielzahl an Inselchen. Diese Route ist auch identisch mit dem historischen **Postweg,** der zur Zeit der Schwedenherrschaft eingerichtet wurde. Damals spielte das Inselreich eine wichtige Rolle für den Postverkehr über die Ostsee und die Insulaner wurden zum harten und gefährlichen Postrudern zwangsverpflichtet.

Wer den Schärenweg bereist, sollte seine Zeiteinteilung auf die Fahrpläne der Fähren abstimmen. Unterwegs übernachtet man in idyllischen Hotels, Pensionen, Hüttendörfern oder auf Campingplätzen. Am einfachsten ist es, auf Paketangebote des Fremdenverkehrsamtes zurückzugreifen, bei denen Fährpassagen, Unterkünfte und **Leihfahrräder** vorgebucht werden.

Okt.–April geschl. Gasthaus aus dem 18. Jh. mit rustikalen Blockhauszimmern für insgesamt 43 Gäste, Ruderboot, kleines Restaurant, familiäre Atmosphäre. DZ 60–85 €.

Prächtige Lage – **Isakssons Stugby:** Hamnkläpp 2, Hastersboda, Tel. 018-514 90, www.isakssons.ax. Schön inmitten der Schären rund 15 km östlich von Degerby gelegene Hüttenanlage mit besten Angelmöglichkeiten. Hütte für 1–4 Pers. ab 301 €/Woche.

Essen & Trinken

Seafood – **Seagram:** Degerby, Föglö Marina, Tel. 018-510 92, www.seagram.ax. Pavillon am Meer, Fisch und Meeresfrüchte, mittags großes Buffet. Hauptgerichte 13–25 €.

Bodenständige Regionalküche – **Gästhem Enigheten:** Degerby, Tel. 018-503 10, während der Hochsaison tgl. zum Abendessen geöffnet, Café tgl. ab 12 Uhr. Kleines Restaurant mit historischem Ambiente und lokalen Fleisch- und Fischspezialitäten, aufmerksamer Service. Hauptgerichte 12–24 €.

Sottunga ▶ 1, B 8

www.sottunga.ax

Nördlich von Överö liegt **Sottunga** 17, die kleinste Gemeinde Ålands und sogar Finnlands. Die meisten der 110 Einwohner arbeiten in der Landwirtschaft. Man muss die Fähre von Överö nicht verlassen, um Sottungas größte Sehenswürdigkeit zu betrachten, die **Holzkirche** aus dem 18. Jh. liegt vis-à-vis zum Anleger. Wer trotz der allenfalls bescheidenen touristischen Infrastruktur der Insel an

Land geht, kann u. a. schöne Wanderungen oder Fahrradtouren bis zum Fischerdorf Skaget im Norden unternehmen. Und ein Taxiboot kann Unternehmungslustige zu **Felszeichnungen** auf der Insel Södö oder zum alten **Leuchtturm** auf Sälsö transportieren.

Kumlinge ▶ 1, B 8

www.kumlinge.ax
Von Sottunga aus gelangt man per Fähre zur nördlich gelegenen Insel **Kumlinge** 18. Vom Fähranleger führt eine Straße entlang dem Ufer zum gleichnamigen Dorf hinauf, dessen **Feldsteinkirche** einen kunsthistorischen Schatz birgt. Das der hl. Anna geweihte Gotteshaus stammt aus dem 15. Jh., der hölzerne Glockenturm ist von 1767. Im Gegensatz zum eher einfachen Äußeren steht das Innere des gewölbten Kirchenraums, dessen Kalkmalereien fast komplett erhalten sind. Der Marienschrein aus dem 13. Jh., der früher der Kirche von Sund gehörte, ist der älteste auf den Inseln. Und Lokalkolorit erfährt man reichlich im **Hofmuseum Hermas.**

Kökar ▶ 1, B 8

www.kokar.ax
Die südlichste Gemeinde der Åland-Inseln heißt **Kökar** 19, ist ebenfalls per Fähre von Sottunga aus zu erreichen und nimmt aufgrund ihrer herben Naturschönheit und bewegten Vergangenheit eine Sonderstellung ein. Zwischen 1400 und 1600 lebten hier Hunderte von Bootsmannschaften, die Ostseehering und Dorsche fingen, und regelmäßig machten Handelsschiffe auf ihrer Passage entlang dem Königsweg Station. Heutzutage ist Kökar mit 280 Bewohnern – die meisten davon Selbstversorger – die zweitkleinste Gemeinde Ålands.

Kirche und Kapelle
Von der reichen Vergangenheit erzählt die **Kirche,** die in fantastischer Lage oberhalb der rötlichen Granitklippen der Westküste thront und mehr Gläubige fasst, als Menschen auf der Insel leben. Das Gotteshaus mit seinem hohen, roten Schindeldach wurde mit Hilfe einer Kollekte aus ganz Schweden 1784/85 errichtet, nachdem russische Soldaten die alte Holzkirche niedergebrannt hatten. Das der hl. Anna geweihte Gebäude ist von einem stimmungsvollen Friedhof mit alten Eisenkreuzen umgeben und besitzt einen hölzernen, frei stehenden Glockenturm, der damals auch als Leuchtfeuer diente.

Nur wenige Schritte entfernt sollte man sich die Überreste der ehemaligen Klosterkeller anschauen, die zu einer **Kapelle** umfunktioniert und mit einem flachen Dach geschützt wurden. Von etwa 1400 bis zur Reformation lebten in diesem einzigen Kloster des Archipels Franziskaner – auch das ein Beweis dafür, dass die Gemeinde Kökar damals bevölkerungsreicher war als heute.

Karlby
Die einzige Ortschaft heißt Karlby und liegt an der Südküste. Hier findet man eine **Fischräucherei,** einen Kiosk und den **Jachthafen,** einen der beliebtesten Treffpunkte für Tourensegler aus Schweden oder Finnland. An der Anlegestelle mit Café, Restaurant und dem architektonisch anspruchsvoll gestalteten Hotel Brudholl geht es daher im Sommer recht turbulent zu – ganz im Gegensatz zum weitgehend einsamen Rest dieses wunderschönen Fleckchens Erde.

Übernachten, Essen
Mit gutem Restaurant – **Hotell Brudhäll:** Karlby, Tel. 018-559 55, www.brudhall.com. Schöne, moderne Holzhausanlage am betriebsamen Jachthafen, 20 Zimmer der einfacheren Mittelklasse und eine komfortable Suite, gutes **Restaurant** (Fischspezialitäten) in herrlicher Lage mit Außenterrasse, nur im Sommer. DZ 139 €.

Weitere Inseln ▶ 1, B 7/8

Von Kumlinge oder Vårdö läuft eine Fähre die 500-Einwohner-Insel **Brändö** 20 an, wobei unterwegs oft auch am Eiland **Lappo** 21 gestoppt wird. Außer einigen Häusern, einem Jachthafen und Restaurant ist hier vor allem

Åland-Inseln (Ahvenamaa)

das Schärenmuseum zu erwähnen. Das direkt am Wasser gelegene Gebäude orientiert sich architektonisch an den Bootsschuppen, die Ausstellung dokumentiert mit Fischereigerätschäften, Fotos, Dokumenten und Alltagsgegenständen das entbehrungsreiche Leben in dieser abgeschiedenen Welt. Heute leben die Einwohner der Inseln vorwiegend vom Fremdenverkehr (Lappoby, Tel. 018-566 89, www.lappo.net, Mitte Juni–Mitte Aug. tgl. 10–12, 17–19 Uhr, Erw. 3,50 €).

Auch **Torsholma** 22 ist eine Fährstation. Von dort führt eine geradezu atemberaubende Straße über etliche Brücken und Miniinseln nach Norden. Hinter der 1893 erbauten Holzkirche von Brändö zweigt eine Route nach Westen ab, die in Fiskö endet, während man auf der Hauptstrecke bis nach Åva und **Långö** 23 kommt. Da dort eine 30-Minuten-Fährverbindung nach Finnland (Osnäs) besteht, kann diese Inselkette auch als west-östliche Transitstrecke genutzt werden. Beschreiben lassen sich die 22 km von Torsholma nach Åva nicht, denn das Gefühl, geradewegs über das Wasser zu fahren, muss wirklich erlebt werden.

Übernachten
... auf Brandö:
Zimmer und Ferienhäuser – **Hotell Gullvivan:** Björnholma, Tel. 018-563 50, www.gullvivan.ax. Einfaches Hotel mit 23 Zimmern, z. T. mit Miniküche, großes Restaurant (gutes Fischbuffet) mit Terrasse; 6 Ferienhäuschen für jeweils 4 Personen, Fahrrad- und Bootsverleih. DZ ab 100 €.

Jede der kleinen Åland-Inseln ist ein Kosmos für sich

Zwischen Turku und Lappland

Die 770 Kilometer zwischen Turku und Tornio eignen sich für eine entspannende Fahrt durch eine ebene Landschaft, vorbei an pittoresken Küstenstädtchen, langen Sandstränden und ausgedehnten Schärengebieten. Dabei erlebt man den langsamen Übergang vom üppigen Süden mit seiner reichen kulturellen Vergangenheit zum kargen Norden nahe dem Polarkreis.

Von Turku nach Rauma

Karte: S. 227

Nousiainen (Nousis) **1**

Wer sich von Turku über die Nationalstraße 8 auf den Weg in den Norden macht, hat schon auf der ersten Etappe bis Rauma mehrfach Gelegenheit, die Fahrt an schönen natürlichen oder kulturellen Sehenswürdigkeiten zu unterbrechen. So etwa in Nousiainen, das man über die Straße 201 erreicht (dort dem Hinweisschild zur 3 km entfernten Henrikinkirkko folgen). Auf einem Hügel oberhalb des Hirvi-Flüsschens erhebt sich eine massive Feldsteinkirche, die ungewöhnlicherweise sowohl zum Westen als auch zum Osten einen mehreckigen Chor aufweist und von einem schwarzen Holzschindeldach bekrönt ist. Das jetzige dreischiffige Gotteshaus ist um 1300 vollendet worden und somit eines der ältesten Finnlands. Es besticht im Innern vor allem durch die Raumwirkung der Backsteinpfeiler und der gekalkten Gewölbe. Auch einige interessante Malereien und Einrichtungsgegenstände sind zu sehen, doch gründet sich der Ruf der **Henriks-Kirche** weniger auf ihre Architektur als vielmehr auf die Tatsache, dass hier Finnlands Nationalheiliger seine letzte Ruhestätte fand. Der vermutlich aus England stammende Henrik wurde 1152 Bischof von Uppsala und ging kurze Zeit später zusammen mit Bischof Erik auf Missionsreise nach Finnland, wo er vom Papst zum ersten Bischof des Landes ernannt wurde. Sein Tod und die angeblichen Wunder des Bischofs machten ihn, obwohl niemals vom Papst heilig gesprochen, zum Nationalheiligen – ein ähnliches Schicksal erfuhr übrigens auch der Schwede Erik. Henriks Leichnam wurde in Nousiainen beigesetzt, wahrscheinlich in einer hölzernen Vorgängerkirche am selben Platz. Der prächtige Sarkophag flämischen Ursprungs (1515–1520) zeigt Messingplatten, in die Szenen aus dem Leben von Bischof Henrik eingraviert sind. Eine Kopie befindet sich im Nationalmuseum von Helsinki.

Mynämäki (Virmo) **2**

Auch die nahe Ortschaft Mynämäki besitzt eine interessante **Kirche,** die bereits von Weitem sichtbar ist. Ungewöhnlich sind die Ausmaße und die reiche Ausstattung des aus dem 13./14. Jh. stammenden Sakralbaus. Henrik Fleming (1584–1650), der schwedische Statthalter von Narwa, der in Mynämäki beheimatet war, schenkte der Kirche eine Kanzel, ließ noch zu seinen Lebzeiten ein Epitaphium anbringen und bereits 1632 sein steinernes Grabmonument herstellen. Es zeigt den Adeligen mit seiner ersten Frau Ebba Bååt als Tote in zweifacher Ausführung: Oben sieht man das Ehepaar, gut gekleidet und wie soeben entschlafen. Darunter wurde vom Bildhauer die gruselige Darstellung ihrer verwesenden Leichname angebracht, denen Schlangen aus dem Totenschädel kriechen und die von Kröten angefressen werden.

Zwischen Turku und Lappland

Uusikaupunki (Nystad)
▶ 1, C 6

Abseits der Nationalstraße und weiter westlich an der Küste liegt das kleine sympathische Städtchen **Uusikaupunki** 3. Der 1617 von König Gustav II. Adolf gegründete Ort ist einer der ältesten am Bottnischen Meerbusen und ging durch den dort im Jahre 1721 geschlossenen Friedensschluss zwischen Schweden und Russland in die Geschichte ein. Aus der Gründungszeit stammt der rechtwinklig angelegte Stadtplan mit seinem Straßenraster, der Besuchern die Orientierung recht leicht macht – doch ist das nur 16 000 Einwohner zählende Städtchen ohnehin sehr überschaubar. Hier befindet sich die einzige finnische und gleichzeitig die nördlichste Autofabrik der Welt (u. a. Mercedes).

Mühlenhügel und Umgebung
Einen ersten Überblick kann man sich vom **Wasserturm** auf dem zentrumsnahen ausgeschilderten Myllymäki (Mühlenhügel) verschaffen. Seinen Namen trägt der Hügel nach den vier altertümlichen Windmühlen, die inmitten eines hübschen Parkgeländes platziert sind.

Unterhalb des Myllymäki reizt der angenehme Ort zu einem Spaziergang, auf dem man viele gut erhaltene, herrschaftliche **Holzbauten** sieht, insbesondere entlang der beiden Straßen Ylinenkatu und Alinenkatu sowie ihrer Querstraßen. In einigen sind interessante Museen eingerichtet, so etwa das **Kulturhistorische Museum** (Ylinenkatu 11) und das **Haus des Seglers** aus dem 18. Jh. (Myllykatu 18).

Marktplatz
Wie in jeder südfinnischen Stadt lohnt auch hier der Marktplatz (Kuriirinkuja) einen Besuch, in dessen Nähe sich die **Neue Kirche** (1863) befindet. Ihre Vorgängerin, die **Alte Kirche** aus dem Jahr 1629, liegt weiter im Westen der Stadt an der Rantakatu. Am Marktplatz befindet sich außerdem das **Regionalmuseum Kalanti**.

Jachthafen Pakkahuone
Das touristische Leben entfaltet sich an warmen Sommertagen vor allem am Gäste- und Jachthafen Pakkahuone mit seiner Promenade und vielen Cafés. Hier starten Bootstouren in den Schärengarten mit der »Diana« oder der »Mary Ann« (s. S. 227).

Kulturzentrum Crusell
Auf der Halbinsel dem Hafen gegenüber sieht man das moderne Kulturzentrum Crusell (Kulttuurikeskus Cruselli) nebst Hotel, das nach dem in Uusikaupunki geborenen Komponisten Bernhard Henrik Crusell benannt ist und als Mittelpunkt der alljährlichen Crusell-Woche mit Kammermusikkonzerten aufwartet.

Bonk Museum
Siltakatu 2, Tel. 02-841 84 04, www.bonkcentre.fi, Juni und Mitte–Ende Aug. Di–Sa 11–15, Juli–Mitte Aug. tgl. 10–18 Uhr, Erw. 8 €
Wenn man vom Marktplatz aus über die Siltakatu zur Halbinsel fährt, fallen einem sofort hinter der Brücke die Gebäude des ehemaligen Elektrizitätswerkes auf. Diese beherbergen heute ein höchst amüsantes Museum: das Dynamozentrum der Firma Bonk. Die Firma Bonk hat es freilich nie gegeben und die dort ausgestellten Maschinen haben ebenfalls alle einen Schönheitsfehler: Sie sind nicht wirklich funktionstüchtig …

Infos
Tourist Information: Rauhankatu 10, 23500 Uusikaupunki, Tel. 050-420 53 33, www.uusikaupunki.fi, im Sommer Mo–Fr 9–17, Sa 9–15, sonst Mo–Fr 9–16 Uhr.

Übernachten
Beste Option in der Region – **Aquarius:** Kullervontie 11 b, Tel. 02-841 31 23, www.hotelliaquarius.fi. Modernes 4-Sterne-Hotel, am Crusell-Kulturzentrum direkt am Wasser, 62 Zimmer, Restaurant, Bar, Sommerterrasse, Pool, Tennis u. v. m. DZ ab 85 €.
Budgetunterkunft – **Hotel Lännentie:** Levysepänkatu 1, Tel. 02-845 61 00, www.lannentie.fi. Solides Haus der unteren Mittelklas-

se, 35 komplett ausgestattete, aber etwas altmodische Zimmer im Hotel und im Motel, Sauna, Pool, Restaurant und Bar mit Karaoke. DZ ab 85 €.

Essen & Trinken
Saisonale Buffets – **Gasthaus Pooki:** Ylinenkatu 21, Tel. 02-847 71 00, www.ravintolapooki.fi. Gemütlicher Treff im Ortszentrum mit Sommerrestaurant Pookin Piha, Grillbar und Bierstube, günstig. Gerichte ca. 20 €.

Aktiv
Bootsausflüge – Von Uusikaupunki kann man im Sommer zur **Insel Isokari** schippern und den dortigen Leuchtturm besuchen. Auch Übernachtungen sind möglich (Tel. 050-420 53 33). Touren mit der **»Diana«** oder der **»Mary Ann«** ab Jachthafen (Tel. 05-15 25 02, Erw. ab 15 €).

Termine
Merefesti: Anf. Juni. Ein Wochenende zur Eröffnung der Sommersaison, feuchtfröhliche Feier mit kulturellem Begleitprogramm.
Crusell-Woche: Ende Juli. Jährliches, viel beachtetes Musikfestspiel zu Ehren des in Uusikaupunki geborenen Komponisten B. H. Crusell, Kammermusik- und Unterhaltungskonzerte mit Schwerpunkt Holzblasinstrumente (http://crusell.fi).

Verkehr
Bus: Nach Rauma und Turku besteht reger Busverkehr, dort hat man Anschluss ans Netz der Überlandbusse und der Eisenbahn.

Abstecher nach Pyhämaa
▶ 1, C 6

Opferkirche: Tel. 02-840 42 00, Juni–Aug. Mo–Sa 11–17, So nach der Messe bis 17 Uhr
Die etwa 50 km lange Strecke der **Sonnenroute** verläuft zwar nahe der Küste, allerdings ohne Sicht auf die Ostsee. Allen, die inzwischen die finnischen Landkirchen kennen und schätzen gelernt haben, sei unterwegs der Abstecher über die Straße 1973 ans Herz gelegt. Denn die alte **Opferkirche** (Uh-

Von Turku nach Tornio

Zwischen Turku und Lappland

rikirkko) von **Pyhämaa** 4, seit langer Zeit ein Wallfahrtsziel der Seefahrer, kann mit Fug und Recht als Sensation bezeichnet werden. Der rot gestrichene, turmlose Holzbau stammt aus dem 17. Jh. und ist von außen eher unscheinbar. Sein Inneres jedoch ist auf jedem Quadratzentimeter mit Malereien bedeckt, die in naiv charmanter Manier Szenen des Alten und Neuen Testamentes, Ranken, Ornamente und Bibelzitate enthalten. Umgeben ist die Opferkirche von einem stimmungsvollen Friedhof und der neuen Kirche (1804) mit einer markanten, metallverkleideten Turmspitze.

✪ Rauma (Raumo)
▶ 1, C 6

Die Zeit für einen längeren Spaziergang in Rauma sollte man auf jeden Fall einplanen. Die 40 000 Einwohner zählende Gemeinde verdankt ihre Entstehung einem günstigen Naturhafen und bekam bereits 1442 die Stadtrechte, damit ist sie die drittälteste Stadt des Landes. Das früheste Baudenkmal, die **Dreifaltigkeitskirche** (14. Jh.), ist nur noch in Ruinen zu sehen, da es 1640 bei einem Brand zerstört wurde. Die letzte in einer ganzen Reihe verheerender Feuerbrünste brach 1682 aus, weshalb die Altstadt als eines der besterhaltenen und größten Holzhausareale Skandinaviens gilt. Diesem Umstand trug 1991 die UNESCO Rechnung, indem sie die etwa 600 Gebäude umfassende **Altstadt** in ihre Liste des Welterbes aufnahm. Zwar gibt es auch in der **Neustadt** Sehenswertes, etwa den Hafen mit dem Aussichtsturm Kiikartorni und das Seefahrtsmuseum (Kalliokatu 34, www.rmm.fi), doch sollte sich eine Stadtbesichtigung auf dieses einzigartige Ensemble konzentrieren. Dazu steuert man die ausgeschilderten Parkplätze nahe der im 15. Jh. gegründeten **Heilig-Kreuz-Kirche** an; eine Statue des Franz von Assisi ist ein Hinweis darauf, dass es sich hierbei um ein ehemaliges Gotteshaus des Franziskanerordens handelt.

Altstadtrundgang

Von der Heilig-Kreuz-Kirche aus gelangt man über die Isikirkkokatu in das enge Straßennetz der Altstadt, deren Gebäude überwiegend aus dem 16. und 17. Jh. stammen. Als die Stadt am Ende des 19. Jh. mit der Blütezeit der Segelschifffahrt zu Wohlstand kam, wurden die bis dahin bescheidenen Häuschen vergrößert und die Straßenfassaden neu verkleidet, dekoriert und mit Portalen ausgestattet. Dass Alt-Rauma keinen musealen Eindruck hinterlässt, liegt dar-

Rauma (Raumo)

an, dass in die historische Bausubstanz inzwischen Geschäfte aller Art, Boutiquen, Cafés, Galerien und Restaurants eingezogen sind.

Altes Rathaus – Stadtmuseum
Rauman museo, Vanha Raatihuone, Kauppakatu 13, Tel. 02-834 35 25, Jan.–Mitte Mai, Sept.–Dez. Di–Fr 12–17, Sa 10–14, So 11–17, Mitte Mai–Juni, Aug. Di–So 10–17, Juli tgl. 10–17 Uhr, Eintritt 3 €

Auf dem Rundgang gelangt man zunächst zum Alten Rathaus, dem markantesten Gebäude der Altstadt, für dessen Fertigstellung (1776) eigens eine Ziegelfabrik errichtet werden musste. Früher waren in dem Gebäude der Ratssaal, die Stadtwache, ein Laden und zwei Gefängniszellen untergebracht, heute beherbergt es das Stadtmuseum, in dem viele Gegenstände, u. a. aus der Seefahrt und Spitzenklöppelkunst, ausgestellt sind. Für Letztere ist Rauma weithin bekannt, und noch immer gibt es eine Klöppelwerkstatt, die im Sommer regelmäßig Vorführungen veranstaltet, und geschickte Klöpplerinnen treffen sich alljährlich Ende Juli während der Spitzenwoche.

In Rauma ist die Welt auf schönste Weise mit Brettern vernagelt

Die finnische Zweisprachigkeit

Schwedisch war nicht nur während der Jahrhunderte, in denen Finnland unter der Herrschaft des benachbarten Königreichs stand, die einzige offizielle Schriftsprache des Landes, sie war es sogar noch während der russischen Ära! Wer als Finne in Kultur, Wirtschaft, Politik und Verwaltung etwas werden oder bewirken wollte, musste unweigerlich des Schwedischen mächtig sein.

Daneben gab es seit dem Mittelalter auch eine beträchtliche Anzahl von schwedischen Einwanderern, die sich natürlich in ihrem heimatlichen Idiom verständigten. Die lange Tradition des Schwedischen in Finnland führte allerdings auch zu einer graduell unterschiedlichen Entwicklung, die sich heute in einer anderen Phonetik und einem etwas abweichenden Vokabular äußert. Ein Schwede wird einen Finnland-Schweden also leicht erkennen: Dieser benutzt nicht den typischen, etwas hochnäsig klingenden Singsang der sogenannten Reichsschweden, kennt einige altertümliche Wörter, die es im Königreich heute nicht mehr gibt und lässt manchmal auch Entlehnungen aus dem Finnischen einfließen.

Nach Sprachenstreit und Emanzipation des Finnischen ist die gleichberechtigte Zweisprachigkeit offiziell, festgelegt im Sprachgesetz von 1922. Die Zahl der Schwedischsprachigen geht allerdings deutlich zurück: Um 1700 lag sie noch bei 17 %, 1880 bei über 14 % und heute unter 6 %! Trotzdem war und ist der Einfluss dieser Gruppe größer, als es die Zahlen vermuten lassen. Darauf deuten Präsidentennamen wie Stålberg, Svinhufvud oder Mannerheim genauso hin wie Lönnrot, Runeberg, Snellman oder andere Heroen der Kulturgeschichte. Mittlerweile gibt es – auch einhergehend mit dem Erstarken der nationalkonservativen Partei der »Wahren Finnen« – Bestrebungen, die schwedische Sprache zurückzudrängen.

Das Land, das in den offiziellen Karten also sowohl Suomi als auch Finland genannt wird, ist von der Zweisprachigkeit allerdings nicht zur Gänze betroffen, sondern nur in den historischen Siedlungsgebieten der Finnland-Schweden. Komplett schwedischsprachig ist etwa die autonome Provinz Åland, daneben gibt es aber auch eine ganze Reihe von Gemeinden an der Süd-, Südwest- sowie an der Westküste (darunter auch Helsinki und Turku), die entweder eine finnische oder schwedische Bevölkerungsmehrheit und eine starke Minorität haben. In diesen Regionen werden Touristen mit der Sprachenfrage unmittelbar konfrontiert, etwa beim Studium der Landkarten oder beim Lesen von Orts- und Straßenschildern. Zwischen Vaasa/Vasa und Kokkola/Karleby beispielsweise tauchen Städtchen mit einer schwedischsprachigen Mehrheit oft nur unter ihrem schwedischen Namen im Kartenmaterial auf, sodass der Reisende schon wissen sollte, dass Jakobstad auf Finnisch Pietarsaari heißt. Und bei der Suche nach einer bestimmten Adresse muss der Kopilot ein scharfes Auge haben: Auf den Straßenschildern steht nämlich manchmal der schwedische, manchmal aber auch der finnische Name an erster Stelle, und in wieder anderen Fällen findet sich etwa nur der finnische oder nur der schwedische – und das gleiche Verwirrspiel findet seine Entsprechung in den Stadtplänen …

Marela-Haus

Kauppakatu 24, Öffnungszeiten wie Altes Rathaus (s. S. 229)

Hinter Markt und Rathaus folgt man der Kauppakatu nach links und passiert das Marela-Haus, das vielleicht schönste Beispiel für den Wohlstand, den die Segelschifffahrt mit sich brachte. In dem Gebäude ist eine originalgetreu eingerichtete Wohnung eines Reeders im Stil der Jahrhundertwende zu sehen.

Kunstmuseum

Rauman taidemuseo, Kuninkaankatu 37, Tel. 02-822 43 46, www.raumantaidemuseo.fi, Di–Fr 12–17, Sa, So 11–16, im Sommer auch Mo 10–16 Uhr, Erw. 6 €

Wenige Schritte weiter östlich gelangt man zum **Pinnala-Haus** von 1795, das heute das international renommierte Kunstmuseum von Rauma beherbergt. Gezeigt werden hier hauptsächlich Wechselausstellungen mit Gegenwartskunst, die ›Rauma Biennale Balticum‹ ist Kunstfreunden im ganzen Ostseeraum ein Begriff.

Infos

City Tourist Office: Valtakatu 2, 26100 Rauma, Tel. 02-834 35 12, www.visitrauma.fi, Juni–Aug. Mo–Fr 9–18, Sa, So 10–18, sonst Mo, Mi, Do 9–16, Di 9–17, Fr 9–15 Uhr.

Übernachten

Mit allem Komfort – **Cumulus Rauma:** Aittakarinkatu 9, Tel. 02-83 78 21, www.cumulus.fi. Moderne Herberge der oberen Mittelklasse, 103 komfortable Zimmer, Hallenbad, Restaurant. DZ ab 135 €.

Zentrales Businesshotel – **Raumanlinna:** Valtakatu 5, Tel. 02-832 21, www.raumanlinna.fi. Best-Western-Hotel der oberen Mittelklasse, 71 Zimmer, Restaurant, Bar, Nachtclub, nur wenige Schritte von der Altstadt entfernt. DZ ab 90 €.

Termine

Rauma Blues: Mitte Juli. Arrivierte Veranstaltung mit Bluesgrößen aus der ganzen Welt (www.raumablues.com).

Pori (Björneborg)

▶ 1, C 5

Karte: S. 227

Pori **5**, knapp 50 km nördlich von Rauma, ist mit rund 83 000 Einwohnern fast schon eine Großstadt. Lebensgrundlage der Bewohner sind Handel, Hafen und Industrie, für Besucher ist aber die touristische Infrastruktur attraktiver, mit der Pori aufwarten kann – allem voran das lebendige Kulturleben, für das stellvertretend das finnische Theater, gut bestückte Kunstmuseen und Galerien sowie Musikveranstaltungen wie das renommierte **Pori-Jazzfestival** genannt seien, zu dem Hunderte von Musikern aus aller Welt nach Pori kommen.

Geschichte

Als der Ort 1558 von Herzog Johan als Björneborg (Bärenburg) gegründet wurde, stand dahinter die Absicht, dem Handel am Bottnischen Meerbusen neue Impulse zu geben. Die Voraussetzungen waren ideal, denn damals mündete der Kokemäenjoki-Fluss an dieser Stelle ins Meer und bildete einen vorzüglichen Hafen. Dass der erwünschte Aufschwung immer wieder unterbrochen wurde, lag einerseits an zahlreichen Stadtbränden – besonders schlimm waren sie in den Jahren 1640 und 1852 – und andererseits an der Landhebung, durch die die Küste stetig nach Westen verschoben wurde; heutzutage beträgt die Entfernung zum Meer etwa 15 km.

In Pori machte man aus der Not eine Tugend: Nach jedem Großfeuer modernisierte man das Stadtbild und legte schließlich auch das schachbrettartige Straßenraster an. Auf der anderen Seite verlagerte man die Einrichtungen, die zum Überleben einer Industrie-, Hafen- und Handelsstadt notwendig sind, und folgte dem zurückweichenden Meer.

Seit den 1990ern wurden große Investitionen getätigt, um die Wettbewerbsfähigkeit des neuen Tiefseehafens Mäntyluoto zu verbessern, des wichtigsten finnischen Spezialhafens für Im- und Exporte aus Übersee.

Zwischen Turku und Lappland

Stadtrundgang

Die wichtigsten Sehenswürdigkeiten im Zentrum liegen alle nahe beieinander und sind bequem auf einem kleinen Rundgang zu erreichen.

Altes Rathaus

Hallituskatu 9
Ein guter Startpunkt für einen Rundgang ist das Alte Rathaus, das nahe am Fluss liegt und allein schon wegen seines hohen, verspielten Glockentürmchens ins Auge fällt. Gebaut wurde das harmonische und repräsentative Haus im Jahr 1841 nach Plänen des Architekten C. L. Engel. Es beherbergt u. a. die **Touristeninformation,** sodass auch das schöne Innere öffentlich zugänglich ist. Und im Untergeschoss stellt der **Rathauskeller** (s. S. 235) eine verlässliche Adresse für alle dar, die die hiesige Küche probieren möchten.

Der hübsche Blumenpark vor dem Rathaus war früher der Marktplatz von Pori, doch der Markt hat auf einem größeren Areal zwei Straßenzüge weiter östlich eine neue Heimat gefunden.

Theater

Hallituskatu 14, www.porinteatteri.fi
Flankiert wird das Rathaus von anderen ebenfalls sehenswerten Häusern: Das Gebäude unmittelbar westlich stammt von 1872 und beherbergt nicht nur das erste finnischsprachige, sondern mit seiner aufwendigen Innenarchitektur und Ausgestaltung auch das wohl schönste Theater des Landes.

Stadthaus

Im Osten schließt sich an das Rathaus das prächtige Stadthaus an, das nach Plänen von August Krook 1895 für einen reichen Apotheker vollendet wurde. Es heißt, der Bauherr habe den Architekten eigens nach Venedig geschickt, um sich dort inspirieren zu lassen! In den 1960ern kaufte die Stadt Pori das palastartige Haus und brachte dort die städtische Verwaltung unter.

Keski-Pori-Kirche

Yrjönkatu, tgl. 10–13, im Sommer 9–18 Uhr
Zwei Straßenzüge weiter östlich ragt die neugotische Keski-Pori-Kirche inmitten eines Parks zwischen den Brücken über den Kokemäenjoki-Fluss auf. Der Backsteinbau mit seinem gusseisernen Turmhelm wurde 1863 vollendet und ist innen mit Glasmalereien, Fresken und einem interessanten Altarbild von Wilhelm Ekman geschmückt.

Von hier aus spaziert man auf der **Uferpromenade Eteläranta** wieder zurück, vorbei an modernen Skulpturen, Restaurant- und Caféschiffen, Bootsanlegern, Bänken und Grünanlagen.

Kunstmuseum

Porin taidemuseo, Eteläranta, Tel. 02-621 10 80, www.poriartmuseum.fi, Di–So 11–18, Mi 11–20 Uhr, Erw. 5 €
Auf Höhe des Rathauses wird die Uferstraße von einem niedrigen, aber ausladenden ehemaligen Packhaus gesäumt, das 1857 entworfen und 40 Jahre später erheblich erweitert wurde. Im Innern dieses neoklassizistischen Baus ist das bedeutende Kunstmuseum von Pori untergebracht, das neben einer permanenten Sammlung auch Wechselausstellungen finnischer und ausländischer Künstler zeigt.

Museum der Provinz Satakunta

Satakunnan museo, Hallituskatu 11, Tel. 02-621 10 78, Di–So 11–18 Uhr, Erw. 5 €
Nur wenige Schritte flussabwärts gelangt man zum zweiten wichtigen Museum von Pori, dem 1888 gegründeten Museum der Provinz Satakunta. Das Gebäude stammt aus den 1970er-Jahren und breitet in einer umfangreichen und vielseitigen Sammlung auf drei Etagen die Geschichte von Pori und der gesamten Region aus. Man sieht dort u. a. archäologische Funde aus der Bronze- und Eisenzeit, nachgestellte Straßenszenen und Stilmöbel vom Mittelalter bis zum Jugendstil.

Kirjurinluoto

Die Insel, die sich gegenüber vom Museum zwischen den Mündungsarmen des

Pori (Björneborg)

Das Jazzfestival lockt Musiker und Musikbegeisterte aus aller Welt nach Pori

Kokemäenjoki erstreckt, ist das beliebteste Naherholungsgebiet innerhalb der Stadtgrenzen. Wer über die Fußgängerbrücke dorthin spaziert, findet einen Naturpark mit Wanderwegen und Teichen, einen einladenden Sandstrand und Veranstaltungsplätze wie Sommertheater und Spielpark. Kirjurinluoto ist gleichzeitig der Hauptschauplatz des berühmten Jazzfestivals im Juli. In dieser Zeit tönt und klingt es nicht nur auf der Hauptbühne, sondern auch in vielen Konzertsälen, in Kneipen oder Clubs sowie auf Poris Straßen.

Außerhalb des Zentrums

Juselius-Mausoleum
Maantiekatu, Mai–Aug. tgl. 12–15, sonst nur So 12–14 Uhr

Etwa 1,5 km westlich des Zentrums kann man noch das Juselius-Mausoleum auf dem Friedhof von Käppärä aufsuchen. Dieses ungewöhnliche Grabdenkmal ließ der reiche Geschäftsmann F. A. Juselius um die Jahrhundertwende für seine Tochter errichten, die mit 11 Jahren verstorben war. Die ursprünglich von Akseli Gallen-Kallela stammenden Fresken im Innern wurden leider zerstört und mussten später vom Sohn des Künstlers rekonstruiert werden.

Ahlainen-Viertel
Ein schönes Ziel ist das Ahlainen-Viertel im Norden von Pori mit einer hübschen Mischung aus Natur, Wasser und pittoresken Holzhäusern (s. S. 236).

Umgebung von Pori

Strand von Yyteri
Wer auf schnellstem Wege von Pori in den Norden fahren möchte, nimmt die Straße 8 in Richtung Vaasa. Viel interessanter ist natürlich die **Sonnenroute**, die zunächst zu einer weit in den Meerbusen hinausragenden Halbinsel mit dem Sandstrand von Yyteri führt. Der lang gestreckte, von Dünen gesäumte Sandstrand zählt zu den schönsten an der gesamten Ostsee. Die Freizeitanlage (Hinweisschild ›Yyterin sannat‹) mit

Kurhotel, Campingplatz, Restaurants, Surfzentrum, Tennis- und Golfplätzen, Reitmöglichkeiten sowie kilometerlangem Bade- und FKK-Strand lässt keine Wünsche offen und kann nur bei ausreichenden Zeitreserven richtig genutzt werden. Dahinter zweigt die Hauptstraße zum Tiefseehafen Mäntyluoto ab, während man auf der Sonnenroute über eine beeindruckende Brücken- und Dammkonstruktion geradewegs in die Schärenwelt gelangt.

Reposaari

Unbedingt zu empfehlen ist ein Abstecher zur Insel Reposaari, einem meerverbundenen Fischerdorf mit idyllischer Holzbebauung und einem modernen Trawlerhafen. Die norwegischen Seeleute, die den Ort häufig aufsuchten, sammelten im 19. Jh. Geld für eine **Kirche,** die also nicht zufällig an ein Gotteshaus aus dem norwegischen Fjell erinnert (im Sommer tgl. 10–15 Uhr).

Infos

Pori Tourist Information: Itäpuisto 7, 28100 Pori, Tel. 02-621 79 00, www.maisa.fi, Juni–Mitte Aug. Mo–Fr 9–18, Sa 10–15, sonst Mo–Fr 9–16.30 Uhr.
Weitere Tourist Information im Sommer: Café (Kahvila) Viksu, Kirjurinluoto, Tel. 044-701 79 09, Mai–Aug. tgl. 10–18 Uhr.

Übernachten

Kurhotel am Strand – **Yteri Spa Hotel:** Yteri, Sipintie 1, Tel. 02-628 53 00, www.yyterinkylpylahotelli.fi. Modernes Kurhotel an den Stränden, 113 Zimmer, Restaurant, Nachtclub. DZ ab 130 €.
Komfortables Stadthotel – **Cumulus Pori Hotel:** Yrjönkatu 24, Tel. 02-55 09 00, www.cumulus.fi. Zentral gelegenes Haus der gehobenen Mittelklasse mit 110 gut ausgestatteten Zimmern, Restaurants und Bar. DZ ab 100 €.
Kettenhotel am Marktplatz – **Hotel Vaakuna:** Gallen-Kallelankatu 7, Tel. 02-90 04 20 01, www.sokoshotels.fi. Großes Haus der Sokos-Kette, obere Mittelklasse, 205 Zimmer, Restaurant Amarillo mit Tex-Mex-Küche, zentral am Marktplatz gelegen. DZ ab 100 €.
Mit gutem Restaurant – **Hotelli Rantakartano:** Isojoenrannantie 58, Tel. 02-639 39 00, www.rantakartano.net. Älteres Mittelklassehotel, ca. 3 km vom Zentrum entfernt. Restaurant mit regionaler Küche. DZ 70 €.
Camping – **Camping Yyteri:** Yyteri, Tel. 02-719 97 73. Moderne Campinganlage am Strand von Yteri, zu der 75 komfortable Ferienhäuser gehören, davon 30 mit Küche, Dusche, WC, TV und Sauna, ganzjährig nutzbar. 75–100 €/4 Pers.

Essen & Trinken

Gediegen – **Raatihuoneen Kellari:** Hallituskatu 9 A, Tel. 02-633 48 04, www.raatihuoneenkellari.fi, Mo–Do 11–23, Fr 11–24, Sa 13–24 Uhr. Stimmungsvolle Gaststätte im Rathauskeller, vorzügliche Küche, im Sommer Außenterrasse. Hauptgerichte 19–38 €.
Mit Livemusik – **Café Jazz:** Rantamakasiini, Eteläranta 6, Tel. 02-641 13 44, www.cafejazz.fi, Mo–Do 11–24, Fr, Sa 11–2, So 12–24 Uhr. Großer Café- und Restaurantbetrieb mit Außenterrasse, preisgünstiger Mittagstisch, direkt am Flussufer. Hauptgerichte 18–30 €.
Frischer Fisch – **Ravintola Reposaari:** Satamapuisto 34, Reposaari-Hafen, Tel. 02-638 40 44, Mo–Fr 11–23, Sa, So 12–23 Uhr. Schönes Holzgebäude von 1837 mit vorzüglichem Restaurant, Spezialität Ostseefisch. Hauptgerichte 15–24 €.

Termine

Pori Jazzfestival: 2. Julihälfte. Größte und wichtigste Jazzveranstaltung Skandinaviens mit über 500 Musikern aus aller Welt und über 400 Stunden Musik (www.porijazz.fi).

Verkehr

Bahn: Verbindung nach Tampere.
Bus: Verbindungen nach Rauma, Turku und Vaasa.
Flüge: Der Flughafen liegt 2 km vom Zentrum entfernt; tgl. Verbindungen mit Finnair und SAS, u. a. nach Helsinki und Stockholm.

Sogar für Umkleidekabinen ist gesorgt am Strand von Yyteri bei Pori

Zwischen Turku und Lappland

Von Pori nach Vaasa

Karte: S. 227

Von Pori nach Lapväärtti
▶ 1, C 4

Ahlainen 6
Erste Station auf dem Weg in den Norden sollten Kulturtouristen in Ahlainen einlegen. Hier lohnt die Besichtigung der schönen, gelb gestrichenen **Kirche.** Sie stammt von 1796, während erst 1832 der frei stehende, rote Glockenturm nach einem Entwurf des Architekten C. L. Engel errichtet wurde (Anf. Juni–Anf. Aug. Mo–Fr 10–16 Uhr).

Merikarvia 7
www.merikarvia.fi
Kurz vor der Kirche zweigt die Straße 268 nach Norden ab und führt auf abwechslungsreicher Strecke, vorbei an Gehöften, Waldhainen und Feldern, in 28 km zum Fischerdorf Merikarvia. Die Gaststätten oder Fischräuchereien bieten sich für eine Pause an, und wer mehr Zeit hat, kann von hier aus per Wasserbus oder Mietboot Ausflüge in die **Oura-Inselwelt** unternehmen. Im **Fischermuseum** kann man der Geschichte des Fischfangs auf den Grund gehen.

Siipyy (Sideby) 8
Die nächste Station an der Küstenstrecke heißt Siipyy. Am Ortseingang entdeckt man einen alten hölzernen Glockenturm mit einer **Almosenfigur,** hinter dem über den Mauerresten der abgebrannten alten **Kirche** ein moderner Sakralbau von 1972 emporragt. Nahebei bietet das **Heimatmuseum Kilen** mit Windmühle, Fischerhütte, Bauernhof und Gaststätte einen interessanten Einblick in das hiesige bäuerliche Leben des vorigen Jahrhunderts (www.kilen.fi).

Lapväärtti (Lappfjärd) 9
Den Straßen 660 und 8 folgend gelangt man zum Dörfchen Lapväärtti (Lappfjärd), dessen große Kirche schon von Weitem über den Feldern aufragt. Das 1852 vollendete Ziegelsteingebäude in Form eines griechischen Kreuzes bietet über 3000 Besuchern Platz und ist damit angesichts der kleinen Landgemeinde eindeutig überdimensioniert. Sehenswert sind die von Säulen getragenen Gewölbe im Innern, aber auch der hölzerne Glockenturm und das in einem alten Magazin untergebrachte Gemeindehaus.

Kristiinankaupunki (Kristinestad) ▶ 1, C 3

Das 7000-Einwohner-Städtchen **Kristiinankaupunki** 10 wird vom örtlichen Fremdenverkehrsamt zu Recht als ›lebendes Idyll‹ vermarktet. Das kann jeder bestätigen, der durch die romantischen Gassen mit ihren gut erhaltenen Holzhäusern spaziert ist. Hier zeigt sich, dass Kristiinankaupunki in seiner Geschichte kaum von Bränden oder anderen Katastrophen betroffen war. Gegründet wurde die Ortschaft von Gouverneur Per Brahe, der ihr 1649 aus gutem Grund den Namen Kristinestad gab: Erstens hieß die damalige Königin Kristina, zweitens auch die Ehefrau des Grafen.

In der Nähe von Kristiinankaupunki brachten in den Jahren 1996–2000 durchgeführte Ausgrabungen in der sogenannten **Wolfshöhle** (Susiluola) eine archäologische Sensation ans Tageslicht: Zweifelsfrei konnten dort Wohnstätten nachgewiesen werden, die 120 000 Jahre alt sind. Dies sind die weitaus ältesten Beweise für die Anwesenheit des Menschen in Skandinavien. Die Siedlungsspuren stammen vermutlich von Neandertalern, die in einer Zwischeneiszeit hier lebten.

Sehenswertes
Bevor man über einen langen Damm auf die Ortschaft zufährt, sollte man vom östlichen Ufer aus den Panoramablick genießen. Auf der anderen Seite begrüßt einen zur Linken das interessante Gebäude des **Café Alma** der Touristeninformation, das sich mit seiner Außenterrasse für eine Pause anbietet. Auch wer hier nicht einkehren möchte, sollte sich wenigstens das raumfüllende Schiffsmodell im verglasten Inneren anschauen.

Hinter dem rechteckigen Marktplatz geht eine Allee geradewegs auf das **Rathaus** von 1856 zu, das vierte in der 350-jährigen Geschichte der Stadt. Über die Aitakatu gelangt man vom Rathaus in wenigen Schritten zur **Ulrika-Eleonora-Kirche**, einem aus rot gestrichenen Planken errichteten Gebäude mit stark geneigtem Turm. Das Innere wirkt mit seinem offenen Gebälk rustikal und erinnert nicht nur wegen der Votivschiffe an die Seefahrt. Auf dem ummauerten Kirchhof verdienen der Glockenturm sowie Grabdenkmäler vornehmer Kapitänsfamilien Beachtung. Und nördlich des Kirchhofs sind zwei Zollstuben des 17. und 18. Jh. erhalten.

Von Kristiinankaupunkis sechs Museen ist der **Kaufmannshof der Familie Lebell** am interessantesten, doch vor allem ist es das gemütliche Kleinstadtmilieu mit der Brunströmgasse und der Kissanpiiskaajankatu (Katzenpeitschergasse), das zu einem Besuch reizt.

Weiterreise

Beim Verlassen des Städtchens muss man nicht erneut den Steindamm benutzen, sondern kann vom Ortszentrum aus über die Merikatu nach Norden fahren, vorbei an der luxuriösen **Holzvilla Carlsro** von 1896 (Museum), um sich dann auf Nebenstraßen bis **Närpes** (Närpiö) durchzuschlagen. Auf dem Weg kann man noch einen Abstecher zum charmanten Schärenort **Kaskinen (Kaskö)** unternehmen, wozu man einige Inselchen überbrückt. Die Gemeinde ist mit rund 1400 Einwohnern die kleinste Stadt des Landes.

Infos

Tourist Information: Rådhusgatan 2A, 64100 Kristiinankaupunki, Tel. 06-221 23 11, www.visitkristinestad.fi, Juni–Aug. Mo–Fr 10–16, Sa 10–14, Sept.–Mai Mo–Fr 10–16 Uhr.

Übernachten

Mit viel Atmosphäre – **Hotel Alma:** Pakkahuoneentori, Tel. 04 04-18 51 85, www.hotelleila.fi. Charmantes Holzhaus im Ortszentrum mit 10 komfortablen Zimmern und Suiten, alle nach historischen Segelschiffen benannt und individuell eingerichtet, Rezeption und Frühstücksraum im 200 m entfernten Hotel Leila; DZ 115–170 €. Zum Hotel gehört das **Hostel Alma,** das sich ca. 3 km weiter östlich im Gebäude eines ehemaligen Sanatoriums befindet. DZ 115 €.

Historisches Ambiente – **Retkeilymaja (Vandrarhem Kilstrand):** Kiilintie 90, Siippy, Tel. 04 00-66 87 88, www.kilen.fi, nur Juni–Aug. Einfache, aber wunderschöne Unterkunft in Sideby innerhalb der historischen Gebäude des Heimatmuseums mit mehreren Holzhäuschen, Jugendherberge, Familienzimmern, ›Schriftstellerhütte‹ und Restaurant. Unterkunft für 5–6 Personen 110 €.

Schön gelegen – **Kristina:** Suurtori 1, Kristiinankaupunki, Tel. 06-221 25 55, www.hotelkristina.fi. Ebenerdiges Hotel mit 25 Zimmern und Restaurant, in aussichtsreicher Lage gegenüber der Stadt. DZ 99–115 €.

Camping – **Camping Bockholmen:** Salantie 32, Kristiinankaupunki, Tel. 06-221 14 84; kleiner, idyllischer Platz südlich des Stadtzentrums, direkt am Wasser, 20 Hütten, Kiosk.

Essen & Trinken

Alter Segelpavillon – **Pavis:** Korkeasaari, Tel. 045- 235 57 34, www.pavis.fi, Mai–Aug. Di–So 12–23, Fr, Sa bis 2 Uhr. Nettes Sommer-Restaurant auf der Insel Korkeasaari, wenige hundert Meter südlich des Zentrums (Damm), leckere Suppen, Fischgerichte oder Smörgås-Broten. Hauptgerichte 16–28 €.

Mit Außenterrasse – **Cafe Alma:** Merikatu 8, Tel. 050-356 73 45. tgl. 10–23, Fr, Sa bis 3 Uhr. Sehr angenehmes Lunchrestaurant, leichte Gerichte zu vernünftigen Preisen, schöne Lage, Kontaktbörse und abends Kneipe.

Verkehr

Bus: Überlandbusse nach Vaasa im Norden, Seinäjoki im Osten und Pori im Süden; dort jeweils Anschluss an das Eisenbahnnetz.

Über Närpes nach Vaasa

▶ 1, C 1–3

Närpes 11

Auffallend an Närpes sind die vielen Gewächshäuser und Plastikplanen, unter de-

Zwischen Turku und Lappland

nen 30 % aller Gurken des Landes und 60 % aller Tomaten heranreifen – der Beiname ›Gewächshaus Finnlands‹ kommt also nicht von ungefähr. Kulturtouristen sollten sich in Närpes die **Steinkirche** aus dem 15. Jh. nicht entgehen lassen, die von Dutzenden so genannter Kirchenställe umgeben ist. Das sind hölzerne Buden, in denen Kirchenbesucher früher ihre Pferde und Kutschen untergebracht haben.

Sulva (Solf) 12 und Umgebung

Die knapp 100 km bis Vaasa bieten schöne Küstenszenerien und Fischerdörfer – Zeit, die Landschaft zu genießen, ohne auf Highlights achten zu müssen. Ein Stopp lohnt aber in Sulva (Solf), 15 km vor Vaasa, wo im **Handwerkerdorf Stundars** mehr als 30 alte österbottnische Gebäude (Werkstätten, Bäckereien und Tante-Emma-Läden) zusammengetragen wurden und heute Handwerker ihr Können demonstrieren. Weithin bekannt sind auch die Hochzeitsfeste und Gelage nach altem Brauch, zu denen im Sommer Touristen herzlich zum Mitfeiern eingeladen sind. Auf dem Anwesen findet man auch einen Laden und ein Café (Stundarsintie 5, Sulva, Tel. 06-344 22 00, www.stundars.fi, Mitte Juni–Mitte Aug. tgl. 11–16 Uhr, sonst auf Anfrage, Erw. 7 €).

Die fruchtbaren Felder bei **Söderfjärden** sind das Ergebnis eines Meteoriten, der vor 520 Mio. Jahren an dieser Stelle einschlug und einen heute kaum noch sichtbaren, kilometergroßen Krater hinterließ. Das im Zentrum des Kraters gelegene Besucherzentrum informiert über diese kosmische Katastrophe sowie die Natur in der Umgebung – Finnlands wichtigster Rastplatz für Kraniche (Tel. 06-325 11 45, www.meteoria.fi, im Sommer So 14–18, Mi 18–20 Uhr, Erw. 5 €).

Vaasa (Vasa) ▶ 1, C 1

Karte: S. 227
Vaasa 13 gehört nicht zu den europäischen Städten, die man als unbedingt sehenswert oder gar romantisch einstuft. Aber sie ist das wirtschaftliche, administrative und kulturelle Zentrum der Region Österbotten und mit rund 65 000 Einwohnern (knapp ein Viertel spricht Schwedisch) von beachtlicher Größe. Darunter sind viele junge Leute, denn mit der Universität, dem Designzentrum Westfinnland, mit finnischen und schwedischen Handels- und Fachhochschulen und vielen anderen Schulen ist Vaasa eine der wichtigsten Ausbildungsstätten des Landes.

Gegründet wurde der Hafenort 1606 – aber nicht von Gustav Vasa, wie man glauben könnte, sondern vom schwedischen König Karl IX., der aber natürlich auch aus der Vasa-Dynastie stammte. Doch legten mehrfach Kriege und Feuersbrünste dieses Gemeinwesen in Schutt und Asche. Nach dem letzten Brand von 1852 blieben einzig zwei Gebäude erhalten, und da die Landhebung aus Vaasa längst eine Binnenstadt gemacht hatte, entschloss man sich gleich zur Neugründung 6 km weiter westlich, wo eine großzügige Stadtanlage mit breiten Alleen entstand. Doch die finnische Modernisierungssucht der 1970er-Jahre zerstörte einen großen Teil dieser Bausubstanz; stattdessen zog man Plattenbauten hoch, die man damals vielleicht praktisch, heute aber nur furchtbar findet.

Dass Vaasa trotzdem von vielen Touristen besucht wird, hat drei Gründe: Erstens liegt die Stadt an der schmalsten Stelle des Bottnischen Meerbusens und die Fährverbindung zum schwedischen Umeå dauert nur etwa 3,5 Std. Zweitens hat Vaasa eine reisestrategisch günstige Lage zwischen Turku und Oulu und bietet sich deshalb als Zwischenstation an. Drittens gibt es nun doch einige sehenswerte Gebäude und Museen und außerdem eine beachtliche Infrastruktur, die zumindest einen kurzen Aufenthalt lohnen. Ein vierter, historischer Grund interessiert hauptsächlich Finnen: Nach Erlangung der Unabhängigkeit Ende 1917 waren die politischen Verhältnisse im Süden so verworren, dass Marschall Mannerheim seine Truppen in Vaasa versammelte, das in zaristischer Zeit offiziell den Namen Nikolainkaupunki/Nikolaistad (nach Nikolaus I.) trug und das er zu seiner provisorischen Hauptstadt ernannte. Von hier aus rollte er im Kampf der Weißen gegen die Roten Finnland sozusagen von Nord nach Süd auf, bis schließlich die ›wahre Hauptstadt‹ Helsinki die ihr zugedachte Rolle übernehmen konnte.

Vaasas Zentrum wird von den beiden Hauptachsen Vaasanpuistikko und Hovioikeudenpuistikko bestimmt, zwischen denen die wichtigsten Institutionen und Gebäude platziert sind.

Zentrum

Im Osten liegt der große, fast quadratische **Marktplatz,** an dem es natürlich auch eine sehr schöne **Markthalle** gibt, und der westlich von Hotels und dem Einkaufszentrum Rewell flankiert wird. Geht man von hier aus meerwärts, passiert man zunächst das **Rathaus** samt angeschlossener **Kunsthalle.**

An der Rathausstraße (Raastuvankatu) erhebt sich der **Wasserturm** von 1914. Vom kleinen Café im Erdgeschoss gelangt man über 230 Treppenstufen zur Aussichtsplattform, die einen weiten Panoramablick über Stadt, Hafen und Inseln bietet. Im Innern des Turmes kann man sein Geschick auch an einer 21 m hohen Kletterwand ausprobieren (Vesitorni, Raastuvankatu 30, Tel. 06-325 11 45, Mitte Juni–Mitte Aug. tgl. 11–17 Uhr).

Inmitten eines schönen Parks unmittelbar westlich liegt die eindrucksvolle, 1862 bis 1867 im neugotischen Stil erbaute lutherische **Stadtkirche,** Vaasas Wahrzeichen (Hovioikeudenpuistikko, Juni–Mitte Aug. Di–Fr 10–18 Uhr).

Einer der Eckpfeiler des städtischen Lebens in Vaasa: die Universität (Yliopisto)

Zwischen Turku und Lappland

Museen

Das **Kunstmuseum Tikanoja,** einen Block hinter der Kirche, zeigt außer finnischer Malerei des 19. und 20. Jh. auch europäische Kunst der klassischen Moderne (Hovioikeudenpuistikko 4, Tel. 06-325 39 16, www.tikanojantaidekoti.fi, Di–Sa 11–16, So 12–17 Uhr).

Am Oberlandesgericht kreuzt die Vaasanpuistikko die Uferstraße Rantakatu mit weiteren Sehenswürdigkeiten: im Norden das **Kuntsi Museum Of Modern Art,** das jüngste der vielen Kunstmuseen in Vaasa (Tel. 06-325 39 20, http://kuntsi.vaasa.fi, Di–So 11–17 Uhr, Erw. 7 €, Ticket gilt auch für das Museum Tikanoja).

Das **Provinzmuseum für Österbotten** dokumentiert die Flora und Fauna der Region und verfügt außerdem über eine ausgezeichnete Sammlung finnischer, deutscher und holländischer Maler ab dem 16. Jh. Das an der gleichen Adresse befindliche **Kvarken Naturzentrum Terranova** informiert mit einer Ausstellung über den zum Weltkulturerbe zählenden Schärenarchipel (Pohjanmaan museo, Museokatu 3, Tel. 06-325 38 00, www.pohjanmaanmuseo.fi, Di–So 10–17 Uhr, Erw. 7 € für beide Museen).

Im Süden, einige hundert Meter hinter dem Fischereihafen, gelangt man zum Gustavsborg-Park mit dem **Freilichtmuseum Bragegården,** in dem typische Bauten der österbottnischen Bauernkultur bewahrt sind (Hietalahti, Tel. 06-312 71 66, 044-012 71 66, http://vasabrage.fi, Juli–Mitte Aug. Mi 13–18, Do–So 11–16 Uhr).

Insel Vaskiluoto

Nach Westen hin führt die Verlängerung der Vaasanpuistikko über eine Brücke zur Insel Vaskiluoto, auf der sich der Fähr- und Industriehafen befindet, aber auch zwei Attraktionen für die ganze Familie. Das eine ist **Wasalandia,** ein sommerlicher Vergnügungspark mit allerlei Spielgerät, Veranstaltungen und Cafés (Tel. 020-796 12 00, www.wasalandia.fi, Juni/Juli tgl. 11–19, Mai, Aug. tgl. 11–17 Uhr, Erw. 18 €), und das andere **Tropiclandia,** ein Spaßbad mit Wasserrutschbahn, Wellenbetrieb, Sauna und anderen Einrichtungen. Hinter dem angeschlossenen Hotel mit mehreren Restaurants, Nachtclub und Kurbetrieb erstreckt sich zum Ufer hin ein schöner Park mit Strandbad (Tel. 020-796 13 00, www.tropiclandia.fi, Mo–Do 10–20, Fr, Sa 10–21, So 9–16 Uhr, Erw. 17 €, Kombi-Ticket für beide Attraktionen: 36 €).

Ausflüge in die Umgebung

Wenn auch die Stadt nicht unbedingt als urbane Perle gelten kann, wird die nähere Umgebung dafür hinreichend entschädigen. Sowohl der wald- und seenreiche Osten als auch die westliche Inselwelt halten herrliche Landschaftserlebnisse und mehrere kulturelle Highlights bereit.

Alt Vaasa (Vanha Vaasa)

Mustasaari, 6 km südöstl. von Vaasa

Alt Vaasa (Vanha Vaasa) in der Gemeinde Mustasaari (Korsholm) ist ein beliebtes Ausflugsziel, dessen Kirchen- und Burgruinen von den Anfängen der Stadt erzählen. Außerordentlich schön ist die **Gemeindekirche von Mustasaari,** für die das ehemalige Hofgericht von 1776 im barocken Stil umgebaut wurde. Ihr prächtiges Interieur mit seinen säulengetragenen Emporen ist im Sommer regelmäßig Schauplatz von Musikfestspielen (Mustasaaren kirkko, Mai–Aug. tgl. 9–16 Uhr).

Schärengarten

Im Bottnischen Meerbusen ist Vaasa ein weit verzweigter Schärengarten vorgelagert, der mit seinen Badeklippen, Campingplätzen, Sandstränden, Angelmöglichkeiten, Fahrradrouten, Ferienhäuschen und Jachthäfen alles bietet, was man von einer westfinnischen Urlaubsregion erwarten kann. Einen ersten Überblick erlauben die Minikreuzfahrten, die im Sommer täglich vom Fischereihafen (Kalaranta) in Vaasa und vom Tropiclandia-Bootssteg aus starten. Auch Autofahrern wird durch die Straße 724 ein gutes Stück Schärenherrlichkeit erschlossen, zumal die große Insel **Raippaluoto** (Replot) seit 1997 durch eine

Vaasa (Vasa)

1045 m lange Schrägseilbrücke mit dem Festland verbunden ist.

Das Inselreich rund um Replot gehört zur Region **Kvarken,** die sich zwischen Vaasa und Umeå auf schwedischer Seite erstreckt. Seit dem Ende der Eiszeit und dem Schmelzen der Gletscher steigt diese Gegend jährlich um bis zu 1 cm aus dem Wasser, das Landschaftsbild verändert sich daher schnell. Kvarken gehört zusammen mit der Höga Kusten auf schwedischer Seite seit 2006 zum UNESCO-Welterbe. Es gibt etliche interessante Ziele, z. B. den Aussichtsturm Saltkaret in **Svedjehamn** oder das ehemalige Fischerdorf **Granösund,** heute ein Heimatmuseum.

Zu Fuß kann man die Region auf rund einem Dutzend Wanderwegen, z. B. dem 3,5 km langen **Bodvattnet runt** erkunden. Lohnend ist eine Bootstour mit einem der Ausflugsschiffe in den Schärengarten, beispielsweise von der Replotbrücke aus. Wer die Inseln auf eigene Faust erforschen will, kann sich in **Björkby** (Café Salterien) oder **Molpe** (Restaurang Strand-Mölle) ein Fahrrad oder in **Karperö** ein Boot ausleihen (Outback, Tel. 050-581 17 10, 30 €/Tag) bzw. sich einer geführten Tour anschließen. In Kvarken gibt es auch etliche Übernachtungsmöglichkeiten.

Infos

Vaasa Tourist Office: Käyntiosoite: Rewell Center, Ylätori, 65101 Vaasa, Tel. 06-325 11 45, www.visitvaasa.fi, Juni–Aug. Mo–Fr 8–19, Sa, So 10–19, sonst Mo–Fr 9–16 Uhr.

Österbottnische Touristeninformation – Etelä-Pohjanmaan Matkailu: Matkakeskus, Valtionkatu 1, 60100 Seinäjoki, Tel. 06 420 90 90, www.epmatkailu.fi. Detaillierte Auskünfte zur gesamten Region.

Übernachten

Modernes Kurhotel – **Tropiclandia Spa:** Lemmenpolku 3, Vaskiluoto, Tel. 06-283 80 00, www.rantasipi.fi. Dem gleichnamigen Spaßbad angeschlossenes, modernes Haus der oberen Mittelklasse, Mitglied der Rantasipi-Kette, Kurbetrieb, mehrere Restaurants und Bars, 184 Zimmer mit allen Annehmlichkeiten. DZ 135–170 €.

Außerhalb und ruhig – **Hotel Vallonia Garden:** Keskustie 3, Mustasaari, Tel. 06-328 82 00, www.vallonia.fi. Mittelklassehotel der Best-Western-Kette, 3 km außerhalb in Mustasaari, Minibustransfer zum Zentrum und Flughafen. 58 schöne, große und helle Zimmer, 18 mit eigener Sauna, 12 mit Kochnische, außerdem Restaurant, Bibliothek und Billardzimmer. DZ 120 €, im Sommer und am Wochenende DZ ab 75 €.

Zentral – **Hotel Astor:** Asemakatu 4, Tel. 06-326 91 11, www.astorvaasa.fi. Gediegenes und schönes 4-Sterne-Haus, Nähe Marktplatz, 42 individuell eingerichtete Zimmer, günstige Sommer- und Wochenendpreise. DZ 110–150 €.

Familienfreundlich – **Hotel Tekla:** Palosaarentie 58, Tel. 06-327 64 11, www.hoteltekla.net. Preiswertes Familienhotel mit angeschlossener Jugendherberge und Fitnesscenter, 118 Zimmer und Apartments, Restaurants, Sommerterrasse, Disko, nördlich des Stadtzentrums. DZ 78 €.

Camping – **Top Camping Vaasa:** Niemeläntie, Tel. 020-796 12 55, www.wasalandia.fi. Komfortable Anlage auf der Insel Vaskiluoto mit 31 Ferienhütten (70 €/4 Pers.), Café, Supermarkt, gutes Sportangebot, nahe zum Vergnügungspark Wasalandia.

Aktiv

Bootsausflüge – Im Sommer **Minikreuzfahrten** in den Schärengarten mit »M/S Tiira« (Tel. 05-05 53 12 36, www.jannensaluuna.com, Erw. 18 €).

Vergnügungspark – **Wasalandia:** s. S. 240.

Spaßbad – **Tropiclandia:** s. S. 240.

Verkehr

Flüge: Der Flughafen liegt 10 km vom Zentrum entfernt. Regelmäßige Verbindungen nach Helsinki, Turku und Stockholm.

Bahn: Vaasa ist an das finnische Eisenbahnnetz angeschlossen. Züge von Vaasa über Seinäjoki nach Kokkola und über die Küstenstrecke nach Oulu.

Bus: Vaasa ist an das Überlandbusnetz angeschlossen. Überlandbusse verkehren von hier in kurzen Abständen auf der Strecke zwi-

Zwischen Turku und Lappland

schen Vaasa und Oulu entlang der Küste mit Halt in allen wichtigen Hafenstädten.
Fähren: Fährverbindung zum schwedischen Umeå mit Wasaline (4 Std.) in der Hochsaison tgl., sonst 6 x wöchentlich. Wasaline, Satamaterminali, Tel. 02 07-71 68 10, www.wasaline.com, Erw. 35 €, Pkw 53 €, Tagesfahrten 39 €.

Von Vaasa nach Tornio

Karte: S. 227
Die **Sonnenroute** zwischen Vaasa und Oulu ist über weite Strecken mit der Straße 8 identisch: ein gut ausgebauter Verkehrsweg, auf dem Einheimische die Höchstgeschwindigkeit von 100 km/h oft weit überschreiten. Die flache Landschaft hält keine Sensationen bereit: Gehöfte, Weiden, Felder, hölzerne Vorratskammern auf Stelzen, Gewächshäuser und Pelztierfarmen bestimmen das Bild. Durch die Gemeinden Maksamaa (Maxmo) und Oravainen (Oravais) geht es gen Norden, bis die Straße 727 eine schönere, küstennahe Alternative bietet.

Uusikaarlepyy (Nykarleby)
▶ 2, B 8

Erstes Ziel entlang der Strecke ist **Uusikaarlepyy** 14, das mit einer Fülle romantischer Holzhäuser aufwarten kann, darunter eine Kirche von 1708. Auf dem **Gut Kuddnäs** (Museum) nördlich des Zentrums wurde 1818 Zacharias Topelius geboren, einer der bedeutendsten finnischen Schriftsteller. Interessant ist auch das **Eisenbahnmuseum** mit einer Dampflok von 1902 (Spurbreite 600 mm) und Seeromantiker können sich zur vorgelagerten **Leuchtturminsel** übersetzen lassen.

Pietarsaari (Jakobstad)
▶ 2, B 8

Als Nächstes folgt das geschichtsträchtige 20 000-Seelen-Städtchen **Pietarsaari** 15. Bereits im Jahre 1652 gründete die Gräfin Ebba Brahe die Stadt und benannte sie nach ihrem verstorbenen Gatten, dem Adeligen Jacob de la Gardie. Von der günstigen Lage am Bottnischen Meerbusen beflügelt, sorgte die Schiffsbauindustrie für einen frühzeitigen Aufschwung, ergänzt durch die erste finnische **Tabakmanufaktur** von 1762. Deren markante Uhr in Form eines Globus ist immer noch das Wahrzeichen der Stadt. Nahebei steht auch die **Holzkirche** aus dem Jahr 1731.

Pietarsaaris Einwohner, die übrigens mehrheitlich schwedisch sprechen, sind für ihren Gemeinschaftssinn bekannt: In mühevoller Kleinarbeit bauten sie nach Originalzeichnungen eine **Galeasse** aus dem 18. Jh. nach. Die Seetüchtigkeit der »Jakobstads Vapen« wurde 1994 auf der Jungfernfahrt nach Schweden bewiesen, heutzutage nimmt der romantische Segler Touristen zu Schärenkreuzfahrten an Bord – in der Sommersaison auch nachts.

Museen
Wer sich der Historie Pietarsaaris eingehender widmen möchte, sollte das **Museum im Bürgerhaus** (Storgatan 2) besuchen. In weit nördlichere Gefilde entführt das **Arktische Museum Nanoq** (www.nanoq.fi, Fäboda, 10 €) mit wechselnden Ausstellungen über die Arktis, Trapperhütten, Goldgräbercamp, Café und Spazierwegen. Mobilitätsfans können das **Motormuseum** und das **Cikoriamuseum** (Motorräder) besuchen.

Weitere Sehenswürdigkeiten
Dem finnischen Nationaldichter **Johan Ludvig Runeberg** ist im Rathauspark ein Denkmal gewidmet. Nahe dem Campingplatz Svanen kann man außerdem sein **Geburtshaus** anschauen.

Auch der alte **Hafen Wanha satama** lohnt den Besuch. Hier findet man den hübschen Pavillon Pavis des Segelclubs. Wenn man mit Kindern unterwegs ist, darf man bei gutem Wetter den **Wasserpark FantaSea** (Paviksentie 2, www.fantasp.fi) nicht versäumen. Entspannung verspricht ein Gang durch den **Park Aspegrens Trädgård**.

Von Vaasa nach Tornio

Infos
City Tourist Office: Salutorget 1, Tel. 06-723 17 96, www.jakobstad.fi, Juni–Aug. Mo–Fr 8–18, Sa 9–15, sonst Mo–Fr 8–16 Uhr.

Übernachten
Traditionsadresse – **Stadshotellet:** Kanalesplanaden 13, Tel. 06-788 81 11, www.cfhotel.fi. Das 100-jährige, zentral gelegene Haus ist die erste Adresse am Ort mit zwei Restaurants, Lobby-Bar mit Kamin, Pub und Nachtclub. Die 69 Zimmer (DZ ab 100 €) sind gemütlich und komplett ausgestattet, außerdem 28 einfachere Budgetzimmer (DZ 80 €) ohne Minibar und Kabelfernsehen.

Geräumige Motel-Units – **Hotel Vega:** Alholmsvägen 9, Tel. 06-781 68 50, www.hotelvega.net. Zentral gelegenes, etwas angestaubtes und altmodisches Motel mit 40 Zimmern, Sauna, kleinem Innenpool und Restaurant. DZ 100–123 €.

Aktiv
Per Taxiboot – Unbedingt lohnend ist ein Ausflug auf die **Mässkär-Insel,** wo man auch übernachten kann. Taxiboote legen im ›Alten Hafen‹ ab (Tel. 067-29 40 92, www.masskar.fi).

Kokkola (Karleby)
▶ 2, B 7

Zwischen Pietarsaari und **Kokkola** 16 gibt es eine vorzügliche Alternative zum Hauptverkehrsweg, nämlich die knapp 40 km lange **Straße der sieben Brücken** (749), die einen weiten Bogen durch die herrliche Schärenwelt schlägt.

Kokkola ist ein Küstenstädtchen mit 46 000 Einwohnern, von denen 20 % schwedischsprachig sind. Seine Lebensader ist der Hafen, einer der längsten am Bottnischen Meerbusen, der auch für große Ozeanliner geeignet ist. Von 1620 – damals wurde der Ort unter Gustav II. Adolf gegründet – sind

Sonnenuntergang bei Pietarsaari an der finnischen Westküste

IM LEUCHTTURM ÜBERNACHTEN

Rund 50 Leuchttürme säumen die finnische Küste, und die meisten von ihnen werden noch genutzt. Besucher können auf Bootstrips besonders schöne Exemplare dieser Zweckarchitektur besuchen, in einigen sogar auch übernachten. Bei Rauma z. B. liegt eine Stunde mit dem Wassertaxi entfernt der hohe Leuchtturm von **Kylmäpihlaja** in den Schären, der während der Sommermonate zwölf Doppelzimmer, Cafeteria und Sauna für Gäste bereithält (www.kylmapihlaja.com). Den Traum vom Robinson-Leben auf einer finnischen Schäre kann man sich auch auf **Tankari** erfüllen, das eine Bootsstunde vor Kokkola liegt. Hier gibt es im Leuchtturm und den angrenzenden Wirtschaftsgebäuden mehrere Unterkünfte, zusätzlich auch ein Ferienhaus für acht Personen, ein Café, eine kleine Kapelle, ein kleines Museum zur Robbenjagd sowie Elektro- und Rauchsauna (www.kokkola.fi).

In der offenen See, 22 km vor der Küste bei Kalajokki, hat man den Leuchtturm von **Ulkokalla** und das Heim des Leuchtturmwächters in ein kleines Hotel umgebaut, das über zwanzig Gäste aufnehmen kann. Von hier aus werden Saunagänge, Wanderungen und Bootsfahrten organisiert (www.femermare.fi). Auf der herrlichen Insel **Kaskinen** schließlich kann die Lotsenstation Salgrund nahe dem Leuchtturm Besucher aufnehmen (www.kaskinen.fi).

---

keine Baudenkmäler erhalten, dafür aber das alte **Holzhausquartier Nerista** im Zentrum, an dessen zwölf Straßenzügen Hunderte von Häusern aus dem 18. und 19. Jh. stehen. Im Bereich der nach dem Stadtgründer benannten Kustaa Aadolfinkatu, der Torikatu und der Isokatu findet man die repräsentativsten Gebäude, darunter das **Rathaus** von 1842, das von C. L. Engel entworfen wurde und der Touristeninformation gegenüberliegt, sowie das alte **Handelshaus** der Stadt (1803), in dem das **Renlund-Museum** eine bedeutende Gemäldesammlung bewahrt (Pitkänsillankatu 39, Tel. 040 806 51 65).

In der Pitkänsillankatu 28, findet man das **ehemalige Schulhaus** aus dem Jahre 1695. Es gilt als einer der ältesten hölzernen Profanbauten Skandinaviens und beherbergt heute das **Historische Museum.** Eine weitere interessante Merkwürdigkeit hält der **Englische Park** nördlich des Flüsschens Kaupunginsalmi bereit: Dort ist eine **englische Barkasse** ausgestellt, die 1854 während des Krimkrieges den Finnen (bzw. Russen) bei einem Landungsversuch in die Hände fiel. Eine ähnliche Kriegsbeute kann keine andere Stadt der Welt aufweisen!

In der Umgebung

Neben den genannten Attraktionen macht die Umgebung Kokkolas Reiz aus. Einer der schönsten Ausflüge startet im Sommer fast täglich am Mustakari Jachtklub (mit populärem Sommerrestaurant): Mit dem »MS Elbatar« geht es zur 17 km vor der Stadt gelegenen Insel **Tankari,** einer kleinen Gemeinde mit ornithologischer Station, Gästehaus und Café, einer Fischerkirche von 1754, einem Seehundjägermuseum und einem Leuchtturm (1889).

Von Vaasa nach Tornio

Infos
City Tourist Office: Kauppatori, Tel. 040-806 50 75, www.visitkokkola.fi, Juni–Aug. Mo–Fr 8–17, Mi 8–20, Sa 9–13, sonst Mo–Fr 8–16 Uhr.

Übernachten
Verschiedene Zimmertypen – **Seurahuone:** Torikatu 24, Tel. 020-795 96 00, www.seurahuone.com. Seit 1864 und damit ältestes Hotels im Lande. Zentral gelegenes komfortables Mittelklassehaus der Finlandia-Gruppe mit 60 Zimmern, einige davon mit Sauna und Balkon, renommiertem Restaurant, Irish Pub und Nachtclub. DZ 120 €.

Gutes Preis-Leistungs-Verhältnis – **Best Western Hotel Kokkola:** Rantakatu 14, Tel. 06-824 10 00, www.hotelkokkola.fi. Neuestes Hotel in der Stadt, nahe am Marktplatz und im selben Gebäude wie die Rundfunkanstalt YLE, 73 Zimmer und 3 Suiten mit allen Annehmlichkeiten, schöne Einrichtung im hellen skandinavischen Stil, Frühstücksraum, Lounge Bar. DZ ab 90 €.

Camping – **Kokkola Camping:** Meritie 10, Tel. 06-831 40 06, www.kokkola-camping.fi. Campingplatz am Meer, 2,5 km vom Ortszentrum entfernt, mit preisgünstigem ›Lighthouse Hotel‹ und Hütten (ab 50 €/4 Pers.), Café, viele Sportmöglichkeiten, Hüttenvermietung auch im Winter.

Kalajoki ▶ 2, C 7

65 km legt man auf der Straße 8 zwischen Kokkola und dem Ferienort **Kalajoki** 17 zurück. Bei der Durchfahrt präsentiert sich der 9500-Einwohner-Ort mit dem 2004 eingeweihten Rathaus als hypermodern. Doch sind Kalajokis größtes touristisches Kapital die ausladenden Sanddünen (finn.: hiekkasärkät), um die sich in der kurzen Sommersaison ein turbulentes Badeleben entfaltet, das so hoch im Norden wohl niemand vermutet hätte. Zwar stimmt die Eigenwerbung von den ›nördlichsten Sanddünen der Welt‹ nicht, doch lohnt sich der kurze Abstecher von der Hauptstraße allemal. Hinter den Dünen erstreckt sich ein riesiger Campingplatz mit Pool, Tanzdiele und Restaurants. Auch der landesweit beste 18-Loch-Golfplatz (www.kalajokigolf.fi) lockt Gäste an.

Weitere Unterkünfte, darunter etwa hundert Ferienhäuschen im Dünengebiet, machen Kalajoki zum geeigneten Standquartier für die Erkundung des waldreichen Hinterlandes. Dort bieten die Flüsse Pyhäjoki, Vääräjoki, Siiponjoki und Lestijoki fantastische Möglichkeiten für Kanuten und Angler. 17 km vor der Küste warten zwei Leuchtturminselchen (Maakalla und Ulkokalla, s. Tipp S. 244) auf Besucher, die es bis heute geschafft haben, ihre 1620 vom schwedischen König verliehenen Autonomierechte zu wahren.

Infos
Kalajoki Tourist Information & Central Booking: Jukupolku 5, 85100 Kalajoki, Tel. 08-46 66 55, www.visitkalajoki.fi. Buchung von Ferienhäusern, Leuchtturmunterkünften und Aktivitäten.

Übernachten
Camping – **Kalajoki Top Camping Hiekkasärkät:** Ahmantie 6, Kalajoki, Tel. 08-469 23 80, www.kalajokicamping.fi, Juni–Aug. Großzügige Anlage direkt an den ausladenden Dünen mit vielen Sportaktivitäten und Events, Boots- und Fahrradverleih, Hütten (ab 45 €), Laden und Café.

Raahe (Rahe) ▶ 2, C 7

Über **Pyhäjoki**, das wegen seiner Sandstrände, des Freilichtmuseums und des fischreichen Flusses ebenfalls bei Sommerfrischlern beliebt ist, erreicht man die knapp 350 Jahre alte Seefahrtsstadt **Raahe** 18, deren Lebensgrundlage heute das nahe Eisen- und Stahlwerk ist. Der von Per Brahe gegründete und nach ihm benannte Ort hat seine große, von Handel und Seefahrt bestimmte Zeit längst hinter sich. An sie erinnern noch der schachbrettartige Aufbau der Altstadt rund um das Denkmal des Stadtgründers und etwa 200 z. T. restaurierte hölzerne Bürgerhäuser aus dem 19. Jh.: ein interessantes En-

Von Vaasa nach Tornio

semble, das sich zwar längst nicht so hübsch in Szene setzt wie Rauma, aber trotzdem jede Menge Architekturdetails und Fotomotive bietet.

Sehenswertes

Mögliche Besichtigungsziele auf einem kleinen Stadtrundgang sind die **Granitkirche** von 1912, die **Alte Apotheke** (Apothekenmuseum, Kauppakatu 31) und das **Stadtmuseum,** in dem Raahes maritime Geschichte im Mittelpunkt steht. Das in einem alten Packhaus untergebrachte Museum stellt annähernd 10 000 Gegenstände aus der Segelschiffära aus, darunter auch den angeblich ältesten erhaltenen Taucheranzug der Welt (Raahen museo, Rantakatu 33, Tel. 08-439 33 34, www.raahenmuseo.fi, Juni–Aug. Mo–Fr 12–18, Sa, So 12–16, sonst Di–Fr 13–17, Sa 12–16 Uhr, Erw. 2 €).

Dass es in Raahe nicht nur historische Holzhausarchitektur gibt, beweisen zwei Beispiele neuerer Baukunst: das **Kauppaporvari Conference Centre** (Kirkkokatu 28) und das **Spaßbad Vesipekka** mit angeschlossenem Sportzentrum (Uimahallintie 8, http://vesipekka.raahe.fi, im Sommer So und Juli geschl.).

Infos

Raahe Tourist Information: Rantakatu 50, 92100 Raahe, Tel. 08-439 31 11, www.raahe.fi, Mo–Fr 10–17, Sommer auch Sa 10–15 Uhr.

Übernachten

Solides Businesshotel – **Raahen Hovi:** Kirkkokatu 28, Tel. 08-211 64 00, www.raahenhovi.fi. 3-Sterne-Herberge innerhalb des modernen Kongresszentrums mit 43 Zimmern und 4 Suiten, zwei Restaurants, Bar, großzügige Saunaabteilung. DZ ab 115 €.

Oulu (Uleåborg) ▶ 2, C 6

Die Provinzhauptstadt Oulu bietet vor der Fahrt in die lappländische Einsamkeit die letzte Möglichkeit, Großstadtatmosphäre zu schnuppern – in den bescheideneren finnischen Verhältnissen, versteht sich. Immerhin ist die auf Schwedisch Uleåborg genannte Stadt mit rund 190 000 Einwohnern die sechstgrößte des Landes, zudem das Zentrum der Provinz und Diözese **Oulu** 19 . Das Stadtbild ist weitgehend modern, weist aber auch zahlreiche Bauten im neoklassizistischen Stil auf.

Geschichte

Im Jahr 2005 feierte man in Oulu das 400-jährige Stadtjubiläum, doch reicht die Geschichte als Marktort bis ins Mittelalter zurück. Damals brachte man den in den Urwäldern hergestellten Teer mit Booten zur Mündung des Oulujoki und verschiffte ihn hier. Aus diesem uralten Gewerbe entwickelte sich später das wirtschaftliche Standbein von Oulu, das im 18./19. Jh. zu einem der weltweit größten Teerexporthäfen aufstieg. Kaum zu glauben, dass die Segelschiffflotten des Kontinents, dass Handel und Wandel, dass auch die großen Kriege der Napoleonischen Zeit entscheidend auf diesen Stoff aus den nordfinnischen Wäldern angewiesen waren und dass zumindest in dieser Beziehung Oulu ein wenig Weltgeschichte mitgeschrieben hat. Der Hafen ernährte ein ganzes Heer von Agenten und Zwischenhändlern, die das Teergeschäft organisierten und im Gegenzug Salz importierten. Die Köhler draußen in der Wildnis waren arm wie Kirchenmäuse, von ihrer schweren Arbeit gezeichnet, und wussten wohl gar nicht, in welchem Maß sie zum Aufschwung von Oulu beitrugen, das damals nicht umsonst ›Stadt der Händler‹ genannt wurde.

Nach dem Großfeuer von 1822, dem letzten in einer ganzen Reihe, wurde Oulu nach Plänen von C. L. Engel im modernen Stil wieder aufgebaut und entwickelte sich in rasantem Tempo weiter – auch nach der großen Zeit des Teerexports. Zu Industrie und Handel gesellten sich ab 1959 die Universität sowie Forschungs- und Technologiezentren, sodass Oulu wohl auch in Zukunft seine traditionelle Rolle als intellektueller Kristallisationspunkt Nordfinnlands spielen wird.

Den Marktplatz von Oulu bewacht der »Toripolliisi« (Marktpolizist), eine Skulptur von Kaarlo Mikkonen

Zwischen Turku und Lappland

Automuseum
4 km südl. von Oulu, Automuseontie 2, Tel. 08 552 16 00, www.oulunautomuseo.fi, Mai–Aug. Mo–Sa 9–16 (Juni/Juli auch So), Sept.–April Mo–Sa 9–16 Uhr, Erw. 7 €

Wer von der Autobahn ins Zentrum fährt, kommt auf der Rajalantie am Automuseum (mit Café) vorbei, in dem sich Liebhaber von Oldtimern ca. 50 historische Fahrzeuge anschauen können – das älteste von 1910.

Über Linningantie, Puistokatu und Aleksanterinkatu gelangt man zum **Hafen**.

Marktplatz und Umgebung
Auf dem unmittelbar am Hafen gelegenen **Marktplatz** (Kauppatori) mit seiner schönen **Markthalle** kann man sich an lokalen Spezialitäten gütlich tun. Überwacht wird das Marktgeschehen vom gemütlichen **Polizisten,** einer großen Statue, die zu den beliebtesten Fotomotiven bei Besuchern Oulus zählt. In unmittelbarer Nähe erinnern alte **Salzspeicher** an vergangene Zeiten, während nur einen Steinwurf entfernt **Stadttheater** und **Stadtbibliothek,** beide nordwestlich auf einer künstlichen Insel platziert, die Architektur der 1970er-Jahre repräsentieren.

Neuer sind jene rund fünfzig zwei- bis dreistöckigen Häuser, die bis 2002 neben der **Universität** in reiner Holzarchitektur entstanden sind und eine viel beachtete moderne Stadt in der Stadt bilden.

Stadthaus und Dom
Auf einem Rundgang gelangt man vom Marktplatz über die quirlige Fußgängerzone Routuaari nach Norden zum **Stadthaus,** ein innen und außen ansehnlicher Bau aus dem Jahre 1894. Ein Stückchen weiter erhebt sich zur Rechten der **Dom,** der in seiner jetzigen Form die Handschrift von C. L. Engel trägt (Juni und Aug. tgl. 11–20, Juli tgl. 11–21 Uhr), genauso wie das gegenüberliegende Gymnasium (Oulun lyseo).

Kunstmuseum
Oulun taidemuseo, Kasarmintie 9, Tel. 044-703 74 71, Mi–Do, Sa, So 10–17, Fr 12–19 Uhr, Erw. 6 € (Fr 17–19 Uhr freier Eintritt)

Nach zehnminütigem Fußweg, am günstigsten über die Kasarmintie, kommt man zu einem alten Fabrikgebäude linker Hand. Hier ist heute das Kunstmuseum von Oulu untergebracht, das vor allem nordfinnische Kunst zeigt.

Wissenschaftszentrum Tietomaa
Nahkatehtaankatu 6, Tel. 08-55 84 13 40, www.tietomaa.fi, tgl. 10–18 Uhr, Erw. 15 €

Gegenüber vom Kunstmuseum wurde 1989 das Wissenschaftszentrum Tietomaa eröffnet. Ähnlich wie in Heureka (s. S. 145) werden hier Wissenschaft, Technik, Naturphänomene oder Sinnestäuschungen nicht trocken, sondern auf durchaus unterhaltsame Weise und mit allerlei Experimenten zum Anfassen nahe gebracht. Ergänzend kann man sich Filme zum jeweiligen Thema auf der riesigen Kinoleinwand anschauen und das angeschlossene Uniform- und Medaillenmuseum oder auch eine Glasbläserei besuchen. Auch ein Shop und ein Café fehlen nicht; im gläsernen Lift hat man einen schönen Blick auf die Stadt.

Nord-Österbotten-Museum
Pohjois-Pohjanmaan museo, Hupisaaret, Tel. 050-316 64 97, www.ouka.fi/oulu/ppm, Mo–Do 10–18, Mi auch bis 20, Sa–So 11–17 Uhr, Erw. 6 €

Für den Rückweg sollte man die Brücke zur benachbarten Insel wählen und durch den Stadtpark Hupisaaret (Ainola-Park) flanieren, einem beliebten Ausflugsziel mit Sommertheater, Spielplätzen und Gewächshäusern. Dort findet man auch das Nord-Österbotten-Museum, eines der bedeutendsten Museen des Landes, in einem repräsentativen Gebäude aus den 1930er-Jahren. Ausgestellt sind Exponate aus dem Wirtschaftsleben der Region (Segelschifffahrt, Teerherstellung), Münzen, Waffen, Kleidung, Schmuck, Möbel, interessante Funde der Meeresarchäologie und eine beachtliche Sammlung zur samischen Kultur.

Pikisaari
Ein Stück Holzhausidylle ist auf der Insel Pikisaari zu bewundern, einst ein Zentrum für

Von Vaasa nach Tornio

Bootsbau. Das dort stehende älteste Holzhaus der Stadt, das 1737 bis 1739 errichtet wurde, ist heute ein kleines **Museum** (Pikisaarentie 6, Tel. 044-703 71 88, Juni–Aug. tgl. 11–17 Uhr, Erw. 3 €). In dem Viertel haben sich viele Künstler und Kunsthandwerker angesiedelt.

Burg
Nördlich des Stadtparks Hupisaaret drängt sich der Oulujoki durch ein Labyrinth kleinerer Inseln, die alle durch Brücken untereinander und mit der Stadt verbunden sind. Inmitten des Koskikeskus (Stromschnellenzentrum) genannten Flussabschnitts liegt auch das Inselchen **Linnansaari** (Borgholmen), auf der man die Ruinen der im 18. Jh. zerstörten Burg bewundern kann. Sie war 1590 unter Johan III. auf der Insel Linnansaari zum Schutz gegen die Russen errichtet und unter Karl IX. erneuert worden. Dieser Schwedenkönig war es auch, der 1605 die Errichtung einer Stadt gegenüber der Insel verfügte, was als Oulus Geburtsdatum in die Geschichte einging.

Hailuoto (Karlö)
Knapp 7 km vor der Küste liegt die Insel Hailuoto (Karlö), mit 25 km Länge und 15 km Breite die größte im Bottnischen Meerbusen. Wer Ruhe und Entspannung sucht und genügend Zeit mitbringt, sollte sich von der (kostenlosen) Autofähre dorthin übersetzen lassen: Kleine Fischerdörfer, reetgedeckte Holzhäuschen, alte Windmühlen, Sandstrände und eine artenreiche Vogelwelt warten auf Entdecker.

Freilichtmuseum Turkansaari
Turkansaaren ulkomuseo, ca. 15 km östl. des Stadtzentrums, Turkansaarentie 165, Tel. 044-703 71 90, Juni–Mitte Aug. tgl. 10–18, Mitte Aug.–Mitte Sept. tgl. 10–16 Uhr, Erw. 6 €
Im Freilichtmuseum Turkansaari repräsentieren 29 Gebäude die alte Bauern-, Holzfäller- und Teerarbeiterkultur. Auch eine kleines Kirchlein von 1694 ist zu besichtigen, in dem sonntags noch Gottesdienst abgehalten wird. Die malerisch auf einer Flussinsel gelegene Anlage kann man von Oulu aus mit der »M/S Lempi« ansteuern.

Infos
Oulu Tourist Information: Torikatu 10, 90015 Oulu, P. O. Box 32, Tel. 08-55 84 13 30, www.visitoulu.fi, Mo–Do 9–17, Fr 9–16 Uhr.

Übernachten
Zentral – **Sokos Hotel Arina:** Pakkahuoneenkatu 16, Tel. 08-312 31 11, www.sokoshotels.fi. Komplett renoviertes, zentral gelegenes Hotel der Sokos-Gruppe, mit 260 Zimmern größtes Haus am Platz, 2 Restaurants. DZ ab 140 €.

Kurhotel am Strand – **Sokos Hotel Oulun Eden:** Holstinsalmentie 29, Tel. 020-123 46 03, www.sokoshotels.fi. 169 komfortable Standard- und Superiorzimmer, vielfältiges Sportangebot, mehrere Restaurants. DZ ab 110 €, Familienzimmer 145 €.

Kurze Wege – **Cumulus Oulu:** Kajaaninkatu 17, Tel. 08-882 71 11, www.cumulus.fi. Mitten in der Stadt gelegenes modernes Hotel mit den Annehmlichkeiten von Häusern derartiger Ketten. Restaurant, Bar und Café sowie Sauna und Pool. DZ ca. 120 €.

Modern – **Scandic Oulu:** Saaristonkatu 4, Tel. 08-543 10 00, www.scandichotels.fi. Eins der modernsten Hotels der Stadt, 214 Zimmer, Restaurant, Fitnessraum, Sauna sowie Restaurant und Bar. DZ ab ca. 110 €.

Charmant – **Hotelli Lasaretti:** Kasarmintie 13, Tel. 020-757 47 00, http://lasaretti.com. Ein wenig abseits des städtischen Trubels gelegenes Hotel in einem historischen Gebäude, das einst ein Krankenhaus war und heute die Annehmlichkeiten einer modernen Unterkunft in charmantem Ambiente bereithält. Tolle Lage direkt am Wasser, bis in die Stadt ist es ein kurzer Spaziergang. DZ ab 100 €.

In Flughafennähe – **Finlandia Hotel Airport Oulu:** Vihiluoto 10, Kempele, Tel. 08-515 51 00, www.airporthotel.fi. 10 Fahrminuten von Oulu entfernt, neueres Hotel nahe dem Flughafen und nahe dem Meer. Kinderfreundliche Anlage mit 40 Zimmern unterschiedlicher Größe, aber mit durchweg guter

Zwischen Turku und Lappland

Ausstattung; Saunas, gutes À-la-Carte-Restaurant, Bar. DZ ab 90 €.
Camping – **Camping Nallikari:** Nallikari, Leiritie, Tel. 044-703 13 53, www.nallikari.fi. Ganzjährig geöffnete, große Anlage am Sandstrand, 3 km vom Ortszentrum, gegenüber dem Kurhotel Eden, renovierte Wirtschafts- und Sanitärgebäude, 79 Campinghütten bzw. Ferienhäuschen für 1–6 Pers., Sportangebote, Café, Restaurant, Laden. Cabin für 36 €/1–4 Pers., Komforthäuschen 85 €/2 Pers.

Essen & Trinken
Frisch & lokal – **Ravintola Hugo:** Rantakatu 4, Tel. 020-143 22 00, www.ravintolahugo.fi. Gehobenes Restaurant, das auf frische, saisonale Rohware aus lokaler Produktion Wert legt. Sommermenü 39 €.

Termine
Teer-Skilanglauf: zweite Märzwoche. Das älteste Skilanglaufrennen der Welt, mit Rennen über 40, 50 und 70 km.
Oulu-Musikfestival: Mitte März. Einwöchige Veranstaltung mit Darbietungen verschiedener Musikrichtungen.

Verkehr
Bahn: Oulu ist ein Bahnverkehrsknotenpunkt, wo die Küstenstrecke nach Turku, die Polarstrecken nach Tornio–Kolari bzw. Rovaniemi–Kemijärvi und die Inlandsstrecke nach Kajaani–Kuopio–Helsinki zusammenkommen.
Bus: Busverbindungen gibt es entlang der Küstenstraße (Kemi, Vaasa) und nach Mittelfinnland (Kajaani, Kuopio).
Flüge: Vom Flughafen (12 km südwestl.) tgl. Verbindungen u. a. nach Helsinki und Turku.

Von Oulu nach Kemi
▶ 2, C 5

Für die letzte Etappe der Westküstenstraße hat man kaum Alternativen zur gut ausgebauten E 75. Auch die Sehenswürdigkeiten sind nun, wo bald die Grenze nach Lappland überquert wird, rar gesät. **Haukipudas** immerhin, die erste größere Gemeinde hinter Oulu, besitzt eine schöne Holzkirche von 1762, die Mikael Toppelius mit Wandmalereien geschmückt hat. 14 km weiter nördlich mündet der Iijoki bei einer Kleinstadt mit dem schönen Namen **Ii** in den Meerbusen. An seinen Ufern reizen hübsche Holzhäuschen, reiche Vogelbestände und sogar Badestrände zum Anhalten. Einer davon, Vihkosaari, ist nur 150 m von der Europastraße entfernt!

Kemi [20]

Das bereits lappländische Kemi liegt an der Mündung des Kemijoki, dem mit 512 km längsten Fluss Finnlands, und ist ein wichtiger Verkehrsknotenpunkt: Ab hier kann man auf der E 4 weiter nach Schweden fahren, über Tornio und die E 8 nach Norwegen oder am Strom entlang auf der E 75 nach Rovaniemi. Die 23 000-Einwohner-Stadt ist zudem ein bedeutender Wirtschaftsstandort, vor allem wegen des Hafens und der hier verschifften Holzprodukte. Damit ist Kemi eigentlich hinreichend beschrieben, denn von einer »Perle des Bottnischen Meerbusens«, wie das örtliche Fremdenverkehrsamt die Stadt anpreist, ist auch mit viel gutem Willen wenig zu entdecken. Immerhin gibt es ein ganz gutes Übernachtungsangebot.

Edelsteingalerie (Jalokivigalleria)
Kauppakatu 29, www.jalokivigalleria.fi
Wer sich vor der Weiterfahrt vom gesichtslosen modernen Zentrum nicht von einem Stadtbummel abhalten lässt, sollte sich zumindest die Edelsteingalerie in der Kauppakatu nicht entgehen lassen, mit 3000 rohen oder geschliffenen Steinen eine der größten Europas. Hier kann man auch die vergoldete Krone bewundern, die 1918 für den zum finnischen König gewählten Prinz Friedrich Karl von Hessen hergestellt wurde, bevor dieser das Amt dankend ablehnte. Weiter sind originalgetreue Nachbildungen von Kronjuwelen oder der Imperial State Crown ausgestellt, die Queen Elizabeth II. bei Festen trägt.

Weitere Sehenswürdigkeiten
Einen Besuch wert sind auch die **neugotische Kirche** von 1902 und das **Stadthaus**

Von Vaasa nach Tornio

›EISIGE‹ VERGNÜGEN IN KEMI

Am Hafen Ajos, 7 km südwestlich des Zentrums, startet jeden Winter der **Eisbrecher »Sampo«** zu vierstündigen **Eiskreuzfahrten** in die zugefrorene Ostsee. Zwar ist der Veteran schon 35 Jahre alt, zeigt zwischen Dezember und April aber immer wieder, welche Kraft noch in ihm steckt: Dann schippert er Touristen (darunter auffallend viele Japaner) hinaus in den zugefrorenen Meerbusen. Wer will, kann dabei ein Bad in den eiskalten Fluten nehmen, geschützt durch dicke Spezialkleidung. Die ist auch nötig, denn in harten Wintern sinkt die Außentemperatur bis auf –40 °C, und die »Sampo« muss sich durch eine 1,5 m dicke Eisdecke quälen. In der warmen Jahreszeit liegt der Eisbrecher vertäut und wartet auf Kundschaft für das Café. Dann werden auch Führungen durch das Schiff angeboten. Zu buchen sind die Eiskreuzfahrten, auch als Paket mit Flugreise und Unterkunft in Kemi (Infos/Buchungen: Tel. 016-25 88 78, www.visitkemi.fi, Dez.–April, an vielen Tagen mehrere Fahrten, Erw. ab 300 €).

Wer sich schon von einem Bad in der eisigen Ostsee nicht abhalten ließ, der wird vielleicht auch an einer Übernachtung im Eishotel Gefallen finden. Jeden Winter entsteht in Kemi aufs Neue die mit 400 m Länge größte **Schneeburg** der Welt (Snow Castle, finn. *Lumi linna*). Das erste Snow Castle wurde

Wahrhaft cooler Ort für eine Trauung: die Eiskapelle in Kemi

1996 errichtet und war ein Geschenk der UNICEF und der Stadt Kemi an die Kinder der Welt. Mit einer Länge von 1100 m und einer Menge von 30 000 m³ verbauten Schnees kam die Burg sofort ins Guinnessbuch der Rekorde. Das seit 2002 auf dem Marktplatz errichtete Bauwerk ist nicht mehr ganz so lang (400 m), aber immer noch das jeweils größte dieser Art in der Welt. Die Burg ist von Silvester bis Anfang April auch Hauptschauplatz einer dreimonatigen Veranstaltungsreihe mit Eisbildhauer-Wettbewerben, Karneval, Kunstausstellungen etc. (ca. Ende Jan.–Anf. April tgl. 10–18 Uhr, Erw. 15 €). Darüber hinaus werden auch Übernachtungen im **Mammutschneehotel** (Mammut Lumi Hotelli) angeboten. Dieses zweigeschossige Hotel wird aus Eisblöcken hergestellt – auch die Möblierung und Details wie Gläser sind aus diesem Material – und weist eine Innentemperatur von – 5 °C auf. 18 Doppelzimmer, zwei Gruppenzimmer für fünf Personen und eine Suite stehen zur Verfügung – diese wird gerne von Hochzeitspaaren belegt, denn dem Hotel ist auch eine Kapelle angeschlossen. Geschlafen wird in speziellen Ajungilak-Arktisschlafsäcken, ansonsten braucht man auf Komfort nicht zu verzichten. Eine Bar und ein Restaurant sind vorhanden, und selbst eine Sauna fehlt nicht (Tel. 016-25 88 78, www.visitkemi.fi/en/snowcastle).

von 1940 mit Aussichtsterrasse. Daneben lohnt ein Blick in das **Kunstmuseum Kemi** im Kulturzentrum, das ältere und jüngere finnische Werke zeigt, darunter viele aus Lappland (Marina Takalon katu 3, Tel. 016-25 82 47, Di–Fr 11–17, Sa, So 11–15 Uhr, Erw. 2 €).

Keminmaa 21

Interessanter als Kemi ist das gleich nördlich anschließende Keminmaa. Der Ort war früher für die guten Lachsfangmöglichkeiten bekannt, bis die Wasserkraftwerke den Fischen den Weg flussaufwärts versperrten. Acht Kraftwerke sind es inzwischen, von denen der Kemijoki gezähmt wird. Innerhalb der Gemeindegrenzen liegt **Taivalkoski,** das als industrielle Attraktion besichtigt werden kann. Daneben hat man eine Angelstraße eingerichtet, durch die der Strom wieder mit Forellen und Lachsen bevölkert werden soll. Ansonsten kann das Zentrum von Keminmaa mit Baudenkmälern unterschiedlicher Epochen aufwarten. Am ältesten ist die **Feldsteinkirche** von 1521, in deren Chor der mumifizierte Leichnam des 1629 verstorbenen Pfarrers Nikolaus Rungius beigesetzt ist. Die **Kirche** von 1827 ist ein typisches Beispiel für die finnische Architektur des Neoklassizismus und wurde – wie könnte es auch anders sein! – von C. L. Engel entworfen. Und das **Amtsgebäude** von 1986 repräsentiert beste finnische Bauschule der Moderne (Architekt: Kimmo Kuismanen) und ist auch wegen der Laserskulptur im Turm sehenswert, die ›Polarstern und Nordlicht‹ darstellen soll.

Infos
Kemi Tourism Ltd.: Kauppakatu 29, Tel. 016-25 88 78, www.visitkemi.fi, Mitte Juni–Mitte Aug. Mo–Fr 9–17, sonst Mo–Fr 8–16 Uhr.

Übernachten
Aufmerksam geführt – **Cumulus Kemi:** Hahtisaarenkatu 3, Tel. 016-228 31, www.cumulus.fi. Internationales und größtes Haus am Platz, 185 komfortable Zimmer, Restaurant, Bar, Innenpool und drei Saunas. DZ ab 125 €.

50er-Jahre-Ambiente – **Merihovi:** Keskuspuistokatu 6–8, Tel. 040-685 35 00, www.merihovi.fi. Solides Mittelklassehotel in zentraler Lage mit 69 Zimmern (darunter 12 Suiten, z. T. mit eigener Sauna), modern-komfortabel, aber ganz im Stil der 1950er-Jahre gehalten, Restaurant mit Art-déco-Elementen und guter finnisch-lappländischer Küche, Café-Nachtclub. DZ 118 €, Sommer- und Wochenendpreis DZ 85 €.

Funktional – **Hotelli Palomestari:** Valtakatu 12, Tel. 016-25 71 17. Ebenfalls zentral gelegenes Mittelklassehotel, der Finlandia-Gruppe angeschlossen, 32 praktische Zimmer, Sauna im 6. Stock mit schönem Blick über die Stadt, Bierrestaurant Kukko mit 50 Biersorten und Pub-Essen. DZ ab 100 €.

Termine
Snow Castle: ca. Jan.–März, Veranstaltungsreihe u. a. mit Eisbildhauer-Wettbewerben rund um die größte Schneeburg der Welt (www.visitkemi.fi/en/snowcastle).

Verkehr
Bahn: Verbindungen nach Oulu im Süden, Rovaniemi–Kemijärvi im Nordosten und Tornio–Kolari im Norden.
Bus: Überlandbusse von/nach Tornio bzw. Schweden, Rovaniemi und Oulu.
Flüge: Vom Flughafen (5 km nördl. des Zentrums) Flüge nach Helsinki-Vantaa.

Tornio (Torneå) ▶ 2, C 5

In **Tornio** 22 hat man 766 km nördlich von Turku den Endpunkt der Westküstenroute erreicht. Vor der Weiterfahrt nach Schweden, Norwegen oder in den finnischen Norden lohnt es sich, die 23 000-Einwohner-Stadt etwas näher kennenzulernen. Auf einer Insel in der Mündung des Tornionjoki (Torneälv) und an der Nordspitze des Bottnischen Meerbusens gelegen, ist sie ein natürlicher Brückenkopf und profitierte stets von den Handelsmöglichkeiten in beiden Richtungen. Der **Tornionjoki** ist seit 1374 Grenzfluss zwischen den beiden Ländern (s. Aktiv S. 254). Schon damals war Tornio als Marktort bekannt und erhielt 1621 die Stadtrechte. Heute ist der industrielle Hauptarbeitgeber das Stahlwerk der Firma Avesta Polarit, das etwas außerhalb liegt. Der Energiebedarf wird durch die vielen Wasserkraftwerke der Region gedeckt – immerhin verbraucht das Werk so viel Strom wie die Hauptstadt Helsinki!

Viele werden Tornio als Nachtquartier einplanen, allerdings ist das Angebot an Unterkünften der besseren Kategorie eingeschränkt. Ausweichmöglichkeiten bieten die Campingplätze der Umgebung, Jugendherbergen sowie das nahe schwedische Haparanda. Wer von Kemi über die E 4 kommt, erreicht das Zentrum über eine lange Brücke, die jedoch nicht die Grenzbrücke ist. Denn der breite Flussarm im Osten ist noch vollständig finnisch und die Grenze verläuft in der Mitte des nur wenige Meter breiten westlichen Arms.

Stadterkundung
An der Südspitze der Insel gelangt man zum **Green Line Welcome Center** mit Touristeninformation, Café und Tax-free-Shop. Von hier aus ist das überschaubare Städtchen zu Fuß schnell erkundet. Sehenswert sind vor allem die Kirchen. Die erste befindet sich direkt auf der anderen Seite der Europastraße: die **orthodoxe Kirche** aus dem 19. Jh. Einige hundert Meter weiter nördlich markiert an der Kirkkokatu die **Alte Kirche** den historischen Kern der Stadt. Mit dem Baudatum 1686 ist sie nicht nur die älteste Holzkirche in Lappland, sondern gleichzeitig auch eine der schönsten. Dazu trägt der hohe, schindelgedeckte Turm ebenso bei wie das ungewöhnlich reichhaltige barocke Interieur mit Holzschnitzereien, prächtiger Kanzel und bemalter Decke. Von ausgesuchter Schönheit ist auch der kleine, sechseckige Glockenturm von 1735.

Der Park nördlich der Kirche wird von Sportanlagen und dem **Wasserturm** dominiert, dessen Aussichtsplattform mit Café einen weiten Blick über Stadt, Fluss und nach Schweden bietet (Vesitorni, Seminaarinkatu, Mitte Juni–Mitte Aug. tgl. 11–20 Uhr).

Das **Tornedalens-Museum** (Keskikato 22, www.merilapinmuseot.fi) informiert über Leben und Landschaft im westlichen Lappland.

Noch etwas weiter gibt es einen 18-Loch-**Golfplatz,** auf den man in Tornio besonders stolz ist und der Anhängern dieses Sports nachdrücklich empfohlen sein soll: Erstens handelt es sich um einen anspruchsvollen und schön gelegenen Course, zweitens kann man hier im hellen Sommer

RAFTING AUF DEM TORNIONJOKI

Tour-Infos
Start: Kukkola
Länge: 2 km
Dauer: 1,5 Std.
Saison: Juni–Okt.

Schwierigkeitsgrad: Rafting-Klasse III, im Frühjahr Klasse IV/V, je nach Wasserstand
Veranstalter: Nordic Safaris, Koskitie 130, Kukkola, Tel. 04 00-69 23 01, www.nordicsafaris.com
Kosten: 40 €/Pers.

Wer schon bis nach Tornio vorgedrungen ist, sollte sich unbedingt auch die Stromschnellen **Kukkolankoski** 23 anschauen, immerhin die größten frei fließenden des Landes. Bis dorthin sind es nur knapp 10 km auf der Europastraße flussaufwärts. Der Besuch lohnt sich aus vielerlei Gründen, sei es um das Naturschauspiel zu betrachten, sei es um den Einheimischen beim Kescherfang von Maränen zuzuschauen oder um den leckeren Fisch gegrillt zu kosten.

Von Vaasa nach Tornio

Noch ein Stückchen weiter befindet sich bei **Matkakoski** 24 seine zweite, kaum weniger eindrucksvolle Stromschnelle. Wer das Erlebnis vertiefen möchte, hat die Möglichkeit, an einer Whitewater-Raftingtour über den Grenzfluss Tornionjoki auf einem der international üblichen Gummiboote teilzunehmen. Nach einer intensiven Einweisung in die Paddeltechnik und die Sicherheitsbestimmungen bezwingen die einzelnen Teams die mächtigen Katarakte, die zu den spannendsten befahrbaren in Europa zählen.

selbst um Mitternacht noch spielen, und drittens liegt er – ein Unikum – sowohl in Schweden als auch in Finnland: eine offene Grenze im besten Wortsinne also!

In der Umgebung

Seit 1973 ist das Dorf **Alatornio** (Nieder-Tornio) eingemeindet, dessen altes Zentrum auf der südlichen Nachbarinsel liegt. Dort befindet sich auch der dritte Sakralbau der Stadt, die Alatornio-Kirche von 1797. Ihrer Dimensionen – sie ist die größte Kirche in Nordfinnland – und ihrer ausgewogenen klassizistischen Bauformen wegen ist sie ein Highlight für Architekturinteressierte und sollte nicht versäumt werden, auch wenn man dazu einen etwas umständlichen Weg über zwei Brücken zurücklegen muss.

An weiteren Ausflugszielen in der näheren Umgebung muss an erster Stelle das schwedische **Haparanda** genannt werden, das ja gleich vis-à-vis zu finden ist. Beide Ortschaften werden inzwischen auch touristisch gemeinsam vermarktet.

Infos

City Tourist Office – Green Line Welcome Center: Resecentrum, Krannigatan 5, 953 36 Haparanda, Tel. 092-22 62 00 (gemeinsame Tourist-Info von Haparanda und Tornio), www.haparandatornio.com, Juni-Mitte Aug. Mo–Fr 8–18, Sa, So 10–15, sonst Mo–Fr 8–16 Uhr (schwedische Zeit!).

Übernachten

Bestes Haus am Platz – **Park Hotel:** Itäranta 4, Tel. 040-358 33 00, www.phtornio.fi. Seit über 70 Jahren bestehendes und kürzlich renoviertes, mit knapp 100 Zimmern größtes Haus am Platz. Gehobenes Mittelklassehotel mit zwei Restaurants, großer Disco, Konferenzbetrieb und Innenpool. DZ 98–220 €.

Zweckmäßig – **Studio E-City:** Saarenpäänkatu 39, Tel. 044-509 03 58, www.ecity.fi. Zentrumsnahe, einfache Herberge am Fluss, wenig ansprechender Bau, aber praktisch. 10 Einzel-, Doppel- und Familienzimmer (max. 6 Pers.) mit Waschbecken und TV, Dusche und WC auf dem Korridor. DZ 75–90 €.

Budgetunterkunft – **Hotel Joentalo:** Kivirannantie 13–15, Tornio, Tel. 016-211 92 44, www.ppopisto.fi, nur Anf. Juni–Anf. Aug. Sommerhotel in einem modernen Internat, 2,5 km nördlich der Stadt am Tornionjoki, DZ mit Dusche/WC, Pool, Sauna.

Camping – **Camping Tornio**, Matkailujantie, Tel. 016-44 59 45, www.campingtornio.com. 2,5 km in Richtung Kemi gelegener, komfortabler Platz mit Hütten (z. T. auch im Winter, 40–60 €), Zelt- und Caravanplätzen, außerdem Boots- und Fahrradverleih, Strand, Tennisplatz.

Termine

Kalottjazz-Blues Festival: Ende Juni. Renommiertes Musikfestival mit Auftritten internationaler Gruppen in Tornio und Haparanda (www.kalottjazzblues.net).

Felchenfest: Zum Monatswechsel Juli/Aug. an den Kukkolankoski-Stromschnellen, großer Angelwettbewerb mit Volksfestcharakter.

Verkehr

Bahn: über Ylitornio und Pello nach Kolari, in südlicher Richtung nach Kemi, dort Anschluss nach Rovaniemi–Kemijärvi und Oulu. **Bus:** Überlandbusse nach Kemi, Haparanda und Boden (beides Schweden), von dort Bahnverbindungen nach Stockholm und nach Narvik/Norwegen.

Kapitel 3

Finnische Seenplatte

Seen gibt es überall in Finnland. Und auch auf Gewässersysteme, die sich in sogenannten Seenplatten konzentrieren, trifft man sowohl in Lappland als auch im Westen und Süden. Trotzdem wird der Begriff finnische Seenplatte meist nur auf jene Region bezogen, die vom Vanajavesi und Näsijärvi im Westen, dem Päijänne, Kallavesi und Pyhäselkä in der Mitte und dem Saimaa im Südosten – mit einer Ausdehnung von ca. 4400 km² die größte europäische Seenplatte überhaupt – definiert wird. Dieses riesige, durch Flüsse und Kanäle miteinander verbundene Wasserlabyrinth also stellt im ›Land der tausend Seen‹ das Herz dar.

Wer zum Wandern, Kanu fahren, Angeln oder einfach zum Hüttenurlaub hierhin kommt, findet an der Seenplatte ein wahres Outdoor-Eldorado. Auf der Fahrt durchs Landesinnere von Tampere bis zur russischen Grenze erlebt man einen Großteil dessen, was idealtypisch für dieses Finnland steht: die unaufhörliche Abfolge von blauen Seen und grünen Wäldern – und dazwischen immer wieder schmale Landbrücken und Höhenrücken wie die berühmte Nationallandschaft am Punkaharju. Doch stößt man in dieser Ecke Suomis auch auf Kulturstädte wie Lappeenranta, Savonlinna und Tampere, auf mittelalterliche Burgen und Kirchen, auf herausragende Beispiele moderner Architektur, auf ungewöhnliche Museen und auf viele Monumente der Hightech-, Industrie- und Sportnation Finnland.

Wasser, wohin das Auge blickt: Die finnische Seenplatte

Auf einen Blick: Finnische Seenplatte

Sehenswert

Päijänne-See: Die ›Perle der finnischen Seenplatte‹ vereint bezaubernde Landschaftsformen mit guter touristischer Infrastruktur und dem quirligen Kulturleben der Minimetropole Tampere (s. S. 276).

Petäjävesi: Die alte Holzkirche der kleinen Ortschaft steht zu Recht auf der Liste des UNESCO-Weltkulturerbes (s. S. 283).

Punkaharju: Der schmale Moränenrücken ist als finnische Nationallandschaft geschützt und bietet Besuchern mit dem Forstmuseum Lusto auch kulturelle Highlights (s. S. 289).

Burg Olavinlinna: Die trutzige Festung stellt das fotogenste Baudenkmal an der Seenplatte dar und ist zugleich ein bedeutendes Monument finnisch-schwedisch-russischer Geschichte (s. S. 293).

Schöne Routen

Rund um den Päijänne-See: Der zweitgrößte finnische See punktet nicht nur mit landschaftlichen Reizen, sondern auch mit kulturellen Highlights wie dem Alvar-Aalto-Museum in Jyväskylä und der Holzkirche von Petäjävesi (s. S. 276)

Rund um die Saimaa-Seenplatte: An den Ufern des größten finnischen Gewässers steht die Natur im Vordergrund. Höhepunkte bilden die finnische ›Nationallandschaft‹ Punkaharju und der Linnansaari-Nationalpark (s. S. 284).

Kreuzfahrt auf dem Saimaa-Kanal: Der 58 km lange Kanal zwischen Finnland und Russland war von epochaler Bedeutung. Heute kann man auf ihm kleinere Kreuzfahrten oder Tagestouren nach Wyborg unternehmen (s. S. 286).

Unsere Tipps

Holzhausviertel Pispala in Tampere: In der Arbeitersiedlung aus der Zeit um 1900 schmiegen sich denkmalgeschützte Holzhäuser an die Moränenhänge zwischen den Seen Pyhäjärvi und Näsijärvi (s. S. 266).

Aalto-Architektur in Jyväskylä: Nirgendwo hat der berühmte finnische Architekt so viele Bauten hinterlassen wie hier. Eine Stadtwanderung auf seinen Spuren ist Pflicht für alle Liebhaber moderner Baukunst (s. S. 279).

Winterliches Tampere

Aktiv

Kanuwandern auf dem Seal Trail: Seal Trail nennt sich ein Netz von Kanurouten im Saimaa-Seengebiet, das auf traditionellen Wasserwegen basiert. Auf Touren unterschiedlicher Schwierigkeitsgrade kann man die labyrinthische Seenlandschaft erkunden, in der sich ausgedehnte, von Inseln und Felsen durchbrochene Wasserflächen mit schmalen Kanälen und Sunden abwechseln (s. S. 298).

Tampere (Tammerfors) und Umgebung

Die westliche Seenplatte zwischen Vanajavesi und Näsijärvi wird auch das ›grüne Herz Finnlands‹ genannt. Ihr wirtschaftliches und kulturelles Zentrum ist Tampere, einst Motor und Vorreiter der Industrialisierung. Aus dem ›finnischen Manchester‹ ist heute eine große Kulturfabrik geworden, die zu jeder Jahreszeit Besucher anzieht.

Tampere (Tammerfors)

▶ 1, F 5

Cityplan: S. 262

Mit 222 000 Einwohnern ist Tampere die nach Helsinki und Espoo drittgrößte Stadt des Landes und die größte Skandinaviens, die im Binnenland liegt. Doch obwohl die Küste der Ostsee recht weit entfernt ist, stellt Wasser hier ein allgegenwärtiges Element dar: Die schmale Landzunge, auf der sich Tampere entwickelte, trennt die beiden Seen Näsijärvi und Pyhäjärvi und wird von den Stromschnellen Tammerkoski durchschnitten, denen die Stadt ihren Namen verdankt (schwed.: *fors* = Wasserfall; finn.: *koski*). Daneben gibt es innerhalb der Gemeindegrenzen nicht weniger als 200 kleinere Seen, die von den Einwohnern intensiv für Freizeitaktivitäten genutzt werden. Ganze 24 % des städtischen Areals sind von Wasser bedeckt.

Doch vor allem die Kultur macht Tampere so attraktiv – Umfragen ergaben, dass sie bei den Landeskindern die beliebteste finnische Großstadt ist. Mit rund 20 Museen, Aufsehen erregender moderner Architektur sowie Veranstaltungen und Festivals von internationalem Rang hat Tampere zu jeder Jahreszeit etwas zu bieten. Berühmt ist die rege Theaterszene, deren etablierte Schauspielhäuser- und rund 40 Laienbühnen es auf jährlich über tausend Vorstellungen mit mehr als einer halben Million Zuschauer bringen und Tampere den Ruf eingebracht haben, *die* finnische Theaterstadt zu sein. Und mit über 380 Restaurants, Cafés und Kneipen ist auch diese Seite der Kultur eindrucksvoll abgedeckt.

Geschichte

Tamperes Geschichte reicht weit zurück, schon um 1000 n. Chr. war die Landenge besiedelt. Im Jahre 1779 beschloss Schwedenkönig Gustav III., dieses Dörfchen an der Stromschnelle in eine moderne Handels- und Handwerkerstadt zu verwandeln, die das Zentrum der ganzen Region werden sollte. Der Wunsch des Gründungsvaters ging in den 225 Jahren städtischer Geschichte in Erfüllung, beflügelt im 19. Jh. vor allem durch die Industrialisierung. Den Anfang machte 1820 der Schotte James Finlayson, der in Tampere die Finnische Baumwollspinnerei gründete und damit den Grundstein zu einem Weltkonzern legte. Die Wasserkraft der 1 km langen Katarakte nutzten auch andere Betriebe, insbesondere solche der Stahl-, Metallverarbeitungs-, Maschinenbau-, Papier- und Textilindustrie, sodass sich bald der Beiname des ›finnischen Manchester‹ einbürgerte. Im Zuge der Stahl- und Wirtschaftskrise wurde in der jüngeren Vergangenheit aus dem Vorreiter

Einen Blick von oben auf Tampere ermöglichen gleich mehrere Türme (s. S. 267)

Tampere

Sehenswert
1. Bahnhof
2. Orthodoxe Kirche
3. Alte Kirche
4. Rathaus
5. Tampere-Theater
6. Frenckells
7. Finlayson-Fabrik
8. Kunstzentrum Mältinranta
9. Museo Milavida
10. Museumszentrum Vapriikki
11. Lenin-Museum
12. Alexanderkirche
13. Stadtbibliothek Metso
14. Pyynikki-Aussichtsturm
15. Freilichttheater
16. Pispala
17. Kunstmuseum Tampere
18. Arbeitermuseumsviertel Amuri
19. Vergnügungspark Särkänniemi
20. Sara-Hildén-Kunstmuseum
21. Dom
22. Tampere-Halle
23. Universität
24. Kaleva-Kirche
25. Hervanta

Übernachten
1. Hotel Tammer
2. Scandic Tampere City
3. Pinja Hotel
4. Holiday Club Spa Hotel
5. Hotelli Haapalinna
6. Dream Hostel Tampere

Essen & Trinken
1. Restaurant Tilliholvi
2. Astor
3. Laterna
4. Ravintola Coussica

Einkaufen
1. Koskikeskus
2. Kehräsaari
3. Markthalle

Abends & Nachts
1. Doris
2. Paapan Kapakka
3. Salhojankadun Pub
4. Wanha Posti Olutravintola
5. Teerenpeli

---

der Industrialisierung jedoch ein Sorgenkind, u. a. gebeutelt von rund 19 % Arbeitslosigkeit. Wie in Manchester, Glasgow oder dem Ruhrgebiet waren auch in Tampere Strukturveränderungen unumgänglich und die Schwerindustrie musste dem Hightech weichen. Neue Erwerbszweige in den Bereichen Informations-, Energie-, Umwelt- und Gesundheitstechnologie entstanden, unterstützt von modernen Forschungs- und Lehrbetrieben wie der Universität und der Technischen Hochschule. Die neuen Pro-

duktionsstätten sind jedoch in die Randbezirke ausgelagert, während die alten und düsteren Fabrikgebäude an der Stromschnelle umgebaut wurden und mittlerweile Büros, Galerien, Boutiquen, Theater und schicke Geschäftszentren beherbergen.

Vom Bahnhof über den Fluss zum Keskustori

Ein guter Startpunkt für eine Stadtbesichtigung ist der im Jahr 1936 gebaute, nüchtern und funktional wirkende **Bahnhof** 1 . Über die Hämeenkatu gelangt man von hier aus schnell in das eigentliche Zentrum der Stadt, doch lohnt zunächst der Umweg über die Tuomiokirkonkatu zur Orthodoxen Kirche.

Orthodoxe Kirche 2

Ortodoksinen kirkko, Tuomiokirkkonkatu 27, Tel. 020-610 03 55, www.ort.fi, Mai Mo–Fr 10–16, Juni–Aug. Mo–Sa 10–16, So 12–16 Uhr; Liturgie So 10 Uhr

Das wohl stilreinste neubyzantinische Gotteshaus Skandinaviens, ein Klinkerbau, wurde 1899 nach Plänen des russischen Architekten T. W. Jassikow vollendet und beeindruckt mit seinen sieben Zwiebeltürmchen, die die sieben Sakramente der orthodoxen Kirche symbolisieren. Ihre Gemeinde ist mit etwa 800 Gläubigen eine der größten des Landes.

Einkaufsadressen

Rund 250 m weiter westlich stößt man auf das Einkaufszentrum **Koskikeskus** 1 , ei-

Tampere (Tammerfors) und Umgebung

Orthodoxe Kirche von Tampere

nen Konsumtempel mit auffälliger Klinker- und Glasarchitektur, der im Schatten eines 18-stöckigen Hotelturms am Tammerkoski liegt. Als 60 000 m² große Stadt in der Stadt geplant, lohnt das multifunktionale Einkaufszentrum mit seinen vielen Pflanzen und einem Minibach auch dann den Besuch, wenn man nicht auf Shopping aus ist. Von hier aus gelangt man über eine Fußgängerbrücke zum westlichen Ufer, wo der ehemalige Ziegelstein-Fabrikkomplex **Kehräsaari** 2 heute rund 50 Boutiquen, Werkstätten, ein Café, ein Restaurant und einen Pub beherbergt. Wenige Schritte davon entfernt, am Kai des Marktplatzes **Laukantori,** machen die weißen Boote der traditionsreichen Finnischen Silberlinie fest (s. S. 173).

Keskustori und Umgebung

Zwei Blocks weiter nördlich kommt man zum **Keskustori,** dem zentralen Platz von Tampere. Bis in die 1930er-Jahre wurde hier täglich Markt abgehalten, heutzutage lebt diese Tradition an jedem ersten Montag im Monat wieder auf. Schon 1775 war Keskustori im Bebauungsplan Gustavs III. als Mittelpunkt der zukünftigen Stadt vorgesehen, sodass es nicht verwunderlich ist, hier einige der repräsentativsten Baudenkmäler von Tampere vorzufinden. Der **Springbrunnen** in seiner Mitte wurde von der Textilfabrik Finlayson 1882 den Frauen der Stadt geschenkt, die sich hier kostenlos Wasser holen durften.

Tampere (Tammerfors)

Alte Kirche [3]
Vanha kirkko, Keskustori, im Sommer tgl. 10–15, im Winter 11–13 Uhr
Das älteste Gebäude am Platz ist die 1824 fertiggestellte und von Carlo Bassi entworfene Alte Kirche. Ihr separater Glockenturm ist einige Jahre jünger und stammt von C. L. Engel; seine Uhr war die erste öffentliche der Stadt und hat nur einen Zeiger.

Rathaus [4]
Auf der Westseite des Platzes steht das Rathaus (Tampereen Raatihuone) von 1890, von dessen Balkon während des Generalstreiks 1905 das ›Rote Manifest‹ gegen die russische Unterdrückung verlesen wurde. Wer alte Postkarten oder Tampere-Literatur sucht, sollte einmal in den Rathauskeller hineinschauen.

Markthalle und Umgebung
Markthalle: Hämeenkatu 19/Hallituskatu 10, www.tampereenkauppahalli.fi, Mo–Fr 8–18, Sa 8–15 Uhr
Jenseits der Hämeenkatu setzt die schöne **Markthalle** [3] (1901) einen deutlichen Jugendstil-Akzent. Sie wird flankiert von Wohn- und Geschäftshäusern, die ebenfalls um die Jahrhundertwende entstanden. In den liebevoll restaurierten Gebäuden haben sich Cafés und Restaurants mit viel nostalgischer Atmosphäre niedergelassen, die zum Verweilen einladen – am schönsten vielleicht das Restaurant **Astor** [2].

Tampere-Theater [5]
www.tampereenteatteri.fi
Nach Osten hin überquert die monumentale Brücke Hämeensilta mit vier Statuen des Bildhauers Väinö Aaltonen die Tammerkoski-Stromschnellen. Oberhalb davon sieht man am Flussufer das 1913 fertiggestellte Tampere-Theater, eines der renommiertesten Schauspielhäuser des Landes.

Frenckells [6]
Hinter dem Zeitungslesesaal der Bibliothek, der in der alten Stadtbücherei von 1925 untergebracht ist, befindet sich unmittelbar nördlich das Industriedenkmal Frenckells. Der achteckige Schornstein erinnert daran, dass hier an den Stromschnellen einst die erste Papierfabrik des Landes stand. Heute werden die Räumlichkeiten u. a. von kommunalen Behörden und einer Bühne des Tampere-Theater eingenommen.

Finlayson-Fabrik [7]
Finlaysonin tehdasalue, Museum: Työväenmuseo Werstas, Väinö Linnan aukio 8, www.werstas.fi, Di–So 11–18 Uhr, freier Eintritt
Auf der anderen Seite der Satakunnankatu stößt man auf weitere industrielle Baudenkmäler. Am eindrucksvollsten ist die ehemalige Textilfabrik Finlayson, gleichzeitig Anstoß und Herz der städtischen Industrialisierung. Ein guter Standort also für das **Zentralmuseum der Arbeiterbewegung.** Das Haupthaus der Fabrik ist im Stil des Historismus gehalten, wird **Finlayson-Palast** genannt, stammt von 1899 und beherbergt heute ein Restaurant (www.finlaysoninpalatsi.com).

In der Nähe sieht man die **Kirche,** die Wilhelm von Nottbeck, der damalige Besitzer der Fabrik, 1879 eigens für seine Arbeiter errichten ließ.

Ausstellungsstätten im nördlichen Zentrum

Kunstzentrum Mältinranta [8]
Kuninkaankatu 2, Tel. 010-420 20 40, http://tampereen-taiteilijaseura.fi, Mo–Do 12–18, Fr–So 12–16 Uhr, freier Eintritt
1982 wurde in einem ehemaligen Wasserwerk das Kunstzentrum Mältinranta eingerichtet, das wechselnde Ausstellungen präsentiert. Dahinter liegt der Park **Näsinpuisto,** der einen Springbrunnen, eine schöne Aussicht und das Museum Milavida zu bieten hat.

Museo Milavida [9]
Milavidanrinne 8, http://museomilavida.fi, Jan.–April, Nov., Dez. Fr–So 11–18, Mai–Okt. Mi–So 11–18 Uhr, Erw. 7 €
Nach vielen Jahren Schließung wurde das Museo Milavida – auch als **Näsilinna** bekannt – im Sommer 2015 wiedereröffnet. Schon allein das 1898 errichtete Gebäude

Tampere (Tammerfors) und Umgebung

ist sehenswert. Im Erdgeschoss wird die Geschichte der Nottbeck-Familie und des Gebäudes erläutert. Im Obergeschoss finden wechselnde Ausstellungen ihren Platz.

Museumszentrum Vapriikki 10

Museokeskus Vapriikki, Alaverstaanraitti 5, Tel. 03-56 56 69 66, http://vapriikki.fi, Di–So 10–18 Uhr, Erw. 10 €

Vom Näsi-Park man einen schönen Blick über die Stromschnellen auf die riesige ehemalige Maschinenbaufabrik Tampella Oy, in deren alten Industriehallen im Jahr 2000 ein ehrgeiziges Ausstellungsprojekt der Stadt eröffnet werden konnte: das Museumszentrum Vapriikki. Unter einem Dach sind hier gleich mehrere hochkarätige Präsentationen vereinigt, mit denen Tampere seinen guten Namen als Kulturstadt nochmals aufgewertet hat. Mit dem **Technologiemuseum,** dem **Museum für Naturgeschichte,** dem **Finnischen Schuhmuseum** und dem **Stadtmuseum Tampere** bietet der Komplex genügend Anreize, um hier einen ganzen Tag zu verbringen. Und das **Eishockeymuseum** gilt als das größte in Europa.

Westlich des Zentrums

Westlich der genannten Sehenswürdigkeiten finden Tampere-Besucher einen bunten Mix aus alten Stadtteilen mit Holzhausbebauung, grünen Parkanlagen, Museen und neueren Baudenkmälern.

Lenin-Museum 11

Lenin-museo, Hämeenpuisto 28, 2. Stock, Tel. 010 420 92 22, www.lenin.fi, Mo–Fr 9–18, Sa, So 11–16 Uhr, Erw. 5 €

Sofort hinter der breiten Allee Hämeenpuisto erhebt sich der 1985 fertiggestellte rote Klinkerbau des Arbeitertheaters (Tampereen Työväen Teatteri, TTT). Ein Stück weiter kann man das einzige Lenin-Museum der Welt besuchen. Der russische Revolutionär hatte nicht nur zu Finnland eine besondere Beziehung, sondern auch zu Tampere, wo die ersten Kongresse seiner verbotenen Partei stattfanden und er auch Stalins Bekanntschaft machte. Fotodokumente und andere Erinnerungsstücke beleuchten die politische und private Seite der leninschen ›Finland Connection‹.

Einen Block weiter nördlich stößt man auf einen Platz mit einem Freiheitsmonument (1921), der im Westen von einem Park mit der neugotischen **Alexanderkirche** 12 von 1881 begrenzt wird.

Stadtbibliothek Metso 13

Pääkirjasto Metso, Pirkankatu 2, Tel. 03-56 56 40 05, Di–So 10–18 Uhr

Die Stadtbibliothek Metso ist ein außergewöhnliches und anspruchsvolles Bauprojekt der Architekten Raili und Reima Pietilä. Das mehrfach preisgekrönte Gebäude von 1986 trägt seinen Namen nach dem Auerhahn, dem Wappentier der Provinz, an den es zumindest aus der Vogelperspektive auch tatsächlich erinnert. Mit seinen gerundeten, wellenartig ineinander übergehenden Wänden, den großen Fenstern und der haubenartigen Dachkonstruktion gilt die Stadtbücherei zu Recht als das Meisterwerk der Pietiläs.

Pyynikki

Im Südwesten erhebt sich die Pyynikki-Höhe, die als höchstes Moränenmassiv der Welt gilt. Am Südhang befindet sich ein **Gedenkstein,** der die Uferlinie des Yoldia-Meeres kennzeichnet, aus dem sich der Höhenrücken nach der Eiszeit erhob. Den besten Überblick über das 70 ha große Gelände, das fast zur Gänze von Kiefern bedeckt ist und den Einwohnern der Stadt als beliebte Jogging- und Skistrecke dient, hat man vom alten **Pyynikki-Aussichtsturm** 14 , in dessen Sockel ein Café untergebracht ist (s. Tipp).

Weiter im Süden befinden sich unterhalb des Bergrückens am Pyhäjärvi-See Sandstrände, Hotelanlagen und das **Freilichttheater** 15 mit seiner drehbaren, mehr als 800 Zuschauer fassenden Tribüne (http://pyynikinkesateatteri.fi).

Pispala 16

Eine Wanderung über die Pyynikki-Höhe führt zum idyllischen Quartier Pispala. Diese Arbeitersiedlung der Jahrhundertwende,

Tampere (Tammerfors)

TAMPERE VON OBEN

Wie Städte und ihre Infrastruktur funktionieren, was der Begriff ›Seenplatte‹ eigentlich bedeutet, das zeigt oft nur der Blick von oben. Ohne gleich ›in die Luft‹ zu gehen, hat man dazu in Tampere an drei verschiedenen Stellen Gelegenheit. Gemeint sind hier Türme mit Panoramablick, an denen Finnland ohnehin reich ist: Hier sieht man es eben nicht ein, dass ein Wasser- oder Fernsehturm nur seinem originären Zweck zu dienen habe.

Doch auch reine Aussichtstürme wurden an vielen Stellen errichtet, in Tampere z. B. auf dem Pyynikki-Höhenrücken. Das Gebäude selbst, mit einem Café im Sockel ausgestattet, ist zwar schön altmodisch, aber mit 30 m nicht gerade ein Riese. Trotzdem gilt der **Pyynikki-Aussichtsturm** 14 als Besichtigungstipp, denn er nutzt das hohe Moränenmassiv als Basis, liegt schön in parkähnlicher Umgebung, ist der Innenstadt nah und zeigt Besuchern neben viel Wald auch den glitzernden Spiegel des Sees (Mo–So 9–20 Uhr, Erw. 2 €, freier Zutritt zum Café, www.munkkikahvila.net).

Auf der anderen Seite des Tammerkoski, in einem gesichtslosen Neubauviertel, steht der beachtliche **Hervanta-Wasserturm**. Dessen Umgebung ist zwar nicht besonders attraktiv, aber dafür hat man den Vorteil, dass man von Südosten auf die Stadt schaut und dabei auch die beiden anderen Türme sieht. Auch er beherbergt ein Café-Restaurant (Virtainpolku 20, Turm und Restaurant tgl. 11–22 Uhr, freier Eintritt).

Beide Landmarken werden bei Weitem überragt vom 173 m hohen **Näsinneula-Fernsehturm**, der damit ganz klar die weit und breit beste Aussicht bietet. Er steht mitten im Freizeitpark Särkänniemi, ist aber im Gegensatz zu diesem ganzjährig geöffnet. Der 1971 fertiggestellte Säulenturm hat in 111 m Höhe eine offene und in 120 m Höhe eine verglaste Aussichtsplattform sowie ein Restaurant in 124 m Höhe, das sich zweimal pro Stunde um die eigene Achse dreht. Den Blick von diesem höchsten Panoramaturm Nordeuropas kann man nur atemberaubend nennen. Gleiches gilt auch für die 1997 erneuerten Lifte, die mit rekordverdächtigen 6 m/Sek. Besucher innerhalb von nur 27 Sekunden nach oben katapultieren (Särkänniemi, s. S. 268, tgl. 11–21.30 Uhr, im Winter Erw. 5 €, im Sommer in der Eintrittskarte zum Vergnügungspark enthalten).

---

deren Holzhäuser und Hütten sich dicht an dicht an die steilen Moränenhänge zwischen den Seen Pyhäjärvi und Näsijärvi schmiegen, steht heute unter Denkmalschutz, ebenso wie die engen Gassen, die Pispala-Treppe mit ihren 237 Stufen oder der hohe Turm der alten Schrotfabrik. Alle zwei Jahre (2016, 2018 usw.) wird hier ein großes Volkstanz- und Musikfestival (Pispalan Sottiisi) veranstaltet (s. S. 273).

Kunstmuseum Tampere 17
Tampereen taidemuseo, Puutarhakatu 34, Tel. 03-56 56 65 77, www.tampere.fi/tamu, Di–Fr 9–17, Sa, So 10–18 Uhr, Erw. 7 €
Ebenfalls westlich, aber etwas näher zur Zentralbibliothek liegen zwei ganz unterschiedliche Museen: Das Kunstmuseum Tampere beeindruckt zunächst weniger wegen seiner Ausstellungen (finnische und regionale Kunst

des 19. Jh.) als aufgrund seiner Architektur: Das Gebäude wurde 1838 von C. L. Engel als Kronmagazin des Zaren entworfen.

Im Erdgeschoss des Museums befindet sich noch bis Ende Oktober 2016 **Mumintal** (Muumilaakso), in dem originale Illustrationen zu Tove Janssons beliebten Märchen zu sehen sind sowie mehr als 40 Schaukästen, in denen Abenteuer aus den Mumin-Büchern nachgestellt wurden. Mit Multimediashow und Computerprogrammen kann die Heimat der Mumintrolle auch visuell und interaktiv erlebt werden. Ab Mai 2017 wird die Sammlung in der Tampere-Halle (s. rechts) als Mumin-Museum neu präsentiert (http://muumilaakso.tampere.fi).

Arbeitermuseumsviertel Amuri [18]
Amurin työläimuseo, Satakunnankatu 49, Tel. 03-56 56 66 90, www.tampere.fi/amuri, Mitte Mai–Mitte Sept. Di–So 10–18 Uhr (Café Amurun Helmi, Museumsladen und Ausstellungshaus sind das ganze Jahr über geöffnet), Erw. 7 €
Wenige Schritte nördlich vom Kunstmuseum dokumentiert das Arbeitermuseumsviertel Amuri, das im Zuge der Industrialisierung als erstes proletarisches Stadtviertel Finnlands entstand, mit seinen 32 originalen Arbeiterwohnungen, zwei Läden und einer Bäckerei die Lebensverhältnisse am Ende des 19. Jh.

Vergnügungspark Särkänniemi [19]
Bus 4 alle 20 Min. ab Hauptbahnhof, Tel. 02 07-13 02 12, www.sarkanniemi.fi, Vergnügungspark Mitte Mai–Mitte Aug. tgl., Details s. Website; Aquarium, Delfinarium, Planetarium, Näsinneula und weitere Angebote auch außerhalb der Saison, Erw. ab 15 €
Weiter nördlich, jenseits der Kortelahti-Bucht, nimmt der Vergnügungspark Särkänniemi eine Halbinsel im Näsijärvi-See ein. Neben dem üblichen Allerlei an Amüsement und Spielgeräten finden Besucher hier auch ein interessantes zoologisches und wissenschaftliches Angebot, u. a. ein Aquarium mit angeschlossenem Delfinarium, einen Kinderzoo und ein Planetarium. Am Kai startet zudem der historische Schaufelraddampfer »Finlandia Queen« zu seinen Ausflügen durch das Seenlabyrinth. Überragt wird Särkänniemi vom Fernsehturm Näsinneula, der auffälligsten Landmarke der Stadt.

Sara-Hildén-Kunstmuseum [20]
Laiturikatu 13, Tel. 03-56 56 35 00, Di–So 10–18 Uhr, Erw. 8 €
Das nach der Kunstmäzenin und Unternehmerin benannte Haus wurde 1979 vom Architekten Pekka Ilveskoski konzipiert, der in bester finnischer Tradition Funktionalität mit Naturnähe verband. Durch die großflächigen Fenster scheint das Blau des Sees in die Ausstellungsräume, in denen etwa 2500 Werke finnischer und internationaler Künstler präsentiert werden, darunter Spitzenwerke der klassischen Moderne u. a. von Paul Klee, Joan Miró und Henry Moore.

Östlich des Zentrums

Dom [21]
Tampereen tuomiokirkko, Tuomiokirkkonkatu, im Sommer tgl. 10–17, im Winter 11–15 Uhr
Im Nordosten der Stadt wäre vor allem der Dom zu erwähnen, ein Wahrzeichen von Tampere. Der 1902–07 nach Plänen von Lars Sonck errichtete Sakralbau aus Feldstein und Granit mit seinem steilen, roten Ziegeldach und spitzen Türmen gilt als eine der Hauptschöpfungen der finnischen Nationalromantik. Die Gemälde des Künstlers Hugo Simberg (1873–1917) stießen wegen ihrer etwas morbiden und anzüglichen Darstellung damals auf heftige Kritik.

Tampere-Halle [22]
Ein ganzes Stück weiter südöstlich, jenseits der Bahngleise, gelangt man zum Sorsapuist Park, der von der riesigen Tampere-Halle dominiert wird. Dieses modern-protzige Kongresszentrum, eins der größten Skandinaviens, entstand 1990 nach Plänen von Sakari Aartelo und Esa Piironen und sollte einen kosmopolitischen Anspruch architektonisch unterstreichen. Mit vielen verglasten Flächen

Tampere (Tammerfors)

und interessanten Details ist die Außenfront zur Seeseite am schönsten. Innen stellt sich die Tampere-Halle als grandioser Ereignisraum dar. Sein Herzstück ist der große Konzertsaal, der nicht nur Architekturgeschichte geschrieben hat, sondern mit seiner akustischen Extraklasse zahlreiche Orchester aus aller Welt beeindrucken konnte.

Südlich, jenseits der Kalevantie, schließt sich das Haupthaus der **Universität** 23 an, das 1960 entstand und inzwischen von neueren Nebengebäuden flankiert wird.

Kaleva-Kirche 24

Kalevan kirkko, Liisanpuisto 1, tgl. 11–17, im Winter 11–15 Uhr

Nahe der Stadtautobahn, wartet ein Architekturerlebnis ganz anderer Art, die 1966 fertiggestellte Kaleva-Kirche. Das erste Werk des Architektenpaares Reima und Raili Pietilä für Tampere, das sich auf dem Liisankallio-Hügel inmitten eines Viertels mit typischer Nachkriegsbebauung erhebt, löste wegen seiner ungewöhnlichen und radikalen Form heftige Kontroversen aus, wurde gleichzeitig aber auch zu einer viel besuchten Pilgerstätte für Studenten und Liebhaber moderner Baukunst. Über dem symbolträchtigen Grundriss eines Fisches ragen die schlichten, weiß gehaltenen Betonkörper in die Höhe. Sie umschließen einen monumentalen Raum, der durch 18 schmale Fenster beleuchtet wird, die vom Boden bis zur Decke reichen. Die einzigen farbigen Elemente sind das Kiefernholz der Bänke, der Orgelfassade und des Altars sowie die Klinker des Bodenbelages.

Trabantenstadt Hervanta 25

Vielleicht mag der Besuch der Kaleva-Kirche dazu anregen, sich etwas eingehender mit dem Lebenswerk von Reima und Raili Pietilä zu beschäftigen. Diese haben sich in Tampere außer in der Kaleva-Kirche und der Stadtbiliothek Metso vor allem in der Trabantenstadt Hervanta verewigt. Inmitten der fantasielosen Fertigbausiedlung der 1960er- bis 1970er-Jahre haben sie dort markante Akzente setzen können: etwa das **Gemeinde- und Freizeitzentrum,** dessen rote, gerundete Ziegelwände fast schon romantisch wirken, oder das **Einkaufs- und Geschäftszentrum,** dessen Metallkonstruktion die industrielle Vergangenheit Tamperes widerspiegeln will.

Infos

Tampere Tourist Information: Hämeenkatu 14 b (Teatteritalo, Keskustori), 33100 Tampere, Tel. 03-56 56 68 00, www.visittampere.fi, Juni–Aug. Mo–Fr 9–20, Sa–So 9.30–17, sonst Mo–Fr 9–17 Uhr. Ausgabe von Infomaterial (u. a. Stadtpläne, Unterkunftsnachweise) und Buchung von Unterkünften/Aktivitäten, auch Infos zu den vielen Seefahrtsrouten sowie zu Boots- und Fahrradverleih.

Übernachten

Im Stil der 1920er – **Hotel Tammer** 1 : Satakunnankatu 13, Tel. 03-123 46 32, www.sokoshotels.fi. Zur Sokos-Gruppe gehörendes Haus aus den 1920er-Jahren nahe dem Museumszentrum Vapriikkii, 87 Zimmer, Brasserie, Pub und populärer Nachtclub. DZ ab 140 €.

Komfort in Bahnhofsnähe – **Scandic Tampere City** 2 : Hämeenkatu 1, Tel. 03-244 61 11, www.scandichotels.com. Zentrales, komplett renoviertes First-Class-Hotel, 263 Zimmer, mehrere Restaurants, Pool, Palmengarten. DZ ab 120 €.

Zentral, aber ruhig – **Pinja Hotel** 3 : Satakunnankatu 10, Tel. 03-241 51 11, www.cumulus.fi. Gemütliches Jugendstilhotel der Mittelklasse mit 60 Zimmern, Restaurant, gediegene und familiäre Atmosphäre. DZ ab 99 €.

Für gehobene Ansprüche – **Holiday Club Spa Hotel** 4 : Lapinniemenranta 12, Tel. 030-687 00 00, www.holidayclub.fi. Erstklassiges Spa-Hotel am nördlichen Jachthafen, 70 riesige, fast 5 m hohe Superiorzimmer und 22 Suiten, z. T. mit eigener Sauna und Miniküche ausgestattet, 5 Innenpools, Fitnesszentrum, Gourmetrestaurant. DZ ab 90 €.

Etwas außerhalb – **Hotelli Haapalinna** 5 : Rautimienkatu 3, Tel. 03-345 33 35, www.hotellihaapalinna.com. Etwa 4 km westlich des

Zentrums gelegenes Holzhaus mit 20 Zimmern, alle mit Bad und TV, gute Busverbindung zu Bahnhof und Innenstadt, familiär geführt. DZ ab 80 €.

Budgetunterkunft – **Dream Hostel Tampere** 6 **:** Åkerlundinkatu 2, Tel. 045-236 05 17, www.dreamhostel.fi. Im Sommer 2014 eröffnete, günstige und trotzdem angenehme Unterkunft mit 20 Zimmern. DZ ab 59 €, Sammelunterkunft ab 20 €.

… in der Umgebung:

Ländlich – **Summer Hotel Ahlman:** Hallilantie 24, ca. 4 km südöstl. vom Zentrum (per Bus oder Auto gut zu erreichen), Tel. 03-415 14 46 17, www.ahlman.fi, Juni–Anf. Aug. Das Hotel hat 50 DZ, 3-Bett- und Familienzimmer (DZ 65 €), verwaltet aber auch weitere Low-Budget-Unterkünfte: das renovierte **Hotel Annala**, das über Zimmer mit Du/WC und Kühlschrank verfügt (DZ 75 €), und das einfachere, aber saubere **Hotel Väinölä** (DZ 43 €).

Am Ufer des Pyhäjärvi – **Summer Hotel Härmälä:** Leirinkatu 8, 4 km südl. des Zentrums, Tel. 020-719 97 77, www.suomicamping.fi. Sommerhotel mit gutem Preis-Leistungs-Verhältnis, 15 DZ und 5 EZ mit Miniküche (DZ 59 €). In unmittelbarer Nähe befindet sich der **Härmälä-Campingplatz** (www.suomicamping.fi/harmala) mit Hüttenvermietung. Ab 40 €.

Essen & Trinken

Mehrfach prämiert – **Restaurant Tiiliholvi** 1 **:** Kappakatu 10, Tel. 02 07-66 90 61, www.tiiliholvi.fi, Mo–Fr 11–15, 17–24, Sa 13–24 Uhr. Feinschmeckerlokal mit Backsteingewölben, finnische Küche mit Köstlichkeiten von Rentier, Wildgans und Renke (Menü 56 €, Hauptgerichte ca. 30 €), exquisite, allerdings auch sehr hochpreisige Weinkarte.

Elegantes Ambiente – **Finlaysonin Palatsi:** auf dem Finlayson-Fabrikgelände 7 , Kuninkaankatu 1, Tel. 0400-21 95 30, www.finlaysoninpalatsi.com, Di–Fr 11–24, Sa 12–24 Uhr. Nobles Restaurant im ›Palast‹ der Finlayson-Herren mit grandiosen Räumlichkeiten

Sehenswert: der Weihnachtsmarkt mit den großen Holzfiguren im winterlichen Tampere

samt Sauna. Speisekarte und Weinliste sind überschaubar, Hauptgerichte 20–30 €. Di–Fr gibt es zwischen 11 und 15 Uhr recht preisgünstige Gerichte zum Business Lunch in der Brasserie (z. B. Toasts, Lachssuppe, Geflügelsalat ab ca. 10 €).

Zentral und gut – **Astor** 2 **:** Aleksis Kiven katu 26, Tel. 010-321 16 00, www.ravintola-astor.fi, Mo, Di 11–23, Mi, Do 11–24, Fr 11–1, Sa 12–1, So 13–21 Uhr. Schönes Restaurant am Zentralplatz, Spezialitäten zu Mittagessen, Kaffee und Dinner, À-la-Carte-Restaurant mit finnischen Köstlichkeiten (Hauptgerichte 20–30 €, 3-Gänge-Menüs ca. 40 €). Brasserie mit preisgünstigeren Gerichten (10–15 €), Pianobar mit Livemusik, Sauna.

Russische Küche – **Laterna** 3 **:** Puutarhakatu 11, Tel. 020-766 90 67, www.laterna.fi, Mi–Do 17–23, Fr, Sa 17–4 Uhr. Im ältesten Restaurant der Stadt wird seit 1890 authentische russische Kochkunst gepflegt, heute in sorgsam restaurierten Räumlichkeiten (Hauptgerichte 15–27 €, 3-Gänge-Menü 39 €).

Bei Einheimischen beliebt – **Ravintola Coussica** 4 **:** Nyrrikintie 2, Tel. 03-255 21 00, www.coussicca.com. Äußerlich nicht sonderlich ansprechendes Restaurant mit großer Karte und gutem Essen. Hauptgerichte 17–30 €.

Für den schnellen Hunger – **Café Soolo:** Yliopistonkatu 55, Tel. 03-243 44 51, tgl. 11–22 Uhr. Gutes Self-Service-Café in der futuristischen Architektur der Tampere-Halle 22 .

Einkaufen

Einkaufszentrum – **Koskikeskus** 1 **:** Hatanpään valtatie 1, www.koskikeskus.fi, s. S. 263.
Einstiger Fabrikkomplex – **Kehräsaari** 2 **:** s. S. 264.
Bunte Vielfalt – **Markthalle** 3 **:** s. S. 265.

Abends & Nachts

Sinfoniekonzerte der Tampere Philharmoniker finden Sept.–Mai freitags in der Tampere-Halle 22 statt (Tel. 03-243 45 00).

Oper – **Tampereen Ooppera:** Die bekannte Oper von Tampere, jährlich zwei Produktionen, Spielort ist die Tampere-Halle 22 (Tel. 03-243 41 11, www.tampereenooppera.fi).

Tampere (Tammerfors) und Umgebung

DIE SEENPLATTE PER BOOT ENTDECKEN

Aufgrund der herrlichen Lage zwischen zwei Seesystemen sind ab Tampere unzählige schöne Schiffstouren möglich. Beispielsweise zur **Freizeitinsel Viikinsaari**, einer grünen Oase, die man nach einer 20-minütigen Bootsfahrt vom Anlegeplatz Laukontori aus erreicht. Auf Viikinsaari erwartet Sie einerseits eine abwechslungsreiche Natur mit dichter Vegetation, sauberen Badestränden und idyllischen Wanderpfaden. Andererseits besitzt die Insel eine gute touristische Infrastruktur mit Spiel- und Minigolfanlagen, Grillplätzen, einer Sauna am Strand und einem modernen Bootshafen. In diesem Familienpark kann man sich Ruderboote und Angeln ausleihen, an traditionellen Tanzveranstaltungen teilnehmen oder es sich im gemütlichen Sommerrestaurant Wanha Kaidesaari gut gehen lassen (Tel. 03-368 18 41, mit Restaurant, Tanzboden, Freilichtbühne, Strandsaunas, Sportplätzen etc., im Sommer tgl. außer Mo Programm, Schiffsverbindungen Juni–Aug. tgl. außer Mo ab 10 Uhr jede volle Stunde vom Laukontori-Kai).
Wer eine kürzere Kreuzfahrt bevorzugt, sollte am Särkänniemi-Kai auf Abfahrten des Schaufelraddampfers »MS Finlandia Queen« warten. Von Juni–Mitte Aug. läuft er dreimal täglich zu Sightseeingtouren aus, die etwa 1,5 Std. dauern.
Deutlich längere Ausflüge sind mit den Schiffen auf dem **Dichterweg** (Runoilijantie) und der **Finnischen Silberlinie** (Suomen hopealinja) möglich. Letztere startet mit ihren weißen Booten am Kai des Marktplatzes Laukontori und geht bis nach Hämeenlinna – eine wunderschöne Strecke, die auch in Etappen abgefahren werden kann. Der ›Dichterweg‹ führt einen vom Mustalahti-Kai in Tampere aus in nördliche Richtung, dabei stehen u. a. die Stationen Ruovesi und Virrat auf dem Fahrplan. Die Tour bietet einen erholsamen Urlaubstag auf dem Wasser, mit wunderbarer Aussicht und einem ansprechenden kulinarischen Angebot.
Von den vielen Stationen des Weges ist eine Rückkehr nach Tampere auch mit dem Bus möglich (Informationen über den ›Dichterweg‹ und die Finnische Silberlinie beim City Tourist Office oder bei Suomen hopealinja, Laukontori 10, Tel. 010-422 56 00, www.hopealinja.fi).

Diskothek – **Doris** 1 : Aleksanterinkatu 20, Tel. 020-766 90 64, http://ravintoladoris.fi, tgl. außer Mo 22/23–4 Uhr. Seit vielen Jahren die bekannteste Diskothek der Stadt, in der diverse DJs auflegen, gemischtes Publikum, Rockmusik.
Livejazz an zentralem Ort – **Paapan Kapakka** 2 : Koskikatu 9, Tel. 010-292 50 02, www.paapankapakka.fi, Mo 12–24, Di–Do 12–2, Fr, Sa 12–3, So 16–24 Uhr. Mitten in der Stadt gelegenes, ambitioniertes Jazzrestaurant mit Außenterrasse und tgl. Livejazzmusik, Di Blues Night.
Livemusik – **Salhojankadun Pub** 3 : Salhojankatu 29, Tel. 03-255 33 76, www.sqc.fi/salhis/new/index.php, Mo–Do 11–0.30, Fr, Sa 16–2 Uhr. Seit Jahrzehnten etablierter, rustikaler Pub mit Billiard, Dart und Livemusik, Fass- und Flaschenbiere aus der ganzen Welt, Whiskeys, Cidre.

Viel Auswahl – **Wanha Posti Olutravintola** 4 : Hämeenkatu 13 A, Tel. 010-292 50 40, www.wanhaposti.fi, Mo–Do 11–1, Fr, Sa 11–2, So 12–1 Uhr. Bierpub mit eigener Kleinbrauerei, 60 Biersorten im Ausschank, solide Küche.

Brauereigaststätte – **Teerenpeli** 5 : Hämeenkatu 25, Tel. 0424-92 52 10, www.teerenpeli.com, So–Do 12–2, Fr, Sa 12–3 Uhr. Gaststätte eines Unternehmens aus Lahti, das mehrere Sorten Bier, Cidre und Malt Whisky herstellt. Dazu gibt es herzhaftes Essen.

Aktiv

Per Rad die Stadt entdecken – **Leihräder:** In der gesamten Stadt stehen 70 Fahrräder an 22 Verleihstellen zur Verfügung (10 € für eine beliebig lange Zeit, 40 € Pfand, Infos, auch über die Standorte: www.liikkumisenohjaus.fi/tampere-citybike).

Termine

Internationales Kurzfilmfestival: Anfang März. Mit über 500 Beiträgen in 5 Tagen ist die Filmveranstaltung die größte ihrer Art in Europa (www.tamperefilmfestival.fi).

Tampere Biennale: Mitte April. Viertägiges Festival mit zeitgenössischer Musik (www.tampere.fi/festival).

Vappu: 30. April. Das Frühlingsfest wird karnevalistisch und ausgelassen in der letzten Aprilnacht gefeiert.

Pispalan Sottiisi: Anfang Juli. Folkloristisches Volkstanz- und Musikfestival mit internationaler Beteiligung, das alle 2 Jahre (2016, 2018 usw.) im Stadtteil Pispala stattfindet (www.sottiisi.net).

Tampere Blumenfestival: Ende Juli. Mehr als 400 Veranstaltungen u. a. mit Blumenparaden, Jazz-, Rock- und Flamencokonzerten.

Internationales Theaterfestival Tampere: Mitte Aug. Seit 1988 kultureller Höhepunkt des Sommers, einwöchige Veranstaltung mit über 80 hochkarätigen Aufführungen (Tel. 03-31 46 69 58, www.teatterikesa.fi).

Tampere Jazz Happening: Ende Okt. Dreitägiges Musikfestival mit einheimischen und internationalen Künstlern (http://tamperemusicfestivals.fi/jazz).

Verkehr

Für Stadt- und Fahrpläne, Infos über das Verkehrssystem sowie die **Tampere Tourist Card** (24 Std. in allen öffentlichen Verkehrsmitteln der Stadt gültig, Erw. 6,50 €, am Folgetag 4 €, http://joukkoliikenne.tampere.fi): **City Transport Information** (Tampereen kaupungin liikennelaitos), Frenckellinaukio 2, Tel. 03-56 56 11.

Flüge: Flughafen Tampere-Pirkkala, 18 km südl. des Zentrums, Tel. 0200-390 06, www.finavia.fi/tamperepirkkala, tgl. innerskandinavische und europäische Flüge, u. a. nach Frankfurt/M. und Bremen. Auch Stationen internationaler **Autovermieter.**

Bahn: Der Bahnhof, Tel. 0600-419 00 25, befindet sich an der Rautatienkatu. Züge der Strecken Helsinki–Vaasa und Turku–Vaasa.

Bus: Busbahnhof für Überlandbusse (Matkahuolto) an der Hatanpäänvaltatie 7 (Tel. 02-00 40 00), lokale Busbahnhofs am Marktplatz.

Umgebung von Tampere

Seitseminen NP und Helvetinjärvi NP ▶ 1, E/F 4

Infos über die Natur und Aktivitäten im Seitseminen Nature Centre, Seitsemisentie 110, 34530 Länsi-Aure, Tel. 0206-39 52 70, www.nationalparks.fi/seitseminennaturecentre

Nördlich von Tampere bildet der Näsijärvi eine Seenplatte, die sich buchtenreich und in Luftlinie mehr als 50 km bis nach Virrat erstreckt, dem Ziel der Bootslinie Dichterweg. Nordwestlich des Wassersystems liegen zwei kleinere Nationalparks, die ein beliebtes Ziel von Wanderern, Kanuten und Skilangläufern sind. Der südlichere und mit 42 km^2 größere von beiden ist der **Seitseminen-Nationalpark,** den man über den Weiler Kuru erreicht. Mehrere Seen, die durch Moränenhügel voneinander getrennt sind, aber auch Sümpfe und ursprüngliche Urwälder machen seinen

Tampere (Tammerfors) und Umgebung

Reiz aus. Der andere, 30 km² große Nationalpark trägt seine Hauptsehenswürdigkeit im Namen: **Helvetinjärvi** (Höllenschlucht). Gemeint ist damit ein schluchtähnlicher tiefer Einschnitt in einem Bergrücken. In den Nationalparks gibt es insgesamt 60 km Wanderwege, darunter auch kurze Naturpfade.

Auf dem **Museumsbauernhof Kovero** kann man sich in das Leben in den 1930er-Jahren zurückversetzen lassen (www.nationalparks.fi/kovero).

Kangasala ▶ 1, F 5

22 km östlich von Tampere und über die Straße 12 recht schnell zu erreichen, liegt die Kleinstadt Kangasala in landschaftlich reizvoller Umgebung. Hier beginnt der schmale Höhenrücken **Keisarinharju,** der ähnlich wie der Punkaharju (s. S. 289) zwei mit unzähligen Inseln bestückte Seen trennt. Diese fantastische Natur hatte den Dichter Zacharias Topelius zu seinem Lied »Sommertag in Kangasala« angeregt. Einen schönen Blick auf dieses Naturwunder bietet der ganzjährig geöffnete und frei zugängliche **Aussichtsturm,** zu dem ein beschilderter Pfad vom Parkplatz des Museums Mobilia (s. u.) führt. Ein weiterer Aussichtsturm, vom Zentrum Kangasala über die Siitamantie zu erreichen, ermöglicht einen ungehinderten Blick auf den Höhenzug **Haralanharju**.

Für die Weiterfahrt nach Valkeakoski sollte man die Straße 310, die nahe am Seeufer verläuft, der Europastraße vorziehen.

Mobilia

Kusta kolmannentie 75, Tel. 03-31 40 40 00, www.mobilia.fi, Juni–Mitte Aug. 10–18, sonst 10–16 Uhr, Erw. 11 €

Die Sammlung von Oldtimern (Pkw, Lkw, Busse und andere Nutzfahrzeuge) des Automobil- und Straßenmuseums Mobilia zählt zu den größten ihrer Art in Europa und zieht jedes Jahr Zehntausende Besucher aus dem In- und Ausland an. Außer den Sammlungen und der jährlichen Wechselausstellung fasziniert die schöne Lage am See, die sich auch das angeschlossene Café zunutze macht.

Valkeakoski ▶ 1, F 5

Die 21 000-Einwohner-Gemeinde lebt unübersehbar von der Papierindustrie, doch der industrielle Charakter verliert sich, wenn man entlang dem Seeufer zu den beiden Kanälen entlangspaziert. Die wirtschaftliche Basis des Ortes ist Thema zweier Museen: Das **Industriemuseum Myllysaari** (Kanavanranta 3, Sept.–Mai Di–Fr 10–16, So 12–16, Juni–Aug. 10–16, Sa, So 12–16 Uhr) beschäftigt sich mit der Entwicklung des kleinen Mühlendorfs zum modernen Gemeinwesen, und das **Freiluftmuseum Kauppilanmäki** dokumentiert das Leben der Papierfabrikarbeiter ab dem Jahr 1870 (Kauppilankatu 11–13, Tel. 040-563 60 17, im Sommer Di–So 12–16, Do bis 18 Uhr, Erw. 5 €).

Die Stadt hat viel Natur zu bieten: So kann man hier ein weitverzweigtes Seengebiet erkunden, an dem Strandbäder, Hotels und Campingplätze liegen und das die allerbesten Wassersport- und Angelmöglichkeiten aufweist. Auch die Schiffe der »Silberlinie« passieren den Ort (s. S. 173). Einen guten Überblick erhält man vom Wasserturm Jyräänmäki mit Aussichtsplattform und Café.

Infos

Valkeakoski Tourist Office: *Kanavaranta 3, 37600 Valkeakoski, Tel. 040-335 60 51, www.valkeakoski.fi, Juni–Aug. Mo–Fr 10–18, Sa, So 12–16, sonst Mo–Fr 10–16 Uhr.*

Übernachten

Für Aktivurlauber – **Waltikka:** Hakalantie 6, Tel. 03-577 11, www.valkeakosken-waltikka.fi. Am Wasser gelegenes, moderneres Strandhotel der Mittelklasse mit 83 Zimmern. Das Restaurant »Walentina« bietet gute internationale Küche sowie jeden Do abend Livemusik und Tanz. Zahlreiche Winter- und Sommersportmöglichkeiten. DZ ab 85 €.

Camping – **Apianlahti:** Pälkäneentie 43, Tel. 040-586 10 97, www.apianlahticamping.com. Nahe der Stadt gelegener, ganzjährig geöffneter Campingplatz mit Komforthütten und Serviceeinrichtungen, Kajak- und Fahrradverleih. 4-Personen-Cabins ab 45 €.

Umgebung von Tampere

Nichts überließ Emil Wikström dem Zufall, als er sein Haus in Visavuori baute – sein berühmtestes Werk sind die Monumentalfiguren am Hauptbahnhof von Helsinki

Verkehr

Bus: Gute Verbindungen nach Tampere und Hämeenlinna. Die Bahnhöfe von Viiala, Lempäälä und Toijala sind ca. 10–20 km entfernt, dort gibt es Anschluss u. a. nach Helsinki, Tampere, Lahti und Turku.

Visavuori ▶ 1, F 5

Museum: Visavuori museo, Visavuorentie 80, Tarttila, Tel. 03-543 65 28, www.visavuori.com, Juni–Aug. tgl. 10–18, sonst Di–So 10–16 Uhr, Erw. 8 €

Der kleine Ort, der sich landschaftlich schön in die Halbinsel Rautunselkä einbettet, besitzt für Kunstfreunde mit dem **Emil-Wikström-Museum** die größte Attraktion der Umgebung. Das Heim und Atelier des finnischen Bildhauers (1864–1942), den die meisten durch seine monumentalen »Fackelträger« an Helsinkis Hauptbahnhof kennen, wurde von ihm selbst entworfen und 1903–12 errichtet. Im Atelier mit seinem schönen Wintergarten und einem Observatorium sind rund 100 Skulpturen und Zeichnungen von Emil Wikström präsentiert, auch sein Haus mit der originalen Möblierung kann besichtigt werden. In einem baulich interessanten Pavillon sind etwa 9000 Werke von Wikströms Enkel, dem Karikaturisten Kari Suomalainen (1920–99), ausgestellt.

In der Umgebung

Das Museum kann auch mit den Booten der Silberlinie von Tampere oder Hämeenlinna aus erreicht werden. Wer von Visavuori in südlicher Richtung weiterfährt, sollte die landschaftlich reizvolle Straße 130 wählen. Sie bringt einen etwa 10 km vor Kalvola und auf Höhe der **Sääksmäki-Hängebrücke** zur Europastraße zurück. Bei der Gelegenheit kann man die **Steinkirche von Sääksmäki** (Ende 15. Jh.) besuchen, die über eindrucksvolle spätmittelalterliche Holzskulpturen verfügt.

❋ Rund um den Päijänne

Der Päijänne wird auch als ›Perle der finnischen Seenplatte‹ bezeichnet. Er ist nicht nur der zweitgrößte, sondern mit 119 km Nord-Süd-Ausdehnung der längste sowie mit 104 m der tiefste und wasserreichste See des Landes. Für seine Reinheit spricht die Tatsache, dass der Päijänne von über 1 Mio. Finnen als Trinkwasserreservoir genutzt wird.

Heinola ▶ 1, H 6

Karte: S. 277

In **Heinola** 1 (20 000 Einw.), rund 40 km oberhalb von Lahti im Südosten der Päijänne-Seenplatte gelegen, geht das Leben seinen gemächlichen Gang. Es gibt ein wenig Industrie, einige Lehranstalten, ein Sanatorium für Rheumakranke und touristische Einrichtungen wie Hotels oder Campingplätze mit Ausflugsbooten. Umgeben ist das Ganze von fischreichen Flüssen und einer Seenlandschaft, die zu einer richtigen finnischen Sommerstadt dazugehören. Heinola, das seit 1839 Stadtrechte besitzt, erreicht man über die **Heinola-Tähti-Brücke,** eine der längsten des Landes. Oder über die alte Straße 5, auf der man zum Zentrum geleitet wird und von der die wichtigsten Wege zu den städtischen Sehenswürdigkeiten abzweigen.

Sehenswertes

Die Lampikatu führt zu einem jederzeit zugänglichen Vogelpark am **Kirkkolampi-Teich,** wo in vier Volieren Vertreter von ca. 100 Vogelarten untergebracht sind, darunter sowohl tropische Exemplare als auch alle einheimischen Raubvogelarten.

Der **Heinola-Kirche** an der Siltakatu, ein achteckiger, hölzerner Bau von 1811, fügte C. L. Engel 1843 den frei stehenden Glockenturm hinzu. Wenige Schritte dahinter erhebt sich der **Wasserturm,** der wie in so vielen finnischen Städten ein Panoramacafé trägt. Westlich der Hauptstraße führt die Kirkkoka-

tu zum **Park des Regierungspräsidenten** (Maaherranpuisto), der von Gebäuden des 18. und 19. Jh. umgeben ist.

Architektur, Einrichtung und Garten des **Aschan-Hauses** aus dem 18. Jh. sind komplett erhalten und können als Museum besichtigt werden (Kauppakatu 3, Tel. 03-849 36 55, Mitte Mai–Mitte Sept. Di–So 12–16, Mi bis 20 Uhr, Erw. 5 €).

Vorbei am Kunstmuseum erreicht man das sehenswerte **Stadtmuseum** (Kauppakatu 14, Tel. 03-849 36 51, Di–So 12–16, Mi bis 20 Uhr, Erw. 5 €). Dahinter gelangt man zum Ufer des Jyrängönvirta, das von einem schönen Strandpark gesäumt wird. Dort findet man neben dem **Sommertheater** auch die **Anlegestelle der Kreuzfahrtschiffe** und als botanische Besonderheit die größte Zarenpappel *(Populus petrowskiana)* des Landes.

Als natürlichen Pfeiler nutzt die Brücke zum gegenüberliegenden Ufer die Insel **Siltasaari**, auf der es eine Fischräucherei mit Lachsteich, Café und Minizoo gibt. Häufig sieht man hier auch Angler, die zappelnde Regenbogenforellen aus dem Jyrängönvirta holen.

Ausflugsziele

Wer von Heinola in Richtung Mikkeli aufbricht, kommt am Weiler **Mäntyharju** vorbei. Dort wurde 1999 die größte moderne Holzbrücke der Welt dem Verkehr übergeben. Gleichzeitig besitzt der Ort die zweitgrößte Holzkirche Finnlands (geweiht 1822), in der regelmäßig Konzerte stattfinden.

Ein längerer Ausflug (50 km) führt nach Osten zur ehemaligen **Papiermühle Verla**

Heinola

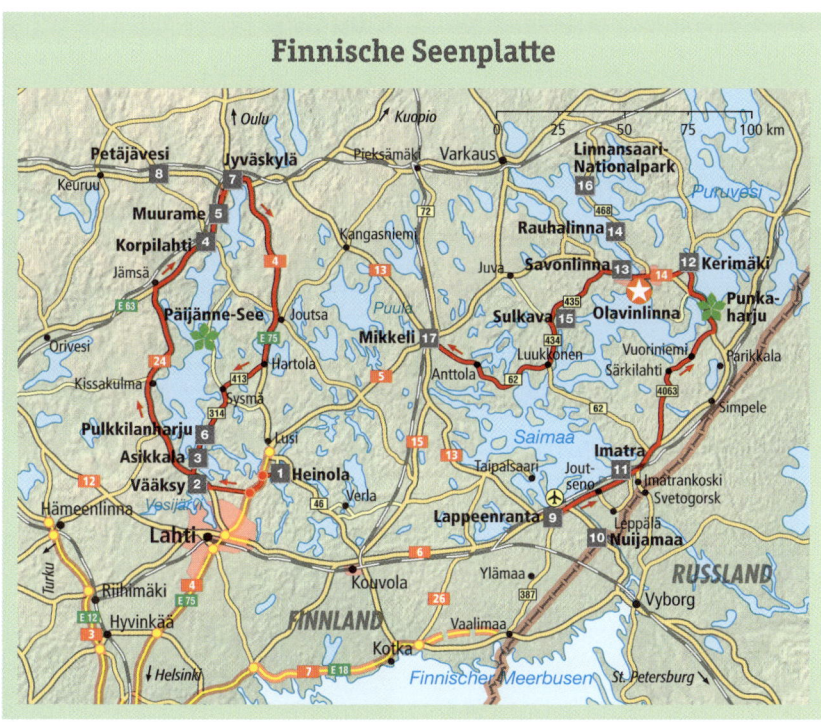

Finnische Seenplatte

(Tel. 02-04 15 21 70, www.verla.fi), wo man die Arbeit in diesem Industriezweig hautnah erleben kann. Das Industriedorf mit Ziegelgebäuden und schön verzierten Herrenhäusern gehört seit 1996 zum Weltkulturerbe (gute Übernachtungs- und Freizeitmöglichkeiten in der Nähe).

Infos

Heinola Info: Rauhankatu 3, 18100 Heinola, Tel. 03-849 36 15, www.heinolaresort.fi, Mo–Fr 9–15 Uhr. **Infopoint Kyläpirtti** (Kirchdorf): Mo–Fr 8–18, Sa 10–14 Uhr.

Übernachten

Wohlfühloase am Wasser – **Kumpeli Spa:** Muonamiehenkatu 3, Tel. 03-812 71 00, www.kumpeli.fi. Großzügiges Mittelklassehotel am See, 120 gut ausgestattete Zimmer mit Balkon oder Terrasse, Wellnessbereich mit 4 Saunas, Pool und Badestelle am Kymi-Fluss, Restaurant. Die Gastgeber sprechen auch Deutsch. DZ ab 100 €.
Ländliches Gasthaus – **Cronin's Cafe & Guesthouse:** Kausantie 4, Myllyoja, Tel. 03-718 86 66, www.croninsguesthouse.com. Familiäre Unterkunft in schöner Lage, 5 km südlich von Heinola an der Straße 140, 6 DZ und Familienzimmer, sehr engagiertes Besitzerpaar, sehr engagiertes Besitzerpaar. DZ 89 €.
Für Budgetreisende – **Finnhostel Heinola:** Opintie 3, Heinola, Tel. 03-714 16 55, nur Juni-Anfang Aug. Ruhig gelegene Sommerunterkunft, 15 Apartments für 1–4 Pers. DZ 56 €.

Aktiv

Bootsausflüge – Im Sommer kann man über die Seen und Kanäle der Umgebung mit **Wasserbussen** und **Ausflugsbooten** Minikreuzfahrten unternehmen, u. a. nach Lahti. Sightseeingtouren mit der »M/S Leila« im Juli tgl. 11, 13, 15, 17, 19, Juni, Anf. Aug. 11, 13, 15 Uhr.

Rund um den Päijänne

Von Heinola nach Jyväskylä ▶ 1, G/H 4/5

Karte: S. 277

Nach Korpilahti

Der Vesijärvi, der sich nördlich von Lahti erstreckt, wird vom Päijänne-See durch die schmale Landbrücke Pulkkilanharju getrennt. Bei **Vääksy** 2 verbanden Ingenieure im Jahre 1871 die beiden Seen mit dem Vääksy-Kanal, zum wirtschaftlichen Nutzen der Region und heute zur Freude unzähliger Freizeitkapitäne.

Unweit von Vääksy befindet sich das Städtchen **Asikkala** 3 (9000 Einw.), das einen Großteil der touristischen Aktivitäten am südlichen Päijänne bündelt.

Bei der Fahrt nach Norden sollte man ab und an die Hauptstrecke verlassen und die kleinen Nebenstrecken suchen, die z. T. direkt am Westufer des Sees entlangführen. Hinter Kuhmoinen wird die ohnehin schon schöne Landschaft noch reizvoller. Schließlich stößt man in Jämsä auf die E 63 und passiert **Korpilahti** 4, ein Sommerstädtchen mit schönen Häusern, Heimatmuseum, Jachthafen, Restaurants, Übernachtungsmöglichkeiten und Verleihstationen für Kanus und Kirchenboote. Außerdem gibt es eine interessante Kirche (1827).

Etwas weiter liegt ein Höhenzug namens **Oravivuori.** Auf seiner höchsten Stelle befindet sich einer der Stationen des **Struve-Bogens,** benannt nach dem in Deutschland geborenen Astronomen Friedrich Georg Wilhelm Struve (1793–1864). In einer erstaunlich frühen Form der internationalen Zusammenarbeit ließ er zwischen 1816 und 1855 nicht weniger als 265 Messstationen errichten, die sich entlang eines Meridians vom Eismeer bis zum Schwarzen Meer erstreckten. Sie dienten der korrekten Vermessung von Form und Größe unseres Planeten. Die UNESCO nahm diese Punkte im Jahr 2005 in ihre Liste des Weltkulturerbes auf.

Muurame 5 ▶ 1, H 4

Sehenswert ist in diesem Ort die 1929 nach Plänen von Alvar Aalto erbaute **Pfarrkirche.** Aaltos erster Kirchenbau vereint neoklassizistische und funktionalistische Stilelemente. Er zeigt deutlich den Einfluss der italienischen Renaissancearchitektur, die Aalto 1924 auf seiner Hochzeitsreise kennenlernte (Anf. Juni–Mitte Aug. Mo–Fr 10–17 Uhr). Das berühmte **Saunadorf** von Muurame, angelegt als Museum zur Saunakultur, ist nicht mehr in Betrieb. Die historischen Saunas aus allen Teilen Finnlands stehen aber noch und können von außen besichtigt werden. Ein neues Saunamuseum soll 2017/18 im nahe gelegenen Jämsä (Juokslahti) eröffnet werden.

Von Heinola nach Jyväskylä

Am Ostufer ▶ 1, H 3–5

Das östliche Ufer des Päijänne ist wenig spektakulär, was kulturelle Sehenswürdigkeiten anbelangt, doch das tut den landschaftlichen Reizen keinen Abbruch. Im Süden z. B. bringt einen die Landstraße 314 über den 8 km langen Landrücken **Pulkkilanharju** 6 . Er vermittelt wie viele weitere Passagen entlang der Uferstrecke das Gefühl, geradewegs durch das Wasser fahren zu können. Der Landrücken, mehrere kleinere Seen und ein Teil des Päijänne bilden hier einen 10 km² großen Nationalpark, der alle Möglichkeiten zu sportlicher Betätigung bietet. Weiter nördlich streift man immer wieder lokale Zentren, in denen man Campingplätze, Läden und Mietstationen von Booten findet. Am nördlichen Ende, 8 km vor Jyväskylä, an der E 4, überquert man den Keitele-Päijänne-Kanal. Sehenswürdigkeiten sind der Weiler **Naissaari,** der auf einer von Stromschnellen umgebenen Insel entstand und einen beachtlichen Bestand alter Holzhäuser aufweist. Und rund um die Schleuse Vaajakoski gibt es im Sommer einen recht lebhaften Fremdenverkehr (Badestrand, Café, Touristeninformation, historischer Rundweg).

Jyväskylä ▶ 1, H 3

Das nördliche Ende des Päijänne markiert **Jyväskylä** 7 , mit 136 000 Einwohnern die mit Abstand größte Stadt Mittelfinnlands. Bereits 1837 von Zar Nikolaus I. gegrün-

Der Päijänne, tiefster See des Landes, gilt als ›Perle der finnischen Seenplatte‹

Alvar Aalto

Alvar Aalto gilt als Großmeister der klassisch-modernen Architektur. 1898 in der finnischen Provinz geboren, schloss er bereits 1921 sein Architekturstudium am Polytechnikum in Helsinki mit Diplom ab. Nachdem er zwei Jahre in verschiedenen europäischen Architekturbüros praktische Erfahrungen gesammelt hatte, gründete er 1923 sein eigenes Büro in Jyväskylä, in dem später auch seine Frau Aino mitarbeitete. 1927 ging das Ehepaar für sechs Jahre nach Turku.

Bereits in der ersten weißen Periode entstanden hervorragende Bauten, z. B. die Stadtbibliothek in Wyborg, deren außen liegendes vollverglastes Treppenhaus zahlreiche Nachahmer fand. Aaltos Funktionalismus zeichnete sich bei diesen frühen Bauten dadurch aus, dass er neben den technischen Anforderungen gleichzeitig auch den psychischen Bedürfnissen der Benutzer gerecht werden wollte. Diesen Ansatz teilte Aalto mit dem deutschen Bauhaus und anderen Bewegungen der 1920er-Jahre, fand allerdings zu anderen Lösungen. Typisch für ihn war, dass er bereits in seinen frühen Werken die an den Rationalismus angelehnte Formensprache immer wieder mit organisch-dynamischen Tendenzen in Gestalt von Kurven und natürlichen, traditionellen Baumaterialien wie Holz, Leinen und Naturstein kontrastierte. Hinzu kam eine sorgfältige Planung auch der Innenarchitektur bis hin zur Farbgestaltung der Räume. Aalto löste mit seiner Durchstrukturierung eines Bauwerks auch eine kostentechnische Herausforderung der Moderne: Seit 1932 entwickelte er zusammen mit seiner Frau Aino moderne, funktionale Möbel von zeitloser Schönheit u. a. aus gebogenem Sperrholz und Bugholz, die als industrielle Serienware preisgünstig produziert werden konnten.

1933 zog das Büro nach Helsinki um. Aalto wurde sowohl für die Weltausstellungen 1937 in Paris und 1939 in New York mit der Gestaltung des finnischen Pavillons beauftragt. Nun hatte der Architekt die Gelegenheit, seine Vorstellungen auf internationalem Parkett zu entfalten. Nach dem Zweiten Weltkrieg festigte Aalto zusammen mit seiner zweiten Frau Elissa seine ganz eigene Formensprache. Im Rahmen der roten Periode, in der er bevorzugt roten Ziegelstein benutzte, entstanden neben Projekten im Ausland insbesondere das Kulturzentrum in Helsinki und der Großkomplex des Polytechnikums von Otaniemi. Mitten in der Natur gelegen, wird dieses ziegelsteinrote Forschungs- und Universitätszentrum von dem ausdrucksvollen Amphitheater des Audimax beherrscht. Hier laufen – außen und innen – alle Kräfte zusammen. Aus der zweiten weißen Periode Aaltos, die sich bereits Mitte der 1950er-Jahre ankündigte und das gesamte späte Schaffen des Meisters bis zu seinem Tod 1976 beherrschte, finden sich in Helsinki und Finnland typische Beispiele. An allererster Stelle ist dabei die Finlandia-Halle zu nennen, bei der sich die Fantasie des Architekten nicht nur auf das Bauwerk als solches beschränkte, sondern sowohl die Umgebung als auch kleinste Details wie z. B. die Parkleuchten oder Garderoben als Teil eines organischen Ganzen auffasste. Auch in Deutschland kann man Aalto-Bauten studieren, z. B. in Essen das Opernhaus, das 1959 entworfen, aber erst nach Aaltos Tod vollendet wurde.

Von Heinola nach Jyväskylä

det, erlebte Jyväskylä als Schul- und Ausbildungszentrum sowie als bedeutender Industriestandort vor allem im 20. Jh. einen enormen Aufschwung. Das Stadtbild ist daher weitgehend modern und wird Romantiker unberührt lassen. Wer sich jedoch für die klassisch-moderne Architektur interessiert, kommt an Jyväskylä nicht vorbei: Schließlich hat Alvar Aalto, der Großmeister der finnischen Baukunst, diese Stadt geliebt und gestaltet, hier wurde er geboren, hier ging er zur Schule, hier lebte er 20 Jahre und hier eröffnete er auch sein erstes Büro. Und allein für diese Stadt hat er bis zu seinem Tod 1976 mehr als 30 Gebäude entworfen.

Alvar-Aalto-Architektur

Die Jyväskylä Regional Tourist Services hält eine Architekturkarte bereit, mit der man auf eigene Faust die wichtigsten Aalto-Bauten erwandern kann.

Bei einer Stadtbesichtigung begibt man sich also zwangsläufig auf Alvar Aaltos Spuren, was besonders deutlich wird, wenn man an der **Universität** vorbeikommt: Ausnahmslos alle Bestandteile dieser 1952 bis 1956 erbauten Lehranstalt einschließlich der Innengestaltung und der Sportanlagen stammen von seinem Zeichentisch. In nächster Nähe gibt es auf einer Straße, die seinen Namen trägt, das **Alvar-Aalto-Museum** mitsamt dem **Zentralfinnischen Museum,** das er natürlich ebenfalls konzipierte (Alvar Aallon katu 7, Tel. 014-266 71 13, www.alvaraalto.fi, Di–So 11–18 Uhr, Erw. 6 €). An anderer Stelle bildet das Ensemble von **Kulturzentrum, Polizeipräsidium, Stadttheater** und **-verwaltung** ein ganzes Aalto-Quartett, das 1964–1978 entstand. Und mit dem **Haus der Arbeiter** (1925) oder der **Hauptpost** (1929) sind auch ausgesprochene Frühwerke des großen Meisters zu besichtigen.

Weitere Sehenswürdigkeiten

Diejenigen, die etwas länger in der mittelfinnischen Stadt bleiben möchten, können sich auch abseits der Aalto-Aspekte durchaus kulturellen Erlebnissen widmen. An Museen etwa herrscht in Jyväskylä nun wirklich kein Mangel, wobei das **Finnische Museum für Handwerk und Kunstgewerbe** mit dem **Finnischen Trachtenmuseum** (Kauppakatu 25, Tel. 014-266 43 70, www.craftmuseum.fi, Di–So 11–18 Uhr, Erw. 6 €) besonders interessant ist, ebenso das **Zentralfinnische Museum** (Alvar Aallon katu 7, Tel. 014-266 43 46, Di–So 11–18 Uhr, Erw. 6 €).

Recht lebhaft geht es an der Yliopistonkatu zu, wo auf dem **Marktplatz** samt einladender **Markthalle** ein reichhaltiges Warenangebot lockt: Fisch- und Fleischspezialitäten, Blumen, Gemüse, Souvenirs aller Art und Birkenzweige für den Saunagang. Und fast noch in der Stadtmitte liegt am Ufer des Jyväsjärvi-Sees der **Passagierhafen,** von dem aus Wasserbusse und Boote zu ihren Fahrten über die Seenplatte aufbrechen.

Den besten Überblick über Stadt, Land und Gewässer bietet der **Aussichtsturm** auf der Harju-Höhe, die man über eine wuchtige Steintreppe erklimmt. Ansonsten offeriert die Umgebung alle Naturschönheiten, die man vom wald- und seenreichen Mittelfinnland erwarten kann. Für eine Kostprobe eignet sich bestens das Naherholungsgebiet um den 227 m hohen Bergrücken Laajavuori.

Eine der spannendsten Sehenswürdigkeiten der Stadt ist der alte **Handwerkerhof Toivolan Vanhapiha** aus dem 19. Jh. im Zentrum mit Werkstätten, Läden und Cafés. Hier finden auch Veranstaltungen statt (Cygnaeuksenkatu 2, Tel. 060 09 86 70, www.toivolanvanhapiha.fi, Mo–Fr 11–16, Sa 10–15 Uhr).

Infos

Jyväskylä Regional Tourist Services: Asemakatu 7, 40100 Jyväskylä, Tel. 014-266 01 13, http://visit.jyvaskyla.fi, Mo–Fr 9–17, Juni–Aug. auch Sa 9–14 Uhr.

Übernachten

Stilvolles Stadthotel – **Hotel Yöpuu:** Yliopistonkatu 23, Tel. 014-33 39 00, www.hotelliyopuu.fi. Im Zentrum gelegenes charmantes, kleineres Hotel im Stil der 1920er-Jahre, 26 individuell eingerichtete Nichtraucherzimmer, Sauna, Jacuzzi, zwei Restaurants und Weingarten. DZ ab 130 €.

Von Heinola nach Jyväskylä

Mit allem Komfort – Scandic Hotel Jyväskylä: Vapaudenkatu 73, Tel. 014-330 30 00, www.scandichotels.com. Renoviertes First-Class-Hotel mit allen Annehmlichkeiten und 150 Zimmern, zwei Restaurants, Pool, Bars. DZ ab 100 €.

Am See – Hotel Alba: Ahlmaninkatu 4, Tel. 014-63 63 11, www.hotellialba.fi. 1,5 km vom Zentrum am Seeufer gelegenes modernes Haus mit 126 Zimmern, Restaurant, Bootsanlegestelle und nahem Strand. DZ ab 100 €.

Preiswert – Hotel & Pension Kampus: Kauppakatu 11 A, Tel. 010-279 20 02, www.jyvaskylahotel.fi. Angenehme Unterkunft nahe der Uni, im 3. Stock Pension mit 9 funktionalen Zimmern u. a. mit Bad, TV und Küchenzeile, gutes Frühstück, Restaurants in der Umgebung. DZ ab 78 €.

Aktiv

Bootsausflüge – Päijänne Risteilyt Hildén Oy bietet in der Saison 2-stündige bis ganztägige Kreuzfahrten nach Lahti, Heinola und durch den Keitele-Kanal bis Viitasaari (www.paijanne-risteilythilden.fi). Die **»M/S Rhea«** startet von Mittsommer bis Anfang Aug. zu Abendkreuzfahrten auf dem Päijänne-See (Tel. 0400-70 66 91, www.matkarhea.fi, tgl. 19–22 Uhr, Erw. 20 €).

Termine

Finlandia-Marathon: Ende Mai. Eine der größten Sportveranstaltungen des Landes mit über 3000 Läufern aus aller Welt (www.finlandiamarathon.fi).

Jukola-Rallye: Mitte Juni: Zweitägiges Orientierungsrennen mit internationaler Beteiligung.

Tausend-Seen-Rallye/Rallye Neste: Ende Aug. Größtes Motorsportereignis des Landes, das stets etwa 20 000 Zuschauer anzieht und zu Suomis Ruf als Land der schnellen Autofahrer erheblich beiträgt. Der einzige in Finnland ausgerichtete WM-Teilwettbewerb wird auf einem Schotterstraßen-Rundkurs am Päijänne-See ausgetragen.

Vier Apostel und eine Reihe von Engeln zieren die Kanzel in der Kirche von Petäjävesi

Finnish Jazz Days: Anf. Nov. Dreitägiges Jazzfestival.

Verkehr

Reisezentrum: Hannikaisenkatu 20, Mo–Sa 6–22, So 9.30–22 Uhr. Tickets, Fahrpläne und Reservierungsmöglichkeiten für Busse, Züge und Flüge.

Flüge: Flughafen 22 km nördlich bei Tikkakoski, Tel. 020-708 57 85, tgl. mehrere Flüge nach Helsinki. Transferbus ab dem Cumulus-Hotel und dem Reisezentrum.

Bahn: Bahnlinien Pori–Joensuu und Tampere–Oulu.

Bus: Für Busse des Stadtverkehrs in Jyväskylä und Region lohnt sich das Touristenticket: 8 €/24 Std. Die Stadt ist ein Verkehrsknotenpunkt der Überlandbusse.

Fähren: Von Jyväskylä aus verkehren Wasserbusse und Ausflugsboote über den See und seine Nachbargewässer. Linienverkehr auf der Strecke Jämsä–Jyväskylä im Sommer mit »M/S Tuulikki II« (Tel. 014-71 91 19, www.paijannematkat.com, tgl. 1 x hin und zurück).

Abstecher zur Holzkirche von Petäjävesi ▶ 1, G 3

Karte: S. 277

Petäjäveden vanha kirkko, Tel. 040- 582 24 61, www.petajavesi.fi, Juni–Aug. tgl. 10–18 Uhr, sonst nach Vereinbarung, Erw. 5 €

Die alte Holzkirche von **Petäjävesi** 8 steht auf der UNESCO-Liste des Weltkulturerbes. Auf einem kreuzförmigen, steinernen Fundament errichtete 1764 Jaakko Leppänen d. Ä. in Blockhaustechnik die wohl landesweit schönste Kirche jener Zeit.

Mit seinem hohen, von unzähligen Schindeln bedeckten Walmdach, dem zierlichen Dachreiter und den schönen Verzierungen an der Giebelseite zeugt die Petäjävesi-Kirche vom hohen Niveau finnischer Zimmermannskunst. Das ist auch im Inneren spürbar, obwohl (oder gerade weil) sich hier das rohe Holz schlicht und schmucklos dem Betrachter präsentiert. Der Glockenturm neben der Kirche stammt von 1821 und wurde von Leppänens Enkel erbaut.

Rund um die Saimaa-Seenplatte

Der Saimaa ist mit 4380 km² nicht nur der größte finnische und viertgrößte europäische See. Denn Flüsse und Kanäle verbinden ihn mit vielen ebenfalls recht großen Gewässern im Norden, sodass man angesichts dieses riesigen, verwirrenden Wasserlabyrinths mit Fug und Recht von der größten Seenplatte Europas sprechen kann.

Der Saimaa-See stellt sich in nüchternen Zahlen eindrucksvoll genug dar: Küstenlinie 14 850 km, 13 710 Inseln, größte Tiefe über 90 m, ca. 3000 km schiffbare Kanäle und Flüsse und 56 Passagier- und Jachthäfen! Doch damit ist kein Wort über seine Schönheit gesagt, über das Mäander der engen Kanäle und die Weite der offenen See, über die kahlen Granitklippen, die dichten Kiefernwälder oder einladenden Sandstrände. Oder über die Stimmung, die sich je nach Jahres- und Tageszeit oder Witterung anders einstellt. Den Saimaa-See muss jeder Besucher für sich entdecken, am besten natürlich mit dem Boot, sei es als einsamer Kanut, als Freizeitkapitän einer gecharterten Jacht in geselliger Runde oder als Gast einer Kreuzfahrt. Im Folgenden werden einige der wichtigsten Sehenswürdigkeiten rund um den Saimaa vorgestellt, entgegen dem Uhrzeigersinn und beginnend mit Lappeenranta im Süden.

Lappeenranta (Villmanstrand) ▶ 1, L 6

Karte: S. 277

Lappeenranta 9 ist das administrative, wirtschaftliche und kulturelle Zentrum Südkareliens. Dass es der Stadt verhältnismäßig gut geht, hat mit ihrer östlichen Randlage zu tun. Nach den Umwälzungen im Osten bot sie sich in den 1990er-Jahren mit ihrer ausgezeichneten Infrastruktur für expansionswillige Unternehmen als Tor zum nur 200 km entfernten St. Petersburg an. Rund zwei Drittel ihres Umsatzes erzielt Lappeenrantas Wirtschaft in St. Petersburg! Die westöstliche Drehscheibe funktioniert auch in umgekehrter Richtung, etwa wenn Autoreifen aus Japan per Eisenbahn über Sibirien nach Lappeenranta transportiert werden. Vor allem aber lebt der örtliche Fremdenverkehr von den russischen Touristen, die dafür sorgen, dass die Stadt hinsichtlich des Tax-Free-Umsatzes direkt hinter Helsinki rangiert. Das Hightechzentrum Kareltek und die Technische Hochschule tun ein Übriges, damit die 72 000 Einwohner gelassen in die Zukunft schauen können.

Schon im Mittelalter gab es hier einen Marktflecken namens Lapvesi, dem Generalgouverneur Per Brahe 1649 die Stadtrechte verlieh. Doch Russland lag nah und die Zeiten waren kriegerisch, weshalb die Schweden im Jahr 1721 mit dem Bau eines Bollwerkes begannen, das die Truppen des Zaren jedoch 20 Jahre später in nur fünf Stunden einnehmen konnten. Durch die Schlacht von Lappeenranta wurde der aufstrebende Ort nicht nur vollständig zerstört, sondern ging gleichzeitig im russischen Reich auf, weit eher also als der Rest des Landes. Nun waren es die Russen, die auf Befehl Katharinas II. Lappeenranta mit einer mächtigen Festung ausstatteten, die die neue Westgrenze des Reichs schützen sollte. Erst als Finnland zum russischen Großfürstentum wurde, konnten Stadt und Land wiedervereinigt werden, und es kehrten friedlichere Zeiten ein. Mit dem Bau des Sai-

Lappeenranta (Villmanstrand)

maa-Kanals in den 1850er-Jahren verbesserte sich die Verkehrsanbindung an Wyborg und St. Petersburg, und Lappeenranta stieg um 1900 zu einem internationalen Kurort auf, der vor allem bei reichen Russen beliebt war.

Wie in nahezu jeder finnischen Stadt sind auch in Lappeenranta **Markt** und **Hafen** die lebhaftesten Orte, wobei Letzterer eine fast perfekte Umbauung aufweist. Wer sich hier während der warmen Jahreszeit in das bunte Treiben stürzt und an Jachten, Ausflugsbooten, Restaurantschiffen und Musikgruppen vorbeiflaniert oder auf die riesigen Sandbauten blickt, versteht sofort Lappeenrantas Beinamen: finnische Sommerstadt. Auch andere Bezeichnungen, wie ›Stadt der Linden‹, ›Tor zum Saimaa-See‹ oder ›Tor zum Osten‹ müssen nicht weiter erklärt werden.

Ein guter Überblick über Stadt und Umgebung bietet sich von der Aussichtsplattform des **Wasserturms** in der Valtakatu (Mitte Mai–Aug. 10–18 Uhr).

Festungsviertel Linnoitus

Kombiticket für die Museen: Erw. 8 €

Die Bedeutung des Beinamens ›Stadt der Kavallerie‹ erschließt sich am besten auf der Halbinsel, die den Hafen im Westen begrenzt und die fast gänzlich vom russischen Festungsviertel Linnoitus eingenommen wird. Viele der alten Holzhäuser innerhalb der Befestigungswälle sind liebevoll restauriert und dienen heute als Privatwohnungen, Ateliers, Werkstätten, Museen oder Cafés.

Kavallerie-Museum

Ratsuväkimuseo, Kristiinankatu 13, Linnoitus, Juni–Aug. Mo–Fr 10–18, Sa, So 11–17 Uhr

Wer die Hauptstraße der Festung, die Kristiinankatu mit ihrem groben Kopfsteinpflaster, bis zum Ende durchgeht, passiert hinter der Wyborg-Pforte das kleine Kavallerie-Museum, das im ältesten Gebäude der Stadt (1772) untergebracht ist. Sein Thema ist die Geschichte

In Lappeenranta in den Sand gesetzt: Einstein und seine berühmte Formel

Rund um die Saimaa-Seenplatte

KREUZFAHRT AUF DEM SAIMAA-KANAL

Die alte Idee, das finnische Seensystem mit der Ostsee zu verbinden, wurde 1856, am Tag der Thronbesteigung Zar Alexanders II., verwirklicht. Der 58 km lange Saimaa-Kanal, der bei Wyborg in den Finnischen Meerbusen mündet, war für die damalige Zeit technisch anspruchsvoll, da man mächtige Granitbarrieren beseitigen und eine Höhendifferenz von 76 m durch Schleusen ausgleichen musste.

Nach dem Winterkrieg verfiel der Kanal, weil die Karelische Landenge (und damit die Hälfte des Kanals) nun zur Sowjetunion gehörte. Die Wiedereröffnung 1968 gilt zu Recht als diplomatisches Meisterstück des Staatspräsidenten Urho Kekkonen. Was sonst keinem Politiker, keiner Regierung der Welt geglückt war, hatte er erreicht: Die Sowjetunion verpachtete ein Stück ihres Territoriums an einen anderen Staat! Für 50 Jahre konnte nun Finnland über den Kanal selbst und zwei schmale Landstreifen an seinen Seiten verfügen, freilich mit der Auflage, die Wasserstraße instand zu setzen und für den modernen Schiffsverkehr nutzbar zu machen. Dass dies geglückt ist, beweist die Statistik: Der heutige auf 43 km verkürzte und mit nur acht Schleusen bestückte Kanal befördert jährlich 1,5 Mio. t Fracht und 40 000 bis 50 000 Passagiere.

Heutzutage ist es möglich, von Lappeenranta aus einen Tagesausflug nach Wyborg (finn.: Viipuri; schwed.: Viborg) zu unternehmen! Kleinere **Kreuzfahrten** auf dem historischen Kanal werden mit der »MS Karelia« während der Saison angeboten (Karelia Lines, Matkustajasatama 1, Tel. 05-453 03 80, www.karelialines.fi, Mo-Sa 12-14 Uhr, Erw. 18 €). Viertägige Nostalgiekreuzfahrten mit der »MS Kristina Brahe« nach Lappeenranta und dem Saima-Kanal und ab/bis Helsinki u. a. von Tuja-Reisen (www.tuja-reisen.de).

Wer sich für die Bau- und politische Geschichte dieses historischen Wasserweges näher interessiert, sollte nicht nur den Verkehr an einer der Schleusen beobachten, sondern auch dem **Saimaa-Kanal-Museum** einen Besuch abstatten (Sulkuvartijankatu 16, www.etelakarjalanmuseot.fi > Lappeenranta > Saimaan kanavan museo, Mitte Juni–Mitte Aug. tgl. 11–18 Uhr, Erw. 3 €). Neben dem Museum lädt ein schöner Fußweg zu einem Bummel am Kanalufer ein.

der traditionsreichen finnischen Reiterei, die im Sommer auch von entsprechend uniformierten Herren dargestellt wird.

Orthodoxe Kirche

Juni–Mitte Aug. Di–So 10–16 Uhr
Dem Museum gegenüber liegt auf der anderen Straßenseite die Orthodoxe Kirche von 1785, immerhin das älteste Gotteshaus der Ostkirche in Finnland. Es ist der Jungfrau Maria geweiht und zeigt Stilmerkmale des abgemilderten russischen Barock.

Südkarelisches Museum und Kunstmuseum

www.etelakarjalanmuseot.fi, beide Museen: Juni–Aug. Mo–Fr 10–18, Sa, So 11–17, sonst Di–So 11–17 Uhr
Noch weiter nördlich lohnt das **Südkarelische Museum** einen Besuch, in dem u. a.

Lappeenranta(Villmanstrand)

ein Modell der Stadt Wyborg ausgestellt ist (Etelä-Karjalan museo, Kristiinankatu 15, Tel. 05-616 22 55, Erw. 8 €). Auch das **Kunstmuseum** lohnt sich keineswegs nur an Regentagen (Lappeenrannan taidemuseo, Kristiinankatu 8–10, Tel. 05 616 22 56, Erw. 8 €).

Kauppakatu und Lönnrotinkatu

Kauppakatu heißt die Verlängerung der Kristiinankatu zur Stadtseite, woraus man schließen kann, dass man auf ihr den **Marktplatz** mit Kaufhalle erreicht. Dessen architektonische Umgebung ist eher langweilig-modern, umso spannender aber geht es auf dem Markt selbst mit seinem finnisch-russisch-karelischen Stimmengewirr zu.

Lappee-Kirche

Keskuspuisto, Juni–Mitte Aug. tgl. 9–20 Uhr
Nur einen Steinwurf vom Markt entfernt findet man über die Valtakatu zum schönen Park Keskuspuisto, in dem sich die hölzerne Lappee-Kirche erhebt, eine kunsthistorische Rarität von 1794. Als einzig erhaltene Doppelkreuzkirche repräsentiert sie einen früher in Ostfinnland recht häufigen Typus, dessen Grundriss zwei sich überlagernde Kreuze bilden. Was das in der Praxis bedeutet, zeigt im Innern der Blick nach oben, wo hölzerne Verstrebungen dieses Meisterwerk der Zimmermannskunst zusammenhalten. Ziemlich weit von der Kirche entfernt steht auf einer Anhöhe im Park ihr hölzerner Glockenturm auf Ziegelsteinbasis, der 1856 errichtet wurde.

Altes Rathaus

Wer sich für Architektur interessiert, sollte sich außerdem das Alte Rathaus auf der Kauppakatu nicht entgehen lassen, einen von C. L. Engel entworfenen Holzbau aus dem Jahr 1824.

Lappeenranta-Stadtkirche

Die Lappeenranta-Stadtkirche von 1924 auf der Lönnrotinkatu nahe der Festung wurde als russische Garnisonskirche im neubyzantinischen Stil errichtet.

In der Umgebung

Wer als Autotourist ein bisschen Zeit übrig hat und als Vorgriff auf die Saimaa-Erlebnisse eine kleine Uferrunde drehen möchte, kann über die Straße 408 nach **Taipalsaari** fahren, wo rechts der Strecke eine große, gelbe Kuppelkirche samt Glockenturm auf Besucher wartet, und sich dann auf z. T. unasphaltierten Wegen nach **Lauritsala** durchschlagen. Von der großen Brücke am Ortseingang beweist der Blick auf die Zellulosefabrik mit Flößen, Holzlagern, Eisenbahn und Lkw-Ungetümen, dass der natürliche Reichtum durchaus profitabel genutzt wird. In Lauritsala selbst sollte man sich dann auch die moderne, 1969 von Toivo Korhonen und Jaako Laapotti gebaute Kirche anschauen, deren dreieckige Form von oben beleuchtet wird und die deshalb den Beinamen ›Himmelslicht‹ trägt (Juni–Mitte Aug. tgl. 12–17 Uhr).

Östlich der Stadt zweigt eine Straße zur finnisch-russischen Grenzstation **Nuijamaa** 10 ab, auf der man auch den Saimaa-Kanal überquert.

Infos

Lappeenranta Tourist Service: Valtakatu 37, 53100 Lappeenranta, Tel. 05-66 77 88, www.visitlappeenranta.fi, Mo–Fr 10–17, Sa 10–14 Uhr. Rund um Lappeenranta gibt es zudem zahlreiche elektronische Info-Säulen.

Übernachten

Umweltfreundlich geführt – **Scandic Hotel Patria:** Kauppakatu 21, Tel. 05-67 75 11, www.scandichotels.com. Gutes, modernes Mittelklassehotel in zentraler Lage am Hafen, 133 Zimmer, Whirlpool, Restaurant, Terrassencafés. DZ ab 130 €.

Im skandinavischen Stil – **Hotel Lappee:** Brahenkatu 1, Tel. 010-762 10 00, www.sokoshotels.fi. Bestes Haus am Platz, 209 Zimmer, Pool, Spa, Fitnessraum, zwei Restaurants, Nachtclub. DZ ab 90 €.

Herbergszimmer und Hütten – **Huhtiniemi Tourist Resort:** Kuusimäenkatu 18, rund 2 km vom Zentrum, Tel. 05-451 55 55, www.huhtiniemi.com. Touristenanlage mit unter-

Rund um die Saimaa-Seenplatte

schiedlichen Unterkünften: Familien- und Jugendherberge, Sommerhäuschen, Ferienapartments, Campingplatz; Café-Restaurant, Swimmingpool, Saunas, Badeplätze im See, Minigolfanlage etc. Schlafplatz im Mehrbettzimmer 12 €, DZ 82–95 €, Apartment 92–105 €, Campinghütte für 4 Pers. 50 €.

Gutes Preis-Leistungs-Verhältnis – **Karelia-Park:** Korpraalinkuja 1, Tel. 05-453 04 05, www.karelia-park.fi. Sommerhotel (Juni–Aug.) einige Kilometer westlich des Zentrums, 84 Einzelzimmer, Doppelzimmer, Familien- und Mehrbettzimmer, die meisten mit Bad, TV und Kochnische; Busverbindung zum Zentrum. DZ ab 77 €, Familienzimmer mit 2 Schlafräumen, Küchenzeile und Wohnraum 95 €.

Essen & Trinken

Restaurantschiff – **Prinsessa Armaada:** Matkustajasatama, Tel. 44-754 55 04, www.prinsessaarmaada.fi, tgl. 10–2 Uhr. Open-Air-Restaurant mit Pub auf einem historischen Dampfer im Passagierhafen. Hauptgerichte 15–23 €.

Nettes Kaffeehaus – **Kahvila Majurska:** Linnoitus, Kristiinankatu 1, Tel. 05-453 05 54, www.majurska.com, tgl. 10–18 Uhr. Romantisches Café in einem alten Holzgebäude des Festungsviertels.

Aktiv

Sightseeing per Segel-/Motorboot – **Karelia Lines:** Matkustajasatama, Tel. 05-453 03 80, www.karelialines.fi. Tgl. Abfahrten zum Saimaa-Gebiet, durch den Saimaa-Kanal und nach Wyborg (Erw. ab 18 €).

Verkehr

Flüge: Der Flughafen ist nur 1 km vom Stadtzentrum entfernt, Tel. 05-451 33 02, tgl. Flüge u. a. nach Helsinki.

Bahn: Bahnhof an der Ratakatu 21, Tel. 05-676 62 74. Regelmäßige Verbindungen nach Kouvola, Helsinki, Savonlinna oder Joensuu sowie nach Russland.

Bus: Vom Busbahnhof an der Kauppakatu 40, Tel. 9600-40 53, starten tgl. Überlandbusse in alle Himmelsrichtungen, u. a. auch nach Wyborg und St. Petersburg.

Imatra ▶ 1, L 6

Karte: S. 277

Die industriell geprägte Gemeinde **Imatra** 11 (29 000 Einw.), die nur 7 km vom russischen Swetogorsk entfernt liegt, wäre keine besondere Erwähnung wert, gäbe es da nicht die berühmten **Vuoski-Fälle** und die südkarelische Landschaft, die vom Blau des Saimaa-Sees und dem Grün des Höhenrückens Salpausselkä geprägt wird.

Vuoski-Fälle

Der direkte Weg zu den Katarakten zweigt etwa 5 km vor Imatra rechts von der Straße 6 ab (Imatrantie) und führt zum Kruununpuisto-Park im Stadtteil Imatrankoski. Dort brachen nach der Eiszeit die Wassermassen des Saimaa-Sees durch das Gestein und schufen sich schäumend ihre Bahn in Richtung Ladoga-See. Das imposante Naturschauspiel faszinierte seit jeher die Reisenden, u. a. auch Zarin Katharina II. Schon früh begannen die Finnen, diese Attraktion zu vermarkten. Um die hohen Besucher angemessen zu beherbergen, ließ der finnische Senat 1903 das **Valtionhotelli** (Staatshotel) errichten, ein außerordentlich schönes Jugendstilgebäude, in dem Zar Nikolaus II. häufig zu Gast war. Es folgten weitere Herbergen – insgesamt über 20! – und in der Hochsaison trafen in Imatra täglich 14 Züge aus St. Petersburg ein.

1921 bis 1929 zwängte man das schäumende Wasser respektlos in das Korsett eines Kanals und führte es dem – damals freilich hypermodernen – **Wasserkraftwerk** zu. Immer noch ist das Stauwerk das größte der Republik und versorgt weite Teile Süd- und Ostfinnlands mit Strom. Immerhin werden im Sommer täglich für 20 Minuten die Schleusen geöffnet, sodass die Wassermassen wieder durch ihr altes Bett tosen können – etwa 500 m^3 Wasser pro Sekunde! Hunderte von Zuschauer, die sich auf der Brücke drängen, beobachten das Schauspiel. Touristen wird dabei allerdings ein gutes Timing abverlangt, da das Schauspiel um 18 Uhr beginnt und von Musik begleitet wird (je nach Wochentag entweder Sibelius, Nightwish oder Darude). Es lohnt sich bei der Gelegenheit, auf markierten Pfaden den Park zu durchwandern, sich alte Felszeichnungen, Skulpturen und natürlich das Valtionhotelli anzuschauen. Nach schweren Beschädigungen im Krieg wurde es mehrfach restauriert und strahlt nun wieder im alten Glanz.

Kirche der drei Kreuze

Vuoksenniska, Ruokolahdentie 27,
Tel. 0473-12 36, Juni–Aug. tgl. 9–20, sonst
Mo–Fr 10–15 Uhr

Eine weitere Sehenswürdigkeit der Gemeinde liegt rund 6 km weiter nördlich in Vuoksenniska am Wegesrand: die 1956 von Alvar Aalto entworfene Kirche der drei Kreuze, für die Aalto gebogene und gerade Elemente unterschiedlicher Materialien (Beton, Kupfer, Holz, Glas) kombinierte. Außergewöhnlich sind die etwa 100 Fenster in verschiedenen Größen und Formen.

Infos

Imatran Tourist Information: Lappeentie 12, 55100 Imatra, Tel. 05-235 23 30, www.gosaimaa.com, Mo–Fr 9–17.30, Sa 10–16 Uhr. Nur in der Hochsaison geöffnete Touristenbüros an den Vuoksi-Fällen (tgl. 10–20 Uhr) und an der Straße 6 (tgl. 11–19 Uhr).

Übernachten

Kurhotel am See – **Spa Hotel Imatran Kylpylä:** Vapaa-aikakeskus, Tel. 020-710 05 00, www.imatrankylpyla.fi. Schönes Kurhotel der oberen Mittelklasse, 5 km nordwestlich der Stadt am Saimaa-See (Jachthafen) gelegen, mit 135 Zimmern und Studios, Restaurant und vielen Freizeitmöglichkeiten, großer Spa-Bereich mit Saunas, Pool, Jacuzzi und Anwendungen, Läden, Tanz und Karaoke. DZ ab 150 €.

An den Katarakten – **Imatran Valtionhotelli:** Torkkelinkatu 2, Tel. 05-625 20 00, www.rantasipi.fi. Direkt an den Katarakten gelegenes Jugendstil-Grand-Hotel, eine der bekanntesten Herbergen des Landes, 92 Zimmer im historischen Haus und im modernen Annex, mehrere Restaurants, Pool, Wintergarten mit Bar. DZ ab 130 €.

Camping – **Vuoksi Fishing Park Camping:** Varpasaari, Tel. 05-432 31 23, www.vuoksenkalastuspuisto.com. 2 km vom Zentrum entfernter Campingplatz, im Ortsteil Mansikkala am Flussufer des Vuoksi gelegen.

Termine

Imatra Big Band Festival: Anf. Juli, einwöchiges Festival mit in- und ausländischen Jazzbands, www.bigbandcamp.imatrabigband.fi.

Verkehr

Bahn/Bus: Zug- und Busverbindung über Lappeenranta nach Süden, über Parikkala nach Joensuu oder Savonlinna und über Swetogorsk nach Russland.

Punkaharju  ▶ 1, M 4

Karte: S. 277

Punkaharju bezeichnet zum einen ein dem Fremdenverkehr verpflichtetes Dörfchen mit Bahnhof, Bootsanleger, Restaurant und Touristeninformation. Zum anderen ist damit die berühmte bewaldete Kiesmoräne gemeint, die bis zu 26 m hoch, 7 km lang, an der schmalsten Stelle nur 5 m breit und von einer eindrucksvollen Seen- und Insellandschaft umgeben ist. Wer mit dem Auto oder Fahrrad unterwegs ist, sollte die parallel zur Eisenbahnlinie geführte Straße verlassen und über die ungleich schönere alte Straße (Harjutie) fahren: ein unbeschreibliches Erlebnis, zumal im Licht der Abendsonne. Selbstredend steht Punkaharju unter Naturschutz, und das schon seit langer Zeit. Denn bereits die Zaren hatten das Außergewöhnliche dieser Landschaft erkannt und 1843 den Höhenrücken zum ›Park der Krone‹ erklärt. Natur ist jedoch längst nicht alles, was dieser Flecken Erde zu bieten hat. Als populäres Reiseziel wartet Punkaharju mit einem der Umgebung entsprechenden Angebot an Freizeitaktivitäten und mit Unterkünften aller Art auf.

Rund um die Saimaa-Seenplatte

Finnisches Forstmuseum Lusto
Lusto, 7 km nordwestl. vom Dorf Punkaharju, Tel. 015-34 51 00, www.lusto.fi, Juni–Aug. tgl. 10–19, Mai, Sept. 10–17, sonst Di–So 10–17 Uhr, Erw. 10 €

Architektur und Präsentation des Finnischen Forstmuseums Lusto wurden in der Vergangenheit mehrfach preisgekrönt. Sein Grundthema sind die ökologischen, biologischen und wirtschaftlichen Aspekte des finnischen Waldes; die ständige Sammlung wird ergänzt durch Sonderausstellungen etwa zur Flößerei oder zur Brandrodung. Dem Museum ist ein Forschungsinstitut samt Arboretum angeschlossen, das Dutzende verschiedener Nadelbäume umfasst und auf Wanderwegen und Naturlehrpfaden, auch mit Führer, erkundet werden kann.

Infos
Punkaharju Tourist Information: Lustontie 1, 58500 Punkaharju, Tel. 015-34 51 00, www.visitpunkaharju.fi, Juni–Aug. tgl. 10–19, Mai, Sept. tgl. 10–17, sonst Di–So 10–17 Uhr.

Übernachten
Familiär – **Gasthaus Punkaharju:** Palomäentie 18, Tel. 015-47 31 23, www.naaranlahti.com. Kleines, gemütliches Nichtraucherhotel

Ohne Spritverbrauch gelangen sie zu den Fabriken: Holzflösse auf dem Saimaa-See

mit 11 Hütten und 14 Zimmern, die meisten mit Kochnische, Pool, Verleih von Kanus und Fahrrädern, Sauna am Strand. DZ 77–82 €.

Gästehaus des Staates – **Punkaharjun Valtionhotelli:** Tel. 020-752 91 00, www.punkaharjunvaltionhotelli.fi, nur Juni–Aug. Charmantes, kleines Staatshotel mit 24 renovierten Zimmern und historischem Flair, viele Winter- und Sommersportangebote, gutes Restaurant, Vermietung von 15 Ferienhütten. DZ ab 75 €.

Großes Ferienzentrum am See – **Punkaharjun Lomakeskus:** Tel. 029-007 40 50, www.punkaharjunlomakeskus.fi. Komfortable Ferienhäuser und einfache Hütten, Camping- und Caravanplatz, eigener Bootssteg, Café; Hütte ab 45 €, DZ im Hotel ab 109 €.

Aktiv

Punkaharju Resort: Tuunaansaarentie 4, Tel. 029-007 40 50, www.punkaharjuresort.fi. An schönen Sommertagen kann man sich im Wasserpark Kesämaa im Punkaharju Resort abkühlen und findet bei Regenwetter gerade mit Kindern eine willkommene Abwechslung im dazugehörigen Vergnügungspark. Angeschlossen sind Unterkünfte und Restaurants (siehe Übernachten).

Verkehr

Bahn: Punkaharju ist Station auf der schönen Nebenstrecke Savonlinna–Kerimäki Parikkala (mit Halt in Retretti und Lusto). In Parikkala Anschluss an die Hauptstrecke Kouvola–Lappeenranta–Joensuu.
Bus: tgl. u. a. nach Mikkeli und Imatra.

Kerimäki ▶ 1, M 4

Karte: S. 277
Kirche: Tel. 015-578 91 11, Juni tgl. 10–18, Juli 10–19, Anf.–Mitte Aug. 10–18, Mitte–Ende Aug. 10–16 Uhr

Unübersehbares Wahrzeichen und im wahrsten Wortsinn größte Sehenswürdigkeit der Ortschaft ist die Holzkirche, die die Bauern der Ortschaft **Kerimäki 12**, Männer und Frauen, in dreijähriger Arbeit bis 1847 errichteten. Viel ist darüber spekuliert worden, warum eine solch kleine Gemeinde nicht nur eine große, sondern sogar die größte Holzkirche der Welt brauchte. Eine Anekdote besagt, die Bauern hätten die in Fuß angegebenen Maße des Architekten A. F. Granstedt irrtümlich als Meter interpretiert – aber das gehört wohl in den Bereich der Legende.

Die Architektur der Kuppelkirche, die über kreuzförmigem Grundriss errichtet wurde, ist neoklassizistisch, ihre Abmessungen sind gewaltig: Länge 45 m, Breite 42 m, Höhe des Innenraums 27 m, 3400 Sitzplätze. Das in zwei Geschosse unterteilte Innere erscheint

luftig und hell, hat außer dem grandiosen Raumeindruck aber letztlich nur wenige interessante Details zu bieten, so etwa die Kanzel und das Gebälk der hölzernen Verstrebungen. Zum Sakralbau passen auch die Dimensionen des frei stehenden hölzernen Glockenturms, dessen Untergeschoss aus Feldsteinen gemauert wurde.

Savonlinna ▶ 1, L 4

Karte: S. 277
Wie Kerimäki oder Lappeenranta gehört auch **Savonlinna** 13 in jene Grenzzone zwischen Ost und West, die in der Vergangenheit immer wieder Schauplatz von Schlachten und Kriegen war. Deutlich wird das an der Geschichte der Burg Olavinlinna, die 1475 von den Schweden als Grenzbollwerk errichtet wurde und von Anfang an ein Hauptangriffsziel der Russen war. Vielen Belagerungen hielt sie stand, bis schließlich 1742 doch der zaristische Doppeladler gehisst wurde. Die Russen modernisierten und erhöhten die Türme und verteidigten Olavinlinna gegen die nun einsetzenden schwedischen Angriffe. Erst als ganz Finnland russisches Großfürstentum geworden war, kehrte endlich Ruhe ein. Die jetzt jedoch nutzlos gewordene Festung diente – genau wie die Burg von Hämeenlinna – eine Zeit lang als Staatsgefängnis und wurde mehrfach durch Brände beschädigt. Die Republik Finnland setzte schließlich erfolgreich Anstrengungen daran, das Baudenkmal zu restaurieren.

Das malerisch auf mehreren, durch Brücken miteinander verbundenen Inseln gelegene Städtchen Savonlinna entwickelte sich erst später im Schutz der Burg. Stadtrechte erhielt die Siedlung 1636 von Generalgouverneur Per Brahe. Doch während die Festung allen Angriffen trotzte, wurde der Ort in den russisch-schwedischen Kriegen mehr als einmal dem Erdboden gleichgemacht. Die letzten Zerstörungen brachte die Bombardierung Savonlinnas im Winterkrieg.

Der Wiederaufbau der heute 37 000 Einwohner zählenden Stadt wurde im modernen Einheitsstil geplant und durchgeführt, sodass sich eine Besichtigung auf das Zentrum konzentrieren kann, wo allein noch einige pittoreske Gassen und hübsche Baudenkmäler erhalten sind.

⭐ Burg Olavinlinna

Tel. 015-47 67 50, www.olavinlinna.fi, Juni–Mitte Aug. tgl. 11–18, sonst Mo–Fr 10–16, Sa, So 11–16 Uhr, Erw. 8 €, Führungen in deutscher Sprache jede volle Stunde

Erstes und wichtigstes Besichtigungsziel ist natürlich die Burg Olavinlinna (Olofsborg), die man, aus östlicher Richtung kommend, schon von der Brücke aus sieht. Trutzig und malerisch zugleich thront sie auf einer kleinen Granitinsel vor dem Stadtzentrum. Zweifellos ist die Festung mit ihren drei starken Rundtürmen und Zickzackbastionen die schönste Finnlands, wenn nicht sogar Skandinaviens. Der Weg dorthin führt über eine Pontonbrücke, die mit einem Schiffsmotor zur Seite gefahren wird, wenn ein Ausflugs- oder Frachtschiff den engen Kanal passieren will. Das sorgfältig restaurierte Innere wartet mit zwei Museen auf: Im **Historischen Museum** werden Geschichte und Architektur des Bauwerks erläutert, das **Orthodoxe Museum** präsentiert Ikonen und Kultgegenstände der Ostkirche.

Zuschauertribünen und Bühne im Burghof erinnern daran, dass die beeindruckenden Gemäuer mit ihrer hervorragenden Akustik alljährlich Hauptveranstaltungsort zweier unbestrittener Höhepunkte des europäischen Festspielsommers sind. Zum einen ist das das **Savonlinna Ballettfestival,** das sechs Tage andauert und mal im Juni, mal im August stattfindet. Noch berühmter sind die **Savonlinna Opernfestspiele** im Juli. Im Burghof, der bei Regen mit einem Segeltuch abgedeckt wird, geben dabei alljährlich internationale Bühnen von Weltrang Gastspiele. Wer allerdings hofft, noch

Ein Holzbau von gewaltigen Ausmaßen: 27 m Höhe misst der Innenraum der Kirche von Kerimäki, die 1847 vollendet wurde

Rund um die Saimaa-Seenplatte

kurzfristig Karten für die Opernaufführungen zu bekommen, wird enttäuscht werden, meist muss man schon ein Jahr im Voraus Plätze reservieren.

Stadtbesichtigung

Unmittelbar vor der Burg zeigt sich Savonlinna von seiner attraktivsten Seite. In einem der schönen Holzhäuser ist das **Naturzentrum Nestovi** eingerichtet, das über den Saimaa-See und den Nationalpark informiert (freier Zugang, www.nationalparks.fi). Mehrere ähnliche Gebäude in unmittelbarer Nachbarschaft erinnern an das Ende des 19. Jh., als sich die Stadt als **Kurbad** etablieren konnte. Davon kündet nördlich des Zentrums auch das historische Kasinorestaurant auf der Insel Vääräsaari, neben dem das im Jahr 2002 fertiggestellte **Konzerthaus** (Savonlinna-Halle) ein gutes Beispiel für die moderne finnische Holzarchitektur abgibt.

Wer durch den hübschen Park am Ufer entlanggeht, hat immer die Olavinlinna vor Augen, deren malerische Insellage ein Glücksfall für jeden Fotografen ist. Auf diesem Spaziergang kommt man auch zur Nachbarinsel Riihisaari, deren alter Getreidespeicher das **Provinz- und Saimaa-Museum** beherbergt. Teil der Ausstellung sind einige Museumsschiffe, die viel über die Geschichte der Saimaa-Seefahrt erzählen können. Auch die Natur des Seengebiets gehört zur Ausstellung (Juni–Aug. tgl. 10–17, sonst Di–Sa 10–17 Uhr, Erw. 6 €).

Weiter westlich geht es am Sandstrand vorbei zum **Marktplatz,** dessen sommerliches Treiben allemal den Besuch wert ist. Dort starten im Passagierhafen Dampf- und Motorboote zu ihren Sightseeingausflügen über die Saimaa-Seenplatte und dort ist auch das Restaurantschiff »S/S Hopeasalmi« vertäut. Vom Marktplatz aus führt eine Brücke zur Nachbarinsel, wo sich hinter dem Tottintori-Platz mit der Touristeninformation der Turm des **Doms** erhebt, ein neogotischer Backsteinbau von 1878. Geht man vom Marktplatz über die Hauptstraße Olavinkatu zum Ausgangspunkt zurück, passiert man die **Kleine Kirche** (Pikkukirkko), die 1845 als orthodoxes Gotteshaus für die russische Garnison errichtet wurde, heute allerdings lutherisch ist.

Ausflugsziele

Da Savonlinna inmitten mehrerer weitverzweigter Seensysteme liegt, bietet es natürlich auch die besten Möglichkeiten, sich ausgiebig in dieser Märchenwelt umzuschauen, sei es mit den Sightseeingbooten, mit gemieteten Kanus, Fahrrädern oder dem eigenen Wagen. Die Liste der reizvollen Plätze würde ein ganzes Buch füllen, und oft empfindet man gerade die Stellen als besonderes Highlight, die man abseits der großen Autostraßen entdeckt hat.

Rauhalinna [14]
www.rauhalinna.fi
Nur 14 km von Savonlinna entfernt und mit einer halbstündigen Bootsfahrt ab dem Marktplatz zu erreichen, wartet beispielsweise im Nordwesten ein ganz besonderer architektonischer Leckerbissen: Rauhalinna (Friedensburg). Nils Weckman, General im Dienste des Zaren, ließ dieses Holzschlösschen um 1900 im byzantinischen Stil erbauen und schenkte es seiner Gattin zur Silberhochzeit. Heute dient das verschnörkelte Gebäude mit seinem Ausguck auf dem Dach als Sommerhotel und Restaurant.

Sulkava [15]
www.sulkava.fi
Eine anderes Ausflugsziel ist das sympathische Städtchen Sulkava, bekannt wegen der alljährlichen Ruderregatta. Dabei messen rund 3000 Teilnehmer ihre Kräfte auf einer 65 bzw. 75 km langen Strecke rund um Partalansaari, der zweitgrößten Binnenseeinsel des Landes. Innerhalb der Gemeindegrenzen befindet sich auch der rund 4 km lange, von Seen umrahmte Höhenrücken Vilkaharju, sozusagen eine verkleinerte Ausgabe des Punkaharju. Und nahebei fällt der 55 m hohe Festungsberg (Linnavuori) steil in den See ab, auf dem noch Überreste von Steinwäl-

Savonlinna

Alljährlich im Sommer Schauplatz eines Ballett- und eines Opernfestivals – beide von internationalem Rang: Burg Olavinlinna

len einer 800 Jahre alten Fliehburg zu sehen sind. Ab Sulkava geht es dann auf reizvoller Strecke über Anttola nach Mikkeli.

Infos

Savonlinna Tourist Service: Kauppatori 2, 57100 Savonlinna, Tel. 06 00-300 07, www.savonlinna.travel/de/home, http://visitsavonlinna.fi, Mo–Fr 10–16, Juli Mo–Sa 10–18, So 10–14 Uhr.

Übernachten

Während der Opernfestspiele im Juli sind nicht nur alle Unterkünfte in Savonlinna deutlich teurer als zu anderen Zeiten, sondern auch regelmäßig ausgebucht. Deshalb ist es ratsam, entweder rechtzeitig zu reservieren oder auf Hotels in benachbarten Ortschaften auszuweichen!

Businesshotel am Marktplatz – **Seurahuone:** Kauppatori 4–6, Tel. 015-202 02, www.sokoshotels.fi. Zentral gelegene, gediegene Herberge mit 84 komfortablen Mittelklassezimmern und mehreren Restaurants. DZ ab 100 €.

Für Sommergäste – **Vuorilinna:** Kylplaitosentie, Tel. 015-739 50, www.spahotelcasino.fi. Dem Casino angeschlossenes Sommerhotel mit 220 zweckmäßig eingerichteten Zimmern und 20 Apartments, Restaurant, Pool. DZ ab 90 €.

Kasinohotel – **Best Western Spa Hotel Casino:** Kasinosaari, Tel. 015-739 50, www.spahotelcasino.fi. Nördlich des Zentrums auf der Insel Vääräsaari am See gelegenes, elegantes Kasinohotel der oberen Mittelklasse, 80 komfortable Zimmer, Restaurant, Hallenbad, Entertainment, drei Pools. DZ ab 90 €.

Rund um die Saimaa-Seenplatte

Gutes Peis-Leistungs-Verhältnis – **Pieta ri Kylliäinen:** Olavinkatu 15, Tel. 015-518 30, www.pietarikylliainen.fi. Kleineres, umfassend modernisiertes Mittelklassehaus mit 45 Zimmern, darunter 3 geräumige Familienzimmer, Mittags- und Dinnerrestaurant, Saunas, Kegelbahn. DZ ab 85 €.

Mit viel Atmosphäre – **Rauhalinna:** Lehtiniemi, Tel. 015-51 76 40, www.rauhalinna.fi. Bizarres Holzschlösschen von 1897, ca. 6 km Luftlinie nordwestlich der Stadt einsam mitten im Wald gelegen, nur 5 Zimmer, herrlicher Speisesaal, im Winter geschl.

Aktiv

Bootsausflüge – Organisierte Touren nach **Rauhalinna** und zum **Nationalpark Linnansaari.** Mehrere Unterkünfte und Unternehmen im Ort verleihen auch Boote.

Termine

Schneekarneval: Ende Feb./Anf. März. Ein Wochenende mit Volksfestcharakter und einer Schneebildhauerei-Meisterschaft in und an der Burg.

Savonlinna Opernfestspiele: Juli. Eines der berühmtesten europäischen Musikfestivals (Savonlinna Opera Festival, Olavinkatu 27, 57130 Savonlinna, Tel. 015-47 67 50, www.operafestival.fi).

Savonlinna Ballettfestival: Juli/Aug. Mehrtägiges Festival mit hochkarätigen Ensembles (z. B. des Bolschoi-Theaters), Vorstellungen im Burghof, begleitende Konzerte in der Kerimäki-Kirche (Savonlinnan Balettijuhlat, Puistokatu 1, 57130 Savonlinna, Tel. 015-555 00 20).

Olujaiset (Bierfest): Aug. Volkstümliche Veranstaltung mit Musik und unterschiedlichen Wettkämpfen.

Verkehr

Flüge: Vom Flughafen nördlich der Stadt (Tel. 015-52 32 06) tgl. 2–4 Linienflüge nach Helsinki.
Bahn: Tgl. mehrere Züge nach Helsinki.
Bus: Mehrere Busabfahrten tgl. nach Helsinki und nach Pieksämäki, wo man Anschluss an die Zugstrecke Joensuu–Turku hat.

Linnansaari-Nationalpark ▶ 1, L 3/4

Karte: S. 277

Der landschaftlich äußerst abwechslungsreiche **Linnansaari-Nationalpark** 16 (Linnansaaren kansallispuisto) liegt nordwestlich von Savonlinna. Er umfasst Wälder, Höhenrücken, Seen und über 60 Inseln, vor allem aber ist er bekannt als eines der letzten Rückzugsgebiete der selten gewordenen Saimaa-Robbe *(Phoco annellata),* die auf der WWF-Liste der vom Aussterben bedrohten Tierarten steht (vgl. Aktiv S. 298). Dieser geringelte Seehund wurde wahrscheinlich durch die nacheiszeitliche Landhebung überrascht, als die Verbindung zur Ostsee abriss und aus der ehemaligen Meeresbucht der Süßwassersee Saimaa wurde. Heute liegt der Gesamtbestand dieser Robbenart bei etwa 250 Exemplaren, eine Zahl, die in den letzten Jahren erfreulicherweise leicht gestiegen ist.

Mikkeli (St. Michel)
▶ 1, K 4

Karte: S. 277

Mikkeli 17 ist Hauptstadt der Provinz Ostfinnland (Itä-Suomen lääni) und der Diözese. Mit ihrer einfallslosen Nachkriegsbebauung verdient sie heute nicht gerade das Etikett pittoresk, doch können Besucher aus der perfekten Infrastruktur und einigen Sehenswürdigkeiten Nutzen ziehen, vor allem aber aus der herrlichen Umgebung, die von einem der nördlichsten Saimaa-Ausläufer bestimmt wird. Mikkeli wurde 1838 gegründet und hat heute immerhin rund 49 000 Einwohner. Seine Geschichte reicht allerdings weiter zurück, denn die Gemeinde Savilahti, auf deren Boden Mikkeli entstand, war schon im Mittelalter ein bekannter Handelsort und Zentrum der historischen Provinz Savo.

Im Jahre 1743, als fast alle Ortschaften um den Saimaa-See an die Russen fielen, blieb diese Gemeinde als einzige bei Finnland. In

Mikkeli (St. Michel)

der jüngeren Vergangenheit hat Mikkeli insofern Geschichte geschrieben, als Marschall Mannerheim hier während dreier Kriege (Bürger-, Winter- und Lapplandkrieg) sein Hauptquartier aufschlug.

Stadterkundung

Die Straße 5 durchquert die gesamte Stadt in West-Ost-Richtung und trennt dabei gewissermaßen die kulturellen von den natürlichen Sehenswürdigkeiten. Südlich findet man die schönsten Seen, Badestrände und Waldgebiete, aber auch den **Pfarrhof Kenkävero,** der gründlich renoviert und zu einem Zentrum für Kunsthandwerker umgebaut wurde. Nördlich der Verkehrsader breitet sich die 1842 von C. L. Engel entworfene rasterförmig angelegte Stadt aus. Aus jener Zeit stammen das **Regierungsgebäude** der Provinz und die **Neue Kirche** auf der Otavankatu, ein Holzbau auf dem Grundriss eines doppelten Kreuzes mit frei stehendem Glockenturm. Sehr viel älter ist die steinerne **Sakristei** auf der Porrassalmenkatu am nördlichen Stadtrand, die zur um 1320 errichteten Kirche der Landgemeinde gehörte und heute als Ausstellungsraum liturgischer Geräte dient.

Weiter südlich erhebt sich auf dem Naisvuori-Hügel ein **Aussichtsturm** (1912) mit Café, von dem man einen vorzüglichen Überblick über Seen, Inseln und die Stadt gewinnt (Juni-Mitte Aug. tgl. 10–21 Uhr).

Als Beispiele sehenswerter Architektur verdienen Erwähnung: die neogotische **Domkirche** (1897), die **orthodoxe Kirche** (1957) und, besonders eindrucksvoll, der weiße Glasbetonpalast der **Konzert- und Kongresshalle** von Arto Sipinen (1988), die man in schöner Lage am Ufer des Pankalampi-Sees findet.

Museen

Nicht weit entfernt befindet sich das **Hauptquartiermuseum,** das sich mit Marschall Mannerheim beschäftigt, sehenswert für diejenigen, die sich für diesen wichtigen Teil der politischen Geschichte der Republik interessieren (Päämajamuseo, Päämajankuja 1–3, Tel. 015-194 24 27, Mitte Mai–Aug. tgl. 10–17, sonst Fr–So 10–17 Uhr, Erw. 6 €).

Von den gut zehn anderen Museen Mikkelis soll an dieser Stelle nur das **Kunstmuseum** mit seiner höchst beachtlichen Sammlung finnischer Malerei und Skulptur genannt sein (Mikkelin taidemuseo, Ristimäenkatu 5, Tel. 015-194 24 24, Di–So 10–17, Sa nur bis 13 Uhr, Erw. 6 €).

Gärten

Wer etwas für Gärten übrig hat, kann sich u. a. den Park **Mikkelipuisto** (Pursialankatu 5), den alten Bauernhof **Vanha Kilkkilä** (Tuhkalantie 231, Nuutilanmäki, www.vanhakilkkila.fi; mit Café) oder das ehemals größte Pfarranwesen **Kenkävero** (Pursialankatu 6, www.kenkavero.fi) anschauen.

Infos

Mikkeli Tourist Information: Maaherrankatu 22, 50100 Mikkeli, Tel. 044-794 56 69, www.visitmikkeli.fi, Mo–Fr 9–17, Juni–Aug. auch Sa 9–17 Uhr.

Übernachten

Schlichtes Motel – **Hotel Uusikuu:** Ravirandantie 13, Tel. 015-221 54 20, www.uusikuu.fi. Im Jahr 2006 eröffnetes Internet-Hotel ohne Rezeption und Frühstück, zentrumsnah gelegen. Die 49 Zimmer für bis zu vier Personen sind sauber und gut ausgestattet; nur online buchbar; Zugang mit Door Code. Ab 59 €.

Camping – **Visulahti Travel Center:** Mikkeli, Tel. 015-182 81, www.visulahti.fi. Großzügiger Campingplatz mit Hütten-, Bungalow- und Bootsverleih, Café, Laden. Angeschlossen ist ein turbulentes Ferienzentrum mit Spaßbad, Wachsfigurenkabinett, Dinosaurierpark u. ä.

Verkehr

Bahn: Zugverbindungen tgl. Lahti–Helsinki und Kuopio–Kajaani–Oulu.

Bus: Verbindungen zu den genannten und weiteren Städten.

Flüge: Ein kleiner Flughafen befindet sich 1 km vom Zentrum entfernt.

Rund um die Saimaa-Seenplatte

Aktiv

KANUWANDERN AUF DEM SEAL TRAIL

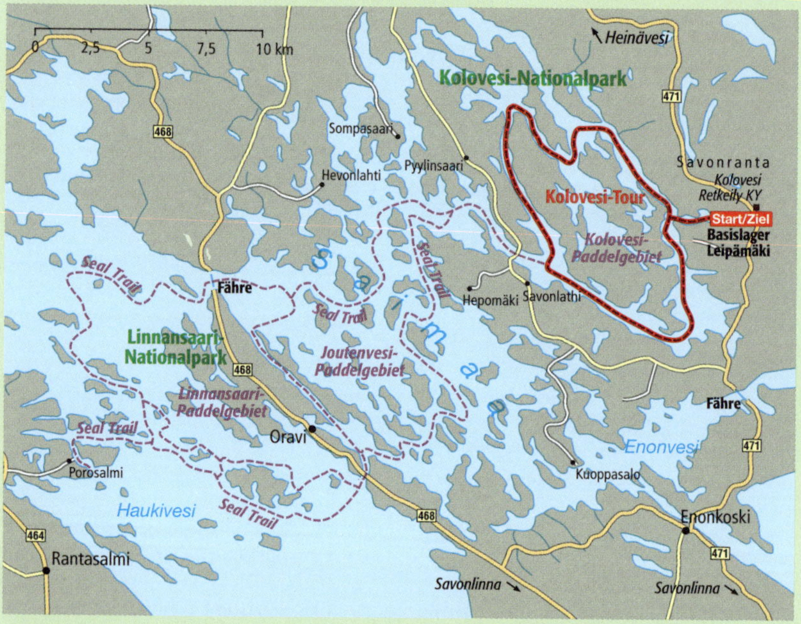

Tour-Infos
Start: Kirkkoranta/Kolovesi-Nationalpark, Mietstation Leipämäki
Länge/Dauer: ca. 37 km; 3 Tage
Beste Jahreszeit: Mai–Sept. Im Juli sind der See Haukivesi und die Nationalparks Linnansaari und Kolovesi gut besucht, ideale Reisemonate sind daher Juni und August.
Touranbieter: Kolovesi Retkeily Canoe Outfitters KG, Pirttimäentie 1451, 58300 Savonranta, Tel. 040-558 91 63, www.sealtrail.com; das Basislager des Unternehmens, Leipämäki, ist von Mai bis Ende Sept. Mo–Fr 9–17, Sa, So 10–18 Uhr geöffnet; Abholung/Rückgabe der Ausrüstung 9–20 Uhr.
Kosten: Bei Touren auf eigene Faust: z. B. 2er-Kanadier 35 €, 3er-Kanadier 45 €, 1er-Seekajak 25 €, 2er-Seekajak 40 €/Tag; es gibt auch Paddel-Komplettpakete.
Unterkunft: Der Touranbieter und seine Partner vermitteln Unterkünfte entlang des gesamten Seal Trail-Routennetzes.
Infos: Seal Trail-Besucherhandbuch, als PDF unter www.sealtrail.com

Mikkeli (St. Michel)

Weit über die Landesgrenzen hinaus genießt die Finnische Seenplatte um den Saimaa einen Ruf als Eldorado für Kanu- bzw. Kajakfans. Besonders attraktiv sind dabei der **Linnansaari-Nationalpark** (s. S. 296) und der 1990 gegründete **Kolovesi-Nationalpark,** die zu den wertvollsten Naturreservaten in Nordeuropa zählen. Das Kernstück der beiden durch Wasserstraßen miteinander verbundenen Nationalparks bildet jeweils ein imposanter See; außer diesen riesigen Wasserflächen gibt es aber auch jede Menge kleinerer, geschützter und generell ruhiger Gewässer, mit langen und schmalen, fjordähnlichen Buchten sowie gewundenen Flüssen und Kanälen. Ausgedehnte Binnenarchipele, ansehnliche Berge mit steilen Felswänden, alte, urwüchsige Wälder und historische Felszeichnungen – das sind nur einige der natürlichen und kulturellen Highlights, die die Region als eine ›nationale Perle‹ der Saimaa-Seenplatte ausweisen. Hinzu kommt, dass dieses einmalige Ökosystem auch als Refugium für viele Vogelarten – u. a. Möwen, Gänsesäger, Prachttaucher und Fischadler – dient, außerdem kann hier eine der seltensten Tierarten der Welt beobachtet werden, die Saimaa-Ringelrobbe. All das macht die zwei Naturschutzgebiete zu einem wunderbaren ›Wasserpark‹ und zu einer unvergesslichen Kulisse für einen Paddelausflug, interessant sowohl für Einsteiger und Familien mit Kindern, Senioren, Angler und Fotografen, als auch für erfahrene und anspruchsvolle Paddelsportler.

Sie alle können vom **Seal Trail** profitieren, einem Kanuroutensystem, das einige der schönsten Touren in ganz Nordeuropa umfasst und geradezu unendliche Möglichkeiten bietet, einen Paddelausflug ganz nach den eigenen Vorstellungen, Fertigkeiten und Bedürfnissen zu gestalten. Spezialanbieter wie Kolovesi Retkeily Canoe Outfitters haben ein- bis mehrtägige Touren im Programm, die alle von See zu See oder durch abgelegene Naturgebiete führen. Familien oder Paddler, die es gemächlicher angehen lassen wollen, können eine Tour über ruhige Flüsse, durch Teiche und kleine Seen wählen. Entlang der Route findet man fast überall markierte Lager- und Ankerplätze, und vielerorts auch schöne Rastplätze für ein Picknick oder eine erfrischende Schwimmpause. Eine etwas anstrengendere, aber ideale Route, um den Kolovesi-Nationalpark kennenzulernen, ist die 37 km lange, auf dem Seal Trail als **Kolovesi-Tour** ausgewiesene, für die man sich drei Tage Zeit nehmen sollte. Sie startet im Basislager **Leipämäki** in der Gemeinde **Savonranta**, im nordöstlichen Zipfel des Saimaa-Seengebiets, ca. 390 km von Helsinki entfernt. Von hier aus hat man einen direkten Zugang zu den Paddelgebieten **Kolovesi, Joutenvesi** und **Linnansaari**, außerdem kann man sich zu allen Einstiegstellen der Touren im Gebiet **Heinävesi, Enonkoski** und **Savonranta** transportieren lassen.

Ein solcher Trip wird von den Spezialveranstaltern als Pauschalreise in kleinen Gruppen mit Mahlzeiten, Campingausrüstung, ausgebildeten Kanuführern und komplett ausgerüsteten Kanus bzw. Kajaks angeboten, z. T. schließt der Preis auch Übernachtungen vor und/oder nach der Reise sowie Shuttle-Transport zum Ausgangspunkt des Ausflugs ein. Grundsätzlich kann man den Seal Trail natürlich auch auf eigene Faust befahren, wobei man das Kanu oder Kajak mit kompletter Ausrüstung von den lokalen Ausstattern mietet. Für ausgefallenere Routen sollte man die Hilfe der örtlichen Guides in Anspruch nehmen, denn in manchen einsamen und wenig befahrenen Paddelgewässern gelangt man schnell in einen Irrgarten aus felsigen Inseln, Wasserwegen und Buchten, in dem man ohne Kompass und genaues Kartenmaterial leicht verloren geht. Auch sonst ist es ratsam, die Reise u. a. mithilfe des Seal Trail-Routenplaners gewissenhaft vorzubereiten. Er enthält Infos über das gesamte Seensystem mit allen Ausgangspunkten der Ausflüge, Anlandestellen, markierten Campingplätzen, Schutzgebieten, Sehenswürdigkeiten, Serviceeinrichtungen, Portagen und alternativen Paddelrouten.

Kapitel 4

Kainuu und Nordkarelien

Zwischen Bottnischem Meerbusen im Westen, Lappland im Norden, Karelien im Osten und der eigentlichen Seenplatte im Süden liegt die Landschaft Kainuu. Sie stellt die Mitte des Landes dar, in ihren dichten Wäldern sagen sich noch Vielfraß, Luchs und Braunbär »Gute Nacht«. Die Naturschätze der Region sind in mehreren Nationalparks geschützt, unter denen der Oulanka-Nationalpark herausragt. Doch Finnlands Mitte besteht heutzutage nicht nur aus weitem Waldland. Es entstanden lokale Zentren wie Kuopio und Kajaani, die Charme haben und auch kulturell etwas bieten. Klöster, Kapellen und Kirchen künden von der starken Verwurzelung der Ostkirche in der Region.

Ganz weit im Osten, vor und hinter der russischen Grenze, liegt Karelien. Diese historische Provinz ist nicht nur die östlichste des Landes, sondern auch die östlichste Region Westeuropas. Eine Schnittstelle also, die von beiden Seiten kulturell beeinflusst wurde, die deswegen aber auch leidvolle Erfahrungen machen musste. Über lange Zeit hinweg endeten nach dem Weltkrieg an der stark bewachten Grenze alle Wege, heute funktioniert der kleine Grenzverkehr und bietet Chancen zur Annäherung und wirtschaftlichen Weiterentwicklung auf beiden Seiten. Jenseits aller ökonomischen Überlegungen verkörpert diese Landschaft für die Finnen aber in vielerlei Hinsicht die ureigene Seele Suomis, eine noch unverfälschte Natur und Kultur.

Finnlands Mitte: unendlich weites Waldland

Auf einen Blick: Kainuu und Nordkarelien

Sehenswert

Kuopio: Die auf einer Landzunge im Kallavesi-See gelegene Stadt, Sitz des Metropoliten und eines eindrucksvollen Kirchenmuseums, lockt mit einem wunderschönen Umland und reichem kulturellen Leben (s. S. 309).

Hossa: In den Weiten Nordostfinnlands kann man bei Hossa fantastisch angeln, wandern und Skilanglauf betreiben – und sich auf die Suche nach prähistorischen Felszeichnungen begeben (s. S. 334).

Oulanka-Nationalpark: Der Nationalpark ist ein Outdoor-Paradies, das Wanderern, Kanuten und Anglern gleichermaßen ideale Bedingungen bietet. Hier sollte man bei gutem Wetter wenigstens einen Tag für sportliche Aktivitäten einplanen (s. S. 336).

Schöne Routen

Von Pieksämäki nach Kajaani: Eine abwechslungsreiche Fahrt durch einen Flickenteppich von Buchten, Inseln, Wäldern und Seen (s. S. 304).

Straße der Runen und Grenzen: Ganz im Osten führt diese wunderschöne Strecke parallel zur russischen Grenze durch die tiefen nordkarelischen Wälder in Richtung Norden (s. S. 321, 330).

Unsere Tipps

Kloster Uusi-Valamo: Hier hat man es mit einem spirituellen Außenposten der Ostkirche zu tun – angesichts der vergoldeten Zwiebeltürme der Klosterkirche fühlt man sich nach Russland versetzt (s. S. 308).

Markt in Kuopio: In der hübschen Jugendstilmarkthalle kann man karelische Spezialitäten wie Kalakukko erwerben, ein herzhaftes Roggenbrot mit Schweinespeck und eingebackenem Barsch (s. S. 310).

Koli-Berge bei Lieksa: Von den kahlen, bis zu 347 m hohen Bergkuppen bieten sich einige der schönsten Panoramablicke des Landes, die immer auch Künstler magisch angezogen haben (s. S. 324).

König der Wälder – der Braunbär

Aktiv

Bärenbeobachtung bei Kuhmo: Der König der Wälder lässt sich nirgendwo besser in freier Wildbahn beobachten als im Nordosten Finnlands (s. S. 328).

Wandern auf der ›Bärenrunde‹: Auf dem 80 km langen Wanderweg im Oulanka-Nationalpark erlebt man die faszinierendsten Landschaftsformen der Region (s. S. 338).

Durch Finnlands Mitte in den Norden

Oberhalb der eigentlichen finnischen Seenplatte setzt sich deren landschaftliche Schönheit fort – im Flickenteppich von Buchten, Inseln, Landbrücken, Wäldern und Seen wie Pihlajavesi, Haukivesi, Puruvesi, Orivesi, Pyhäselkä, Kallavesi oder Haapajärvi. Naturgenuss pur wartet also auf Besucher, die die Region zwischen Savonlinna im Süden und Kajaani oder Suomussalmi im Norden erkunden.

Route nach Kuopio

Karte: S. 305

Pieksämäki ▶ 1, J 3

www.visitpieksamaki.fi
Wer von den Großstädten des Südens (Helsinki, Tampere, Turku) zügig nach Norden fahren will, tut das am besten über die E 75 bzw. E 63. Beide Strecken treffen sich am oberen Ende des Päijänne-Sees bei Jyväskylä (s. S. 279). Von dort sind bei der Weiterfahrt nach Kuopio auf den ersten gut 40 km E 63 und Straße 23 identisch, verlaufen parallel zur Eisenbahn nach Osten und passieren in Lievestuore den aufwendig gebauten Rastplatz Lasilandia (Glasland) mit Restaurant, Hotel und Glasbläserei. Der schnellste Weg ist dann weiterhin die E 63 (Straße 9), während die längere, aber reizvollere Straße 23 nach Osten abzweigt. Auf dieser gelangt man nach **Pieksämäki** 1, einer typisch mittelfinnländischen Kleinstadt mit breiten Straßen, die von niedrigen Häusern gesäumt werden.

Einige Hotels und Campingplätze, ein Puppenhaus mit Puppenmuseum und -theater, vor allem aber viel Ruhe in einer seenreichen Umgebung, das ist das touristische Angebot des Ortes. Sehenswerte moderne Architektur gibt es aber auch, etwa das **Kulturzentrum Poleeni** (Savontie 13, www.poleeni.fi), das von vorne nur wie eine dünne Wand wirkt. Wie funktional und gleichzeitig schön das 1989 von Kristian Gullichsen entworfene Gebäude ist, erschließt sich am besten bei einer Besichtigung der hellen Ausstellungsräume und der Bibliothek.

Varkaus ▶ 1, K 3

www.visitvarkaus.fi
Der nächste größere Ort heißt **Varkaus** 2, hat rund 22 000 Einwohner und lebt unübersehbar von der Holz verarbeitenden Industrie, wie die Sägewerke sowie Papier- und Kartonagefabriken zeigen. Die 200 Jahre währende Industriegeschichte des Ortes wird auf geführten Touren erläutert. Mit einigen Hotels, Pensionen und Campingplätzen in der Umgebung bietet er sich für eine Zwischenübernachtung an. Auch gibt es einiges zu sehen. Etwa eine lutherische Kirche aus dem Jahr 1939 mit einem riesigen Altarfresko, eine orthodoxe Kirche, ein Stadtmuseum, ein Kunstmuseum und ein Kanalmuseum. Letzteres befindet sich am 160-jährigen Taipale-Kanal und hat mit der Via Canalia einen **Museumspfad,** auf dem man an schönen Sommertagen herrlich spazieren gehen und eine Werkstatt, Oldtimerboote oder das Treiben auf dem Kanal beobachten kann.

Museum für mechanische Musik

Pelimanninkatu 8, Tel. 010-239 03 80, www.mekaanisenmusiikinmuseo.fi, Juni Di–So 11–18, Juli tgl. 11–18, sonst Di–Sa 11–18 Uhr, Mitte Dez.–Feb. geschl., Erw. 14 €

Die größte Sehenswürdigkeit – sie ist einzigartig im Norden und wurde mehrfach ausgezeichnet – ist das Museum für mechanische Musik. Akkordeons, Drehorgeln, Geigen, Klaviere und mehr als 250 weitere Wunder der mechanischen Tonwelt von 1850 bis heute sind hier visuell wie akustisch zu bewundern. Vom Parkplatz des Museums führt ein Pfad in 200 m zu einem Vogelbeobachtungsturm am östlichen Ufer des Mula-Sees.

Wasserturm

Nakskovinkatu 8, Tel. 040-706 95 80, Juni–Ende Aug. tgl. 12–20 Uhr, Eintritt frei

Dass die Stadt von viel Wasser umgeben ist, beweist der Blick von der Aussichtsterrasse des Wasserturms (mit Café). Das 45 m hohe Gebäude wird man leicht finden, aber nur schwer als Wasserturm erkennen. Denn der moderne Turm ist bewohnt, d. h. er befindet sich innerhalb eines regulären Hochhauses.

Leppävirta 3

www.leppavirta.fi

Knapp 70 km sind es auf der Straße 5 von Varkaus nach Kuopio, wobei die letzten 15 km autobahnähnlich ausgebaut sind. Unterwegs passiert man Leppävirta, einen kleinen Urlaubsort am See. Er ist bekannt wegen seines herrlichen **Sport- und Spahotels,** das mit diversen Saunas, Pools und einer 32 m langen Wasserrutsche aufwartet (Vokkolantie 1, Tel. 029-170 01 70, www.vesileppis.fi, DZ ab 120 €).

Lintula (Lintulan luostari)
▶ 1, L 2

Palokki, Honkasalontie 3, Tel. 02 06-10 05 00, www.lintulanluostari.fi, Mai–Aug. tgl. 9–18 Uhr

Überall im Osten, vor allem aber in Karelien, kann man Bekanntschaft mit der ortho-

Die orthodoxe Kirche und die Finnen

In den meisten finnischen Städten sind West- und Ostkirche eng benachbart, entweder als entgegengesetzte Endpunkte derselben Straße oder nur durch einen Park getrennt. Nicht immer sind die Ostkirchen sofort an der Architektur zu erkennen, beispielsweise in Turku, wo das Zentrum der Orthodoxie von C. L. Engel als klassizistischer Rundbau gestaltet wurde.

Die Vielzahl der orthodoxen Kirchen und Gebetshäuser *(tsasounas)* täuscht über die Bedeutung des orthodoxen Christentums in Finnland hinweg. Gerade einmal 56 000 Mitglieder, also nur rund 1 % der Bevölkerung umfasst die Gemeinde. Trotzdem bilden die finnisch-orthodoxe und die evangelisch-lutherische die beiden Staatskirchen – obwohl die Republik laut Verfassung eigentlich ein konfessionsloser Staat ist.

Warum die Ostkirche zumindest baulich in Finnland so stark vertreten ist, lässt sich aus der Zugehörigkeit zum russischen Reich ab dem Jahr 1809 erklären. Der Zar wollte sein Großfürstentum mit Gotteshäusern seines Glaubens schmücken und seine Beamten und Soldaten sollten ihren Ritus in gewohnter Umgebung ausüben können. Zwar wurden also in jener Zeit die meisten orthodoxen Kirchen gebaut, doch geht die Geschichte dieser Glaubensrichtung in Finnland viel weiter zurück. Seit der Kirchenspaltung im Jahre 1054 ist das Christentum in eine abend- und eine morgenländische Richtung getrennt. Beide Kirchen versuchten, ihren Einfluss auszudehnen und noch heidnische Gebiete in ihrem Sinne zu missionieren. Dazu gehörten auch die am Rande Europas lebenden Finnen, die nun zwangsläufig und fast gleichzeitig zum Objekt von Christianisierungsversuchen aus beiden Richtungen wurden.

Bereits im 12. Jh. war das Valamo-Kloster auf einer Insel im Ladoga-See gegründet und damit karelisches (also finnisches) Siedlungsgebiet erreicht worden. Zur gleichen Zeit stießen die Schweden auf ihren Kreuzzügen von Westen her vor. Wie immer in der Kirchengeschichte ging es auch und vor allem um politische Macht, in diesem Fall um die Einflusssphäre von Schweden auf der einen und von Nowgorod auf der anderen Seite. Beide Mächte stießen in Karelien aufeinander, das über Jahrhunderte hinweg zum Zankapfel und Spielball zwischen Ost und West wurde.

Besonders schlimm erging es den Kareliern im 17. Jh., als die schwedische Großmacht alle Orthodoxen zum lutherischen Glauben zwangsbekehrte. Unter umgekehrten Vorzeichen erklärte man die karelischen Gemeinden 1764 zu einem Teil der Diözese St. Petersburg, deren Metropolit das Oberhaupt der russischen Kirche war. Erst als 1809 ganz Finnland in das russische Reich integriert wurde, begannen – auch im religiösen Sinn – friedlichere Zeiten. Kurz darauf entwickelte sich eine eigene nationale Richtung der Orthodoxie – nicht mehr Kirchenslawisch, sondern Finnisch wurde bei der Liturgie verwandt. Die Bestrebungen mündeten in der Errichtung einer eigenen finnisch-orthodoxen Diözese im Jahre 1892. Als Finnland unabhängig wurde, respektierte die lutherische Mehrheit die vorwiegend in Karelien lebenden Orthodoxen und gestand ihnen den Rang einer zweiten Staatskirche zu. Obwohl in der Sowjetunion Kirchen und Klöster geschlossen wurden, bestand das Patriarchat von Moskau weiter, doch aus verständlichen Gründen ordnete sich das orthodoxe Erzbistum Finnland dem ökumenischen Patriarchen in Istanbul unter. Durch die Kriege 1939–1944 fand

Mönch im Kloster Uusi-Valamo

die Entwicklung eine jähe Unterbrechung. Karelien, der traditionelle Wohnort der Orthodoxen, war an die Sowjetunion gefallen und damit ca. 170 Kirchen und Bethäuser sowie 92 % des kirchlichen Eigentums.

Der Flucht von Gläubigen, Mönchen und Nonnen folgte eine Zerstreuung der Ostkirche über Finnland. Eine Sonderrolle spielte lange das von geflohenen Mönchen gegründete Kloster Uusi-Valamo, das sich als Keimzelle des Konservatismus weder vom Moskauer Patriarchen, noch von der kirchenslawischen Sprache, noch vom julianischen Kalender lösen wollte. Erst 1970 gingen auch dessen eigensinnige Mönche wieder in allen Belangen mit der finnisch-orthodoxen Kirche konform. Im Nachkriegs-Finnland fand die orthodoxe Kirche großzügige staatliche Unterstützung, u. a. beim Bau von 13 Kirchen und 44 Bethäusern. Anstelle von Wyborg wurde Kuopio als Sitz des Erzbischofs ausgewählt, von wo aus Mittel- und Ostfinnland verwaltet werden; Südfinnland untersteht der Diözese Helsinki, West- und Nordfinnland der Diözese Oulu.

Bei aller Zersplitterung lebt die orthodoxe Tradition in Ostfinnland am stärksten fort, wo sich nach 1944 die meisten Karelier niederließen. In Städtchen wie Ilomantsi oder Nurmes, vor allem aber in den kleinen karelischen Dörfern an der russischen Grenze gehört das orthodoxe Leben zum unverwechselbaren regionalen Kolorit. Und auch die farbenprächtigen *praasniekka*, Weihefeste zu Ehren des jeweiligen Kirchenpatrons und Höhepunkte des orthodoxen Kirchenjahres, sind Ausdruck eines tief verwurzelten karelischen Glaubens.

doxen Kirche machen. In der Region zwischen Varkaus und Joensuu zeichnen sich hierfür zwei Klöster aus, die beide nahe zur Straße 23 und am Ufer des Kermajärvi liegen. Durch deren Besuch findet man auch Zugang zur slawischen bzw. byzantinischen Kultur an der russischen Grenze und in ganz Ostfinnland.

Die nördlich der Straße 23 gelegene und auf einer ausgeschilderten kleinen Stichstraße erreichbare **Klosteranlage Lintula** 4 wirkt auf den ersten Blick modern. Kaum etwas erinnert daran, dass es sich hier um ein orthodoxes Kloster handelt, dessen Nonnen beispielsweise die Bienenwachskerzen für sämtliche orthodoxen Kirchen Finnlands herstellen. Doch ein Spaziergang durch den gepflegten Garten bis zur Kapelle, ein Besuch der Kirche und vor allem ein Gespräch mit den Nonnen im Café oder am Souvenirstand macht deutlich, dass man es hier mit einem spirituellen Außenposten der Ostkirche zu tun hat.

Uusi-Valamo ▶ 1, L 2

Valamontie 42, Tel. 017-57 01 11, www.valamo.fi, tgl. 8–18, im Sommer bis 21 Uhr

Besser noch und auch architektonisch fassbar wird dies im benachbarten **Mönchskloster von Uusi-Valamo** 5 . Auch hier ist der Eindruck zunächst neuzeitlich: Verbotsschilder für Raucher und unpassende Kleidung und ein großer Parkplatz empfangen den Besucher. Nachdem man sich aber über eine Brücke der weitläufigen Anlage genähert und die vergoldeten Zwiebeltürme der Kirche erblickt hat, fühlt man sich unwillkürlich nach Russland versetzt.

Tatsächlich ist das Mönchskloster ein Ableger von Valamo, das seit dem 12. Jh. auf einer Insel im Ladoga-See existierte und seit jeher ein Zentrum des orthodoxen Glaubens war. 1940 verließen nach dem Winterkrieg etwa 200 Mönche das berühmte Kloster und ließen sich hier am Juojärvi nieder. Die Gründer von Uusi-Valamo (Neu-Valamo) sind inzwischen alle gestorben, doch durch die finnischen Novizen, die gerade in den letzten Jahren wieder zahlreicher Einkehr und Askese suchen, lebt ein Stück der altrussischen Kultur weiter.

Besuchern, die an ihrem Leben teilhaben wollen, bieten die Mönche im eigenen Klosterhotel Unterkunft. Wer nur einen kurzen Einblick gewinnen möchte, sollte sich die Kirche von 1977 und die sakralen Schätze im **Orthodoxen Museum** anschauen, insbesondere den vergoldeten und stolze 800 kg schweren Kronleuchter sowie die wertvolle Ikone der Muttergottes.

Kuopio ▶ 1, K 2

Karte: S. 305

Das auf einer Landzunge im Kallavesi-See gelegene **Kuopio** 6 bietet fast schon Großstadtleben – immerhin ist es mit rund 108 000 Einwohnern die achtgrößte Stadt des Landes. Der Ort, der von Generalgouverneur Per Brahe bereits im 17. Jh. gegründet wurde, zeigt sich heute überwiegend modern und dynamisch. Als die Schweden die alten Landschaften Savo und Karelien zu einer Provinz zusammenfassten, wurde Kuopio zu deren Hauptstadt auserkoren und erhielt 1782 unter Gustav III. die entsprechenden Privilegien. Für ganz Ostfinnland spielt die Stadt eine wichtige Rolle als Verwaltungs-, Geschäfts-, Ausbildungs- und Kulturzentrum. Sie ist Sitz einer Universität, eines lutherischen Bischofs und des einzigen orthodoxen Erzbischofs (Metropoliten) des Landes.

Abgesehen von der wunderschönen Umgebung ist Kuopio für Besucher wegen des vielfältigen kulturellen Lebens interessant,

Der aus Turku stammende Architekt F. A. Sjöström entwarf das Rathaus von Kuopio

Durch Finnlands Mitte in den Norden

wozu die berühmten Tanzfestspiele ebenso gehören wie eine Reihe wichtiger Museen, genauso aber auch wegen der vorzüglichen Infrastruktur mit einem guten Dutzend Hotels, Campingplätzen und einer lebhaften Pub- und Restaurantszene. Gegenwärtig steht der Aufbau eines europäischen Wellness- und Medienzentrums im Fokus. Es ist beabsichtigt, dass in diesem Zentrum Forschung, Wirtschaft und Tourismus Hand in Hand arbeiten und dass in bestens ausgestatteten Krankenhäusern hochklassige Fachärzte (u. a. für Herz- und Gefäßkrankheiten) der westlichen und chinesischen Medizin zur Verfügung stehen.

Zentrum

Marktplatz und Umgebung

Zentrum von Kuopio und der ganzen Region ist der **Marktplatz,** einer der größten Finnlands, mit seiner hübschen **Jugendstilmarkthalle.** Zu den typischen Spezialitäten, die hier angeboten werden, gehört *kalakukko*, ein herzhaftes Roggenbrot mit eingebackenem Barsch, oft mit Schweinespeck verfeinert.

An der Nordseite sieht man das 1884 im Stil der Neorenaissance errichtete **Rathaus**, in dessen unmittelbarer Nähe sich auch die **Touristeninformation** befindet. Einige von Kuopios wichtigsten Sehenswürdigkeiten passiert man auf einem Spaziergang entlang der Kauppakatu, die vom Südende des Marktplatzes in Richtung Passagierhafen verläuft. Nach nur wenigen Metern kommt man hier zum lutherischen **Dom,** der 1815 inmitten eines schönen Parks erbaut wurde (im Sommer tgl. 10–17, sonst 10–15 Uhr).

Kunstmuseum

Kauppakatu 35, Tel. 017-18 26 33, www.taidemuseo.kuopio.fi, Di–Sa 10–17 Uhr, Erw. 6 €
Dem Dom gegenüber liegt das Kunstmuseum, ein 1907 eröffnetes und 2005 aufwendig restauriertes Haus, das eine beachtliche Sammlung moderner wie älterer finnischer Kunst sowie sehenswerte Jugendstilfresken beherbergt.

Viktor-Barsokewitsch-Fotografiezentrum

VB-Valokuvakeskus, Kuninkaankatu 14–16, Tel. 044-744 64 24, http://vb.kuopio.fi, im Sommer Mo–Fr 10–18, Sa, So 11–16, sonst Di–Fr 11–17, Sa, So 11–15 Uhr, Erw. 8 €
Ein architektonisch ebenfalls interessantes Museum zur Stadtgeschichte befindet sich nur einen Block entfernt auf derselben Straßenseite. Östlich des Doms quert die Kuninkaankatu die Kauppakatu und führt in südlicher Richtung zunächst zum Viktor-Barsokewitsch-Fotografiezentrum. In dem über 100-jährigen Holzhaus wird ein repräsentativer Querschnitt der Fotokunst gezeigt, wobei man neben finnischen auch auf eine Reihe international bekannter Namen stößt.

Freilichtmuseum Alt Kuopio

Kuopion Korttelimuseo, Kirkkokatu 22, www.korttelimuseo.kuopio.fi, Mitte Mai–Aug. Di–So 10–17, sonst Di–Fr 10–15, Sa, So 10–16 Uhr, Erw. 6 €
Einen Straßenblock weiter sind an der Kirkkokatu mehrere Holzhäuser aus der Zeit der Stadtgründung erhalten, die im Freilichtmuseum Alt Kuopio besichtigt werden können. In sechs der aus dem 18./19. Jh. stammenden Häuschen sind noch die originalen Wohnungen zu sehen, daneben außerdem Werkstätten, ein Apothekenmuseum und ein Museumscafé.

Snellman-Museum

Snellmaninkatu 19, http://snellmanmuseo.kuopio.fi, Mitte Mai–Aug. tgl. 10–17, Erw. 4 €
In der Nähe des Freilichtmuseums kann man das Wohnhaus des Philosophen und Staatsmanns J. V. Snellman (1806–1881) besuchen, das als nach ihm benanntes Museum noch die originale Einrichtung und Möblierung zeigt.

Nikolauskathedrale

Nur einen Steinwurf vom Freilichtmuseum entfernt breitet sich ein großer, quadratischer Park mit altem Baumbestand aus. Im Süden wird er vom hochherrschaftlichen Gebäude der Provinzverwaltung flankiert und im Südosten von der orthodoxen Nikolauskathedrale (Pyhän Nikolaoksen katedraali), die ab 1902 errichtet wurde. Als Sitz des Metropoliten, d. h. des finnischen orthodoxen Erzbischofs, ist sie für alle Mitglieder der Ostkirche von großer Bedeutung.

Orthodoxes Kirchenmuseum

Karjalankatu 1, Tel. 02 06-10 02 66, www. ortodoksinenkirkkomuseo.fi, Di–Sa, 12–16 Uhr, Erw. 10 €

Etwas weiter vom Zentrum entfernt befindet sich im Norden eins der wichtigsten Highlights eines jeden Kuopio-Besuchs: Das vor Kurzem umgebaute Orthodoxe Kirchenmuseum findet man auf der Karjalankatu unmittelbar an der Auffahrt zur E 63. Die Sammlung dieser in Westeuropa einzigartigen Institution umfasst wertvolle Sakralgegenstände der orthodoxen Kirche, u. a. Reliquien, Geschenke der Zaren, Kirchengewänder und Ikonen aus dem 17. bis 19. Jh. Ein Großteil des Bestandes stammt aus karelischen Klöstern wie Wyborg, Petsamo und Alt Valamo, die im Zweiten Weltkrieg an die Sowjetunion gefallen waren.

Außerhalb des Zentrums

Passagierhafen

Östlich der Stadtmitte sollte man den Besuch des Passagierhafens nicht versäumen. Immerhin ist Kuopio das Zentrum des Binnenseeverkehrs und außerdem Heimathafen von Finnlands größter Ausflugsdampferflotte. Dementsprechend geht es hier während der Sommerwochen immer hoch her, insbesondere rund um den ehemaligen Zollpavillon mit dem populären Kneipen-Restaurant Wanha Satama.

Puijo-Hügel

Aussichtsturm Puijo, Tel. 017-255 51 02, www.puijo.com, Mo–Do 11–19, Fr, Sa 11–21, So 11–18 Uhr, Erw. 6 €

Jenseits der Autobahn erhebt sich der Puijo-Hügel, bekrönt von einem 1963 gebauten Betonturm mit Drehrestaurant und **Aussichtsplattform.** Bei 307 m ü. N. N. bzw. 224 m über dem See genießt man hier einen fantastischen Panoramablick über die Stadt sowie die unendlich scheinenden Wälder und Gewässer der Umgebung.

Die Umgebung wird von Einwohnern und Gästen für alle möglichen Sportarten genutzt. Hier gibt es zahlreiche **Wanderwege, Loipen** und nicht zuletzt das **Skizentrum** mit einer eindrucksvollen Sprungschanze, die schon Schauplatz von Weltmeisterschaften war.

Freizeitgelände Rauhalahti

Katiskaniementie 8, www.rauhalahti.fi/de

Etwa 5 km südlich des Zentrums geht es auf dem Freizeitgelände Rauhalahti immer ziemlich turbulent zu. Außer drei Hotels, einem 5-Sterne-Campingplatz, Sandstrand, Bootsverleih und vielem mehr zieht das **Wellness- und Spaßbad** die Besucher an. Auch haben der Bär Uppo-Nalle und seine Freunde Kumma, Reetta und Laulava Lintukoira hier ihre Heimat, allesamt Lieblinge vieler finnischer Kinderzimmer. Seit Elina Karjalainen vor über 25 Jahren ihr erstes Uppo-Nalle-Buch in Kuopio veröffentlichte, ist die Popularität dieser Kinderbuchreihe ungebrochen und wird im Lande nur von Tove Janssons »Geschichten aus dem Mumintal« übertroffen. Die Gestalten werden von Schauspielern dargestellt und agieren während des Sommers in einem Freilichttheater.

Johanniskirche

Auf der anderen Seite des Zentrums, im nördlichen Ortsteil Männistö, kann man nahe der E 63 auch noch ein interessantes Beispiel der neueren finnischen Architektur besichtigen: die 1992 fertiggestellte und preisgekrönte Johanniskirche des Architekten Juha Leiviskä, die sich vor allem durch die unglaublich helle Stimmung ihres Kirchenraums auszeichnet.

Infos

Kuopio Info: Haapaniemenkatu 22, 70110 Kuopio, Tel. 017-18 25 84, www.visitlakeland.fi, Juni–Aug. Mo–Fr 9.30–17, Juli auch Sa 9.30–15, sonst Mo–Fr 9.30–16 Uhr.

Durch Finnlands Mitte in den Norden

Fantastisch ist der Blick vom Drehrestaurant im 75 m hohen Aussichtsturm auf dem Puijo-Hügel

Übernachten

Breites Spektrum an Unterkünften – **Rauhalahti Spa:** Katiskaniementie 8, Tel. 030-608 31 00, www.rauhalahti.fi. Große Spa- und Freizeitanlage mit unterschiedlichen Quartieren: **Spa-Hotel** mit 106 komfortablen Zimmern (DZ ab 80 €), **Apartment-Hotel:** Neuere Anlage mit 40 Apartments für 1–5 Pers. sowie 6 Luxusapartments über 2 Etagen mit Privatsauna (126–320 €), **Hostel** mit 26 einfachen Zimmern (DZ 92 €). Außerdem tropisches Erlebnisbad mit Pools, Fitnessräumen und der größten Rauchsauna der Welt, Restaurants, breites Sportangebot, Verleih von Kanus, Fahrrädern, Skiern etc.

Zentrales Businesshotel – **Hotel Puijonsarvi:** Minna Canthin katu 16, Tel. 010-762 95 00, www.sokoshotels.fi. Vielseitiges Haus der Sokos-Gruppe, 300 Zimmer der oberen Mittelklasse, Restaurant, Bistro, Nachtclub. DZ ab 120 €.

Etwas außerhalb – **Hotel Savonia:** Sammakkolammentie 2, Tel. 017-255 51 00, www.bestwestern.fi. 1,5 km vom Stadtzentrum entfernt gelegenes, solides Haus der Best-Western-Kette mit 71 komfortablen Zimmern und Suiten sowie einem sehr guten Restaurant, Cafeteria. DZ ab 100 €.

Ruhig und familiengeführt – **Hotelli Jahtihovi:** Snellmaninkatu 23, Tel. 017-264 44 00,

Kuopio

www.jahtihovi.fi. Zentral gelegenes, unspektakuläres Gästehaus mit 25 Zimmern, Bar und gutem Restaurant »Jahtihovi«. DZ 69–114 €.
Camping – **Kuopio Camping Rauhalahti:** Kiviniementie, Tel. 017-47 30 00, www.rauhalahti.com. 5-Sterne-Platz neben dem Spa-Hotel, mehrfach ausgezeichnet. Zelt- und Caravanstellplätze, Ferienhäuser für 2–4 Pers., Restaurant, Badestrand, Supermarkt, Bootsverleih. Hütten ab 33 €.

Essen & Trinken

Im Gewölbekeller – **Musta Lammas:** Satamakatu 4, Tel. 017-581 04 58, Mo–Sa 17–24 Uhr. Gaststätte in den Gewölben einer ehemaligen Brauerei, für Gourmets die wohl beste Adresse am Ort und seit 1862 eine Institution. Hauptgerichte ca. 30 €.
Drehrestaurant – **Puijon Torniravintola:** Puijo, Tel. 017-255 52 55, www.puijo.com, tgl. 11–23 Uhr. Beste ost- und nordfinnische Küche bei fantastischer Aussicht. Hauptgerichte ca. 30 €.
Traditionslokal – **Sampo:** Kauppakatu 13, Tel. 017-261 46 77, tgl. 11–22 Uhr. Stimmungsvolle, alteingesessene Gaststätte mit lokalen Spezialitäten, vorzüglich zubereitete Zwergmaränen. Hauptgerichte 16–28 €.

Abends & Nachts

Kuopios Nachtleben ist erstaunlich vielseitig. Vor allem am Hafen, auf der Käsityvökatu und auf der Kauppakatu findet man Nachtcafés, Restaurants, Diskos und Clubs, oft gleich mehrere Adressen unter einem Dach (z. B. das **Gloria** in der Kauppakatu 18).
Beliebter Treffpunkt – **Wanha Satama:** Matkustajasatama, Tel. 010-762 97 23. Stets gut besuchtes und entsprechend quirliges Lokal im ehemaligen Zollpavillon des Passagierhafens mit großer Terrasse, Bier, Wein und rustikalem Essen bis spät abends. Hauptgerichte 15–20 €.

Aktiv

Bootsausflüge – Ende Juni–Anf. Aug. Di, Do, Sa 9 Uhr Abfahrt des **Wasserbusses** nach Savonlinna, Ankunft 21 Uhr, Rückfahrt am nächsten Tag, Erw. ab 150 €, Tagestour 95 €. Angebote zu Minikreuzfahrten auf der Seenplatte. Adressen von **Fahrrad-, Boots- und Autoverleihfirmen** beim Fremdenverkehrsamt (Kuopio-Info).

Termine

Tanzfestspiele Kuopio (Kuopio tanssii ja soi): März. Ältestes und größtes Tanzfestival Skandinaviens, das während einer Woche Ballettstars und Volkstanzgruppen aus aller Welt versammelt (www.kuopiodancefestival.fi).

Verkehr

Flüge: Flughafen 17 km außerh. in Rissala, Tel. 017-461 62 53, www.finavia.fi, Flughafen-

Durch Finnlands Mitte in den Norden

bus u. a. vom Sokos-Hotel Puijonsarvi). Tgl. Linienflüge nach Helsinki.
Bahn: Hauptbahnhof auf der Asemakatu 1, Tel. 017-211 42 45; tgl. mehrere Zugverbindungen nach Jyväskylä, Oulu, Kotka, Helsinki, Joensuu und Kajaani.
Bus: Überlandbusse in alle Richtungen starten an der Puijonkatu 45 (Tel. 96 00–40 00).

Iisalmi (Idensalmi)
▶ 2, D 8

Karte: S. 305
Genau auf halber Wegstrecke auf der E 63 von Kuopio nach Kajaani liegt das Städtchen **Iisalmi** 7 (22 000 Einw.) am Porovesi. Dieser See ist der nördlichste Ausläufer der Saimaa-Seenplatte. Man kann also von Iisalmi genau wie von Kuopio auf Wasserwegen bis hinunter nach Lappeenranta reisen und durch den Saimaa-Kanal sogar bis zur Ostsee. Iisalmi, das 1860 als Marktort angelegt wurde und 31 Jahre später Stadtrechte bekam, ist keine Schönheit und deshalb kein Muss auf dem Weg nach Norden. Da die Europastraße aber den Ort in seiner ganzen Länge durchschneidet und dabei die eine oder andere Sehenswürdigkeit unmittelbar berührt, kann man eine kleine Besichtigungs- oder Erfrischungspause einlegen.

Direkt hinter der Brücke am südlichen Ortseingang geht links die Satamakatu ab, an deren Ende eine alte Brauerei mit Braureimuseum und Restaurant am **Hafen** liegt. Dieser ist Schauplatz des dreitägigen **Bierfestes Oluset,** das Anfang Juli stattfindet. Eine zweite Gaststätte, Kuappi, befindet sich nebenan – allerdings gibt es hier nur einen Tisch. Und da dieser nicht mehr als zwei Personen Platz bietet, darf sich Kuappi als kleinstes Restaurant der Welt bezeichnen.

Karelisches Orthodoxes Kulturzentrum
Evakkokeskus, Kyllikinkatu 8, Tel. 017-81 64 41, Juni–Aug. tgl. 9–15, sonst Mo–Fr 9–14 Uhr

Auf der anderen Seite der E 63 kommt man zum Karelischen Orthodoxen Kulturzentrum. Die Institution, der auch ein 28-Zimmer-Hotel angeschlossen ist, wurde 1989 mit dem Anspruch eingerichtet, das Kulturerbe des orthodoxen Karelien zu bewahren. An dem Gebäude sind byzantinische und russische Architekturelemente erkennbar, und im **Museum** wird eine Sammlung von Ikonen und Kultgegenständen gezeigt, die aus Kirchen, Klöstern und Gebetshäusern des heute russischen Karelien stammen. Etwa 80 weitere Werke dieser Art sind als Modelle zu sehen.

Kirchen

Zwei Querstraßen hinter dem Kulturzentrum kreuzt die Hauptstraße die Kirkkopuistokatu. Deren Endpunkte markieren im Westen die **lutherische Kirche** (1934) und im Osten die **orthodoxe Kirche** (1957), die mit Wandmalereien im Stil des 12., 13. und 14. Jh. geschmückt ist.

Der schönste Sakralbau von Iisalmi liegt am nördlichen Stadtrand. Direkt neben der E 63 erhebt sich die **Vanha kirkko** (Alte Kirche), ein erstaunlich großes Holzgebäude mit spitzer Laterne auf kreuzförmigem Grundriss. Sie stammt wie der frei stehende Glockenturm aus dem Jahr 1779, doch gab es an gleicher Stelle zwei Vorgängerkirchen (erbaut 1627 bzw. 1700). Der Besuch lohnt sich übrigens nicht nur für Architekturinteressierte, sondern auch wegen des riesigen Friedhofs mit vielen interessanten Grabsteinen und einer guten Aussicht auf den See Porovesi (Kirkkotie/E 63, Juni–Mitte Aug. tgl. 10–16 Uhr).

Weitere Sehenswürdigkeiten

Ansonsten gibt es neben einem Briefmarken- und einem Heimatmuseum noch das **Juhani-Aho-Museum,** das an den finnischen Schriftsteller erinnert (Ouluntie 37, Mitte Mai–Aug. tgl. 10–18 Uhr, Erw. 3 €).

Infos
City Tourist Office: Riistakatu 5, 74100 Iisalmi, Tel. 017-272 32 23, www.iisalmi.fi, Mo–Fr 9–16 Uhr.

Termine

Oluset: Anf. Juli. 3-tägiges Bierfest. Selbst die wortkargsten Finnen werden in feucht-fröhlicher Stimmung gesprächig (www.oluset.fi).

Verkehr

Bahn: Iisalmi ist der Knotenpunkt der Linie Kouvola–Kuopio–Kajaani und der hier abzweigenden Strecke nach Ylivieska mit Anschluss u. a. nach Oulu und Kokkola.
Bus: Tgl. mehrere Überlandbusse u. a. nach Oulu, Kokkola, Kajaani und Kuopio.

Kajaani ▶ 2, E 7

Karte: S. 305
Auf der 88 km langen, von Wäldern und Feldern gesäumten Strecke zwischen Iisalmi und **Kajaani** 8 überquert man die Wasserscheide zwischen der mittelfinnischen Seenplatte und dem Oulujoki, der in den Bottnischen Meerbusen mündet. Teile dieses nördlichen Fluss- und Seensystems sind auch der enorm große **Oulujärvi** und der **Nuasjärvi,** zwischen denen die heute 38 000 Einwohner zählende Stadt liegt. Der Kajaaninjoki als natürliche Verbindung der beiden Seen war immer schon von großer wirtschaftlicher und strategischer Bedeutung, Grund genug für den schwedischen König Karl IX., auf einer kleinen Insel 1604 eine Burg anzulegen. Die Siedlung, die sich in deren Schutz entwickelte, erhielt 1651 von Generalgouverneur Per Brahe die Stadtrechte.

Im Nordischen Krieg nahmen die Russen Kajaani ein und zerstörten es; seit dieser Zeit liegt auch die Burg in Ruinen. Für neuen Aufschwung sorgte im 19. Jh. der Teerhandel,

Wie in vielen finnischen Orten wird auch in Kajaani Eislochangeln betrieben – bevor es losgehen kann, muss man mit einem überdimensionalen ›Korkenzieher‹ das Loch ins Eis bohren

Durch Finnlands Mitte in den Norden

Das von C. L. Engel erbaute Rathaus von Kajaani wird heute als Kulturzentrum genutzt

der das sogenannte schwarze Gold aus den Wäldern Kainuus zur Ostseeküste brachte und durch den u. a. Oulu reich wurde. Den Ruderbooten, die alljährlich fast 20 000 Fässer Teer zu transportieren hatten, wurde der Kajaaninjoki zu einem Nadelöhr, das schließlich 1846 durch den Bau des einzigartigen Teerkanals entschärft wurde. Das war auch die Zeit, in der Elias Lönnrot als Provinzarzt in Kajaani lebte und von hier aus seine Wande-

Kajaani

rungen durch Nordkarelien unternahm, wo er das Material für sein ›Kalevala‹-Epos fand. Zu den weiteren berühmten Gestalten der Stadt gehören der Dichter Eino Leino, der im nahe gelegenen Paltaniemi geboren wurde, und Urho Kekkonen, der große Politiker der finnischen Nachkriegsgeschichte.

Zu den Attraktionen der Gemeinde gehört ihre reizvolle Umgebung mit Seen, Flüssen, Skigebieten oder Wald- und Naturpfaden, die zu Ausflügen und zum Aktivurlaub geradezu auffordert. Angler können aber sogar mitten in der Stadt erfolgreich ihrer Passion nachgehen.

Stadtbesichtigung

Die Ruinen des ältesten Bauwerks, der 1604 gegründeten **Burg,** befinden sich auf der kleinen Insel Linnansaari mitten im Kajaaninjoki. Da die Brücke der Linnankatu geradewegs und wenig pietätvoll über die Anlage geschlagen wurde, kann man bequem zu den Ruinen hinabsteigen und die Aussicht auf den Fluss und den Teerkanal genießen, der unmittelbar westlich liegt. Manchmal wird für Touristen im Sommer ein altes Teerruderboot reaktiviert, und der Kanalwächter waltet von seiner restaurierten Stube aus wieder seines Amtes.

Geht man südwärts, gelangt man ins eigentliche Stadtzentrum, wo das gelb gestrichene **Alte Rathaus** zusammen mit dem benachbarten **Kunstmuseum** ein schönes Ensemble bildet. Der repräsentative Holzbau wurde 1831 von C. L. Engel entworfen (Kajaanin taidemuseo, Linnankatu 14, Tel. 08-61 55 25 99, www.kajaani.fi/taidemuseo, Mo–Fr 10–16, Mi bis 20, So 11–17 Uhr).

Ein weiterer städtebaulich interessanter Platz wartet nur zwei Blocks weiter an der Kirkkokatu. Dort fällt als erstes die große, neugotische **Kajaani-Kirche** ins Auge, ein 1896 errichteter Holzbau mit schönem Schnitzwerk (Kirkkokatu, Mitte Juni–Mitte Aug. tgl. 10–20, sonst tgl. 17–19 Uhr). Hinter der lutherischen Kirche erstreckt sich ein weiter Park, der im Westen von der **orthodoxen Kirche** (1959) begrenzt und in der Mitte von der abstrakten **Skulptur »Die große Epoche«** dominiert wird. Das 1990 von Pekka Kauhanen entworfene Kunstwerk soll an den 1986 verstorbenen Staatspräsidenten Urho Kekkonen erinnern, der in Kajaani zur Schule ging und hier 1919 sein Abitur machte.

An der nächsten Querstraße passiert man das schöne, im Jugendstil gebaute **Stadttheater.** Und direkt am Flussufer des Kajaaninjoki kann der **Marktplatz** zwar keinem Vergleich mit dem viel größeren Markt von Kuopio standhalten, ist aber trotzdem besuchenswert, gerade wegen seines provinziellen Ambientes. Am Markt startet im übrigen auch das Ausflugsboot **»M/S Pinja-Tuulia«** zu einem wunderschönen Trip über den blauen Nuasjärvi-See.

Jenseits des Flusses sieht man das moderne **Kultur- und Kongresszentrum Kaukametsä,** auf das man in Kajaani besonders stolz ist und in dem im Frühling u. a. das weithin bekannte Jazzfestival abgehalten wird.

Landschaftsmuseum Kainuu

Asemakatu 4, Tel. 08-61 55 24 09, www.kainuunmuseo.fi, Mo, Di, Fr, So 12–16, Mi, Do 12–19 Uhr, freier Eintritt

Wer noch Lust auf einen Museumsbesuch hat, sollte vom Marktplatz aus zum nahen Landschaftsmuseum Kainuu auf der Asemakatu spazieren, das die Kulturgeschichte der Region Kainuu, der Burg und der Stadt ausbreitet und überdies Aquarelle präsentiert, die Louis Sparre Ende des 19. Jh. von der nordostfinnischen Landschaft malte.

Ausflüge

Paltaniemi

Alte Kirche/Paltamon vanha kirkko und Kaiserlicher Stall/Keisarintalli, Hannusrantaan, Tel. 08-687 53 34, Mitte Mai–Aug. tgl. 10–18 Uhr

Nicht versäumen sollten Kulturtouristen den kurzen Ausflug nach Paltaniemi, das etwa 10 km nördlich an der Bucht Paltaselkä liegt. Die aus Kajaani kommende Straße führt automatisch zur großen **Holzkirche,** die 1726 über kreuzförmigem Grundriss errichtet wurde. Das eigentliche Highlight sind

Durch Finnlands Mitte in den Norden

hier jene Gemälde, die Emanuel Granberg 1778 im Stil des Rokoko auf die ansonsten weiße Holzdecke malte.

Neben der Kirche erinnert der **Stall des Kaisers** an einen Besuch von Zar Alexander I.

Infos
Kajaani Info: Kauppakatu 21, 87100 Kajaani, Tel. 08-61 55 25 55, www.visitkajaani.fi, Sommer Mo–Fr 9–16.30, Ferienwochenenden 9–16.30 Uhr.

Übernachten
Nüchtern, aber zentral – **Vaijus:** Kauppakatu 20, Tel. 08-615 02 00, www.sokoshotels.fi. Neueres, aber architektonisch nicht sehr ansprechendes First-Class-Haus der Sokos-Gruppe im Zentrum, 96 komfortable Zimmer, drei Restaurants, Bar. DZ ab 100 €.

Altes Herrenhaus – **Karolineburg:** Karoliinantie 4, Tel. 08-613 12 91, www.karolineburg.fi. Schönes kleines Hotel in einem Gutshof von 1836, nahe der Burg gelegen, 20 stilvoll eingerichtete Zimmer und Suiten z. T. mit eigener Sauna, gutes Restaurant, Aktivitäten. DZ ab 100 €.

Mit allem Komfort – **Scandic Hotel Kajanus:** Koskikatu 3, Tel. 08-616 41, www.scandichotels.com. Schön am Flussufer gelegenes Kur- und Kongresshotel mit 191 gut ausgestatteten Zimmern, drei Restaurants, Sommerterrassen, Pool, breitem Sport- und Fitnessangebot. DZ ab 100 €.

Außerhalb am Fluss – **Hotel Kajaani:** Onnelantie 1, Tel. 030-608 61 00, www.hotellikajaani.fi. Nettes 53-Zimmer-Hotel in Zentrumsnähe am Kajaaninjoki, kleiner Pool und Restaurant. DZ ab 80 €.

Aktiv
Bootsausflüge – Im Sommer werden mehrmals wöchentlich vom Marktplatz aus **Kreuzfahrten** mit der »M/S Pinja-Tuulia« über den Nuasjärvi-See angeboten, Infos und Buchungen beim Kajaani Info & Booking Center oder unter Tel. 08-38 14 19.

Langlauf – In Vuokatti (südöstl. von Kajaani) kann man auf einer 2,4 km langen Loipe in einem Skitunnel auch im Sommer Skilanglauf machen (Tel. 04 44 14 88 12, www.vuokattisport.fi, Erw. 15 €, Skiverleih).

Termine
Jazz-Frühling Kainuu: Mai. Anspruchsvolles Event mit Jazz- und Bluesgruppen aus Finnland, Schweden und anderen Ländern.

Verkehr
Flüge: Flughafen bei Paltaniemi, ca. 9 km westl. der Stadt; tgl. 3 Linienflüge von/nach Helsinki.

Bahn/Bus: Der Bahnhof befindet sich auf der Asemakatu. Tgl. mehrere Verbindungen nach Kuopio, Oulu und Nurmes.

Von Kajaani nach Lappland

Karte: S. 305

Für den Weg von Kajaani zur lappländischen Hauptstadt Rovaniemi gibt es mehrere Alternativen mit etwa gleich langen Wegstrecken. Am Verkehrsknotenpunkt **Kontiomäki,** 18 km nördlich von Kajaani, zweigen die Straße 22 und die Eisenbahnlinie in Richtung **Oulu** ab, eine Strecke, die zunächst das gesamte Nordufer des Oulujärvi begleitet und dann das Tal des Oulujoki nutzt. Am Bottnischen Meerbusen kann man auf der Westküstenroute nach **Kemi, Tornio** und zu anderen lappländischen Zielen weiterfahren.

Eine interessante Streckenalternative ergibt sich rund 16 km hinter Kontiomäki, wo die landschaftlich reizvolle Straße 78 geradewegs nach Norden führt und nach ca. 170 km die Gemeinde **Pudasjärvi** erreicht. Dort bieten die bekannten Skizentren Isosyöte und Syötekeskus alle alpinen und nordischen Wintersportmöglichkeiten, aber auch jede Menge sommerliche Aktivitäten. Von hier aus sind es 150 km bis **Rovaniemi,** auf denen man **Ranua** mit dem berühmten Freigehege passiert (s. S. 354). Bei der dritten Variante folgt man der Straße 5 (E 63), die einen in rund 100 km nach **Suomussalmi** (s. S. 330) und von dort nach **Kuusaamo** und **Kemijärvi** bringt.

Entlang der Ostgrenze zum Polarkreis

Durch Karelien, dessen Brauchtum und orthodoxe Tradition noch heute spürbar sind und das als Land der Runensänger legendenumwoben ist, führt die Route parallel zur russischen Grenze nach Norden. Bevor man das Reich der Mitternachtssonne erreicht, durchquert man die einsame und wilde Urnatur zwischen Joensuu und Kuusamo.

Von Joensuu nach Kuhmo

Karte: S. 305

Joensuu ▶ 2, F 9

Joensuu 9, das wirtschaftliche und kulturelle Zentrum Nordkareliens, zählt nach den jüngsten Eingemeindungen rund 75 000 Einwohner und liegt an der Mündung des Pielisjoki-Flusses in den See Pyhäselkä. Für das Wirtschaftsleben der Stadt sind neben der traditionellen Holzverarbeitung auch die 1969 gegründete Universität (zzt. 8500 Studenten an sechs Fakultäten) und andere Lehrinstitutionen von großer Bedeutung, ebenso der Fremdenverkehr und der Handel mit Russland.

Joensuu ist relativ jung: Gegründet im Jahr 1848, erhielt es seinen Status als karelische Provinzhauptstadt erst nach den Gebietsverlusten im Winterkrieg.

Orientierung

Markante Punkte im Stadtbild sind die modernen Unibauten Aurora 1 & 2 (2002, 2006) und das Nordkarelische Distriktkrankenhaus, das auf einer Anhöhe thront. In der überschaubaren Stadt mit ihrem rechtwinkligen Straßenmuster fällt die Orientierung leicht. Die Hauptachse ist die Siltakatu, die Joensuu in West-Ost-Richtung durchquert und über die Museumsinsel auf die andere Flussseite führt. An ihr liegt der große Marktplatz.

Marktplatz und Umgebung

Auf dem **Marktplatz,** wo Rindenbrot *(pettuleipä),* Piroggen und andere karelische Spezialitäten angeboten werden, herrscht pulsierendes Leben. Nicht verpassen sollte man den lebhaften **Jarmanka-Flohmarkt,** der im Sommer täglich stattfindet und sich zu einer festen Institution für Schnäppchenjäger entwickelt hat.

Seit 2011 wird der Platz vom Komplex des **Carelicum** dominiert, in dem man u. a. die Touristeninformation und das sehenswerte **Nordkarelien-Museum** findet. Es informiert über den Naturraum der Region, vor allem aber über Geschichte, Kultur, orthodoxes Leben und Alltag der Karelier (Pohjois-Karjalan museo, Carelicum, www.carelicum.fi, Mo–Fr 10–17, Sa, So 10–15 Uhr, Erw. 5 €).

Gen Osten wird der Marktplatz von einem hübschen Park und dem **Rathaus** begrenzt, einem von Eliel Saarinen entworfenen Jugendstilbau (1914) mit markantem Turm. Dahinter lohnt sich ein Spaziergang über die Uferpromenade flussaufwärts, an der einige hübsche Holz- und Steinhäuser stehen und an der die »M/S Vinkeri« und andere Boote zu ihren Fluss- und Seekreuzfahrten ablegen.

Lohnend ist ein Besuch im Kunsthandwerker-Carré **Taitokortteli,** wo man Souvenirs erstehen und im Café entspannen

Entlang der Ostgrenze zum Polarkreis

kann (Koskikatu 1, Tel. 013-22 01 40, www.taitokortteli.fi, Mo–Fr 10–17, Sa 10–15, im Juli auch So 12–16 Uhr).

Kunstmuseum
Joensuun taidemuseo Onni, Kirkkokatu 23, Tel. 013-267 53 88, Di–So 11–16, Mi bis 20 Uhr, Erw. 5 €
Drei Blocks westlich vom Marktplatz stellt das Kunstmuseum die zweite wichtige Adresse für Kulturtouristen dar. Es präsentiert finnische Kunst von den 1850er-Jahren bis zur Moderne sowie einige chinesische und klassische Exponate.

Kirchen
Die zweite Verkehrsachse der Stadt, die Kirkkokatu, trägt ihren Namen nach den beiden großen Kirchen am südlichen bzw. nördlichen Ende: der **lutherischen Kirche,** die 1903 im neugotischen Backsteinstil fertiggestellt wurde, und der orthodoxen **Nikolauskirche** von 1887.

Botania – Botanischer Garten der Universität
Heinäpurontie 70, Tel. 013-251 26 30, www.botania.fi, Mo, Di, Do, Fr 10–17, Mi 10–20, Sa, So 11–16, im Winter Mo, Di, Do, Fr 10–16, Mi 10–18, Sa, So 11–16 Uhr, Erw. 9 €
Unter den etwas weiter vom Zentrum entfernten Sehenswürdigkeiten verdient der Botanische Garten der Universität, Botania, eine besondere Erwähnung. Er liegt an der Heinäpurontie am westlichen Stadtrand und präsentiert in fünf Gewächshäusern samt großem Außengelände rund tausend Arten, darunter auch tropische, sowie alle in Nordkarelien heimischen Pflanzen. Auf dem Gelände befindet sich auch die Haupttribüne für das alljährliche karelische Gesangsfestival, das bis zu 11 000 Sänger nach Joensuu führt. Sollte man im Juni in der Stadt sein, gehört die Teilnahme an diesem Spektakel fast schon zum touristischen Pflichtprogramm.

Utra-Kirche
Auch die alte Utra-Kirche, die vom Marktplatz aus etwa 8 km flussaufwärts liegt, ist ein lohnenswertes Ziel. Sie wurde komplett in massiver Blockhaustechnik gezimmert.

Infos
Joensuu Tourist Information Office: Koskikatu 5, 80100 Joensuu, Tel. 0400-23 95 49, www.kareliaexpert.com, Mitte Juni–Mitte Aug. Mo–Fr 8–18, Sa 9–14, sonst Mo–Fr 9–17 Uhr.

Übernachten
Zentral gelegen – **Hotel Cumulus Joensuu:** Kirkkokatu 20, Tel. 013-511 21 00, www.cumulus.fi. Modernes Hotel mit 80 Standardzimmern und Suiten, Restaurant u. a. mit südeuropäischer Küche; den Gästen stehen Saunas zur Verfügung. DZ ab 120 €.

Bestes Hotel der Stadt – **Hotel Kimmel:** Itäranta 1, Tel. 020-123 46 63, www.sokoshotels.fi. Größtes Haus am Platz, am anderen Flussufer gegenüber der Stadt gelegen, 230 modern ausgestattete First-Class-Zimmer, sechs Restaurants und Bars, Nachtclub, Innenpool, Sauna und Fitnessraum. DZ ab 90 €.

Preiswert – **Hotel Aada:** Kauppakatu 32, Tel. 013-256 22 00, www.hotelaada.fi. Praktische Unterkunft nahe dem Marktplatz, leicht angejahrt, 40 Zimmer, Restaurant, Sauna im 4. Stock. DZ ab 80 €.

Essen & Trinken
Ungarn in Finnland – **Ravintola Astoria:** Rantakatu 32, Tel. 013-22 97 66, www.astoria.fi. Idyllisch am Flussufer des Pielisjoki gelegenes, älteres Gebäude mit Gartenterrasse, schmackhafte ungarische, aber auch lokale Küche. Hauptgerichte 22–30 €.

Aktiv
Bootsausflüge – Im Sommer tgl. mehrmals **See- und Flusskreuzfahrten,** samstags Wasserbusverkehr auf der Strecke Joensuu–Koli–Nurmes, Infos und Tickets im Tourist Information Office.

Termine
Joensuu Festival: Mitte Juni. Einwöchiges Festival rund um die Mittsommernacht mit klassischer und Unterhaltungsmusik, Tanz

Von Joensuu nach Kuhmo

Selbst im Norden Finnlands ist der Karmingimpel (Carpodacus erythrinus) anzutreffen

und Theater sowie karelischen Gesängen auf der großen Liederbühne.

Ilosaari Rock: Mitte Juli. Über 20 000 Besucher kommen jährlich zu dem Rockfestival, bei dem Metal und Hardrock aus den Boxen schallen (www.ilosaarirock.fi).

Verkehr

Flüge: Vom kleinen Flughafen aus fliegt Finnair tgl. Helsinki-Vantaa an.

Bahn: In Joensuu endet der elektrische Zugverkehr von Süden (Lappeenranta, Mikkeli, Helsinki).

Bus: Busverbindung besteht u. a. nach Lappeenranta im Süden sowie nach Pieksämäki, Jyväskylä und Vaasa im Westen.

Ilomantsi und Umgebung ▶ 2, F 9

Eine östliche Variante führt von Joensuu über die Straße 74 zum 73 km entfernten **Ilomantsi** 10, wo man auf die **Straße der Runen und Grenzen** stößt. Die rund 6000 Einwohner dieser östlichsten Gemeinde Finnlands sind noch am stärksten karelischen Traditionen verhaftet, was besonders bei den orthodoxen Kirchen- und Volksfesten deutlich wird – nirgendwo wird eine *praasniekka* feierlicher und farbenprächtiger begangen als hier. Karelisches findet sich auch im Wappen der Gemeinde, das die Kantele, ein bereits im Nationalepos »Kalevala« erwähntes Musikinstrument, in dreifacher Ausführung zeigt.

Karelisches Lokalkolorit vermittelt ebenfalls die 1891 erbaute orthodoxe Kirche **St. Elias** mit ihrem alten Friedhof (Kirkkotie, Ende Juni–Anfang Aug. Mo–Sa 11–18, So 12–18 Uhr).

Runendorf Parppeinvaara

Runonlaulajan Pirtti, Parppeinvaara,
Tel. 013-88 12 48, www.parppeinvaara.fi,
Juni, Aug. tgl. 11–17, Juli 10–18 Uhr. Erw. 7 €

Die Verse (Runen) der »Kalevala« wurden in Ilomantsi traditionell von sogenannten Runensängern rezitiert. Wie sich so etwas anhört, erfährt man im Runonlaulajan Pirtti, dem **Haus der Runensänger,** das außer karelischem

Von Joensuu nach Kuhmo

Liedgut vom Band Fotos der berühmtesten Barden und viele seltene ›Kalevala‹-Ausgaben präsentiert. Das schwarzweiße Blockhaus im karelischen Stil findet man im Runendorf Parppeinvaara, eine Art Freilichtmuseum gleich südlich des Zentrums. U. a. sind auf dem Gelände eine Handarbeitsstube, Unterstände aus dem Winterkrieg, ein orthodoxes Bethaus und das karelische Restaurant Parppeinpirtti versammelt.

Nationalpark Patvinsuon

Nördlich von Ilomantsi beschreibt die **Straße der Runen und Grenzen** bis Lieksa einen 135 km langen Bogen parallel zur russischen Grenze. Auf einem asphaltierten, aber schmalen Weg (Straße 522) kommt man durch eine Bilderbuchlandschaft mit bewaldeten Bergrücken, Seen und Mooren, die im Nationalpark Patvinsuon naturgeschützt ist. Markierte Pfade laden dort zu kürzeren oder längeren Wanderungen ein, bei denen man sicher auch einen der hier zahlreichen Biberdämme entdecken wird. Mit ganz viel Glück wird man in der Ferne vielleicht auch einen Bären erspähen.

Infos

Ilomantsi Tourist Info: Kalevalantie 13, 82900 Ilomantsie, Tel. 04 00-24 00 72, www.ilomantsi.fi und www.visitkarelia.fi, Juni–Aug. Mo–Fr 9–17, sonst Mo–Fr 9–16 Uhr.

Übernachten

Mit gutem Restaurant – **Hotelli Ravintola Ilomantsi:** Kalevalantie 12, Tel. 040-835 98 37, www.hotelliilomantsi.fi. Kleines Mittelklassehotel in zwei Gebäuden, die ca. 200 m voneinander entfernt liegen. 28 DZ und Familienzimmer, unspektakulär und gut ausgestattet, z. T. mit Balkon. Das Restaurant bietet ein Lunchbuffet und À-la-Carte-Dinner, im Sommer manchmal auch Livemusik und Tanz. DZ 59 €.
Camping – **Möhkön Karhumajat:** Jokivaarantie 4, Möhkö. 9 km vom Ortszentrum Ilomantsi entfernte Campinganlage am Seeufer (kleiner Sandstrand) mit Hüttenvermietung, Restaurant und Saunas, einige Hütten mit WC, Dusche und Küche.

Essen & Trinken

Im Runendorf Parppeinvaara – **Parppeinpirtti:** Parppeintie 1, Tel. 010-239 99 50, www.parppeinpirtti.fi, Juli tgl. 10–18, Juni, Aug. 11–17 Uhr. Café-Restaurant in schönem Holzhaus mit Außenterrasse, reichhaltige, bunte Buffets mit finnischen und karelischen Spezialitäten. Hauptgericht 18 €.

Termine

Praasniekka, Weihefeste mit feierlicher Prozession: am 28./29. Juni für den hl. Petrus in Hattuvaara; am 19./20. Juli für Elias (Ilja) in der St. Elias-Kirche und am 7./8. September für die Jungfrau Maria in Mutalahti.

Verkehr

Bus/Bahn: Mehrere Busverbindungen tgl. nach Lieksa und Joensuu. Dort Anschluss an die Bahnlinien Varkaus–Jyväskylä und Kouvola–Lappeenranta–Nurmes.

Lieksa ▶ 2, F 8

Die Kleinstadt **Lieksa** 11 zählt zwar nur rund 12 000 Einwohner, gehört mit über 4000 km^2 aber zu den flächenmäßig größten Ortschaften Skandinaviens. Das eigentliche Zentrum mit Hotels und anderen Serviceeinrichtungen ist dort, wo der Lieksanjoki in den Pielinen-See mündet. Doch auch die mehr als 20 km entfernten **Ruunaa-Stromschnellen** befinden sich noch innerhalb der Gemeindegrenzen. An ihnen wird der Fluss Lieksanjoki über viele Kilometer in ein schäumendes Wildwasser verwandelt – beste Voraussetzungen also für ein Rafting-Abenteuer, das im Sommer täglich angeboten wird. Genauso gut kann man in dem Gebiet aber auch wandern und angeln. Alle Aktivitäten werden im Informationszentrum von Neitikoski gebündelt, wo auch Unterkünfte in Wohnwagen oder Campinghütten vermittelt werden.

Karelisches Lokalkolorit: die orthodoxe Kirche St. Elias in Ilomantsi

Entlang der Ostgrenze zum Polarkreis

Einen Kontrapunkt zur Stille der Wälder rings um Lieksa kann man erleben, wenn man sich in der letzten Juliwoche in Lieksa aufhält. Dann treffen sich hier Blechblasinstrumentalisten aus allen Teilen des Landes zum **Blasmusik-Festival** (www.lieksabrass.com).

Freilichtmuseum Pielinen
Pappilantie 2, Tel. 04 01 04 41 51, Mitte Mai–Mitte Sept. tgl. 10–18 Uhr, Ausstellungshalle auch sonst Di–Fr 10–15 Uhr, Erw. 6 €
Die wichtigste Sehenswürdigkeit im eigentlichen Lieksa ist das erstaunlich umfangreiche Freilichtmuseum Pielinen, das auf einer Halbinsel im Fluss liegt. Rund 70 komplett erhaltene Hütten und Gehöfte aus drei Jahrhunderten erzählen, wie die Karelier einst lebten und arbeiteten, sowohl die Bessergestellten und bäuerlichen Großfamilien als auch die einfachen Waldarbeiter, Köhler oder Flößer.

Herrenhaus Sarkkilan Hovi
Sarkkilantie 45 B, Tel. 013-53 53 15, Mitte Juni–Mitte Aug. tgl. 10–19 Uhr, Erw. 6 €
Etwas weiter südlich, auf der Halbinsel Sarkkila jenseits der Bucht, ist im Herrenhaus Sarkkilan Hovi das großbürgerliche Leben vergangener Zeiten konserviert. Außer der idyllischen Lage am See und der neoklassizistischen Architektur sind die Ausstellungen von Kunsthandwerk und Industriedesign oder zu anderen Themen interessant.

Lutherische Kirche
Juni–Mitte Aug. tgl. 11–19 Uhr
Sehenswert ist weiterhin die lutherische Kirche (es gibt im Ort auch eine 1960 erbaute orthodoxe), die 1982 nach Plänen der renommierten Architekten Raili und Reima Pietilä entstand. Die zeltartige Konstruktion vereinigt moderne Glaselemente mit karelischer Blockhaus-Bautradition und steht in starkem Kontrast zu einem von C. L. Engel entworfenen Glockenturm, der ursprünglich zur abgebrannten Vorgängerkirche gehörte. Im Innern der Kirche kann man eine Holzskulptur von Eva Ryynänen bewundern, der vielleicht bekanntesten finnischen Holzbildhauerin des 20. Jh.

Ausflüge ▶ 2, F 8
Koli-Berge 12
Ukko-Besucherzentrum, Ylä-Kolintie 39, www.nationalparks.fi/kolinaturecentre, Infos zur Natur und zu Wanderungen; empfehlenswert ist die 1 km lange Tour auf den Koli-Gipfel.
Lieksa bietet Natur in Hülle und Fülle. Wem die Wandergebiete innerhalb der Gemeindegrenzen nicht genügen, sollte mit der Fähre zu den bis zu 347 m hohen Koli-Bergen übersetzen. Von den kahlen Bergkuppen ergeben sich einige der schönsten Panoramablicke des Landes, die immer auch Künstler magisch angezogen haben. Dazu gehören namhafte finnische Maler wie Eero Järnefelt, Pekka Halonen, Schriftsteller wie Juhani Aho und Komponisten wie Jean Sibelius. Das Blau der Seen sowie die zu jeder Jahreszeit andere Färbung und Stimmung der Natur machen den gleichnamigen Nationalpark zu einem der beliebtesten Reiseziele der Region. Für die Finnen gilt Koli mit seiner Umgebung als Nationallandschaft.

Atelier Eva Ryynänen
Vuonisjärvi, Paateri, Tel. 013-54 32 23, Mitte Mai–Mitte Sept. tgl. 10–18 Uhr
Werke der Künstlerin Eva Ryynänen (1915–2001) sind heute in New York oder London ausgestellt, sie selbst bevorzugte das einfache Landleben und richtete ihr Atelier in einem ehemaligen Kuhstall ein. Es befindet sich ca. 30 km südlich von Lieksa an der Straße nach Vuonislahti im Dörfchen Paateri, dazu gehören auch eine 1991 gebaute Kirche in Blockhaustechnik und ein modernes Galeriecafé.

Infos
Lieksa Tourist Service: Pielsentie 22, 81700 Lieksa, Tel. 04 00-17 53 23, www.visitkarelia.fi, Juni–Aug. Mo–Fr 9–17, Juli auch Sa 9–14, sonst Mo–Fr 8–16 Uhr.

Übernachten
Aussichtsreiche Höhenlage – **Break Sokos Hotel Koli:** Ylä-kolintie 39, Koli, Tel. 020-123 46 62. Direkt am Nationalpark Koli gelege-

Von Joensuu nach Kuhmo

Weihnachten in Karelien – mit dabei ist natürlich der Joulupukki, der Weihnachtsmann

nes Hotel in bester Lage. Idealer Ausgangspunkt für Touren in das Gebiet und Komfort am Abend. DZ ab 100 €.
Im Grünen – Puustelli: Hovileirinkatu 3, Lieksa, Tel. 013-511 50 00, www.puustelliravintolat.fi. Kleinere Unterkunft, in parkähnlicher Lage am Flussufer und zentrumsnah, 30 gut ausgestattete Zimmer, Familienrestaurant, Fisch- und Fleischgerichte, Pizza, Pasta, Sandwiches, Salate, gute regionale Buffets. DZ 90–130 €.

Verkehr

Bahn: Lieksa liegt an der Strecke Joensuu–Nurmes.
Fähren: Im Sommer Verbindung über den Pielinen-See zum Koli-Nationalpark, Fahrtdauer 1 Std. 40 Min., gewöhnlich 2 x tgl., vorher beim Lieksa Tourist Service erfragen.

Nurmes ▶ 2, E 8

Nurmes 13, die Stadt der Birken, ist eine recht große Gemeinde mit rund 8500 Einwohnern. Ihr eigentliches Zentrum mit dem rechtwinkligen, 1879 vom Zaren abgesegneten Stadtplan besetzt eine schmale Landzunge im Pielinen. Hier kann man in einigen Vierteln noch eine geschlossene, idyllische Holzhausbebauung bewundern.

Karelisches Dorf

2 km südl., Ritoniemi, Suojärvenkatu 1,
Tel. 013-68 72 00, ganzjährig tgl. geöffnet
Die bekannteste Attraktion der Stadt liegt etwas außerhalb in Ritoniemi. Dort wurde am Seeufer ein karelisches Dorf mit dem **Bomba-Haus** als Mittelpunkt nachgebildet. Der Namenspatron war ein gewisser Jegor Bombin, der seinerzeit im heute russischen Teil das größte Haus Kareliens gebaut hatte. Dieses in charakteristischer Art schwarzgestrichene Holzgebäude mit unverkleideten Rundbalken und kunstvoll verstrebtem Deckengebälk diente als Vorbild für das hiesige Bomba-Haus, das 1978 fertiggestellt wurde. Wer allerdings unverfälschtes Brauchtum erwartet, wird feststellen müssen, dass des Guten etwas zu viel getan wurde. Denn das karelische Dorf entpuppt sich als quirliges Touristenzentrum mit Freilichttheater, Souvenirladen, Sommermarkt, großem Golfplatz und einem noch recht

Entlang der Ostgrenze zum Polarkreis

Berühmt für Holzarchitektur ist Nurmes insbesondere wegen des nahegelegenen Karelischen Dorfs mit dem Bomba-Haus, aber auch im Ort selbst stehen Holzhäuser

neuen Kurbetrieb in der Nähe. Trotzdem lohnt sich ein Besuch, allein schon wegen der Architektur, dem Restaurant mit karelischen Spezialitäten und der herrlichen Natur am Seeufer, die man sportlich und erholsam erleben kann.

Und während der **Bomba-Festivalwoche,** die alljährlich im Juli stattfindet, bekommt man von Folkloregruppen aus der gesamten Region tatsächlich noch authentische finno-ugrische und karelische Kultur geboten. Außerdem besteht immer auch die Möglichkeit, sich vom Trubel im orthodoxen Gebetshaus zurückzuziehen.

Infos

Karelia Expert: Kauppatori 3, 75500 Nurmes, Tel. 050-336 07 07, www.visitkarelia.fi, Juni–Aug. tgl. 9–17, sonst Mo–Fr 9–16 Uhr.

Übernachten

Feriendorf am See – **Holiday Club Bomba:** Tuulentie 10, Tel. 020-123 49 08, http://holiday-club-bomba.finlandhotel24.com. Im Spa-Hotel stehen 17 komfortable Zimmer zur Verfügung, alle mit Seeblick, die meisten als Familienzimmer mit 3 zusätzlichen Betten nutzbar. Im karelischen Dorf gibt es 50 Doppel- und Familienzimmer in rustikalen, komplett ausgestatteten Blockhäusern, außerdem 18 Apartments in Bungalows für 2–6 Pers. mit Miniküche für Selbstversorger; angeschlossen sind ein großes Restaurant und eine Bäderabteilung (Saunas, Innen- und Außenpools, Bademöglichkeit im See, Anwendungen). DZ ab 97 €, Bungalows 135–140 €, jeweils mit Frühstück, Sauna und Spa-Eintritt.
Verschiedene Unterkünfte – **Hyvärilän Matkailukeskus:** Lomatie 12, Tel. 040-10

45 96. Ganzjährig geöffnetes Touristenzentrum mit verschiedenen Unterkünften, u. a. 33 Zimmer in einem guten, 1920 errichteten Hotel (DZ 75–95 €). Preisgünstigere Unterkünfte in der angeschlossenen Jugend- und Familienherberge (DZ 25 €), in Ferienhäusern (für 2 Pers. 41 €) und auf dem Campingplatz. Die Anlage verfügt über Restaurant, Cafeteria, Shop, Golfplatz und viele Wasser- oder Wintersportmöglichkeiten.

Essen & Trinken

Im Bomba-Haus – **Restaurant Bomba:** Soujärvenkatu 1, Tel. 013-68 72 00, www.bomba.fi. Große Gaststätte auf drei Etagen mit finnischen Spezialitäten und karelischen Buffet, Pub, Sommerterrasse. Hauptgerichte 18–30 €.

Fischrestaurant – **Kalastajatalo:** Saramontie 77, Saramo, Tel. 013-43 40 66. Café-Restaurant im Fischerhaus, 24 km nördlich der Stadt, u. a. mit Fischgerichten. Hauptgerichte 16–28 €.

Aktiv

Bootsausflüge – Im Sommer **Kreuzfahrten** über den Pielinen-See und **Wasserbus**-Verbindung nach Koli und Joensuu.

Outdoorexkursionen – Angelausrüstung, Kanus, Surfbretter, Fahrräder, Quadbikes im Sommer und Langlaufausrüstung im Winter stellt **Aronsalmen Lomamökit** zur Verfügung; auch geführte Touren mit Pferden, Hunde- und Motorschlitten (Juusolantie 2, Tel. 04 00-37 46 34, www.aronsalmi.com).

Termine

Bomba-Festival: Juli (s. S. 326). Auskunft unter Tel. 013-681 64 60, www.bomba.fi.

Verkehr

Bahn/Bus: Nurmes ist Endstation der Zuglinie Lappeenranta–Joensuu–Lieksa. Bahnbusse nach Kontiomäki, dort Anschluss an Züge nach Kajaani und Oulu.

Kuhmo ▶ 2, E 7

Kuhmo 14 ist von Nurmes durch 83 km auf der Straße 75 getrennt. Dabei begleitet einen im südlichen Abschnitt der Fluss Saramajoki, dessen Stromschnellen Kanuten und Schlauchbootfahrer herausfordern. Auch sonst bietet die Region Aktivurlaubern paradiesische Möglichkeiten, sei es zum Angeln, Wandern, Mountainbiking oder Skifahren.

Die reizvolle Szenerie setzt sich in der historischen Landschaft Kainuu fort. Deren größter Teil wird von der Gemeinde Kuhmo eingenommen, die trotz ihrer nur 9500 Einwohner knapp 5500 km² umfasst und deutlich größer ist als Helsinki oder jede andere Stadt des Landes. Klar, dass Kuhmo dabei mehr Natur zu bieten hat als urbane Attraktionen, und jeder Naturfreund wird von den Wäldern, Hügeln und sauberen Gewässern der Gemeinde begeistert sein. So liegen z. B. einige der Stromschnellen, die ebenfalls ein lohnendes Ziel für anspruchsvolle Wildwasserkanuten sind, mitten in der Stadt. Früher musste über solch schwierige Wasserwege der Teer transportiert werden, ein wichtiges Standbein der hiesigen Wirtschaft. Eine Teerruderstatue am Seeufer erinnert an jene Zeit.

Im Zentrum

An den **Pajakkajoki-Stromschnellen** im Zentrum findet man die **Bücherei** von 1988, ein hier unerwartetes Monument bester finnischer Architektur. Auch sonst kommen Kulturtouristen in Kuhmo auf ihre Kosten: Das **Kuhmo-Haus** (Kuhmo-talo) auf der Koulukatu von 1993 ist überzeugend gestaltet und fungiert als Kunstzentrum mit großem Konzertsaal. Überrascht wird man, wenn man sich die Liste jener Spitzenmusiker anschaut, die hier beim alljährlichen **Kammermusikfestival** im Juli aufspielen, einem der ganz großen Festivals des Landes.

Kalevala-Dorf

Kalevalakylä, Tel. 08-652 01 14, Juni–Mitte Aug. tgl. 10–17 Uhr, Erw. 5 €

In die Vergangenheit führt das 3 km nördlich des Zentrums errichtete »Kalevala«-Dorf, das mit ähnlicher Konzeption wie das karelische Bomba-Dorf von Nurmes Touristen anziehen will.

Entlang der Ostgrenze zum Polarkreis

BÄRENBEOBACHTUNG BEI KUHMO

Tour-Infos
Start: Kuhmo
Dauer: Abfahrt zur Observationshütte um 17 Uhr nachmittags, Rückkehr um 7 Uhr morgens
Saison: April–Okt.

Veranstalter: Wild Brown Bear, Tel. 040-546 90 08, www.wildbrownbear.fi
Kosten: ab 120 €/Pers. inkl. Transfer, Lunchpaket und Guide, Übernachtung zusätzlich 60 €
Ausrüstung: Mitbringen sollte man Fernglas, Kamera und bequeme Wanderkleidung.

In den letzten Jahren sind im Großraum Kuhmo Bärenbeobachtungstouren immer populärer geworden. Dabei gibt es Braunbären vereinzelt in allen Provinzen mit Ausnahme der Åland-Inseln. Die Könige der Wälder halten von Oktober bis Mitte April Winterschlaf, wobei die Dauer

Von Joensuu nach Kuhmo

je nach Region sowie Geschlecht und Alter des Bären variiert. Kurz nach Erwachen im Frühjahr ernähren sich die Tiere gerne proteinreich und bequem an den überfahrenen Tieren auf Finnlands Straßen. Später reißen sie Elchkälber und gehen im Frühherbst zu Beeren über. Zu Beginn der 1990er-Jahre lag die Bärenpopulation noch bei 430 bis 600 Exemplaren, seitdem hat sich die Zahl auf derzeit etwa 800 bis 900 Tiere erhöht. Die größte Konzentration aller europäischen Braunbären hält sich in der finnischen Wildnis auf, und zwar zwischen Kuhmo, Kajaani und der russischen Grenze.

Wer auf Fotosafari gehen möchte, sollte unbedingt professionelle Hilfe in Anspruch nehmen. Verschiedene Veranstalter haben an günstigen Stellen Beobachtungsposten errichtet, die mit bequemen Schlafsesseln und Trockentoiletten ausgestattet sind. Einige haben auch Kopfhörer, über die man durch außen installierte Richtmikrofone Tiergeräusche verstärkt hören kann. Die Bärenbeobachtungssaison dauert von April bis Oktober, die besten Bedingungen für Foto- und Filmaufnahmen herrschen wegen der langen Helligkeit aber von Mai bis Juli.

Der Veranstalter **Wild Brown Bear** unternimmt Übernachtexkursionen zu einigen Hütten, die zu 98 % Sichtungswahrscheinlichkeit von Braunbären aufweisen können. Auch Vielfraße kommen häufig dorthin zu Besuch. Zudem können Rentiere, Auer- und Birkhühner beobachtet werden. Die Hütten befinden sich wenige Kilometer von der russischen Grenze entfernt in einem Feuchtbiotop mit lichtem Birken- und Kiefernbewuchs.

Petola Visitor Centre
3 km außerhalb des Zentrums, Lentiirantie 342, Tel. 0205-64 63 80, www.outdoors.fi, Juni–Aug. tgl. 9–17, sonst Mo–Fr 9–16 Uhr
Im modernen Petola-Informationszentrum werden audiovisuell Einblicke in das natürliche Habitat von Braunbär, Wolf und Luchs sowie die Bedingungen der Forstwirtschaft vermittelt. Es verfügt u. a. über eine Bibiliothek, einen Internetterminal und ein Café und ist mit der Stadtmitte durch einen Wanderpfad verbunden.

Infos
In Kuhmo liegen vielerorts Broschüren aus, persönlichen Kontakt bekommt man im Tourist Office Suomussalmi (s. S. 331).

Übernachten
Während der Festspiele sind die Unterkünfte oft ausgebucht, die Zimmerpreise steigen.
Nahe dem Kalevala-Dorf – **Hotelli Kalevala:** Väinämöinen 9, Tel. 08-655 41 00, www.hotellikalevala.fi. Große, mit Naturstein und viel Holz eigenwillig gestaltete Herberge, die baulich an einen Adler, den Symbolvogel des »Kalevala« erinnern will. Sie verfügt über 44 sehr komfortable Zimmer und 3 Suiten mit Whirlpool, Saunas, einem Pool, eine gemütliche Lobby und Clubräume mit offenem Kamin, ein Restaurant mit lokaler Küche und schönem Blick auf den See sowie einen hoteleigenen Strand. Angeboten werden auch Aktivitäten wie Eislochbaden, Wanderungen, Angeltouren und Schlittenfahrten. DZ ab 120 €.
Preiswert & zentral – **Hotelli Kainuu:** Kainuuntie 84, Tel. 08-655 17 11, www.hotellikainuu.com. Gut ausgestattetes Mittelklassehotel mit 29 Zimmern (5 mit eigener Sauna), 1 Suite, Pool, Restaurant, 2 Pubs, im Zentrum von Kuhmo am Markt, u. a. auch Organisation von Angel- und Jagdausflügen. DZ 74–95 €.

Termine
Kammermusikfestspiele: Ende Juli, mit internationaler Reputation (www.kuhmofestival.fi).

Verkehr
Bus: Überlandbusse nach Suomussalmi, Kuusamo und Kemijärvi im Norden, Kajaani und Oulu im Westen sowie Nurmes und Joensuu im Süden.

Entlang der Ostgrenze zum Polarkreis

Von Kuhmo in den hohen Norden

Karte: S. 305

Auf der Straße 912 nach Suomussalmi ▶ 2, F 6/7

Weiter in den Norden geht es über die 912, einem Teilstück der **Straße der Runen und Grenzen.** Nach gut 40 km passiert man **Lentiira** 15 . Die Route überquert kurz darauf die breite Straße 89, die parallel zu einer Eisenbahnlinie von der Grenzstation Vartius nach Russland führt. Deswegen sieht man hier verschiedentlich auch Tax-Free-Shops und Gebrauchtwagenhändler.

Nördlich davon liegen in den dichten Wäldern des Grenzgebietes **Hietajärvi** und **Kuivajärvi** 16 , kleine Siedlungen, in denen orthodoxe und karelische Traditionen noch lebendig sind. Im letztgenannten Dörfchen wird das an einem dem hl. Nikolaus geweihten Bethaus (Tsasouna) sichtbar, aber auch am Blockhaus Domman Pirtti, das heute als Jugendherberge dient. Einheimische in karelischen Volkstrachten oder Weihrauch schwingende Popen sieht man jedoch allenfalls beim *praasniekka*-Fest im Juli. Ansonsten ist es hier fast immer menschenleer, so dass man gut überlegen sollte, ob man die immerhin 20 km lange Stichstraße ab der 912 auf sich nehmen will. Naturschön ist sie auf alle Fälle. (Mit einer guten Detailkarte und Sinn für Abenteuer ausgestattet, kann man auch von Vartius aus auf unasphaltierten Pisten quer durch den Wald nach Hietajärvi finden).

Suomussalmi ▶ 2, E 6

Weiter führt die 912 durch das obere Kainuu-Gebiet, wo Finnland am schmalsten ist. Hier liegt die Gemeinde **Suomussalmi** 17 , die über ein gutes touristisches Angebot an Outdoor-Aktivitäten verfügt. Dazu gehören das Wandergebiet Hossa, das Naturschutzgebiet Martinselkonen sowie Murhisalo, wo man markierte Pfade findet. Hossa gilt zudem als eines der besten Paddelgebiete Finnlands. Die Hälfte der rund 9200 Einwohner lebt im modernen Ämmänsaari, während das namengebende Suomussalmi ein kleines Dorf ist.

Im finnischen Nationalbewusstsein ist die Region wegen der Kämpfe während des Winterkrieges (1939/40) verwurzelt, als in Suomussalmi ein verbissener und erfolgreicher Abwehrkampf geführt wurde (s. Thema S. 122). Zahlreiche Soldatenfriedhöfe und das von Alvar Aalto gestaltete **Flammenmonument** (an der Straße 9150) erinnern an diese Zeit.

Wer über die 912 aus südlicher Richtung anreist, quert jene im Winterkrieg umkämpfte Purasjoki-Linie, die heute als 27 km lange Mu-

Von Kuhmo in den hohen Norden

Der Winter naht – doch noch zeigen die Birken bei Suomussalmi ihr Herbstkleid

seumsstraße (9125) an ursprünglichen oder restaurierten Unterständen und Schützengräben vorbei bis zum Wachmuseum von Raate direkt an der Grenze führt. So viel Kriegserinnerung muss – zumal für ausländische Besucher – nicht sein, wer sich aber für diesen Teil der Geschichte interessiert, sollte an der Kreuzung der Straßen 912/9125 das Museum **Raatteen Portti** besuchen. Dort werden finnische und russische Waffen und Uniformen gezeigt sowie anhand persönlicher Utensilien und Fotografien gefallener Soldaten gedacht. Dem Museum sind ein Café und ein Shop angeschlossen (Raatteentie 2, Tel. 08-72 14 50, www.raatteenportti.fi, Juni–Mitte Sept. tgl. 10–18, Mai und Mitte Sept.–Okt. Fr–So 11–17 Uhr, Erw. 8,50 €).

Infos

Suomussalmi Tourist Office: Jalonkaarre 5, 89601 Suomussalmi, Tel. 08-615 55 55 45, www.suomussalmi.fi, Mitte Juni–Mitte Aug. Mo–Fr 8–19, Sa 10–18, So 11–19 Uhr.

Übernachten

Gepflegtes Kurhotel – **Kiannon Kuohut:** Jalonkatu 1, Ämmänsaari, Tel. 08-71 07 70, www.scandichotels.com. Niveauvolles Haus der Scandic-Gruppe mit 73 komfortablen Zimmern, Restaurant mit Sommerterrasse, Bar, Pools, Massage- und Therapiebecken sowie einem breiten Sportangebot, auch Fahrrad- und Bootsvermietung, Nachtclub; ein guter Ausgangspunkt für Outdoor-Aktivitäten. DZ ab 90 €.

1939–1945: Finnland in drei Kriegen

»Der Krieg zwischen Finnland und Russland hat begonnen. Heute haben die Russen Helsinki bombardiert. Auch viele andere Orte. An der Grenze wird gekämpft. Der Kriegszustand ist proklamiert und Feldmarschall Mannerheim zum Oberbefehlshaber ernannt worden.« So der Tagebucheintrag von Juho Kusti Paasikivi, dem finnischen Gesandten in Stockholm und späteren Staatspräsident, am 30. November 1939.

Spätestens seit dem Hitler-Stalin-Pakt war die Gefahr eines Krieges am Horizont aufgetaucht, da die Russen für den bevorstehenden Waffengang mit Deutschland mehr Raum zur Verteidigung Leningrads und Stützpunkte zur Bewachung des Finnischen Meerbusens benötigten. Mit dem Hinweis auf akute Sicherheitsbedürfnisse hatten die Sowjets Gebietsansprüche gestellt und die Überlassung von Stützpunkten auf finnischem Territorium gefordert. Auf das Ansinnen wollte Helsinki natürlich nicht ein. Nach dem Scheitern der Verhandlungen forderten die Sowjets Finnland ultimativ auf, ihre Truppen in einem 25 km breiten Streifen von der russischen Grenze abzuziehen. Am 28. November kündigte Molotow den Nichtangriffspakt. Zwei Tage später rückte die Sowjetarmee längs der 1100 km langen Grenze in Finnland ein, während Bombergeschwader in Estland aufstiegen und finnische Städte angriffen: Der **Winterkrieg** hatte begonnen.

Aufgrund der Kräfteverteilung spekulierte die sowjetische Führung auf einen Blitzkrieg. Die finnische Armee war mit ihren 200 000 Mann und 287 Flugzeugen den 45 russischen Divisionen mit 1 Mio. Soldaten, 3500 Flugzeugen und 3200 Panzern hoffnungslos unterlegen. Doch der verzweifelte Abwehrkampf der Finnen, geleitet vom damals schon 72-jährigen C. G. E. Mannerheim, fügte zum Erstaunen der ganzen Welt der Sowjetunion große Verluste zu, und schon die erste große Schlacht bei Wyborg endete mit einer Niederlage der Roten Armee. Die anfänglichen Erfolge der Ski laufenden finnischen Truppen, die sich im Terrain besser auskannten und das schwere Gerät der Russen zur Nutzlosigkeit verdammten, erfuhren vor allem in Deutschland durch Schlagworte wie ›Heldenvolk‹ eine unangemessene romantische Verklärung. Nachdem die Sowjets ihre Strategie geändert und neue Reserven erschlossen hatten, begann auf der karelischen Landenge im Februar 1940 eine Großoffensive und am 3. März teilte Mannerheim der Regierung mit, weiterer Widerstand sei aussichtslos.

Die Verhandlungen, die unter schwedischer Vermittlung zustande kamen, endeten mit dem Friedensschluss von Moskau am 12. März 1940, am Tag darauf trat an allen Fronten der Waffenstillstand in Kraft. Finnland musste den Südosten des Landes samt Wyborg sowie fünf Inseln im Finnischen Meerbusen an Russland abtreten und die Halbinsel Hanko für 30 Jahre zur Anlage eines Militärstützpunktes ›verpachten‹. Das abgetretene Territorium betrug knapp 25 000 km² und über 400 000 Menschen (12 % der finnischen Bevölkerung!) mussten umgesiedelt werden. Obwohl im Winterkrieg die Souveränität gegenüber der übermächtigen Sowjetunion gewahrt und Finnlands Widerstand weltweit zu einer Legende wurde, konnte man sich weder mit den Gebietsverlusten anfreunden noch der Sowjetunion gegenüber sicher fühlen. Diese hatte sich im August 1940 die baltischen Staaten einverleibt, und da Schweden eine absolute Neutralitätspolitik verfolgte, war Finnland von den Westmächten abgeschnitten.

Marschall Mannerheim führte die finnischen Truppen im Winterkrieg gegen Stalin

Als im Sommer des folgenden Jahres die Hitler-Armee nach Russland einmarschierte, beteiligte man sich deshalb als formal unabhängige Partei an diesem Krieg, der in der einheimischen Geschichtsschreibung **Fortsetzungskrieg** genannt wird. Unabhängig heißt, dass es den Finnen unter Präsident Risto Ryti um ihre eigenen Ziele ging, also die Wiedereroberung der verlorenen bzw. als finnisch empfundenen Gebiete. An Operationen, die außerhalb dieser Zielsetzung lagen – etwa die Belagerung Leningrads – beteiligte sich Helsinki nicht.

Der Fortsetzungskrieg verlief zunächst erfolgreich: Wyborg und die karelische Landenge wurden eingenommen, finnische Truppen stießen bis zum Onega-See vor. Der anschließende Stellungskrieg dauerte bis zum Juni 1944, dann allerdings setzte die Großoffensive der Roten Armee ein. Staatspräsident Risto Ryti, der Hitler in einem persönlichen Brief den Durchhaltewillen Finnlands zugesichert hatte, musste zurücktreten und wurde von Marschall Mannerheim ersetzt. Dieser schloss im September 1944 mit der Sowjetunion einen Waffenstillstand. Die Bedingungen waren hart: So wurden u. a. die Grenzen von 1940 im Südosten wieder hergestellt und Finnland hatte umfangreiche Reparationen zu zahlen. Außerdem befanden sich in Lappland noch deutsche Truppen, die laut Waffenstillstandsabkommen das Land unverzüglich zu verlassen hatten. Da sie das nicht freiwillig taten, folgte 1944/45 der sogenannte **Lappland-Krieg** gegen die ehemaligen Verbündeten. Wie in Norwegen wandte die Hitler-Armee bei ihrem Rückzug das Prinzip der verbrannten Erde an und machte u. a. die Stadt Rovaniemi dem Erdboden gleich.

Entlang der Ostgrenze zum Polarkreis

Einfach und naturnah – **Martinselkosen Eräkeskus:** Pirttivaarantie 131, Ruhtinansalmi, Tel. 08 73 61 60, www.martinselkonen.fi. Urige, einfache Unterkünfte etwa 75 km nordöstlich von Ämmänsaari in der Martinselkonen-Wildmark, mit EZ, DZ und Mehrbettzimmern (DZ 70 €), Apartments mit Küche und Campingplatz, Kanu- und Ruderbootvermietung, geführte Touren zur Bären-, Vielfraß und Birkhuhnbeobachtung mit Gelegenheit zum Fotografieren (ab 145 €).

Camping – **Kiantajärven Camping:** Ämmänsaari, Tel. 0440-71 12 09. Komfortabler Campingplatz mit Hüttenvermietung; etwa 4 km von Suomussalmi entfernt.

 Hossa ▶ 2, E 6

Etwas weiter nördlich liegt das Wandergebiet Hossa, das vom finnischen Amt für Staatswälder verwaltet wird. Man erreicht es, wenn man zwischen Suomussalmi und Kuusamo von der E 63 bei Peranka auf die Straße 9190 abbiegt und rund 25 km weiter nach Osten fährt. Zum gleichnamigen Dorf biegt man auf die Straße 843 in nördlicher Richtung ab, etwa 8 km dahinter kommt man zum Besucherzentrum. Alternativ führt die Straße 843 von Suomussalmi direkt zum Ziel.

Das ganze Gebiet wurde in der Vergangenheit von den Samen als Jagdrevier genutzt, wovon heute noch vereinzelte Rentierfallen zeugen. Wegen der facettenreichen Natur und der guten Outdoor-Möglichkeiten, die die Region bietet, erklärte man Hossa 1979 zum geschützten Nationalen Wandergebiet, das zuletzt im Jahre 2002 noch erheblich ausgedehnt wurde. Besuchern stehen hier knapp 100 km Wanderwege und Pfade zur Verfügung, die im Winter von Skilangläufern als Loipen genutzt werden. Sie führen über Stock und Stein, an Klippen und von der Eiszeit modellierten Felsen vorbei, entlang zu unzähligen Seen, über Hängebrücken und Holzbohlenetappen, durch dichte Wälder und zu Überresten einer prähistorischen Kultur.

Planung

Hossa ist ein wirkliches Naturparadies, das aber nicht fernab der Autostraßen liegt, außerdem vorzüglich erschlossen ist und sich für kürzere wie für längere Aufenthalte anbietet. Der erste Weg sollte zum modernen **Hossa Visitor Centre** (s. S. 335) führen, das 700 m von der Hauptstraße entfernt liegt. Hier gibt es ein Café, eine Ausstellung zur Ökologie der Region sowie einen Info-Desk mit Kartenmaterial. Auch bei der Suche nach Unterkünften, einer Angellizenz oder der Vermietung von Sportgeräten ist man hier behilflich. Ein Schnupperpfad über 3 km beginnt sofort hinter dem Zentrum.

Prähistorische Relikte

Ausgrabungen ergaben, dass das Hossa-Gebiet schon seit 10 000 Jahren besiedelt ist. Vor 3500 bis 4500 Jahren brachten Steinzeitmenschen an den steilen Uferfelsen von **Värikallio** figürliche Felszeichnungen an, die vielleicht als Götter oder Schamanen interpretiert werden können. Die Malereien, die in Finnland einzigartig sind, nehmen Historiker als Beleg für kulturelle und ökonomische Verflechtungen, die auf den weit verzweigten finnischen Wassersystemen vom Ladoga-See bis zum Nordatlantik und vom Bottnischen Meerbusen bis zum Eismeer reichten. Wanderpfade mit Holzbrücken bringen Besucher zu diesen prähistorischen Relikten, die allerdings nicht immer leicht zu identifizieren sind.

Julma Ölkky

Von den Steinzeit-Relikten aus kann man auf einem 4 km langen Pfad den See Julma Ölkky erreichen. Dieser ist mit 3 km nicht besonders lang, dafür drängt er sich aber eindrucksvoll in eine nur 20–100 m enge Schlucht. Der Canyon wird von 50 m hohen Felsen umrahmt, was den wildromantischen Eindruck noch verstärkt. Ein beliebtes Ausflugsziel am nördlichen Seeufer ist eine **Höhle** mit Namen Teufelskirche (Pirunkirkko).

Outdoor-Aktivitäten

Bekannt ist Hossa für seine herrlichen **Boots- und Kanurouten** – sowohl für Anfänger als

Von Kuhmo in den hohen Norden

auch für erfahrene Kanuten mit die besten weit und breit. Das Hossa Visitor Centre vermietet Kajaks, Kanus und Ruderboote oder vermittelt private Bootsvermieter in der Region. Kleinere Kanurouten (Iijärvi mit 9 km oder Somero mit 12 km) sind bei einem Tagesaufenthalt gut zu schaffen, während man für die Peranka-Kanu-Route länger benötigt: Sie ist 75 km lang, wovon 30 km durch Seen verlaufen, der Rest durch Flüsse und insgesamt 13 Katarakte.

Auch die Bedingungen für den **Angelsport** sind in Hossa vorzüglich und locken viele Besucher zu den Seen, den Katarakten und den Fluss Hossanjoki; u. a. findet man Grau- und Lachsforellen, Lachse, Äschen, Hechte und Riesenbarsche.

Einige der Sandstrände am Hypäsjärvi und Öllöri sind zum **Baden** geeignet, auch **Tauchen** ist in den kristallklaren Gewässern möglich. In der entsprechenden Jahreszeit finden **Wanderer** Unmengen an Pfifferlingen oder Blau- und Moltebeeren.

Infos
Hossa Visitor Centre: Jatkonsalmentie 6, Ruhtinansalmi, Tel. 205-64 60 41, www.outdoors.fi, Mitte Feb.–Mai und Sept., Okt. tgl. 9–17, Juni–Aug. tgl. 9–22 Uhr.

Übernachten
Ferienzentrum am See – **Hossa Holiday Centre:** Hossantie 278 A, Ruhtinansalmi, Tel. 08-73 23 22, www.hossanlomakeskus.com. Komfortables Hotel (26 Zimmer, 1 Apartment; DZ 70 €), 7 ganzjährig nutzbare Blockhäuser für 1–4 Pers. (Dusche/WC, Küche, z. T. Sauna, ab 75 €) und 5 Campinghütten für 1–2 Pers. (30 €). Außerdem einfacher Campingplatz, Restaurant (Sa abends Livemusik mit Tanz), Rauchsauna und Verleih von Ruderbooten, Kanus, Rädern, Schneemobilen oder Angeln.

Kuusamo ▶ 2, E 5

Bereits weit vor der eigentlichen Ortschaft **Kuusamo** 18 erreichen Reisende aus dem Süden die Region Südkuusamo. Deren höchster Berg heißt Iivaara, sein 470 m hoher, baumloser Gipfel ist eine Station auf dem empfehlenswerten, 16 km langen Wanderweg Ahmanpolku. Autotouristen fahren auf der Straße 5 (E 63) westlich am Hossa-Wandergebiet und dem idyllischen See Iljärvi vorbei und sind dann bald im Herzen des 16 500-Einwohner-Städtchens. Kuusamo hat in Finnland einen guten Namen, denn der Ort wird gleichgesetzt mit ungestörtem Naturgenuss zu jeder Jahreszeit, mit den besten Wanderwegen, den spektakulärsten Wildwassern und dem abwechslungsreichsten Wintersportgebiet. Innerhalb der Gemeindegrenzen findet man über 5000 Seen und Flüsse, Wasserfälle und Stromschnellen, Canyons und Höhenrücken. Demgegenüber ist der nach den Zerstörungen des Zweiten Weltkrieges wieder aufgebaute Ort eher nichtssagend und allein wegen seiner touristischen Infrastruktur interessant. Die schönste landschaftliche Szenerie empfängt Besucher im Nordosten der Gemeinde.

ALTERNATIVE ZUR E 63 NACH KUUSAMO

Als Alternativstrecke bietet sich die Straße 913 an, die kurz vor Suomussalmi gen Norden führt. Sie ist landschaftlich reizvoller und ermöglicht mehrfach Abstecher in die Wildmark. Beispielsweise nach ca. 55 km, wo rechts ein schmaler Weg nach **Pirttivaara** abzweigt und zum Wildmarkzentrum **Martinselkonen** führt. Um diese ehemalige Schutzstation an der russischen Grenze erstreckt sich ein 6000 ha großes Areal mit vielen Gewässern, das man ganzjährig für (Ski-)Wanderungen, Tierbeobachtungen und andere Naturerlebnisse nutzen kann.

Entlang der Ostgrenze zum Polarkreis

Infos

Tourist Office: Matkailukeskus Karhuntassu, Torangintaival 2, 93600 Kuusamo, Tel. 040-860 83 65, www.kuusamo.fi und www.ruka.fi. Mitte Juni–Mitte Aug. tgl. 9–18, sonst Mo–Fr 9–17 Uhr.

Übernachten

Im Zentrum – **Hotel Kuusamo:** Kirkkotie 23 A, Tel. 020-123 46 93, www.sokoshotels.fi. First-Class-Hotel der Sokos-Gruppe, eine Art Lappenzelt aus Beton mit 150 komfortablen Zimmern; Restaurant mit Tanzabenden; Wellness- und Sportangebot: Saunaabteilung, Pool, Tennisplätze und am Hotel startende markierte Skiloipen. DZ ab 120 €.

Gepflegtes Kurhotel – **Holiday Club Kuusamo:** Kylpyläntie, Tel. 0306 86 44 00, www.holidayclub.fi. Kurbad-Hotel der oberen Mittelklasse, nördlich der Stadt am Seeufer gelegen, 123 gut ausgestattete Standard- und Superiorzimmer, Suiten, 17 Ferienhütten, tropische Poolabteilung, Tennisplätze, im Winter Loipen, Restaurant. DZ ab 90 €, Familienzimmer 130 €.

Außerhalb am See – **Kuusamon Portti:** Kajaanintie 151, Tel. 044-566 76 85, www.kuusamonportti.fi. Modernes Holzhaushotel am Iijärvi-See, ca. 15 km südlich des Zentrums, 14 Zimmer und Wohnungen der Mittelklasse, Ausflugsangebote per Wasserbus und Wasserflugzeug, Restaurant mit Terrasse, koreanisches, finnisches und niederländisches Essen. DZ ab 60 €.

Verkehr

Flüge: Vom 7 km entfernten Flughafen gibt es tgl. Linienflüge von und nach Helsinki, außerdem starten hier die kleinen Maschinen zu Rund- und Taxiflügen.

Bus: Verbindungen u. a. von/nach Kemijärvi, Rovaniemi, Oulu und Kajaani.

Ruka ▶ 2, E 5

Wer der E 63 in Richtung Kemijärvi (141 km) folgt, kommt zunächst nach **Ruka** 19 , dem Herzstück des hiesigen Fremdenverkehrs und einem bedeutenden Wintersportzentren mit Hotels, Geschäften und Restaurants. Überragt wird Ruka vom 500 m hohen **Rukatunturi.** Auf dessen Gipfel kommt man mit einem Sessellift und auf der längsten **Sommerrodelbahn** des Landes kann man wieder ins Tal hinabgleiten. Der Rukatunturi ist auch Start- und Endpunkt der berühmten ›Bärenrunde‹ (s. Aktiv S. 338). Wanderer und Skiläufer werden begeistert sein von den Loipen, Pisten, Pfaden und Aussichtsplätzen, die der Rukatunturi und seine Nachbargipfel wie der Konttainen (407 m), der Pyhävaara (461 m) oder der Valtavaara (491 m) bieten.

Infos, Aktiv

Übernachtungen, Skipass oder Aktivitäten wie Motorschlittenfahrten im Winter können am einfachsten über das zentrale Buchungssystem organisiert werden: www.ruka.fi.

Oulanka-Nationalpark ▶ 2, E 4/5

Noch ein Stückchen weiter zweigt östlich eine Straße zum Oulanka-Nationalpark ab, einem weiteren landschaftlichen Höhepunkt. Das Naturschutzgebiet wurde 1956 als Nationalpark eingerichtet und zweimal (1982 und 1989) auf insgesamt 270 km^2 erweitert. Im Osten grenzt es an den 1992 eingerichteten russischen Paanajärvi-Nationalpark.

Im **Naturzentrum** am Parkeingang, nahe dem Oulanka-Fluss (s. S. 337; Cafeteria, Campingplatz mit Hüttenvermietung, Kiosk, Post, Sauna), sollte man sich anhand von Schaukästen und Filmen über das Gebiet informieren, bevor es dann auf einem der markierten Pfade in die urwüchsige Wildnis geht.

Fichten und Kiefern sorgen für das grüne Kleid des Nationalparks, das aber zur Zeit der *ruska* durch die flammenden Farben von Espen, Birken und Ebereschen übertönt wird. Bunte Akzente setzen auch die Lappland-Anemone, der Frauenschuh sowie Preisel-, Blau- und Moltebeeren. Passionierten Wanderern ist der Nationalpark vor allem wegen der ›**Bärenrunde**‹ (s. Aktiv S. 338) ein Be-

Oulanka-Nationalpark

Jäkälämutka lautet der Name für eine besonders idyllische Stelle am Fluss Oulanka

griff, aber auch Rafting-Freunde und Angler kommen hier auf ihre Kosten.

Ein Besuch von Oulanka sei auch denjenigen empfohlen, die ausgedehnte Wandertouren oder Outdoor-Aktivitäten nicht unbedingt als Programmpunkt eingeplant haben. Denn die 600 m lange **Kiutaköngäs-Stromschnelle** und weitere Katarakte befinden sich ganz nah am Naturzentrum und können problemlos besichtigt werden.

An anderer Stelle kommt man mit dem Auto ebenfalls einigen Attraktionen sehr nahe: etwa dem **Oulanka-Canyon,** den man auf der Straße 950 via Salla erreicht (von dort der Beschilderung ›Olangan Kanjoni‹ folgen), oder **Jäkälämutka,** einer besonders idyllischen Stelle an der sanften Biegung des Oulanka-Flusses mit Stränden, Sandbänken und saftig-grünen Wiesen.

Infos

Naturzentrum: Liikasenvaarantie 132, 93999 Kuusamo, Tel. 040-732 56 15, www.outdoors.fi, Mitte Feb.–März und Okt. tgl. 10–16, April–Mitte Juni, Mitte Aug.–Sept. 10–18, Mitte Juni–Mitte Aug. 10–20 Uhr.

Entlang der Ostgrenze zum Polarkreis

WANDERN AUF DER ›BÄRENRUNDE‹

Tour-Infos
Start: Hautajärvi
Ziel: Ruka
Länge: 80 km
Dauer: 4–6 Tage
Schwierigkeitsgrad: Der Trail ist überwiegend flach und gut begehbar, daher auch für weniger trainierte Wanderer geeignet. Die letzten 10 km vor Ruka weisen einige Steigungen und Gefälle auf.
Übernachtungsmöglichkeiten: s. u.
Wichtige Hinweise: Genügend Trinkwasser, Proviant und Mückenschutzmittel mitführen!

Einer der bekanntesten Wanderwege Finnlands ist die insgesamt 80 km lange ›Bärenrunde‹ (Karhunkierros), die als Ganzes oder etappenweise zurückgelegt werden kann.
Bei der großen Runde übernachtet man in Schutzhütten, die im Abstand eines Wandertages voneinander entfernt liegen. Die Hütten bieten Platz für 10 bis 20 Personen; eine Reservierung ist nicht möglich, die Belegung erfolgt nach dem Prinzip: Wer zuerst kommt, mahlt zuerst. In der Hauptsaison kann der Platz knapp werden, dann empfiehlt sich die Mitnahme eines Zeltes; einige Campingplätze und deutlich markierte Feuerstellen sind vorhanden.
Gute Startpunkte für die ›Bärenrunde‹ sind im Norden das Informationszentrum Hautajhärvi und Ristikallio, weiter südlich das Oulanka-Besucherzentrum und das Dorf Juuma. Entlang des Pfades weisen gelbe Markierungen an Bäumen und Felsen in kurzen Abständen den Weg, sodass es nahezu unmöglich ist, sich zu verlaufen.
Auf der ›Bärenrunde‹ kann man die faszinierendsten Landschaftsformen der Region erleben. Man sieht wilde Stromschnellen und zerklüftete Canyons, Wasserfälle und Seen, Berggipfel und Urwälder. Wo Moore den Weg versperren könnten, sind Holzplanken (finn.: *pitkospuu*) verlegt, und reißende Katarakte bewältigt man über Hängebrücken in luftiger Höhe. Seinen Namen trägt der Pfad übrigens zu Recht, denn Bären gehören durchaus zu den 70 Säugetierarten des Nationalparks. (Zur Beruhigung: Die scheuen Tiere haben vor den Zweibeinern ebenso viel Angst wie diese vor ihnen und legen auf menschliche Gesellschaft überhaupt keinen Wert!).
Die erste Touretappe (15 km) führt vom Informationszentrum in **Hautajärvi** zur Schutzhütte **Savilampi**, durch Wald, vorbei an einem See und dann dem Ufer des Savinajoki folgend. Von der Schutzhütte aus kann man zu einem Aussichtspunkt laufen, der schöne Blicke auf den **Oulanka-Canyon** bietet. Ziel der zweiten – nur 5 km langen – Touretappe ist die an einer Stromschnelle gelegene Schutzhütte **Taivalköngas**. Ein Abstecher (einfacher Weg 5 km) führt nach **Ristikallio**, wo zwei Schluchten eine malerische Felsenlandschaft durchziehen.
Der dritte Streckenabschnitt (24 km) endet bei der schön an einem See gelegenen Schutzhütte **Jussinkämppä**, er passiert das **Oulanka-Besucherzentrum** und die **Kiutaköngäs-Stromschnellen**. Auf Höhe der Schutzhütte **Ansakampää** verlässt er das Flussufer und durchquert

Oulanka-Nationalpark

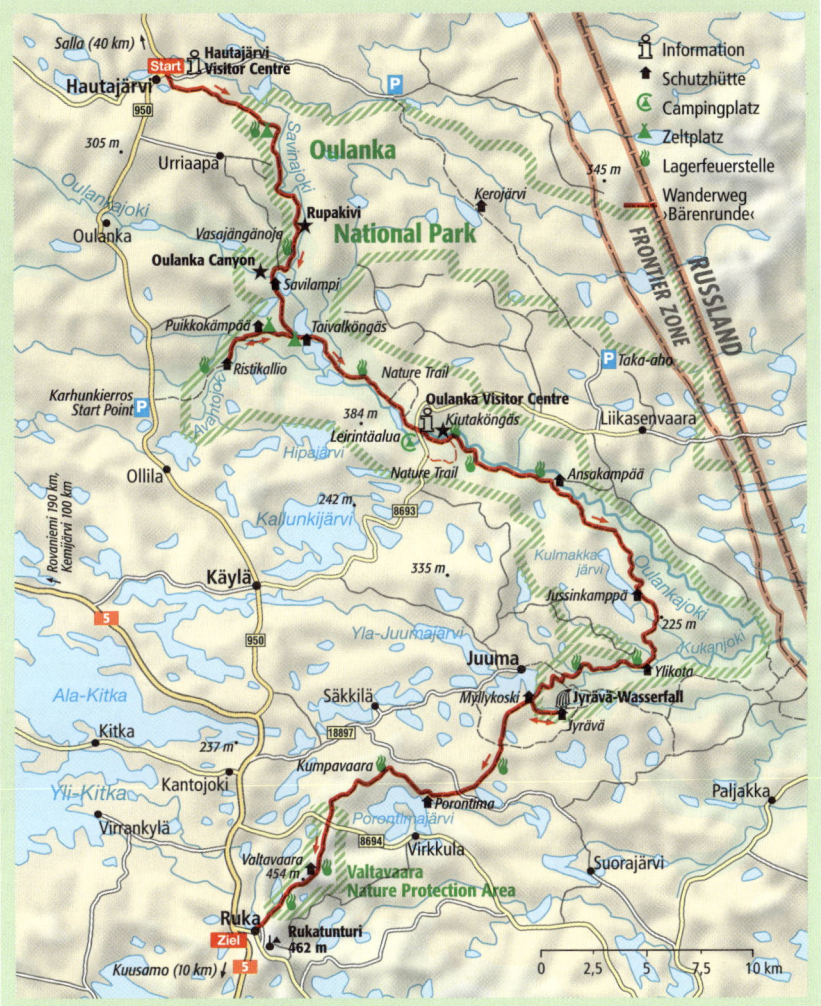

nun ein Waldgebiet. Touretappe vier (15 km) führt von Jussinkämppä nach Juuma; von der Schutzhütte **Ylikota** an folgt der Weg wieder einem Fluss.
Wer die Tour nicht in Juuma beendet, übernachtet in der Schutzhütte **Myllykoski**, einer ehemaligen Wassermühle an einer Stromschnelle. Von dort führt ein 2 km langer Abstecher zum **Jyrävä-Wasserfall**. Ziel der fünften und letzten Touretappe (21 km) ist **Ruka**. Wer mag, kann eine weitere Übernachtung in der Schutzhütte **Porontima** am gleichnamigen See einlegen. Von dort an wird der Weg steiler; die Schutzhütte **Valtavaara** liegt auf einer Höhe von 454 m. Nachdem man den herrlichen Rundblick genossen hat, ist nach weiteren 3 km **Ruka** erreicht.

Kapitel 5

Lappland

Finnlands Norden ist gleichbedeutend mit der Landschaft und dem Verwaltungsbezirk Lappland, der auf demselben Breitengrad wie Alaska und Sibirien liegt. Flächenmäßig größer als alle Benelux-Länder zusammen, ist Finnisch-Lappland mit rund 200 000 Einwohnern geradezu entvölkert. Es ist auch schwer, sich ein Leben in einer Region vorzustellen, die derart von klimatischen Extremen geprägt wird: Im Sommer wird es bis zu 30 °C warm und im Winter bis − 50 °C kalt, dann weicht die Lichtflut des kurzen Sommers dem dunklen Winter. Die weite Einöde, die eine genaue Grenzziehung kaum zuließ, war in der Vergangenheit ständiger Zankapfel zwischen Norwegen, Schweden, Finnland und Russland. Als sich Norwegen und Schweden mit Russland 1826 auf den Pasvik- und den Jakobs-Fluss als Grenze einigten, ging dies zu Lasten Finnlands, das nach dem Zweiten Weltkrieg auch das Petsamo-Gebiet und damit seinen einzigen Eismeerzugang an die Sowjetunion verlor.

Wenn auch Finnisch-Lappland durch die große Politik kleiner wurde, für Besucher ist es groß genug. Sie finden hier ein Gebiet, das in seiner Unendlichkeit zuweilen erschreckt. Diese riesige Weite jenseits des Polarkreises muss leibhaftig erfahren werden. Dass zwischen zwei Stationen schon mal einige Stunden Fahrtzeit liegen, darf dabei keinen stören. Denn dass der Weg das eigentliche Ziel ist, gilt hier in besonderem Maße.

Der Sternenhimmel und die Nordlichter
über Lappland üben eine große Faszination aus

Auf einen Blick: Lappland

Sehenswert

Lemmenjoki-Nationalpark: Ein Abstecher zur norwegischen Grenze entführt in eines der größten Wildnisgebiete Europas (s. S. 349).

 Kilpisjärvi: Im finnisch-norwegisch-schwedischen Dreiländereck steht man auf dem ›Dach Finnlands‹ und ist dem Nordatlantik ganz nah (s. S. 351).

 Rovaniemi: Die moderne, fast genau auf dem Polarkreis gelegene Stadt ist das Tor nach Finnisch-Lappland und zugleich die Heimat des Weihnachtsmanns (s. S. 354).

Urho-Kekkonen-Nationalpark: Fjällgipfel, Flusstäler und Kiefernwälder machen die weite Wildnis zum Wanderparadies (s. S. 367).

Inari-See: Der heilige See der Sámi mit seiner einzigartigen, melancholischen Stimmung ist das schönste Landschaftsziel Lapplands (s. S. 368).

Schöne Routen

Straße der vier Winde: Die E 8 führt parallel zum Tornionjoki als ›Straße der vier Winde‹ vom Bottnischen Meerbusen nach Norden ins Dreiländereck bei Kilpisjärvi (s. S. 344).

Abstecher zum Nordkap: Wenn man schon mal so weit in den Norden vorgedrungen ist … Das Nordkap liegt nah, und ein Abstecher dorthin kann als spektakuläre Rundfahrt gestaltet werden (s. S. 352).

Auf der E 75 von Rovaniemi nordwärts: Von der Lappland-Metropole Rovaniemi geht es über Inari bis zur norwegischen Grenze am Tenojoki (s. S. 361).

Unsere Tipps

Pallastunturi: Vom Gipfel des 807 m hohen Berges im Pallas-Yllästunturi-Nationalpark bietet sich an klaren Tagen ein fantastischer Panoramablick (s. S. 350).

Arktikum in Rovaniemi: Das schon seiner Architektur wegen sehenswerte Museum informiert anschaulich über Lebensweise und Kultur der nordischen Völker (s. S. 357).

Goldschürferdorf Tankavaara: Touristen können hier das einzige Goldmuseum Europas besuchen und selbst nach dem edlen Metall schürfen (s. S. 365).

Weltkugel am Nordkap

Aktiv

Wintervergnügen einmal anders: Wintersport in Finnland bedeutet keineswegs nur Skilanglauf! Von ganz besonderem Reiz sind Touren per Hunde- und Rentierschlitten oder mit dem Schneescooter durch die tief verschneite Märchenlandschaft Lapplands (s. S. 364).

Auf der ›Straße der vier Winde‹

Von Tornio am Bottnischen Meerbusen bis hinauf nach Kilpisjärvi bewegt man sich auf der ›Straße der vier Winde‹, wie die E 8 poetisch genannt wird. Denn die Sámi-Stämme, die entlang der Straße siedeln, tragen seit alters her eine Mütze mit vier Ecken, die in die vier Himmelsrichtungen (Windrichtungen) weisen …

Alternativrouten nach Muonio

Karte: S. 345

E 8 von Tornio nach Muonio ▶ 2, B/C 3–5

Seinen sprechenden Beinamen, ›**Straße der vier Winde**‹, bekam der Verkehrsweg von Yrjö Kokko, einem Heimatdichter der Sámi. Er benannte die E 8 nach der hier getragenen lappländischen Kopfbedeckung – traditionell sind die einzelnen Sámi-Stämme an ihren Trachten zu unterscheiden, vor allem aber an den Mützen. Die Straße beginnt in **Tornio** 1 , dem Endpunkt der Westküstenroute (s. S. 253). Von hier aus geht es auf der E 8 parallel zum finnisch-schwedischen Grenzfluss Tornionjoki (Torneälv) nach Norden. Die ersten landschaftlichen Höhepunkte entlang der Route sind die verschiedenen Katarakte des Tornionjoki, zuerst die 3,5 km langen Stromschnellen Kukko.

Die nächste größere Ortschaft ist **Ylitornio** 2 , hier gibt es auch eine Brücke hinüber zum schwedischen Pendant Övertorneå. Bei den folgenden Kattilakoski-Katarakten ist man bereits kurz vor dem Eintritt ins Reich der Mitternachtssonne, markiert durch den Polarkreis, der wenige Fahrminuten später passiert wird. Auch danach stößt man im weiten Flusstal immer wieder auf kleinere und größere Siedlungen, z. B. auf die 6000-Einwohner-Gemeinde **Pello** 3 , in der es einige Unterkunftsmöglichkeiten und eine weitere Brückenverbindung nach Schweden gibt.

Die Straße geht nun auf Abstand zum Tornionjoki und stößt 65 km weiter nördlich in **Kolari** 4 auf den nächsten lappländischen Strom, den Muonionjoki. Der Ort besitzt nicht nur Unterkünfte, Läden und Tankstellen, sondern als Endpunkt der Eisenbahnstrecke Tornio–Kolari auch den nördlichsten Bahnhof der Republik. Eine gute Straße verbindet Kolari mit Kittilä (s. S. 348) und passiert dabei **Ylläs** 5 , einen landesweit bekannten Wintersportort am gleichnamigen 718 m hohen Fjäll. Bis nach Ostern können Skifans von den über 60 Abfahrtspisten, mehr als 250 km markierter Loipen und einigen guten Hotels profitieren.

Folgt man ab Kolari der Straße der vier Winde, gelangt man zu weiteren schäumenden Stromschnellen und nach rund 65 km schließlich nach **Muonio** 6 . Der Verkehrsknotenpunkt (Straßen 21/E 8 und E 79, Brücke nach Schweden) ist das wirtschaftliche Zentrum des gesamten Tals und gleichsam ein Vorposten der Zivilisation. Die Hotels oder Ferienhütten kann man als Standquartier nutzen, um den Pallas-Yllästunturi-Nationalpark (s. S. 350), die Fjälls der Umgebung und die vielen stehenden und fließenden Gewässer zu erkunden. Im Sommer treffen Besucher in Muonio beste Wander-, Angel-, Paddel- und Rafting-Bedingungen an, im Winter ideale Verhältnisse für Lang- und Abfahrtslauf auf beleuchteten Loipen und Pisten.

Alternativrouten nach Muonio

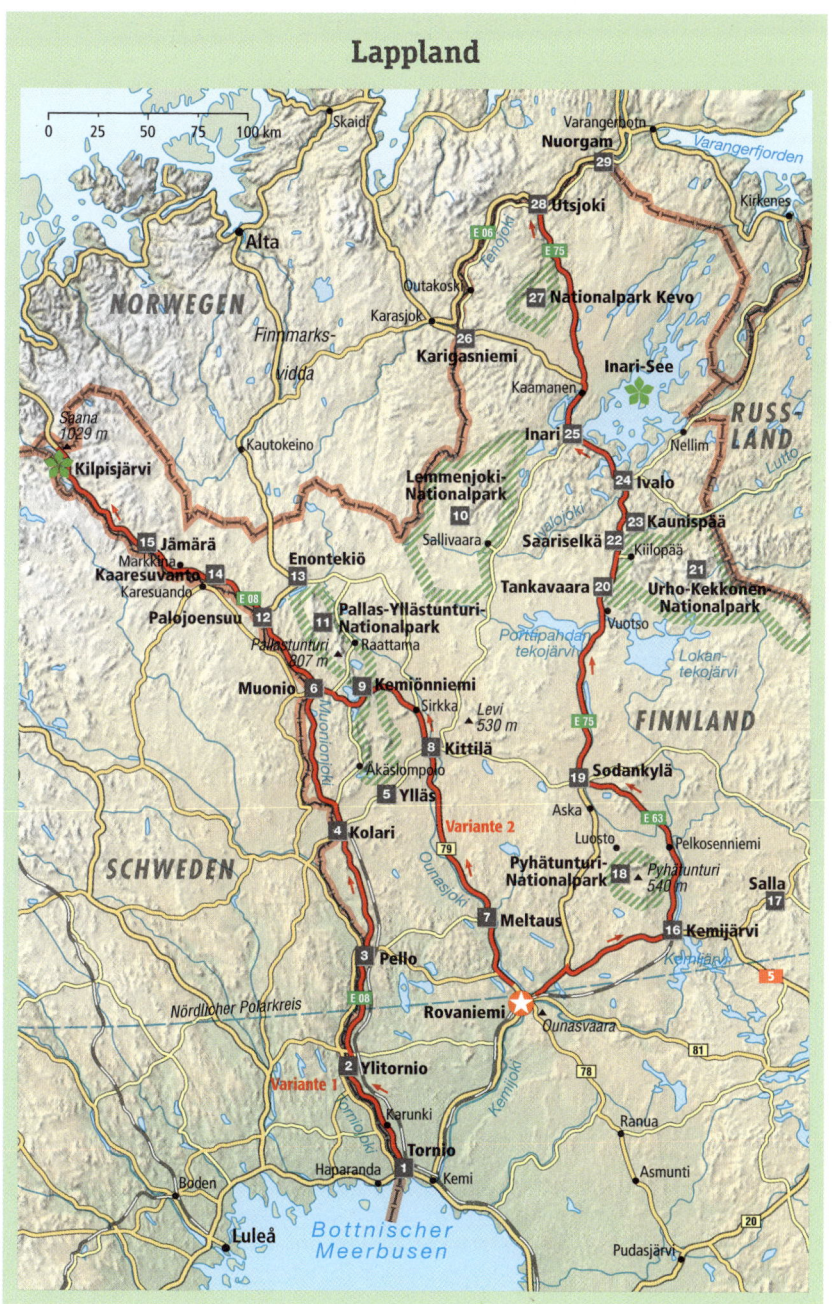

Volk im hohen Norden: die Samen

Seit undenklichen Zeiten bewohnt das Volk der Sámi die sogenannte Nordkalotte, also die nördlichen Gebiete Skandinaviens und der russischen Kola-Halbinsel. In ihrer eigenen Sprache bezeichnet sich die Bevölkerung als Sápmelas. Die früher übliche Benennung als Lappen empfindet sie als abwertend, weshalb im offiziellen Sprachgebrauch der Begriff heute durch Samen ersetzt wird.

Wenn das Attribut rätselhaft für ein Volk in Europa zutreffend ist, dann für die Samen. Obwohl sich Forscher verschiedener Disziplinen jahrzehntelang mit dem Thema beschäftigten, gibt es immer noch offene Fragen bezüglich ihrer Herkunft oder ethnischen Einordnung. Eine häufig vertretene Auffassung geht davon aus, dass die Samen als uralte Jäger- und Fischerbevölkerung schon vor rund 12 000 Jahren im nördlichen Eurasien lebten und sich später mit anderen Völkern vermischten. Als Jäger folgten sie den Rentierherden in verschiedenen Etappen von Osten her nach Finnland, an die Eismeerküste und ins fennoskandische Inland. Noch nach der Zeitenwende lebte dieses Volk aber keineswegs nur im hohen Norden. Erst das Zusammentreffen mit einwandernden finnougrischen und nordgermanischen Stämmen in Süd- und Mittelskandinavien verkleinerte schrittweise ihren Lebensraum. Spätestens seit der Wikingerzeit hielten sich die Samen nicht mehr in Südwestfinnland auf, aber immerhin noch bis ins 14. Jh. am Ladoga-See, im südlichen Ostfinnland waren sie sogar noch im 17. Jh. anzutreffen.

Linguisten konnten nachweisen, dass sich finnische und Samen-Sprache aus einem gemeinsamen Stammbaum entwickelt haben. Die Samen sprechen also finnougrisch, obwohl sie kein finnougrisches Volk sind. Einige Forscher vermuten, dass die von allen Samen-Stämmen ausgeübte Pelztierjagd und der sich daraus entwickelnde Handel mit den Finnen eine gemeinsame Verständigung notwendig machte und die Samen nach und nach die Sprache des benachbarten, kulturell überlegenen Volkes annahmen. Wahrscheinlich war diese Aneignung um ca. 600 n. Chr. abgeschlossen. Da über 1300 Jahre Sprachgeschichte dazwischen liegen, können sich die beiden Völker heute aber nicht mehr verständigen. Genau genommen gibt es ohnehin nicht die samische Sprache, sondern, analog zu unterschiedlichen Volksstämmen wie den Inari- oder Skoltsamen, mindestens drei verschiedene Dialekte. Am stärksten vertreten ist der nördliche Dialekt, der von ca. 70 % der Bevölkerung und auch von Samen-Gruppen in Nordschweden und Nordnorwegen gesprochen wird. Schätzungen zur Anzahl der Samen sind schwierig, da die statistischen Methoden der Staaten Norwegen, Schweden, Finnland und Russland nicht einheitlich sind, sie schwanken zwischen 50 000 und 70 000. In Norwegen geht man von einer Bevölkerungszahl von bis zu 45 000 Samen aus, auf rund 15 000 schätzt man ihre Zahl in Nordschweden. Die finnische Statistik geht von ca. 6500 Samen innerhalb der Landesgrenzen aus.

Zu ihren besser bewaffneten und organisierten Nachbarn gerieten die Samen früh in ein Abhängigkeitsverhältnis. Wikingerhäuptlinge und norwegische Könige entwickelten aus dem Tauschhandel eine erpresserische und lukrative Besteuerung der Samen, an der bald auch die Schweden, Finnen und Russen partizipierten. Da im Mittelalter und in der frühen Neuzeit die Staatsgrenzen im Norden nicht festgelegt waren, hatten die Samen bisweilen an drei verschiedene Länder Steuern zu entrichten. Zeitgleich zu der ökonomischen Knebelung gingen christliche Missionare auch an die vehemente Bekämpfung der kulturellen Grundlagen. Ihre Angriffe richteten sich gegen die Naturreligion der Samen, in der Schamanismus und Bärenkult eine bedeutende Rolle spielten.

Alltag auf einer Rentierfarm in Lappland – noch viele Samen leben von der Rentierzucht

Die bis weit ins 20. Jh. bestimmende Wirtschaftsform war die Rentierzucht, die sich ab dem Mittelalter allmählich aus der Rentierjagd entwickelt hatte. Durch Straßenbau, Land- und Forstwirtschaft, Ausbau der Wasserkraftwerke und militärische Interessen sind die Weideflächen für die Rentierzucht zusehends geschrumpft. Von diesem Gewerbe, z. T. ergänzt durch Fischen, Jagen und Beerensammeln, leben heutzutage immer noch etwa 40 % der Samen, genauso viele verdienen ihren Lebensunterhalt auf dem Dienstleistungssektor. Auch die Herstellung traditioneller Handarbeiten *(duodji)* und der Fremdenverkehr sind für viele Samen mehr als nur Zubrot.

Immerhin haben die Samen nach Jahrhunderten der Diskriminierung und Unterdrückung zumindest auf kultureller und politischer Ebene Fortschritte erzielt. In Finnland wählen sie aus ihrer Mitte seit 1973 alle vier Jahre das Sámi Parlamenta, das in Inari zusammentrifft. Es ist kein echtes Parlament, da die 20 gewählten Vertreter nur Empfehlungen aussprechen und die Einhaltung von Samen-Rechten im normalen gesetzlichen Rahmen überwachen können. Doch ist es seit 1991 im finnischen Reichstag Pflicht, das Samen-Parlament anzuhören, bevor man über Dinge entscheidet, die diese besonders betreffen können. Fast alle Rechte, die den Samen in den 1980er/90er-Jahren zugestanden wurden, sind von ihnen mit Selbstbewusstsein und politischem Engagement erstritten worden. Erfolgreich waren sie insbesondere in kulturellen Fragen. So können heute Schüler der Region muttersprachlichen Unterricht verlangen oder im Gymnasium Samí als freiwilliges Wahl- oder als Hauptfach gelehrt bekommen. 1994 legten die ersten finnischen Abiturienten ihre Prüfung in Samen ab. Seit 1992 darf das Volk bei Behörden Samen in schriftlicher und mündlicher Form benutzen und eine Antwort in derselben Sprache erwarten. Doch den meisten ist das nicht genug: Sie sehen sich als Urbevölkerung des Nordens und verlangen mehr Nutzungs- und Besitzrechte an den natürlichen Ressourcen. Denn immer noch ist formal der Staat Eigentümer von 90 % des Samen-Landes. Der Kampf um eine Besserstellung vereint alle Samen ungeachtet ihrer staatlichen Zugehörigkeit. Eine gemeinsame Nationalhymne gibt es bereits seit 1906, eine Flagge seit 1986 und auch einen gemeinsamen Rat aller norwegischen, finnischen, schwedischen und russischen Samen mit Büro in Utsjoki. Es geht ihnen darum, ›Herr im eigenen Haus‹ zu sein und zumindest Mitspracherechte und Einflussmöglichkeiten zu haben, wenn Sámi-Interessen nicht mit denen der nordeuropäischen Staaten identisch sind.

Auf der ›Straße der vier Winde‹

Polarlichter – faszinierende Lichtspiele der langen Polarnächte

Von Rovaniemi nach Muonio ▶ 2, B/C 3–5

Viele werden nicht Tornio, sondern **Rovaniemi** (s. S. 354) zum Startpunkt ihrer Route in den Nordwesten nehmen. In diesem Fall empfiehlt es sich, der Straße 79 zu folgen. Sie orientiert sich am Lauf des Ounasjoki, der mal träge dahinfließt, mal in Stromschnellen zu einem reißenden Wildwasser wird. Hinter **Meltaus** 7 quert man den Fluss vom westlichen zum östlichen Ufer und passiert einige Kilometer später die sehenswerten **Molkoköngäs-Katarakte** (auf den Hinweis zum Parkplatz achten!).

Die nächste größere Ortschaft heißt **Kittilä** 8, hat knapp 6000 Einwohner und verfügt über eine ansehnliche Infrastruktur mit Campingplatz, Motels, Ferienhäusern und vielen Sommer- und Wintersportmöglichkeiten. Trotz der geringen Einwohnerzahl gibt es hier einen Flugplatz, der u. a. von Finnair und im Winter mit Flycar direkt von Deutschland aus angeflogen wird. Sehenswürdigkeiten sind allerdings rar, doch lohnt ein Besuch der Holzkirche, die aus dem Jahr 1831 stammt und von C. L. Engel entworfen wurde. Die Naturattraktionen liegen nördlich und östlich der Ortschaft, was einem die Wahl der folgenden Wegstrecke bis Muo-

Lemmenjoki-NP

▶ 2, C/D 2/3

Von Inari im Nordosten oder Kittilä im Südwesten bietet sich über die Straße 955 ein Abstecher zum **Lemmenjoki-Nationalpark** 10 (Lemmenjoen kansallispuisto) an, dem mit 2855 km² größten Naturschutzgebiet des Landes. Hinter der Grenze geht er nahtlos in den norwegischen Nationalpark Övre Anarjokka über. Zusammen bringen es die beiden auf über 4000 km²! Die kleine Straße ohne Tankstellen oder Einkehrmöglichkeiten ist ideal, um Lapplands Wälder, Seen und Moore abseits der ausgetretenen Touristenpfade zu entdecken.

Planung

Vom **Sallivaara-Parkplatz** führt ein 6 km langer, mit Holzbohlen befestigter Pfad in den Nationalpark hinein, der eigentliche Parkeingang befindet sich aber weiter nördlich am Informationszentrum des Dörfchens **Njurgulahti.** Von dort aus kann man mehrtägige Wanderungen von einer Schutzhütte zur nächsten unternehmen, wobei Kompass und Gummistiefel zur Grundausrüstung gehören sollten. Auf der Tour wird man auch auf viele Goldschürfgebiete stoßen.

Geografie, Flora und Fauna

Der Nationalpark ist benannt nach einem für Lappland typischen, 80 km langen Fluss, der sich zwischen den Fjälls Viipus und Maaresta hindurchschlängelt, im Oberlauf durch schmale Canyons zwängt, dann träger wird und sich seenartig verbreitert. Zusammen mit weiteren Wildmarkflüssen, Mooren, Seen und Bergen ist der Lemmenjoki Mittelpunkt eines Nationalparks, der eine der größten unberührten Wildnisse des europäischen Kontinents umfasst. Lichte Birkenhaine wechseln hier mit Kiefern- und Fichtenwäldern ab oder weichen kahlen, versumpften Hochflächen: ein ideales Habitat für Braunbären, Wölfe, Schneehasen, Polarfüchse, Luchse, Lemminge, Vielfraße, Steinadler und Singschwäne sowie rund 9000 Rentiere auf finnischer Seite.

nio erschwert. Bleibt man weiterhin auf der Straße 79, kommt man am 530 m hohen Berg **Levi** vorbei, dessen Gipfel (fantastische Fernsicht) durch eine asphaltierte Straße erschlossen ist. Im Winter herrschen hier ideale Wintersportbedingungen, wovon der kleine Touristenort **Sirkka** profitiert. Hier macht in jedem Jahr sogar der alpine Ski-Weltcup Station. Levi selbst ist ein trubeliger Wintersportort mit einer Vielzahl von Möglichkeiten für Outdoor-Aktivitäten. Man sollte sich in **Kemiönniemi** 9 die urtümlichen, teils bis zu 400 Jahre alten Fischerkaten anschauen, bevor man schließlich **Muonio** 6 (s. S. 344) erreicht.

Auf der ›Straße der vier Winde‹

Rentiere

Die Begegnung mit Rentieren ist fast schon garantiert, ein Hinweis, der auch zu umsichtiger Fahrweise anhalten sollte: Die Straße durchkreuzt die Weidegebiete der Tiere. Durch Metallroste und an Zäunen befestigte Plastikbahnen werden die Herden davon abgehalten, über die Straße in das nächste Revier zu wandern. Oft passiert man auf diesem Weg auch Rentierscheideplätze *(porokämppä)*, große hölzerne Korrale, in denen die jeweiligen Besitzer ihre Tiere mit einem Lasso einfangen und von der Herde trennen. Welches Ren zu welchem Eigentümer gehört, ist an der Ohrmarkierung oder dem – in jüngster Zeit – eingesetzten bunten Plastikhalsband zu erkennen. Anschließend entscheidet man, welche Tiere verkauft, welche geschlachtet und welche schließlich für die weitere Züchtung genutzt werden sollen, wobei für eine solche Auslese jeweils eigene Boxen zur Verfügung stehen. Leider findet dieses Ereignis zu einer Zeit statt, in der sich nur wenige Besucher in der Region aufhalten, nämlich im Dezember oder Januar. Doch auch im Sommer sind die leeren Holzzaunkreise eindrucksvoll genug, um sich das Treiben bei einer Rentierscheide vorzustellen. Die bekannteste ist die von Sallivaara, kurz hinter dem Info-Parkplatz links der Straße gelegen.

Pallas-Yllästunturi-NP ▶ 2, B/C 2/3

Nationalparkzentrum: Pallastunturintie 557, 99330 Pallastunturi/Muonio, Tel. 0205-64 79 30, www.outdoors.fi, u. a. Infos zu Natur, Wandermöglichkeiten und Hüttennetz

Näher nach Muonio und über einige Straßen bequem zu erreichen liegt der **Nationalpark Pallas-Yllästunturi** 11 . Mit rund

Schneeschuhwanderer im Nationalpark Pallas-Yllästunturi

1020 km² ist er der drittgrößte des Landes und wird von ausgedehnten Fjällgebieten geprägt. Dazu zählt auch der Taivaskera (821 m), der höchste von Nadelwald bedeckte Berg Finnisch-Lapplands. Benannt ist das Naturschutzgebiet aber nach dem **Pallastunturi** (807 m), zu dessen Gipfel ein Sessellift hinaufführt. Im Winter ist das Massiv ein populäres Ziel von Skitouristen.

Von Muonio nach Kilpisjärvi

Karte: S. 345

Bis Enontekiö/ Hetta
▶ 2, B 2/3

Ab Muonio führt die ›Straße der vier Winde‹ mehrere Dutzend Kilometer flussaufwärts zur kleinen Ortschaft **Palojoensuu** 12 mit einer Kirche aus dem 17. Jh. Eigentlich stammt sie aus dem Flecken Markkina nördlich von Kaaresuvanto, doch wurde sie dort im Jahre 1826 abgerissen. Ihre Bohlen flößte man hierher und baute die Kirche wieder auf.

Wer in Palojoensuu die E 8 verlässt, erreicht nach 26 km **Enontekiö** 13, einen 800-Seelen-Ort, der eigentlich **Hetta** heißt, während mit Enontekiö eine riesige Gemeinde von über 8500 km² bezeichnet wird. Zu ihr gehören der Pallas-Yllästunturi-Nationalpark sowie die Hälfte aller finnischen Fjälls, darunter auch der 1328 m hohe Halti. Als alter Siedlungsplatz der Samen ist die Kommune traditionell mit der Rentierzucht verknüpft und hat zurzeit einen Bestand von ungefähr 20 000 Tieren. Auch die Dörfer Kaaresuvanto und Kilpisjärvi gehören administrativ zu Enontekiö. Insgesamt kommen alle diese Flecken jedoch nur auf eine Einwohnerzahl von 2500, was einer Bevölkerungsdichte von 0,3 Ew./km² entspricht. Die Attraktionen der Gemeinde beschränken sich auf Natur und nochmals Natur! Wer diese nicht nur im Sommer oder Winter als Aktivurlauber genießen möchte, kann sich anhand der Ausstellung im **Naturzentrum Fjäll-Lappland** (www.nationalparks.fi/felllaplandvisitorcentre) mit ihr auseinandersetzen. Man findet das Naturzentrum am Fuß des Hügels Jyppyrä, der einst ein Heiligtum der Samen trug und heute als Aussichtspunkt bekannt ist. Von Hetta aus kann man in drei bis vier Tagen durch den Pallas-Yllästunturi-Nationalpark zum Infozentrum des Parks wandern, übernachtet wird in Hütten.

Im äußersten Nordwesten
▶ 2, B 2

Auf dem Weg in den äußersten Nordwesten Finnlands gibt es keine Alternative zur E 8. Auf langsam ansteigender Strecke passiert man einige verstreut liegende Dörfer, von denen **Kaaresuvanto** 14 mit 500 Einwohnern noch das größte ist. Falls hier die Suche nach einer Unterkunft nicht erfolgreich war, kann man ins schwedische Karesuando ausweichen, zu dem eine Brückenverbindung besteht. Es folgen der Weiler **Markkina** mit einem Denkmal für jene Kirche, die heute in Palojoensuu (s. links) steht, und 20 km hinter Kaaresuvanto die Siedlung **Jämärä** 15, in der einige Relikte des Lapplandkriegs museal aufbereitet wurden: Die von der deutschen Armee angelegten Bunker, Laufgräben, Geschützstellungen und Unterstände wurden teilweise restauriert und bilden nun zusammen mit einem Ausstellungsraum samt Café die Felsenfestung Jämärä (Tel. 016-52 46 05, Mitte Juni–Ende Sept. Mo–Fr 10–17 Uhr, Erw. 5,50 €).

 Kilpisjärvi ▶ 2, A 2

Am nördlichen Ende der ›Straße der vier Winde‹ gelangt man in deutlich höhere Regionen. Die Berge ringsum übersteigen die Tausend-Meter-Marke und das ohnehin schon wenig bevölkerte Lappland wird nun vollends menschenleer. Die letzte Ortschaft – 460 Straßenkilometer von Tornio entfernt – passiert man an der äußersten Ecke der Republik, wo Finnland, Schweden und Norwegen aneinanderstoßen. Sie heißt Kilpisjärvi, liegt 423 m ü. N. N. am gleichnamigen, 20 km langen Gebirgssee und hat außer einem Hotel, einem

ABSTECHER ZUM NORDKAP

Dass eine Lappland-Rundfahrt auch einen Abstecher nach Norwegen einschließt, ist insofern natürlich, als nationale Beschränkungen eine Erfindung der Neuzeit sind. Im historischen wie landschaftlichen Sinn stellt die Nordkalotte eine Einheit dar. Die Samen leben auch in Nordschweden oder in Nordnorwegen, und die Rentiere fragen bei ihren Wanderungen ebenfalls nicht nach der Staatsangehörigkeit. Abgesehen davon lockt hinter der Grenze nach Norwegen ein Reiseziel, das Finnland einfach nicht zu bieten hat: das Nordkap – jener legendäre Ort, an dem der Kontinent sein Ende findet. Wohl die meisten Nordlandurlauber werden von diesem ›Ziel der Ziele‹ magisch angezogen – Grund genug also, bei einem der sechs Übergänge nach Norwegen die Reise in nördlicher Richtung fortzusetzen.

Wem es nur um das Nordkap geht, der kann ab Enontekiö innerhalb eines Tages über Kautokeino, Karasjok und Lakselv bis nach Honningsvåg auf der Insel Magerøya und zum nahen Nordkap fahren – ein straffes Programm, aber trotzdem gut zu schaffen, zumal ein Unterseetunnel die zeitaufwendige Fährverbindung zur Nordkapinsel ersetzt hat. Auf der Rückreise ist es bis Karigasniemi oder Utsjoki ebenfalls nur eine Tagesetappe, sodass der Trip Finnland-Urlauber insgesamt nur zwei Tage kostet.

Mit etwas mehr Zeit könnte man folgende schöne **Rundreise** unternehmen: Erster Tag: von Kilpisjärvi zum norwegischen Skibotn,

Am Nordkap auf der Insel Magerøya markiert eine Weltkugel das ›Ende Europas‹

Von Muonio nach Kilpisjärvi

dann an den nordatlantischen Fjorden entlang bis Alta. Zweiter Tag: auf fantastischer Strecke nach Hammerfest, kurze Besichtigung der nördlichsten Stadt Europas, dann zurück zur Hauptstraße und über Skaidi nach Honningsvåg. Besuch der Nordkap-Klippe um Mitternacht. Dritter Tag: am Porsangerfjord entlang nach Lakselv, weiter nach Osten bis Tana, dann bei Nuorgam bzw. Utsjoki zurück nach Finnland. Für ausführlichere Besichtigungen und Unternehmungen (z. B. die Felsritzungen bei Alta, Wanderung zum ›Lappentor‹ am Nordkap etc.) sollten Sie einen zusätzlichen Tag einplanen.

Kiosk und der Grenzstation nicht viel zu bieten. Umso beeindruckender ist die grandiose Landschaft, die vom 1029 m hohen heiligen Berg der Sámi überragt wird, dem Saanatunturi. Ein Wanderweg führt durch den Saana-Naturpark auf seinen Gipfel, von dem aus man einen herrlichen Blick auf die Berge der Umgebung und den Kilpisjärvi hat. Den See selbst kann man mit einem Boot befahren und das bojenartige Dreiländerdenkmal aus nächster Nähe betrachten. Genau an diesem Punkt, der auf Finnisch *Kolmen valtakunnan rejapyykki* und auf Schwedisch *Treriksröset* heißt, stoßen die drei skandinavischen Länder aufeinander. Wer von hier aus durch Norwegen zum Nordkap weiterfahren möchte, hat noch ungefähr 550 km vor sich.

Infos
Hetta Tourist Information: Ounastie 165, 99400 Enontekiö, Tel. 04 00-55 62 15, www.tosilappi.fi, Juni–Sept. tgl. 10–20, sonst nur Mo–Fr 9–15 Uhr.

Übernachten
… in Hetta/Enontekiö:
Am Seeufer – **Lapland Hotel Hetta:** Ounastie 281, Hetta, Tel. 016-32 37 00, www.laplandhotels.com. Schöne Herberge der oberen Mittelklasse in aussichtsreicher Lage am Ufer des Ounasjärvi, 39 gut ausgestattete Zimmer, Pool, Restaurant, Bar (DZ 92–133 €), zusätzlich 18 preisgünstigere Hostelapartments für 2–4 Pers. mit Miniküche (DZ 70–100 €), außerdem Vermittlung von Ferienhäusern in der unmittelbaren Umgebung.

Familiäre Atmosphäre – **Hotel Hetan Majatalo:** Riekontie 8, Hetta, Tel. 016-554 04 00, www.hetan-majatalo.fi. Sehr gutes, seit 1924 familiengeführtes Hotel mit angenehmem Flair. Gutes Essen. DZ ab 80 €.

Im Stadtzentrum – **Jussan Tupa:** Ounastie 140, Hetta, Tel. 040-688 22 00, www.jussantupa.fi. Gutes Ferienhotel mit 30 Zimmern, Pool und großem Restaurant. DZ 82–118 €.

… in Kaaresuvanto:
Zimmer und Holzhütten – **Davvi Arctic Lodge:** Käsivarrentie 14206, Kaaresuvanto, Tel. 016-52 21 01, www.davvihotel.com. Ferienanlage in rustikaler Holzarchitektur, Mittelklassehotel mit 32 Zimmern (DZ ab 90 €), gut ausgestattete Campinghütten mit WC, Dusche, Miniküche und Sauna, luxuriösere Unterkunft in Apartments und Suiten (168–529 €), Restaurant.

… in Kilpisjärvi:
In alpiner Umgebung – **Lapland Hotel Kilpis:** Kilpisjärvi, Käsivarrentie 14206, Tel. 016-32 33 00, www.laplandhotels.com. Mittelklassehotel am Dreiländereck mit 35 Zimmern, 14 Ferienapartments, 14 einfachen Hostelzimmern und Restaurant. DZ 80–99 €.

Naturnah – **Kilpisjärven Retkeilykeskus:** Kilpisjärvi, Kilpisjärventie 12413, Tel. 016-53 77 71, www.kilpisjarvi.info, Mitte Feb.–Ende Okt. In der Wildnis gelegene Herberge (DZ 70 €) mit vielfältigem Kursangebot (Ski, Golf, Wandertouren etc.).

Verkehr
Flüge: Der rund 10 km vom Ortszentrum Enontekiö entfernte Flughafen wird in der Saison von Helsinki und Rovaniemi angeflogen, sonst Charter-, Versorgungs- und Sightseeingflüge.

Bus: Überlandbusse halten in Enontekiö auf dem Weg zwischen schwedischer Grenze und Nordkap.

Vom Polarkreis Richtung Eismeer

Am Anfang dieser Route steht ein Besuch von Rovaniemi, der Hauptstadt der Provinz Lappland, die fast genau auf dem Polarkreis liegt. Durch eine nahezu menschenleere, wilde Landschaft geht es dann in Richtung Norden, dem Eismeer entgegen, vorbei an Goldgräbersiedlungen, Sámi-Gebieten und drei Nationalparks.

 Rovaniemi ▶ 2, C 5

Karte: S. 345; **Cityplan:** S. 356
Diese Route, die in der Verwaltungshauptstadt Rovaniemi, dem finnischen ›Tor nach Lappland‹, beginnt, bleibt innerhalb von Suomis Landesgrenzen.

Anreise

Wer nicht per Flugzeug oder Autoreisezug durch die Mitte Finnlands anreist, benutzt ab **Kajaani** (s. S. 315) am besten die Straße 78, da man so auf dem Weg nach Rovaniemi auch die Moltebeer-Gemeinde **Ranua** mit ihrem berühmten Tierpark erleben kann. Dieses Wildgehege lohnt den Besuch zu jeder Jahreszeit. Die nordische und arktische Tierwelt wie Braun- und Polarbären, Füchse, Elche, Wildrene, Otter, Vielfraße, Kraniche, Adler etc. ist reich vertreten, die Umgebung passt und für Kinder gibt es auch ein kleines Märchenschloss (Ranuan eläinpuisto, Ranua, Tel. 016-355 19 21, www.ranuazoo.com, tgl. Juni–Aug. 9–19, Sept.–Mai 10–16 Uhr, Erw. 16 €, im Winter 14–17,50 €; Busverbindungen zwischen Busbahnhof Rovaniemi und Ranua-Tierpark 6 x tgl., Fahrzeit etwa 1,5 Std.).

Hat man hingegen die finnische Westküste erkundet, folgt man ab **Kemi** dem Kemijoki flussaufwärts. Das kann man entlang dem westlichen Ufer auf der E 75 tun (116 km), schöner aber ist die schmale Straße auf der Ostseite. Trotzdem will Lappland-Gefühl auf dieser Strecke nur langsam aufkommen. Denn zunächst bestimmen noch die Flussniederungen mit ihren Weiden und großen Gehöften, die man so nahe dem Polarkreis nicht erwartet hätte, das Bild. Erst später wird es wald- und hügelreicher, stellt sich das Gefühl von Weite und Einsamkeit ein.

Stadtentwicklung

Dass Rovaniemi schon seit Menschengedenken besiedelt war, liegt an den vorzüglichen Handelsbedingungen am Zusammenfluss von Ounasjoki und Kemijoki. Ein wirklicher Entwicklungsschub setzte aber erst im 19. und 20. Jh. ein, als die Finnen darangingen, die natürlichen Ressourcen Lapplands auszubeuten und außerdem in der Gegend Gold gefunden wurde. Schon 1909 war die Stadt an das Eisenbahnnetz angeschlossen und 1938 zur Hauptstadt der Provinz Lappland bestimmt worden. Das damalige alte Holzhausstädtchen Rovaniemi existiert seit dem zerstörerischen Rückzug der deutschen Armee 1944 jedoch nicht mehr. Dem Wiederaufbau lag eine Konzeption Alvar Aaltos zugrunde, der ursprünglich das Straßennetz in Form eines Rentiers anlegen wollte – im Stadtplan allerdings kaum noch erkennbar.

Seit 1960 mit Stadtrechten ausgestattet, ist Rovaniemi heute der wirtschaftliche und mit Universität, Theatern, Museen und Forschungsinstituten auch der kulturelle Mittelpunkt Lapplands. Die Grenzen des Landkrei-

*Warmes Licht in kalter Zeit:
Sonnenuntergang bei Rovaniemi*

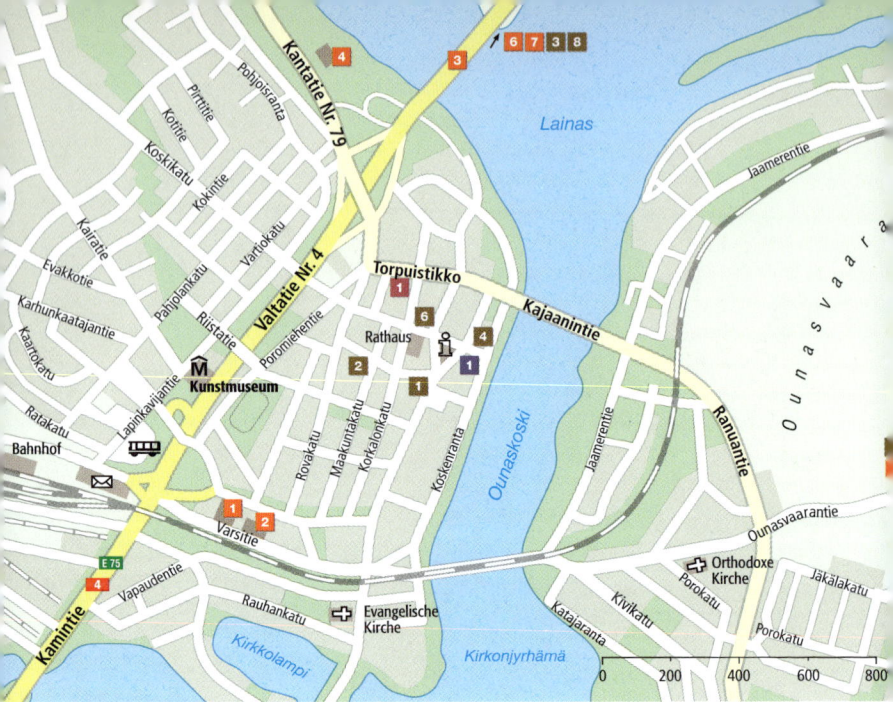

Rovaniemi

Sehenswert
1. Lappia-Halle
2. Provinzbibliothek
3. Hängebrücke
4. Arktikum
5. Ounasvaara
6. SantaPark
7. Weihnachtsmanndorf

Übernachten
1. Cumulus Rovaniemi Hotel
2. City Hotel
3. Arctic Hotel Pohtimo
4. Rantasipi Pohjanhovi
5. Sky Hotel Rovaniemi
6. Hostel Rudolf
7. Ounasvaaran pirtit
8. Napapiirin saarituvat

Essen & Trinken
1. Oppipoika

Aktiv
1. Lapland Safaris

---

ses umfassen nicht weniger als 8000 km², auf denen rund 60 000 Menschen (ca. 36 000 in der Stadt selbst) leben – mehr als ein Viertel der lappländischen Gesamtbevölkerung! Solche Tatsachen haben sich offenbar noch nicht bis nach Mittel- und Südeuropa herumgesprochen, denn viele Touristen scheinen eine rustikale Blockhaussiedlung mit Holzfäller- oder Goldgräberatmosphäre zu erwarten und sind beim Anblick dieser funktionalen Stadt entsprechend enttäuscht. Andere wiederum werden angesichts des Gemeinwesens, das die Finnen allen klimatischen Widrigkeiten zum Trotz aufgebaut haben, positiv überrascht sein. Rovaniemi ist eine äußerst moderne Stadt, mit breiten Straßen, bemerkenswerten Beispielen neuerer Architektur, mit Supermärkten und vielen Hotels. Und es ist eine Stadt, in der sich Touristen ganzjährig die Klinke in die Hand geben und für eine Betriebsamkeit sorgen, die allen Klischees vom einsamen Lappland zuwiderläuft. In den Sommermonaten werden die Motoren der Ausflugsboote angeworfen, fahren Busse in Richtung Nordkap ab und rollen die Wagen vom Autoreisezug.

Rovaniemi

Der Besucherstrom wird an Ort und Stelle in klingende Münze umgewandelt, indem sich die Einwohner auf die Durchführung – durchaus empfehlenswerter! – Exkursionen spezialisiert haben, sodass ein jeder Gast sein ganz persönliches Lappland-Abenteuer buchen kann. Will man im Schein der Mitternachtssonne mit einem der charakteristischen Holzboote die alten Flößerrouten entlangfahren oder im Schlauchboot Stromschnellen hinabbrausen, will man eine Rentier- oder Huskyfarm besuchen, selbst gefangene Forellen und Hechte grillen, Mountainbiking in der Gruppe betreiben oder mit einem Sámi-Führer durch die Wildmark wandern: Alles wird schnellstens arrangiert. Mit anderen Worten: Rovaniemi hat weit mehr zu bieten als nur Rovaniemi. Und weil außerdem an Übernachtungen aller Art kein Mangel herrscht, bleiben viele länger als geplant.

Da die Quecksilbersäule von Anfang November bis Ende April auf minus 30 bis 35 °C fällt und selbst Temperaturen um minus 50 °C nicht ungewöhnlich sind, sollte man annehmen, dass wenigstens zu dieser Zeit Ruhe in Rovaniemi einkehrt. Doch im Winter ist der Trubel fast noch größer. Den Grund hierfür liefert das weltweit bekannte **Joulupukin pajakylä** (s. S. 358), der Wohnort des Weihnachtsmanns. Wer sich einen längeren Aufenthalt leistet, kann das Naturschauspiel des Polarlichts genießen, auf dem 9-Loch-Golfplatz des zugefrorenen Kemijoki mit neonfarbenen Bällen einputten, die Loipen und Abfahrtspisten rund um den Ounasvaara nutzen und Anfang März am fantastischen Spektakel des Nordlichtfestivals teilnehmen.

Stadtbesichtigung

Das Rovaniemi, das man auf einer kurzen Stadtrundfahrt kennen lernt, wird allerhöchstens Liebhaber der neueren Architektur erfreuen, denn wirklich Altes oder Idyllisches sucht man hier vergebens. Doch die von Alvar Aalto entworfene **Lappia-Halle** 1 , ein im Jahre 1975 fertiggestelltes Theater- und Kongresszentrum, ist mit ihrer wellenförmigen Dachkonstruktion wirklich eindrucksvoll. Auch die **Provinzbibliothek** 2 , die 1989 gebaute **Hängebrücke** 3 über den Ounasjoki und die lappländische Hochschule sind äußerst gelungen.

Arktikum 4

Pohjoisranta 4, Tel. 016-322 32 60, www.arktikum.fi, im Sommer tgl. 9–18, Dez. tgl. 10–18, sonst Di–So 10–18 Uhr, Erw. 12 €

Einig sind sich alle Besucher, dass das Arktikum die größte Attraktion von Rovaniemi ist. Der nordwestlich der Brücke gelegene, auffällige Komplex wurde 1992 eröffnet und zog bereits in den ersten Jahren jeweils über 100 000 Besucher an. Er beherbergt das **Arktiszentrum,** in dem das Leben und die Kultur arktischer Völker wie der Inuit (Eskimos) oder sibirischer Stämme illustriert wird, aber auch die Entdeckung der nordpolaren Region sowie deren Natur und Geologie.

Die unterschiedlichen Lebensbedingungen der arktischen Bevölkerung sind Thema sehr sehenswerter Filme, die im **Polarium-Theater** vorgestellt werden. Außerdem ist im Arktikum das **Lappländische Provinzmuseum** untergebracht, das die Entwicklung der Region von prähistorischen Zeiten bis heute und die Bedeutung von Rentierhaltung und Tourismus für die Samen dokumentiert. Eine eigene Abteilung ist Rovaniemis **Stadtgeschichte** gewidmet.

Genauso sehenswert wie die Ausstellungen ist der **Bau** selbst, für den das dänische Architekturbüro Birch-Bonderup & Thorup-Waade zu Recht Preise bekam: Eine lange Passage, teils unterirdisch, teils von einer Glaskuppel überdeckt, verbindet die beiden Stockwerke und einzelnen Abteilungen. Gleichzeitig lässt sie der Natur Eintritt und stellt dadurch einen Bezug zwischen Innen- und Außenwelt her: Schöner hätte man ein Museum am Flussufer nicht bauen können.

Ounasvaara 5

Die Natur rund um Rovaniemi ist gut vom Hausberg Ounasvaara (203 m ü. N. N.) auf der anderen Flussseite in Augenschein zu nehmen. Seinen Gipfel erreicht man vom Zentrum aus nach 3 km, vorbei an der kleinen

Vom Polarkreis Richtung Eismeer

orthodoxen Kirche und über einige Serpentinen. Der Blick auf die Stadt mit ihren beiden Flüssen, die waldreiche Umgebung, die Wintersportanlage am Berg selbst sowie auf die Mitternachtssonne (Ende Juni) ist herrlich – und bei ungünstiger Witterung auch vom Restaurant des Sky-Hotels zu genießen. Wer die drei Sprungschanzen samt Liften und Pisten von unten betrachten möchte, fährt am Fuß des Ounasvaara nach Norden zum Parkplatz des Skizentrums.

Ausflug zum Polarkreis

Unverzichtbares Ziel eines jeden Rovaniemi-Besuches ist natürlich auch der nahe **Polarkreis** *(napapiiri)*, der auf jeder ihn kreuzenden Straße deutlich markiert ist. Von dieser imaginären Linie sind es übrigens 2603 km Luftlinie bis zum Nordpol und 7387 km bis zum Äquator.

Dass selbst in der Polarnacht Passagiermaschinen aus London, New York und dem fernen Tokio einschweben, hat einen einfachen Grund. Denn die kleinen wie die großen Gäste interessieren sich vor allem für den leibhaftigen Weihnachtsmann, der bei Rovaniemi gleich zwei Adressen hat, den SantaPark und das Weihnachtsmanndorf.

SantaPark 6
Napapiiri, Tel. 06 00-30 12 03, www.santapark.fi, Mitte Juni–Mitte Aug., Ende Nov.–Mitte Jan. tgl. 10–18 Uhr, Erw. 33 €, Kinder 3–12 Jahre 27,50 €
Der 1998 eröffnete SantaPark, eine 200 m tief in den Fels gesprengte Höhle, beherbergt u. a. Spielgeräte und Karussells, eine Spielzeugwerkstatt, Puppentheater und Souvenirläden.

Weihnachtsmanndorf 7
Joulupukin Pajakylä, Straße 4, Napapiiri, Tel. 016-356 20 96, www.santaclausvillage.info, Juni–Aug. tgl. 9–20, sonst 9–17 Uhr, das Postamt Mo–Fr 10–17, Dez. 9–19 Uhr
Älter als der SantaPark ist das Weihnachtsmanndorf an der Stelle, an der die E 75 den Polarkreis quert. Es wird zu jeder Tages- und Jahreszeit stark frequentiert. U. a. sind hier Touristeninformation, Restaurants, Souvenirläden, ein kleines Rentiergehege, eine Poststube (mit Sonderstempel), ein Puppentheater, ein Buch- und Landkartengeschäft sowie natürlich die Stube des Weihnachtsmannes versammelt, in der dieser zu Fototerminen präsent ist. Man kann an einer Polarkreiszeremonie mit entsprechendem Zertifikat teilnehmen oder einen Brief des Weihnachtsmannes an Freunde und Verwandte in Auftrag geben.

Norvajärvi
Ein ganz anderes Thema wird in Norvajärvi angesprochen, zu dem zwischen Rovaniemi und dem Polarkreiszentrum eine etwa 20 km lange Stichstraße nach Norden ab-

zweigt. Auf dem Soldatenfriedhof erinnern rund 3000 deutsche Kriegsgräber an die Ereignisse der Jahre 1944/45. Die eindrucksvolle Kapelle aus Granit wurde 1964 nach dem Entwurf von Otto Kindt errichtet.

Infos

Rovaniemi Tourist Information: Maakuntakatu 29–31, 96200 Rovaniemi, Tel. 016-34 62 70, www.visitrovaniemi.fi und www.laplandfinland.com, um Weihnachten herum Mo–Fr 9–18, Sa, So 10–15, sonst Mo–Fr 9–17 Uhr. Weitere **Infostelle am Polarkreis:** Arctic Circle Info, Tel. 016-356 20 96.

Übernachten

Zentrales Businesshotel – **Cumulus Rovaniemi Hotel 1:** Valtakatu 23, Tel. 016-33 36 00, www.cumulus.fi. Zentral gelegenes Mittelklassehotel mit 62 gut ausgestatteten Zimmern, Pool, Gourmetrestaurant, Pub, Café. DZ ab 130 €.

Mit gutem Restaurant – **City Hotel 2:** Pekankatu 9, Tel. 016-330 01 11, www.cityhotel.fi. Älteres, aber modernisiertes Haus im Stadtzentrum, 92 komfortable Zimmer und Suiten, sehr gutes Restaurant »Monte Rosa«, zwei Bars. DZ ab 100 €.

Zivilisationsfern – **Arctic Hotel Pohtimo 3:** Sinettä, Pohtimolampi, Tel. 016-530 04 00, www.laplandhotels.com. Qualitätvolle Unterkunft in der Wildnis, 27 km nördlich der Stadt und nahe der Straße nach Pello, Mittelklassehotel mit 58 DZ und Familienzimmern (DZ ab 91 €) sowie neue Chalets (ausgestattet u. a. mit Küche und Sauna, 119 €/2 Pers.)

Das Weihnachtsmanndorf bei Rovaniemi

Vom Polarkreis Richtung Eismeer

Polarkreiszentrum bei Rovaniemi

und Deluxe-Chalets (u. a. mit eigener Sauna und eigenem Jacuzzi, ab 140 €/2 Pers.), gutes Restaurant, jede Menge Freizeitmöglichkeiten. Die Übernachtungspreise sind im Herbst am günstigsten und zu Weihnachten am teuersten.

Komfort am Flussufer – **Rantasipi Pohjanhovi** [4]: Pohjanpuistikko 2, Tel. 016-337 11, www.rantasipi.fi. Im Stadtzentrum am Fluss gelegene, traditionsreiche Herberge mit elegant-lässiger Atmosphäre, 212 gut ausgestattete Zimmer, Pool, Nachtclub, Restaurant mit lappländischer Gourmetküche. DZ ab 90 €.

Außerhalb in Berglage – **Sky Hotel Rovaniemi** [5]: Juhannuskalliontie, Tel. 016-323 40 00, www.laplandhotels.com. Sehr gutes Haus, aussichtsreich auf dem Gipfel des Ounasvaara gelegen, 3 km vom Zentrum entfernt, 71 Zimmer und Apartments, z. T. mit eigener Sauna, Panoramarestaurant, Cafeteria. DZ 85–159 €.

Budgetunterkunft – **Hostel Rudolf** [6]: Koskikatu 41, Tel. 016-32 13 21, www.rudolf.fi. Modernes, kleines Nichtraucherhostel mit gut eingerichteten EZ, DZ und Dreibettzimmern, dem First-Class-Hotel **Santa Claus** angeschlossen (Korkalonkatu 29), dort auch Check-in und Restaurant. DZ 65 €.

Camping – **Ounasvaaran pirtit** [7]: Antimukka 4, Tel. 010-581 30 00, www.polarholidays.fi. Schön am Flussufer unterhalb des Wintersportzentrums gelegen, 500 m zum Ortskern, 73 z. T. luxuriöse, ganzjährig geöffnete Hütten, alle mit Kochnische, Sauna, TV (2-Pers.-Hütte ab 88 €), gutes Restaurant, Kiosk, Badestrand, im Winter Eislochbaden.
Napapiirin saarituvat [8]: Saarenkylä, Tel. 016-050-464 04 46, www.saarituvat.fi. Weiterer sehr schöner Campingplatz mit Hütten (2-Pers.-Hütte ab 50 €), Hostel, Kiosk und Restaurant, 6 km östl. der Stadt an der Straße nach Kuusamo.

Essen & Trinken

Rovaniemi hat eine Reihe vorzüglicher Restaurants, die jeden Gourmet zufrieden stellen dürften. Lappländische Haute Cuisine mit Rentier, Schneehuhn, Beeren und Pilzen wird am besten in den Hotelrestaurants zelebriert, allen voran im **Oppipoika** [1] (Korkalonkatu 33, Tel. 016-338 81 11), im **Cumulus Rovaniemi** [1] und im **Pohjanhovi** [4].

Aktiv

Outdooraktivitäten – Eine Reihe von Veranstaltern bieten in Rovaniemi Ausflüge aller Art an, von **Wildmarkwanderungen** mit Besuch in Rentierdörfern und Picknick über herkömmliche Sightseeing-Bustouren bis hin zu Abenteuern wie **Schneescooter-Rallyes** oder **Helikopterrundflügen.** Deutschsprachige Reiseleiter und ein ausgewogenes Programm hat u. a. **Lapland Safaris** 1 , Koskikatu 1, Tel. 016-331 12 00, www.laplandsafaris.fi (Sightseeing-, Angel- und Abenteuerfahrten per Bus, Flussboot, Jeep, Mountainbike, Kanu oder Huskyschlitten; Schneescooter-, Fahrrad-, Kanu- und Angelverleih).

Termine

Arctic Tunturi Rallye: Ende Jan. Internationale Autorallye über Schnee und Eis (www.arcticrally.fi).
Nordlichtfestival: Ende Feb./Anf. März. Einwöchiges Festival mit Licht- und Feuerschau im Arktikum, Rentierwettlauf, internationalem Eismarathon und internationalem Schneeskulpturen-Wettbewerb.
Ounasvaara Winterspiele: 2 Tage Anf. April. Internationaler Wettkampf im Skilanglauf, Skisprung und nordischer Kombination.
Jutajaiset: Mitte Juni. Fünftägiges und größtes Festival mit Folkloretänzen, -musik und Sámi-Darbietungen in Nordfinnland (www.jutajaiset.fi).

Verkehr

Flüge: Der moderne, große und mit Architekturpreisen prämierte Flughafen (Tel. 016-363 67 00) liegt 9 km nördlich der Stadt, genau auf dem Polarkreis. Im Linienverkehr gibt es tgl. mehrere Abflüge nach Helsinki und im Winter rund 100 Charterflüge.
Bahn: Vom Hauptbahnhof (Tel. 016-334 62 75) an der Ratakatu tgl. 5 Züge (auch Schlafwagen und im Sommer Autoreisezüge) über Kemi, Oulu und Tampere nach Helsinki.
Bus: In der Nähe liegt der Busbahnhof (Tel. 016-322 68 00), wo Überlandbusse nach Süden und Norden (bis zum Nordkap) abfahren.
Autovermieter gibt es sowohl am Flughafen als auch in der Innenstadt.

Von Rovaniemi zum Inari

Von Rovaniemi zum Inari

Karte: S. 345

Kemijärvi ▶ 2, D 4

Das heute rund 8100 Einwohner zählende **Kemijärvi** 16 erhielt im Jahr 1973 die Stadtrechte und ist damit die nördlichste Stadt Finnlands – und mit knapp 4000 km² zumindest von der Fläche her riesig! Seine Entstehung verdankt der Ort dem weit verzweigten Wassersystem, das Handel in jede Himmelsrichtung erlaubte. Im 19. und 20. Jh. setzte die Holzindustrie einen weiteren Impuls und zog neue Einwohner aus der Umgebung an.

Mit vier sich hier kreuzenden Straßen und der Eisenbahnstation ist Kemijärvi ein bedeutender Verkehrsknotenpunkt, außerdem das Wirtschafts-, und Verwaltungszentrum Nordostfinnlands. Touristen werden an Kemijärvi das gute Hotelangebot und weitere Annehmlichkeiten der Zivilisation schätzen, sich ansonsten aber wohl nicht weiter mit der Stadt anfreunden.

Kirche

Bei einem Aufenthalt lohnt ein Besuch der Kirche, die sich direkt vor der langen Eisenbahn- und Straßenbrücke über den See Kemijärvi befindet. Der neuere Steinbau stammt von 1951, doch ist auf dem Gelände der hölzerne Glockenturm des Vorgängerbaus von 1774 noch erhalten. Von der älteren Zeit erzählen einige interessante Grabsteine auf dem Friedhof.

Heimatmuseum

Kemijärven kotiseutumuseo, Sepänkatu 2, Tel. 040-503 05 91, Juni–Aug. tgl. 10–16 Uhr, 3 €
Weiter westlich, nahe dem Bahnhof, gibt es ein Heimatmuseum mit einem nordfinnischen Gehöft aus dem 18. Jh. sowie einer beachtlichen lokalgeschichtlichen Sammlung, u. a. mit Textilien und bäuerlichen Einrichtungsgegenständen.

Vom Polarkreis Richtung Eismeer

Infos
City Tourist Office: Vapaudenkatu 8, 98100 Kemijärvi, Tel. 040-189 20 50, www.visit kemijarvi.fi, Mo–Fr 9–15.30 Uhr.

Übernachten
Familiäres Gästehaus – **Hotel Mestarin Kievari:** Kirkkokatu 9, Tel. 016-320 77 00, www.mestarinkievari.fi. Kleine, zentral gelegene Herberge mit nur 21 Zimmern, von denen einige geräumige Familienzimmer und Zimmer mit Privatsauna sind; außerdem gibt es ein Restaurant mit lappländischer und internationaler Küche sowie einen Pub. DZ ab 96 €.

Weitläufiges Feriendorf – **Lohen Lomakeskus:** Lohenlankatu 1, Tel. 040-581 20 07, www.lohenlomakeskus.fi. Unweit des Ortes am Ufer des Pöyliöjärvi gelegenes Ferienzentrum mit großem Naturgelände, Badestrand, Bootsverleih, Café und vielen Aktivitäten (Wandern, Motorschlittenfahrt, Angeln, Skilauf). Unterschiedliche Unterkünfte: Hütten, z. T. im traditionellen Rundbalkenstil, z. T. in Blockhaustechnik, alle mit Küche, Sauna etc. (Hütten ab 70 € /2 Pers.), außerdem komfortable, moderne Ferienwohnungen, ein kleiner Campingplatz und eine Jugendherberge mit Gemeinschaftsküche (DZ ab 50 €).

Aktiv
Spa-Schwimmbad – **Poukama:** Värjärintie 5, www.kemijarvi.fi/poukama, Di–Fr 7–20.30, Sa, So 12–18 Uhr. Mehrere Pools und Saunas, Wasserrutsche und Fitnessstudio sowie Café und Sporthalle.

Termine
Kemijärven kaamostanssit: Ende Jan. Kaamos-Tanzfestival, zweitägiger internationaler Wettbewerb für lateinamerikanische, Standard- und Volkstänze.

Internationale Holzschnitzwoche: Juni/Juli. Holzschnitzer und -bildhauer aus aller Welt treffen sich alle zwei Jahre zu einem einwöchigen Symposion, die Resultate werden im Kunstzentrum Puustelli ausgestellt.

Verkehr
Bahn: Verbindung über Rovaniemi nach Kemi, ab dort nach Südfinnland sowie nach Tornio und Kolari im Norden.
Bus: Überlandbusse nach Rovaniemi, Sodankylä und Kuusamo.

Salla 17

Abseits der Hauptroute liegt kurz vor der russischen Grenze der kleine Ort Salla, der mit dem Slogan »In the middle of nowhere« treffend wirbt. Hier kommen vor allem Freunde ursprünglicher Natur im Winter und im Sommer auf ihre Kosten (Langlauf, Rentierschlittensafaris, Ski alpin, Paddeln und Wandern, z. B. auf den aussichtsreichen Sallatunturi).

Infos
Tourist office: Postipolku 3, 98900 Salla, Tel. 04 00-26 98 38, www.salla.fi.

Übernachten
Gut für Skilanglauf-Fans – **Kylpylähotelli Holiday Club Salla:** Revontulentie 2, Tel. 030-686 57 00, www.holidayclub.fi. Gemütliches Hotel mit lappländischen Spezialitäten im Restaurant; auch ein Spa-Bereich gehört dazu, direkt hinter dem Hotel beginnen Langlaufloipen. DZ ab 78 €.

Pyhätunturi-Nationalpark
▶ 2, D 4

Die E 63 in den Norden folgt von Kemijärvi aus in weitem Bogen bis kurz hinter Pelkosenniemi dem Kemijoki, der hier breit und träge dahinfließt und eher wie ein See wirkt. Schöner ist allerdings die Strecke durch den **Pyhätunturi-Nationalpark** 18, ein wildromantisches Naturschutzgebiet. Das 42 km² große Areal umfasst u. a. den zauberhaften See **Pyhäjärvi** sowie fünf Gipfel, von denen der **Pyhätunturi** mit 540 m der höchste ist. Auf dem Gipfel des **Lampivaara** gibt es eine Amethyst-Mine, wo man auf der Suche nach dem Edelstein selbst Steine zerklopfen kann (www.amethystmine.fi).

Von Rovaniemi zum Inari

Luosto

Rund um das Ferienzentrum von Luosto wird das Terrain am gleichnamigen, 514 m hohen Fjäll für alle möglichen Arten von **Winter- und Sommersport** intensiv genutzt. Skifreunde können hier Abfahrt und Langlauf betreiben, die Lifte oder das neue Biathlonstadion nutzen und für **Motorschlittentouren** steht ein Streckennetz von fast 1000 km zur Verfügung. Im Sommer freuen sich Wanderer, Mountainbiker und Angler über allerbeste Bedingungen. Natürlich sind auch Hotels oder andere Unterkünfte vorhanden und Reiseveranstalter unternehmen u. a. Exkursionen zur einzigen tätigen Amethystgrube des Landes (s. S. 362).

Übernachten

Komfortabel – **Lapland Hotel Luostotunturi:** Luostontie 1, Luosto, Tel. 016-62 04 00. Schönes Hotel mit allem Komfort, guter Ausgangspunkt für Touren in die Region. Restaurant, schöner Spa-Bereich. DZ ab 80 €.

Sodankylä ▶ 2, D 3

Bei Aska trifft die Straße auf die E 75 von Rovaniemi nach **Sodankylä** 19, das mit rund 20 000 km² fast die Fläche von Hessen hat. Am Zusammenfluss von Kitinen und Jeesiöjoki gelegen, spielte Sodankylä schon im Mittelalter eine Rolle als Handels- und Verkehrsknotenpunkt. Heute gibt sich der aufstrebende und auch als Garnisonsstadt wichtige Ort modern und aufgeräumt, vor allem im vielseitigen Geschäfts- und Dienstleistungszentrum. Die geophysikalische Sternwarte Tähtelä mit ihrem großen Parabolspiegel Icecat ist nur das Anfangsstadium eines Projektes, das aus Sodankylä eine ›Sternengemeinde‹ mit einer Satellitenbodenstation sowie Hightech-, Forschungs- und Ausbildungszentrum machen will. Die wichtigsten Sehenswürdigkeiten Sodankyläs sind im Zentrum nahe dem Kitinen-Fluss versammelt.

Alte Kirche

Sodankylä vanha kirkko, Tel. 016-61 10 18, Juni–Mitte Aug. tgl. 10–20 Uhr

Hinter der Touristeninformation und der Statue »Sámi und Rentier« erstreckt sich ein großer, stimmungsvoller Kirchhof, an dessen südlichem Ende die neue Steinkirche steht. Bei ihrer Fertigstellung 1859 riss man zwar den Glockenturm ihrer Vorgängerin ab, ließ aber die hölzerne Alte Kirche stehen, die sich am entgegengesetzten Ende des Friedhofs befindet. Mit dem Baujahr 1689 ist sie die älteste Lapplands und gleichzeitig eine der ältesten Finnlands. Die steilen Giebel, das hohe Schindeldach, das rechteckige Kirchenschiff mit der kleinen Sakristei und den hoch angebrachten Fensterchen können also einen Eindruck vermitteln, wie früher wohl die meisten Gotteshäuser Nordfinnlands ausgesehen haben. Das lappländische Kiefernholz wurde nie mit Farbe übertüncht und erweckt den Eindruck robuster Beständigkeit, die selbst den einfachen Altar einbezieht.

Als die Kirche entstand, war das Christentum gerade erst auf dem Vormarsch nach Lappland. 1673 hatte Schwedenkönig Karl IX. eine feste Besiedlung der Provinz verfügt und Finnen dazu gebracht, in das Sámi-Land aufzubrechen und sich dort niederzulassen. Die Sámi selbst hegten, selbst wenn sie getauft waren, noch viele Sympathien für ihre alte Naturreligion. Um das Heidentum ein für allemal auszumerzen, griff in den 1670er-Jahren Pfarrer Gabriel Tuderus zu rigorosen Maßnahmen: Schamanentrommeln, Opfersäulen und Zaubertüren wurden verbrannt, die lappländische Sprache verboten, die alten Opferplätze mit einem Bann belegt. Erst als die harte kirchliche Hand Erfolge erzielte, konnten sich finnische Neusiedler und Sámi an der Kirche von Sodankylä zu gemeinsamen Gottesdiensten treffen. Eine Notiz am Rande: Im 18. Jh. war es Brauch, Standespersonen und ihre Angehörigen unter dem Fußboden zu bestatten. Dabei wurde auch ein zwei Wochen alter Pfarrerssohn mumifiziert, dessen Umrisse hier durch die Bohlenritzen vage zu erkennen sind.

Infos

Sodankylä Tourist Office: Jäämerentie 3, 99601 Sodankylä, Tel. 040-746 97 76, www.visitsodankyla.fi.

Vom Polarkreis Richtung Eismeer

Aktiv

WINTERVERGNÜGEN EINMAL ANDERS

Tour-Infos
Start: Inari, Ivalo, Saariselkä, Rovaniemi
Dauer: 2–3 Std. bis mehrere Tage
Veranstalter: u. a. Valkeaporo, Inari (s. S. 371), Huskyfarm Kamisak, Ivalo (s. S. 371) und Lapland Safaris, Rovaniemi (s. S. 361)

Kostenbeispiele: eintägige Rentierschlittensafari 149 €, einstündige Tour ca. 40 €, 20-stündige Schneemobilsafari mit Übernachtung in einer Lappenkote 270 €

Finnische Wintersportorte, vor allem die im Norden, bieten ihren Gästen eine ganze Palette an Aktivitäten, die man in den Alpenländern nicht ohne weiteres ausüben kann, z. B. das **Eislochangeln,** bei dem man sich außerdem mit einem vorzüglichen und noch dazu kostenlosen Abendessen versorgt.
Von ganz besonderem Reiz ist eine **Rentier-Schlittenfahrt** durch die tief verschneite Märchenlandschaft Lapplands. Es ist ein einzigartiges Erlebnis, von einem Rentier durch eine er-

starrte Urlandschaft gezogen zu werden, die selbst am Horizont nicht endet. Und wenn abends die Nordlichter am Himmel tanzen, werden längst verloren geglaubte Gefühle für die Natur wieder wach. Bei den längeren Touren sind oft Besuche im Sámi-Zelt eingeschlossen, wo Rentierschinken, Suppe, heißer Tee und Hochprozentiges serviert werden. Auch kann man sicher sein, dass die Sauna der komfortablen Wildmarkhütte, in der man übernachtet, bei Ankunft schon vorgeheizt ist. Die Schlittenfahrten finden meist in kleinem Kreis statt. Zunächst geht es zu einer Rentierfarm, wo man mit seinem Zugtier bekannt gemacht wird. Nach einer kurzen Einführung hat man die Lenktechnik begriffen und seinen Rentierführerschein gemacht. Die Karawane von drei bis zehn Gespannen besteht aus modernen Kufenschlitten, seltener aus *akja*, traditionellen Sámi-Schlitten. Jede Tour wird von einem erfahrenen Rentierführer begleitet und die notwendige war-me Polarkleidung zur Verfügung gestellt.

Vom Prinzip her ähnlich, doch rasanter und geräuschvoller geht es bei einer **Hundeschlittensafari** zu. Auch hier besucht man zunächst eine Huskyfarm und nimmt an einem einführenden Crashkurs teil. Das Lenken der Gespanne von jeweils fünf bis acht Hunden ist eindeutig schwieriger als bei den gutmütigen Rentieren. Denn immer wieder wollen die Huskys auf der Außenposition in die Mitte laufen und umgekehrt, sodass in gewissen Abständen das Knäuel der Lenkleinen entwirrt werden muss. Auch das Hantieren mit den Zugseilen ist wegen der dicken Handschuhe keine einfache Aufgabe. Doch alle Anfangsschwierigkeiten sind vergessen, wenn die Schlitten durch die atemberaubende Schneelandschaft rasen, durch Wälder und über Hochebenen, begleitet nur vom Gebell der stets aufgeregten Huskys.

Die Ruhe eines Rentierschlittens oder das Gebell der Huskys tauscht man gegen brüllende Motorengeräusche ein, wenn man sich zu einer Tour mit dem **Schneemobil** entschließt. Das Naturerlebnis steht hier sicher nicht im Vordergrund, dafür die Freude an rasanter Fahrt auf buckeliger Piste. Die Hightechflitzer der neueren Generation sind PS-Protze auf Kufen, die man im Handumdrehen auf Geschwindigkeiten von über 100 km/h. bringen kann, theoretisch sogar auf 160 km/h! Im ganzen Land gibt es mit Stangen markierte Scooterpisten, teils quer durch den Wald, teils über das blankgeputzte Eis der zugefrorenen Seen. Kritischen Stimmen, die diese Art des Wintervergnügens für ökologisch bedenklich halten, begegnen die Veranstalter mit dem Hinweis, dass nur festgelegte Pisten genutzt und die Motoren von einem speziell entwickelten, umweltfreundlichen Treibstoffgemisch angetrieben werden.

Übernachten

Zentrales Stadthotel – **Hotelli Karhu – Hotel Bear Inn:** Lapintie 7, Tel. 04 01-22 82 50, www.hotel-bearinn.com. Im Zentrum von Sodankylä gelegenes, modernes Mittelklassehotel mit 42 gut ausgestatteten Zimmern, Restaurant, Pub und Konferenzräumen. DZ 75–115 €.

Termine

Midnight Sun Film Festival: Mitte Juni. 5-tägiges Festival in Sodankylä, bei dem stets einige internationale Produktionen Skandinavien-Premiere haben (www.msfilmfestival.fi). Parallel treffen sich beim **Jutajaiset** samische, finnische und internationale Folkloregruppen zu einem traditionellen Festival der Volksmusik.

Verkehr

Flüge: Der Flughafen im Südosten der Ortschaft bietet tgl. Verbindungen nach Helsinki, Ivalo, Rovaniemi und Oulu.

Bus: Überlandbusse über Rovaniemi und Kemijärvi nach Süden bzw. nach Russland, über Kittilä zur E 8 und über Ivalo nach Norden bis zum Nordkap.

Tankavaara ▶ 2, D 3

Die Siedlung **Tankavaara** [20] ist hauptsächlich wegen ihres Golddorfes (Kultakylä) be-

Vom Polarkreis Richtung Eismeer

kannt, seit hier in den 1930er-Jahren ein erneuter Goldrausch stattgefunden hat. Tankavaara ist auch Standort eines Informationszentrums für den Urho-Kekkonen-Nationalpark (s. S. 367).

Golddorf

Tankavaaran kultakylä, Tel. 016-62 61 71, www.tankavaara.fi, Goldwaschen, Golden World und Museum Juni–Mitte Aug. tgl. 9–18, Mitte Aug.–Ende Sept. 9–17 Uhr, Golden World und Museum sonst Mo–Sa 10–16 Uhr, Eintritt Golden World und Museum Erw. 10 €

Schon 1546 erwähnte Georg Agricola in seinem Buch »De veteribus novis metallis« mögliche Goldvorkommen in Nordskandinavien. Es dauerte aber bis 1836, als ein einheimischer Polizeiinspektor zwei Steinblöcke mit verwertbaren Goldadern an der Mündung des Kemijoki fand. Von da an gab es kein Halten mehr: In Kuusamo, am Tenojoki, am Ivalojoki und am Lemmenjoki steckten Digger ihre Claims ab und durchwühlten die lappländische Erde nach Edelmetall. Um kein Klondike-Chaos entstehen zu lassen, sah sich bereits 1870 der Zar veranlasst, allgemeine Regeln für die Goldsuche in Finnisch-Lappland verbindlich festzulegen. Ein Jahr später holten allein am Ivalojoki 500 Glücksritter insgesamt 57 kg Gold aus der Erde. Nachdem es eine Zeit lang ruhiger gewesen war, fand ein Finne 1930 am Lutto-Fluss das bislang größte Nugget mit einem Gewicht von 395 g. Aber immer noch sind skurrile Gestalten in den unterschiedlichsten Gegenden Lapplands unterwegs, immer auf der Suche nach dem ganz großen Glückstreffer.

In Tankavaara hat man eine verlässlichere Quelle angezapft: die Touristen. Diese können sich hier das einzige europäische **Goldgräbermuseum** ansehen, Repliken von Gebäuden aus Goldgräberstädten der ganzen Welt bewundern, mit der **Schmalspur-Eisenbahn** fahren und sich natürlich auch selbst im **Goldwaschen** versuchen (7 € pro Pers. inkl. Leihausrüstung und Anleitung). Selbstverständlich wird man dabei nicht reich, aber ein Riesenspaß ist es allemal.

Ernster geht es jeden Sommer zu, wenn mit dem **Gold Panning Finnish Open** ein internationaler Wettkampf stattfindet, der in mehrere Disziplinen unterteilt ist (Damen-, Herren-, Veteranen-, Juniorenklassen, Mannschaftswettbewerbe, Freistilwettbewerb mit freier Wahl der Goldwaschgeräte usw.).

Alle Attraktionen des Golddorfes zu sehen, erfordert einige Stunden; wer darüber hungrig bzw. müde geworden ist, kann das Café Nugget, das Restaurant oder das Hotel aufsuchen, die allesamt urigen Charme versprühen.

Übernachten

Im Goldgräberdorf – **Tankavaaran Kultakylä:** Tankavaara, Tel. 016-62 61 58, www.tankavaara.fi. Das Goldgräberdorf hält einige urige Unterkünfte bereit: Im Minihotel Korundi gibt es 11 einfachere, aber mit Dusche/WC und Kamin ausgestattete Zimmer, z. T. mit Obergeschoss ausgestattet, sodass auch eine Familie Platz findet (DZ 63 €). Daneben gibt es 11 unterschiedlich große Goldgräberhütten mit Kamin und Kochecke; Sanitäranlagen und eine voll ausgestattete Küche befinden sich im Servicegebäude (42 €/2 Pers., 63 €/4 Pers). Im nicht weit entfernten Rentierdorf Vuotso werden Zimmer im Gasthaus Vuotsen Maja vermittelt (30 €/Pers.).

Essen & Trinken

Urig – **Wanha Waskoliomies** (Der alte Goldsucher): Tankavaara, Tel. 016-62 61 58. Blockhaus-Kneipe mit Salooncharakter, im Sommer tgl. 9–18, im Winter zu besonderen Anlässen geöffnet. Auf der Speisekarte steht einiges zum Thema (Goldsuchersteak) und viel Lappländisches (Rentier, Fisch), ab 8 €. In der Skisaison gibt es jeden Do um 12 Uhr ein Überraschungsevent.

Termine

Gold Panning Finnish Open: Ende Juli/Anf. Aug. Einwöchiger Goldwasch-Wettbewerb in Tankavaara mit finnischer Meisterschaft und anderen Disziplinen; Anmeldung bei Gold Panning Finnish Open, 99695 Tankavaara, Tel. 016-62 61 71, Startgeld 30 €.

Kaamos Jazz: Mitte Nov. Fünftägiges Event mit Saloonatmosphäre und traditioneller Jazzmusik.

Urho-Kekkonen-NP
▶ 2, D/E 2/3

Am besten zu erreichen ist der **Urho-Kekkonen-Nationalpark** 21 (Urho Kekkonen kansallispuisto) von Saarisälkä über die 6-km-Stichstraße nach **Kiilopää.** Kiilopää ist sommers wie winters ein hervorragender Ausgangspunkt für Touren in den Nationalpark. Übernachten und Essen kann man im Fjällzentrum (Tel. 06-670 07 00, www.suomenlatu.fi, DZ ab 82 €, Herberge ab 40 €). Auf den Gipfel des 546 m hohen, gleichnamigen Berges gelangt man vom Parkplatz aus auf einem 2 km langen, teilweise mit Bohlen befestigten und leicht zu begehenden Weg. Das häufig UKK abgekürzte Naturschutzgebiet trägt seinen Namen zu Recht: Der ehemalige Staatspräsident war schließlich ein begeisterter Wanderer. Und zum Wandern bieten die rund 2500 km² mehr als ausreichend Gelegenheit: Fjällgipfel und weite Wildnis, Flusstäler und Moore, Kiefernwälder und ganze Felder von Rentiermoos, all das kann je nach Gusto und Kondition in mehrstündigen oder -tägigen Expeditionen erkundet werden.

Außer Rentieren gehören zu den ständigen Bewohnern des Nationalparks u. a. Fischotter, zwei Dutzend Bären sowie einige Vielfraße, selbst Wölfe kommen regelmäßig über die russische Grenze hierhin. Auch der Steinadler ist im Urho-Kekkonen-Nationalpark heimisch, genauso wie viele andere Raubvögel- und Eulenarten.

Saariselkä ▶ 2, D 2

Der Ferienort **Saariselkä** 22 gehört schon zur Gemeinde Inari und zeichnet sich durch eine perfekte und durchaus höchsten Ansprüchen genügende Infrastruktur aus. Vom Wellenbad im Kurhotel bis zum Café im Sámi-Zelt

Langlauf oder Saunieren – in Kiilopää bieten sich auch im Winter gute Urlaubsmöglichkeiten

Vom Polarkreis Richtung Eismeer

reichen die Angebote der hiesigen Hotellerie und Gastronomie; auch das Nord-Lappland-Infocenter ist äußerst effektiv und das Sport- und Freizeitangebot nahezu unschlagbar: Im Winter warten 30 km beleuchteter Loipen, elf Abfahrtsstrecken (die längste davon immerhin 1,5 km), ein halbes Dutzend Skilifte und die bekannteste Superpipe Finnlands. Die rund 240 km Skiwanderrouten stehen sommers den Mountainbikern zur Verfügung.

Infos
Northern Lapland Tourism: Kelotie 1, Siula, 99830 Saariselkä, Tel. 040-168 78 38, www.saariselka.fi, Mitte Juni–Mitte Sept. Mo–Fr 9–17, Sa, So 9–15, sonst Mo–Fr 9–17 Uhr.

Übernachten
Gepflegtes Wellnesshotel – **Holiday Club Saariselkä:** Saariselkä, Tel. 03-06 86 00, www.holidayclub.fi. Komfortable First-Class-Herberge, laut Eigenwerbung »nördlichstes Spa-Hotel der Welt«. Das Haus hat 139 Zimmer und Suiten, mehrere Ferienhäuser, eine Bäderabteilung mit Pools, Massage und anderen Anwendungen sowie Fitnesscenter, drei Restaurants und Lobbybar mit offenem Kamin. DZ ab 100 €, Familienzimmer ab 151 €.

Zimmer und Apartments – **Santa's Hotel Tunturi:** Lutontie 3, 99830 Saariselkä, Tel. 016-681 11, www.tunturihotelli.fi. Modernes, 2008 erweitertes Urlaubs- und Konferenzhotel mit 172 Standard- und Superior-Zimmern (DZ 123–218 €), 15 Studios mit Sauna und Kitchenette, mehreren Suiten, fünf Restaurants, Nachtclub.

Kaunispää 23

Entlang der knapp 160 km langen Strecke von Sodankylä bis Inari ergibt sich mehrfach Gelegenheit, an Straßenständen samisches Kunsthandwerk *(Sápmelas duodjarat)* einzukaufen und Ausflüge mit dem Wagen oder zu Fuß in die lappländische Natur zu unternehmen. Beispielsweise kurz hinter Saariselkä, wo sich rechts der E 75 eine Stichstraße zum 437 m hohen Kaunispää hinaufwindet. Auf der kahlen Bergkuppe, die oft auch von Rentieren aufgesucht wird, hat man einen herrlichen Weitblick bis zum Urho-Kekkonen-Nationalpark, kann sich im Gipfelrestaurant mit lappländischen Spezialitäten verwöhnen lassen oder den Souvenirshop plündern.

 Inari-See (Enare)
▶ 2, D/E 1/2

Der Inari ist mit rund 1400 km² das drittgrößte Gewässer des Landes, hat mit seinen 3000 Inseln und Schären sowie den unzähligen vor- und zurückspringenden Buchten aber eher den Charakter einer ausgedehnten Seenplatte. Für die Samen war der Inari heilig und mehrere alte Kultplätze an seinen Ufern oder auf Inseln sind historisch belegt.

Für den Lappland-Fremdenverkehr spielt der See eine zentrale Rolle, erstens wegen der vielen Möglichkeiten für Outdoor-Aktivitäten und Exkursionen und zweitens als Zwischenstation auf dem Weg vom oder zum Nordkap. Die meisten Hotels, Campingplätze und touristischen Leistungsträger finden sich in den Ortschaften Inari und Ivalo sowie Saariselkä. Wer die 39 km zwischen Ivalo und Inari in der Zeit der hellen Nächte abfährt, fühlt sich in eine Märchenlandschaft versetzt. Parkplätze an besonders schönen Punkten animieren mehr als einmal zum Anhalten oder zu Wanderungen entlang dem Seeufer.

Ivalo ▶ 2, D 2

Ivalo 24 begrüßt Besucher mit einer modernen **Kirche** (Juni–Mitte Aug. tgl. 9–21 Uhr) und einem ebenfalls modernen Ortsbild. Einige Hotels, Supermärkte, Tankstellen, sogar ein regelmäßig angeflogener Flughafen und ein Krankenhaus sind vorhanden. Die eigentliche Attraktion ist aber auch hier die Landschaft.

Nellim
Wer das Inari-See-Erlebnis noch um einen Abstecher verlängern möchte, sollte in Ivalo in die kleine Straße entlang dem Südufer

Inari-See (Enare)

einbiegen. Ziel ist das kleine Dörfchen Nellim, das ganz nah an der russischen Grenze liegt und nach dem Krieg von Sámi aus Petsamo besiedelt wurde. Dort wohnen hauptsächlich Skoltlappen, die sich in Brauchtum, Dialekt, Religion und Trachten erheblich von anderen Sámi unterscheiden. Deutlich wird das u. a. an der orthodoxen Kirche im Dorfzentrum.

Inari ▶ 2, D 2

Im Zentrum des gleichnamigen, mit über 17 200 km² wahrhaft riesigen Landkreises **Inari 25** leben noch nicht einmal 7000 Menschen, darunter ein Drittel Sámi! Bei den hier herrschenden Klimabedingungen kann keiner ein idyllisches Ortsbild erwarten und dementsprechend nüchtern gibt sich auch der Ort mit seinen niedrigen, entlang der Hauptstraße aufgereihten Gebäuden. Aber oberhalb des Polarkreises hat selbst eine von der Mitternachtssonne erleuchtete Tankstelle noch ihren Reiz, ganz zu schweigen vom See, dessen Präsenz fast physisch spürbar ist. Der vielen Touristen wegen entfaltet sich an seinen Ufern im Sommer ein lebhaftes Treiben. Da sieht man Helikopter und Cessnas zu Sightseeingflügen einschweben oder Expeditionsgruppen von einem Ausflug zum Lemmenjoki-Nationalpark zurückkehren; und noch zu nachtschlafener Zeit findet man geöffnete Marktstände mit Sámi-Kunsthandwerk. Beliebt sind Bootstouren zur heiligen Sameninsel **Ukko,** einem kleinen, aus dem Wasser aufragenden Felsen (s. S. 371).

Siida

Inarintie 46, Tel. 0400-89 82 12, www. siida. fi, Juni–Sept. tgl. 9–20, sonst nur Di–So 10–17 Uhr, Erw. 10 €
Inaris größte Sehenswürdigkeit ist Siida, ein 1999 eingeweihtes **Samen-Museum** und **Nordlappland-Naturzentrum.** Im Innern des hypermodernen Gebäudes werden Natur- und Kunstausstellungen gezeigt. Daneben wird eindrucksvoll die 9000 Jahre zurückreichende Siedlungsgeschichte der Region dokumentiert. Zum Museum, das auch über ein gutes Restaurant verfügt, gehört ein 7 ha großes Außengelände, in dem typische Wohn-, Vorrats- oder Bootshäuser aller wichtigen Samen-Gruppen zu sehen sind.

Holzkirche von Pielpajärvi

Inarin saamelaiskirkko, 7 km nordöstl. des Ortszentrums, Juni–Mitte Aug. tgl. 9–21 Uhr
Ein ganz besonderes Erlebnis ist auch ein Besuch der Holzkirche von Pielpajärvi. Das Gotteshaus wurde 1760 fertiggestellt und hat vermutlich aufgrund seiner isolierten Lage alle Modetrends und Kriege unbeschadet überstanden. Dass man nur auf einer 7 km langen Wanderung durch den Wald oder auf einer Bootsfahrt dorthin gelangen kann, erhöht den Reiz ungemein.

Infos
Inari Info: 99870 Inari, Tel. 040-168 96 68, www.inarilapland.org, dem Siida (s. links) angeschlossen, gleiche Öffnungszeiten.

Übernachten
… in Ivalo:
Originelle Architektur – **Hotelli Ivalo:** Ivalontie 34, Ivalo, Tel. 016-68 81 11, www.hotelivalo.fi. Hotel der oberen Mittelklasse am Ivalo-Fluss mit 94 gut ausgestatteten Zimmern, Restaurant mit lappländischen Spezialitäten, Bar, rustikaler Pub, Pool, viele Sportmöglichkeiten. DZ ab 105 €.

Mit prämiertem Restaurant – **Kultahippu:** Petsamontie 1, Ivalo, Tel. 016-320 88 00, www.kultahippuhotel.fi. Günstiges Mittelklassehotel am Ivalojoki, mit 30 Zimmern unterschiedlichen Standards, Restaurant und Finnlands nördlichstem Nachtclub. DZ ab 102 €.

… in Inari:
Am Juutua-Fluss – **Inarin Kultahovi:** Saariskoskentie 2, Inari, Tel. 016-511 71 00, www.hotelkultahovi.fi. Mittelklassehotel mit 29 Zimmern unterschiedlicher Ausstattung, zusätzlich Flusshotel mit 16 Zimmern direkt über den Stromschnellen, lappländisches Restaurant. DZ 86–125 €.

ÜBERNACHTEN IM IGLUDORF

In **Kakslauttanen** bei Saariselkä, etwa 40 km südlich von Ivalo, gibt es eine außergewöhnliche Herberge, die zu jeder Jahreszeit für erlebnisreiche Tage und Nächte sorgen kann. Zur Ferienanlage gehören 32 hochwertige, beheizbare Blockhäuser, außerdem gibt es ein gutes Restaurant, eine Bar, Kanuverleih, Badestellen und eine riesige Rauchsauna. Mit Husky-, Rentier- und Schneescooter-Touren sowie hervorragenden Angel- und Wandermöglichkeiten und Exkursionen u. a. zum Inari-See und zum Goldschürferdorf Tankavaara ist auch das Sport- und Ausflugsangebot mehr als reichhaltig.

Die Hauptattraktion von Kakslauttanen aber sind die 20 **Schneeiglus,** die jeden Winter aufs Neue gebaut werden. In jedem Iglu können bis zu fünf Personen in Spezialschlafsäcken bei angenehmen fünf Minusgraden nächtigen. Morgens beim Aufwachen ist die Sauna schon geheizt, und aus der Schwitzkammer springt man dann am besten direkt in das Eisloch am Flussufer.

Dem Himmel ganz nah: Glasiglus sind eine der Unterkunftsvarianten in Kakslauttanen

Inari-See (Enare)

Wer eine wirklich coole Hochzeit haben möchte, kann sich auch in der **Eiskapelle** trauen lassen. Weiterhin gibt es eine **Eisbar,** die diesen Namen wörtlich nimmt, und das weltweit größte **Schneerestaurant,** das in einem Riesengiglu für 150 Personen untergebracht ist. Skeptiker, die befürchten, dass der Aufenthalt zu Erfrierungen führt, können Zuflucht zu angenehm beheizten **Glasiglus** nehmen, durch die man einen fantastischen Blick auf die Schneelandschaft und die flackernden Nordlichter genießt.

Besonders beliebt sind in Kakslauttanen die Kurse, bei denen Profis die Fertigung kunstvoller Eis- und Schneeskulpturen lehren, die Resultate werden dann in einer **Eisgalerie** ausgestellt. Da jeden Winter enorme Mengen an Eisquadern gebunkert werden, sind solche Kurse in der Regel noch bis in den Juli hinein möglich.

Infos: Hotel & Igloovillage Kakslauttanen, Kakslauttanen, Ivalo, Tel. 016-66 71 00, www.kakslauttanen.fi.

Direkt am Inari – **Hotel Inari:** Inarintie 40, Inari, Tel. 016-67 10 26, www.hotelliinari.fi. Einfachere, 2008 renovierte Herberge mit 17 Zimmern, z. T. mit Seeblick, Restaurant, Vermittlung von Angeltouren, Bootsverleih. DZ 86–114 €.

Aktiv

Outdoor-Aktivitäten – In Inari, Ivalo und Saariselkä werden ganzjährig eine Fülle von Ausflügen angeboten, per Bus, Hundeschlitten, Schlauchboot, Helikopter oder Rentieren. Hier nur einige Beispiele: **Goldwaschen, Rentier-, Angel- und Schneemobiltouren,** Übernachtung in Hütten und beheizten Zelten: Valkeaporo, Lemmenjoki, Inari, Tel. 04 00-39 46 82, www.valkeaporo.fi. Eine 7-stündige **Goldwaschtour** auf dem Lemmenjoki veranstaltet Lemmenjoen Lomamajat Ahkun Tupa, 99885 Lemmenjoki, Tel. 016-67 34 35, www.ahkuntupa.fi. **Halb-, Ganz- und Mehrtagessafaris mit Huskys und Schlittengespann** offeriert die Huskyfarm Kamisak, Rovaniementie 915, 99800 Ivalo, Tel. 050-570 78 71, www.kamisak.com. Bootstouren – **Zur heiligen Sameninsel Ukko:** Abfahrten vor dem Siida-Museum (s. S. 369).

Termine

Porokuninkuusajot Inarissa (Rentier-Meisterschaftsrennen): Anf. April. Zweitägige Veranstaltung in Inari mit Wettrennen über verschiedene Distanzen.

Verkehr

Flüge: Auf direktem Weg ist das Inari-Gebiet mit dem Flugzeug aus Helsinki, Kemi, Oulu, Rovaniemi und Kittilä zu erreichen, der Flugplatz befindet sich südwestlich von Ivalo. Ein kleinerer Landeplatz in Inari dient den Helikoptern und Cessnas für Sightseeing-, Versorgungs- und Lufttaxiflüge.
Bus: Ivalo und Inari sind Stationen der Überlandbusse von Rovaniemi zum Nordkap.
Autovermieter gibt es u. a. in Ivalo (Flughafen) und Saariselkä (Hotel Riekonlinna).

Karigasniemi ▶ 2, C 1

Die finnisch-norwegische Grenze wird durch den mächtigen Strom Tenojoki (norweg.: Tana) gebildet, den man als Autotourist von Inari kommend auf der Straße 92 oder der Straße 4 (E 75) erreicht. Am östlichen Flussufer entlang schlängelt sich die Straße 970, die **Karigasniemi** 26 mit Utsjoki verbindet. Als Alternative gibt es auf norwegischer Seite einen wesentlich besser ausgebauten, dafür aber auch vom Fluss weiter entfernten Verkehrsweg.

Am Tenojoki bildet auf dieser Strecke Karigasniemi den südlichsten Punkt, eine in den 1950er-Jahren gegründete Ortschaft. Ihre Bewohner sind mehrheitlich aus Russland ausgesiedelte Sámi, deren Erwerbsleben vom Fischfang und der Rentierhaltung bestimmt wird. In zunehmendem Maße spielt aber auch der Fremdenverkehr eine Rolle.

Vom Polarkreis Richtung Eismeer

Bewacht wird das Dorf von einem heiligen Berg, der wie in Utsjoki (s. S. 372) Ailigas heißt, mit 620 m aber höher ist als jener.

Nationalpark Kevo
▶ 2, D 1

Landschaftliche Attraktionen in der näheren Umgebung sind die größte Quelle Finnlands, vor allem aber der **Nationalpark Kevo** 27. Von Sulaoje aus, einem Parkplatz samt Infostelle an der Straße nach Inari, kann man über einen kleinen Fahrweg und ein ausgedehntes Netz an Wanderpfaden das 712 km² große Terrain erkunden, das sich hinter dem zauberhaften See Luomusjärvi erstreckt. Mittelpunkt des Naturreservats ist ein über 40 km langer und etwa 100 m tiefer Canyon, dessen Flora und Fauna aufgrund besonderer klimatischer Bedingungen ungewöhnlich sind. Polarfüchse, Steinadler, Vielfraße, Bussarde und Raben profitieren von der großen Anzahl an Kleinsäugetieren wie Wühlmäuse und Lemminge. Auch etwa 8000 Rene halten sich im Kevo-Gebiet auf. Die touristische Infrastruktur ist noch nicht besonders gut ausgebaut, aber viele Outdoor-Reisebüros bringen Gäste zu einem Sammelpunkt, wo sie nach einer längeren Wanderung auch wieder abgeholt werden.

Utsjoki ▶ 2, D 1

Der Weg über Outakoski nach **Utsjoki** 28 folgt dem Ufer des Tenojoki, eine kurze, aber höchst eindrucksvolle Strecke, die von manchen Insidern als die schönste des Landes bezeichnet wird. Der Tenojoki gilt als einer der besten europäischen Lachsflüsse und wird in der Angelsaison von vielen Freizeitanglern frequentiert. Sofort hinter der doppelten Schrägseilbrücke, wo die Europastraßen 6 und 75 zusammenkommen, liegt das Dörfchen Utsjoki, Zentrum des nördlichsten finnischen Landkreises, des einzigen mit Sámi-Mehrheit. Das Ortsbild ist weitgehend nüchtern, doch lohnen die **lutherische Kirche** (Utsjoen kirkko, Ende Juni–Mitte Aug. tgl. 11–19 Uhr), einige Kirchenstuben aus dem 19. Jh. sowie das von C. L. Engel entworfene **Pfarrhaus** einen kurzen Besuch. Utsjoki hat eine bescheidene touristische Infrastruktur, die manchen angesichts der Fjäll- und Flusslandschaft zum Bleiben reizt, z. B. um die Angel auszuwerfen oder auf einen, ebenfalls **Ailigas** genannten, 342 m hohen heiligen Berg der Sámi zu wandern.

Übernachten
Bei Anglern beliebt – **Hotel Luossajohka:** Utsjoki, Tel. 016-32 21 21 00. Das nördlichste Hotel des Landes, in schöner Lage am Hang über dem Tenojoki, 22 Zimmer, 1 Suite mit offenem Kamin, 4 Apartments mit jeweils zwei Schlafzimmern und Küche, Restaurant mit schönem Blick auf den Fluss, Sommerterrasse, Pub, Sauna, im Sommer auch Sauna am Fluss mit Bademöglichkeit und Grillhütte, Angeltouren. DZ 85–95 €, Apartments 75–129 €.

Nuorgam ▶ 2, D 1

Im äußersten Zipfel Finnlands liegt die Minisiedlung **Nuorgam** 29, ein Samen-Dorf, dessen wenige Einwohner von Lachsfang und Rentierzucht leben. Das Dorf selbst verzeichnet die meisten hellen Sommernächte Suomis und die meisten dunklen Wintertage. Alle seine Einrichtungen – darunter ein Pub – sind jeweils die nördlichsten Finnlands, und also auch in der EU! Nur wenige Fahrminuten sind es von hier zur norwegischen Grenze, und in rund reiner halber Stunde hat man am **Varanger-Fjord** die Eismeerküste erreicht. Hier kann man Seeluft schnuppern und vom kleinen Fischerort Varangerbotn aus an einer Königskrabbensafari teilnehmen.

Übernachten
Flussnah – **Nuorgam Holiday Village:** Nuorgamintie 4401a, Tel. 04 00-29 46 69, www.nuorgaminlomakeskus.fi. Ferienanlage mit Wohnungen, Hütten und Campingplatz am Teno-Fluss, angeschlossen ist ein Café-Restaurant, auch Aktivitäten wie Angeln, Eisangeln oder Schneemobilsafaris. Hütten ab 75 €.

Gegen die Kälte gewappnet:
Sámi-Junge in Utsjoki

Kulinarisches Lexikon

Allgemeines im Restaurant

Frühstück	aamiainen
Vorspeisen	alkuruuat
Café, Cafeteria (ohne volle Schankrechte)	baari
Imbiss	grilli
Abendessen	iltapala
Selbstbedienung	itsepalvelu
Desserts	jälkiruuat
Café (ohne volle Schankrechte)	kahvila
Küche geöffnet	keittiö avoinna
Küche geschlossen	keittiö suljettu
Mittagessen, Lunch	lounas
Herren	miehille
Damen	naisille
Hauptgerichte	pääruuat
Restaurant	ravintola
Speisekarte	ruokalista
besetzt/frei	varattu/vapaa

Getränke (juoma)

kaakao	Kakao
kahvi	Kaffee
kinennäisvesi	Mineralwasser
lasi	Glas
maito	Milch
mehua	Fruchtsaft
olut	Bier
punaviini	Rotwein
ryyppy	Schnaps
valkoviini	Weißwein
vesi	Wasser

Frühstück (aamiainen)

hunaja	Honig
juusto	Käse
(lämpimät) voileivät	(warme) belegte Brote
leipää	Brot
makkara	Wurst
maksapasteija	Leberpastete
munakas	Omelett
paahtoleipä	Toast
paahtopaist	Roastbeef
paistettuja munia	Spiegeleier
sämpylä	Brötchen
voi	Butter
vuohenjuusto	Ziegenkäse

Suppen (keitto)

hernekeitto	Erbsensuppe
kalakeitto	Fischsuppe (mit Milch, Kartoffeln und Dill)
kesäkeitto	Sommersuppe (mit Gemüse und Kräutern)
lohikeitto	Lachssuppe (mit Milch, Kartoffeln und Dill)
korvasienikeitto	Morchelsuppe (mit frischen Waldpilzen und Sahne)
päivänkeitto	Tagessuppe

Fleisch (lihaa)

filee, seläke	Filet
hampurilainen	Hamburger
hirvi	Elch
jänis	Hase
jauhelihapihvi	Frikadelle
kaniini	Kaninchen
käräryle	Roulade
kinkku	Schinken
kieli	Zunge
kyljys	Kotelett
lammas	Lamm
laukkamakkara	Graupenwurst
lenkkimakkara	Saunawurst
makkara	Wurst
maksa	Leber
metsäkauris	Reh
mustamakkara	gegrillte Blutwurst (Spezialität aus Tampere)
pihvi	Steak
piirakka	Pastete
poro	Rentier
poronkäristys	Rentiergeschnetzeltes

poronpisti	Rentierbraten
saksanhirvi	Hirsch
sianliha	Schweinefleisch
vasikanliha	Kalbfleisch
wieninleike	Wiener Schnitzel

Fisch (kala)

ahven	Barsch
hauki	Hecht
kampela	Flunder
karppi	Karpfen
katkarapu	Krabben
kirjolohi	Lachsforelle
kuha	Zander
lohi	Lachs
made	Aalquappe
mäti	Fischrogen
makrilli	Makrele
muikku	kleine Maräne
punakampela	Scholle
rapu	Flusskrebse
rosolli	Heringssalat
savustettua siliä	Bückling
siika	Felche, Renke
silli	Hering
silakat	Ostseehering (Strömling)
taimen	Forelle
tonnikala	Thunfisch
turska	Dorsch

Geflügel (siipikarja)

ankka	Ente
hanhi	Gans
kalkukuna	Truthahn
kana	Huhn
kananpoika	Hähnchen
peltopyy	Rebhuhn
riekko	Schneehuhn
sorsa	Wildente
teeri	Birkhahn

Beilagen/Gemüse (vihannesksia)

herkukusieniä	Champignons
herneitä	Erbsen
keitettyjät perunat	Salzkartoffeln
kukkakaali	Blumenkohl
lanttulaatikko	Steckrübenauflauf
papuja	Bohnen
perunoita	Kartoffeln
porkkanalaatikko	Möhrenauflauf
ranskalaiset perunat	Pommes frites
salaatteja	Salate
sieni	Pilze
tomaatia	Tomate

Gewürze (mauste)

etikka	Essig
öljy	Öl
pippuri	Pfeffer
sinappi	Senf
sipulia	Zwiebeln
sitruuna	Zitrone
sokeri	Zucker
suola	Salz
valkosipuli	Knoblauch

Früchte, Obst, Beeren (hedelmät)

appelsiinejä	Apfelsinen
banaaneja	Bananen
karpaloita	Moosbeeren
karviaismarjoja	Stachelbeeren
kirsikoita	Kirschen
lakkoja	Moltebeeren
mansikka	Erdbeeren
mustikaa	Blaubeeren
omena	Apfel
päärynä	Birne
puolukoita	Preiselbeeren

Desserts (jälkiruoka)

hedelmäsalaati	Obstsalat
jäätelöä	Eiscreme
joulutorttu	Weihnachtstorte
kakku	Kuchen, Torte
kiisseli	Fruchtkaltschale
leivos	Gebäck, Kuchen
mämmi	Malzbrei (zu Ostern)
vanukas	Pudding

Sprachführer

Alphabet und Aussprache

Das finnische Alphabet besteht aus 21 Zeichen, es fehlen die Buchstaben b, c, f, q, w, x und z. Dafür sind die Laute ä und ö am Ende des Alphabets zu finden. Die Aussprache ist insofern einfach, als der Lautwert der meisten Schriftzeichen dem Deutschen entspricht. Für die Vokale gilt, dass einfache Vokale alle kurz (y = ü), Doppelvokale nicht doppelt, sondern lang ausgesprochen werden. Folgen unterschiedliche Vokale direkt aufeinander, behält jeder seine ursprüngliche Klangfarbe, wird also nicht zum Diphthong (Beispiel: tie = ti-e) – bis auf wenige Ausnahmen. Bei den Konsonanten gilt, dass s immer stimmlos (scharf) gesprochen wird, z. B. sauna (ßauna), v wie ein deutsches w, z. B. viini (Wein), dass h niemals Dehnungszeichen ist und im Wort zu ch gehaucht wird, z. B. lahti (lach-ti, Bucht) und dass r mit der Zunge gerollt wird. Die ebenfalls sehr häufig vorkommenden Doppelkonsonanten dienen nicht der Verkürzung des vorhergehenden Vokals, sondern werden verschleppt ausgesprochen, z. B. kassa (kaß-ßa; Kasse).

Allgemeines

hallo	hei
guten Tag	hyvää päivää
guten Abend	hyvää iltaa
guten Morgen	hyvää huomenta
auf Wiedersehen	näkemiin
tschüss	moi moi
ja/nein	kyllä/ei
Entschuldigung	anteeksi
danke (bitte sehr!)	kiitos

Unterwegs

Ankunft	saapuvat
Ausgang	ulos
Auskunft	tiedustelu
Badestrand	uimaranta
Bahn, Eisenbahn	rata
Bahnhof	rautatieasema
Bundesstraße	valtatie
Bus	bussi
Eingang	sisään
Fahrrad	polkupyörä
Flughafen	lentoasema
Fußgänger	jalankulkijoille
Gepäck	matkatavara
Hafen	satama
Haltestelle	pysäkki
Information	opastus
Insel	saari
Landstraße	maantie
Linienbus	linja-auto
Marktplatz	kauppatori
Stadt	kaupunki
Strand, Ufer	ranta
Straße	katu
Tankstelle	bensiiniasema
Zentrum	keskusta

Zeitangaben

Montag	maanantai (ma)
Dienstag	tiistai (ti)
Mittwoch	keskiviikko (ke)
Donnerstag	torstai (to)
Freitag	perjantai (pe)
Samstag	lauantai (la)
Sonntag	sunnuntai (su)
Monat	kuukausi
Januar	tammikuu
Februar	helmikuu
März	maaliskuu
April	huhtikuu
Mai	toukokuu
Juni	kesäkuu
Juli	heinäkuu
August	elokuu
September	syyskuu
Oktober	lokakuu
November	marraskuu
Dezember	joulukuu
heute	tänään
morgen	huomenna
täglich	joka päivä
Sommer	kesä
Winter	talvi

Übernachten

Bad	kylpy
Bett (Kinderbett)	(lasten-) sänky
Campingplatz	leirintä
Doppelzimmer	kahden hengen huone
Dusche	suihku
Einzelzimmer	yhden hengen huone
Frühstück	aamukahvi
Hotel	hotelli
Hütte	mökki
Jugendherberge	retkeilymaja
Nichtraucher	tupakoimaton
Raucher	tupakoitsijoile
Zimmer	huone

Im Notfall oder Krankheitsfall

Apotheke	apteeki
Arzt (Zahnarzt)	(hammas-) lääkäri
Erste Hilfe	ensiapu
Hilfe!	apua!
Krankenhaus	sairaala
Polizei	poliisi
Unfall	onnettomuus

Zahlen

1	yksi
2	kaksi
3	kolme
4	neljä
5	viisi
6	kuusi
7	seitsemän
8	kahdeksan
9	yhdeksän
10	kymmenen
11	yksitoista
12	kaksitoista
13	kolmetoista
14	neljätoista
15	viisitoista
16	kuusitoista
17	seitsemäntoista
18	kahdeksantoista
19	yhdeksäntoista
20	kaksikymmentä
21	kaksikymmentäyksi
30	kolmekymmentä
40	neljäkymmentä
50	viisikymmentä
60	kuusikymmentä
70	seitsemänkymmentä
80	kahdeksankymmentä
90	yhdeksänkymmentä
100	sata
200	kaksisataa
300	kolmesataa
1000	tuhat
erster	enssimmäinen
zweiter	toinen

Die wichtigsten Sätze

Ich spreche kein Finnisch.	Minä en puhu suomea
Sprechen Sie Deutsch/Englisch?	Puhutko sinä saksaa/englantia?
Was heißt ... auf Finnisch?	Mitä on ... suomeksi?
Was kostet das?	Mitä tämä maksaa?
Wie komme ich nach ...?	Kuinka pääsen ...?
Welche(n) Bus/Straßenbahn muss ich nehmen?	Millä bussilla/raitiovaunulla minun täytyy mennä?
Muss ich hier aussteigen?	Onko tämä oikea pysäkki?
Wo bekommt man die Karten?	Mistä saa matkaliput?
Ich möchte ein Einzelzimmer/Doppelzimmer.	Haluan yhden hengen/kahden hengen huoneen.
Ich brauche dringend einen Arzt.	Tarvitsen välttämättä lääkäriä.
Wo ist die Sauna? Haben Sie ...?	Missä on sauna? onko teillä ...?
Die Rechnung bitte!	Lasku olkaa hyvä!

Register

Aalto, Alvar 43, 103, 110, 118, 138, 175, 278, **280,** 281, 289, 330, 354
Aaltonen, Irma und Matti 194
Aaltonen, Juhanni 47
Åbo s. Turku
Agricola, Mikael 32, 48, 101, 190
Ahlainen 236
Ahtisaari, Martti 35
Ahvenamaa s. Åland-Inseln
Ailigas 372
Åland-Inseln 34, **205,** 210
Åland (Provinz) **210,** 230
Alexander I., Zar 32, 33, 158, 190
Alexander II., Zar 33, 205, 286
Alexander III., Zar 163
Alkohol 66, **73,** 85
Angeln 67, 214
Anreise 52
Apps 82
Architektur 43
Asikkala 278
Askainen 200
Aulanko 171
Auskunft 73
Ausrüstung 80
Autofahren 57
Autopanne 58
Autoreisezug 55
Åva (Åland) 224

Bahn 52, 55
Bärenrunde 336, **338**
Barrierefrei reisen 73
Bauernhofurlaub 61
Bed & Breakfast 61
Behinderte 73
Bengtskär 150
Bevölkerung 23, **38**
Bildung 30
Billnäs 156
Björkby 241
Björneborg 231
Bodominjärvi 141
Bomarsund (Åland) 217
Borgå 157
Borgboda fornborg 218
Botschaften und Konsulate 73
Brahe, Per 32, 170, 191, 201, 236, 245, 284, 309

Brändö (Åland) 223
Braunbär 24, 328
Bryggman, Erik 43, 194
Bus 56

Camping 62

Daten und Fakten 22
Degerby (Åland) 220
Dos and Don'ts 74
Dragsfjärd 147

Eckerö (Åland) 212
Einkaufen 75
Einreisebestimmungen 52
Eiskreuzfahrten 251
Eislochangeln 67
Ekenäs 155
Elektrizität 77
Enare s. Inari-See
Energie 30
Engel, Carl Ludwig **43,** 96, 100, 112, 164, 170, 178, 184, 187, 193, 232, 244, 247, 248, 265, 287, 297, 306, 317, 348, 372
Enontekiö 351, 352
Esbo s. Espoo
Espoo 137
– Espoon Keskus 140
– Haukilahti 141
– Otaniemi 138, 280
– Otnäs 138
– Tapiola 137
– Tarvaspää 139
Essen und Trinken 63

Fagervik 156
Fähre 53, **54,** 56
Fauna und Flora 24
Feiertage 77
Ferienhäuser 61
Feste 71
Festivals 72
Film 47
Finnhostels 62
Finnische Seenplatte 257
Finnland-Schweden 230
Finström (Åland) 219
Fiskari 156
Fiskars 156

Fiskö (Åland) 224
Flagge 22
Flug 52, 55
Föglö (Åland) 220
Fredrikshamn 163

Geld 77
Geografie 22
Gerknäs 156
Geschichte **31**
Gesellius, Herman 43, 109, 156
Gesellschaft 38
Gesundheit 78
Geta (Åland) 218
Getaberg (Åland) 219
Godby (Åland) 216
Golf 67
Granösund 241
Grelsby (Åland) 216
Große Schärenringstraße 199
Gustav II. Adolf 186, 226
Gustav III. 123, 170, 200, 260, 309
Gustav I. Vasa 32, 96, 155, 217
Gustavs 200

Haltitunturi 22
Hämeenlinna 169
Hamina 163
Handy 89
Hangö 148
Hanko 148
Haparanda (Schweden) 253, 255
Haralanharju 274
Hattula 172
Haukipudas 250
Hautajärvi 338
Heinola 276
Helsinki 43, 93, **96**
– Alppila 118
– Alte Kirche 112
– Amos Anderson Art Museum 114
– Arabia-Center 120
– Arabianranta 120
– Ateneum 113
– Bahnhofsplatz 104
– Designdistrikt 105, 112
– Designmuseum 112

Der Haupteintrag ist **fett** hervorgehoben.

- Domkirche 101
- Eira 114
- Enso-Gutzeit-Gebäude 110
- Esplanade 103
- Felsenkirche 116
- Finlandia-Halle 109, 280
- Finnische Nationalbibliothek 101
- Finnische Nationaloper 109
- Finnisches Museum für Fotografie 115
- Finnisches Nationaltheater 104
- Freilichtmuseum Seurasaari 121
- Glaspalast 108
- Hakaniemi 118
- HAM-Tennispalatsissa 114
- Harakka 124
- Hauptbahnhof 104
- High-Tech-Center (HTC) 115
- Kaartinkaupunki 112
- Kabelfabrik 115
- Kaivopuisto 113
- Kallio 119
- Kamppi 108, 114
- Kapelle der Stille 108
- Katajanokka 110
- Kauppatori 96
- Kiasma 108
- Kiseleff-Haus 101
- Konzerthaus 108
- Korkeasaari 123
- Kunstmusem Sinebrychoff 115
- Linnanmäki 118
- Mannerheimintie 105
- Mannerheim-Museum 113
- Marktplatz 96
- Meilahti 117
- Museum für Finnische Architektur 112
- Museum für Gegenwartskunst 108
- Nationalmuseum 108
- Naturhistorisches Museum 116
- Observatoriumsberg 112
- Olympiastadion 109
- Pihlajasaari 124
- Rautatientori 104
- Regierungspalais 101
- Reichstag 108
- Ruoholahti 115
- Schwedisches Theater 103
- Senaatintori 100
- Senatsplatz 100
- Seurasaari 121
- Sibelius-Park 117
- Stadtmuseum 103
- Suomenlinna 122
- Tempelkirche 116
- Tervasaari 123
- Theatermuseum 115
- Töölö 116
- Tori-Viertel 101
- Universität 101
- Uspenski-Kathedrale 110
- Vanhakaupunki 119
- Vanha kirkko 112
- Villa Tamminiemi 117
- Zoo 123

Helvetinjärvi-Nationalpark 274
Herrön (Åland) 219
Hetta 351
Hietajärvi 330
Hollola 178
Honningsvåg 352
Hossa 334
Hotels 59
Houtskär 199
Houtskari 199
Hvitträsk 156
Hyvinge 166
Hyvinkää 166

Idensalmi 314
Ii 250
Iisalmi 314
Ilomantsi 321
Imatra 288
Inari 369
Inari-See 368
Ingå 156
Inkoo 156
Internetzugang 78
Ivalo 368

Jagd 67
Jahreszeiten 27, 80
Jäkälämutka 337
Jakobstad 242
Jämärä 351
Jämsä 278
Jansson, Tove 49, 84, 204
Järvenpää 166
Jedermannsrecht 74
Joensuu 319
Jomala (Åland) 216
Joutenvesi 299
Jugendherbergen 62
Julma Ölkky 334
Jyrävä-Wasserfall 339
Jyväskylä 33, 279

Kaaresuvanto 351
Kaarina 197
Kainuu 301
Kajaani 315
Kajak 68
Kajaktouren
- Helsinkis Schären 132
- Seal Trail (Saimaa-See) 298
Kakslauttanen 370
Kalajoki 245
Kalevala 48, 317, 321
Kalvola 174
Kangasala 274
Kanu 68
Kanuwandern
- Seal Trail (Saimaa-See) 298
Karelien 32, 284, 301, 319
Karigasniemi 371
Käringsund (Åland) 213
Karis 155
Karjaa 155
Karlby (Åland) 223
Karleby 243
Karl IX. 238, 249, 315, 363
Karperö 241
Karten 79
Kaskinen 244
Kasnäs 147
Kastelholm (Åland) 216
Kaunispää 368
Kaurismäki, Aki 48
Kaurismäki, Mika 48
Keisarinharju 274
Keitele-Päijänne-Kanal 279

Register

Kekkonen, Urho 35, 117, 286, 317
Kemi 250, 354
Kemijärvi **361,** 362
Kemijoki 22, 250, 252, 354, 362, 366
Keminmaa 252
Kemiönniemi 349
Kerimäki 291
Kevo-Nationalpark 372
Kiilopää 367
Kilpisjärvi 351
Kimito 147
Kinder 79
Kirkkonummi 156
Kirkniemi 156
Kittilä 348
Kiutaköngäs-Stromschnelle 337, 338
Kivi, Aleksis 49, 104
Kleidung 80
Kleine Schärenringstraße 199
Klima 23, 80
Kloster Lintula 308
Kloster Uusi-Valamo 307, 308
Koivisto, Mauno 35
Kökar (Åland) 223
Kokkola 243
Kolari 344
Koli-Berge 324
Koli-Nationalpark 324
Kolovesi-Nationalpark 299
Kolsarby 157
Königsweg **154,** 157
Kontiomäki 318
Konttainen 336
Korpilahti 278
Korpo 198
Korppoo 198
Kotka 162
Kreditkarten 78, 86
Krimis 84
Kristiinankaupunki 236
Kristinestad 236
Kuhmo 327
Kuivajärvi 330
Kukkolankoski 254
Kumlinge (Åland) 223
Kuopio 309
Kustavi 200

Kvarken (Region) 241
Kylmäpihlaja 244
Kyrkslätt 156

Ladoga-See 31, 32, 288, 306, 308, 334, 346
Lahnus 141
Lahti 174
Lander, Leena 49
Långbergsöda (Steinzeitsiedlung) 218
Långnäs (Åland) 220
Långö (Åland) 224
Lappeenranta 284
Lappen s. Sámi
Lappfjärd 236
Lappland 341
Lappo (Åland) 223
Lapväärtti 236
Lauritsala 287
Leipämäki 299
Lemböte (Åland) 219
Lemmenjoki-Nationalpark 349
Leningrad Cowboys 47, 48, 100
Lenin, Wladimir Iljitsch 33, 198, 266
Lentiira 330
Leppävirta 305
Leuchttürme 244
Levi 349
Lieksa 323
Lieksanjoki 323
Lindgren, Armas 43, 156
Lindgren, Yrjö 109
Links 82
Linnansaari-Nationalpark 296, 299
Lintula 305
Lintulan luostari 305
Literatur 48, 82
Lohja 156
Lojo 156
Lönnrot, Elias 48, 316
Loviisa 160
Lovisa 160
Lumparland (Åland) 219
Luomusjärvi 372
Luosto 363
Lusto 290

Maarianhamina (Åland) 205
Magerøya 352
Mannerheim, Marschall 34, 105, 114, 117, 150, 156, 200, 297, 332, 333
Mariehamn (Åland) 205
Markkina 351
Martinselkonen 335
Matkakoski 255
Medien 84
Medikamente 78
Mehrwertsteuer 75
Meltaus 348
Merikarvia 236
Mietwagen 57
Mikkeli 296
Mitternachtssonne 27
Mittsommer 71
Mobiltelefon 89
Molkoköngäs-Katarakte 348
Molpe 241
Motels 59
Mücken 78, 80
Mukkula 178
Muonio 344
Muonionjoki 344
Musik **45,** 84
Muurame 278
Mynämäki 225

Naantali 201
Nachhaltig reisen 26
Nachtleben 85
Nådendal 201
Naissaari 279
Närpes 237
Näsijärvi 273
Nationalparks 26
– Ekenäs skärgårds NP 155
– Helvetinjärvi 274
– Kevo 372
– Koli 324
– Kolovesi 299
– Lemmenjoki 349
– Linnansaari 299
– Nuuksio 141, 142
– Oulanka 336
– Pallas-Yllästunturi 344, 350
– Patvinsuon 323
– Pyhätunturi 362

Der Haupteintrag ist **fett** hervorgehoben.

- Saaristomeren kansallis-puisto 147
- Schärengarten 147
- Seitseminen 273
- Skärgårdshavets NP 147
- Tammisaaren saaristo 155
- Tammisaari-Schärengarten 155
- Urho Kekkonen 367
Natur 24
Naturschutz 26
Nauvo 198
Nellim 369
Niemi, Mikael 82
Nikolaus II., Zar 288
Nikolaus I., Zar 33, 101
Nordkap 352
Nordkarelien 301, 319
Norvajärvi 358
Notfall 58, 85
Nousiainen 225
Nousis 225
Nuasjärvi 315
Nuijamaa 287
Numminen, Mauri A. 49, 83
Nuorgam 372
Nurmes 325
Nurmi, Paavo 41, 109, 193, 194
Nuuksio-Nationalpark 141, 142
Nykarleby 242
Nystad 226

Öffentliche Verkehrsmittel 55
Öffnungszeiten 86
Önningeby (Åland) 219
Oravivuori 278
Orrdals klint (Åland) 218
Orthodoxe Kirche 306
Oulanka-Canyon 337, 338
Oulanka-Nationalpark 336
Oulu 247
- Automuseum 248
- Burg 249
- Dom 248
- Freilichtmuseum Turkansaari 249
- Hailuoto (Karlö) 249
- Kunstmuseum 248
- Marktplatz 248

- Nord-Österbotten-Museum 248
- Pikisaari 248
- Stadthaus 248
- Wissenschaftszentrum Tietomaa 248
Oulujärvi 315
Ounasjoki 70, 348
Outdoor 67
Överö (Åland) 220
Övertorneå (Schweden) 344

Paasikivi, Juho Kusti 332
Paasilinna, Arto 49, 83
Paatelainen, Raili s. Pietilä, Reima und Raili
Paateri 324
Paddeln 68
Päijänne 276
Pallastunturi 351
Pallas-Yllästunturi-Nationalpark 344, 350
Palojoensuu 351
Paltaniemi 317
Paltto, Kirsti 84
Pannenhilfe 58
Parainen 198
Pargas 198
Patvinsuon-Nationalpark 323
Pello 344
Pensionen 61
Petäjävesi 283
Pieksämäki 304
Pielpajärvi 369
Pietarsaari 242
Pietilä, Reima und Raili 44, 139, 269
Pinjainen 156
Pirttivaara 335
Planungshilfe 13
Pohja 156
Pojo 156
Polarkreis 344, 358
Polarlicht 27
Politik 23
Pori 33, 231
Porkkala 156
Porovesi 314
Porvoo 157
Post 86

Postroute (Åland) 200, 212, 222
Pudasjärvi 318
Pulkkilanharju 279
Punkaharju 289
Pyhäjoki 245
Pyhämaa 227
Pyhätunturi-Nationalpark 362
Pyhävaara 336
Pyhtää 162

Raahe 245
Radfahren
- Schärenringstraße 199
Rafting 70, 254
Rahe 245
Raittila, Hannu 49, 84
Ranua 318, **354**
Rauchen 86
Rauhalinna 294
Rauma 228
Raumo 228
Reisekasse 86
Reiseplanung 13
Reisezeit 23, 80
Religion 23, 306
Rentiere 25, 347, 350
Rentierschlittentouren 70
Reposaari 235
Restaurant 66
Riihimäki 167
Ritoniemi 325
Rovaniemi 348, **354**
Ruka 336, 339
Rukatunturi 336
Rundreisevorschläge 17
Runeberg, Johan Ludvig 48, 103, 158, 242
Ruotsinpyhtää 162
Ruunaa-Stromschnellen 323
Rymättylä 198
Ryynänen, Eva 324

Sääksmäki 275
Saarinen, Eliel 43, 104, 109, 156
Saariselkä 367
Saaristomeren kansallis-puisto 147
Saimaa-Kanal 286, 314
Saimaa-Robbe **296**, 299
Saimaa-See **284**, 288

Register

Saimaa-Seenplatte 299, 314
Salla 362
Saltvik (Åland) 218
Samen s. Sámi
Sámi 346, 363, 369
Sauna 42
Savonlinna 293
Schären **152,** 199
Schärengarten-Nationalpark 147
Schärenringstraße 197
Schärenweg (Åland-Inseln) 222
Schiff 56
Schneescootertouren 70
Schulsystem 30
Schwule und Lesben 87
Seal Trail 298
Segeln 68
Seili 198
Seinäjoki 47
Seitseminen-Nationalpark 273
Sibelius, Jean **45,** 117, 160, 166, 170, 191, 324
Sicherheit 87
Sideby 236
Siipyy 236
Silberlinie 173
Sillanpää, Frans Eemil 49
Sirkka 349
Skifahren 70
Snappertuna 156
Snellman, Anja 49
Snellman, Johan Vilhelm 48, 310
Sodankylä 363
Söderfjärden 238
Solf 238
Sommerhotels 61
Sonck, Lars 43, 203, 205, 207
Sonnenroute 227, 233, 243
Sottunga (Åland) 222
Sperrung von Bank- und Kreditkarten 86
Sport 39
Sprache 22, **40,** 48, 230
Sprachkurse 89
Staat 23
St. Michel 296
Storby (Åland) 212
St. Petersburg (Russland) 284

Straße der Runen und Grenzen 321, 330
Straße der sieben Brücken 243
Strömfors 162
Struve-Bogen 278
Struve, Georg Wilhelm 278
Südfinnland 93
Südkarelien 284
Sulaoje 372
Sulkava 294
Sulva 238
Sund (Åland) 218
Suomenlinna 122
Suomussalmi 330
Svedjehamn 241

Taipale-Kanal 304
Taipalsaari 287
Taivaskera 351
Taivassalo 200
Tallinn (Estland) 134
Tammerfors s. Tampere
Tammisaari 155
Tammisaari-Schärengarten Nationalpark 155
Tampere 173, **260**
– Alte Kirche 265
– Amuri (Arbeitermuseumsviertel) 268
– Bahnhof 263
– Dom 268
– Eishockeymuseum 266
– Finlayson-Fabrik 265
– Finnisches Schuhmuseum 266
– Frenckells 265
– Hervanta 269
– Hervanta-Wasserturm 267
– Kaleva-Kirche 269
– Kehräsaari (Einkaufszentrum) 264
– Keskustori 264
– Koskikeskus (Einkaufszentrum) 263
– Kunstmuseum Tampere 267
– Kunstzentrum Mältinranta 265
– Lenin-Museum 266
– Markthalle 265
– Mumin-Museum 268

– Museo Milavida 265
– Museum für Naturgeschichte 266
– Museumszentrum Vapriikki 266
– Näsilinna 265
– Näsinneula-Fernsehturm 267
– Orthodoxe Kirche 263
– Pispala 266
– Pyynikki 266
– Pyynikki-Aussichtsturm 267
– Rathaus 265
– Sara-Hildén-Kunstmuseum 268
– Stadtbibliothek Metso 266
– Stadtmuseum Tampere 266
– Tampere-Halle 268
– Tampere-Theater 265
– Technologiemuseum 266
– Universität 269
– Vergnügungspark Särkäniemi 268
– Viikinsaari 272
– Zentralmuseum der Arbeiterbewegung 265
Tankari 244
Tankavaara 365
Tanken 58
Tavastehus 169
Teijo 147
Telefonieren 89
Tenojoki 371, 372
Theater 47
Tikkanen, Märta 49
Topelius, Zacharias 48, 186, 242, 274
Torneå 253
Torneälv 253, 344
Tornio 253, 344
Tornionjoki 70, 253, 254, 344
Torsholma (Åland) 224
Trinkgeld 89
Trinkwasser 89
Turku 32, **184**
– Aboa Vetus 192
– Alter Markt 192
– Apothekenmuseum 190
– Ars Nova 192
– Auferstehungskapelle 194
– Bibliothek 190

Der Haupteintrag ist **fett** hervorgehoben.

- Biologisches Museum 193
- Domkirche 190
- Forum Marinum 186
- Handwerksmuseum 193
- Kauppatori 187
- Kylämäki Village 194
- Logomo 187
- Luostarinmäki 193
- Markthalle 189
- Marktplatz 187
- Museum Ett hem 191
- Museumsschiffe 186
- Orthodoxe Kirche 187
- Port Arthur 187
- Samppalinnanvuorti 193
- Schwedisches Theater 189
- Schwedische Universität 191
- Sibelius-Museum 190
- Turun linna 184
- Väinö-Aaltonen-Museum 194
- Vartiovuori 193

Tytyri 156

Übernachten 59
Uleåborg 247
Ulkokalla 244
Umeå (Schweden) 238
Umwelt 24
Umweltschutz 26

Urho-Kekkonen-Nationalpark 367
Utsjoki 372
Uusikaarlepyy 242
Uusikaupunki 226
Uusi-Valamo 308

Vääksy 278
Vaasa 238
Valkeakoski 274
Valtavaara 336
Vanda 143
Vantaa 143
Varangerbotn 372
Varanger-Fjord 372
Värikallio 334
Varkaus 304
Vasa 238
Velskola 141
Veranstaltungen 71
Verkehr 55
Verla 276
Vihkosaari 250
Viipuri 32
Villmanstrand 284
Virmo 225
Visavuori 275
Vuonisjärvi 324
Vuoski-Fälle 288

Währung 22, 77
Wandern 68
Wanderungen
- Bärenrunde (Hautajärvi–Ruka) 338
- Nuuksio-Nationalpark 142

Wasser 89
Wassersport 68
Wellness 89
Westfinnland 181
Wetter 81
Wikström, Emil 275
Windsurfen 70
Winterkrieg 34, 332
Wintersport 70, 364
Wirtschaft 28
Wohnmobile 57
Wyborg (Russland) 154, 164, 175, 190, 280, 285, 286, 332, 333

Ylitornio 344
Ylläs 344
Yyteri 233

Zeit 22, 89
Zollbestimmungen 52

REISEN UND KLIMAWANDEL

Wir sehen Reisen als Bereicherung. Es verbindet Menschen und Kulturen und kann einen wichtigen Beitrag zur wirtschaftlichen Entwicklung eines Landes leisten. Reisen bringt aber auch die Verantwortung mit sich, darüber nachzudenken, was wir tun können, um die Umweltschäden auszugleichen, die wir mit unseren Reisen verursachen.

Atmosfair ist eine gemeinnützige Klimaschutzorganisation. Die Idee: Über den Emissionsrechner auf www.atmosfair.de berechnen Flugpassagiere, wie viel CO_2 der Flug produziert und was es kostet, eine vergleichbare Menge Klimagase einzusparen. Finanziert werden Projekte in Entwicklungsländern, die den Ausstoß von Klimagasen verringern helfen. *Atmosfair* garantiert die sorgfältige Verwendung Ihres Beitrags.

Abbildungsnachweis/Impressum

Abbildungsnachweis

Gerd Astrup, Stockholm: S. 22

Corbis, Berlin: S. 83 (Arcaid/Goodwin); 191 (Guiziou); 210 (Matton Collection/Lindblad); 167 (Raymer); 239 (Xinhua Press/xh/Ye Pingfan)

DuMont Bildarchiv, Ostfildern: S. 35, 148/149, 170/171, 180, 264 (Krüger)

Finnish Tourist Board, Helsinki (Finnland): S. 303, 328

Getty Images, München: S. 196 (AWL Images/Pearson); 76 u. (Bloomberg); 321 (Buiten-beeld/Minden Pictures/Occhiato); 134 (Xi); 136 (Delimont); 290/291 (DEA/Baldizzone); 192 (hemis.fr/Guiziou); 88 o. (Isakova); 246 (Lonely Planet Images/Douxchamps); 44 (Reid); 7 (Room); 261 (Harding/Forster); 88 u., 92 (Rotko); 69 o. (Tirkkonen)

Udo Haafke, Ratingen-Lintorf: S. 206

Huber-Images, Garmisch-Partenkirchen: S. 300 (Spila)

iStockphoto, Calgary (Kanada): S. 97 (fotoVoyager); 51 M. (Hendriks); 308/309 (Markovskiy); 64 (tekinturkdogan)

Eva-Maria Joeressen, Köln: S. 29, 158/159, 164/165, 174, 202/203, 316, 333

Klaus Keßner, Willich: S. 87

Thomas Kliem, Kalkar: S. 360

Thomas Krämer, Filderstadt: S. 9 li.

laif, Köln: S. 228/229 (Boisvieux); 214 (Celentano); 322 (Daams); 81, 350 (Denger); 21, 183, 200, 251, 307, 358/359 (Galli); 216/217, 221 (Gerber); 53, 63 re. (Gonzalez); 224, 325 (hemis.fr); 340, 370 (hemis.fr/Berthier); 14/15 (hemis.fr/Caviglia); 127 (hemis.fr/Guiziou); 63 li. (Heuer); 116 (Hirsch); 39 (Hub); 347 (Jungeblodt); 88 M. re. (Kirchner); 91 (Lengler); 27 (Mauthe); 233, 256 (Modrow); 144/145 (Nägele); 185 (Harding/Heaton); 79 (Zenit/Boening)

Look, München: Titelbild, S. 295, Umschlagrückseite o. (age fotostock); 364 (Lubenow); 355 (Millennium Images); 60 (Pompe); 95, 113, 138/139 (SagaPhoto); 278/279 (Stankiewicz)

Mauritius Images, Mittenwald: S. 315 (age/Blanco); 46 (age/Boisvieux); 373 (age/Koene); 275 (Alamy/Forster); 69 u. (Alamy/Goujon); 69 M. re., 285, 326 (Alamy/Hiltula); 42 (Alamy/Maximov); 292 (Alamy/PJ-Images); 243 (Alamy/Sandvik); 76 o. re. (Alamy/Wrona); 69 M. li. (Folio Images RF/Huhtikorpi); 40 (Folio Images RF/Kontoniemi); 343, 352 (McPHOTO/Gernhoefer); 74 (NorthernExposure/Alamy); 230 (Randebrock); 337 (Warburton-Lee); 312/313 (Warburton-Lee/Pearson); 330/331 (Minden Pictures/van der Wielen/bb); 234 (myLAM/Alamy); 348/349 (Photoshot Creative/Canis); 176 (SMBT Photos/Alamy); 41, 88 M. li. (Walker)

picture-alliance, Frankfurt a. M.: S. 280, 282 (Lehtikuva); 56 (Sivula)

Ulrich Quack, Wegberg: S. 9 re., 153, Umschlagrückseite M.

Hubert Stadler, Fürstenfeldbruck: S. 11, 254

Schapowalow, Hamburg: S. 58 (4CornersPearson); 51 u. (Gräfenhain); 16 (Huber); 76 o. li. (SIME/Mezzanotte); 70 (SIME/Pavan)

Thomas Stankiewicz, München: S. 120/121

Visum, Hannover: S. 51 o., 130 (Andia); 111 (Buellesbach); 367 (Eisele-Hein); 102 (Purkiss); Umschlagrückseite u. (Theissen); 259, 270 (van Ryk)

Kartografie

DuMont Reisekartografie, Fürstenfeldbruck

© DuMont Reiseverlag, Ostfildern

Umschlagfotos: Auf Huskysafari in Lappland (Titelbild), Aufwärmen im Sámi-Zelt (Umschlagklappe vorn), Rentier sucht auf einer Veranda Schutz vor dem Regen (Umschlagrückseite oben)

Lektorat: Christine Traber, Erika E. Schmitz

Hinweis: Autoren und Verlag haben alle Informationen mit größtmöglicher Sorgfalt geprüft. Gleichwohl sind Fehler nicht vollständig auszuschließen. Alle Angaben erfolgen ohne Gewähr. Bitte schreiben Sie uns! Über Ihre Rückmeldung zum Buch und über Verbesserungsvorschläge freuen sich Autoren und Verlag:

DuMont Reiseverlag, Postfach 3151, 73751 Ostfildern, E-Mail: info@dumontreise.de

3., aktualisierte und erweiterte Auflage 2016

© DuMont Reiseverlag, Ostfildern

Alle Rechte vorbehalten

Grafisches Konzept: Groschwitz/Tempel, Hamburg

Printed in China